丝以倾世
越俗扁舟

贺教授印

东西文向项目

心圆玉融

季羡林
丙戌初春

教育部哲学社会科学研究重大课题攻关项目

农村公共产品供给与农村和谐社会建设

SUPPLY OF PUBLIC GOODS AND CONSTRUCTION OF HARMONIOUS SOCIETY IN RURAL AREAS

王国华 等著

经济科学出版社
Economic Science Press

图书在版编目（CIP）数据

农村公共产品供给与农村和谐社会建设/王国华等著.
—北京：经济科学出版社，2014.3
（教育部哲学社会科学研究重大课题攻关项目）
ISBN 978-7-5141-4463-5

Ⅰ.①农… Ⅱ.①王… Ⅲ.①农村-公用事业-研究-中国 Ⅳ.①F299.241

中国版本图书馆 CIP 数据核字（2014）第 052014 号

责任编辑：王　娟
责任校对：徐领柱
责任印制：邱　天

农村公共产品供给与农村和谐社会建设
王国华　等著
经济科学出版社出版、发行　新华书店经销
社址：北京市海淀区阜成路甲 28 号　邮编：100142
总编部电话：010-88191217　发行部电话：010-88191522
网址：www.esp.com.cn
电子邮件：esp@esp.com.cn
天猫网店：经济科学出版社旗舰店
网址：http://jjkxcbs.tmall.com
北京季蜂印刷有限公司印装
787×1092　16 开　30 印张　540000 字
2014 年 7 月第 1 版　2014 年 7 月第 1 次印刷
ISBN 978-7-5141-4463-5　定价：76.00 元
（图书出现印装问题，本社负责调换。电话：010-88191502）
（版权所有　翻印必究）

课题组主要成员

（按姓氏笔画为序）

首席专家　王国华

主要成员　王雍君　孙宝文　李克强　温来成

编审委员会成员

主　任　孔和平　罗志荣
委　员　郭兆旭　吕　萍　唐俊南　安　远
　　　　　文远怀　张　虹　谢　锐　解　丹
　　　　　刘　茜

总　序

　　哲学社会科学是人们认识世界、改造世界的重要工具，是推动历史发展和社会进步的重要力量。哲学社会科学的研究能力和成果，是综合国力的重要组成部分，哲学社会科学的发展水平，体现着一个国家和民族的思维能力、精神状态和文明素质。一个民族要屹立于世界民族之林，不能没有哲学社会科学的熏陶和滋养；一个国家要在国际综合国力竞争中赢得优势，不能没有包括哲学社会科学在内的"软实力"的强大和支撑。

　　近年来，党和国家高度重视哲学社会科学的繁荣发展。江泽民同志多次强调哲学社会科学在建设中国特色社会主义事业中的重要作用，提出哲学社会科学与自然科学"四个同样重要"、"五个高度重视"、"两个不可替代"等重要思想论断。党的十六大以来，以胡锦涛同志为总书记的党中央始终坚持把哲学社会科学放在十分重要的战略位置，就繁荣发展哲学社会科学做出了一系列重大部署，采取了一系列重大举措。2004年，中共中央下发《关于进一步繁荣发展哲学社会科学的意见》，明确了新世纪繁荣发展哲学社会科学的指导方针、总体目标和主要任务。党的十七大报告明确指出："繁荣发展哲学社会科学，推进学科体系、学术观点、科研方法创新，鼓励哲学社会科学界为党和人民事业发挥思想库作用，推动我国哲学社会科学优秀成果和优秀人才走向世界。"这是党中央在新的历史时期、新的历史阶段为全面建设小康社会，加快推进社会主义现代化建设，实现中华民族伟大复兴提出的重大战略目标和任务，为进一步繁荣发展哲学社会科学指明了方向，提供了根本保证和强大动力。

高校是我国哲学社会科学事业的主力军。改革开放以来，在党中央的坚强领导下，高校哲学社会科学抓住前所未有的发展机遇，紧紧围绕党和国家工作大局，坚持正确的政治方向，贯彻"双百"方针，以发展为主题，以改革为动力，以理论创新为主导，以方法创新为突破口，发扬理论联系实际学风，弘扬求真务实精神，立足创新、提高质量，高校哲学社会科学事业实现了跨越式发展，呈现空前繁荣的发展局面。广大高校哲学社会科学工作者以饱满的热情积极参与马克思主义理论研究和建设工程，大力推进具有中国特色、中国风格、中国气派的哲学社会科学学科体系和教材体系建设，为推进马克思主义中国化，推动理论创新，服务党和国家的政策决策，为弘扬优秀传统文化，培育民族精神，为培养社会主义合格建设者和可靠接班人，做出了不可磨灭的重要贡献。

自2003年始，教育部正式启动了哲学社会科学研究重大课题攻关项目计划。这是教育部促进高校哲学社会科学繁荣发展的一项重大举措，也是教育部实施"高校哲学社会科学繁荣计划"的一项重要内容。重大攻关项目采取招投标的组织方式，按照"公平竞争，择优立项，严格管理，铸造精品"的要求进行，每年评审立项约40个项目，每个项目资助30万~80万元。项目研究实行首席专家负责制，鼓励跨学科、跨学校、跨地区的联合研究，鼓励吸收国内外专家共同参加课题组研究工作。几年来，重大攻关项目以解决国家经济建设和社会发展过程中具有前瞻性、战略性、全局性的重大理论和实际问题为主攻方向，以提升为党和政府咨询决策服务能力和推动哲学社会科学发展为战略目标，集合高校优秀研究团队和顶尖人才，团结协作，联合攻关，产出了一批标志性研究成果，壮大了科研人才队伍，有效提升了高校哲学社会科学整体实力。国务委员刘延东同志为此做出重要批示，指出重大攻关项目有效调动各方面的积极性，产生了一批重要成果，影响广泛，成效显著；要总结经验，再接再厉，紧密服务国家需求，更好地优化资源，突出重点，多出精品，多出人才，为经济社会发展做出新的贡献。这个重要批示，既充分肯定了重大攻关项目取得的优异成绩，又对重大攻关项目提出了明确的指导意见和殷切希望。

作为教育部社科研究项目的重中之重，我们始终秉持以管理创新服务学术创新的理念，坚持科学管理、民主管理、依法管理，切实增强服务意识，不断创新管理模式，健全管理制度，加强对重大攻关项目的选题遴选、评审立项、组织开题、中期检查到最终成果鉴定的全过程管理，逐渐探索并形成一套成熟的、符合学术研究规律的管理办法，努力将重大攻关项目打造成学术精品工程。我们将项目最终成果汇编成"教育部哲学社会科学研究重大课题攻关项目成果文库"统一组织出版。经济科学出版社倾全社之力，精心组织编辑力量，努力铸造出版精品。国学大师季羡林先生欣然题词："经时济世 继往开来——贺教育部重大攻关项目成果出版"；欧阳中石先生题写了"教育部哲学社会科学研究重大课题攻关项目"的书名，充分体现了他们对繁荣发展高校哲学社会科学的深切勉励和由衷期望。

创新是哲学社会科学研究的灵魂，是推动高校哲学社会科学研究不断深化的不竭动力。我们正处在一个伟大的时代，建设有中国特色的哲学社会科学是历史的呼唤，时代的强音，是推进中国特色社会主义事业的迫切要求。我们要不断增强使命感和责任感，立足新实践，适应新要求，始终坚持以马克思主义为指导，深入贯彻落实科学发展观，以构建具有中国特色社会主义哲学社会科学为己任，振奋精神，开拓进取，以改革创新精神，大力推进高校哲学社会科学繁荣发展，为全面建设小康社会，构建社会主义和谐社会，促进社会主义文化大发展大繁荣贡献更大的力量。

教育部社会科学司

摘 要

农村和谐社会建设问题研究的逻辑起点和最终归宿点都是农民发展，农民应拥有基本的生存权和发展权，农民发展权有赖于农村公共产品的有效供给，进一步来讲，农村公共产品有效供给的制度保证是建立独立的农村发展预算，对农民发展所需要的基本项目给出明确的资源保证，以有效地促进农民发展。

1. 树立农民发展观

所谓农民发展观，就是对农民发展的根本看法，也就是人们如何来认识农民的发展，如何来看待不同时期、不同经济社会发展阶段农民在农村经济乃至现代整体经济中的作用、地位。第一，农民发展的主体：农民。农民是国家的主体，是农村经济社会发展的主体，更是自己生产、生活的主体。在几十年的新中国建设与发展历程中，农民作为建设和发展的主体资格是被损害与剥夺了，要进行新农村建设，就要把作为国民和公民应该得到的东西还给农民，通过新农村建设，通过涉农资源分配的转制来确认和加强农民的主体资格。第二，农民发展的核心：农民本质关系发展，并依此促进农民能力素质的提升。农民发展的根本还在于其本质关系的发展，就是农民劳动的拓展、农民意识的转变、农民需要的提升以及农民交往半径扩大，本质上还是提升农民自身的素质、技能。第三，农民发展的基础：平等的机会。一是农民首先具有发展的权利。二是农民应该具有与其他个人和人群平等发展的机会。三是农民应该获得保证和促进自身发展所需要的各种资源，以便不断提高自身的发展能力。四是农民发展应该是可持续的发展，应该建立农民发展的资本、技术、知识等有形和无形的支持系统，以保证农民发展的持续性。五是农民发展应该是物质、政治、精神全面的协调的发展。第四，农民发展的本质：农民自由发展。发展的目的不仅仅是为了单纯物的增长，而是为了实现个人所享有自由发展，增强个人作为主体的可行能力，使个人真正得以全面自由发展。第五，农民发展的关键：政府提供政策、公共产品保障。一是为其提供良好教育的环境和机会，培育农民基本的知识能力，改革农民对自然、对社会发展的认识、观念；二是为其提供良好的社会保障的环境与机会，使其健康得到基本保障，提升农民的身体素质。

2. 建立以农民发展为核心的农村公共产品供给体系

第一，为满足农民发展需要，解决中国"三农"问题，构建农村和谐社会，从根本上改革政府等公共组织公共品供给制度、供给方式，增加投入，优化结构，提高效益，从理论上阐述目前中国农村公共品的内涵、特征，准确把握农民发展对公共品需求，才能有效增加供给。第二，农民发展的根本就是要提高自身的能力与素质，因而围绕农民发展来研究其公共品需求。农民发展就是农民本质力量和本质关系的发展，即农民意识的发展，通过认知自然、社会能力的提高，具有理性、具有总体意识，为此，为了实现农民的发展，构建农村和谐社会，在研究中国农村公共品内涵和特征的基础上，进一步研究满足农民发展需要什么公共品，政府及其他农村公共组织才能有目的、有针对性地生产和供给公共品，提高供给效率，实现供给目的。第三，为实现一定时期农民发展和构建农村和谐社会目标，需要在准确把握农民对公共品需求的基础上，动员政府财政其他社会资源，努力增加公共品供给，达到供求均衡状态，并且进行相应的体制、制度安排，建立对重点领域公共品供求关系的调控机制。

3. 构建农村公共产品有效供给的农村发展预算

第一，对于破解"三农"困境，促进农民发展，为"三农"提供有效的公共服务，关键是"花好钱"，其主要标志是：（1）有效分配财政资源的能力，特别是将资源从低优先级用途释放出来并转向更具优先级用途的能力。（2）确保每笔特定支出产生令人满意的绩效。第二，成功构造和实施农村发展预算面临的主要挑战是在基层辖区形成一个有效的预算过程和制度框架，以促进农村公共服务有效交付，最大限度地满足当地民众偏好和需求，为农村经济社会的健康发展建立适当的基础。制度构造必须以一系列的基本原则为指导，农村发展预算应严格遵循的四项基本原则是：公民参与、分权原则、绩效导向、基层主导与政府间合作。第三，农村发展预算的目的不仅是为新农村建设提供充足的资金，更重要的是确保稀缺的财政资源被配置到更具优先级的领域，并确保资金的使用产生令人满意的结果，精心设计预算科目因素变得很重要。预算科目是根据一定的预算分类设计的、用以记录财政资金流入与流出的政府会计账目，包括收入科目、支出科目和融资（债务）科目，核心是支出科目。第四，为实现农村发展预算的有效实施，还须构建相应的农村发展预算治理结构。

4. 研究内容的前沿性和创新性

本项目研究成果涉及三个方面的内容：农民发展观、基于农民发展的农村公共产品问题及保障农村公共产品有效供给的财政保障预算制度构建。三个层面具有内在逻辑关系，农民发展是根本，是农村问题的核心，也是本研究的逻辑起点，农村公共产品是促进农民发展的基本保障，农村发展预算则是农村公共产品有效提供的财政保障，三者既相互独立又具内在统一，而作一个整体来研究具前沿性和创新性。

在农民发展问题研究中，系统地论述了农民发展的内涵，提出了农民发展观并进行了系统论述，具前沿性和创新性；在农村公共产品问题研究中，提出了基于农民发展的公共产品有效供给的思路及制度安排，具前沿性和创新性；针对农民发展的农村预算，理念上具前沿性和创新性，研究成果提出了保障农村公共产品有效供给的具体预算科目的设立等，具前沿性和创新性。

5. 研究方法

以农民发展为逻辑起点，以农村公共产品有效供给与农村发展预算为基础，以建设农村和谐社会为目标，一是寻求公共产品供给与农民发展需求均衡的基本条件，并将这一关系置于公共财政制度框架内；二是基于对农村公共产品有效供给的认知，提出满足农村公共产品有效需要的农村发展预算，以期保证农村、农民、农业发展的公共资源保障。

（1）规范分析和实证分析相结合。从马克思关于人的全面发展理论入手，对相关概念进行规定，给出农民发展观的基本内涵，同时运用实证分析方法，对当前中国农民的劳动、意识、需要、交往进行分析，揭示其中存在的问题；结合中国国情，分析改革开放以来我国农村公共产品与农民收入之间的相互关系（我国农民收入变动情况已有大量研究，本研究可借鉴这些已有的研究成果），进而对农村公共产品供给影响农民收入因素做出经济学解释。

（2）历史分析与现实分析相结合。本课题运用历史分析的方法，对我国农民和农民发展、农村公共产品供给制度进行了梳理，并结合现实分析的方法，具体研究基于农民发展的农村公共产品的投入状况、资金来源、供给结构以及供给主体和供给体制等，弄清我国农村公共产品供给的状况、供给机制。提出提高农民收入可供选择的农村公共产品的制度安排，对政府决策提供一种依据。

（3）定性分析和定量分析相结合。从理论上研究农民发展与农村公共产品供给的一般关系，对中国工业化、城市化进程中公共产品供给的城乡均衡与非均衡进行了分析。运用一般均衡分析的方法，具体研究公共产品供给中的城乡非均衡供给问题。

（4）专家访谈与问卷调查相结合。专门组织了政府有关部门的官员和研究机构的学者进行了研讨，同时，采取问卷调查的方法，获得了农民对农村公共产品和公共服务的状况。

Abstract

The reason and purpose of the construction of the harmonious rural society are the development of the peasants. The peasants have the basic rights to live and develop. The right to develop is based on the efficient supply of the public goods in the rural areas. Furthermore, in order to have an efficient supply of public goods in rural areas, we need to to build an independent budget system of the rural development, and offer clear resource guarantee for the basic proiects that is required by the rural development.

1. Set up a view of peasant development

So called a view of peasant development is what the essential opinion about the peasant development. In other words, the view of rural development is how to see the development of the peasants, and how to view the role of the peasants in the rural economy even in the whole economy in different periods and in different stages of development. Firstly, the principal part of the peasant's development is the peasants. Peasants are the principal part of the whole nation, the principal part of the rural economic development, and the principal part of their own production and life. In recent years, the qualification of the principal part is damaged. If we want to develop the rural area, we should return the peasants the items that should belong to them. Through the construction of the new Rural Areas and the change of allocation of resources, we can redefine the qualification of the peasants working as the principal part. Secondly, the core of the peasant's development is the development of peasants' essential relation. That is the expansion of the peasants labor force, the change of the peasants' thoughts, the improvement of the peasants demand and the expansion of the peasants' communication. Basically speaking, the peasants' need to improve their quality and ability. Thirdly, the foundation of peasant's development is the equal opportunity. The peasants should have the basic right to develop, and then the equal right to get more opportunities comparing with other social groups. They should get the resources to make a development, so that the peasants can constantly improve their abilities and living standard. Furthermore, the peasant's development should be sustainable. We need to set up a system of capital, technology, and knowledge to supply the development. Fourthly, the essence of the peasantry's development is peasants' free development. The aim of the development is not only to increase the material, but also to realize the freedom of development, enhance the possibility that peasant is the principal part, and facilitate the comprehensive development. Fifth, the key of the peasant's development is the policy and public good guarantee provided by the government. The government should provide a good environment and opportunity for peasants to get education and social security.

2. Set up a rural production supply system aiming at the peasant's development

First of all, aiming at meeting the peasant's development need, solving the issues of agriculture, and finally constructing the harmonious society in rural areas, we should reform the rural supply system and the supply method. Secondly, the basic problem of peasant's development is to improve the peasants' ability and quality. That means we should research the public good demands according to the peasant's development. Through recognizing the nature and improving the social ability, we could have a general and rational view. The peasant's development is the development of the peasant's essential ability and relation. That is to say, in order to realize the peasant development, construct hamonions rural society, we should also research about what kind of public production can really satisfy the peasantry's demand based on the research of the properties of public good. So that the government and other rural public organizations can produce and supply the public goods specifically and on purpose. Thirdly, in order to realize the peasantry's development and construct the harmonious society in rural areas, we also need to use government fiscal resources and other social resources and set up the regulatory mechanism for important fields of public goods provision.

3. Set up an efficient budget system of the rural public production

Firstly, the key to solve the issues of agriculture and provide efficient public service is how to use the money. Therefore, we should allocate the financial resources in an effective way, and also make sure that every expense is useful. Especially the ability to use the money in places where it is most needed.

Secondly, the main challenge of setting an efficient budget system is how to form an effective budget process and system framework in the basic area. The system should be based on a series of basic principles, such as civic participation, separation of power, performance oriented and grass roots leading and intergovernmental cooperation.

Thirdly, the aim of the rural development's budget is not only supplying the money of new rural construction, moreover, it is aimed at allocating the money in a rational way. The budget subject is based on the budget classification and is used to record financial capital inflow and outflow of government accounts, including the revenue classification, expenditure classification and the core is the expenditure classification.

Fourthly, in order to implement the rural development budget, we also need to construct the relative rural development budget governance structure.

4. The innovation and creativity of the research

The research includes three components: the view of peasants' development, the rural public production based on the peasants' development and the construction of the efficient fiscal guaranteed budget system. These components have the inner logical relation: the peasants' development is the base and core of the rural issues, and also is the logical starting point of this research. The rural public good is the basic guarantee of the peasants' development, and the rural development budget is the efficient financial guarantee of the rural public good provision.

In this study, the author discussed the peasants' development systematically. In the part of the rural public good issue, the author studied on the efficient supply system of the public good. In a way, the research also studied the detailed budget classification, which is quite creative in this research area.

5. The research methods

(1) The combination of normative analysis and positive analysis.

The research is based on the Marx theory about human development, and defines the relevant concepts. Meanwhile, the author also uses the positive analysis to analyze the present peasants' labor, consciousness, need and communication, hoping to find out the existing problems. Connecting with China's current situatiom, this study also focused on the correlations between the rural public production and peasant's income since the open and reform of the economy.

(2) The Combination of the historical analysis and realistic analysis.

This study used the historical analysis to analyze China peasants and peasants' development, and also combined the realistic analysis to study the public production's funding profile, the capital source, the supply structure and the whole system. In this way, the author hopes that the study can supply a kind of reference for the government to make decisions.

(3) The combination of the qualitative analysis and quantitative analysis.

The author studied the general relation between peasants' development and rural public production supply and also researched the balance between the urban and rural concerning about the public good supply in the process of industrialization and urbanization.

(4) The combination of the expert interviews and survey.

The author interviewed the officials and scholars and sought their opinions about this study. Meanwhile, the study used the method of Survey to acquire the peasants' views about the rural public good and public service.

目 录

导论　1

第一章 农村和谐社会建设逻辑起点：农民发展　19

第一节　农村和谐社会与农民发展　19
第二节　树立农民发展观　30

第二章 农民、农民的本质及农民发展　38

第一节　农民及其农民本质　38
第二节　农民发展　47
第三节　农民发展的效应　54

第三章 农民发展的历史分析　59

第一节　农村土地制度变迁下的农民劳动关系及其演变　59
第二节　分工与农民劳动　74
第三节　中国农民行为　87
第四节　农民需要与农民发展　100
第五节　农民交往与农民发展　107
第六节　农民发展的矛盾体　122

第四章 农民发展的权利　125

第一节　发展权与农民发展权利　126
第二节　农民发展的政治权利　130
第三节　农民的经济权利　140
第四节　农民发展的社会权利　144

第五章 ▶ 农村公共产品供给与农民发展　149

　　第一节　农民素质提升与农村公共产品供给　150
　　第二节　农村公共产品及其供给　158
　　第三节　农村公共产品的需求　169
　　第四节　中国农村公共品的边界特征　174
　　第五节　中国农村公共品供给存在的矛盾　185

第六章 ▶ 基于农村和谐社会建设与农民发展的农村公共品的需求　193

　　第一节　中国农村公共品需求的多样性　193
　　第二节　中国农村公共品需求的层次性　203

第七章 ▶ 我国农村公共品供给现状及国际比较　213

　　第一节　农村公共品供给制度分析　213
　　第二节　不同区域农村公共品供给比较分析　252
　　第三节　农村公共品供给的国际比较　279

第八章 ▶ 农村公共品供给与需求均衡分析　304

　　第一节　农村公共品的供给体制　304
　　第二节　农村公共品供给与需求的均衡　311
　　第三节　转轨时期农村经济发展对公共品供给的要求与制度安排　315
　　第四节　农村公共品需求的表达机制与选择　346

第九章 ▶ 农村发展预算：农村公共产品有效供给的保障　354

　　第一节　农村发展预算——实现公共服务均衡之关键　355
　　第二节　农村发展预算的功能与作用　363
　　第三节　农村发展预算的框架　373
　　第四节　预算过程：公民参与创造　381

第十章 ▶ 发展中国家的农村发展预算　387

　　第一节　亚洲国家的案例　387
　　第二节　拉美国家的案例　390

第三节　非洲国家案例　392
第四节　公民参与、绩效导向和制度创新　394
第五节　经验与教训　398

第十一章 ▶ 农村发展预算的支出重点与科目设计　402

第一节　农村发展预算的支出重点　402
第二节　农村发展预算的科目设计与改革　411

第十二章 ▶ 农村发展预算中的参与——回应机制建设　426

第一节　预算过程的公民参与：意义与机制　426
第二节　基层预算过程的公民参与：制度化与改革　433

参考文献　446

Contents

Introduction　1

Chapter 1　Starting Point of Construction of Harmonious Society in Rural Areas: Self-Development of Rural Residents　19

　　Section 1: Harmonious Society in Rural Areas and Self-Development of Rural Residents　19

　　Section 2: Setting up the Concept of Self-Development of Rural Residents　30

Chapter 2　Rural Residents: The Nature and Self-Development　38

　　Section 1: Rural Residents and Their Nature　38

　　Section 2: Self-Development of Rural Residents　47

　　Section 3: Effectiveness of the Development　54

Chapter 3　Historical Analysis of Rural Residents' Development　59

　　Section 1: Evolvement of Labor Relationship Under the Changing Regulations of Rural Land　59

　　Section 2: Labor Division in Rural Areas　74

　　Section 3: Behavior of Chinese Peasants　87

　　Section 4: Demand and Development of Rural Residents　100

　　Section 5: Communication and Development of Rural Residents　107

Section 6: Paradox in Development of Rural Residents　122

Chapter 4　Right of Development of Rural Residents　125

Section 1: Right of Development and Right of Development for Rural Residents　126

Section 2: Political Rights of Rural Residents　130

Section 3: Economic Rights of Rural Residents　140

Section 4: Social Rights of Rural Residents　144

Chapter 5　Public Goods Supply and Development of Rural Residents　149

Section 1: Personal Quality Improvement and Public Goods Supply　150

Section 2: Public Goods and Their Supply　158

Section 3: Demand for Public Goods in Rural Areas　169

Section 4: Properties at the Margin of Chinese Public Goods in Rural Areas　174

Section 5: Barriers for Public Goods Supply in Rural Areas in China　185

Chapter 6　Public Goods Demand Based on Harmonious Society and Development of Rural Residents　193

Section 1: Diversity in Demand for Public Goods in Rural Areas　193

Section 2: Levels in Demands for Public Goods in Rural Areas　203

Chapter 7　Current Situation of Public Goods Supply and International Comparison　213

Section 1: Regime Analysis on Public Goods Supply　213

Section 2: Horizontal Comparison Analysis on Public Goods Supply in Different Areas　252

Section 3: International Comparison on Public Goods Supply　279

Chapter 8　Equilibrium Analysis on Demand and Supply of Public Goods in Rural Areas　304

Section 1: Regime of Public Goods Supply　304

Section 2: Equilibrium Between Demand and Supply of Public Goods in Rural Areas　311

Section 3: Requirement for Public Goods Supply and Regime Arrangement During "the Transition of Economic Development in Rural Areas"　315

Section 4: Mechanism of Revealing the Demand for Public Goods and Choice　346

Chapter 9　Budget on Rural Development: Insurance for Efficient Supply of Public Goods　354

Section 1: Budget on Rural Development—the Key to Achieving Public Service Equilibrium　355

Section 2: Function of Budget on Rural Development　363

Section 3: Framework of Budget on Rural Development　373

Section 4: Budgeting Process: Citizen-Involved Decision-Making　381

Chapter 10　Rural Development Budgets in Developing Countries　387

Section 1: Cases of Asian Countries　387

Section 2: Cases of Latin American Countries　390

Section 3: Cases of African Countries　392

Section 4: Citizens Involving, Performance Orientation and Institutional Creation　394

Section 5: Lessons　398

Chapter 11　The Expenditure Priorities and Subjects Design of Rural Development Budget　402

Section 1: The Expenditure Emphasis of Rural Development Budget　402

Section 2: Subjects Design and Reform in Rural Development Budget　411

Chapter 12　Construction of Participation-Response Mechanism in Rural Development Budget　426

Section 1: The Citizen Participation, the Meaning and Mechanism of the Budget Process　426

Section 2: The Citizen Participation in the Budget Process at the Grass-Roots Level: Institutionization and Reform　433

Bibliography　446

导 论

农民是农村社会的主体，农民发展是农村社会发展的核心和基础，只有农民的内在本质和本质关系的发展，才能体现农民的主体性[①]，才能拓展农民的劳动范围，才能使农民走出相对贫困的境地，才能建设好社会主义新农村，才能建设农村和谐社会。

农业基础薄弱、农村发展滞后的局面尚未改变，缩小城乡、区域发展差距和促进经济社会协调发展任务艰巨。这就需要整个社会的协调发展，特别是需要通过农村社会的和谐建设与稳步发展来实现。

一、研究意义及问题提出

中共十六届四中全会提出的构建"社会主义和谐社会"的理念，是一个重大的理论创新，是我国社会经济可持续发展的理论基础，同时也为理论研究、社会实践提供了新的视角和新的范式。社会主义和谐社会，是指以人为主体的社会和谐发展状态，它包括人与自然之间的和谐、人与人之间的和谐、社会结构之间的和谐三个方面的基本内涵。

农业、农村和农民问题是关系到我国小康建设全局的根本性问题，我国GDP已经达到世界第二，但是"三农"问题仍然很严峻，农村社会中仍然存在着不和谐的因素。

首先，农民收入水平很低，城乡收入差距不断扩大。城镇家庭人均可支配收入与农村居民家庭人均年纯收入，1994年分别为3 496.2元、1 221元，二者之

---

① 因为农民物质贫穷丧失主动性、社会交往的机会；因为农民知识技能低而失去了劳动选择的范围；因为农意识而缺乏现代市场经济意识，丧失了创新、创造性；因为制度安排不合理使农民丧失了选择的机会和权利。

比为 2.86∶1；到 2010 年这一指标变化为 3.23∶1，不仅如此，我国还有农村绝对贫困人口 2 820 万人，初步解决温饱但还不稳定，还极有可能返贫的农村低收入人口为 5 825 万人，此外农村还普遍存在着：自然灾害型贫困、环境破坏型贫困、疾病型贫困、文化匮乏型贫困、政策偏向型贫困人口。城乡差距的拉大已是一个严重的社会问题。

其次，农村公共服务滞后。全国 6% 的行政村还没通公路，2% 的村庄还没有通电，农村还有 6 000 多万人饮用的是有害水，60% 以上的农户没有用上卫生厕所。全国农业主灌区骨干建筑物的完好率不足 40%，工程配套率不足 70%，中低产田占全国耕地面积的 65% 左右。占全国人口近 60% 的农村居民仅享用了 20% 左右的医疗卫生资源；农村中学生是城市中学生的 4 倍，而享受到的国家中学教育经费仅占 38%。因此，建设农村和谐社会将有助于彻底改变现在的农村面貌、打破城乡二元结构、是社会主义现代化建设的关键时期必须担负和完成的重要使命。

再其次，农民素质偏低。农民整体素质偏低，城乡、城区之间差异巨大。我国农民有 4.8 亿农村劳动力，其中小学以下文化程度占 37.33%，初中文化程度占 50.24%，高中文化程度占 11.79%，大专以上文化程度仅占 0.64%；农村劳动人口人均受教育年限为 7.33 年，而城市是 10.22 年。城市、县镇和农村之间劳动力人口受教育水平情况为：具有大专以上受教育水平的人口比例是 20∶9∶1；受高中教育的人口比为 4∶3∶1；受初中教育的人口比为 0.91∶1.01∶1；受小学教育的人口比为 0.37∶0.55∶1；我国农村劳动力素质在城区之间也很不平衡。东部地区初中以上文化程度的农村劳动力占劳动力总人数的 68.2%。比中部地区高 2 个百分点，比西部地区高 19 个百分点。

最后，农民整体技能水平不高，就业竞争能力不强。在我国农村劳动力中，接受过短期培训的只有 20% 左右，接受过初级职业技术教育或者培训的仅占 3.4%，接受过中等职业教育的更少，只有 0.13%，大量农民没有接受适当的职业技术教育，缺乏一技之长。目前，我国农民中参加过绿色证书工程、青年农民科技培训工程和其他形式的系统培训人数已超过 2 000 多万人，但相对于 4.8 亿农村劳动力来说，仅占 2.5%。在乡镇企业职工岗位培训方面，2004 年由农业部启动实施的"蓝色证书培训工程"，共培训 97.5 万人，仅占乡镇企业就业总人数的 0.7%。乡镇企业职工参加职能技能鉴定的 7 000 多人，通过鉴定获证的 6 500 多人。在农村劳动力转移培训方面，2004 年阳光工程示范培训 250 万人，通过阳光工程的实施和带动，2004 年全国参加转移培训的农村劳动力虽然达到了 600 万人，达到历史最高水平，但相对于农村 1.5 亿富余劳动力来说，也只占 4%，培训比例明显偏低。

所以，农村和谐社会建设是社会主义新农村和谐建设的重中之重，建设社会主义和谐社会，重点在农村，难点也在农村，中国社会和政治的稳定依赖于农村地区的安宁，没有农村的稳定和发展，就不可能有整个社会的稳定和发展；没有农村的和谐，就不可能有城乡的和谐，就不可能有整个社会的和谐。因此，构建和谐农村是构建社会主义和谐社会的基础。

农村和谐社会是指农村社会的政治、经济、文化、自然等协调发展，人与人之间关系融洽的一种稳定的状态。农村和谐社会的特征是实现农民的全面发展和社会的全面进步，农村物质文明、政治文明、精神文明、生态文明的全面与协调发展，从而实现农村的可持续发展。

和谐社会是一种社会状态，和谐社会的主体是人，社会经济生活中人是主体，离开人也就无从谈和谐社会，而社会的发展关键是人的发展，是发展人，提高人的能力、素质。和谐社会目标的建设与人的全面发展是统一的，把促进人的全面发展作为构建社会主义和谐社会的核心思想，既揭示了社会主义和谐社会的本质，也揭示了实现的全面发展的条件和社会形式，发展了马克思主义关于人的全面发展的理论。社会主义和谐社会的内涵就是以人为本的社会，是全体人民共同建设、共同享有发展成果的社会，是促进人的全面发展的社会。构建农村和谐社会，就要以最大限度地调动广大农民群众的积极性、主动性为手段，促进广大农民群众的个人的全面发展，这也是农村和谐社会建设的本质要求。所以，新农村和谐社会建设，必须能充分调动人的积极性、创造性和主动性，使人人都可以得到充分的发展。

农民是农业的劳动者，农民作为农村经济与社会发展的主体，是农村的建设者，也是农村和谐社会构建的主体。农村和谐社会构建的重中之重是农民的发展，农村构建和谐社会的出发点、落脚点是以农民为本，发展农民，农民本位的农村和谐社会构建就是要在经济上使农民富起来，在政治上农民拥有自己的权利，使每一个农民能过上体面而有尊严的生活。也正是从这个意义上说，农村和谐社会构建就是要重新树立农民发展观。

目前农村还未建立起完善的社会保障制度，如公共医疗保障、社会救济制度、养老保险制度等，农民发展中的一些未来不确定因素还必须由农民自身来承担，社会救济、社会医疗、社会保障等产品的有效供给不足，农民缺乏一种安全感，无法向更高层次的发展。农村教育体系不够健全，农民的人力资本投入不足，导致农民文化技术素质偏低，严重地影响了对先进的农业技术的接受能力，进而是科学技术在农业和农村中的普及推广难度增大，科学技术转化为现实生产能力的效率不高，最终影响了农民发展。总之，社会未能及时有效地提供农民发展所需要的公共产品极大地制约了我国农民的可持续发展。

政府提供公共产品来发展农民，提高农民参与市场、参与政治、提高农民的文化水平、思想道德水平等，使农民有更多更平等的机会参与社会进步和分享改革成果，无论是学界还是实践工作部门基本已形成共识，可是如何提供农村公共产品，提供怎样的农村公共产品，也还存在一些争论。我们认为农村公共产品供给中关键的问题是资金投入问题，没有足够的资金用于农村公共产品的投入，再好的制度安排、再好的政策也不会有效地为农村提供公共产品，也不会从根本上促进农民的发展。

所以，要从根本上解决农村供给产品供给不足，就必须重新审视现行公共产品和公共财政理论与制度，理顺公共财政体制，重点解决农村公共投资问题。我国现有的公共产品理论，是改革开放后从西方国家特别是从美国引入的，这一理论集中反映了在发达国家成熟市场经济条件下，人们对公共产品特征、供求关系和政府职能的认识。而我国作为世界上最大的发展中国家，农村人口占总人口60％以上，幅员辽阔，各地区经济社会发展极不平衡，经济发展水平、社会制度和意识形态与西方发达国家有较大差异，特别是中国目前正处在二元经济社会结构与转轨经济这一发展阶段，应该说西方的公共产品理论与公共财政制度还不能从根本上解决中国的特殊问题。因此，从一般公共产品理论出发，结合中国目前发展阶段的社会经济发展状况，构建中国的公共产品理论成为历史的选择。近几年，理论工作者对此进行积极的探索，也形成了一些阶段性成果，但基于农民发展和农村和谐社会构建的理论研究还不够，现有的公共产品理论和公共财政体制与预算体系还不能满足和谐社会构建的需要。本课题将基于研究中国农村地区的特殊性、差异性与多样性，基于新阶段农民发展的要求与和谐社会构建的内涵，分析农村公共产品的需求与选择，农村公共产品的供给体制与机制，探讨公共产品供给的城乡均衡，研究转轨经济对农村公共产品供给的要求与制度安排。这些研究视角的选择将推动公共产品理论在中国的发展，真正建立起有中国特色的公共产品理论体系。

重构公共财政体制框架的基本点是在传统的复式预算管理体制中增加农村发展预算，专门反映对农村经济社会发展支持状况的年度收支计划，以此来保证农村公共产品供给资金的到位与落实。

由于现行政府预算由一般预算收支、基金预算收支和债务预算收支三部分组成，由各部门编制，建立专门的农村发展预算，将有关农村的支出项目从上述三个预算中剥离，集中在农村发展预算中反映政府对农村经济社会发展的支出，收入以税收、国债和基金等形式筹集。使农村发展预算成为与社会保障预算、国有资本经营预算平行的政府复式预算的重要组成部分。同时，加强农村发展预算管理方面，各级政府财政部门负责预算编制，成立农村发展部等主管部门负责预算执行，其他政府部门给予相互配合和支持。各级人大及其常委会负责预决算审查、批准。农村发展预算在建制市、建制镇以外的农村地区实行。编制程序、时间等要求等与其他预算相同。

建立农村发展预算，是公共产品理论在中国的发展和运用，可成为建设农村和谐社会的重要政策工具。通过编制和执行农村发展预算，可以充分反映政府对农村经济社会发展支持的广度、深度，比较城乡公共财政政策差异，增加投入，促进城乡统筹发展、和谐发展。通过编制和执行农村发展预算，也可以对政府现行农村方针政策进行有效评估、监督，及时纠正偏差，调整政策，化解社会矛盾，维护农村稳定，提高农民福利水平，保证实现政策预期目的，达到政府农村经济社会发展战略目标。

学术意义在于：（1）提出农民发展观，进一步丰富和完善社会主义市场经济理论；（2）提出基于农民发展的公共产品理论，建立有中国特色的公共产品理论作体系；（3）根据构建农村和谐社会、建立社会主义新农村的要求，依据上述农民发展观和具中国特色的公共产品理论，建立农村发展预算，重构公共财政预算体系。

实践意义在于：（1）明确农民发展的目标，提出了满足近期农民发展安全需求、致富需求和精神需求的公共产品供给的制度与手段，回答了农村和谐社会构建的核心问题；（2）重构了农村发展预算体系，进一步完善和强化了公共财政支农职能，为实际工作部门落实构建和谐社会提供理论指导和政策建议；（3）为中央决策构建农村和谐社会提供必要的理论支持和建议，有利于促进农村和谐社会的构建，有利于建设社会主义新农村。

二、研究综述及评述

随着社会主义和谐社会建设的不断深入，人们从不同的视角对和谐社会建设的内涵、路径等提出了具可建设性的思想，这不仅为科学认识和谐社会、建设和谐社会开阔了思路，同时也为不同区域建设和谐社会提供了理论支持，为深入实践指出了方向。为了进一步促进农村和谐社会建设，对社会主义和谐社会建设、农村和谐社会以及公共产品、公共财政对和谐社会建设的作用等相关研究、实践作一梳理，并在此基础上提出我们对农村和谐社会的理解和认知，以期为下一步的深入研究奠定理论基础。

（一）关于社会主义和谐社会建设综述及启示

首先，关于社会主义和谐社会的含义，不同学科从不同视角提出不同的观点，主要有以下几种：

第一，"稳定"说，所谓和谐社会是指社会系统的各组成部分或社会体系中诸要素处于一种相互协调的稳定状态，这是一种特殊形态的群体模式，其特殊性在于：权力的合法性；文化的共融性；社会基础的稳固性；社会成员的流动性。

第二，"协调"说，社会主义和谐社会应当是经济和社会发展相协调的社会；城乡发展相协调的社会；区域发展相协调的社会；各方面利益关系相协调的社会。

第三，"秩序"说，和谐社会的概念不仅仅涉及现代社会生活秩序，更涉及现代人的心灵与精神秩序。

第四，"社会主义本质"说，社会主义和谐社会应该是一个体现社会主义本质的社会，它是一个能够不断地解放生产力、发展生产力、使人民过上富裕幸福生活的社会；它是一个消灭了剥削、消除了两极分化，人民能够共同占有生产资料、平等相处、民主协商、自由发展的社会；它是一个人民群众通过自己的辛勤劳动最终走向共同幸福的社会。

第五，"全面系统"说，和谐社会是个全面系统的目标，既包括人与人、人与社会之间的和谐，也包括人与自然之间的和谐；既包括各个阶层之间的和谐，也包括各个社会利益群体、利益集团间的和谐；既包括政治、经济、文化各个子系统之的和谐发展，也包括各个子系统内部的和谐发展；既包括中央与地方关系的和谐，也包括各个部门之间的和谐。也有学者从公法关系的角度，认为和谐社会该是崇尚民主法治，保障人权，奉行公开、公平、公正原则，重诚信讲文明，追求良好秩序的社会。从社会互构论的角度看，和谐社会是社会主体间行动相关联及其模式化结构的最佳状态，这种状态是以社会与自然的和谐关系为基本前提的。社会主义和谐社会指明了和谐社会的制度性质、结构性质和阶级取向。从现代民主治理的角度看，和谐社会是一个理性的、宽容的、善治的、有序的（即法治的）、公平的、诚信的、可持续发展的社会。

其次，关于如何构建社会主义和谐社会，不同学者基于各异的研究旨趣和独特的研究视角，提出了不同的路径选择，主要有以下一些观点：

第一，"执政能力"说，构建社会主义和谐社会是对党的执政能力的考验，要加强党的强化社会整合功能，提高保持社会稳定的能力；加强党处理人民内部矛盾，提高协调社会各阶层利益的能力；加强党创新社会管理体制，提高管理社会的能力；坚持党的群众路线，提高开展群众工作的能力。

第二，"社会融合"说。按照从社会排斥到社会融合的新社会政策理念，构建社会安全网是建设和谐社会的内在要求和客观必然，当前建设和谐社会所需的制度再造和理念重塑应着重从以下几个方面着手：坚持以人为本，树立全面、协调发展、可持续的科学发展观；运用多中心治理主体进行复合治理，实现社会和谐；扩大社会有序参与，推动民主化进程；正确处理公平和效率的关系，维护社会公正；重建社会信任关系，形成社会支持网络；加强社会制度和社会资本。提升弱势群体的社会融入程度。

第三，"公平善治"说。社会公平和善治是建设社会主义和谐社会的两块基石，社会公平就是社会的政治利益、经济利益和其他利益在全体社会成员之间合理而平等的分配，它意味着权利的平等、分配的合理、机会的均等和司法的公正。

第四，"公平正义"说。公平正义的制度安排是建立和谐社会的基本条件，一个和谐的社会应当是一个正义的社会，一个充满道义关切和共享和谐的社会，需要的是公平正义的制度安排，以确保社会全体成员能够分享平等的基本权利和共同的社会责任；同时也要求社会中的每一个人具有良好的个体美德和精神心理，以确保社会的正义秩序能够长期稳定，并从良好的社会秩序中分享和谐与安宁。

第五，"利益整合和制度创新"说。利益整合是实现社会和谐的前提条件，执政党是实现社会和谐的核心主体，制度创新是实现社会和谐的基本方式。由此，构建和谐社会，必须强化执政党的社会整合功能；建立有效的动力机制和平衡机制；注重政府管理体制创新；加强公民道德建设。

第六，"能力建设"说。在构建和谐社会的进程中，必须把能力建设摆在重要位置，并有针对性地提高相关能力。提高激发社会活力的能力；提高维护公平正义的能力；提高解决社会矛盾的能力；提高群众工作的能力；提高社会建设和管理的能力。

第七，"科学发展观"说。以人为本是科学发展观的核心内容，也是构建社会主义和谐社会的根本前提；统筹城乡发展是科学发展观的必然要求，也是构建社会主义和谐社会的首要步骤；统筹域发展是党中央在新的历史时期总揽全局做出的重要战略部署，也是构建社会主义和谐社会的必然选择；统筹经济社会发展是促进经济社会和人的全面发展的重要内容，也是构建社会主义和谐社会的要求；统筹人与自然的和谐发展，是人类社会发展的永恒主题，也是构建社会主义和谐社会的应有意义；统筹国内发展和对外开放是科学发展观的一个重要方面，也是构建社会主义和谐社会的必要条件。

第八，"机制"说。实现和谐社会，最为重要是要有一种促使社会和谐运行的机制。这一机制包括：顺畅的社会流动机制、合理的利益协调机制、安全的社会保障和社会预警机制、有效的矛盾疏导机制。

第九，"决策民主"说。决策民主化是构建和谐社会的必由之路，公共政策的科学性、合理性是决策过程科学化、民主化的集中体现。在政策制定、执行和检验过程中，应引入科学决策机制、公开讨论机制、社会监督机制、纠错机制等。

再其次，关于农村和谐社会建设。一是认为农村和谐社会建设是社会主义和谐建设的重要组成部分；二是认为农村社会经济发展中存在的不和谐因素更多，农村和谐社会建设面临的困难要多于城市，而究其原因还在于多年形成的城乡二元经济；三是农村经济社会发展中最需要解决的问题是农村经济发展、农民收入提高和农村社会保障问题。

我们认为上述关于社会主义和谐社会建设的各种论述都有其合理性，都从某一视角提出了对构建社会主义和谐社会的认识。但是，如果将上述各种论述再作一具体抽象，社会主义和谐社会建设的根本还在于"人"，即和谐社会建设的主体是"人"，建设的客体也是"人"，和谐社会是一种社会状态，和谐社会的主体是人，社会经济生活中人是主体，离开人也就无从谈和谐社会。构建和谐社会要把人作为主体，处理好人与人之间的关系，注重人的发展，把人的发展作为构建和谐社会的根本。如今的社会冲突集中表现为"利益的冲突"，大都是由于不能协调各个阶层、各个群体的利益引起的，和谐社会是人为主体的社会；和谐社会的目的是发展，是发展中的和谐，是动态的，和谐社会是发展的社会；和谐社会的核心是不同利益群体拥有平等的权利，社会各成员、群体、阶层、集团之间相处融洽、协调，无根本利益冲突，人与人之间相互尊重、相互信任和相互帮助，以及人与自然之间协调发展，和谐社会是不同群体利益关系都能得到协调的社会。所以，和谐社会是一种社会经济发展中在不同利益群体权利关系中矛盾体的制衡态。

经过三十多年的农村经济社会的改革开放，农村社会有了极大的发展，生产力水平不断提高，人们的生活条件不断改善，但是在发展的背后依然存在很多矛盾，而当前中国农村社会的主要矛盾是农民对物质文化需要的增加与相对落后的生产力之间的矛盾，进一步来讲，一是小农意识与现代文明的矛盾。随着社会发展，特别是生产力的发展，社会分工越来越细，专业化程度也越来越高，而自给自足的生产生活方式难以适应现代市场经济中的交换意识、创新意识。二是劳动技能素质与社会化大生产的矛盾。现代社会发展呈现为生产的社会化、分工化、精细化，农民尚未融入这种社会化、专业化分工之中，呈现为一种粗放型的生产。三是农民内在需求与外在条件的矛盾。而这些矛盾的根本是农民自身素质技能不高，与现代工业社会发展不适应。所以，农村和谐社会建设的主要矛盾是农民发展问题。只有农民发展了，才能从根本上解决农村经济社会发展中的诸多问题和矛盾。

（二）公共财政与和谐社会建设研究综述及启示

和谐社会建设的核心就是要调整人们之间的利益关系，而公共财政作为一种社会资源配置的手段，在和谐社会建设中起着重要作用，特别是农村和谐社会建设。为此，人们从公共资源配置的角度来具体研究和谐社会的建设。

这方面的研究主要集中于两个层面：一是研究和谐社会与公共财政之间的关系，二是从财政税收政策角度来探讨构建和谐社会。

关于公共财政与和谐社会之间关系。首先应从公共财政的本质属性出发，认为：一方面，公共财政的着力点就是有效解决市场经济中的外部性问题、公共产品、资本的逐利性导致的资源过度开发、自然环境不断恶化、贫富两极分化等问题。另一方面，公共财政的本质特征就决定了公共财政所追求的是社会整体、全面的公平发展，是以满足社会公共需要和追求社会公共利益为宗旨，体现为经济发展、社会发展和人的全面发展的统一。所以，针对在经济持续快速增长、经济总量不断增加的同时，所出现的经济社会中的不和谐因素，诸如区域经济及城乡经济发展不平衡、下岗失业大量增加、贫富两极分化、环境污染严重等日益突出的矛盾，需要公共财政随着我国社会主义市场经济体制的不断完善而不断调整财政支出结构，要解决这些矛盾和问题，必须依靠政府通过大幅度增加社会保障、教育、基础设施、生态环境建设和环境保护等重点公共需要支出，促进经济社会全面协调稳定发展，使全体社会成员共享改革发展的成果。

其次是从和谐社会的基本特征和基本因素来探讨两者之间的关系。和谐社会的本质是以民主政治作为其基本的政治制度环境，而政治制度决定着财政制度，民主政治制度要求有与此相应的公共财政制度，从另一个角度来讲就是公共财政是民主政治的一个构件，是其组成机体。构建和谐社会要求公平正义，所以面对贫富差距、地区差距、城乡差距扩大等当前的重大现实问题，公共财政更显得有其意义。因为社会公平正义要求社会财富在社会分配过程中不能过分集中，要求不同群体之间、城乡之间以及地区之间协调发展，而市场经济有可能导致分配不均衡，这就要求通过公共财政的再分配功能来实现分配更加均衡，其他如诚信友爱、安定有序、充满活力、人与自然和谐相处等都可通过完善、科学的公共财政制度来保障。

关于构建和谐社会的公共财政支出政策。一种观点认为首先要解决和谐社会建设中普遍存在的不平衡问题，并由此进一步分析不平衡问题产生的财政制度原因，基于对成因的分析，从财政支出政策调整的角度提出构建和谐社会的财政手段；另一种观点则从公共财政的基本职能出发，即从资源配置、收入分配、经济稳定，应充分发挥财政三大职能，通过完善税收制度、社会保障制度、教育制度等来促进和谐社会的构建；有的还从和谐社会矛盾体的切入点角度来构筑财政政策工具，如认为社会财富的分配关系是当前中国社会建设和谐社会的重要组成要素，因此重点从调整收入分配的角度重新安排公共财政政策；认为加大财政对社会保障的投入是构建和谐社会的基础；提出完善公共财政体制是和谐社会建设的切入点，通过规范政府收入、建立公平高效的公共服务体系、严格预算管理来构建和谐社会。

我们认为公共财政与和谐社会建设存在着内在逻辑，和谐社会的内在本质强调社会的公平正义，而公共财政正是社会公平正义的具体执行者和实践者，公共财政在满足社会公共需要的同时，更重要的是要实现不同区域、不同群体的协调发展，让每个人都享受到社会进步的丰硕成果。而且越是社会经济发展不和谐的区域越是应该由公共财政的介入，通过公共资源和公共制度的重新配置，均衡区域间、群体间的不平衡。

农村和谐社会建设更需要公共财政的支持。正如前文中提到的，尽管农村经济社会有了很大发展，但农村面临的问题仍然严峻，特别是今天农村所存在的问题也正是公共资源配置不合理、公共制度安排不当的直接反映。所以，农村和谐社会建设的关键还在于公共财政的作用，而这一作用的基础是农村公共产品的供给状态，这是决定农村经济社会可持续发展的基础。

（三）农村公共产品供给及其理论综述、启示

在改革开放后，随着西方财政学的引进、介绍和传播，我国学者就开始借鉴西方公共产品理论研究中国现实问题。陈共主编的《财政学》、邓子基主编的《现代西方财政学》等著较系统地介绍了公共产品基本理论。在明确了我国财政改革的方向是建立社会主义公共财政体制框架后，公共产品的研究有的得到空前的关注，张馨的《公共财政论纲》具有代表性。1990年以后，随着农民负担问题日益突出，农业、农村和农民"三农问题"提上了党和政府决策的议事日程，有关农村公共产品、农村和谐社会建设的研究增加，有代表性的成果有：中央财经大学王国华国家社科基金项目《农村公共产品供给研究》、农业部农村经济研究中心宋洪远等的《中国乡村财政与公共管理研究》、《中国农村改革重大政策问题调研报告》、财政部农业司的《公共财政覆盖农村问题研究报告》、马晓河等的《我国农村公共产品的供给现状、问题与对策》、中国社会科学院"社会形势分析与预测"课题组《构建和谐社会：科学发展观指导下的中国——2004~2005年中国社会形势分析与预测》、韩俊等的《当前农村医疗卫生服务状况调查与分析》，等等。综合起来有以下几种观点：

一是关于农村公共产品供给中存在的问题：（1）自新中国成立以来，特别

是改革开放以来,我国公共产品呈现为二元结构,即公共产品供给的城市化倾向,城市的公共产品供给优于农村;(2)农村公共产品供给从总量角度来讲是严重不足,从结构上看过剩与短缺共存;(3)政府本应作为农村公共产品供给的主体,但是政府没尽到责任,农村公共产品的供给部分地转嫁给农民,农民承担起了农村公共产品供给的义务。

二是关于农村公共产品供给的资金来源:(1)市场化原则,即根据市场机制来筹集资金用于农村公共产品供给;(2)多元化原则,即国家、集体、个人共同承担农村公共产品所需要的资金;(3)财政支持原则,即公共产品应完全由财政负担。这种观点只是提出了财政供给的原则、思路,没有具体的行动方案。

三是关于农村公共产品研究的视角:(1)从农民负担角度研究农村公共产品供给,认为政府没有承担起农村公共产品的责任,将其转嫁给了农民,因而增加了农民的负担;(2)从农民收入与农村公共产品供给角度,认为农村公共产品的有效供给可直接影响农民收入,目前农村公共产品供给不足限制了农民收入;(3)从农村公共产品供给制度入手,认为农村公共产品供给制度不完善、不合理,导致农村公共产品供给不足;(4)从农村公共产品供给与农村经济的关系角度,认为农村经济滞后于城市经济的原因之一就在于农村公共产品供给的不足。目前还没有从农民发展,提高农民素质,为农村构建和谐社会奠定基础角度来研究,从不同的视角研究农村公共产品的供给问题只是说明了问题的一个方面,农村、农业的根本问题还是农民问题,只有将农民问题解决了,农民发展了,农民的素质提高了,农村和农业的问题也就解决了,也就为农村和谐社会的构建奠定了基础。

四是公共产品理论的发展。公共产品理论是现代西方财政理论的核心之一,但其形成经历了较长的历史发展。霍布斯等学者的社会契约论对公共产品理论的形成产生了重要影响,休谟在其著作《人性论》涉及了共同消费性的分析,亚当·斯密、大卫·李嘉图、约翰·穆勒等人在其著作中都有市场失灵问题的分析。公共产品理论形成于19世纪80年代,它建立于边际效用价值基础之上。马佐拉于1890年对公共产品理论作了较为明确地阐述。1918年林达尔建立了林达尔模型,说明了公共产品供给和资金筹集的关系。1920年皮古在《福利经济学》中提出了公共产品的外溢性理论。诺贝尔经济学奖获得者在《公共支出纯论》中提出了"公共产品"的定义。布坎南的公共选择理论较好地揭示了公共产品的决策机制。当代经济学者斯蒂格利茨、马斯格雷夫等对公共产品理论进行了阐述和发展。

现有研究成果体现了学术界众多学者的智慧,无疑为本课题研究提供了良好的基础,但也存在若干不足,主要体现在:对农村公共产品和和谐社会的理论概括有待升华。对中国农村公共产品的特殊性研究还需要进一步深入,公共产品供给与和谐社会建设机制研究尚未全面展开;有关政策建议与转化为政府决策还有一定距离。主要是可操作性差;研究方法仍以定性描述为主,高水平的定量研究不多,有关结论不够精细,缺乏必要的数据支持;有关研究主要经济学入手,缺乏政治学、行政管理学等学科知识支持。

三、研究的主题、主义、方法、观点

(一) 主题

研究农村、农业问题大都集中于生产方式、生产力以及生产组织方式的改变,而没有从农民发展,提高农民的素质层面来展开,农民发展、农民素质提升是农村问题、农业问题解决之根本。为此,我们认为农民问题才是"三农"问题之根本,农民素质提升、农民发展才能从根本上解决"三农"问题,才能真正实现农业现代化以及中国的现代化。

农民发展应是国家发展的战略目标之一,农民发展关注的是一个国家中每一农民的全面能力和素质的提高。农民发展不同于农村经济的发展,经济发展是农民发展的前提与基础,农民发展更强调农民自身能力与素质的提升,经济发展更多体现的是物质财富的增长。农民发展也不同于农村社会发展,社会发展是农民发展的保障,如学校、医院等公共产品的增加可以有效的保障农民的能力的提升,为农民能力、素质的提高提供机会和条件。

农村和谐社会建设的主体是农民,只有农民的内在本质和本质关系的发展,才能体现农民的主体性,才能拓展农民的劳动范围,才能使农民走出相对贫困的境地,才能建设好社会主义新农村,才能建设农村和谐社会。农民发展中存在的矛盾,以及如何使农民发展,这是中国现代化建设中不能绕开、不能回避的问题,既是一个理论问题,也是一个实践问题,也是如何树立正确的以人为本的发展理念、构建农村和谐社会的必然要求。所以,社会主义新农村建设的核心、本质是农民发展。

从外部来讲,农民没有享受到市场经济发展和经济体制改革的成果,农民缺乏融入市场、参与市场经济的权利,包括劳动权、发展的环境权以及受教育权等,在弱势产业中生存的弱势群体也缺乏话语权;也还存在着长期形成的工业对农业的剥夺;从内在来看,由于长期形成的权利与机会的不平等,使农民自身缺乏参与市场经济的素质与能力,丧失了增加收入的机会,也就是农民自身的素质问题使得农民收入缺乏其内在主动力。

所以,构建农村和谐社会,促进农民发展需要两个层面的条件:一是农民自身素质的提高;二是农民要享受到发展的环境和机会。二者互为条件,缺一不可。农民发展的环境与机会包括教育机会、医疗、救济、保障的机会以及发展的机会、民主参与的权利,等等。

(二) 主义

本研究捍卫农民的权利,一切以农民为本,以农民的发展为本,以提高农民素质技能为核心,以赋予农民发展权为基础,从根本上保障农村和谐社会的构建。

农民在中国处于弱势地位,而且缺乏组织的农民没有自己的代言者,从新中国成立以来,都是以农补工,以牺牲农民的利益来促进中国的工业化,农民与城市居民的收入差距一直呈现为剪刀差,这其中最为根本的是农民的基本权利不能得到有效保证,包括农民的自由流动权、平等受教育权、土地财产权以及民主参与权、社会保障权等,还包括平等享有、使用其他公共产品的权利。而这是农民发展、有效增加农民收入的根本。不仅如此,农民贫困还具有较强的外部效应,即农民低收入水平造成农民有效需求不足,消费力不足,进而形成内需不足,无法有效地拉动内需。为此,本研究主张维护农民的发展权、生存权,提升农民发展能力,保障农村和谐社会的建设。

(三) 方法

以农民发展为逻辑起点,以农村公共产品有效供给与农村发展预算为基础,以建设农村和谐社会为目标,一方面,寻求公共产品供给与农民发展需求均衡的基本条件,并将这一关系置于公共财政制度框架内,按照经济学中的均衡分析方法,阐明公共产品供给与需求的均衡配置机制,即在财政收支范畴内,以公共产品的税收收入(供给)与公共产品的财政支出(需求)均衡关系为基础,借鉴西方公共产品理论,结合中国的实际,对农民发展中的公共产品供给制度存在的问题予以解释和说明,提出我国农村公共产品供给制度安排的思路及解决二元供给制度结构的政策建议。另一方面,基于对农村公共产品有效供给的认知,提出满足农村公共产品有效需要的农村发展预算,以期保证农村、农民、农业发展的公共资源保障。

在研究过程中主要运用了以下方法:

(1) 规范分析和实证分析相结合。一方面,从马克思关于人的全面发展理论入手,对农民、农民发展、农民发展权等相关概念进行规定,并给出农民发展观的基本内涵,同时运用实证分析方法,对当前中国农民的劳动、意识、需要、交往进行分析，揭示其中存在的问题；另一方面，根据公共产品理论首先对农村公共产品和私人产品进行界定并分析其相互关系。农村公共产品是社会公共产品一个组成部分，它也具有一般公共产品的特性。但是由于农业生产和农村社区的特殊性，农村公共产品也有其特殊性。农村社区的公共产品是相对于由农民或家庭自己消费的所谓"私人产品"而言的，是由当地农村社区居民参与共享的"产品"。农村私人产品对农村公共产品具有较强的依赖性。农民生产私人产品主要是以个人行为为主，其组织形式是以户为单位农村私人产品的生产具有较强的分散性。这种分散性的组织形式、个人行为就决定了农民私人产品的生产对农村公共产品的供给有着强烈的依赖性，而且，农村经济市场化程度越高，私人产品生产越多，对农村公共产品的依赖性就越大。而且农村公共产品的供给对农村私人生产具有类似于技术增长"包络线轨迹"的特征。其次，结合中国国情，分析改革开放以来我国农村公共产品与农民收入之间的相互关系（我国农民收入变动情况已有大量研究，本研究可借鉴这些已有的研究成果），进而对农村公共产品供给影响农民收入因素做出经济学解释。

（2）历史分析与现实分析相结合。本课题运用历史分析的方法，对我国农民和农民发展、农村公共产品供给制度进行了梳理，并结合现实分析的方法，具体研究基于农民发展的农村公共产品的投入状况、资金来源、供给结构以及供给主体和供给体制等，弄清我国农村公共产品供给的状况、供给机制。提出提高农民收入可供选择的农村公共产品的制度安排，对政府决策提供一种依据。

（3）定性分析和定量分析相结合。首先，从理论上研究农民发展与农村公共产品供给的一般关系。其次，对中国工业化、城市化进程中公共产品供给的城乡均衡与非均衡进行了分析。运用一般均衡分析的方法，具体研究公共产品供给中的城乡非均衡供给问题，其中，一是城乡公共产品供给的一般性分析，二是现阶段我国城乡公共产品非均衡供给的边界分析。

（4）专家访谈与问卷调查相结合。为了增强对问题的说服力，我们专门组织了政府有关部门的官员和研究机构的学者进行了研讨，了解中国农村公共产品供给体系改革与发展的基本线索，掌握目前理论界对农村公共产品供给与增加农民收入的关系的主要观点。同时，对某些突出的、具有代表性的问题，采取问卷调查的方法，了解农民对农村公共产品和公共服务的获得状况，对现行农村公共产品供给体制的评价状况以及对农村公共产品供给的未来需求状况。

四、研究思路、框架

农村和谐社会建设问题研究的逻辑起点和最终归宿点都是农民发展，农民应拥有基本的生存权和发展权，农民发展权有赖于农村公共产品的有效供给，进一步来讲农村公共产品有效供给的制度保证是建立独立的农村发展预算，对农民发展所需要的基本项目给出明确的资源保证，以有效地促进农民发展。

（一）树立农民发展观

所谓农民发展观，就是对农民发展的根本看法，也就是人们如何来认识农民的发展，如何来看待不同时期、不同经济社会发展阶段农民在农村经济乃至现代整体经济中的作用、地位。

"观"是指带总体性、根本性的看法和主张。"发展观"就是人们关于"发展"的本质、目的、内涵和要求的总体看法和根本主张。发展观是否科学，决定着发展道路能否正确选择，决定着发展战略能否科学制定，决定着发展过程能否永续推进，决定着发展成果能否惠及人民。对于发展实践的成败，它无疑是起着根本性、全局性、长远性的决定作用。

发展观是一定时期经济与社会发展的需求在思想观念层面的聚焦和反映，是一个国家在发展进程中对发展及怎样发展的总的和系统的看法。确立什么样的发展观，是世界各国面临的共同课题，它也是伴随各国经济社会的演变进程而不断完善的。

第一，农民发展的主体：农民。农民是国家的主体，是农村经济社会发展的主体，更是自己生产、生活的主体。农村作为农民自己村庄、社区的事务，包括公共设施建设、公共事务的管理及相关利益的协调的组织，内部成员为农民，而且村庄事务管理主体也是农民，要建设的新农村，是农民在其中生产和生活的农村，是农民需要的"自己的"农村。什么样的农村是农民需要的，农民自己很清楚，什么样的乡村关系对于农民来说是好的，农民也最清楚。作为自己家园的主人，农民是有发言权的，并且必须要有好的机制保证农民的有效参与，新农村建设才有可能取得成功。离开了农民主体资格的参与，仅仅是政府和外来者要建设的新农村而与农民无关，新农村建设就不会是农民的农村建设，就不可能满足农民的需要。在几十年的新中国建设与发展历程中，农民作为建设和发展的主体资格是被损害与剥夺了，要进行新农村建设，就要把作为国民和公民应该得到的东西还给农民，通过新农村建设，通过涉农资源分配的转制来确认和加强农民的主体资格。

第二，农民发展的核心：农民本质关系发展，并依此促进农民能力素质的提升。农民发展的根本还在于其本质关系的发展，就是农民劳动的拓展、农民意识的转变、农民需要的提升以及农民交往半径扩大，本质上还是提升农民自身的素质、技能。

第三，农民发展的基础：平等的机会。农民发展应该有以下几个含义。一是农民首先具有发展的权利。与生存权一样，发展权是一项人人平等的权利，不应因出身、信仰、民族、种族、城乡等的差异而有所不同。尽管因个人禀赋、努力程度不同而有不同的发展结果，但发展的起点应该是公平的。二是农民应该具有与其他个人和人群平等发展的机会。农民只要不自动放弃，他在就学、就业、社会福利和保障等方面就应该与其他个人和人群拥有平等的机会，不应有制度（如户籍制度）、政策（如就业政策）等各种形式的限制。三是农民应该获得保证和促进自身发展所需要的各种资源，以便不断提高自身的发展能力。四是农民发展应该是可持续的发展，应该建立农民发展的资本、技术、知识等有形和无形的支持系统，以保证农民发展的持续性。五是农民发展应该是物质、政治、精神全面的协调的发展。

第四，农民发展的本质：农民自由发展。发展就其本质而言是自由的增长，人的实质自由是发展的最终目标和重要手段。阿马蒂亚·森在《以自由看待发展》中指出了人类自由的发展观与更狭隘的发展观形成了鲜明的对照。狭隘的发展观的发展是国民生产总值（GNP）增长，或个人收入提高，或工业化，或技术进步，或社会现代化等的观点，实质上这仅仅是物的发展。而人类内由的发展观则认为，"发展可以看做是扩展人们享有的真实自由的一个过程。""自由不仅是发展的主要目的，也是发展的主要手段。"[①] 他所讲的自由是一种具有"实质意义"的自由，发展的目的不仅仅是为了单纯物的增长，而且是为了实现个人所享有自由发展，增强个人作为主体的可行能力，是个人真正得以全面自由发展。

第五，农民发展的关键：政府提供政策、公共产品保障。从农民发展的视角来看，农民发展外在环境关键还在于一是为其提供良好教育的环境和机会，培育农民基本的知识能力，改革农民对自然、对社会发展的认识、观念；二是为其提供良好的社会保障的环境与机会，使其健康得到基本保障，提升农民的身体素质。

（二）建立以农民发展为核心的农村公共产品供给体系

第一，为满足农民发展需要，解决中国"三农"问题，构建农村和谐社会，从根本上改革政府等公共组织公共品供给制度、供给方式，增加投入，优化结构，提高效益，从理论上阐述目前中国农村公共品的内涵、特征，准确把握农民发展对公共品需求，才能有效增加供给。

---

① ［印］阿马蒂亚·森：《以自由看待发展》，任赜、于真译，中国人民大学出版社2002年版，第1页。

第二，农民发展的根本就是要提高自身的能力与素质，因而围绕农民发展来研究其公共品需求。农民发展就是农民本质力量和本质关系的发展，即农民意识的发展，通过认知自然、社会能力的提高，具有理性、具有总体意识，为此为了实现农民的发展，构建农村和谐社会，在研究中国农村公共品内涵和特征的基础上，进一步研究满足农民发展需要什么公共品，政府及其他农村公共组织才能有目的、有针对性地生产和供给公共品，提高供给效率，实现供给目的。

第三，为实现一定时期农民发展和构建农村和谐社会目标，需要在准确把握农民对公共品需求的基础上，动员政府财政其他社会资源，努力增加公共品供给，达到供求均衡状态，并且进行相应的体制、制度安排，建立对重点领域公共品供求关系的调控机制。

（三）构建农村公共产品有效供给的农村发展预算

第一，对于破解"三农"困境，促进农民发展，为"三农"提供有效的公共服务，关键是"花好钱"，其主要标志是：（1）有效分配财政资源的能力，特别是将资源从低优先级用途释放出来并转向更具优先级用途的能力；（2）确保每笔特定支出产生令人满意的绩效。这两种关键的能力（构成政府施政能力的核心）虽然取决于许多因素，但就破解农村公共产品不均衡的困境而言，典型地取决于农村（基层）财政体制以及在特定财政体制下的政府预算机制，通过推动深入有效的预算改革，特别是建立相对独立运作、强调参与理念的农村发展预算，作为化解"三农"困境和促进农村公共产品有效供给的利器。

第二，成功构造和实施农村发展预算面临的主要挑战是在基层辖区形成一个有效的预算过程和制度框架，以促进农村公共服务有效交付，最大限度地满足当地民众偏好和需求，为农村经济社会的健康发展建立适当的基础。制度构造必须以一系列的基本原则为指导，农村发展预算应严格遵循的四项基本原则是：公民参与、分权原则、绩效导向、基层主导与政府间合作。

第三，农村发展预算的目的不仅是为新农村建设提供充足的资金，更重要的是确保稀缺的财政资源被配置到更具优先级的领域，并确保资金的使用产生令人满意的结果，精心设计预算科目因素变得很重要。预算科目是根据一定的预算分类设计的、用以记录财政资金流入与流出的政府会计账目，包括收入科目、支出科目和融资（债务）科目，核心是支出科目。此外，农村发展预算成为有效性政策工具，有两个基本的问题需要解决：首先，农村发展预算必须能够约束各级政府农村发展政策的选择；其次，农村发展预算必须能够将政府政策重点与意图表述为一系列支出决定。

第四，为实现农村发展预算的有效实施，还须构建相应的农村发展预算治理结构。传统的等级式的、自上而下的、集权式的、命令—控制导向的治理结构具有妨碍公民参与的内在倾向。在此治理结构下，地方民众游离于决策—计划—预算过程之外，成为农村发展进程的消极旁观者。基层辖区原本具有的贴近民众和其他独特优势，也无法在这种结构中难以释放出来。为矫正这一治理结构的内在缺陷，充分发挥基层辖区在农村服务交付中的积极性和创造性，确保上级政府政策意图与充分满足地方偏好所要求的因地制宜、因时制宜间的协调一致，参与—回应机制应充分融入农村发展预算的各个阶段并使之制度化。

第一章

农村和谐社会建设逻辑起点：农民发展

和谐社会是一个以人为本的社会。一切活动的根本目的，都是为了人的生存、享受和发展。和谐社会就是一个政通人和、经济繁荣、人民安居乐业、社会福利不断提高的社会。农村和谐建设的起点是农民发展，最终的落脚点也是农民发展。

第一节 农村和谐社会与农民发展

一、和谐社会的本质、内涵

党的十六届四中全会通过的《中共中央关于加强党的执政能力建设的决定》，第一次提出了"构建社会主义和谐社会"的理念。2004年12月，胡锦涛在中央经济工作会议上强调指出："调整收入分配构建和谐社会"，"坚持以人为本，努力构建社会主义和谐社会"，"积极扩大就业，努力完善社会保障体系，逐步理顺分配关系，加快社会事业发展，是维护群众利益、促进社会公平、构建社会主义和谐社会的重要任务"。2005年2月21日中共中央政治局第20次集体学习的主题是努力构建社会主义和谐社会。在第十届全国人大三次会议上，时任国务院总理温家宝在作政府工作报告中首次用一个章节来阐述构建和谐社会的具体政策措施。

社会主义和谐社会理念的形成与发展是建立在对中国改革开放三十多年具体实践认知基础之上，是对我国社会经济发展中所存在的重大问题和突出矛盾的应对。中国三十多年的改革开放，使中国人民的生产生活发生了革命性变革，同时，其中也积累起了诸多矛盾，如城乡之间的矛盾、工农之间的矛盾、收入分配差距、人口素质不高、就业难、资源与环境问题，等等，这一系列的问题和矛盾是经济社会发展中出现的，是客观的、普遍的，也是复杂多样的，并在不断地变化，而且严重阻碍了社会的稳定发展，严重阻碍了人和社会的全面、协调、可持续发展。所以，和谐社会发展理念的提出是时代发展的客观要求，是促进经济社会更好更快发展的现实需要。

2005年2月19日，胡锦涛首次全面阐述了"和谐社会"的内涵："我们所要建设的社会主义和谐社会，应该是民主法治、公平正义、诚信友爱、充满活力、安定有序、人与自然和谐相处的社会。"党的十六届四中全会提出了"形成全体人民各尽其能、各得其所而又和谐相处的社会"，和谐社会的主体是人，人的主体价值得到充分尊重，人的主体作用得到充分发挥，人人各尽其能、各得其所而又和谐相处，和谐社会的核心内容是"以人为本，全面、协调、可持续发展"，社会主义和谐社会，是民主法治、公平正义、诚信友爱、充满活力、安定有序、人与自然和谐相处的社会。

人的自由和全面发展与和谐社会构建是辩证统一的，和谐社会建设的本质在于人，在于人的全面发展。

社会是人的集合体，人是社会的人，人是经济社会发展的主体，人是经济社会发展的直接动力，在经济社会发展与人的发展的逻辑关系中，经济社会发展的目的是服务于人，经济社会发展是手段，人的发展是经济社会发展的目的。所以，构建和谐社会，应坚持以人为本，把人的发展置于和谐社会建设核心地位。和谐社会将使人更充分地获得全面而自由的发展，是"以每个人的全面而自由的发展为基本原则的社会形式"；而且只有自由和全面发展的人，才能发展生产力、驾驭生产力，"因为现存的交往形式和生产力是全面的，所以只有全面发展的个人才能占有它们"，进而推进社会趋于和谐，而且在和谐社会中人的自由和全面发展更有保证。所以，人的发展与社会和谐是互相促进，统一于社会发展进程之中。

人的发展与社会和谐发展又是互为条件、互为因果的。人的发展要受到经济社会发展水平的影响，经济社会发展水平越高，为人的发展所提供的条件、基础也就越完善，人发展所需要的自由就越多，人的发展水平就越高。同时，人的发展是经济社会发展水平的重要标志、社会和谐合理评价的准则，人的发展从根本上反映着经济社会发展的内在逻辑,凸显着不同社会发展阶段的和谐状态,人的和谐的发展、人的素质的提高是社会和谐的重要标志。

人的发展是构建和谐社会的本质内容和重要目标。人的发展是和谐社会建设的本质内容,是和谐社会建设的出发点和归宿点。构建和谐社会离不开人,人是社会的主体,是建设和谐社会的主体,也是和谐社会建设的最终目标。社会要和谐发展,作为发展主体的人首先必须是和谐发展的,离开人自身的和谐发展,和谐发展就失去了起始源泉、根本动力和目标指向,所以和谐社会建设必须注重人的自由和全面发展。

二、农村和谐社会建设与农民发展

农村和谐社会是指农村社会的政治、经济、文化、自然等协调发展,人与人之间关系融洽的一种稳定的状态。农村和谐社会的特征是实现农民的全面发展和社会的全面进步,农村物质文明、政治文明、精神文明、生态文明的全面与协调发展,从而实现农村的可持续发展。

(一) 农村和谐社会建设的关键:农民发展

建设和谐农村,实现农业和农村现代化,从根本上使农民适应工业文明的发展,就必须发展农民,把农村人口数量优势转变为人力资源优势,形成持续推动农村现代化建设的力量。

马克思在《政治经济学批判》中提到"人是生产力中最活跃、最革命的因素,是生产工具的发明者、创造者和使用者,是科技进步的推动者。先进的科学技术只有通过掌握这种技术的劳动者才能转化为现实的生产力,才能真正发挥其推动生产发展和社会进步的作用……",中国农村现代化建设的主要力量——农民。

美国经济学家舒尔茨在 20 世纪 50 年代认为,促进农业生产量增长和农业生产率提高的重要因素已不再是土地、劳动力数量和资本存量的增加,而是人的知识、能力和技术水平的提高,改造传统农业的关键是要引进现代农业生产要素,政府不仅要对物质品进行投资,而且重要的是向农民投资;舒尔茨指出发展中国家贫穷落后的根本原因不在于物质资本短缺,而在于人力资本匮乏……要改变穷人福利的关键因素不是空间、能源和耕地,而是提高人口质量,提高知识水平。农民素质、技能,即农民发展水平直接影响着农村生产力发展的水平,决定着农民自身的收益状况以及其生存、生活质量。没有高素质的农民就难以进行农村和谐社会建设,就难以实现农业和农村的现代化。正如中国共产党的第十七次代表大会报告中阐述和部署今后一个时期新农村建设任务时强调指出，要"培育有文化、懂技术、会经营的新型农民，发挥亿万农民建设新农村的主体作用"。

农民作为农业生产力中最活跃、最具创造力因素，是农村现代化建设的主体。任何事物的发展变化，都是内因和外因共同作用的结果。建设和谐农村，让农民转变其传统的生产方式和生活方式，过上更体面的生活，当然要享受国家改革开放的成果，需要国家的政策支持，需要城市对农村的扶持、工业对农业进行反哺。但是，这些制度、政策以及直接的物质，最终都要通过农民自己的行动来转化为农村发展的动力，转变成可供农民发展的成果。如果农村建设的主体——农民没有将其转化为生产力的素质、技能，缺乏的观念、意识，缺乏积极性、主动性、创造性，难以对农村现代化建设起到有效作用。所以，农民发展是和谐农村建设的主体。

（二）农村和谐社会建设中的农民问题

农村和谐社会建设是和谐社会建设的具体化，农村和谐社会建设的实质是农民自由和全面的发展。农民、政府和社会力量都是建设农村和谐社会的主体，但各自发挥着不同的作用，其中农民是社会主义和谐社会建设的主力军，处于核心地位，所以，农村和谐社会建设的核心问题就是农民发展问题。

新中国成立之后特别重视农民的发展，农民的识字率、知识水平明显上升，特别是改革开放以来，农民的技能、素质不断提升，逐步从单一的农业生产，走向工业、服务业的劳动，即劳动范围不断扩大，并由此其意识特别是市场意识、交换意识不断增强；交往半径逐渐扩大，即走出农村，走向城市。可是，中国农民问题并没有真正解决，仍然存在着诸多矛盾，约束着农民发展，影响着中国农村经济社会的可持续发展。

首先，农民在社会收入分配中依然处于弱势地位，与城市居民收入差距不断扩大。我国绝大多数农村依然以小农经济为主，农民生产经营规模小、劳动生产率低，大量农村劳动力就业不充分，农民收入水平长期低于国民经济增长、低于城市居民收入增长以及社会消费的平均水平，也就是农民所分享的改革开放收益份额较低，当然这不仅体现在以效率为基准的国民收入初次分配上，在应以均公平为主的二次分配上，农民所获取的收益也不足。

中国改革开放是从农村开始的，通过改革农村生产关系，解放了农村生产力，在提高农业劳动生产效率的同时，农民收益也明显增加，而且其收益增长率高于城市经济体，所以在1986年，中国城乡基尼系数最低。随着城市经济体的改革以及对外开放步伐的加快，特别是20世纪90年代的市场化改革，城市居民的收益明显快于农村居工。城市家庭人均可支配收入与农村居民家庭人均年纯收入，1994年分别为3 496.2元、1 221元，二者之比为2.86∶1；2005年农村居民人均纯收入3 255元，是全国城镇人均可支配收入10 493元的31%。到2010年城市家庭人均可支配收入与农村居民家庭人均年纯收入之比为3.23∶1。不仅如此，我国还有农村绝对贫困人口2 820万人，初步解决温饱但还不稳定，还极有可能返贫的农村低收入人口为5 825万人，此外农村还普遍存在着：自然灾害型贫困、环境破坏型贫困、疾病型贫困、文化匮乏型贫困、政策偏向型贫困人口。城乡差距的拉大已是一个严重的社会问题。

其次，农民享受基本公共服务水平较低。新中国成立之后，为了在尽短时间内完成工业化，促进国家经济社会水平的快速提升，通过一系列诸如户籍制度、基础设施建设等的制度安排，农业支持工业，通过牺牲农业、农村和农民利益来发展工业，保障国家总体经济实力的增强。20世纪80年代的改革开放，国家工作重心是发展经济，提高人们的经济文化水平，由此政府公共设施、公共服务建设的重点依然是城市，因为发展经济作为第一要务，在强调效率的准则下，公共设施城市化倾向更能保障或促进经济的发展，公共设施、公共服务可有效地扩大市场交易半径，促进市场分工的深化，进而提高经济效率。所以，实行城乡和工农差别的一系列社会制度，城市居民与农村居民享受着不同的政策待遇，所导致的结果是：全国6%的行政村还没通公路，2%的村庄还没有通电，农村还有6 000多万人饮用的是有害水，60%以上的农户没有用上卫生厕所。全国农业主灌区骨干建筑物的完好率不足40%，工程配套率不足70%，中低产田占全国耕地面积的65%左右。占全国人口近60%的农村居民仅享用了20%左右的医疗卫生资源；农村中学生是城市中学生的4倍，而享受到的国家中学教育经费仅占38%。农民不能有效地享受基本公共服务的结果是：从效率角度而言，农民经营、劳动生产效率不能有效得到改善；从公共角度来讲，不能享受到现有的改革开放成果，农民真苦。

再其次，农民受教育机会和教育权利不平等，农民素质、技能偏低。城乡教育资源分享存在严重的不平衡。国家教育经费向城市倾斜，农村教育投入严重不足。农村义务教育对于许多农民和农家子女来说，成了难以享受的"奢侈品"。教育资源分配的不公，造成农民受教育水平低。农民整体素质偏低，城乡、城区之间差异巨大。我国农民有4.8亿农村劳动力，其中小学以下文化程度占37.33%，初中文化程度占50.24%，高中文化程度占11.79%，大专以上文化程度仅占0.64%；农村劳动人口人均受教育年限为7.33年，而城市是10.22年。城市、县镇和农村之间劳动力人口受教育水平情况为：具有大专以上教育水平的人口比例是20∶9∶1；受高中教育的人口比为4∶3∶1；受初中教育的人口比为0.91∶1.01∶1；受小学教育的人口比为0.37∶0.55∶1；我国农村劳动力素质在城区之间也很不平衡。东部地区初中以上文化程度的农村劳动力占劳动力总人数的68.2%。比中部地区高2个百分点，比西部地区高19个百分点。

最后，农民整体技能水平不高，就业竞争能力不强。在我国农村劳动力中，接受过短期培训的只有20%左右，接受过初级职业技术教育或者培训的仅占3.4%，接受过中等职业教育的更少，只有0.13%，大量农民没有接受适当的职业技术教育，缺乏一技之长。目前，我国农民中参加过绿色证书工程、青年农民科技培训工程和其他形式的系统培训人数已超过2 000多万人，但相对于4.8亿农村劳动力来说，仅占2.5%。在乡镇企业职工岗位培训方面，2004年由农业部启动实施的"蓝色证书培训工程"，共培训97.5万人，仅占乡镇企业就业总人数的0.7%。乡镇企业职工参加职能技能鉴定的7 000多人，通过鉴定获证的6 500多人。在农村劳动力转移培训方面，2004年阳光工程示范培训250万人，通过阳光工程的实施和带动，2004年全国参加转移培训的农村劳动力虽然达到了600万人，达到历史最高水平，但相对于农村1.5亿富余劳动力来说，也只占4%，培训比例明显偏低。

（三）促进农民发展的现实意义

社会主义和谐社会是民主法治、公平正义、诚信友爱、充满活力、安定有序、人与自然和谐相处的社会，提升农民素质、技能，即农民发展，既是和谐社会的重要内容，又是和谐社会的重要基础、实现和谐社会的重要途径。农民发展不仅关乎着农村经济社会发展，从根本上改革农村经济社会发展路径，同时还关系着我国建设小康社会、和谐社会目标能否实现以及实现的程度。所以，农民发展具重大的现实意义。

农民发展是农村和谐社会建设的根本。人是社会的主体，人是社会生产力的第一要素，社会发展的根本是人的自由和全面的发展。邓小平同志曾指出，我们的国家，国力的强弱、经济发展后劲的大小，越来越取决于劳动者的素质。和谐社会是我国经济社会发展的目标和方向，社会主义和谐社会建设同我国的现代化建设、小康社会建设目标、方向是一致的。和谐社会建设的根本还在于是以人为本，根本是不断满足人民群众日益增长的物质文化需要，目标是实现人的自由和全面发展。农民是农村经济社会发展的主体，农村经济社会的发展要依靠农民。农村和谐社会建设就是要以农民为本，不断提高农民对日益增长的物质文化生活的需要，以农民的自由和全面的发展为本，促进农民素质、技能的提高。在经济社会中由于农民拥有相对小的发展权，农民的素质技能还相对较低，农民发展水平较低，农民问题已经成为制约中国现代化、小康社会建设的主要矛盾，所以，在农村和谐社会建设中更应重视农民发展。

农民发展是农村和谐社会建设的基础。农村和谐社会建设中存在的主要矛盾仍然是农村生产力发展水平与农民对不断增长的物质文化生活需要之间的矛盾,正如前文提到的,农民接受教育水平、整体技能水平以及在工业化中参与社会分工的能力等都还不高,特别是劳动能力、技能不高,一方面参与社会分工的机会、权利不足,无法通过劳动分工的深化来发展自己,在劳动中发展和提升;同时,也无法提高生产力水平,提高劳动生产率,进而获取更多的收入,为自身的进一步发展奠定物质基础。所以,农民素质、技能的状况直接影响着农村生产力发展的水平,决定着农业生产率、农民劳动生产率。如果农民不具备市场经济意识、不具备市场交换能力,将无法驾驭市场经济,参与市场经济;没有相应的科学技术知识、适应工业文明及现代农业文明的技能,将无法参与现代分工;没有高素质的农民就难以进行农村建设,没有农民素质的全面提升就难以实现农业和农村的现代化。由此,促进农民发展,解决农民素质技能提升成了农村和谐社会建设的主要问题,农民发展在农村和谐社会建设中起着基础性作用。

农民发展是实现农村和谐社会的重要途径。农民是社会主义新农村建设的主力军,在社会主义新农村建设中处于核心主体地位,农民不仅创造了农村的物质文明、精神文明,而且也创造着农村的政治文明和社会文明。农民是农业生产的主力军,农业生产又是国民经济的基础和社会稳定的保证。邓小平同志早在1962年关于《怎样恢复农业生产》的讲话中就谈到这一点:"农业本身的问题,现在看来,主要还得从生产关系上解决。这就是调动农民的积极性。"胡锦涛同志讲过,广大农民群众是推动生产力发展最活跃、最积极的因素。充分发挥广大农民群众的主体作用,是建设社会主义新农村成败的关键。劳动者是生产力要素中首要的能动的因素,从发达国家现代农业发展经验来看,没有高素质的农民就不可能有发达的农业。"三农"问题的核心是农民问题,农民问题的核心是素质问题,在建设新农村的过程中,农民素质高,其作用就能得到充分发挥,建设农村就有了源源不竭的动力;反之,农民素质低,建设新农村就失去了最根本支撑。

和谐社会最本质的特征是妥善协调各方面的利益关系。农民是构建和谐社会的人口主体,没有农民的和谐生活,就没有全社会的生活和谐,和谐社会不是靠牺牲农民利益来推动社会发展的,实现社会的和谐,要求我们必须赋予农民平等的发展机会,切实保障农民的权益,调动广大农民群众的积极性和创造性,增加农民收入,改善农民生活状况,提高农民群众生活水平,使农民安居乐业,保持农村社会的稳定,唯有如此,整个社会的和谐才可能实现。

三、农村和谐社会建设的农民发展权利

农村社会建设中存在的诸多农民问题，如农民受教育程度不高、农民收入低、农民参与社会分工不足，等等，这实质上反映的是农民没有享受到相应的发展权，即农民在劳动、生活中获得的机会均等与成果共享的权利，所拥有的公平参与、促进经济、社会、文化和政治发展过程并公平分享发展成果的基本人权。其核心是平等和公平，包括机会、规则与结果上的公平发展的权利，可分为发展机会的平等和享受发展利益的平等。

（一）发展权及其构成

人的发展就是其本质力量和本质关系的发展，即意识的发展，通过认知自然、社会能力的提高，具有理性、具有总体意识；通过能力与素质的提高拓展劳动范围，不再是从事简单的体力劳动，并在劳动过程中发展自己。人的发展的根本就是要提高自身的能力与素质。充分发展都是以个人的内在本质需要为源泉的。正如经济学家阿马蒂亚·森所强调，"人的自由也是发展的构成要素，因此发展就不能仅限于促进高产量、高收入形式的结果，还必须把人们能否自由地参与政治、社会和经济过程也理解为发展目的及其构成部分。"

而发展权是人的本质的全面反映。发展权的主体是普遍的、无限的、绝对的，包括一切社会的人，发展权是全体人类的权利。《发展权利宣言》指出"人是发展的主体，因此，人应成为发展权利的积极参与者和受益者"，"发展是经济、社会、文化和政治的全面进程，其目的是全体人民和所有个人积极、自由和有意义地参与发展及其带来的利益的公平分配的基础上，不断改善全体人民和所有个人的福利。""发展是一项涉及所有人的事业"、"发展……始终以人为核心，把人作为一切发展行动的出发点和归宿点。"

发展权包括政治发展权、社会发展权（享有公共服务权利）、经济发展权和文化发展权。

社会发展权是指人类通过社会发展而享有的医疗、卫生、保健、环境保护和宗教信仰等方面得以充分发展的权利。包括社会保障权、教育发展权（包括受教育机会权、受教育条件权和受教育公正权三个方面）、劳动发展权（指依据宪法和法律规定，劳动者所享有劳动的权利。劳动者依法享有的平等就业和选择职业的权利，其范围涉及职业获得权、自由择业权和平等就业权。具体内容包括：自由择业权、平等就业权、劳动报酬权、休息休假权、职业培训权和职业保障权）等。

经济发展权是主体自主决定其发展方向和发展道路，获得发展所必需的物质技术手段，以及运用新的物质技术手段去创造并享受满足发展需要的物资资料的权利总和。它是发展权的核心内容，居于主导地位，最终制约着发展权其他内容的实现。

（二）农民发展权

农民发展权是指农民拥有的公平参与经济社会发展过程并公平分享发展成果的权利。其核心是农民平等发展权，包括两个方面：一是农民要拥有平等的发展机会；二是农民也要享受到经济社会进步所产生的发展成果，且二者是统一的，即：农民在公平、平等地参与经济社会发展并为经济社会发展作出相应的贡献，同时也享受着人类文明进步的成果，农民发展权是农民参与、促进和享受人类文明发展的统一。

首先，农民发展权的根本在于赋予农民均等的发展机会。每一个体人出生所自然形成的"身份"以及与此相关的"生存条件"是非选择的，这是自然赋予个体人的"自然权利"，是自然安排。有的人所拥有的"自然权利"多一些，而有的人则少一些，在这个世界上每个人的"自然权利"总是不同的。同时，人类在其社会实践活动中，人们作为社会人而存在，要受到社会各种社会制度的协助与约束，也就是每一个体人作为社会人而存在，而其社会发展环境取决于社会制度安排。可是，在现代文明社会中，这种生来具有的"自然权利"与社会制度安排并不完全等同，而且还应恰恰与此相反，在社会制度安排过程中，针对拥有较少"自然权利"应赋予较多的社会权利，目的是每一个体人都拥有大致相同的人生起点，这就是"起点公平"。所以，在现代社会中，必须通过社会制度安排赋予拥有不同"自然权利"主体的社会权利，保障不同的个体人能够获得参与社会发展的平等机会。

公共资源配置的起点公平要求公共品供给从根本上服务于或能增进国家利益和公共利益，社会公共资源在不同利益群体间均衡配置，这就要求政府在制定公共品供给规则时要体现不同利益群体之间的公平。公共资源配置不是增进个别集团福利，而是整个公共体系的福利最大化，其中每个社会成员都是平等的，都应当享受到社会公共资源的福利，既要获得发展的环境与机会，又要拥有基本生存、基本生活的权利，为此，在初始的公共品供给的制度安排时，应基于每一社会群体平等的社会资源的分配。

如果说在农牧文明时期农民在人类活动中居主导地位，那么，在现代工业文明时期，工业主导者是社会发展进步的方向和动力，拥有工业化的区域和从事工业的人群，代表着社会发展和前进的方向。不仅如此，在新中国成立之后，由于国内外环境的约束，通过户籍制度安排，将农民固化在土地上，将农业作为其生产活动的主体，而且这种制度安排的根本还在于中国的工业化，即通过牺牲农业和农民的利益来获取中国工业化的进程，也就是在工业化过程中农民的利益被剥夺，农民处于中国社会发展中的不利位置。直到现在，农民在社会经济分工中仍然是不能平等参与社会经济发展，而这正是阻碍农民发展的根本。所以，享有公平、平等地参与社会经济发展权利是农民发展权的前提性因素和本原性内容。

即便是改革开放以来，农民也是处在不平等的社会环境之中，而农民所缺失的平等、公平参与社会经济分工的机会，实质上就是弱化甚至虚化农民作为社会经济发展主体资格，使农民长期为了国家整体战略目标而牺牲自身利益，这既缺乏效率基础①，也不符合社会公平正义。农民参与经济社会发展，既蕴含着其获得了其他人享有的机会而且这一机会是同等的，同时也意味着给予了农民以参与经济社会分工的"准入权"，确保农民与其他主体之间优化资源配置、开展公平竞争、谋求全面自由发展。农民也不应当是无能为力的竞争者，而应成为市场与社会的积极而活跃的力量，因为能力贫困是最大的贫困。联合国《发展权利宣言》第一条指出："发展权利是一项不可剥夺的人权，由于这种权利，每个人和所有各国人民均有权参与、促进并享受经济、社会、文化和政治发展。"

其次，农民发展权要求农民享受到正当的发展利益。只有可以主张与追求的正当发展利益，才是农民发展权的最终归宿。一切发展机会、发展进程与发展手段，必须服从于发展利益这一实质价值。

要求公共资源配置有助于缩小人和人之间的差距，并且确保不利者的待遇得到改善。根据功利主义者的观点，应增进最大多数人的最大幸福；罗尔斯主义观点，社会福利最大化标准应该是使境况最糟的人的效用最大化，因为境况最糟的人的效用最小。公共资源配置的结果应更向境况相对低下的群体倾斜，增进他们的社会福利水平，进而增进整个社会的福利，使整个社会的福利水平最大化。城市人口密集，政府在社会治安基础、教育、计划生育、公共基础设施、卫生等方面优先对其进行投资是合理的，但是如果这种投资分配很不平衡，并造成了很大的城乡差距，则是不公平的；为吸引外资，所制定的对外商的优惠政策是符合国家利益的，但是如果这种优惠政策削弱了公平竞争的基础、明显影响到内资企业的成长，则是不公平的；两极分化是市场经济的自然现象，如果政府对这种现象

---

① 这里讲的效率是指市场效率。在市场经济环境下，一是人力资本水平决定着一个区域的经济发展水平和质量，农民发展权受到抑制，农民自身的素质技能不高，其村经济发展作用力受到极大影响，进而影响到其经济效率；二是市场经济是以消费为主体的经济，没有消费也就无从讲生产，更无从讲经济效率。而农民作为社会群体中的重要组成部分，由于其发展权的缺失，所获得的收益不足，造成有效需求不足，由此极大地影响着消费力，由此也影响着市场效率。所以，农民既是经济社会发展的主体，也是社会经济效率的基础。

放任不管，对出现的贫困视而不见也是不公平的，等等。

总之，获得发展的平等机会是农民发展权的基础，发展程序与过程的公平是其必然要求，而人类发展利益的公平共享则是其最终归宿。

（三）农民发展权的构成

农民发展权是一种具相对性、动态性和综合性的社会连带权，是一项内在核心，关键在于"发展"的综合性权利。

农民发展权的相对性是指在实际制度安排中农民与其他社会主体（特别是相对于城市居民）之间相比较而体现出的权利。实际上，在社会制度安排过程中，基于国家战略或者政府目标的考虑，不同地域或不同群体之间总是会存在着权利的不均等，比如基于增长极理论或梯度经济增长理论而形成的社会实践安排，为促进经济快速增长，总是对经济增长极或优先发展的区域给予相对多的权利，由此，不同群体、不同区域之间的各种权利总是存在着一定差异，农民发展权的相对性体现的是作为社会经济生活中的一个群体——农民与其他利益主体之间的权利关系。权利资源分配的公平正义是社会成员公平发展的基础，《发展权利宣言》第8条规定："各国应在国家一级采取一切必要措施实现发展权利，并确保除其他事项外所有人在获得基本资源、教育、保健服务、粮食、住房、就业、收入公平分配等方面机会均等"。对农民发展权而言，公平正义的权利价值相对于自由的权利价值更为有意义，公平、平等的权利相对于效率的追求显得弥足珍贵，公平重于平等、平等先于效率。

发展是一个不断进化、前进过程，农民发展权的动态性意味着发展权的过程性、时代性和可持续性。"发展权作为不可剥夺的人权，是参与特殊发展进程的权利，在此进程中所有的人权和基本自由最终都将逐步充分实现。"[①] 赋予农民参与经济社会发展的整个进程中的各个环节的平等资格，并且根据不同发展阶段和时代的发展特点建立动态的衡量标准跟踪评价发展状态、及时调控发展策略、确保发展具有可持续性。一方面，促进农民在物质与精神、体能与心智诸要素上的全面发展，以防止发展的畸形化、片面化或碎片化；另一方面，达致农民自由、自主的发展，打破为农民人为设置的法律身份或物理空间樊篱。

农民是宪法规定的经济、政治、文化等各方面基本权利的享有者。农民发展权可以理解为在发展的理念下涵盖农民生产、生活各个层面的基本权利，其目标价值在于保护农民的整个生存状态，其触角延伸到整个国家事务的各个层面。具体来讲包括以下几个方面。

---

① [印]艾君·森古布达：《作为人权的发展》，载《经济社会体制比较》2005年第1期。

农民经济发展权主要包括农民财产权、经营自主权、土地发展权、劳动成果收益权等内容。经济是发展的基础。农民经济发展权是一项相对独立的权利，不仅是其他发展权的基础，甚至是其他一切权利的基础。经济发展权在农民发展权中，居于主导地位并最终影响其他发展权的内容的实现。在经济发展权中，最突出的是农民土地发展权，土地是农民的根本，是农村、农业发展的基础。在经济发展权中，最突出的是农民土地发展权保护的缺失。土地是农民的命根，是农村、农业发展的基础。随着城市化进程的加快，每年都有大量的农田被征收，在土地征收过程中侵害农民权利的现象十分突出。

社会发展权，指农民满足自身基本的生存底限需要的权利，包括公平地获得社会保障，享受最低生活标准、医疗卫生等方面的利益。

文化发展权，指农民享有公平的普通教育权和职业教育权以及从事文化活动、享受文化发展成果的权利，其目的在于激发农民潜能、强化农民谋求能力，实现农民全面自由而持续的发展。

政治发展权，指农民公平参与国家事务和社会事务的管理，实现民主与自治的权利。

第二节　树立农民发展观

一、发展观

市场经济早期的发展观是一种单纯追求经济增长的发展观，认为社会发展就是经济增长，亦即国民生产总值和国民收入的增长。发展的根本问题就是提高国民生产总值和经济增长率。这种发展观根本没有把人的全面发展作为社会发展的重要内容，而只是把人作为经济增长的手段。但实践证明，这种发展思路并没有给发展中国家带来真正的发展，并没有实现西方发达国家那样的现代化；相反，还带来了许许多多的社会问题。于是就出现了第二代发展观，即综合发展观。这种发展观认为，发展也不仅仅是经济发展，应该是经济和社会的共同发展。这种发展观把人的发展作为与社会其他方面等同的一个方面，但是没有把人的发展放到应有的地位，没有把人的发展置于社会发展中的核心地位，作为最高目标。随着经济的发展和社会的进步，一方面，人的主体地位和作用日益凸显；另一方面，却没有充分认识人的发展的应有的地位和作用，这阻碍了经济和社会的进一步发展，背离了人类社会真正的归旨。基于此，就出现了以人的发展为中心的人、社会（包括经济、政治、文化）、自然和谐发展的可持续发展观。这种发展观从人出发，以人的全面和谐发展为目标，追求人、社会与自然的协调、持续、全面的发展。这种发展观确立了人的发展在社会发展的核心地位，强调和恢复了人的全面和谐发展在社会发展中这一重要内容和本来的价值取向。在党的十六届三中全会上，我们党进一步强调了要坚持以人为本，树立全面、协调、可持续的发展观。总之，社会发展首先要以经济发展为基础，但社会发展的最终目标却不是为了发展经济而发展经济，发展经济是为了人的生存和发展，是为了满足广大人民群众日益增长的各种需要。在这个意义上，发展经济是社会发展的手段，而人的和谐发展才是最终目的。在这里，目的与手段不能错位或颠倒。正如罗马俱乐部主席佩切伊所指出的："从最广泛的意义上说，人的发展是人类的最终目的，与其他方面的发展和目标相比，他应当占绝对优先的地位。"

所谓农民发展观，就是对农民发展的根本看法，也就是人们如何来认识农民的发展，如何来看待不同时期、不同经济社会发展阶段农民在农村经济乃至现代整体经济中的作用、地位。

二、农民发展的主体：农民

农村、农业、农民问题是中国经济发展的根本问题，"三农"问题的解决有两种基本的思路，一是农村工业化，其代表人物是费孝通、梁漱溟；二是农村专业化、社会化以及分工合作，这是斯密和马克思关于农村和农民问题的观点。其实这两种思路也可归结为一个方案，即农村社会分工基础上的专业化，进而工业化，但是这是有前提条件的，首先，专业分工的主体是农民，是农民要进行社会化大生产，农民从事劳动的专业化，农民劳动的分工，所以，农民是农村工业化、社会化、专业化的主体；其次，农民作为主体参与社会化大生产、进行专业分工，要有与此相适应的知识、技能以及必备的基本素质，也就是要有参与社会化大生产的技能，如果农民缺乏基本的社会化、专业化的基本技能，即便是农民形成社会化、专业化分工，也是低层次上的分工，对农村经济发展的作用有限。

农民在社会经济发展中的主体性体现为农民是农村经济社会建设主体，具体表现为农民要作为农村自己家园建设的主体，农村经济社会的建设、发展要依靠也只能依据农民自身的主动性和创造性。

农民是国家的主体，是农村经济社会发展的主体，更是自己生产、生活的主体。农村作为农民自己村庄、社区的事务，包括公共设施建设、公共事务的管理及相关利益的协调的组织，内部成员为农民，而且村庄事务管理主体也是农民，要建设的新农村,是农民在其中生产和生活的农村,是农民需要的"自己的"农村。什么样的农村是农民需要的,农民自己很清楚,什么样的乡村关系对于农民来说是好的,农民也最清楚。作为自己家园的主人,农民是有发言权的,并且必须要有好的机制保证农民的有效参与,新农村建设才有可能取得成功。离开了农民主体资格的参与,仅仅是政府和外来者要建设的新农村而与农民无干,新农村建设就不会是农民的农村建设,就不可能满足农民的需要。在几十年的新中国建设与发展历程中,农民作为建设和发展的主体资格是被损害与剥夺了,要进行新农村建设,就要把作为国民和公民应该得到的东西还给农民,通过新农村建设,通过涉农资源分配的转制来确认和加强农民的主体资格。

确保农民在农村经济社会建设中的主体地位,面临两个基本问题,一是如何让农民真正能独立自主的成为主体;二是如何让农民有自主能力成为主体。要解决好这两个问题,第一,赋予农民作为主体发展的权利,这其中包括农民对土地的财产权[①]、农民自由流动权[②]、平等受教育权、平等获取社会福利权以及其他公共产品的享有权等;第二,要对农民的主体地位进行培育,教育农民,培育农民,用现代理念、现代科技造就现代农民。

三、农民发展的核心:农民本质关系发展,促进农民能力素质的提升

农民发展的根本还在于其本质关系的发展,就是农民劳动的拓展、农民意识的转变、农民需要的提升以及农民交往半径扩大,本质上还是提升农民自身的素质、技能。

第一,农民掌握和运用科学技术文化知识能力的提高。发展农民对新知识、新技术的吸收运用能力以及对社会环境的适应能力。同时,发展农民经营管理的能力,把市场理念、质量理念、标准化理念贯穿于农业生产的全过程,以增强农民参与市场竞争的能力。这是构建和谐社会的物质基础。

第二,农民健康素质的提高。健康素质是现代农民的重要标志,具有健康的心理和生理素质是提高工作效率和应对社会复杂环境能力的基础,健康的身体素

---

① 中国土地制度中的所有权一是归国家所有,二是归集体所有,对于农村土地所有权归集体所有。改革开放以来,农村实行家庭承包现代制,农民拥有了对土地的使用权,承包期限可长可短,以农用地的前提下可以自由支配土地的使用,但是并没有将其作为财产权进行使用,一方面限制了土地的流动;另一方面限制了农民的财产权利,无法从中获取财产收益。

② 这其中核心问题是我国二元的户籍管理制度,人为地将农村居民与城市分而治之,而将农民固化在农村,不能享受到城市的社会福利。

质是农民提高劳动生产率的基础,能保证农民家庭生活质量的不断提高,完善农村卫生保健体系,改善农村人居环境,这是构建和谐社会的必要条件。

第三,农民文化修养的提高。提高农民的文化修养,使农民树立与现代文明相适应的思想观念,把社会的他律与个人的自律结合起来,在整个社会逐步形成平等友爱、诚实守信、互帮互助、融洽相处的风尚,才能将社会主义和谐社会的目标变为现实,这是构建和谐社会的精神动力。

第四,农民参政意识、参政能力的提高。民主意识和法治观念是现代农民不可缺少的基本素质。农民应具有民主意识和法治观念,农民参与社会管理,维护自身合法权益,这是构建和谐社会的制度保障。

农民发展的核心是以农民为本,以农民发展为本,以提高农民的能力、素质为本,要围绕农民能力、素质的提高进行制度安排,要构建农民发展的内在机制与外在机制[①]。

四、农民发展的基础:平等的机会

农民发展应该有以下几个含义。第一,农民首先具有发展的权利。与生存权一样,发展权是一项人人平等的权利,不应因出身、信仰、民族、种族、城乡等的差异而有所不同。尽管因个人禀赋、努力程度不同而有不同的发展结果,但发展的起点应该是公平的。第二,农民应该具有与其他个人和人群平等发展的机会。农民只要不自动放弃,他在就学、就业、社会福利和保障等方面就应该与其他个人和人群拥有平等的机会,不应有制度(如户籍制度)、政策(如就业政策)等各种形式的限制。第三,农民应该获得保证和促进自身发展所需要的各种资源,以便不断提高自身的发展能力。第四,农民发展应该是可持续的发展,应该建立农民发展的资本、技术、知识等有形和无形的支持系统,以保证农民发展的持续性。第五,农民发展应该是物质、政治、精神全面的协调的发展。

农民发展取决于政府基本公共服务供给状况,基本公共服务是农民发展的重要条件,也是农民发展的重要内容。农民发展保障基础首先是教育,教育承担着社会、经济、文化、政治等功能,是直接影响农民发展的重要因素。教育是提高农民人力资本水平、促进经济发展的基本途径。教育有助于促进社会流动,促进社会整合与社会公平。义务教育是整个教育体系的基础,义务教育公平体现着个人成长的起点和未来发展机会的公平。其次是公共卫生保障,公共卫生与基本医

---

① 内在机制体现为农民发展的自主意识,外在机制表现为社会为农民的能力、素质提高提供必备的环境与条件。

疗服务造福于人类，在国民经济和社会发展中具有独特的地位。对于农民来说，健康具有重要的本体性价值，是衡量农民素质的主要指标。"身体健康而不仅是生存，是一个基本的人类需要。"① 从社会角度讲，健康构成一个社会人口素质的基础。投资于健康就是投资于未来经济发展，社会拥有了健康就是拥有了"财富"。再其次是社会保障制度，基本社会保障是社会的"安全网"和"减震器"，构建规范稳定的基本社会保障制度有助于提高全体社会成员的生活质量，营造安定有序的社会环境。就业是民生之本，是人民群众改善生活的基本前提和基本途径，决定着每个家庭的生计。对劳动者而言，就业和再就业是他们赖以生存、融入社会、谋求发展和实现人生价值的重要途径和基本权利。

因为农民问题不能简单地归结为收入问题，而是以收入、就业、教育、健康等为核心内容的综合性问题，实质是农民在温饱问题基本解决之后，如何获得进一步发展的问题。"以农民为本"是政府推行基本公共服务均等化的基本出发点和归宿，而要培养和提高个人的能力，必须关注农民的生存和发展环境，并要通过基本公共服务均等化及其配置来创造和维护。可以说，政府为社会公众提供基本的、在不同阶段具有不同标准的、最终大致均等的公共服务是一项关涉农民发展的重要制度保障。

五、农民发展的本质：农民自由发展

发展就其本质而言是自由的增长，人的实质自由是发展的最终目标和重要手段。阿马蒂亚·森在《以自由看待发展》中指出了人类自由的发展观与更狭隘的发展观形成了鲜明的对照。狭隘的发展观的发展是国民生产总值（GNP）增长、或个人收入提高、或工业化、或技术进步、或社会现代化等的观点，实质上这仅仅是物的发展。而人类内由的发展观则认为，"发展可以看做是扩展人们享有的真实自由的一个过程。""自由不仅是发展的主要目的，也是发展的主要手段。"② 他所讲的自由是一种具有"实质意义"的自由，发展的目的不仅仅是为了单纯物的增长，而是为了实现个人所享有自由发展，增强个人作为主体的可行能力，是个人真正得以全面自由发展。

马克思主义也认为人是一切社会关系的总和，人的发展就是人的本质力量和本质关系的发展。人的发展的逻辑起点"是一些现实的个人，是他们的活动和

---

① [英] 恩·多亚夫、伊恩·高夫：《人的需要理论》，汪淳波、张宝莹译，商务印书馆 2008 年版，第 73 页。
② [印] 阿马蒂亚·森：《以自由看待发展》，任赜、于真译，中国人民大学出版社 2002 年版，第 1 页。

他们的物质生活条件，包括他们得到的现成的和由他们自己的活动所创造出来的物质生活条件。"①

农民发展是人的发展在农民身上的具体体现，农民发展也具有人的发展的一般属性和特征，首先，从本质上讲农民发展是农民的一项基本人权②，农民与其他社会公民一样，天生地具有发展权，这是自然赋予的一种天然权利，而且具有与其他人平等的发展权，不应因出身、信仰、民族、种族等的差别而受歧视和限制，这也就是个体人发展中的起点公平。其次，农民发展具阶段性和内在可持续性。农民发展取决于经济发展阶段和发展水平，以及农民自身的状况，也就是农民发展的需要，因为在不同的社会经济发展状态下，农民需要是不同的，要基于农民需要的层次决定着其发展要求。所以，农民发展不仅是前一阶段发展的目的，还是后一阶段发展的基础，因而，农民发展具有发展的内在可持续性要求。再其次，农民发展是一个多方面、多层次的综合体，它不仅包括农民的物质财富的增加，解决其基本的生存与安全需要，同时，也包括知识、素质、政治权利、法权等精神财富的提升，以满足精神、民主、个性等自由发展的需要；所以，农民发展是较低层次的发展，更是全面发展；不是一时的进步，而是可持续地前进。农民发展是一个全面发展的系统，既是发展的动力，又是发展的目的，一切发展都要围绕"农民"这个中心来进行，这也就是马克思主义所阐释的人的全面发展的内涵所在。

六、农民发展的关键：政府提供政策、公共产品保障

从农民发展的视角来看，农民发展外在环境关键还在于：一方面是为其提供良好教育的环境和机会，培育农民基本的知识能力，改革农民对自然、对社会发展的认识、观念；另一方面是为其提供良好的社会保障的环境与机会，使其健康得到基本保障，提升农民的身体素质。

农民教育的环境与机会。一般而言，个人接受教育的层次高，认识社会、自然的能力就越强，改造社会、自然的能力就越强，也就有更多、更好的劳动机会，进一步而言，就是拥有更多、更好的融入社会的机会与能力，可以对人生的意义有更好的认识，并更有目的性地参与社会活动；可以找到报酬更高的工作或得到更适合自己的工作，以及获得更多的工作机会的信息，并随时可能转换到更好的工作岗位上等。比如，贫穷的多子女家庭，因无力进行大量的人力资本投

---

① 《克思恩格斯全集（第1卷）》，人民出版社1972年版，第9页。
② 人权首先是生存权和发展权。

资,那么,其子女的受教育层次多半不高,而低层次的人才往往意味着只能从事报酬低下的工作,因此,多子女的贫穷家庭本来指望"子女多,挣钱养家的人手多,从而尽早脱贫致富"的愿望,往往落空甚或事与愿违,其结果却使自己和孩子代代疲于奔命。所以,农民的发展是在后天培育起来的知识水平、劳动技能、自我管理、自我约束、自我发展以及自我完善的能力,这种能力在人一生中的社会活动,包括改造自然、创造财富以及改造社会等方面,均具有决定性的作用。而这种能力的形成和发展,都是靠后天的教育来实现的,包括父母的家庭教育、社会成员的示范作用、学校教育、在职培训以及成人教育等方面。

在中国的教育制度上,也存在着教育的"二元结构",即从政府教育资源的供给来看,城市教育资源远远高于农村地区。城市中小学教育全部由国家投资,农村中小学教育则以摊派的方式由农民掏腰包解决,1985年国家财政还取消了对农村每个中学生31.5元、小学生22.5元的教育拨款,改由农民在集体提留中提取。义务教育由政府的主要责任转变为农民的主要义务。而事实上,广大农村尤其是中西部地区,约有50%~60%的乡镇入不敷出,全国有1 080个县发不出工资,其中60%是教师工资。这样很多乡村小学被迫停办,农村学校无法享受到九年义务教育。人力资本理论认为人的知识、能力和技术水平才是生产率提高的根本原因,而教育支出是人力资本构成的主要项目。人们在教育方面的花费是一种投资行为,而不是消费行为。教育方面的花费是相当巨大的,人们可能不遗余力地把有限的积蓄,甚至不惜举债筹款来支付本人或子女的教育费用,其原因"并不是单纯为了眼前的享乐,而是为了未来在金钱和非金钱方面的回报"(Mark Blaug,1967)。舒尔茨曾指出:"教育远不是一种消费活动。相反,政府和私人有意识地作投资,为的是获得一种具有生产能力的潜力,它蕴藏在人体内,会在将来做出贡献。"[①] 这就说明,教育投资是一种长期性的投资,它并不一定能获得即时回报,而是在未来的社会活动中逐渐显现其内在价值和意义。而且与物质资本投资不同的是,通过教育投资而提高了的人力资本,并不是一次性回报的,而是可以获得长期的、终身的益处,即获得的能力,始终蕴藏在人的体内,在必要的环境和条件下,就可发挥其作用,并取得回报。[②] 农民的人力资本投入不足,导致农民文化技术素质偏低,严重地影响了对先进的农业技术的接受能力,进而是科学技术在农业和农村中的普及推广难度增大,科学技术转化为现实生产能力的效率不高,最终影响了农民收入的增长。

社会保障的机会。在社会保障制度上,国家每年要为城市居民提供成百上千

---

① 《世界经济情况》,1980年第5期,第28页。
② Mark Blaug,"The Private and Social Returns on Investment in Education: Some Results for Great Britain", Journal of Human Resources 2 (Summer 1967), p330-346.

亿元的各类社会保障（养老、医疗、救济、补助等），而农民的生老病死伤残就只能自己顾自己，不仅如此，农民还要为政府分担补助救济农村五保户和烈军属。对农民来说，从小就要干活，一直到年老死去，大多数农民有了病无钱治疗，就靠"忍过去"。农民虽然拥有有限的土地，但土地的利益则微乎其微，甚至得不偿失。

  这些无形的公共服务差距的影响远远胜过了有形的收入对农民的深远影响。更好的基础教育和卫生保健直接提高了一个人生活的质量，它们还提高了一个人获得收入的能力，使其免于收入贫困。越好的基础教育和卫生保健，潜在的穷人就越可能有较好的机会脱离贫困。这一种途径对于消除收入贫困特别重要。因此，国家公共产品供给均等化、消费共享化对"三农"问题至关重要，具有长远意义。

第二章

农民、农民的本质及农民发展

作为经济社会中重要组成部分的农民有其自身的规定性,这是由其所生产、生活的状态所决定的。农民规定性的逻辑起点源于前人对人本质及人全面发展的基本理念。为此,本章以对人本质、人的发展的理解,进一步来分析农民的本质,农民发展的基本内涵。

第一节 农民及其农民本质

一、对农民的规定

农民是一个指涉甚广的称谓,常有不同的理解。19世纪50年代初,即1851年、1852年马克思在《路易·波拿巴的雾月18日》文中指出:"小农人数众多,他们的生活条件相同,但是彼此间并没有发生多种多样的关系。他们的生产方式不是使他们互相交往,而是使他们互相隔离,这种隔离状态由于法国的交通不便和农民的贫困而更为加强了。他们进行生产的地盘,即小块土地,不容许在耕作时进行任何分工,应用任何科学,因而也就没有任何多种多样的发展,没有任何不同的才能,没有任何丰富的社会关系。每个农户差不多都是自给自足的,都是直接生产自己的大部分消费品,因而他们取得生活资料多半是靠与自然交换,而不是靠社会交往。一小块土地,一个农民和一个家庭;旁边是另一小块土地,另一个农民和另一个家庭。一批这样的单位就形成了一个村子;一批这样的村子就形成了一个省。这样,法国国民的广大群众,便是由一些同名数相加形成的,好像一袋马铃薯是由袋中的一个个马铃薯所集成的那样。"① 马克思在《资本论》中又指出:小农"这种生产方式是以土地及其生产资料的分散为前提的,它既排斥生产资料的积聚,也排斥协作,排斥同一生产过程内部的分工,排斥社会对自然的统治和支配,排斥社会生产力的自由发展。"②

恩格斯认为:"小农——大农属于资产阶级——有不同的类型:其中有些是封建的农民,他们还必须为自己的主人服劳役。……他们只有依靠工人阶级才能求得解放。""其中有些是佃农。在这方面存在着大部分与爱尔兰相同的关系。地租已增加得如此之高,以致在得到中等收成时,农民也只能勉强维持本人和自己家庭的生活,而在收成不好时,他们就几乎要饿死,无力交纳地租,因而陷于完全听任土地所有者摆布的境地,……除了工人,他们还能指望谁来拯救自己呢?还有一些农民在自己的小块土地上进行经营。他们在大多数情况下都是靠抵押借款来维持,因而他们就像佃农依附土地所有者那样依附高利贷者。他们只有很少一点收入,而且这种收入由于收成的好坏不同而极不稳定。他们绝对不能对资产阶级寄托于什么希望……,但是,他们大部分都牢牢抱住自己的财产不放,虽然这个财产实际上不是属于他们,而是属于高利贷者的。"③

马克思和恩格斯所描述的小农生产方式有以下特点:(1)它是小块土地的所有者、经营者;(2)使用的是落后工具和传统技术,与机器、先进的农业技术无缘;(3)它的生产是自给性的,主要靠与自然交换,而不是靠人与人之间的社会联系;(4)他们的生活水平是低下的。

根据马克思和恩格斯的描述,(1)农民泛指一切具有农村户口的人,相对应的是城镇户口居民。这是在户口制度下的社会身份定位,可称作农村人,或城里人口里的"乡下人"。他们大都在农村改革后分得了或多或少的田地。(2)通常情况下,农民是指全部农村劳动力,不包括儿童和老人(一般在 18~60 岁,无完全劳动能力,不能独立地养活自己),他们或务农从商,或进城打工,或从事其他职业。(3)更严格的归类,农民则仅指农业(主要是农作物种植业)从

---

① 《马克思恩格斯选集(第一卷)》,人民出版社 1972 年版,第 693 页。
② 《资本论(第一卷)》,人民出版社 1975 年版,第 530 页。
③ 《马克思恩格斯全集》第 16 卷,人民出版社 1964 年版,第 453 页。

业人员（劳动者）即农业劳动者阶层[1]，而不包括农村劳动力中从事其他职业的人，也不包括国营农场的农业工人。

艾利思在《农民经济学：农民家庭农业和农业发展》中给农民下的定义是："农民是主要利用家庭成员的劳动从事生产并以此为经济来源的居民户，其特点是部分参与不成熟的投入要素和产出市场。"[2]

这个定义概括了发展中国家农民的特点，是农民经济学建立的基础。首先，这个定义强调了农民与市场关系的不完全性。一方面，农民的主要生产要素——土地和家庭劳动不是从市场上购买的，他们所生产的部分农产品也不向市场出售。另一方面，更重要的是，农民所面临的市场信息是不完全的，由于发展中国家农村交通不便和通讯落后，市场信息的流通极为不畅。不完全信息导致市场分割、扭曲甚至缺失。在不同的空间或不同的时间上，各个市场上交易的同种产品的价格很少是相同的。其次，这个定义表明，农民以家庭为单位做出经济决策；农民经济学分析的基本单位是农民家庭——农户。农户既是生产单位又是消费单位，农户的生产决策和消费决策两者不可分割。农户的生产可分为两个部分：满足自身消费需要的生产和满足市场需求的生产。农户在进行生产决策时，只有当满足自身的消费需要的生产被安排好后，才安排满足市场需求的生产。再者，这个定义还表明，在面对市场进行生产决策和消费决策时，农民是理性的，新古典经济学的分析方法都是适用的。但是，由于农民只是部分参与市场和市场的不完全性，因而他们的行为表现为有条件的利润最大化。最后，由于上述各种原因，发展中国家的农民不同于发达国家的农场主和农业企业家，后者更多地仅表现为单一的生产者，他们的所有生产决策都是面向市场的，其行为与新古典经济学所分析的一般厂商并无区别，因而完全可以运用新古典理论分析他们的行为。但是，发展中国家的农民只是部分面向市场组织生产活动，他们更多地受传统习惯的影响，其利润最大化行为是有条件的。我们可以运用新古典理论和分析方法对发展中国家的农民行为进行分析，但不能完全照搬。

总的来说，当代中国农民从其生产、生活方式来看，在传统小农向现代农民转变的过程中，农民最本质的特点是从事农业生产，这里所说的农业是指广义的农业。农民从事农业生产，主要从事植物栽培业，同时也包括从事林、牧、渔等各业。由于从事农业生产各有侧重，农民又可再细分为粮农、菜农、牧农、渔农、林农等。农民的第二个特点是居住在农村。农民从事的产业与土地有极其密切的联系，离开土地条件（首先是耕地，其次是草地、牧场、水面），便无法从

---

[1] 《辞海》（缩印版）的解释就是"直接从事农业生产的劳动者（不包括农奴和农业工人）"，第458页。

[2] 艾利思：《农民经济学：农民家庭农业和农业发展》，上海人民出版社1998年版。

事农业生产，也就无所谓农民。为了便于生产，从历史上就形成了农民居住在农村的特点。农民的第三个特点是具有农业户口。这是由于我国户籍制度所致。从我国农村实际情况看，具有农业户口的人不一定都从事农业生产，而从事农业生产的人一般都具有农业户口。

根据我国农民具有的以上特点，我们把农民的概念表述为：农民是指具有农业户口、居住在农村、从事农业生产的劳动者。而在中国则是从户籍制度来讲的，一般认为农民是生产、生活在农村地区的群体，即便是已经脱离农业生产，其户籍在农村仍被视为农民。我们这里讲的是指从事种植业与此同时也兼业的人群。农民作为一个群体，具有人本质的一般特性，包含意识、劳动、需要和交往四个要素。

二、农民的本质

农民是从事农业生产的群体，这是从职业角度来划分的，而在中国则是从户籍制度来讲的，一般认为农民是生产、生活在农村地区的群体，即便是已经脱离农业生产，其户籍在农村仍被视为农民。农民作为一个群体，具有人本质的一般特性，包含意识、劳动、需要和交往四个要素。我们也从这四个方面来分析农民之本质。

（一）农民意识

农民意识的形成与其生产生活的环境密切相关，与社会生产力水平以及社会发展中的制度安排息息相关。农民意识是其在以自然经济为基础、家族血缘关系为主体的经济社会环境中形成并内化于农民的价值观念、思维方式、宗教意识等的总和。农民意识的形成源于中国国民的文化心理，体现的是中国国民的群体特征，是在特定的国家政体以及自然环境中长期的历史发展过程中，由各种相对稳定的文化环境相互作用而形成的，并内化于农民思想之中的价值体系、思维方式以及对经济社会环境的认知心理，它不仅是个人长期形成的心理习惯，是一个民族数代、甚至是数百代积淀而成的心理习惯，形成一定的观念定式、思维定式、价值标准定式，它往往以广泛性、普遍性、整体性的特点综合反映一定历史时代社会群体的共同愿望、利益要求和心理倾向。

农民生产生活的基本特征：新中国成立至改革开放前，农民生产集中于集体，以队为基础，农民类似于农场制中的农民工人，只是从事生产劳动的主体，对外交往是以队为单位。改革开放以后，农村实行家庭联产承包经营责任制，土地按家庭进行分配使用，中国农民是以家和户的方式存在的，家和户是农民生产、生活、社会交往（包括人际交往、生产经营交往）和政治关系的基本组织单元,也就是说农民与社会交往、与市场的交换、与国家政府的联系以及人际关系是以家和户的形式或者以家和户作为单位而进行的。

从生产规模看,中国的农民仍然是小规模的家户生产生活以及经营,农民家庭种植着小块土地。改革开放前,个体作为集体经济的一员,与其他成员共同生产,生产规模受其占有土地数量的限制;改革开放之后,大多数农民是以单田作业,以个体的生产经营为主,其规模较小。

从生活方式看,农民不完全是自给自足的传统封闭式消费,而是已部分地融入了社会市场之中,如除基本的油盐等生活必要品外,服装鞋帽、家用电器以及日常用品都需要由市场供给,所以,其生活方式已部分社会化和市场化了。

从生产方式看,农民意识是在自给自足自然经济的小生产方式的基础上产生、形成和发展起来的。小生产方式具有以下几个显著特征:第一,由于生产工具的简陋,只能从事手工劳动,进行简单再生产;第二,生产的基本单位和组织为家庭,男耕女织,自给自足,缺乏广泛社会分工和社会联系;第三,活动范围狭小,社会交往局限于宗法血亲和地缘,缺乏广泛的社会交往与社会交换。

上述特点决定了农民的意识特点。首先,由于简单的生产工具,决定了日积月累的生产经验和熟练的技巧在生产中具有至高重要地位,一方面形成了小农重技术而轻科学的、重感性实在而轻理性逻辑的思维方式,另一方面又使小农倾向于保守,以传统习俗作为判断事物的价值尺度,反对变革和创新,形成崇古拒新的文化心态。例如,在陕西国家曾无偿提供一种新品种高产土豆,以取代当地习惯种植的低产土豆,该村仅一户愿尝试。这一事例,深刻折射出小农守旧的思想感情。其次,在家庭经济中,个体丧失了主体地位和独立人格,只有家庭才是独立的生产实体。先辈作为家庭的代表,作为经验和技巧的传授者,作为传统的解释者,获得了至高地位。这不仅仅源于血缘亲情,而且源于小生产方式本身。这样家庭作为生产生活的基本单位,集血缘亲情与社会组织于一体,使得小农意识打上了血缘宗法的印记,祖先崇拜盖源于此。

目前,农民家庭在农业生产中生产方式体现在产前、产中和产后三个阶段。首先从产前来看,产前是指种子、生产资料的准备过程。改革开放前,农民种植的种子基本上是自备,随着社会生产力的提高,专业化程度的提高,出现了一批种子基地、种子公司,专门为农民提供优良品种,在收益最大化的趋力下[①],农

[①] 农民从事以农业生产为主的劳动活动,其追求的目标是收益最大化,通过选用优良品种提高产量、质量,适应市场的需要,获取更多的收益。从另一视角来看,农民作为生产经营的主体,作为"经济人",具有理性(当然这种理性可能受到其知识、技能以及信息完备性的限制),适应市场的需求,种植在市场上能获得最大收益的产品,如改革开放后农民不再单纯地种植粮食作物,更大面积地种植果树、蔬菜等经济作物,所以,农民种植经营的多样化体现的是适应市场需求多样化的结果。

民一般都通过市场赎买。农业生产的生产主要是肥料、薄膜等,薄膜农民无力生产只有全部由市场供给,对农业生产所需要的肥料,除使用少量农家肥外,肥料基本上是在市场上赎买。其次来看产中,产中包括播种、犁田、除草、治虫、收割等环节。这些环节也都呈现为市场化状态,即,随着社会生产力水平的不断提高,产中过程基本上实现了机械化,大机器逐渐取代人的劳动,而在这一过程中,作为单田作业的农户而言,无力购买这些大型的机械设备,且由于机械工具的专业性,对于耕作土地有限的农户来说,每个家庭购买机械设备成本相对较高,由此,农业生产也就出现了专业化,即专业从事农业中生产作业,这既包括一般的播种、犁田、治虫,也包括最后的收割。关于产后,即包括销售、收购、客户联系、运输、结算等环节,农民、农业的产后无疑都与市场相连结。

从收入方式看,研究农民的收入源泉,要把农民置于社会发展的大环境中来考虑,改革开放前,在完全计划经济条件下,商品经济的份额非常小,农民本身不是独立的生产主体,只是依附于生产集体,而且只能依附于集体,所以,农民的收入方式是单一的,即通过参与集体生产活动来获取收益,这种收益在很大程度上呈现为物质形式,如粮食、蔬菜等,很小一部分为货币形式。农村经济体制改革后,农民家庭作为生产经营主体,而且随着中国经济体制改革以及市场经济体制的建立,农民成为利益主体,作为经济人的农民也追求利益最大化,因而,农民传统的生产对象农业,不仅是保证其生存的需要,还要尽可能地通过农业生产增加收益[1],农业也由传统农业向现代农业转变,农业的种植方式、结构也在不断的发生变化,其根本还在于适应市场需求,增加农业生产的收益;另一方面,农民特别是年轻农民不再是将自身固化在土地上,通过一些技能的培训,从事其他职业、行业[2],并从中获得更多的收益。这其中一部分是外出打工,即农民工,另一部分是家庭手工业。所以,农民收入的来源一部分是农业剩余,另一部分是工资性、经营性收入。

农民的行为方式。按照舒尔茨的观点,农民是理性的,经济学讲的理性是具有信息完备,且掌握正确处理信息的工具,得出正确的结论。也就是能够认知自然、社会的发展规律,并遵从自然、社会规律行事。事实上,首先农民不可能掌握所有的信息,也就是不具有完备的信息,其次也不具备信息处理的工具和方式,所以,农民作为经济人,追求收益最大化,是有限理性。在市场化的今天,

---

[1] 这种情况在农村家庭承包制实行的最初几年表现得尤为明显,农民生产的积极性极度高涨(当然其中还有社会生产力的发展,良种、化肥等的使用也为农业增产、增收提供了保证),农业生产有了剩余,这一时期农民收入主要方式就是农业剩余。

[2] 农业具有相对较低的比较收益,而且农业产品的消费刚性,农业增产不增收的情况在20世纪90年代已凸显出来,作为经济人的农民,他们也要选择具有比较优势的产业发展,从事其他职业能获取更多的收入。

市场引导着农民的行为方式,一方面当农业比较收益低于其他行业时,他们将走出农业,流向收益较高的地区和行业,如自20世纪90年代以来的民工潮、农民工大量进入城市,都是农民有限理性的选择;另一方面,在农业生产中,他们种植比较收益较高的品种,比如改革开放以后,农民种植经济性作物的比重不断增加,市场价格高的作物种植量较大,但是这种个体追求收益最大化的行为,形成集合行为,群体的行为,其结果是比较收益进一步降低,因为根据经济学原理,市场价格受供求关系的影响,特别是对一些农副产品消费弹性呈现为刚性,价格随着供给数量的增加而降低,所以,出现了增产不增收的现象[①]。

总之,中国的农民已不再是传统意义上的小农,而是在社会主义市场经济下的市场化小农,在生产、生活以及其他方面都融入了市场的因素,市场在引导着农民的行为。

市场意识、对物质财富占有意识、对权利的占有意识,只是由于受到生产生活范围的局限,农民还受到农耕文化的限制,以及国家对农村、农民的制度安排,将农民固化在土地上,将他们排挤出城市,无法享受现代城市文明、工业文明的成果。但是在市场化的浪潮中,农民的思想意识在不断发生变化,他们也在试图突破自身的局限,走出农村,走进城市,争取更大的生存和生活空间,但是由于其自身的知识、技能、素质的限制,当农民走出农村进入城市时,一方面无法与城市人有效沟通,不仅是一种文化的差异,更大程度体现的是知识、能力、素质的差异,无法融入城市文明;另一方面,从劳动范围来看,农民只是从事重体力劳动,由此,也就无法如马克思所讲的在劳动中发展自己,提高自身的劳动技能、素质。所以,农民具有对物质、权利的占有意识,追求货币、追求利益最大化,可是由于自身能力、素质的问题,不能更多地占有物质、权利,以及由此引出的农民还缺乏一种主动性和创新意识。

(二) 农民劳动

首先,来看农民的劳动范围。传统农民的劳动直接表现为与土地的结合,农民依赖并依附于土地,在土地上获取他们所需要的财富,劳动与土地结合产生出社会财富——农产品。改革开放前,农民作为集体生产者,所从事的劳动就是农业劳动。农村实行家庭承包责任制以后,特别是商品经济和市场经济的发展,农村乡镇企业的发展,农民在从事农业生产的同时,一部分走入乡镇企业成为工

[①] 在20世纪90年代尤其明显,农民使用新的品种、高效化肥,使产量增加,而农民收入不能同比例增加,还有就是每年农民都在不断地调整自身的种植结构,不仅是适应市场需求的变化,更重要的是存在"羊群效应",农民在有限理性的趋使下,种植结构单一,造成价格下降、产品积压,所以在这一时期出现了农民不再收获劳动成果,或者大面积砍伐果树的现象。这是对有限理性条件下作出决策的惩罚。

人,一部分发展家庭个体手工业,还有部分进城打工,即农民工,农民的劳动范围拓展了。但是由于其劳动技能、素质关系,从事的基本上是体力劳动。

其次,农民的劳动关系。劳动关系更多的表现为在劳动中人与人之间的关系,农民作为农业生产者,在不同的制度安排中,他们相互之间以及农民与政府之间的关系在不断地变动。新中国成立到改革开放之前,中国农村、农业实行合作社、公社体制,土地归集体所有,依合作社或公社作为一个独立单位进行共同劳动,即实行集体劳动。其中,作为农业生产主体——农民之间是一种平等的合作关系,即便是合作社、公社的管理者,与农民是同等的,也要参与农业劳动,并从劳动中获取相应的报酬。所以,在这种制度安排下,农民的劳动全部转让与集体,成为农村集体经济中的一部分。农村实行家庭联产承包责任制以后,农民的劳动关系发生了深刻的变化。打破传统的集体经济体制,农业生产单位变为家庭,家庭既是生产劳动的单位,也是独立核算的单位;农业劳动由集体劳动转变为家庭个体劳动,传统的农民劳动的合作关系已转变为农民家庭内部的合作。由此,农民基本上成为个体劳动者。

再其次,农民的劳动方式。受自身意识和受教育程度的限制,改革开放前我国农民主要以种植业为主,劳动职业主要是种地,还兼作一些手工业。改革开放以来,农民职业有了较大拓展,形成了一些非农职业,从农民职业分层来看,可概括为以下几个阶层:农业种植阶层、农民工阶层、个体劳动者和个体户阶层、农民知识分子阶层、私营企业主阶层、乡镇管理者和农村管理者阶层。除去私营企业主和乡镇管理者,其他农民从事的都是以体力劳动为主体的手工作业。

所以,由于农民的劳动范围和劳动方式的限制,其意识也不会有太大的发展,无法创造出新的意识。

(三)农民需要

农民享受发展的环境和机会体现的是农民发展的需求,这是农民发展的根本条件。农民发展过程中,不同的发展阶段农民发展的需求呈现为不同的特征,也就是有不同的需求,即农民发展的需求具有层次性。

第一层次是生存需求。农民的生存权是其最基本的权利,是为维持生命存在的最原始、最基本的需要,也是需求层次的基础。对于贫穷的农民而言,温饱、住、衣等与其生命延续有关的各种物质条件是最根本的,农民为了多挣一些钱,干什么都行,让他干什么也行,干多累的活都行,其他需求将不能激励他们。吃饱穿暖是生活的最高目标,农民的需要及其满足与实现方式具有典型的原始的"自然化"特征。只有当农民从生存需求的控制下解放出来,才可能产生更高级的、更具社会性的需求——安全需求。

第二层次是安全需求。这是农民保护自己免受身体和精神、情感伤害的需求。它可分为两类：一类是现实的安全需求；另一类是未来的安全需求。现实需求就是在现实的社会生活中的各个方面均能有所保证，如安全就业、安全劳动、安全生活以及人身安全、财产安全等；对未来的安全需求就是希望未来的生活有所保障，因为未来总是具有某种不确定性，而不确定性的东西就总是使人担忧，所以追求未来的安全，如病有所医、老有所养、伤有所保，以及病、老、伤残等以后的生活保障。那么，针对农民发展的需要，社会就应关注农民的安全需求，提供社会救济、社会医疗保障、社会生活保障等。

第三层次是致富需求。当农民解决了基本的温饱和安全需求后，他们追求更好的生活，致富需求成为其主导需求。农民作为社会的小生产者，单体作业是他们从事生产活动的主要特征，如何进一步提升收入水平，提高生产效率、扩大生产规模，获取更多的收益，是农民的基本出发点，他们考虑的不仅是满足自身发展的需要，而且是为家庭、子女后代发展考虑。此时，农民就有一种提升自身科学技术文化知识的动力，通过提高自身的人力资本水平，来获取更多的收益。为此，社会就应通过提供各种、各类教育产品来满足农民提升掌握和运用科学技术知识能力的要求。

第四层次是精神需求。当生活富裕、充实之后，农民需要精神生活的满足，休闲、娱乐等。此时，社会要满足农民的精神需要，提升农民的精神境界，构建有利于农民发展的价值体系，创造新的文化形态。关注农民的精神需求，满足农民的精神需要，需要提供两个层面的内容：一是适应农民调节生活节奏、愉悦精神需要的休闲娱乐文化消费品，即文化产品；二是促进农民全面发展、自由发展，提升农民文化品味和精神境界的价值观念和文化精神。

第五层次是民主权利需求。在满足上述需求之后，农民具有参与社区社会事务，表达对社会发展的看法的要求，这是农民参与社会、参与政治的体现，反映出农民不仅是个体人，而且是社会人，希望属于某一群体，得到社会的认可、认同、接纳和关怀。

第六层次是个性发展需求。以个人的独特的性格和行为为特征，充分发展个人的心理品质和能力、素质、个性、能力、创造性充分展示与发展，体现的是个人的自由发展。这是最高层次的需要，是实现个人理想和抱负，最大限度地发挥个人潜力并获得成就的需要。

对于不同层次的需求，农民发展中的需求是由低向高逐步递进，较低层次的需求得到满足后，就会产生较高层次的需求。目前，绝大多数农民的温饱问题已基本解决（当然还有部分贫困人口，生活在贫困线以下），农民发展的生存需求得到基本满足，农民发展急需解决的是第二层次、第三层次、第四层次的需求，即安全需求、精神需求与致富需求,社会对这三种需求的供给还远远不够。

(四) 农民交往

农民作为独立的商品生产者和消费者,他们的社会交往的内涵与外延都不同于城市居民。农民不仅要进行城市居民所具有的亲戚朋友间的往来,更重要的是农民作为独立的商品生产者,要与市场交往,从事农业生产要在产前了解市场的需求信息、种植中的良种信息、新技术信息;产中了解和掌握耕种的新技术信息、管理知识;产后要了解和掌握销售信息、销售策略等,所以,农民在市场上不仅是作为消费者与其他生产者交往,购买生产资料,而且农民作为商品生产者、作为商品供应者与其他消费者交往。

从所应具备的能力和素质角度来讲,农民为了占有更多的财富、更多的权利,不仅要有农业生产所具备的基本能力和素质,即掌握种植技术、对市场需求的敏感性,而且还要有一定的经营能力,懂得如何将产品转化为货币。

从农民意识、劳动、需要以及交往四个层面来看农民之本质,首先,农民是市场化的农民,其生产生活已融入市场之中,其意识、行为和动机受市场的支配;其次,农民是有限理性的,作为经济人,追求收益最大化,追求对物质、对权利的占有与支配,可是,由于其自身能力与素质的约束,农民之需要以及农民意识中对物质的追求并未实现。再其次,从农民意识异化来看,农民具有自我意识,但不完全具有理性,其根本还在于能力和素质的问题,当然农民意识如何上升为总体意识,更进一步对自然、社会发展规律的认知能力也还有待于提高。

总之,现阶段农民之本质是认知自然规律、社会发展规律的能力,进而改造自然、改造社会的能力,但是由于其文化教育以及由此所产生的意识、劳动、需要和交往的限制,其农民认知能力、创造能力还不足。

第二节 农民发展

一、农民作为发展主体

农村、农业、农民问题是中国经济发展的根本问题,其中"三农"的核心是农民问题。"三农"问题的解决有两种基本的思路,一是农村工业化,其代表人物是费孝通、梁漱溟;二是农村专业化、社会化以及分工合作,这是斯密和马克思关于农村和农民问题的观点。其实这两种思路也可归结为一个方案，即农村社会分工基础上的专业化，进而工业化，但是这是有前提条件的，即首先，专业分工的主体是农民，是农民要进行社会化大生产，农民从事劳动的专业化，农民劳动的分工，所以，农民是农村工业化、社会化、专业化的主体；其次，农民作为主体参与社会化大生产、进行专业分工，要有与此相适应的知识、技能以及必备的基本素质，也就是要有参与社会化大生产的技能，如果农民缺乏基本的社会化、专业化的基本技能，即便是农民形成社会化、专业化分工，也是低层次上的分工，对农村经济发展的作用有限。所以，农村经济发展，农民发展是其根本，农民发展是主体。

主体性是人的本质特征，是在与自然结合过程中，人能够自觉、自主、能动和创造的从事活动，在实践活动中从自身的主体地位出发，以不同方式掌握、控制和运用自然界的禀赋特点，并为己所用。

在中国现阶段，作为发展主体的农民，包含着两个层面的含义：一是作为"人"的一部分，要不断自我发展、自我完善；二是作为中国现代化、中国农村、农业的创造者、劳动者，要完善自身，也就是农民作为主体进行发展，是中国现代化之需要，是中国农村、农业问题解决之要求。

社会发展的主体是人的发展，社会的不断进步需要造就不断进步的"人"，社会的"发展最终要求的是人在素质方面的改变，这种改变是获得更大发展的先决条件和方式，同时也是发展过程自身的伟大目标。"农民发展，本质是农民从传统人转变为现代人的身份转化过程，基本内容是农民生产方式、生活方式、思维方式和价值观念的现代化，使其思想、心理、态度、知识技能和行为方式等适应现代社会发展要求。

从实践来看，农民还存在着其发展的阻力因素。在计划经济体制下，传统农民处于依附和依赖的地位，一切经济活动都要由国家和集体来组织，在这种制度安排下造成了农民缺乏必要的自主性、主动性、开放性和创造性，没有独立判断和创造性思维，当然也不存在竞争压力和利益动力。改革开放以来，通过实行家庭生产承包责任制、允许农民从事商品生产、扶持农民兴办乡镇企业、鼓励农民搞多种经营和基层民主管理活动，农民的主体性逐渐增强，在勤劳致富愿望的驱动和市场竞争的压力下发挥着越来越明显的积极效应。在这一过程中，农民素质将起着决定性的作用，提升农民综合素质，促其由传统观念向现代社会意识转移，加速其职业分化，已成为农村经济持续发展必须突破的一道坎。只有农民的素质提高了，农民才能科学种地，按照市场需求生产；外出务工才能找到好工作；收入才能提高，城乡收入差距才会逐步缩小。

中国农民虽然已经从传统的经济结构和政治体制中剥离出来，但其传统的基本特征并未彻底改变,实行家庭承包责任制以来,中国的农业生产又回到以家庭为生产单位的、分散的、小规模的生产,小生产方式没有根本改变,小农经济的基本属性也就没有根本改变,在狭小的和原始的生产力基础上,以土地等生产资料的极端分散为前提,独立地和孤立地耕作一小片土地,生产他自己和全家的生活消费品。

农民发展状况,在很大程度上决定着农业和农村现代化发展的步伐,决定着我国经济社会发展第三步战略目标的实现,我国农村全面建设小康社会根本在于提高农民素质。发展农民,提升农民的素质,是从根本上解决我国新时期农业、农村和农民问题的一条重要战略途径。

改革开放以来,党和政府高度重视提高农民素质的问题,采取了一系列有针对性的措施,农民素质得到了明显提高,不容回避的是目前农民素质的现状并不乐观,农民素质与全面建设小康社会的目标和要求还有差距,农民素质还亟待提高。据权威部门的资料统计,在近4.9亿农村劳动力中,小学文化程度和文盲半文盲占40.31%,初中文化程度占48.07%,高中文化程度占9.7%,中专文化程度占2%,大专以上文化程度仅占0.52%。很显然,当前农村人力资源状况已经不能适应现代化农业发展、城镇化进程以及经济产业结构升级的需要。

所以,作为小生产者的农民,其生产方式、生活方式以及需要、交往等都与现代性不相符,当然也不利于中国现代化的发展。为适应现代化的要求,农民必须由具有传统意义和传统属性的"农民"变为从事农业的现代劳动者。

二、农民发展的内涵

农民发展就是农民本质力量和本质关系的发展,即农民意识的发展,通过认知自然、社会能力的提高,具有理性、具有总体意识;通过能力与素质的提高拓展劳动范围,不再是从事简单的体力劳动,并在劳动过程中发展自己。农民发展的根本就是要提高自身的能力与素质。

(一) 农民劳动能力提高与拓展

马克思曾深刻地指出,所谓"劳动是一切财富和一切文化的源泉",欧文认为"完善的新人应该是在劳动之中和为了劳动而培养起来的"。歌德认为"劳动可以使我们摆脱三大灾祸:寂寞、恶习、贫困","劳动本身不过是一种自然力的表现,即人的劳动力的表现"[①]。从中可以看出劳动的好处。但是,"劳动过程

---

① 马克思:《哥达纲领批判》,人民出版社1965年版。

的简单要素是：有目的的活动或劳动本身，劳动对象和劳动资料"[1]，任何劳动，毕竟必须在一定社会条件下才能进行，脱离了具体社会条件的所谓劳动只能存在于人们的想象之中。劳动是由劳动者进行的，但劳动者并不是都能自然地占有自己的劳动。而且劳动与劳动对象的结合需要劳动者具有一定的约束，那就是劳动者要具有与劳动对象结合的能力，要能够使用相应的劳动工具，要能够驾驭劳动对象。实质上，这就是说劳动者要具有一定的素质、能力。

对农民而言，首先是农民掌握和运用科学技术文化知识能力的提高。发展农民对新知识、新技术的吸收运用能力以及对社会环境的适应能力。同时，发展农民经营管理的能力，把市场理念、质量理念、标准化理念贯穿于农业生产的全过程，以增强农民参与市场竞争的能力。这是构建和谐社会的物质基础。其次，农民健康素质的提高。健康素质是现代农民的重要标志，具有健康的心理和生理素质是提高工作效率和应对社会复杂环境能力的基础，健康的身体素质是农民提高劳动生产率的基础，能保证农民家庭生活质量的不断提高，完善农村卫生保健体系，改善农村人居环境，这是构建和谐社会的必要条件。

（二）农民意识提升

意识决定其行为，马克思主义哲学认为，人是有意识的高级动物，人的意识是人与动物的根本区别，意识还对物质具有能动的反作用，正确的意识对事物的发展起推动作用，人的主体意识的正确而充分的发挥对于客观世界的发展有积极的作用。因此，人要改造世界首先要有充分认识自身地位、作用和价值的主体意识。西方哲学史上，古希腊智者普罗泰戈拉所言："人是万物的尺度。"它之所以能够被黑格尔称之为"一个伟大的命题"，其意义就在于它标志着古希腊人主体意识的觉醒。关于人的主体意识涵义，"主体意识就是人的主人意识或自主活动的意识，亦就是要作外物的主人，同时也要做自己的主人，自己掌握自己的命运的意识。"[2] 随着社会进步，人类社会由农耕文明进入工业文明，分工、交换主导着社会发展与进步，分工意识、交换意识决定着一个人或一个群体的进步程度。农民受传统的是自给自足经济的影响，缺乏分工与交换意识，依此为基础所延伸的集体意识、创新竞争意识、商品经济意识、意识、小富即安意识以及开放意识、民主意识等，而这些是工业文明中所必须的。农民意识的提升就是要转变其传统的个体意识、守旧以及封闭盲从观念，融入现代文明社会之中。民主意识和法治观念是现代农民不可缺少的基本素质。特别的，农民应发展民主意识和法

---

[1] 《资本论（第一卷）》，人民出版社1975年版，第202页。
[2] 杨金海：《论人的主体意识》，载《求是学刊》1996年第2期。

治观念，农民参与社会管理，维护自身合法权益，这是构建和谐社会的制度保障。

（三）农民需要提升

农民在自身发展的不同阶段对需要所表现出来的强度并不相等，由低到高分为六种类型，一般来说，较低需要尚未得到满足之前，较高的需要是难以显现出来。他没有崇高的精神追求。可是，较低需要得以满足之后，高一层次需要未必就一定能显现出来，他们所拥有的物质条件已经远远超过生存所需，即便是达到了奢侈程度，也依然沉醉在物质的享乐和对物质追逐之中，而未能出现超越物质层面的需要而上升到更高层面的需要，其取决于每个人的需要结构，进一步而言，潜在需要结构决定着一个人的素质。布莱克在其所著的《现代化的动力》中，将现代化分为五个依次递进的层面，它们是："单项事物指标的现代化——物质技术基础层次的现代化——社会制度运行机制层次上的现代化——文化观念层次上的现代化——社会主体层次上的人的现代化"。其中，人是社会现代化的主体，又是社会现代化建设的实际承担者，人在追求物质与文化的现代化过程中也实现着自我的现代化。农民的生存境遇是大多处于自给自足、缺乏有效无组织的个体生存状态，加之受教育程度偏低，进而阻碍了他们进一步认识自我、改变自我、实现人生更大发展的动力。

需要层次决定着一个人的价值观念和对世界的认识，农民在处于生理需要和身体安全需要、致富需要层次时，注重的是物质财富的增长，以追求物质最大化为基本动力；而上升到精神需要和民主需要层次时，相应取而代之的价值观是一种和谐的、能提高人的自身素质、有利于社会协调发展和人与自然的可持续发展的观点，是一种科学的发展观。

（四）农民交往范围不断扩大

"以'己'为中心，像石子一样投入水中，和别人所联系成的社会关系，不像团体格局中的分子一般大家都立在一个平面上，而是像水的波纹一般，一圈圈推出去，愈推愈远，也愈推愈薄。"这是费孝通对"差序格局"的经典描述。长期以来我国农村就处于这种"差序格局"之中，并受这种"差序格局"的影响，农民的交往行为大都是以"己"为中心，以血缘和地缘为半径而形成的一种交往方式。可是，随着由农耕文明向现代文明转变，以工业文明为主导的现代性在农村社会迅速扩张，基于分工与交换的市场经济制度主宰着社会进程，而自给自足的生产和生活方式、人们的价值观念、传统习惯和行为方式都在潜移默化中发生了改变，农民日常生活的各个细微之处也在发生变化，而交往行为作为一种日常行为也必然发生变化。

农民劳动的拓展、现代意识的提升、需要层次的提升以及交往范围的扩大，在一定意义上体现为农民发展的内在本质，也就是只在劳动、意识、需要以及交往的变化才能真正提升农民，使农民拥有更多的机会和能力参与社会分工，进而获得全面、自由的发展。从农民发展的外在表现来看，农民发展体现为其在社会生产、生活过程中所表现出来的技能、素质，也即农民在社会中配置资源的能力，获取机会的能力。具体来讲，农民发展包括以下方面。

第一是农民掌握和运用科学技术文化知识能力的提高。科技素质包括科技意识、科技常识水平及掌握和运用科技的能力，反映着农民对科技的基本态度、对农业生产专门知识的掌握程度、对农业生产活动过程所进行的管理、预测和研究的水平，以及科技由间接生产力转化为现实生产力的可能性；发展农民对新知识、新技术的吸收运用能力以及对社会环境的适应能力。同时，发展农民经营管理的能力，把市场理念、质量理念、标准化理念贯穿于农业生产的全过程，以增强农民参与市场竞争的能力。这是构建和谐社会的物质基础。劳动技能素质反映着农民对生产工具的操作和使用能力，反映着农民运用其所拥有的知识技能和经验，征服自然、改造自然，发展农业和农村经济、增加收入、改善生活条件的能力。

第二是农民健康素质的提高。身体是智力的载体，身体素质的强弱直接影响着其他素质的形成和发挥；心理素质反映着农民对现状、对未来、对传统观念与传统思维方式的态度，包括对当前改革开放的适应性和心理承受能力，对竞争意识、市场观念的认识程度，以及农民的各种行为与时代脉搏的调适程度；文化素质反映着农民的基本素质和整体水平。健康素质是现代农民的重要标志，具有健康的心理和生理素质是提高工作效率和应对社会复杂环境能力的基础，健康的身体素质是农民提高劳动生产率的基础，能保证农民家庭生活质量的不断提高，完善农村卫生保健体系，改善农村人居环境，这是构建和谐社会的必要条件。

第三是农民文化修养的提高。文化素质包括一定的文化知识，即一定的天文地理、医疗卫生及数理化等基本知识，听说、读写、计算等基本技能以及观察、想象、研究、艺术修养、审美等能力；提高农民的文化修养，使农民树立与现代文明相适应的思想观念，把社会的他律与个人的自律结合起来，在整个社会逐步形成平等友爱、诚实守信、互帮互助、融洽相处的风尚，才能将社会主义和谐社会的目标变为现实，这是构建和谐社会的精神动力。

第四是农民参政意识、参政能力的提高。民主意识和法治观念是现代农民不可缺少的基本素质。农民应具有民主意识和法治观念，农民参与社会管理，维护自身合法权益，这是构建和谐社会的制度保障。

农民发展的核心是以农民为本，以农民发展为本，以提高农民的能力、素质为本，要围绕农民能力、素质的提高进行制度安排，要构建农民发展的内在机制与外在机制①。

三、农民发展水平的指标体系

根据农民发展的基本内涵，构建农民发展水平的指标体系，一方面可对农民发展的基本内涵进一步诠释，明确农民发展的具体内容，另一方面，可对农民发展水平进行有效评价，进一步清楚农民发展的瓶颈。

农民发展包括四个层面：农民掌握和运用科学技术文化知识能力、农民健康素质、农民文化修养和农民参政意识、参政能力。下面将从不同层面分别构建起反映其状态的指标。

（一）农民掌握与运用科学技术文化知识能力的指标

农民掌握与运用科学技术文化知识能力的形成于教育、培训以及日常生产生活活动中对科学技术信息的获得；农民掌握与运用科技知识能力体现于劳动生产率、新技术和新知识的使用等。

1. 教育水平

教育水平体现农民整体教育素质，农民的富裕程度、劳动范围以及其生产方式、生活方式等都与其教育水平密切相关。教育水平表现在农民受教育水平、教育投入等方面。对中国农民受教育水平的评价时可采用平均受教育程度，如平均受教育年限、识字率；教育投入方面可采用农村普通中小学每万名学生拥有专职教师、农村教育投资等。从成人教育视角而言，可用农村成人教育机构数或万名人员拥有的成人教育学校数。

2. 掌握与运用科技水平

这是农民发展的主体，是指农民所掌握的文化、科学技术以及劳动经验、生产技能所达到的程度。它通常反映农民掌握科技知识以及运用于劳动之中所取得的成就，在生产过程中需要将科技文化知识转化为生产力。掌握与运用科技水平是教育水平的延伸。是教育水平的成果。劳动生产率、土地产出率、农业生产科技贡献率、每万农民拥有的农业技术推广人员数、平均受教育年限、农民术等级证书比例、每公顷农作物播种面积机械总动力、非从业人员比重、农产品附加

---

① 内在机制体现为农民发展的自主意识，外在机制表现为社会为农民的能力、素质提高提供必备的环境与条件。

值、农产品创汇额、农业技术员数、大众媒体覆盖范围。

(二) 农民健康素质

农民健康素质的提高表现为患病率降低、寿命延长和死亡率下降等。对农民健康素质评价主要采用平均预期寿命、农村死亡率、人均医疗保健支出、人均食品支出、农村乡镇卫生院床位数以及自来水普及率等指标。

农民身体素质的指标：人均食品消费支出、人均医疗保健支出衡量。住房方面的投资由农村居民的人均居住消费支出金额来衡量。

(三) 农民的现代意识素质

主要体现在农民法制观念、婚育观念、环境保护观念、宗族观念、参与民主选举等方面。而该项素质中的法制意识、环保意识以及选举意识正是体现新型农民与传统农民之间差异的重要指标，目前反映农民现代意识素质的指标主要有：农村犯罪人数、农村育龄妇女一胎生育率、农村森林覆盖率、基层干部民主选举人数等。

(四) 农民的文化素质

文化素质并不直接等同于教育，有知识的人不一定有文化，不一定有思想。文化素质是接受的人文社科类的知识，包括哲学、历史、文学、社会学等方面的知识。这些知识通过人的语言或文字的表达体现出来、通过人的举手投足反映出来的综合气质或整体素质。

农民文化素质具体表现为：对国家相关政策、制度安排的认知、掌握程度，这其中涉及经济、社会等方面的法律法规、政策、规定等，还包括不同级次的政策、法规。具体来讲可用了解相关法律法规、政策的多少、近五年的犯罪、违法率、邻里和谐的比率等指标来反映。

现代市场意识也代表着一个人的文化素养，现代市场意识重要的包括合作意识、交换意识、竞争意识等，衡量这一内涵可用参与社会组织的多少、是否具有品牌意识以及参加培训等情况。

第三节 农民发展的效应

农民发展可带来农民素质的提高，进一步提高其人力资本水平，提高其作用于经济社会的效应。这其中表现为两个方面，一是农民发展的内在效应，也就是农民发展带来人力资本水平的提升可增强其劳动范围与空间，强化对外交往的能力，从而使其意识得到转变，适应现代化进程的需要，同时也就意味着增加自身的收益。二是农民发展的外部效应，即农民发展可促进经济社会的进步。

一、农民发展的收入效应

农民劳动的拓展、交往范围的扩大、需求层次的提升以及现代文明意识的提高，可促进农民发展，提升农民的素质技能，反过来，其素质技能的提高又进一步发展农民的本质关系，即劳动机会、对象提升，交往范围扩大以及需求层次、现代意识进一步得到提高，二者相辅相成，呈螺旋式上升。实际上，这种效应本质上体现的是农民人力资本水平的提高，农民人力资本内在价值的变动。

农民发展对农民而言具有收入效应，即农民发展能提高农民的收入水平，或者说农民发展与农民收入成正相关。

个人的人力资本提升，可以提高其收入。联合国教科文组织发布的《2005年全民教育全球监测报告》显示：个人的社会收入分配与其受教育的程度密切相关。一般而言，人在学校受到的教育越多，其有生之年的收入水平就可能越高。而这个收入指的不是人们在学校受教育时的收入，也不是他们首次工作获得的收入，而是在其整个工作寿命之内的总收入。

劳动力市场分割理论认为，劳动力市场实际上分割为主要和次要劳动力市场，主要劳动力市场是由大公司、政府管理部门等组成，其特点是工作收入高、晋升机会多、就业稳定，而次要劳动力市场是由小公司组成，其特点是工作收入低、晋升机会少、工作不稳定或工人易被解雇，并且这两种劳动力市场之间缺乏流动性，处于次要劳动力市场上的人很难进入到主要劳动力市场。而劳动者素质决定着求职者进入哪一种劳动力市场，一般来说，受教育程度越高，人力资本水平越高，进入主要劳动力市场的概率就越大，该理论也认为教育与收入成正相关。

托达罗在《第三世界的经济发展》中提到：大量人口迁移的研究表明，个人达到的教育水平与他（她）从农村迁移到城市的倾向呈正相关关系[1]。事实上，受教育水平高的农民对自然环境、对现实民办的认识比没有受教育或受教育水平较低的农民更开阔，在对事物的认知也较之深刻、清楚。农民发展水平决定着其思维，影响着他如何认识环境，并其于不同的环境做出符合自身收益最大化

---

[1] Todaro M. P.. Economic Development in the Third World [M]. New York: Longman Inc, 1981: 315.

的选择。杨和陶（Yang and Tao）讨论了教育和增加农村居民剩余劳动力转移的机会之间的关系，认为受过较好教育的农村居民通常具有被非农业部门雇用的优先权，为此，杨和陶的模型以中国农业数据、比较优势原理和知识溢出假设为依据，发现学校的教育并不能成为提高耕作的实际效率的因素，但有利于提高非农就业的农村劳动力的工资[①]。

由此，农民发展，农民人力资本水平的提升，不仅能提高即期的收入水平，而且在整个工作寿命期间，其收入水平都将保持在一个较高的水平上。

二、农民发展的外部效应

农民发展，农民素质技能提高，人力资本水平提升，不仅如此，农民人力资本水平的提升还可产生正的外部效应，即农民从事生产活动过程中，在增进自身福利的同时，对社会上其他人（包括自然人和法人）带来了正的福利，也就是其他人从其生产活动中获得了一定的福利。这是因为，人力资本理论，特别是新增长理论将人力资本作为一种生产要素，并引入到经济增长模型中，专业化的知识和人力资本的积累可以产生报酬递增并使其他投入要素的收益增加，从而总的规模收益递增。而人力资本对社会的作用主要通过两种方式得以实现：第一，人力资本自身作为一种新的生产要素，改变了生产函数；第二，人力资本对其他生产要素和生产条件进行多种组合，提高要素的性能和水平，从而提高整个生产效率。

（一）农民人力资本水平提升可产生劳动对象的变革

劳动对象是劳动者在劳动过程所能作用的一切对象。一般而言，劳动对象可分为两类：一类是进入生产过程的那部分自然界，即自然界直接提供的用于生产的自然物。如土地、水、地下矿石等；另一类是经过人们加工的劳动对象，即原料。如工业中的钢材、棉纱、农业中的种子，建筑中的木板等。

人作为劳动的主体，作用于劳动对象，提供人类不断繁衍的基础，而其中人的发展状况决定着对劳动对象的利用以及或获得人类所需要物质条件的能力。通过人力资本的投资和积累，人们凭借知识和技术，不仅能够提高对原有资源的开发和利用的深度，使相同的资源投入获得更多的产出，而且，还能够发现新资源，替代原有稀缺和昂贵的资源。因此人力资本的积累从本质上改变了资源的可

---

① Yang, Tao D. Education and Off-farm Work [J]. Economic Development and Cultural Change, 1997, (3).

获得性，降低了资源价格，从而降低了资源在生产成本中的比例，使产品的价格随之下降。

农民的劳动对象包括两个层面，一是传统的土地、种子以及农业生产工具，即农民劳作的对象——传统农业；二是农民自身不断扩展劳动范围，不再单一地依赖于农业，从事二次产业、三次产业的活动，由此，农民的劳动对象是工业产业中的钢材、水泥、农产品等。

所以，农民发展，农民人力资本水平提升，可以有效利用、开发其传统的劳动对象——土地、种子、生产工具等。实际上，随着整个社会生产力水平的提高，农民所面对的劳动对象也在不断的发生着变化，对土地的认知、对种子的了解以及对农业生产工具的掌握都提出了更高的要求。农民对劳动对象土地的认知取决于他的知识、技术，也就是他掌握的关于土地、种子以及农业的科学知识与技术，比如他既了解每一作物在每一时期的成长情况，对水分、各种成分等的需要，又掌握了土地的基本构成，那么，他就能适时地进行有效操作，提升土地的利用与开发效果。再比如，他如果掌握不同地力条件下适合哪种作物生长，他也可以有效地进行选择，这样，也可以提升土地的有效利用。同时，随着科技进步，工业化、现代化进程不断加快，农民有了更多的选择，不再单一地依靠土地来获取收益，他们也将走出农村，从事二次产业、三次产业的劳动[1]。首先，农民要选择劳动对象，而依何种自然物作为劳动对象要取决于农民自身的人力资本水平，取决于掌握何种技能、技术，以及对所处经济社会环境的认识[2]。其次，农民在从事相应的工作时，即其劳动与劳动对象相结合时，是否有效率、是否真正掌握或利用劳动对象，实际上与农业生产一样，也要取决于其人力资本水平。所以，农民发展，农民提升其人力资本水平，不仅可拓宽其劳动范围，而且还可更好地利用甚至开发劳动对象，成为生产中的主体而不是仅仅服从于劳动对象的需要。

（二）农民人力资本水平提升更为方便地使用劳动资料

劳动资料是在劳动过程中用以改变或影响劳动对象的物质资料或物质条件，是人和劳动对象之间的媒介体。劳动资料是人类征服和支配自然力的强大杠杆，

---

[1] 农民走出农村、农业，从事工业和服务业活动，一方面基于农业剩余劳动力的产生，由于农业工业化程度的提升，很多情况下都出现了机械替代人工劳动，农业劳动产生了剩余；另一方面，二次产业、三次产业的比较收益要高于农业，所以，农民更愿意走出农村、走出农业。

[2] 这就是为什么绝大多数农民从事的是一般不需要技能、技能培训或简单培训即可的重体力劳动，如建筑、家政服务、一般服务员等。而部分能对社会经济环境有较好认知又有一定技能的，则从事相对收益较高的行业。

是生产力发展的客观标志。具体来讲，狭义上的劳动资料就是各种生产工具，而生产工具的使用实质上是人体自然器官的延长。起重机是肢体的延长，射电望远镜是眼睛的延长，电子计算机是人脑的延长，机器人是人体各部器官的综合延长，等等。人通过工具延长了自己身体的某些器官，也就大大加强了自己同自然界斗争的力量。"各种经济时代的区别，不在于生产什么，而在于怎样生产，用什么劳动资料生产。劳动资料不仅是人类劳动力发展的测量器，而且是劳动借以进行的社会关系的指示器"[①]。

  以生产工具为主的劳动资料的变革可以产生对劳动力的替代效应。随着技术的发展和人力资本的积累，生产工具经历了从石器到金属工具，从手工工具和机械到普通机器再到机器体系的革命，从手工工具到机械化操作系统，再到自动化控制系统，标志着人类生产力发展的三个大的历史阶段，其规模和效能都发生了巨大的变化，并极大地促进了生产力的发展。不仅如此，人力资本的投资和积累，使劳动者在生产中发挥更加积极的能动作用，改进生产工艺，特别是"边干边学"的人力资本积累，可以提高劳动者的熟练程度和操作技能，导致平均成本随产量的增加而下降，"学习曲线"说明了两者的关系。

  农民的劳动资料或生产工具，是从事农业生产所必需的生产工具，当然这也与社会同步前进，也是由手工工具过渡到普通机器，并向机器体系转变。农民在人类历史进程中，对生产工具的改进起了重要作用，农业文明时期农民的生产工具大都依据其生产特点由自己生产、制作，可是，在进入工业文明之后，农业生产工具则由大机器提供，农民享受大机器文明成果。当代农民无论是从事农业生产还是以其他产业作为劳动对象，在工业文明时期，都要面对大机器，而运用和掌握大机器并进而提升机器的生产效率，前提是有一定的技能，也就是要有一定的人力资本的积累，提升相应的技能、能力是提高大机器生产熟练程度，提高效率的基础。所以，在此且不说可改进生产工具，单就掌握和运用生产工具而言，农民素质提高，农民发展是其关键、基础。

---

① 《马克思恩格斯全集》第 23 卷，人民出版社 1964 年版，第 204 页。

第三章

农民发展的历史分析

农民在中国作为一个特殊的劳动群体，在不同的历史时期、不同的社会形态之下，其劳动属性或劳动关系呈现为不同的特征。其根本还在于社会制度安排下的农民发展状况，即农民发展水平决定着农民的劳动属性、劳动关系，并反映着农民的经济社会地位。

第一节 农村土地制度变迁下的农民劳动关系及其演变

新中国成立以后，农民的劳动是与土地制度密切相关的，土地制度的变革也影响和决定着农民的劳动关系。60多年来中国发布了一系列规范土地管理和深化土地制度改革的政策、法规，有效推动着土地制度的变迁。按土地政策调整主题的不同，可分为两个阶段，每一阶段表现出不同的目标追求和制度安排，而在每一阶段中又可分为若干小的阶段，决定和影响着农民的劳动关系。为此，重点分析计划经济制度、市场经济制度安排下所呈现的农民劳动关系。

一、计划经济时期农民劳动关系

这一时期的农民的劳动关系主要体现为基于土地制度安排下的农民与政府的

社会经济关系、农民之间的社会经济关系。

(一) 1949~1953年，政府主导下农民土地所有制，农民是自由、自主的劳动者

首先来看这一时期的土地制度。1950年6月颁布的《中华人民共和国土地改革法》主要内容是废除封建剥削的地主阶级土地所有制，实行农民土地所有制。1953年初，全国基本上完成了土地改革，废除了封建土地所有制，生产资料与劳动者直接结合，土地归农民所有，土地制度的基本性质是农民土地所有制，农民是农业生产的主体，家庭是农村中的基本经济单位，分散的农民与国家之间没有一个中间层次的组织，农业生产是建立在分散的小农经济基础上的。但是，农民土地所有制并不是一种完整的农民土地私有制，表现为：一是政府对土地制度有着很大的政策干预权，土地改革的政策是由政府制定的，农民分到土地后，对土地拥有的权利也要受到政府政策的影响，并不完全具有排他性的土地私有权，如对土地的自由支配和契约权；二是农民得到的并不是全部的土地产权，主要是土地的使用权。

在政府与农民之间，政府比农民对土地具有更大的权力[①]，政府掌握着土地的最终所有权，在农村土地制度安排上取决于政府的意志。农村土地的这种安排，国家将土地分配给农民，由此建构起农民的国家意识，农民对政府、国家的依赖、依靠，当然，农民土地所有权制度使农民摆脱了原先的奴役地位，改变了封建阶级的土地所有制，农民个人成为土地的主人，较好地解决了农民对土地的要求，满足了农民对自身利益的诉求。使农民成为依靠土地而劳动的主体，使农民具有了劳动者主权，也就是农民为自己而劳动，而不再是出卖劳动力，由此农民的劳动意识得到增强。

从土地产权特点与农业生产方式的关系来看，土地制度变革并没有从根本上改变农业生产方式，农业生产仍然是传统的小农生产方式。农民的土地所有制一直是将集中在地主手中的土地分给农民，形成土地的分散化；同时，作为个体的农民，其经济能力非常弱小，根本无力对农业生产进行大量投入，无力提升农业生产的有机构成，只能在没有技术进步推动的状况下，依然沿袭传统的手工劳动，并以支持、延续农业生产的发展。所以，这一时期的土地分散化和弱小农业经营主体（家庭）就决定了这种土地制度较好地解决了农民的利益要求和生产积极性，也即有效地调整了农村生产关系，但是对农业生产力进步所能够起到的

---

① 这实际上源于农民土地的来源，农民土地是由政府给予的，政府可以随时根据其自身意愿对农民土地进行新的制度安排。

作用却十分有限，农民所有制形式的土地制度支持、支撑着传统的小农生产方式。

（二）1953～1978年，农村土地集体所有，农民劳动体现为集体劳动，农民仅是集体劳动组成部分

土地改革以后，我国农业生产方式呈现的特征是典型的小农经济，这是不符合农业现代化发展要求的。农民土地所有制度所产生的农民劳动意识以及由此所产生的自身利益的追求与国家从农村汲取资源和建立公有社会的目标相背离，也就是存在的"私有观念"与国家所建立的政体相背离。为此，在1953年政府主导下以合作和土地集体所有制度为核心的新的农村土地制度开始发生变革。

1953年开始农村土地制度变迁，其主要内容和形式是以土地、农具等生产资料"入股"，成立互助组、合作社等形式。互助组由相邻的4～5个农户组成，他们在农忙时将各自的劳动力、农具、牲畜集中起来。在该制度下，农民对其所拥有的土地资源性质未变，生产的决策仍由单个农户决定。合作社则是由相邻的农户组成，他们按统一的计划将生产组合起来。农业合作社收入先按"股份"多少分配，再按劳动完成情况付报酬。1953年年末，中央强调初级农业生产合作社成为领导互助合作运动继续前进的重要环节。[①]

合作和集体所有制土地制度的演变又可划分为三个时期。第一，1953～1956年，初级社时期；第二，1956～1958年，高级社时期；第三，1959～1978年，人民公社时期。

初级社时期，考虑到农民的土地私有观念，中央没有过早地取消土地报酬，而是允许社员留有少量的自留地。1956年3月通过的《农业生产合作社示范章程》，标志着全国基本实现了初级合作化，农民将土地等主要生产资料作股入社，由合作社实行统一经营。因此经营权已离开农民家庭，与农户初步分离，即所有权与经营权分离。毛泽东对实现农业社会主义改造的途径、步骤、方针、原则做了系统的论述[②]，把党内在合作化速度问题上的不同意见，作为右倾机会主义来批判[③]，使合作化的发展速度越来越快。

高级社时期，农民私有的土地、耕畜、大型农具等主要生产资料以及土地上附属的私有塘、井等水利设施，被一起转为合作社集体所有；土地报酬也被取消[④]。至此，农村土地从个体农民所有转变为社会主义劳动群众集体所有。1958

---

① 《中共中央关于发展农业生产合作社的决议》，1953年12月。
② 毛泽东：《关于农业合作化问题的报告》，1955年7月。
③ 中共中央《中共中央关于农业合作化问题的决议》，1955年10月。
④ 中共中央《高级农业生产合作社示范章程》，1956年6月。

年,为扩大规模经营,中央实行"小社并大社",进而又推行"政社合一"的人民公社制,并社过程中,自留地、零星果树等都逐步"自然地变为公有"。一个月内即结束了农民土地私有制,所有权与经营权统一归于合作社,农户家庭经营主体地位被农业基层经营组织与基本经营单位取代①。

人民公社时期,在从1959年开始的人民公社阶段,中国农村开始实行"三级所有,队为基础"的体制,确定了农村土地以生产队为基本所有单位的制度,并且恢复了社员的自留地制度②,中央要求各地彻底纠正"一平二调"的"共产风"以及"浮夸风"等不良风气,允许社员经营少量自留地和小规模的家庭副业,恢复农村集市贸易③。1962年,中央农村土地政策针对农用地作了进一步的规定和明确:生产队范围的土地都归生产队所有④;1963年中央又对社员宅基地进行了规定,社员宅基地都归生产队集体所有,一律不准出租和买卖,归各户长期使用;宅基地上的附着物永远归社员所有,但宅基地的所有权仍归生产队所有⑤。

土地制度的变革相应地使农民关系也发生了变化。一方面,土地归集体所有,农民作为个人不再拥有土地所有权,农民只在作为集体经济的组成部分参与集体劳动;另一方面,土地的经营权归集体,农民个人已经失去了对土地的经营权,农民已经不是作为一个独立经营者存在,而只是集体经济中的一个生产者。这两方面的变化,使农村的经济关系由原来国家与农民二者之间的关系变为国家、集体、农民三者之间的关系。农民作为一个独立的劳动者,在农村经济中已经失去了一个独立经济主体的地位,农民的经济利益是通过集体经济来表现的。也就是说,土地制度的变革,使农民个人的经济地位和经济利益在农村经济中被淡化了,集体经济利益在很大程度上取代了农民个人的利益,成为国家处理与农民关系的一个中间组织。与此同时,国家的经济利益在农村经济中得到了显著的强化,国家通过农村集体经济组织这一中间环节,使农民的生产经营活动基本上纳入了国家计划的轨道。

土地产权关系的这一变化,确立了农村中国家、集体、个人的利益顺序和基本格局,农民个人因不再是直接的土地所有者而使其经济地位下降,从而其经济利益也很难得到切实的保证。集体经济组织因对土地拥有所有权而成为农村的基本生产单位,同时也是农村经济中的基本利益主体,并成为农民经济利益的代

---

① 中共中央《关于农村建立人民公社的决议》,1958年8月。
② 中共中央《关于人民公社管理体制的若干规定(草案)》,1959年2月。
③ 中共中央《关于农村人民公社当前政策问题的紧急指示信》(即《十二条》),1960年11月。
④ 中共中央《农村人民公社工作条例(修正草案)》,1962年9月。
⑤ 中共中央转发《关于社员宅基地问题》,1963年3月。

表。国家通过建立高度集中的经济体制，以各种政策和行政手段，把农业生产活动纳入了准计划的轨道，实际上控制着集体经济的生产和运行，规范着国家与集体经济的利益关系。这一利益关系的建立是与农村土地产权关系分不开的。农村土地的集体所有，只是存在于最高层次的宪法意义上，现实中农村集体土地的任何变动，都必须经过国家的批准才具有可行性。可以说，农村土地集体所有的产权关系表现出的基本特征是：弱化了农民的土地产权，虚化了集体经济的土地所有权，强化了国家对土地产权的实际控制。

（三）计划经济时期农民劳动关系

土地改革后，国家进行了组织农民的运动，对农业进行社会主义改造，实行集体化。集体化不仅造成土地等生产资料归集体所有，而且劳动也属于集体，为集体所统一调配。集体化进程中之初的农民合作社称之为"劳动集体"。《农业生产合作社示范章程草案》首先将农业生产合作社定义为"劳动农民的集体经济组织"。人民公社则是在合作社基础上联合而成的"政社合一"的组织。在集体经济组织内，农民的劳动不再是个人劳动，而属于集体劳动，劳动的属性由私人性转向集体公共性。劳动活动不再是农民的自由选择，而是农民个人对集体应该尽的义务。《农业生产合作社示范章程草案》第四十八条规定："农业生产合作社社员，除了有特殊得到社员大会许可的以外，都必须每年在社内做够一定的劳动日。"第四十六条规定："生产队长或者生产组长应该注意正确地分配本单位每个人的劳动任务"。第四十七条规定："生产队长或者生产组长应该在每天工作完毕的时候，检查本单位各人的工作成绩，并且根据工作定额登记各个所应得的劳动日。"《农村人民公社工作条例（修正草案）》第四十四条规定："人民公社社员，在公社内必须履行自己一切应尽的义务。""每一个社员都应该自觉地遵守劳动纪律，必须完成应该做的基本劳动日。"第三十三条规定："生产队应该组织一切有劳动能力的人，参加劳动。对于男女全劳动力和半劳动力，都要经过民主评议，根据各人的不同情况，规定每人应该完成的基本劳动日数。"正是在集体化过程中，农民的劳动者主权地位由个人转向集体，集体组织的管理者成为劳动的支配者，劳动资源的支配权向集体组织统一集中。

当农民个体劳动转变为集体劳动时，也就建构起了农民劳动的国家属性，农民劳动成为国家的一部分，而且农民的劳动也成为国家实现其目标、职能的工具。

其一，农民劳动优先服务、服从于国家目标。劳动是财富的源泉，是一种基础性的经济社会权力。农民的个人劳动转变为集体劳动的过程，也就是农村的经济社会权力转向国家、向国家集中的过程。人民公社是"政社合一"的组织，国家可以通过自上而下的行政命令对公社组织加以管理，并通过公社组织统一调配劳动资源。自20世纪50年代到70年代，国家不仅通过统购统销低价获得大量农产品，而且利用公社组织获得大量无偿或廉价的劳动。这些劳动不仅用于与农业相关的水利、道路等农业公共工程，而且直接用于非农公共工程。特别是在土地有限、资本稀缺、劳动力充裕的条件下，集中统一调配劳动，成为国家治理的重要资源。在许多与农业毫无关联的国家工程建设中，农民不仅要听从国家的统一调配，而且要自带口粮。例如，"1958年云南用于修水利的劳力最高时曾达到330万人，占全省总劳力的近一半，大战钢铁铜达到400万人，积肥劳力也达到过200多万人，另外还有大修公路和驿道的，都是一声令下，说走就走。"为了防止政府和公社组织调配劳动力超出限度，1960年11月30日，在《中共中央关于农村人民公社当前政策的紧急指示信》中特别强调："五年内，县以上各级各单位都不许再从农村抽调劳动力。"但是，这一规定并没有相应的制度保障。国家利用公社组织得以统一调配全国的所有劳动，对劳动的绝对支配权达到了历史上前所未有的程度，这也是国家权力高度集中的重要基础。

其二，作为集体劳动组成部分的农民劳动具有不可选择性和强制性。集体经济中的集体劳动与传统国家的"劳役"有很大区别，这就是劳动能够获得报偿，一方面农民的劳动目的是实现国家目标，服务和服从于国家战略，同时，从国家、政权性质来讲，本质上是间接为自己的，农民的劳动实际上农民是间接受益者。但从劳动的属性看，它与"劳役"又有相似之处，这就是农民的劳动具不可选择的义务性和强制性。在集体经济组织中，有劳动能力的人必须参加劳动，这是取得集体组织成员资格的条件，在"政社合一"的人民公社体制下，农民离开了自己所属的集体组织，将失去生存的机会，任何一个社会人，包括农民在内，都是组织的成员，从组织中获得劳动的机会，农民没有选择劳动机会、劳动条件、劳动对象或从事什么或多少劳动的可能，管理者居于劳动的绝对支配地位，农民作为劳动主体除了服从统一调配以外，农民没有其他的选择。

其三，农民劳动的国家意识得以强化。农民的意识是在日常生活中建构起来的，传统农民之所以称之为个体劳动者，一是土地自有，二是劳动自有，三是劳动成果自有，因此容易产生所谓的"小农意识"、"自利意识"。这种意识与统一的国家意识往往会发生冲突，因为国家意识更多的强调集体意识，而忽略个体意识或自利意识。由个体劳动向集体劳动的转变，则可以大大强化农民的国家意识，国家可以通过公社制度下农民的日常劳动活动将权力渗透到农民的日常生活之中，集体劳动强化劳动者对国家—集体的认同和依从。当农民劳动时，他们会通过管理者安排其任务、误工请假、工分评定等活动，参加集体劳动，就可以获得生存资源，即按工分分配的"工分粮"；劳动积极的则可以获得各种物质和精神的奖励，评为劳动模范；不参加劳动的则没有工分，劳动不积极的则要扣除或减少工分。公社集体对社员的权力并不限于劳动过程，而且扩展于社员的整个日常生活。正是在对集体的高度依从性中建构和强化着农民劳动的国家意识。

其四，农民劳动价值的国家化，拉近劳动者与国家权威的关系。自有国家以来，劳动虽然创造财富，但并不被具备崇高的价值。自古以来奉行的是"劳心者治人，劳力者治于人"。这也使得劳动者与国家的疏离。劳动只是个人谋生的手段，与国家没有关联。劳力者只是受治的对象，而不是国家的主体。中国共产党以工农大众为自己的阶级基础，从一建党就赋予劳动以崇高价值，即"劳工神圣"。取得国家政权以后，更是运用国家权威广泛建构劳动的价值。其中的重要手段就是将包括广大农民劳动积极者吸纳到国家体系，如评为劳动模范，在权力机关中获得地位，有的甚至成为政府高级官员。国家建构劳动价值的过程中，也因此拉近了与劳动者的关系，使劳动者意识到自己的国家属性，劳动不只是个人谋生谋利的手段，而为国家所认可、所推崇。因此，对于农民劳动者，特别是对于能够获得各种国家褒奖的劳动者来说，国家在他们的生活中具有神圣可亲的地位。这就是经常为人提及的"劳动人民的感情"。

首先，集体劳动将劳动纳入到统一的国家体系中，乡村治理具有科层制管理的特性。自上而下的行政命令式管理渗透于农民的劳动生活之中。而农民的劳动活动在他们的日常生活之中占有相当大的比例。农民可以自由安排日常生活的"放假"时间相当之少。其次，农民作为劳动主权的地位让渡于集体—国家，其劳动活动受集体—国家所支配。什么时候播种、什么时候收获、什么时候上工、什么时候收工等都得听从统一指挥，农民只有服从的义务。为此，在乡村治理组织体系中形成了直接劳动者和管理者两个层次。由劳动分工而产生的社会分化是传统国家乡村治理中没有的。由此也带来了干群关系这一乡村治理中新的社会因素。干群关系决定着乡村治理的成效。正因为如此，人民公社体制建立之后，在国家对乡村治理中，十分重视干群关系。《农村人民公社条例（修正草案）》对社员和干部分别列了一章加以叙述，在人民公社"党政干部三大纪律、八项注意"的规定中，"八项注意"的第一条就是"参加劳动"；第二条是"以平等的态度对人"；第三条是"办事公道"；第四条是"不特殊化"；第五条是"工作要同群众商量"等。在人民公社时期进行的"社会主义教育运动"和"文化大革命"的重要内容就是解决农村干群关系问题。

二、市场化改革以来的农民劳动关系

党的十一届三中全会以后，改革开放开始成为中国经济发展的起点和动力。

中国经济改革始于农村,核心就是土地制度,并依此来调整农村经济发展过程中的生产关系。以人民公社"三级所有,队为基础"的经营制度全面解体,新的以"包产到户、包干到户"为标志的家庭经营体制确立。30多年以来,中国的农村土地政策发生了历史性的变迁,变迁主要围绕家庭联产承包责任制展开。

(一) 市场化改革的农村土地制度变迁

农村土地制度改革经历了四个阶段,人民公社解体及新承包制的建立阶段、承包制稳定发展阶段、承包制深化阶段和法制化阶段。

第一阶段从1978~1983年,是人民公社制度结束和家庭联产承包责任制确立的过渡时期。"文革"结束后,首先就是要稳定土地政策,所以,在1978年,中央强调继续和维持1959年以来"三级所有"的体制[①];社员自留地是社会主义经济的必要补充部分;经营方式上肯定了"包工到作业组,联系产量计算劳动报酬"的责任制;但仍规定"不许包产到户,不许分田单干"[②]。1979年初步肯定了"包产到户"的办法,农村土地政策开始变化,允许某些副业生产的特殊需要和边远地区、交通不便的单家独户可以包产到户,但仍"不许分田单干"[③]。1980年初,关于"包产到户"的问题争议比较激烈,"农村政策放宽以后,一些适应搞包产到户的地方,搞了包产到户效果很好,变化很快"[④],1980年5月,邓小平统一了人们的认识,推进农村土地制度改革,1980年9月,中央对联产承包责任制作了肯定[⑤]。以"包产到户、包干到户"为主要形式的各种生产责任制迅速推开,到1981年10月,全国农村基本核算单位中,建立各种形式生产责任制的已占97.8%,其中"包产到户"、"包干到户"的占到50%。

1982年元月,中央以一号文件[⑥]的形式第一次明确了"包产到户"的社会主义性质,突破了传统的"三级所有、队为基础"的体制,指出"目前实行的各种责任制,都是社会主义集体经济的生产责任制",它不同于合作化以前的小私有的个体经济,是社会主义农业经济的组成部分。1982年12月,修正后的《宪法》明确规定:"城市的土地属于国家所有。农村和城市郊区的土地,除由法律规定属于国家所有的以外,属于集体所有",这标志着实行了人民公社开始解体。1983年的中央一号文件[⑦],从理论上说明了家庭联产承包责任制"是在党

[①] 中共十一届三中全会《农村人民公社工作条例》,简称《六十条》,1978年12月。
[②] 中共十一届三中全会《加快农业发展若干问题的决定(草案)》,1978年12月。
[③] 中共十一届四中全会《中共中央关于加快农业发展若干问题的决定》,1979年9月。
[④] 《邓小平文选》,人民出版社1986年版。
[⑤] 中共中央《关于进一步加强和完善农业生产责任制的几个问题》,1980年9月。
[⑥] 中共中央《全国农村工作会议纪要》,1982年1月。
[⑦] 中共中央《当前农村经济政策的若干问题》,1983年1月。

的领导下中国农民的伟大创造，是马克思主义农业合作化理论在中国实践中的新发展"，并对家庭承包责任制给予了高度的评价：克服了管理过分集中和平均主义的弊病，继承了合作化的积极成果，坚持了土地等生产资料的公有制和某些统一经营的职能；这种分散经营与统一经营相结合的经营方式具有广泛的适应性，既可以适应当前手工劳动为主的状况和农业生产的特点，又能适应农业现代化的要求。

第二阶段 1984～1991 年，是农村土地承包制的稳定和发展时期。家庭联产承包责任制得到稳定，改革全面转入农业产业结构调整和农产品、农业生产资料流通领域，并进行了土地流转的探索和实践。1984 年，中央文件[①]强调要继续稳定和完善联产承包责任制，延长土地承包期。为鼓励农民增加对土地的投资，规定土地承包期一般应在 15 年以上。生产关系的变革带来了生产的发展，在 1984 年中国粮食产量达到历史高峰，由此，一方面标志着家庭联产承包经营制度农村土地制度的成功，同时也出现了新的问题，即在其他制度没能相应变革以及生产结构尚未调整的环境下，出现了全国性的"卖粮难"的现象。针对这一现象，中央一方面提出调整农业产业结构，发展多种经营，并取消 30 年来农副产品统购派购的制度，将农业税由实物税改为现金税[②]。另一方面明确规定，以家庭联产承包为主的责任制、统分结合的双层经营体制，作为中国乡村集体经济组织的一项基本制度长期稳定下来，并不断加以完善。"这种双层经营体制，在统分结合的具体内容和形式上有很大的灵活性，可以容纳不同水平的生产力，具有广泛的适用性和旺盛的生命力，是集体经济的自我完善和发展，决不是解决温饱问题的权宜之计，一定要长期坚持，不能有任何的犹豫和动摇。"[③] 针对农业面临的停滞、徘徊和放松倾向，中央强调要进一步摆正农业在国民经济中的地位[④]。1987 年在农村改革面临进退两难选择的时候，中央决定建立农村改革试验区，土地制度是主要的试验项目。1988 年 4 月，第七届全国人大常委会对 1982 年的《宪法》修正案规定："任何组织或者个人不得侵占、买卖或者以其他形式非法转让土地。土地的使用权可以依照法律的规定转让。"这一《宪法》修正，为土地转包从理论走进实践奠定了法律依据，进一步发展了这一阶段土地政策的内涵。

第三阶段 1992～1999 年，是稳定和深化时期。1992 年，邓小平南方谈话和党的十四大的召开，极大地解放了人们的思想，农村经济发展又进入了一个新高潮。伴随着中国开始社会主义市场经济的探索，传统的农村经济也开始向现代市

[①] 中共中央《关于一九八四年农村工作的通知》，1984 年 1 月。
[②] 中共中央、国务院《关于进一步活跃农村经济的十项政策》，1985 年 1 月。
[③] 中共中央十三届八中全会《关于进一步加强农业和农村工作的决定》。
[④] 中共中央、国务院《关于 1986 年农村工作的部署》，1986 年 1 月。

场经济转变。邓小平南方谈话对农村土地政策进一步指出:"即使没有新的主意也可以,就是不要变,不要使人们感到政策变了"。稳定和深化家庭承包经营制度成为这一时期农村土地政策的主题。要使家庭承包经营为主的责任制长期稳定,并不断深化,必须将其纳入法制的轨道;依法管理农村承包合同,这是稳定和完善家庭联产承包经营制度的重要保证①。1993年4月,八届全国人大再次对《宪法》进行修正,将"家庭承包经营"明确写入《宪法》,使其成为一项基本国家经济制度,从而解决了多年来人们对家庭联产承包经营制度的争论。党中央和国务院进而规定"在原定的耕地承包期到期之后,再延长30年不变"②,进一步稳定和完善土地承包政策。为了切实稳定家庭联产承包经营制度,中央提出了相应的对策和要求,指出"要通过强化农业承包合同管理等一系列措施,使农村的土地承包关系真正得到稳定和完善"③,并对合同严肃性、土地承包期、经营权流转、农民负担和权益等方面做出了规定。在第一轮土地承包即将到期之前,中央再一次宣布④,土地承包期再延长30年不变,提出"大稳定、小调整";及时向农户颁发土地承包经营权证书;整顿"两田制",严格控制和管理"机动地",规定所占耕地总面积的比例一般不超过5%;并对土地使用权的流转制度做出了具体规定。1997年9月,中国共产党十五次全国代表大会报告中对"三农"问题的阐述,为农村土地政策的发展指明了方向。1998年,"土地承包经营期限为30年"的土地政策上升为法律⑤,稳定承包关系具有了法律的保障。1998年10月,中国共产党第十五届三中全会决定,"长期稳定农村基本政策"⑥,第三次提出坚定不移地贯彻"土地承包期再延长30年"的政策,土地使用权的合理流转,要坚持自愿、有偿的原则依法进行,不得以任何理由强制农户转让;同时也指出,少数确实具备条件的地方,可以在提高农业集约化程度和群众自愿的基础上,发展多种形式的土地适度规模经营。1999年,延长土地承包期的工作已进入收尾阶段,中央对土地延包工作作了进一步的规定⑦,第四次提出承包期延长30年,并且要求承包合同书和土地承包经营权证"一证一书"全部签发到户,实行规范管理,确保农村土地承包关系长期稳定。

第四阶段2000年之后,是完善和法制化时期。2000年,中央《关于制定国民经济和社会发展第十个五年计划的建议》指出,要加快农村土地制度法制化

---

① 国务院批转农业部《关于加强农业承包合同管理意见》的通知,1992年9月。
② 中共中央、国务院《关于当前农业和农村经济发展的若干政策与措施》,1993年11月。
③ 国务院批转农业部《关于稳定和完善土地承包关系意见的通知》,1995年3月。
④ 中共中央、国务院《关于进一步稳定和完善农村土地承包关系的通知》,1997年8月。
⑤ 第九届全国人大第10次会议《土地管理法》修订案,1998年8月。
⑥ 中共十五届三中全会《中共中央关于农业和农村工作若干重大问题的决定》,1998年10月。
⑦ 中共中央、国务院《关于做好1999年农村和农业工作的意见》,1999年1月。

建设，长期稳定以家庭承包经营为基础、统分结合的双层经营体制。此后，农村土地政策的法制化建设进入了快车道。进入 21 世纪，国家土地管理制度日益强化，各种必要法律法规逐步制订与完善。建立"世界上最严格的土地管理和耕地保护制度"成为中国政府追求的目标。2002 年 8 月，《中华人民共和国农村土地承包法》公布，明确规定了农村土地承包采取农村集体经济组织内部的家庭承包方式；国家依法保护农村土地承包关系的长期稳定，标志着从法律上规定了未来一段时期内农村土地产权政策的基本走向。随之，《中华人民共和国农村土地承包经营权证管理办法》（2004 年）、《中华人民共和国农业技术推广法》(2004 年)、《中华人民共和国农业法》（2004 年）、《农村土地承包经营权流转管理办法》（2005 年）等一系列相关法律法规公布实施。2004～2007 年，中央再一次连续四年以"一号文件"的形式发布了有关"三农"问题政策的意见。其中，有关土地相关政策方面的规定指出，加快土地征用制度改革，严格遵守对非农占地的审批权限和审批程序，严格执行土地利用总体规划；严格区分公益性用地和经营性用地，明确界定政府土地征用权和征用范围。完善土地征用程序和补偿机制，提高补偿标准，改进分配办法，妥善安置失地农民，提供社会保障；积极探索集体非农建设用地进入市场的途径和办法①。2005 年以来，中央加大力度调整国民收入分配格局，扎实推进社会主义新农村建设，将农田水利设施建设作为农村基础设施建设的重要内容，建设标准农田；坚决落实最严格的耕地保护制度，切实保护基本农田，保护农民的土地承包经营权；加强宅基地规划和管理，大力节约村庄建设用地强化②。土地管理制度得到了空前的强化。

（二）家庭承包制下的农民劳动关系

中国经济体制改革是以农村集体经济的经营模式改革为起点的。农村集体经济经营体制的改革，从本质上说，是对原有集体土地产权制度的改革，其内容是集体土地所有权与经营权的分离，即土地所有权归集体所有，经营权归农民家庭所有。集体经济这一经营方式的改革，打破了延续 20 多年的农村土地集体所有、集体经营的基本模式，建立了土地集体所有、家庭经营的新模式，这是我国在总结农村集体经济实践经验的基础上，在理论和实践上的创新。这一创新的实质是把农村土地产权的重心重新落实于农民个人（家庭）。具体体现在以下两方面：

首先，这一改革使农民在土地产权关系中获得了直接的权利，这是在土地集

---

① 中共中央、国务院《关于促进农民增加收入若干政策的意见》，2004 年 1 月。
② 中共中央、国务院《关于进一步加强农村工作 提高农业综合生产能力若干政策的意见》，2005 年 1 月。

体所有条件下，土地产权向农民个人（家庭）的回归。家庭承包责任制与原有土地产权关系的不同在于把土地的经营权明确地归农民家庭所有，土地产权不再集中于集体经济组织。农村土地产权在集体经济组织与农民之间的分离，使农村中的经营主体由集体经济组织变为农民家庭。经营主体的这一变化，重新确立了农民家庭在集体经济中的主体地位。这时，集体经济组织行使的只是作为土地所有者的权利，与土地经营权相联系的其他权利，最重要的是土地收益权都归农民家庭所有。这就弱化了集体经济组织在土地产权关系中的地位和作用，强化了农民家庭拥有的土地产权的权能。

其次，农民获得了土地经营权以后，成为农业经营活动的实体，从而具有自己独立的经济利益。农民不再是通过集体经济组织的分配来得到自身的经济利益，而是从农业生产经营活动中直接得到收益，并以农民家庭为基本单位在集体和国家之间进行收益的分配。这是由土地产权制度变化决定的利益格局的变化，它从制度上保证了农民家庭利益在农业生产经营活动中的优先地位。这时，农民个人（家庭）的利益主要不是由集体经济组织和国家的行为来决定（在土地承包经营合同确定的条件下），而是由农民自身的生产经营活动和市场因素来决定，农民开始成为农村中独立的利益实体和市场主体，这就有效地调动了农民的生产积极性。这种源于直接经济利益的生产积极性，解放了农业生产主体——农民的生产力，并且具有很强的持续性。

但是，以土地集体所有、家庭经营为特征的土地产权关系对农业规模经营和农业现代化发展，更多的是负面影响。集体土地的经营权由分散的农户来掌握，实际上是缩小了土地的经营规模，从土地产权制度上固化了农民家庭与小块土地相结合的传统小农生产方式，这显然是不符合农业规模经营和现代化发展趋势的。从农业生产要素结合的方式来看，家庭承包责任制与建国初期土地改革以后形成的小农生产方式的格局并没有实质性区别，仍然是农民家庭与小块土地的结合，不同的只是土地所有权归个人所有还是归集体所有。从土地经营方式的特性来看，对其产生直接影响的并不是土地的所有权，而是土地的经营权。土地经营权分散的结果必然是小规模经营方式。如果不对与家庭承包责任制相联系的土地产权关系进行调整，那么，土地经营方式只能是小规模的分散经营。正是这样的土地产权关系，成为推进农业规模经营和农业现代化的土地制度障碍。

以家庭承包责任制为特征的土地产权制度的变革，一方面通过土地产权关系的调整，突出了农民在土地产权关系中的主体地位，比较有效地调动了农民的生产积极性，这对农业生产起到了极大的推动作用。另一方面，土地由分散的家庭承包，又回到了传统的小农经营方式，成为农业规模经营的障碍，这又不利于农业生产力的提高和现代化的发展。从这二者对农业生产力发展的综合作用来看，在改革后的前期阶段，调动农民的生产积极性对农业生产力发展起到的促进作用占主导地位。当农业的发展进入到主要依靠技术进步和规模经营来提高劳动生产率的阶段时，传统的小农生产方式对农业生产力发展的阻碍作用日益显现，如果这一问题不能得到很好的解决，农业生产力的发展就必然会出现停滞的趋势。要改变农业生产力发展的这种趋势，必须推动土地制度的进一步变革，消除土地制度问题对农业生产力发展的阻碍作用，重点是要解决好土地经营权分散的问题，使土地产权关系有利于经营权的集中和土地的规模经营。

三、农民流动下的农民劳动关系

"农民工"是改革开放以来随着我国社会经济体制和社会经济结构的双重转型而出现的一个群体，是在我国特定的户口制度下发生的农村劳动力转移的产物，特别是以2006年3月《国务院关于解决农民工问题的若干意见》文件的出台为标志，政府对农民另外一个身份的确认，意味着农民工成为一个正式概念。

农民工是指具有农村户口身份却在城镇或非农领域务工的劳动者，是中国传统户籍制度下的一种特殊身份标志，是中国工业化进程加快和传统户籍制度严重冲突所产生的客观结果[①]。农民工的外来性和流动性使之很易受到务工所在地各方面的"社会排斥"，使劳动关系呈现出一种"城市人"对"农村人"、"体制内"与"体制外"的等级关系。如在城市社会里，尽管本地劳动者亦处于较低的社会地位，但他们仍然能够得到来自国家法律政策、各种体制内关系、家庭和亲友的保护帮助。而农民工的外来身份使他们很容易成为政策保护的"盲点"，也很少享受到各种体制内资源的眷顾。

农民工劳动关系呈现为以下三个基本特征。

（一）农民工的公民权缺失

农民工作为国家公民，应平等地享受包括宪法在内的法律认可的各种权利。在二元社会条件下我国农民工法定权利和实有权利与城市居民相比有较大差距。公民权利的保障首先以法律的确认为前提，但公民权利的实现则有赖于现实的社会、经济条件。从世界各国发展进程来看，受社会、经济条件的制约，每一个国家公民权利的实现都存在一定的差序格局。从法理上讲，这正是当前我国农民工权利缺损的根本原因。正是由于公民权的缺失，农民工作为国家公民应平等享有的宪法所确认的参加管理国家、社会的政治权利和劳动、受教育、社会保障等经

---

① 郑功成：《农民工的权益与社会保障》，载《中国党政干部论坛》2002年第8期。

济社会文化权利，被诸多违宪的地方性法规、规章和其他一些规范性文件"合法"地剥夺掉了。

首先，农民工公民权的缺失表现在户籍制度的分割上，户籍制度是中国劳动力迁移的推拉模式与国际上相比存在巨大差异的最主要原因，它不仅对推拉发生一般的影响，而且还使得推拉失去效力。这样，中国的人口流动将不再遵循一般的推拉规律。推力和拉力之所以失去效力，是因为流动农民工在长期户籍制度的影响下心理发生了变形。二元社会城乡户籍制度的分立，才导致了劳动就业制度、社会保障制度的不公正。这些共同构成了农民工迁移的就业成本、生存成本、交通成本、心理成本和风险成本偏高的制度因素。

其次，农民工就业歧视。农民工的就业歧视主要表现在以下几个方面：进入劳动力市场成本高，农民工被排挤在次级劳动力市场就业，农民劳动报酬严重不足、工作环境恶劣，农民工的岗位培训与发展机会渺茫。基于中国的社会现实，农民工的就业保障与国际劳工标准在诸多方面都存在较大的差距。具体实证研究证明了这一点[1]，从劳动关系角度来分析农民工的就业歧视问题，是劳动关系的不规范直接制约了他们顺利融入城市社会的再社会化进程。

最后，利益表达缺失。农民工群体在城市边缘化的生存，使他们的选举权和被选举权等基本政治权利难以得到有效保障；工会组织由于运作方式调整的滞后，已经不能在劳动关系发生巨大变化的情况下有效保护农民工的权益；社会中介组织的不发达和群体自组织能力的薄弱，使农民工的意见表达渠道存在着单一化和时效性不强等缺陷。所以，要做到农民工利益表达制度化，必须进一步疏通和拓宽进城务工人员利益表达的渠道，社会主流政治文化的吸收是进城务工人员利益表达制度化的文化前提；加快进城务工人员入会的进程；进一步发挥新闻舆论的作用；提高进城务工人员自身的整体素质。

（二）劳资双方经济利益分配失衡

从本质上讲，劳动关系作为劳动者和用人单位双方的社会经济关系是既对立又统一的，在市场经济条件下，凡有投入都力求获得最大的产出。资本（生产资料）和劳动力作为企业生产的两个最基本的生产要素，其投入也是遵循这一原则。其人格化的表现就是：企业投资生产经营者力图获得最大的利润，劳动者则力图获得最大的工资收入。因此，从企业的收入分配看，"劳"、"资"双方在经济利益上存在着此消彼长的对立关系。然而，不应忽略的是，资本要素和劳动

---

[1] 高文书：《进城农民工就业状况及收入影响因素分析——以北京、石家庄、沈阳、无锡和东莞为例》，载《中国农村经济》2006 年第 1 期。

力要素只有有机地结合起来,相互协作,才能最终创造财富。因此,从企业创造产品,提高经济效益角度看,"劳"、"资"双方又存在着利益协调的统一关系,这种对立统一关系客观上要求劳资双方的经济利益合理分配。客观的现实却是:有关专家计算,平均每个农民工每年为企业创造的价值是 25 000~30 000 元,但农民工年平均工资只有 6 000~8 000 元,实际拿到手的却永没到此数;在珠江三角洲地区,近十年来经济的年均增长在 15% 以上,企业获得了丰厚的利润而取得了长足的发展,而十年来农民工月收入仅增长了 68 元,扣除物价因素,可能还是负增长。劳资双方经济利益分配严重失衡,农民工基本没有分享到经济增长带来的好处。

劳动合同签约率低。雇佣农民工的企业主很少与其签订劳动合同。劳动合同制度的缺失不仅使劳动关系处于一种无序状态,而且法律赋予农民工的基本权益也难以得到保障。据国务院研究室发布的《中国农民工调研报告》显示:与用人单位签订用工合同的农民工仅占 53.70%,没有签订用工合同的占 30.62%,还有 15.68% 的农民工居然不知道什么是劳动合同。在被调查者中,认为用工合同非常重要和比较重要的农民工占 20.86% 和 40.67%,认为没有用的占 13.95%。

劳动合同以短期、临时合同为主。我国民营企业在农民工用工制度上要么不签订劳动合同,要么签订短期、临时性质的劳动合约。虽然法律没有规定用工双方必须签订劳动合同,理论上也没有证明长期劳动合同比短期劳动合同好,但企业可以借助短期劳动合同增加农民工的紧迫感和危机感,同时可以根据企业经营状况随时解雇农民工。

(三)农民工身份认同缺失

身份认同是一个复杂的、流动的社会学和心理学范畴。伯格认为,身份认同是社会授予、社会维持和社会转化的社会心理。也即是说,身份认同代表了整体社会的价值和生活模式,它是社会化的产物,而且会因应社会变迁而改变。泰勒指出,认同本身便包含自我的观点和别人的看法,因此,身份的产生和建立,自然不能是单方面的,或是与外界隔绝的。身份认同绝不是一件容易确定的事,至少有两重意义至为关键:一方面,在社会的认同中,自我必须能透过生活实践辨认出己身之所属;另一方面,人在自我确认的漫长过程中,又无法不受别人对自己认同与否、如何认同所深深影响。

社会大众的态度。学术界、大众传媒和各级管理者对农民工身份的认定在整个社会上起导向作用。他们大都认为很难对农民工群体的社会身份作出一个明确的定位。一方面,他们的职业已属非农性质,故不能视之为职业与身份相契合的传统农民；另一方面，也不能把他们看作是市民，因为他们通过继续占有土地并与农村保持着密切联系，更为重要的是目前这一身份缺乏制度性认可。因此，大多数学者都认为农民工的社会身份具有二重性，或者说这一群体具有过渡性或边缘性。

农民工自身的态度。尽管在城市人的眼光中，农民工仍是"乡下人"，但由于工作生活在城市中，这一群体往往既以农村人的眼光来看待城市，同时又以城市人的眼光来看待农村，其结果是他们身处在两种相互摩擦和相互冲突的文化和社会身份中，成为典型的"边缘人"。

农民工是一个自身充满矛盾色彩的社会群体。许多学者对农民工自身认同问题作了调查，尽管研究者的调查时点和测试方式不尽一致，但这些实证调查数据显示：明确认同农民身份的农民工虽然占多数，但比例在下降；只有少部分农民工摒弃了农民身份；越来越多的农民工对农民身份呈模糊认同的状态。可以预见，随着流动的加速，农民工主体模糊认同趋向将会加剧。

第二节　分工与农民劳动

一、劳动分工与经济发展

马克思指出："一个民族的生产力发展的水平，最明显地表现在该民族分工的发展程度上。任何新的生产力，只要它不仅仅是现有生产力的量的扩大（例如开垦新的土地），都会引起分工的进一步发展。"① 实际上，农村劳动人口的分工状况决定着其劳动技能、劳动者素质，决定着其生产力发展水平，劳动分工得越细，则说明这个地区的劳动生产率就越高。

亚当·斯密在其《国富论》论分工中指出，"劳动生产力上的极大增进，以及运用劳动时所表现的更大的熟练、技巧和判断力，似乎都是分工的结果。""有了分工，同数劳动者就能完成比过去多得多的工作量，其原因有三：第一，劳动者的技巧因业专而日进；第二，由一种工作转到另一种工作，通常须损失不少时间，有了分工，就可以免除这种损失；第三，许多简化劳动和缩减劳动的机

---

① 《马克思恩格斯选集》第 1 卷，人民出版社 1972 年版，第 25 页。

械的作用，使一个人能够做许多人的工作。"①

具体来讲，劳动分工对经济发展具促进作用，其表现为：

第一，劳动分工可提高劳动生产率。劳动生产率提高意味着单位时间内劳动所得的提高，而劳动所得的提高基于：一是分工使劳动者的工作单一化和简单化，从而一方面使人们的智力和体力得到了集中使用，另一方面提升了劳动的熟练程度，结果是提高劳动者的技能。二是可使节约劳动者的劳动时间。在多工种、多工序的工作必将涉及工种、工序间的转换，转换过程就意味着时间的流失，而劳动的单一化将避免工种、工序间的转换，将节约一定时间；同时，劳动的单一化和简单化还有劳动技能、劳动环境、劳动者的心理等多方面的转换，这种转换也将影响到劳动者对工作的专注，由此也可节约劳动时间。劳动时间的节约就是劳动生产率提高的另外一种表现。三是劳动分工可以发挥劳动者个体的差别优势。人在体力、智能、天赋等方面是存在着差异的，而劳动分工则使得劳动者在发挥人的个体的比较优势成为可能。

第二，劳动分工可促进生产力的发展。劳动分工、劳动的单一化，由此的劳动专业化，就使得专业技术、专业设备发展更为普遍，用机器代替人力在特定的技术条件下成为可能，各种各样的人力代替品——机器大量出现，将进一步拓展人类的劳动能力，促进社会生产力的发展。

第三，劳动分工可降低生产成本和劳动成本。由于专业化的生产或运输、销售，使得劳动工具的总量减少，劳动工具的使用率提高，从而降低了生产成本和劳动成本。

以亚当·斯密为代表的古典经济学研究的重心是劳动分工对经济发展的影响，斯密认为劳动力分工是经济增长的主要源泉，同时他也指出分工水平是由市场容量决定。杨和布兰德（Borland，1991）研究发现，分工水平的不断演进是长期经济增长的微观基础。由于专业化经济的存在，分工水平的不断演进提高了劳动者生产率，形成了劳动者之间的相互依赖的内生比较优势，从而扩大了市场容量。当市场容量的扩大反过来又促进分工的演进，提高分工水平，从而促进经济发展。

二、农民劳动的分工

人类的劳动分工首先是从农业开始的。第一次社会分工，畜牧业从农业中分离出来，这使农业成为独立的产业，在那时这是典型的自给自足的自然经济。农

---

① 亚当·斯密：《国民财富的性质和原因的研究》，商务印书馆2004年版，第65页。

民生产出来的产品不进行任何交换。在这种生产方式中，每个劳动者只从事初级农业生产活动。随着社会的发展，农户生产的产品越来越多，出现了剩余产品，剩余产品的出现，有人就放弃生产，从事其他行业。第二次社会分工是手工业从农业中分离出来，出现了裁缝、木匠、泥水匠等手工业者。从第二次社会大分工中分离出来的人员，一部分人进入工厂成为产业工人，另一部分人则从事半工半农，像农村中的木匠、泥水匠等。把他们组织起来，建立组织。这种组织以服务为目的，根据他们从业的特点，不但可以成立专一的木匠组织、泥水匠组织等，而且可以成立以搬运、维护、清洁等综合性家政服务组织。第三次大分工是商人的出现，商人就成了交易职能的专业职能者。一方面，商人将农产品收集起来卖给他人，从中赚取差价。另一方面，商人消费由其他农户生产的粮食或蔬菜，而农户成立农产品的专业生产者。

从劳动分工的演进来看，市场条件下的劳动分工演进的约束条件是市场效率，而市场效率取决于分工下的劳动收益与成本之比，分工的收益取决于市场容量以及与此直接相关的市场半径，也就是专业化、单一化产品是否能在市场中获取收益。而分工下的劳动成本则取决于市场交易费用，这其中包括市场信息搜集成本、交通运输费用、加工成本以及专业化的融资成本等[1]。在一定的社会结构中，劳动分工将考量市场效率，这是劳动分工的基础，市场下的劳动分工总是存在着由低效率向高效率的递进，因为分工存在一个演进过程，从低效率到高效率的演进。如果交易效率非常低，则分工的好处被总的交易费用抵消，所以人们必须选择自给自足。但是当交易效率上升时，则人们会选择效率高一些的分工水平，通过众多不同农户之间的分工，使得利用专业化经济和利用迂回生产的效果能够兼顾。这也是社会进步、社会生产力不断发展的过程。

农村——农民生产生活的区域，由于自然资源禀赋以及在市场分工、劳动分工后的一种结果，相对于城市而言，市场发育不完善，政府为其提供的基本公共设施（包括道路、交通、通讯等）、基本公共服务等都与城市存在一定差距，由此农民或在农村从事交易所需的交易费用较高（如运输费用高、加工成本高、融资成本高以及其他人为的费用高），进入市场成本高，导致其交易效率低，并由此限制着农民劳动分工的深化与细化，从而形成一种自给自足或半自足的封闭经济[2]。我国传统的农民，在其内部专业分工程度很低，甚至在许多地方和在许

---

[1] 当然，这种约束条件是基于完全市场条件下的考虑。实际上，一国经济政治体制以及政策也将影响分工的深化与细化。

[2] 实际上，这仅是问题分析的一个方面，农民劳动缺乏分工还在于农民由于其自身素质、技能的限制，一是无法主动进行劳动分工，也就是主动地从事某一专业；同时，也缺乏主动被工业化所分工，也就是基于自身能力而从容地融入工业化体系。

多情况下无专业分工。一户小农，常常即是自然经济状态下的传统农业小而全的一个缩影：它几乎要种植其所在地已经种植过的所有农作物，生产自己需要的大部分日常生活用品，还要饲养家禽家畜，从事各种手工业，甚至还自己建房修房。

但是，农村地区交易效率低下，并不是说农村地区没有发展空间，总是处于一个低水平的分工状态。现代的经济已由一个简单再生产的经济，一个封闭的、小而全的小农经济，走向了不断扩大再生产的规模经济。新型农民最显著的特征就是劳动分工越来越细，从某种意义上来说，农业劳动分工的水平也就代表着现代农业经济的发展水平。传统农民的"全能"要求虽然只是一般的智慧与体能的要求，但不同的农业生产劳动所要求的智慧、体力是不一样的，劳动分工可以更加充分地发挥个体的比较优势。

改革开放以来，中国农村的劳动力在不断分化，即农民劳动分工不断深化和细化。其根本还在于农村土地制度的变革以及整个中国改革开放的体制变革。

农民劳动分工的深化既体现为农民在其所从事的传统农业中的劳动分工的专业化和单一化，更为深刻的是在政府支持下，农民走出土地，从事二次产业、三次产业的生产活动。

改革开放 30 多年来，中国政府对农民劳动分工的政策历程经历了四个阶段：1979~1983 年：鼓励农民就地开展多种经营，限制农村劳动力外流；1984~1992 年：允许农村劳动力向小城镇转移，农民劳动不再局限于农业；1993~2001 年：规范农村劳动力转移；2002 年以来：加强针对农村劳动力转移的培训和服务工作。

第一阶段，在改革开放之初，实行家庭承包经营，农村劳动力出现剩余。而此时社会经济环境是：国有经济并未开始改革，还是传统的计划经济模式，对劳动力的需求还呈现为一种政府配置。所以，为了使农村剩余劳动力比较充分地就业，同时不至于对国有经济中的就业产生影响，政府鼓励农民搞"多种经营"，支持乡镇企业等集体经济发展，支持和鼓励个体农民搞多种经营。1979 年 9 月，中共十一届四中全会指出：社队企业要有一个大发展。实现农业现代化，大量劳动力不可能也不必要都进入大中城市，一定要注意小城镇的工业、交通、商业等项建设①。1982 年《全国农村工作会议纪要》明确提出要"把剩余劳力转移到多种经营方面来"②。1983 年《当前农村经济政策的若干问题》再次强调："我国农村只有走农林牧副渔全面发展、农工商综合经营的道路，才能保持农业生态的良性循环和提高经济效益；才能满足工业发展和城乡人民的需要；才能使农村

---

① 《三中全会以来重要文献选编》上册，人民出版社 1982 年版，第 191 页。
② 《坚持改革、开放、搞活——十一届三中全会以来有关重要文献摘编》，人民出版社 1987 年版，第 134~135 页。

的剩余劳动力离土不离乡，建立多部门的经济结构；也才能使农民生活富裕起来，改变农村面貌，建设星罗棋布的小型经济文化中心，逐步缩小工农差别和城乡差别。"① 所以，这一时期政府开始鼓励和支持农民劳动进一步分化，当然，这种农民劳动的分工被限定在农村范围内。

第二阶段，允许农村劳动力向小城镇转移，农民劳动不再局限于农业。农村集镇的兴起、乡镇企业的"异军突起"，更多的人不仅从事农业生产，而且或兼业或从事副业，或脱离土地从事二次产业或三次产业，此时也得到了中央的认可与支持，1984 年中共中央的"一号文件"指出："随着农村分工分业的发展，将有越来越多的人脱离耕地经营，从事林牧渔等生产，并将有较大部分转入小工业和小集镇服务业。这是一个必然的历史性进步，可为农业生产向深度广度进军，为改变人口和工业的布局创造条件。不改变'八亿农民搞饭吃'的局面，农民富裕不起来，国家富强不起来，四个现代化也就无从实现。"② 邓小平指出："大量农业劳动力转移到新兴的城镇和新兴的中小企业。这恐怕是必由之路。总不能老把农民束缚在小块土地上，那样有什么希望？"③ 1984 年国务院《关于农民进入集镇落户问题的通知》中明确规定："凡申请到集镇务工、经商、办服务业的农民和家属，在集镇有固定住所，有经营能力，或在乡镇企事业单位长期务工的，公安部门应准予落常住户口，及时办理入户手续，发给城里口粮户口簿，统计为非农业人口。"1985 年中共中央《关于进一步活跃农村经济的十项政策》中明确提出："在各级政府统一管理下，允许农民进城开店设坊，兴办服务业，提供各种劳务。城市要在用地和服务设施方面提供便利条件。"④ 这标志着党和政府对农村劳动力转移政策的重大调整，开始允许农村劳动力转移到小城镇兴业或务工。

这一时期农村农民劳动分工主要有，一是在当地从事林、牧、副、渔等多样化的非农经营；二是就近到乡镇企业工作；三是转移到附近的小城镇参与第二、第三产业的经营活动。

第三阶段，1993~2001 年间，1992 年，以邓小平"南方谈话"以及中共十四大确立的建立社会主义市场经济体制为标志，中国改革开放进入新时期，农民劳动分化也进入了新的发展阶段。20 世纪 90 年代中期，政府解决农村劳动力转移，实施农民劳动分工的基本思路，一是继续鼓励多种经营，支持乡镇企业和小

---

① 《坚持改革、开放、搞活——十一届三中全会以来有关重要文献摘编》，人民出版社 1987 年版，第 171 页。
② 《新时期农业和农村工作重要文献选编》，中央文献出版社 1982 年版，第 238~233 页。
③ 《邓小平文选》第 3 卷，人民出版社 1993 年版，第 213~214 页。
④ 《十二大以来重要文献选编》，人民出版社 1986 年版，第 618 页。

城镇的发展，促进农民就地劳动；二是加强疏导和管理跨区域的劳动力转移，逐步实行城乡劳动力统筹管理，制度上有所突破，建立健全就业服务体系和开展农村职业技能培训、在城镇实施外来人员就业证和登记卡制度。1996 年中共中央在《实现农业和农村经济发展目标必须解决的若干重大问题》中强调：无论是农业的发展还是整个国家的经济社会发展，都"必须紧紧抓住保护农民利益，调动农民积极性这个根本点"，规定在城市投资、兴办实业、购买商品房的公民及其共同居住的直系亲属，符合一定条件可以在城市落户。1998 年，政府又出台相关政策取消了农民工暂住费等 7 项管理收费，降低了劳动力转移的成本，促进农村劳动力向城市流动。通过这一系列相关政策的调整，改善了农村劳动力转移的内外部环境，进一步促进农民劳动的分化。

第四阶段，2002 年以来，农村劳动力转移逐渐形成规模，但城乡分置的格局依然存在，制约农村劳动力合理、有序流动的制度因素依然很多。因此，中共十六大以后，采取了一系列支农惠农的重大政策，农村劳动力转移政策也逐渐由限制、管理转向服务、保障，逐步呈现出农村劳动力有序流动态势。

党和政府提出："农村富余劳动力向非农产业和城镇转移，是工业化和现代化的必然趋势。农民进城务工就业，促进了农民收入的增加，促进了农业和农村经济结构的调整，促进了城镇化的发展，促进了城市经济和社会的繁荣。做好农民进城务工就业管理和服务工作，不仅有利于促进国民经济持续快速健康发展，而且有利于维护城乡社会稳定。"，逐步把"就地转化"政策调整为"城乡通开"政策，确立鼓励、支持、服务农村劳动力转移的政策理念，在农民就业、城市定居和职业培训等方面放宽限制、强化服务，确保农村劳动力转移的顺利进行。对于农民进城务工，要求"在国民经济和社会发展计划中强化政策引导，切实加强领导，按照公平对待、合理引导、完善管理、搞好服务的原则，采取有效措施，全面做好农民进城务工就业管理和服务的各项工作。"2006 年 3 月 27 日《国务院关于解决农民工问题的若干意见》进一步明确："既要积极引导农民进城务工，又要大力发展乡镇企业和县域经济，扩大农村劳动力在当地转移就业。"[①]

2006 年 3 月 27 日《国务院关于解决农民工问题的若干意见》进一步明确："尊重和维护农民工的合法权益，消除对农民进城务工的歧视性规定和体制性障碍，使他们和城市职工享有同等的权利和义务。强化服务，完善管理。转变政府职能，加强和改善对农民工的公共服务和社会管理，发挥企业、社区和中介组织

---

① 《国务院关于解决农民工问题的若干意见》（单行本），人民出版社 2006 年版，第 9 页。

作用，为农民工生活与劳动创造良好环境和有利条件。"① 同时，加强对农村转移劳动力的培训，相继开展了"阳光工程"、"雨露计划"等措施进行各种形式的就业培训，提高农村转移劳动力的素质和技能。逐步完善农村劳动力在城镇居住、子女入学等问题上的配套措施，逐步解决农民工工伤、医疗和养老保障等问题，切实提高农民工的生活质量和社会地位。

从上述农村劳动力流动的政策来看，政府总体上是支持和鼓励农民的劳动分工，支持更多的农民走出土地，不能单纯依赖土地，促进农民在二次产业、三次产业的发展。当然，农民劳动的进一步分工，更需要政府的支持，特别是在政策、制度安排上的支持，真正解决农民劳动分工过程中所遇到的问题。

三、分工深化下的农民劳动

市场经济条件对农民而言，分工进一步深化，将一改传统的全能型的农民，而是农民仅在某一方面参与市场分工，成为市场经济的组成部分，不再是小农经济，不再是完全自足自给的家庭经济。市场分工下的农民劳动发生根本性变革。其主要表现在劳动特征、劳动资源、劳动目标、劳动规模、劳动环境以及管理方式与结果评价等方面。

(一) 劳动特征

小农经济时期农民劳动特征是典型的自给自足，也就是农民劳动是全能型的，个体人或家庭的基本日常生产、生活所需要的都由自己提供，自己要从事相关的所有产品的生产，由此也就必须会从事相关的各种生产，包括衣食住行的各个方面，并且在有限的农产品不能满足其家庭的必须生活情况下，他必须要兼业，从事相关的所谓的副业。在以分工作为基础的市场经济条件下，随着农民素质的提升、信息等生产要素的有效供给，农民也已经认知到分工对提高生产率的作用、意义，作为理性人的农民，也懂得比较利益和比较优势，他们不再是全能型的农民，通过某项技能的学习、掌握，参与到市场分工之中，在现代社会的劳动分工中，一方面根据其比较优势，获取相应的职位，另一方面获取更高的劳动报酬。

(二) 劳动资源

传统农业文明时期，农民所占有的资源一是土地，二是农民自身的劳动力，

---

① 《国务院关于解决农民工问题的若干意见》(单行本)，人民出版社2006年版，第9页。

通过农民劳动力与土地的结合生产出供家庭生存的必需品。人口增长以及工业化、城市化程度提高，作为农民唯一劳作对象的土地呈现为更加稀缺，而在土地短缺的情况下，农民要使自己的家庭更好地生存，就只能投入大量的活劳动，并且是不计成本地投入时间和劳动，以求取得能够使家庭成员生活更好的农产品数量。随着经济发展以及农民自身素质提升，在市场经济条件下，农民所面临的社会经济环境发生了大的变化，农民可以不再单一地依赖于农业，不再单一地依靠土地作为其生存和生活的来源，农民另外可选择的劳动资源可是资本密集或知识密集，可走出农业、土地，从工业或服务业中获取更高的报酬。所以，在现代工业文明为主导时期，农民的劳动资源变得更为宽泛，当然，这需要农民具备相应的人力资本水平，有相应的劳动技能，才能参与到工业文明的分工之中。另外，在科学技术不断进步的当今，农业生产也不再单一的依靠活劳动，其劳动工具的资本、技术化以及知识化程度都在提高，以土地为资源获取劳动报酬将更多的依赖于资本和技术的投入，单一的活劳动不再决定其报酬。

（三）劳动目标

农业文明时期，农民是为生存而劳动，体现为詹姆斯·斯科特的"安全第一"生存伦理，其劳动目标非常明确，就是为了家庭生存，而且将安全放在第一位，在温饱都难以满足的情况下，为了自己及家庭的生存，农民的劳动目标就是追求产品数量，满足自己的需求。生产力水平提高以及市场化改革，农民的温饱问题基本得到解决，他们所面对的选择、机会越来越多，不再单纯地依赖于土地，工业和服务业都可作为其选择的劳动对象，由此，作为具有理性的农民，基于自身能力、素质及所处环境等因素，要算计从事何种工作才能获取最大收益，同时，即便是从事农业生产，也不再是单纯追求产量最大化，而是收益最大化。从另一个方面来讲，由于劳动目标的变化，农民的劳动意识也发生着相应的变化的，在自给自足的小农经济下，农民的生产是服务于自己，而现代化工业文明时期，农民所服务的对象不再是自身，而是社会，由此，农民的劳动取向是满足他人的需求，并以此来增进自身的收益最大化，在观念层面上要重视顾客的需求、发现顾客需求、创造顾客需求、最终满足顾客需求，在这种情况下，农民的追求是在满足市场需求的前提下追求经济利益的最大化。

（四）劳动关系

传统农民在自然经济的环境下劳动，劳动以及劳动所需要的资源都是他从自然的环境下取得的，只是为了满足他个人及家庭成员的需求，很少与外界发生交换关系，其劳动关系相应简单。而随着分工深化以及市场交换关系的增多，农民的劳动关系不再单一表现为家庭以及个人占有自己的劳动，农民融入整个社会分工交换关系之中，作为个体的农民，他与社会的劳动关系是一种服务与被服务、分工基础上的合作关系，他不仅需要为更多的人服务，从另外一个角度来看，同样他也需要更多的人来为他服务，所以他与外部的交换、交流、学习等都需要更多地与外部世界进行，他所处的是一个市场经济的条件。

四、农民劳动分工深化的影响因素分析

农民目前面临分工深化的制度阻碍，具体而言就是农民缺乏择业自由、土地没有受到有效的产权保护、议价过程中的高内生交易费用、缺乏交易自由和组织试验的自由等。这些制度安排最终阻碍了农民参与城市分工，也阻碍了农民自身的分工深化，使农民陷入了制度性贫困陷阱。

（一）二元的户籍制度

在特定的历史条件下形成的城乡分置的户籍制度，在计划经济体制下将农民固化在农村，以土地作为主要的劳动对象。改革开放以来，基于城市、农村在不同层面新的制度安排，在传统的户籍制度并未打破的条件下，城市与农村的界限不再是泾渭分明，农民可以到城市寻求劳动对象。这无疑是一大进步，农民拥有了更多的选择。可是，由于户籍制度以及与之紧密联系的歧视性的城市就业和社会保障制度依然存在，农民实际上没有择业自由，阻碍了农民劳动参与城市分工。这其中，显性的壁垒有城市增容指标、增容费、就业行业限制等；隐性的壁垒，如对受教育程度的刚性要求、以户籍为本的社会保障、按户籍标准的子女入学，等等。由此，农民即便是在城市工作，参与了城市劳动分工，由于上述限制，农民工最后仍不得不回流农村，难以逾越城市的高门槛，只能成为候鸟式的"迁徙人"或"城市边缘人"。由此形成的农民在参与城市劳动分工过程中，只能是一种暂时性、临时性，在一定时期内不能形成较为固定的劳动机会，不断寻求劳动对象，无法实现劳动分工的固化，结果是进一步阻碍着农民劳动分工的深化。

（二）不具财产权性质的农村土地制度

中国的土地制度也存在着二元，即城市土地具国有性质，农村土地归集体所有。改革开放以来农村实行家庭承包责任制，实行分田到户，但农村土地性质并未改变，农民所拥有的只是对土地的使用权，土地的所有权还是归集体所有。这种土地制度的产权安排影响或阻碍着农民劳动分工的深化与细化。

首先，为实现低水平就业保障而产生的农民仅具使用权的土地制度安排，由于集体土地的不断重新分配，农民的土地使用权是不稳定的，地权的稳定性对农户的长期投资具有显著的推动作用，由地权不稳定所导致的长期投资的减少，因而导致农民缺少对土地长期投资的积极性，由此也就意味着农民不会基于农业的进一步分工，还将延续传统的农业耕作方式，即"全能型"的农民。

其次，由于农民没有土地所有权、仅拥有土地的使用权，权利的排他性不强导致的高内生交易费用。由于集体产权的所有人很多，谈判费用随人数的增加而迅速增加，要达成多数一致的意见需要花费较高的交易费用，同时维护集体产权的收益由全体所有者分享，存在"搭便车"的激励，因而集体利益的受保护程度就比较弱。内生交易费用对分工水平的决定和生产力发展有重要影响，所以需要在制度变迁过程中较高的内生交易费用，将会阻碍着农民劳动分工的演进。

（三）农民获取较少的劳动剩余

农民劳动剩余，是指农民在运用劳动资料作用于劳动对象过程中所创造出来的财富中分得的比例。已有众多研究成果表明，从总体上来看，无论是农民在传统的农业分工中还是参与到二次产业、三次产业分工中的劳动剩余都是较低的。

其根本原因在于，农民作为弱势群体，在分享劳动剩余过程中处于很低的谈判地位，政府作为议价的一方来分享剩余。分工本身就会产生协调的可靠性问题以及议价过程中的内生交易费用，政府的行为使分工收益成为不确定，这将阻碍分工的演进——农民不得不通过兼业（降低专业化收益）来降低风险。

尽管近年来政府取消农业税、增加对农民的各种补贴。可是，这并没有从根本上改变农民劳动剩余较低的状况，其根本还在于农民作为个体生产经营者，受到土地规模约束，以及农产品价格相对稳定，而农民所用生产资料、生活资料价格上升。尽管政府给予了相应的财政性补贴，但其补贴远远小于生产、生活资料的上涨，所以，实际农民的劳动剩余在不断降低，而这也可从工农产品的"剪刀差"的变动得以解释。

人们参与分工的前提是在该分工水平上可以获得更多的剩余，由此，农民进入一种恶性循环之中，农民处于较低的分工水平，从而获得的较少的劳动生产剩余，而劳动收入的较低又进一步限制了农民进行更好的劳动分工。所以，农民劳动生产剩余较少使农民失去了参与分工的动机。

（四）政府涉农制度安排的问题

新兴古典经济学认为，社会分工水平决定专业知识累积的速度和人类社会获得技术知识的能力，而人们对最优分工水平的知识决定均衡分工水平。市场和价格制度成为试验不同的分工水平和结构的工具,通过这些试验,人们可以获得关于组织的知识,选择有效的分工结构,从而得到专业经济报酬递增的好处,产生内生技术进步和经济发展。

政府对涉农领域的制度安排还存在一些问题。一方面是一些高利润率的涉农行业存在政策性进入壁垒,例如农业生产资料的生产销售、农业金融、保险等,不仅使农民在交换时受到剥夺,也使农民无法参与分工,进入这些具有递增报酬的领域,因而无法分享迂回生产、分工经济的好处。政府对农村金融的垄断使农民得不到急需的服务,而大量的资金透过政府垄断的金融部门流向城市。乡镇企业遭遇的融资瓶颈(从银行贷款很困难,从资本市场融资更不可能),直接阻碍了乡镇企业进行组织试验——导致企业无法进行技术结构、组织结构的升级。乡镇企业分工演进遭遇制度阻碍(融资瓶颈、乱收费、乱摊派、行政干预等),导致乡镇企业近几年来发展缓慢、新增就业人数不断下降。

另一方面是政府垄断了涉农领域的组织创设权和制度创设权。大量的涉农中介组织(各种协会、服务机构)是由政府创设并垄断经营的。许多"公司+农户"、"土地使用权入股"等组织形式不是自下而上,而是自上而下由行政权力主导形成的。农民失去了组织试验的自由权,因而无法积累关于组织的知识。农民在失去组织试验自由权的情况下,可能进一步失去生产的自主权。垄断利益集团在利益驱使下,往往用行政权力代替经济权利,不仅强买强卖甚至强迫农民生产某一种农作物,部分农民失去了交易自由权和种植自由权。人们所以会充分利用个人知识、搜集信息、用最有效率的方法进行生产,是由于个人的选择会影响结果。政府在涉农领域的垄断使农民失去了交换的自由、组织的自由,相应的农民生产、投资的积极性就会大大下降。

除了上述问题之外,还有农民自身的问题,即农民技能、素质不高,也会影响农民劳动分工的深化。

五、农民发展中劳动分工的途径分析

在现有讨论"三农"问题的众多研究中,也存在着所谓的路径依赖,大多数研究者仍然以传统的方式来讨论农民的培养、农民发展问题,如提高劳动者的知识水平、提高劳动者的技能水平、提高劳动者的道德水平,以及国家、地方政府、农民等在这个转变中的地位与作用研究,等等。这仅是一个视角,还应该从一个新的角度来探讨农民发展问题,农民作为其自身发展的主体,要让农民具有自身发展的动力、意识,这是农民发展之根本,当然,政府要有一定的保障条件,而其条件之一就是对农民的培养不能像传统经济观念下的农民,"只顾耕耘，莫问收获"，要把现有的农民培养成新型农民，特别是要把自然经济或传统经济下的农民纳入到现代组织中去，让农民在现代组织中转变为自觉发展。所以，促进农民发展的途径之一就是使农民进入现代工业文明之中，将其纳入社会市场分工体系，在劳动中发展。

要使以促进农民发展为宗旨促进农民劳动分工，使农民进入现代工业文明的市场分工体系，首要的是涉及两个问题：一是在农业生产劳动分工是否可行？在农业劳动中如何分工，由谁来分工？二是劳动分工提高了劳动效率，农村劳动力大量剩余，如何转移？也就是农民分工的方向在哪里？

（一）农业生产内部的农民分工

首先，来看农业生产是否能劳动分工。农业产业化是农民发展的基本趋势，而农业产业化的本质是基于农业产业体系基础上的分工与合作，是一种有效的生产组织方式，主要研究的是同一产业内各个经营主体之间的组织或市场关系，其本质特征可以理解为基于农业产业体系基础上的分工与合作。农业产业化的发展过程实质上就是农业劳动分工不断深化的过程。生产的专业化分工一般表现为分工的外向发展和分工的内向发展，农业更多的表现为分工的内向发展，即主要是改革传统小农"小而全"的自给自足的生产模式，重点在内部的重新分工。农业生产的专业化包括三个层次：第一是农业经营主体专业化。各农业经营主体逐步摆脱"小而全"的生产结构，转向专门或主要为市场生产某种产品或服务。第二是农艺过程专业化，即农产品生产全过程中不同工艺阶段及相关服务部分都分成专项生产，由各具优势的专门经营主体分别完成。第三是农业生产的区域化，即按照比较优势原则，形成专业化的农副产品原料生产基地。农业生产专业化在这三个层次上的发展，分工不断细化，专业门类不断增加，结构层次趋于复杂，产业体系也由此不断得到完善。特别是龙头企业与农户之间的合作，对农民来说可以有效减少经营风险，达到把分散的小农户与讲求规模和效益的市场联接起来，提高农民进入市场的组织化程度的目的。因此可以说农业产业化发展的过程就是农业产业体系中劳动分工和合作逐步深化的过程，农业产业化的本质就是基于农业产业体系基础上的分工与合作。

其次，关于农业产业内部如何分工，基于对农业产业化的基本认识，农业专业化可分为三类：农业生产专业户、农业行业协会、农业公司。而不同的专业化可产生不同的劳动分工。

第一是农业生产专业户式的劳动分工，包括生产专业户、运输专业户、销售专业户，等等。由于农业的特殊性，可以细分为种子专业户、肥料专业户、插秧专业户、收割专业户、田间管理专业户，等等，还可以进一步细分如生产专业户中可以按生产的作物种类进行，如粮食生产专业户：水稻专业户、小麦专业户；经济作物生产专业户、油菜专业户、棉花专业户等。农户兼业现象在新型农民的培养过程中应该要逐步下降，让农户自己感觉到专业化的好处，逐步减少兼业，成为一个专业户。

第二是农业行业协会形式的劳动分工，或是按种植的品种分类，或是按地域分类，在这里，农业行业协会部分地承担了企业的管理方面的职能，或是承担销售的职能，或是技术指导的职能，或是协调的职能，等等，在这个劳动分工中新型农民实际上成了农业工人，他只是负责传统经济状态下的部分甚至是唯一的一个职能，或是种植专业户，只管种植，不管销售、不管运输，或是销售专业户，只负责销售，不负责生产，可能也不负责运输、加工。行业协会的劳动分工是建立在专业户的劳动分工之上的，没有专业户的集聚是难以产生行业协会的。

第三是农业公司、农业企业形式的劳动分工，农业公司或农业企业是在市场经济条件下建设起来的不同于传统农业经济时期的组织形式，无论是生产、加工、运输、销售的专一性公司，还是集生产、加工、销售等为一体的集团公司，都是现代企业制度下的产物，它和其他的公司性质完全一样，只不过它是涉农企业而已。在这样的公司中，农业工人也就成了真正意义上的农业工人，或者说是新型农民了。这是我们"三农"工作的一个重要目标，就是把农民变为市民的前提工作，首先要把农民变为工人。

最后，关于谁来分工。在市场经济条件下，分工问题实质上是一种选择，在劳动分工过程中，谁是选择的主体，是农民还是其他。实际上，在农业产业化过程并伴随着农民劳动分工过程中，在不同的层面，其选择的主体是不同的。在农业生产专业户的层面上来说，农民的劳动分工是由市场进行的，选择的主体当然是农业生产的专业户；在农业行业协会的层面，分工的主体是农民自身；在农业公司或是农业企业，劳动分工才会由公司或是企业来决定，农民把选择的主体权力交给公司或是企业，他把由选择而带来的风险同时也交给了公司或企业，他个人也就成为和工业企业内工人的一样的身份，他不再是一个对他的产品负有无限责任的"总经理"了。

（二）促进农民劳动分工制度安排

实际上是农民走出土地，不再依赖于土地作为其谋生、发展的基础，而是将劳动与其他生产资料相结合，这一方面取决于农民自身的能力、素质，另一方面与政府的政府安排直接相关。

首先，加大政府对农业经济合作组织的扶持力度。深化农业内部分工，有利于农村经济合作组织的建立，对于从农业分工的演进脉络看，如何提高分工水平，斯密认为应该通过改善交通，扩大对外贸易，推进城乡均衡发展，建立稳定的市场只需以及进行生产的资本积累等途径来实现。为此，在充分发挥市场机制的基础上，政府给予农业经济合作组织在财政、信贷、税收等方面的优惠政策，切实搞好服务，帮助合作组织把握方向，搞好组织规划和产业发展规划，建立健全规章制度，使其能够严格按照国家的法律、政策规章进行，采取先扶持后规范的步骤，培育和壮大农村经济合作组织。

其次，完善土地制度。我国农业产业化经营主要约束条件是人地矛盾，土地的小规模经营成了深化农业分工的"拦路虎"。而且组织与规模是密不可分的。科林·杨格认为劳动分工一般地取决于市场规模，而市场规模又取决于劳动分工，即"分工一般地取决于分工。"提高土地的规模经营，已经是迫在眉睫的事。为此，按照依法有偿原则，允许农民以转包、出租、互换、转让、股份合作等形式流转土地承包经营权，发展多种形式的适度规模经营。

最后，鼓励农村有一技之长的人建立组织。随着农业分工的深化，从农业中分离出许多手工业者，像泥水匠、木匠等，他们是有一技之长的人。这些人往往被人忽视。因为他们一年到头平时赚些钱，没活干时又回到地里从事农业。他们在大市场中弱势群体，只有把他们联合起来，成立组织，不但可以增加他们的收入，又可以解决许多农村劳动力的就业问题。比如成立某某家政服务公司，一串红服务公司等，这些组织不但可以立足本地，也可以走向大城市。

第三节 中国农民行为

一、对中国农民行为研究述评

有关中国农村和农民的理性问题同样是学术界研究的对象，在这一方面主要包括施坚雅（William Skinner）对于市场共同体的研究，马若孟的中国农民经济的研究，和以制度主义著称的林毅夫对于农民理性的论述。

黄宗智认为，蔡雅诺夫的观点是商品化中的小农仍不同于资本者，这样的经济按照家庭人口周期而分化。因此，俄国小农经济应采取的改造方式是：农民自愿组成小型合作社。舒尔茨的观点是小农经济中存在一个与资本主义经济并无不同的竞争市场，小农是理性的，改造传统经济需要合理成本下的现代投入，市场刺激是乡村质变性发展的主要动力。蔡雅诺夫和舒尔茨都把部分因素孤立化和简单化以突出其中的逻辑联系。长三角的实际情况是两者的混合体。长三角农村经济商品化按照蔡雅诺夫的逻辑推动，而明清长三角的人口增长和商品化是相互联系和作用的。

黄宗智是在介绍长江三角洲经济、社会变迁以及和华北农村对比的基础上，围绕"过密化"下的"增长"与"发展"展开研究的。通过对农民社会、农户的分析，导出对农民经济学的定义，并对家庭农户作了区分，提出一个明确的目标是把女性结合到农民的经济研究中。所谓的"增长"是指生产总量在任何一种情况下的扩展，"发展"则是基于单位劳动生产率提高的增长，而"过密化"就是指伴随单位劳动生产率降低的增长。黄宗智以1949年为界分别进行研究，故意设下陷阱，提出设问，使人预感到新中国成立以后土地改革尤其是20世纪50年代集体化过程改变了中国的小农经济并带来了发展。但事实上，作者否定了这个潜在的设问，证明了"没有发展的增长"一直延续到"文革"中后期集体乡村工业的萌动，农村乡村工业带来的农村多样化经营才带来了真正的发展，但这只是"没有增长的发展"，1978年经济体制改革以后的"有增长的发展"因限于研究与写作的年代，而没有详细资料来描述分析。

黄宗智解释长江三角洲小农经济更稳定和持续性的原因主要从与华北地区小农的比较中得出的结论。长三角的农民与国家的关系不是直接的，而是赋税上通过地主，行政上通过宗族首领士绅阶层。这似乎使村民自治显得更容易，村民大都各自专注于自家的生产和发展，家庭以外的事情由族内德高望重的人主持，不用过于操心。这就带来了国家政权渗入的困难，即使共产党的党支部如此深入的进入到村庄，也往往只在行政村这个层面上产生作用，而事实上与村民的生产劳动更密切的是生产队，对队长的任命和控制国家政权没有那么容易控制，所以黄宗智说"非正式领导往往是最成功的队长"。这方面的特性现在依然没有太多改变，村委会选举村民基本不管、爱谁当谁当的情况很严重，只要自身挣钱的去路不被挡住就好。所以，很多村庄，村民很富裕，但村委会相对很穷的情况较多。在这种情况下，新农村建设对于这样的村庄的村干部来说确实有困难。黄宗智还认为，长三角之所以更稳定，其本质原因还是因为其生态系统有利于多种经营的发展。在种植业上，它可以是三熟制、两熟制，或是单季稻；由于无霜期长，蔬菜瓜果的经济作物也可以较多种植；另外历史上商品化和家庭化生产的传统，都使长三角的小农经济增加了应变的弹性。这个弹性，是很重要的，这就比华北较刚性的生产体制更不容易产生革命的基础。

黄宗智还提出这样一个问题，"集体化如果没有被人口增长所伴随，那么会在中国产生怎么样的结果？"根据黄宗智的逻辑，20世纪50年代的集体化过程是一个土地规模化生产的过程，但是正是由于人口的压力（妇女和生育高峰带来的人口参加劳动）带来的过密化，才使得这个过程是一个没有发展的增长过程，那么如果没有那么大的人口压力，是否就可以如马克思主义所说的提高了劳动生产率，继而达到所谓的"有发展的增长"了呢？

施坚雅认为理解中国农民的行动，不仅要着眼于村落社会的生活世界，而且还应该看到农民所生活的世界是一个"基层市场共同体"。农民行动的范围不光在一个狭小的村庄，而是同时处在地方市场体系之中，如基层的集市就是农民剩余产品的集散地和交换地，在这里，农民的贸易需求得到了最初的满足。既然农民介入到市场体系之中，那么，他们的行为也就必然受市场规律的引导，他们也必须为获利而思考和选施坚雅所揭示的是农民的行为之间的互动关系及其所构成的超越于农民个体行为的大系统。在这一点上，他确实比其他一些人类学家看的更为宏观一些，这可能得益于他把地理学、历史学和人类学的方法进行了结合。

马若孟利用1939~1943年日本南满洲铁道株式会社调查机关对山东和河北的调查资料对中国农村进行了研究，他指出，中国农村的市场经济是高度竞争的，因为商品和劳务的市场价格以及生产要素所带来的收入都由市场上供求双方的竞争力决定。从晚清到第二次世界大战前，农户极大地加强了使其经济活动适应于产品市场和要素市场的程度。生活在这种物资和经济的强制性环境中的农户的行为是理性的，农户通过农业劳动收入和其他资源，或者通过手工业、商业和其他职业获得尽可能多的收入。农户能够有效地利用他们的劳动力更集约地经营。在资本积累和投资上，农户会精心计算收入中有多大比例应该用于买地、投资于农场资本和满足家庭消费需求，从而确定能够有效地耕种多少土地，以及他应该租给别的农户多少土地。特别是在利用土地方面，农户会根据可以利用的耕地的数量和质量、现有的灌溉设施、市场发育的程度和不同作物之间的比较价格，来决定在粮食和现金作物之间如何分配土地。马若孟的研究更倾向于人类学的范式，即从农村主位出发，通过实际的描述真正揭示农村经济农民行为的逻辑，而不是受到某种结构主义的束缚。这使得他的研究更加具体，是在用事实说话，而不是宏大的理论建构。

林毅夫沿袭了舒尔茨的理论思路，首先对经济理性给予具体解释，认为经济理性是效用最大化，而非物质利益最大化，个人效用的最大满足也并不完全针对自己，利他行为所带来的个人满足感大于为此付出的代价，理性的个人也会选择利他，从这个意义上说，小农的行为是理性的，可以用现代经济学的方法来研究农民问题。当然，理性行为要受到外部经济条件、信息搜寻成本以及主观认识能力的多重制约，因而许多被用来证明小农行为不是理性的典型事例，通常都是具有城市偏向的人在对小农所处的环境缺乏全面了解的情况下作出的论断。如果能设身处地从小农的角度考虑问题，则可以发现这些被认为是不理性的行为却恰恰是外部条件限制下的理性表现。

史清华以晋浙两省 1986～1999 年农村连续固定跟踪农户观察资料为基础，对两省农户家庭经济资源利用效率及其配置方向进行比较研究。农户家庭经营在劳动、资金、农地的运用上，更加倾向比农业创造更多收入的非农化生产上，这受到利用效率和"资源利用势"形成及大小的影响，同时也是农民对比效率产出权衡的结果，并且非农化产业创造利益越大，则劳动力、资金、农地向非农化产业越集中，这完全是在市场引导下的农民理性的表现。

文军对于农民外出就业的研究则是从个人的、微观的视角，试图借助科尔曼的理性选择的工具解释当前农民工外出务工的理性思考。首先文军根据人们追求目标的不同假设，把人的理性行为分为三个层次，即生存理性、经济理性和社会理性。而且，生存理性是最基础的层次，只有在生存理性得到充分表现和发挥的基础上，才能进一步产生和做出经济理性和社会理性的选择。在生存压力下，决定农民是否外出就业的首要因素是生存理性选择。对于广大的中国农民来说，为了维持整个家庭的生存而选择比较而言并非最次的行为方式（如过密化），是更为现实的驱动力。在满足了生存之后，农民继续选择外出就业则更多的是因为他们追求效益最大化和经济理性，当农民为了城市生活的魅力和文明而留下的时候，农民的社会理性在发挥作用。文军的研究在扩大了理性定义的范围后，把农民外出就业的原因分析全部纳入到理性的范围之列，实际上已经跨出了农民"理性"仅仅是指经济理性的定义，改变了经济学者定义下的农民理性，把农民的理性视为是不断变化的。这已经不是经济学的解释。

邝启圣和周飞舟运用制度经济学原理对山东桓台和商南的土地调整的具体办法进行了分析，足以说明中国农民是非常理性的。理论界和决策界流行观点认为，土地调整的方式主要是足以影响农业生产效率的彻底打乱重分的办法。邝启圣和周飞舟通过周详的个案调查发现，实际情形并不如此。中国的各地农民从自身的自然资源、耕作制度、技术进步等方面的实际情况出发，创造了多种多样的"小调整"方式，以最小的交易成本解决了土地调整问题。农民有智慧在给定的限制条件下作出对他们最有利的选择。如果中国的农业出了问题，问题的根源最有可能是政府的政策。

曹阳的研究同样是在制度主义的框架下，坚持"经济人"理性行为决策这一现代主流经济学的基本分析框架来分析农民的决策行为，农民的决策是在综合考虑他们面临的制度环境、自然环境与现有的生产力水平、现存资源禀赋状况等基础上来实施经济行为的，这种行为往往是在特定环境约束下的理性反应。在社区所有权加农户均分的经营权的土地家庭承包制下，农民转包和弃地的行为是不常见的，这是为了在生存上的保障，这体现了**农民的务实和理性**。而农户的劳力配置决策充分体现了农户的经济人理性，农民**自由自主**地支配自己的劳动行为，并作出有利于家庭收益最大化的劳动配置决策。**具体地说**，在受到土地资源限定，当前政策的制约，普遍的兼业和家庭内部的分工就是最为理性的劳动力配置选择。农民依据自身的比较优势，实现了家庭内部的最佳劳动分工。

二、农民行为分析框架

人的行为理性问题是现代经济学的基本前提。在新古典经济学理论中，"理性行为是经济行为的指导性考虑"观念是作为**定理**而存在的。

"**理性**"被定义为：一个决策者在面临几个**可供他选择**的方案时，会选择一个其效用得到最大满足的方案。理性行为就是为了达到一定目的而通过社会交往或交换所表现出来的社会性行为，我们可将人的**理性**分为三个层面：生存理性、经济理性、发展理性。生存理性是最基础的层次，只有在生存理性得到充分表现和发挥的基础上，才能进一步产生和做出经济**理性**和发展理性的选择。"发展理性"是在"经济理性"的基础上更深层次的"**理性**"表现，是"理性选择"的更高级表现形式。

"生存理性"和"经济理性"描述了在既定的外部约束下行为主体的两种不同的行为方式选择，前者以达到可接受的最低满意程度为准则，后者以最大满意度为目的。由传统小农向现代农民转换的过程，**可以看做是农民的行为由"生存理性"向"经济理性"转变的过程**。农民的"**生存理性**"，指中国传统社会由于小农经济生产方式下农民的生活长期处在勉强维持生存的状况，这一状况使得中国传统农民对自身生活的理解和期待就表现出以"**维持基本生存**"为最高目标的行为方式和认知原则。这种"**生存理性**"**是理解**中国传统道德的关键，也是农村经济改革和新农村建设的推进中需要考虑的因素。

经济理性，是一种对财富的追求，但与**生存理性**不同的是这时更多的要讲求成本收益，即在一定成本下追求收益最大化，**或在一定收益水平上讲求成本最小**，而且也在不断创新，这类似于企业家的思维。

发展理性，最基本特点就是寻求自我的满足，寻求一个令人满意的或足够好的行动程序。

生存理性，基于对斯科特"生存伦理"概念的认识与理解，这种理性首先考虑的是安全第一的生存原则，而不是追求效益的**合理化**和利益的最大化。货币至上，对货币的追求高于一切，不惜付出更多的体力、财力追求的货币收入最大化，也就是不计较成本地追求货币收益，这类似于黄宗智所说的中国农业所存在的过密性或内卷化,即没有发展的增长。为了货币最大化,对时间及劳动力有着不同的认识,在农民看来,时间是没有成本的,劳动力作为农民自身的所有权,时间成本、劳动力成本基本上不计算在内的。

  农民的行为总是为了满足自身的某种需要和解决某些问题,按照前文关于需求层次的划分,农民需求包括六个层次,从低级到高级逐渐产生并得到满足的。传统农民因生活相对贫困,其从事生产活动主要是为了解决自己和家庭的温饱问题,以维持生存,这是他们进行生产的首要目标,也是满足其他需求的前提和基础。当生存问题得到解决后,农民的需求层次就会提高,由生存需要转向发展需要,他不再满足于吃饭问题的解决,需要进行货币积累以便能进行扩大再生产,获得更多的财富来提高生活水平和子女的受教育水平等较高层次的消费。

  农民行为的演进逻辑与农民的需求层次逻辑是一致的,农民的需求决定着农民的行为和动机。与农民的需求一样,农民的理性是不同阶段的反映、表现,而且与农民需求相一致,在农民的生存需求和安全需求层面,农民表现出来的是生存理性,即生存需求和安全需求层面农民的行为是以生存为目的;在致富需求和精神需求层面则表现为经济理性,对货币绝对量的追求,农民表现的是利润理性,更多的是追求收益的相对量,考量更多的是成本收益比较;民主权利需求和个性发展需求层面,农民呈现为发展理性,追求个人的自身发展。由此,农民行为的演进逻辑表现为,生存作为第一需求时,农民行为表现为生存理性,一切都以生存为前提,如在风险决策时,他们是风险规避型;而当温饱问题解决之后,农民开始对更美好生活的向往与追求,当然最后是自身价值的实现。

  人的理性选择,也就是要考量不同的群体处于何种理性行为,取决于四个方面:

  第一,行动者在社会中所据的位置,也就是行动者所拥有的社会资源状态。而这将取决于社会制度的安排,不同的制度安排对不同群体的社会地位以及由此而产生的所拥有的社会资源状况是不同的。这其中既包括宏观上对不同群体的划分,如城市居民与农村居民、工人与干部等,也包括具体的制度安排,如社会保障制度、教育制度等。这都将影响着不同群体在社会中的位置。

  第二,行动者的个人实力状况。这实际上体现的是个体人的素质、技能水平,一方面取决于其受教育程度,接受社会知识、信息的程度;另一方面是其积累的社会经验以及从社会实践中的感悟。既包括个体人的观念、对社会环境的认知,也包括对自然、社会信息的掌握、认知等,实质上反映的是个体人的综合能力。

  第三,行动者所控制的资源与信息及其分布状况,即"控制分布"。其控制分布受制于个人实力及其所掌握的资源与信息,而行动发生之后,资源信息与个人实力状况又决定了其后续行动中的控制分布状况。

第四，行动的后果，即行动者的后果不仅会直接影响到个人对效益最大化的追求，而且还决定了这一行动是否还会持续发生，这依赖于行动者对行动后果的价值所做出的判断。作为理性人，行动的后果总是追求一定的收益，即利益追求，划短期利益，或长期利益，而在利益追求的过程中可能存在一定的风险，即行动的后果是收益与风险同在，行为人所要考量的是权衡收效与风险的关系，当然这与行为人的能力、所居的社会位置以及其资源、信息分布有关。

三、制度变迁过程中的农民行为

农民的理性程度并不弱于其他经济主体，从谋求生存、体面的生存，到通过获取更多的社会财富以得到社会的尊重等，这实质上体现的是农民的理性过程。

（一）传统农民的行为

这里传统农民是指传统社会小农经济生产方式下的大多数农民，传统的经济生活、文化经济生活，也就是从生产方式和生活方式方面来讲还相对传统的农民。对中国而言，从时间序列来划分，更多的是20世纪40年代之前的农民。

首先，在传统社会中的农民所处的社会地位。在1949年以前的中国，社会所赋予农民的社会资源几乎为零，农民既没有其赖以生存的土地，当然没有从事农业所必需的生产工具，也没有保障其基本生活的社会福利[①]，而在比较收益相对较低且农业收益相对不稳定的条件下，农民获取的收益是相对较低的。由此，农民自身不能获取较高收益而又不能从外部获得稳定收益状况下，就决定了农民的社会地位是相对较低下的。

其次，个体能力。这一时期的农民受教育程度是极其低下的，农村的文盲率极高，而且由于交通、通讯等我们所熟知的现代工具的不具备，农民的社会经验也是极其缺乏。所以，农民的个人能力严重低下。

最后，对收益与风险的态度。农业生产存在着较大的风险，而农村无论是社会保障体系还是保险机制都不完善。而且农业生产规模小，抵御风险的能力弱，因而，在农民的理性行为中，规避风险就成为重要原则了。在这一原则影响下，农民在进行生产决策时要考虑各种可能出现的不利情况，为自己制定一个在最不利的情况下可以接受的最小收益界限。这样，虽然某种生产抉择在确定条件下是

---

① 这一时期的社会福利还仍然停留在古典经济学时期对社会福利的认识，即福利是个人的事，与政府无关，一个人的贫穷落后是因为其懒惰。

最优的，但如果由于风险的存在使得预期收益小于可接受的最小收益，那么，农民就不会选择这种确定条件下的最优决策，而是选择一种风险更小的决策，虽然这样不能使他实现最大化利润，但可以保证他在最不利条件下得以生存。

在标准经济学理论中，在存在完全市场的前提下，同一个人可以把他的生产决策和消费决策作为两个独立的问题分开解决，这就是可分性原理。但是可分性原理要适用于发展中国家的农民，必须存在完全的市场。如果农民面临的市场是不完全的，农户的要素投入和农产品都不是完全面向市场的，那么生产决策和消费决策就具有不可分性。

由于我国劳动市场不完全，农民一般不从劳动市场雇工，也难以将多余劳动向市场出售，农民生产和消费都是半自给，因而生产—消费决策的不可分性同样也是我国农民的理性行为的重要特点。

由此，在传统社会中的农民行为是生存理性，一切是要保证其生存需要。在小农经济的传统社会，"家"首先是基本的经济生产单位，家庭内部的劳动分工就是社会的劳动分工，所有家庭成员在经济上是一个共同体，"家"是由血缘婚姻关系联结起来的一个生产和生活的整体。

中国传统农民的情感表现在经济的共生中，表现在实际的生活里，家庭的生存问题是中国传统农民面临的最大的问题，传统经济生产方式和生存状况使中国传统农民情感的，价值的内涵表现为对生存的维持。

小农经济的生产方式除了使"家"成为经济生活和伦理价值的核心以外，还造就了中国文化特有的——乡土情怀。在以农耕为主要经济特征，家庭、家族为本位，血缘地缘合一的中国传统社会里，乡土人情是中国人伦关系的一大特色，在实际生活中担当着调节乡民之间经济、文化、法律等关系的功能。乡土人情作为伦理规范，首先表达着对经济利益的诉求。

土地所具有的不动性必然要求邻里互助，固定的生产和生活场所，使得在同一块土地上的人具有相对固定的交往对象。天灾人祸的频繁、生老病死的无法逃避，使得需要接济几乎成为每一个家庭常有的事。而当一家人的生存不能得到维持的时候，乡土人情就是唯一可以指望的接济，相互间实物或劳动的接济就是乡土人情中情感的依托。也就是说，乡土人情同样产生于家庭之间经济互助的基础之上。是生存理性的产物。

人伦价值背后是极强的生存理性，乡土人情是传统的互助合作的方式，但这种互助既是人情的互换，也是经济利益的互助。在实际生活中，对于中国传统农民来说，勤俭通常是生存理性的产物。勤俭不是同致富，更不是同什么养身、养德联系在一起的，而是与免于饥饿联系在一起的。小农的生活如果经常处在饥饿的状态，他们在丰年免于死亡，灾年几无生还希望，在这样的生活状况下，其理性的最高目的只能在于——维持基本生存。

所以,从理性选择的角度来看,农民在社会制度以及资源信息的压力下首先不是遵循所谓的"经济理性"(追求利益最大化)原则和发展理性(追求满意与合理化)原则,而是为了全家的生存糊口,即使遇到灾害也能确保全家生存,在此前提下,挣得最低收入。在这种情况下,避害第一,趋利第二,也就是说,只要还有口饭吃,传统农民是很不容易考虑再投入更多的成本冒更大的风险去开辟新的生活空间和就业机会的。因此,就此而言,这似乎也是一个因生存压力而产生的生存理性选择的问题,只不过这种生存理性选择不只是针对个人的,而是针对一个个家庭或家族的,他们或多或少都面临着巨大的生存压力却又没有选择外出就业。因为在制约他们进行理性选择的众多因素中,"生存压力"所产生的问题显然是首要的,因此而做出的"生存理性选择"本身就是"理性选择"行为的一种强烈表现。

(二) 市场化下的农民行为

1949 年新中国成立之后,首先进行的是土地改革,即人人有其田,农民拥有了自己的土地,之后农民的生产方式进一步变革,由传统的以"家"为生产单位逐步转向以集体生产为主,即农村的人民公社制度。这一时期的农民不再是个体行为者,农民个体意识被集体意识所取代,农民是作为一具集体人而存在,更多地表现为集体行为,农民作为集体成员,服从集体的需要。20 世纪 70 年代末实行的农村家庭承包责任制,从生产关系的角度来调整农业生产,也由此打破了传统的集体主义意识,将农民的生产变为以个体为主的生产方式。不仅如此,随着中国市场化改革以及整个社会经济总量不断提高,社会制度安排也不断变化,特别是对农民这一群体的制度安排发生了深刻变革,赋予了农民更多的自由与发展机会,而且农民也不断地适应市场经济,并逐渐成为市场的主体,在市场经济中寻求自身的机会和发展。接下来我们重点考察改革开放以来特别是市场化下的农民行为。

20 世纪 70 年代末农村经济社会新的制度安排,影响并改变着农村居民的生产方式、生活方式。农村的制度变革实质上是对农民生产权利的一次解放,由传统的农民权利的集体安排转变为农民安排自己的生产、生活,农民拥有了相应的对土地[①]的使用权和支配权,其生产所得与其收益直接相关,而且由自己来安排种植什么、如何种植等。所以,在农村家庭承包制度实施的最初时期,在生产力

[①] 土地实质上不仅是农民的劳动对象,更是农民的生命,特别是在社会保障制度尚未建立之时,对农民而言,土地是其生存的保障。

水平没有提升的条件下，直接调动起了农民的生产积极性，农民追求收益动机下，靠投入更多的劳动来获取收益，实际上在农民看来，劳动是没有成本的，只在能获取更多的收益，付出再多的劳动也是值得的。从中我们不难发现，这一时期的农民，一方面作为理性人，追求收益最大化，同时又不算计劳动，或者说不将劳动作为成本，所以，这一时期农民体现的是生存理性，一切都是为了生存的需要，为了生活更好一些，而不考虑劳动的付出。

而对土地上的种植，随着农民劳动积累的增加，以及对经济收益的考虑，农民越来越选择拥有较高收益的作物种植，比如棉花，或者将土地不再种植粮食作物而改种各种经济作物，比如从20世纪80年代中后期开始各地大面积种植各种水果。也就是，此时，农民不但是考虑收益，更多的还要考虑收益最大化，从中比较不同种植的收益水平，以获取更大的收益。当然，农民在进行选择时，还是以风险最低作为其基本行为准则，也就是对无论是粮食作物还是经济作物进行选择时，还是将能保障基本收益作为选择的第一准则[1]，体现的是生存理性。即便是在农村市场化程度较高的今日，农民在安排其种植品种时，仍然要种植一定的"口粮田"，目的是要保证有"饭"吃，即保证生存。

农民的这种介乎于生存理性与经济理性之间的理性行为，实质上受两个方面的制约。一是社会福利制度安排；二是农民自身素质。改革开放以来，特别是进行21世纪以来，各级政府对"三农"问题格外关注（这其中既有对农民这个群体社会地位相对较低予以格外关照的因素，也有从整个宏观来考虑农民在整个经济运行中的位置的因素，即农民作为低收入群体，存在严重的有效需求不足，影响到整体经济的良性运行），诸如良种补贴、农机补贴以及农村养老保险、医疗保险等，但是农民社会地位以及其平均收入水平低下的状况仍然没有改变，而这种状态背后是农民将还要依土地作为其生存保障，沿袭几千年的中国农村家庭保障还将依然存在，农村土地的功能与作用仍然是保障，由此农民对待土地的态度还是以生存理性为主。[2]

前文我们分析过农民素质技能的变动，农民文化程度、技能水平都不高，这无疑影响着其对各种信息、资源的利用。在信息技术不断发展，信息的传输、采集、使用等得到广泛使用，为人们进行决策提供了强大的信息资源支持。可是，由于素质技能较低，阻碍着农民对各种信息资源的利用，由此影响着农民在资源

---

[1] 这可从这一时期政府在对良种出台的各种优惠政策以及鼓励措施中看出其中的问题，即农民对一些新生事物还存在一种戒心，而这种戒心隐含的就是害怕损失、害怕失去其基本的生存条件。所以，其行为动机或理性还是生存理性。

[2] 当然，随着农村人均收入水平提高以及农村各种社会保障制度不断完善、保障水平不断提高，人们对土地的认识才将会发展转变。所以，农民的生存理性还要取决于农村经济发展状况以及政府对农村的社会福利制度安排。

配置方面的效率，也就是影响着农民的经济效率，相对于城市，农民作为市场主体的资源配置效率较低，这也限制了农民对效率的追求。

上述是对农民所从事的农业生产的行为分析。实际上，继农村实行家庭承包责任制后，其他方面的改革也陆续展开，一方面是不断提升市场化、工业化以及城市化、国际化等的广度和深度，同时，传统计划经济时期约束农民不能自由流动的相应政策以及农民的就业政策等都在不断变革，农民的自主权利越来越大。由此，农民的劳动对象不再局限于农业、土地，或彻底脱离农业、走出农村[①]，从事二次产业、三次产业的工作；或半农半工，即在不放弃农业、土地耕种的同时，农闲时间走进城镇，农忙时回乡收割。这一群体就是市场化改革之后所出现的"农民工"。

在我国从计划经济体制向市场经济体制转轨的过程中，农业劳动力开始大规模的转移，农业劳动力向非农产业转移源于：一方面农业比较收益低，农民作为理性人也越来越讲求更多收益，所以存在劳动力供给；另一方面城市化与工业化对劳动力的需求。农民工问题由此而来。

首先，因生存压力而产生的"生存理性"选择是农民外出就业最根本的动因。"生存压力"包括两方面的内涵：一是资源约束下的自然环境压力，二是社会制度等压力。自然环境压力主要表现为人地关系紧张以及由此而产生的与非农产业之间比较收益的差距，也就是说耕地面积的递减，劳动力数量的递增，生产手段的不断提高，使得农村中相对"剩余"的人口日益最多，无形中产生出庞大的剩余劳动力，而且在现实的生产经营条件和技术水平条件下，农村的生产资源创造出的劳动成果难以有效的促进农村人口的发展，与非农产业人员相比，农民从农业获取的相对劳动成果越来越少。所以，农民——作为社会主体群体，同非农产业人员一样，也有追求美好生活的愿望，为了摆脱贫困，过上更好的生活，走出农村、外出就业便成为农民首要因素，这是其"生存理性"选择由此得以充分体现。经验研究也表明，人地关系越紧张、生存压力越大的地区，农村人口外出就业的动机就会越强烈，生存理性选择就越主动、具体。

其次，农民工体现的仍旧是"生存理性"。我们先来看在城农民的生存状态，（1）从劳动对象来看，农民工实质上是在填补着城市人不愿从事的行业和部门，不干的工作，即脏、累、险工作，通常被描述为3D工种（Dirty, Danger, Difficult），农民工与城市本地劳动力在行业、职业分布、收入和社会保障等方面仍存在着明显差距。（2）从收入来看，农民工的月工资水平较低，根据国务院

---

① 这一群体严格意义上讲已经不是农民了，劳动对象已不再是土地，不再从事农业生产。可是，由于户籍制度的约束，他们还是农业户口，身份还是农民。

发布的《中国农民工调查报告》显示,农民工月收入800元至2 000元,工资远低于社会平均水平,且拖欠现象普遍。(3)从权利方面来看,我国现行的法律制度,在农民迁移、接受教育、劳动就业、财产和社会保障等方面,没有给农民与市民平等权,其本质就是强化对农民的制度歧视。

可见,农民工跨越城乡的界限,既承担了"农民"和"工人"的双重角色,同时又承受着"农民"和"工人"的双重负担,远离着社会保障制度,游离于城市与乡村、现代化与农业化之间的"边缘人",即便是在城市有了较稳定的职业,但他们始终无法融入城市,由于传统的户籍、就业、社会保障等制度的约束,农民工在本质上则仍是农民而非市民,仍处于"非城非乡"的状态。

理性人总是在一定的社会制度约束下选择,农民工群体在上述这种社会制度环境下,其理性特征表现为:农民工经济行为核心是自利的,追求自身利益最大化为目标。

具体来讲可体现在两个方面:一方面,体现在农民工的行为方式上,他们总是为了他们的家庭以及他们自己的生存而不断地试错、不断地选择、不断地行动着。生存是农民工发展的前提,生存理性是农民工理性发展的基础。农民工的自利行为是符合经济人假设的基本命题的,由于农民工有许多因素本身就是相互制约的,其经济行为只能是在众多的不利因素中经过反复的权衡之后,寻找一个相对满意的方案,生存第一不得不成为他们的首要选择。因而,农民工自利行为又多少带有"目光短浅"、"追求短期效益"的色彩。

另一方面,体现在自20世纪80年代以来从分田到户到乡镇企业,再从乡镇企业到外出打工,农民一步一步地通过自己有目的(一切为了求生存)的行为,逐渐在有意无意之间改变着行为规则和制度的约束,改变着资源的组合方式。因此,农民工在这种理性下所做出的种种选择,首先不是为了利润,而是为了生存。

在古典经济学家看来,人的理性是指每个人都能通过成本—收益或趋利避害原则对其所面临的一切机会和目标及实现目标的手段进行优化选择。事实上,作为转型社会的特殊群体——农民工,他们的自利行为与其他经济行为主体的活动还是存在一定的差异,即更多地讲求收益而不太讲求时间成本,只在意有较多的收益,劳动强度、劳动时间成为次要因素。所以,进城农民理性在现有社会制度上首先还是表现为生存理性,不计时间成本,不计劳动成本,一切以获取收入最大化为目标。

但是,农民工的生存理性行为是各种因素制约的结果,实际上农民工群体也具经济理性意识,在社会制度以及其他因素约束下,生存理性是其现实的、无奈的选择①。制约因素表现于社会制度安排与农民工自身两个方面。

社会制度安排中并未赋予农民工的平等权。平等权是宪法规定的基本权利，但在实际活动中农民工并不拥有与市民的平等权。主要体现在：现行的户籍制度阻碍农民向城镇的转移，传统的二元户籍结构，使农民与市民的权利不平等；农村土地产权制度造成农业人口流动和产业转移受阻；农民工社会保障制度缺失；尚未形成的城乡统一的劳动力市场以及公共教育对农民工及子女的"不公共"，使农民工及其后代无法享受平等教育的权利。

农民工素质技能低下、人力资本不足。美国经济学家米凯·吉瑟研究证明：在农村地区接受教育水平提高10%，将多诱导6%~7%的农民迁出农业，按照净效应，它将把农业工资提高5%。在舒马赫看来，在经济发展中，传统农民可以有效积累以应对市场竞争的资源就是人力资本，教育是一切资源中最重要的资源。文化素质低的农民工迁入城市后，难以进入对知识、技能要求较高的行业和部门，同时又缺乏必要的资金接受再教育和培训，农民工就业陷入"三低二高"的恶性循环之中——低门槛、低工资、低保障、高风险、高强度。

信息获取有限、决策能力差，是导致农民工经济地位低下的最根本原因。现代经济学表明，在影响经济增长的各要素中，信息量的拥有是不可或缺的因素。由于拥有较少的文化知识，接收、处理信息的能力较弱，农民工在选择劳动力的流动方向、薪酬、劳动保障等方面存在明显的盲目性和无知性，使他们在进入竞争激烈的城市生活中处于无助与无奈的弱势状态。

农民工经济行为受到自利的动机所驱动，真正的问题在于社会能否让他们按照自己的方式去追求他所理解的自身利益。亦工亦农的特殊境况使农民工的自利行为的理性受到自身以及外在条件的限制，难以达到效用最大化的目标。他们的自利行为是"痛苦并快乐着"，他们对最大幸福（对城市生活的向往）的追求，或者可以看作等价地追求最小化"痛苦"（离开熟悉的家乡，面对陌生的环境和众多的挑战），这种理性选择将幸福扩大到"边际"平衡的程度。如果能设身处地的从农民工的角度出发，则可以发现那些所谓的不理性的行为却恰恰是外部条件限制下的理性表现。

随着社会制度变迁以及经济发展水平提升，举家外迁农民工不断增加，这体现的是农民工从业的非农化，不仅是为了挣钱，他们更向往城市的现代化生活方式，对尊重、平等和社会承认的更多企盼，也就是具发展理性思维，其理性由谋求生存向追求平等的发展理性转变。在生存理性得到充分表现和发挥的基础上，

---

① 我们在这里借用经济学中"有效需求不足"，将这称之为"有效经济理性不足"，即存在经济理性，但由于自身及社会制度安排等原因，无法形成经济理性。

这个群体开始选择经济理性和发展理性。如果说生存理性是农民工外出就业的最初动因，那么随着社会经济的发展，新生代的农民工则追求城市的现代文明和现代化生活。从理性行为的选择来看，农民工不仅存在"生存理性"，而且还存在着"经济理性"和"发展理性"，换言之，农民工在满足了基本的生存和安全需要后，他们的理性选择开始关注自身及子女的发展，体现一定的社会选择的特征；在基本生存安全得到保障以后，农民工对其他层次的需要将会凸显出来，更多地追求受尊重和自我实现。这个过程与农民的需求层次是相一致的。马克思也指出人的全面发展的实现是一个历史进程，处在一定历史阶段的现实的个人的发展，是其所处历史条件下的相对的多方面的发展（个体的差异亦与一定条件下的教育、环境等因素有关）。因此，从结果上看，所谓全面发展的个体，他是在由相对不太全面的进程中走向相对全面的。农民工群体最初的经济动因是谋求生存环境的改善，其自利行为表现为进入城市寻找最低层次的生活空间，他们趋利性的行为动机是为了生存和基本的安全需要。随着对城市的进一步了解，以及自身要素资源的积累，农民工的经济行为越来越符合"理性经济人"的特质，经过不断地试错，不断地理性选择，在"做中学"，在"学中做"，在痛并快乐的过程中逐步完成理性最大化的选择，最终实现个体及家庭的全面发展。

第四节　农民需要与农民发展

人的需要取决于社会经济环境以及在这种社会经济环境下的个人社会生活条件或在社会生产关系中所处的地位，也受每一个体自身的素质的约束。与此同时，人的需要反过来又对其发展产生影响。20世纪80年代以来，我国经过三十多年的开放改革，中国的社会经济环境发生着不断的变化，由传统社会向现代社会过渡，由农业文明向工业文明转变，这其中社会各阶层的社会需要和动机也都发生着变动。农民作为中国社会中的重要组成部分，由于其所处的社会经济环境的具体性和农民社会角色的特殊性，农民的需要呈现出具自身特点的变动态势。

一、农民需要层次性分析

农民享受发展的环境和机会体现的是农民发展的需求，这是农民发展的根本条件。农民发展过程中，不同的发展阶段农民发展的需求呈现为不同的特征，也就是有不同的需求，即农民发展的需求具有层次性。

（一）生存需要

第一层次是生存需求。农民的生存权是其最基本的权利，是为维持生命存在的最原始、最基本的需要，也是需求层次的基础。对于贫穷的农民而言，温饱、住、衣等与其生命延续有关的各种物质条件是最根本的，农民为了多挣一些钱，干什么都行，干多累的活都行，其他需求将不能激励他们。吃饱穿暖是生活的最高目标，农民的需要及其满足与实现方式具有典型的原始"自然化"特征。只有当农民从生存需求的控制下解决出来，才可能产生更高级的、更具社会性的需求——安全需求。

（二）安全需要

第二层次是安全需求。这是农民保护自己免受身体和精神、情感伤害的需求。它可分为两类：一类是现实的安全需求；另一类是未来的安全需求。现实需求就是在现实的社会生活中的各个方面均能有所保证，如安全就业、安全劳动、安全生活以及人身安全、财产安全等；对未来的安全需求就是希望未来的生活有所保障，因为未来总是具有某种不确定性，而不确定性的东西就总是使人担忧，所以追求未来的安全，如病有所医、老有所养、伤有所保，以及病、老、伤残等以后的生活保障。那么，针对农民发展的需要，社会就应关注农民的安全需求，提供社会救济、社会医疗保障、社会生活保障等。

（三）致富需要

第三层次是致富需求。当农民解决了基本的温饱和安全需求后，他们追求更好的生活，致富需求成为其主导需求。农民作为社会的小生产者，单体作业是他们从事生产活动的主要特征，如何进一步提升收入水平，提高生产效率、扩大生产规模，获取更多的收益，是农民的基本出发点，他们考虑的不仅是满足自身发展的需要，而且是为家庭、子女后代发展考虑。此时，农民就有一种提升自身科学技术文化知识的动力，通过提高自身的人力资本水平，来获取更多的收益。为此，社会就应通过提供各种、各类教育产品来满足农民提升掌握和运用科学技术知识能力的要求。

（四）精神需要

第四层次是精神需求。当生活富裕、充实之后，农民需要精神生活的满足，休闲、娱乐等。此时，社会要满足农民的精神需要，提升农民的精神境界，构建有利于农民发展的价值体系，创造新的文化形态。关注农民的精神需求，满足农民的精神需要，需要提供两个层面的内容：一是适应农民调节生活节奏、愉悦精神需要的休闲娱乐文化消费品，即文化产品；二是促进农民全面发展、自由发展，提升农民文化品味和精神境界的价值观念和文化精神。

（五）民主权利需要

第五层次是民主权利需求。在满足上述需求之后，农民具有参与社区社会事务，表达对社会发展的看法的要求，这是农民参与社会、参与政治的体现，反映出农民不仅是个体人，而且是社会人，希望属于某一群体，得到社会的认可、认同、接纳和关怀。

（六）个性发展需要

第六层次是个性发展需求。以个人的独特的性格和行为为特征，充分发展个人的心理品质和能力、素质，个性、能力、创造性充分展示与发展，体现的是个人的自由发展。这是最高层次的需要，是实现个人理想和抱负，最大限度地发挥个人潜力并获得成就的需要。

对于不同层次的需求，农民发展中的需求是由低向高逐步递进，较低层次的需求得到满足后，就会产生较高层次的需求。目前，绝大多数农民的温饱问题已基本解决（当然还有部分贫困人口，生活在贫困线以下），农民发展的生存需求得到基本满足，农民发展急需解决的是第二层次、第三层次、第四层次的需求，即安全需求、精神需求与致富需求，社会对这三种需求的供给还远远不够。

二、农民需要实证分析

（一）农民需要总体分析

农民需要与农村居民的私人消费联系紧密。农村居民消费结构反映农村居民的需求。因此，试图通过农村居民的生产、生活消费现金支出对农村居民需求结构进行分析。表3-1中是农村居民生产生活消费结构有关的数据。主要被解释变量有：家庭经营消费现金支出、购买生产性固定资产支出、食品支出、衣着支出、居住支出、家庭设备用品支出、医疗保健支出、交通和通讯支出、文教娱乐用品农机服务支出这九项。解释变量为农村居民家庭人均纯收入。各个变量之间不具有相关性。

表3-1　农村居民家庭人均纯收入及生产生活消费现金支出　单位：元/人

年份	2001	2002	2003	2004	2005	2006	2007
家庭人均纯收入	2 253.40	2 366.40	2 475.60	2 622.20	2 936.40	3 254.90	3 587.00
生产消费现金支出	662.93	702.91	738.7	894.9	1 182.4	1 241.5	1 431.5
1. 家庭经营费用现金支出	584.8	617.41	638.4	788.5	1 052.5	1 104.1	1 287.20
2. 购买生产性固定资产支出	78.13	85.5	100.3	106.4	129.9	137.4	144.30
生活消费现金支出	1 364.08	1 467.62	1 576.64	1 754.46	2 134.58	2 415.47	2 767.12
1. 食品支出	484.47	510.96	551.21	620.88	770.69	835.48	967.59
2. 衣着支出	97.95	104.54	109.51	119.55	147.94	167.34	192.58
3. 居住支出	249.84	271.5	278.07	297.16	342.33	428.31	540.06
4. 家庭设备用品及服务支出	76.17	80.17	81.28	88.98	110.92	126.07	148.27
5. 交通和通讯支出	109.97	128.53	162.53	192.63	244.98	288.76	328.40
6. 文教娱乐用品及服务支出	192.64	210.31	235.68	247.63	295.48	305.13	305.66
7. 医疗保健支出	96.61	103.94	115.75	130.56	168.09	191.51	210.24
8. 其他商品及服务支出	56.42	57.66	42.61	48.07	54.14	62.87	73.89

资料来源：由《中国农村统计年鉴》（2002~2008年）计算所得。

对家庭人均纯收入、家庭经营消费现金支出、购买生产性固定资产支出、食品支出、衣着支出、居住支出、家庭设备用品支出、医疗保健支出、交通和通讯支出、文教娱乐用品及服务支出这十项变量进行线性回归分析，可以得到如下回归方程参数表，见表3-2所示。

表3-2中农村居民家庭人均纯收入和文教娱乐用品及服务支出所建的回归模型没有通过F检验和T检验，方程显著性水平比较低，交通运输与通讯支出的显著性水平也偏低，主要是因为这两项指标可能存在着较大的统计困难，因而数据误差较大，并不意味着农村居民家庭人均纯收入对这两项消费不具有长期影响作用。回归系数b是农村居民边际消费倾向系数，即农村居民人均纯收入每变动1元时消费变动相应元人民币。

表3-2　农民人均纯收入与生产生活消费结构的回归方程参数

解释变量(X)	被解释变量(Y)	constant	b	R^2	F	显著性水平
人均纯收入	家庭经营消费	-678.802	0.555	0.967	147.631	0.000
	购买生产性固定资产	-29.129	0.051	0.932	68.225	0.000
	食品	-350.952	0.369	0.99	505.248	0.000
	衣着	-67.392	0.072	0.996	1 399.404	0.000
	居住	-235.220	0.208	0.958	113.763	0.000
	设备	-52.409	0.055	0.989	443.764	0.000
	交通	-251.585	0.165	0.983	296.071	0.000
	文教	10.503	0.088	0.876	35.233	0.002
	医疗	-105.337	0.090	0.986	351.463	0.000

注：constant 为常数项，b 为解释变量前的系数。

对表3-1中的数据根据"消费—收入对数模型"进行线性回归分析，可以得到表3-3，农村居民家庭人均纯收入与各项支出（除了文教娱乐外）所建的对数回归模型都通过了T检验和F检验，方程拟合精度较高。

表3-3　农民人均纯收入与生产生活消费结构的对数回归方程参数

解释变量(lnX)	被解释变量(lnY)	constant	b	R^2	F	显著性水平
人均纯收入	家庭经营消费	-7.645	1.814	0.962	125.912	0.000
	购买生产性固定资产	-5.835	1.329	0.928	64.880	0.000
	食品	-5.618	1.529	0.988	406.410	0.000
	衣着	-6.933	1.491	0.996	1 283.401	0.000
	居住	-6.812	1.593	0.971	168.050	0.000
	设备	-7.150	1.483	0.988	421.837	0.000
	交通	-13.153	2.326	0.956	107.463	0.000
	文教	-2.550	1.020	0.892	41.233	0.001
	医疗	-8.998	1.760	0.982	270.562	0.000

注：constant 为常数项，b 为解释变量前的系数。

表3-3的回归分析结果中系数 b 为农民消费的收入弹性系数，即它估计的是农村居民收入每变动1%时消费变动的百分比，表3-3中的家庭经营消费支

出、购买生产性固定资产支出、食品支出、衣着支出、居住支出、家庭设备用品支出的 b 值均小于 2 大于 1，而对医疗保健支出、交通通讯支出弹性却大于 2，反映出当前西部民族地区农村公共产品供给远远小于农民对公共产品的需求。

将表 3-1 中的公共产品需求分为基础性需求、发展性需求和奢侈性需求三类。其中家庭经营消费、食品、衣着、居住类的需求为基础性需求，购买生产性固定资产、医疗保健、交通通讯类的需求为发展性需求，家庭设备用品、文教娱乐类的需求为奢侈性需求（家庭设备用品类、文教娱乐类公共产品需求的一部分为发展性需求，但是由于数据中无法区分，将这两类需求全部划分为奢侈性公共产品需求）。

（二）农民基础性需求现状分析

由表 3-2 可以得出西部农村居民家庭人均纯收入和家庭经营消费现金支出之间的线性回归模型为：家庭经营消费现金支出 = -678.802 + 0.555 × 家庭人均纯收入。通过该模型可以大致模拟出家庭经营消费现金支出是如何随家庭人均纯收入的变动而变动的。消费收入弹性系数为 1.643，边际消费弹性为 0.555。

由表 3-3 可知，农村居民家庭经营消费收入弹性系数为 1.802，而其边际消费弹性为 0.582，这说明农村居民对家庭经营消费类的需求较大，政府对此类公共产品供给不足，但是农民有没有足够的对此类需求的购买力。

由表 3-2 可以得出农村居民家庭人均纯收入和食品现金支出之间的线性回归模型为：食品现金支出 = -350.952 + 0.369 × 家庭人均纯收入。消费收入弹性系数为 1.457，边际消费弹性为 0.369。

农村居民的食品边际消费倾向为 0.274，过高的边际消费倾向说明粮食安全是农村面临的一个重要问题，一方面刺激了农民储备粮食的行为，另一方面政府也会有粮食安全储备的政策偏好而减少生产。constant 回归参数为 -223.405 说明农民还没进入温饱阶段，其收入水平还不能基本解决食品供给问题。消费收入弹性系数为 1.303，边际消费弹性为 0.051。

农村居民对衣着的边际消费倾向为 0.062，constant 参数为 -34.930，线性回归模型为：衣着现金支出 = -67.392 + 0.072 × 家庭人均纯收入。消费收入弹性系数为 1.426，边际消费弹性为 0.072。constant 参数为负值，说明目前农村居民未达温饱。边际消费倾向和消费收入弹性都不高说明农村居民对此类产品需求不是很强烈的，同时购买力也不强。

农村居民对居住现金支出的线性回归模型为：居住现金支出 = -235.220 + 0.208 × 家庭人均纯收入。消费收入弹性系数为 1.609，边际消费弹性为 0.208。由表 3-3 可知消费收入弹性为 1.816，边际消费倾向和消费收入弹性都较大，说明农村居民有较强的改善住房的愿望，而且其住房也的确亟须得到改善。

（三）农民发展性需求现状分析

农村居民购买生产性固定资产现金支出线性回归模型为：购买生产性固定资产现金支出 = -52.409 + 0.055 × 家庭人均纯收入。消费收入弹性系数为 1.407，边际消费弹性为 0.055。边际消费倾向和消费收入弹性都不高说明大部分农村居民满足于目前的生产规模，对生产性固定资产类公共产品的购买力并不大，而且由于农民恶劣的生产生活条件，农村居民对这类产品及对发展扩大生产也没有旺盛的需求。

农村居民医疗保健现金支出线性回归模型拟合度最好：医疗保健现金支出 = -105.337 + 0.090 × 家庭人均纯收入。消费收入弹性系数为 1.622，边际消费弹性为 0.090。医疗保健边际消费倾向在各类支出中不算很高，但消费收入弹性很高，说明农村居民对医疗保健类公共产品的正常需求受收入影响无法得到满足，这也从另一个侧面说明了目前我国医疗保健费用过高，农村居民无法承担过重的医疗保健负担。

农村居民交通通讯现金支出线性回归模型为：交通通讯现金支出 = -251.585 + 0.165 × 家庭人均纯收入。消费收入弹性系数为 2.182，边际消费弹性为 0.165。从以上数据可以看出，农村居民对交通通讯的需求情况和对医疗保健的需求情况类似。农村居民对交通通讯有一定量的需求，但是这种需求受生产生活的基础设施条件和收入的双重影响而难以实现。

（四）农民奢侈性需求现状分析

农村居民家庭设备用品及服务现金支出线性回归模型为：家庭设备用品及服务现金支出 = 10.503 + 0.088 × 家庭人均纯收入。消费收入弹性系数为 0.993，边际消费弹性为 0.088。边际消费倾向和消费收入弹性都较小，constant 为绝对值较小的负值。这些数据说明农村居民对家庭设备用品及服务类公共产品的需求基本能够得到满足。

农村居民文教娱乐用品及服务现金支出模型没有通过 F 检验和 T 检验，线性回归方程不能成立。

从以上分析可以看出，农村居民对公共产品的需求强度从大到小依次为：家庭经营消费类 > 食品类 > 居住类 > 医疗保健类 > 交通通讯类 > 生产性固定资产类 > 衣着类 > 家庭设备用品类。而农村居民获得公共产品的难度从大到小依次为：医疗保健类 > 交通通讯类 > 居住类 > 家庭经营消费类 > 食品类 > 衣着类 > 家庭设备用品类 > 生产性固定资产类。文教娱乐类公共产品的回归模型由于没有通过检验，不适合参与需求强度及获取难度的排序。

第五节　农民交往与农民发展

一、农民交往行为的特征

串门聊天、走亲访友是农民日常交往的主要形式，也是农民人情往来的主要途径，也正是这种日常生活形式维系着乡村社会的村落文化。无论是"差序格局"还是"理性选择"，如果二者之一或者二者共同对农民的交往行为发挥作用，那么，在农民日常的交往行为中，我们就能发现制度化的模式。在分析农民交往行为的逻辑之前，我们有必要对农民交往行为的特征进行探讨。这是因为，只有在农民日常交往行为的普遍特征中，我们才能发现农民交往行为选择中所蕴含的深刻逻辑。农民的交往行为主要有以下几个特征。

（一）交往对象的等级化

所谓交往对象的等级化，就是农民自觉或不自觉地对交往对象划分了等级，形成了一个交往对象的等级序列。也就是说，交往对象在作为交往主体的农民心目中是存在等级差异的，是有轻重缓急和先后顺序的。而交往对象在这一等级序列中处于什么样的位置，主要是由以下几个因素决定的。

首先是作为交往主体的农民与交往对象关系的亲疏远近。这里所说的"关系的亲疏远近"，主要是就血缘、地缘关系而言的。从农民逢年过节走亲戚的先后顺序，我们就可以发现这一点，可以说农民走亲戚的先后顺序就是农民交往对象等级序列的一种真实体现，血缘关系的远近亲疏决定了农民走亲戚时间的先后顺序，决定了交往对象在等级体系中的地位。

其次是作为交往主体的农民的需要。农民对某一种资源的需要程度越高，能提供这一资源的交往对象在等级体系中的地位就越高；交往对象满足作为交往主体的农民的需要的可能性越大，交往对象在农民的等级序列中的地位就越高。从农民"有选择地走亲访友"这一社会事实，我们可以发现：在可以选择的前提下，农民会选择那些能给予自己某种帮助和支持的人作为其交往对象。而在日常的串门聊天中，农民也是有选择的，尽管这种选择可能是一种不自觉的选择。如果作为交往主体的农民正在筹划着发展养殖业，那么，他就有可能选择与该村养殖业的技术精英频繁交往以获得技术上的指导,同时,他也可能选择与村干部等政治精英交往以获得政策上的扶持等。

再其次是交往对象的社会地位。交往对象的社会地位越高,在农民交往对象等级体系中的地位越高,反之亦然。事实上,在精英人物与非精英人物之间,农民往往更愿意与精英人物交往。一方面与精英人物的交往可能使农民获得某种资源,另一方面与精英人物交往这一事实本身就是农民一种强有力的社会资本,因为如果该农民能整合各类精英所提供的显在或潜在的资源或资本,他就可能发展为新的精英人物。在此,笔者有必要指出以下几点:第一,以上所论述的农民交往等级体系的三种决定因素,所形成的并不是三种界限分明的等级体系,而是一种相互交叉、相互渗透的交往对象的等级体系;第二,这种等级体系并非固定不变的,随着与交往对象关系的变化,随着作为交往主体的农民的需要的变化,随着交往对象社会地位的变化,这一等级体系会不断发生变化;第三,上述三种因素不是仅有的三种决定因素,而是三种相对重要的决定因素。

(二) 交往主体间关系的多元化

在传统与现代的博弈和互动中,乡村社会中交往主体间的关系也愈加趋向于多元化。一方面,亲缘关系等初级关系仍是乡村社会中基本的交往关系,是乡村社会的基本结构;另一方面,业缘关系及其他次级关系也成为乡村社会交往关系的重要组成部分,在乡村社会交往中发挥着举足轻重的作用。现代性的冲击,使得乡村社会在许多方面都发生了巨大的变迁,但是,亲缘关系作为乡村社会中基本交往关系的地位和功能并没有被弱化,在某种程度上反而是被强化了。无论是日常的串门聊天、走亲访友过程中的礼物交换,还是在婚丧嫁娶、生子建房时的礼金交往,从本质上讲,都是在亲缘关系的基础上进行的。此外,农忙时相互帮干农活,互借农具、牲畜,以及一些私人的借贷行为也是在亲缘关系的基础上实现的。乡村社会的礼物交换、礼金交往、互惠互助行为都是在亲缘关系的基础上才得以维系和实现的,同时,也正是这些日常形式,维系了乡村社会的人际交往,巩固和加强了亲缘关系的地位和功能。不可否认,亲缘关系等初级关系仍是乡村社会中基本的交往关系,但这并不意味着它是乡村社会仅有的、单一的交往关系。村级社区的开放,农村人口的流动,使得业缘关系在乡村社会迅速扩张,成为乡村社会交往关系的重要组成部分,并逐渐在农民的日常交往和日常生活中发挥重要的功能。亲缘关系在乡村社会的巩固和加强、业缘关系等次属关系在乡村社会的发展,使得乡村社会交往主体间的关系从封闭走向开放、从单一走向多元。

（三）农民交往中"信任关系的差序格局"

韦伯在《儒教与道教》一书中认为，信任关系有两种形式：一是特殊主义的信任，以血缘性社区为基础；另一种是普遍主义的信任，以信仰共同体为基础。我国农村社会交往中的信任关系就是以血缘为基础的特殊主义的信任：农民对与自己存在血缘关系的个体和家庭有一种先天的信任，而对与自己没有血缘关系的个体或家庭则永远保持着适当的防范意识。在农村婚丧嫁娶等仪式性的活动中，农民大都请与自己有血缘关系的"本家人"来帮忙，而"外人"则只有看热闹的份儿。即便是跟人出去打工，农民也选择跟着自己的"本家人"或亲戚出去打工。可以说，农民对他人的信任与否取决于这个"他人"与之有无血缘关系。血缘关系不仅为农民划定了交往对象的范围，也为农民划定了信任对象的范围，那么这是否意味着：农民在日常交往中对其血缘关系圈内的所有成员都保持了同等的信任呢？当然不是，农民对其血缘关系圈内的成员的信任是存在强弱差异的，而且这种差异性是有某种规律可循的。在农民日常交往的各个细微之处，我们都能发现农民"信任关系的差序格局"。婚丧嫁娶等仪式性的活动中请来帮忙的"本家人"所扮演的角色并不是同等重要的，主管财物的"本家人"和打杂跑腿的"本家人"的角色是不可能互换的。信任关系越强，交往层次越深，交往行为越频繁，交往过程中交流的信息和资源也越丰富；反之亦然。农民在日常交往中对"本家人"和"亲戚"的强信任关系，使他们之间的交往远不止于表面的形式，相互的走动也不仅限于逢年过节时的礼仪性交往，更重要的是他们之间的强信任关系拓宽了他们获取信息和资源的途径。相较于仅有弱信任关系的"本家人"，农民往往更相信与他有强信任关系的"本家人"提供的信息资源。同时，在面临资金等资源紧张的局面时，农民往往会向有强信任关系的"本家人"求助，因为彼此的强信任关系使得其更容易获得帮助。以上是与本书研究主题紧密相关的农民交往行为的三个特征，除此之外，农民的交往行为还具有礼仪性交往符号物质化、交往行为中社会控制正式化等特征，此处不再赘述。

二、农民交往行为选择的逻辑

从农民交往行为的普遍特征中，我们可以离析出农民交往行为选择中所蕴含的逻辑：农民的交往行为选择没有违背"差序格局"这一乡村社会的基本结构，在农民的交往行为选择这一社会事实上，理性选择并没有颠覆或取代传统的"差序格局"，农民的交往行为选择是在传统"差序格局"基础上的一种理性选择。而在理性选择下，农民的交往行为选择过程中形成了一种与传统的"差序格局"有所不同的新的"差序格局",即理性化的"差序格局"。

(一)"差序格局"基础上的理性选择

农民交往过程中,不同交往对象在作为交往主体的农民的等级体系中的等级差异,交往关系中业缘关系的扩张,以及交往中信任关系的强弱差异,在某种程度上讲,是农民理性选择的结果。"有选择地走亲戚"、与精英人物的交往、对"本家人"的强信任关系——几乎在农民日常生活的所有细微之处,我们都能发现理性选择的影子。但是,我们必须正视这样一个事实:农民在交往行为选择中的理性选择,不同于一般意义上的理性选择。农民在做出这种"理性"选择之前,除了考虑自身需要、交往对象的社会地位、交往对象所能提供的资源等理性因素,都将必不可少地考虑到其与交往对象关系的亲疏远近,而这一因素对农民而言,是相当重要的。因为,只有在关系"亲近"的基础上,农民才有可能从交往对象那里获得自己所需的资源;只有在亲缘关系的基础上,才有可能发展出广泛的业缘关系;也只有在亲缘关系的保护下,才能建立信任关系。而从本质上讲,"关系的亲疏远近"就是乡村社会的"差序格局"。因此,可以说农民的交往行为选择实质上是一种在乡村社会传统"差序格局"基础上所作的一种理性选择。

(二)理性选择下的"差序格局"

理性选择向农民交往行为选择及日常生活的扩张,使得乡村社会传统的差序格局增添了理性的色彩,"差序格局"理性化成为一种趋势。血缘关系已不再是判定人们关系亲疏远近的唯一标准,关系的亲疏远近逐渐与经济利益挂钩。对农民而言,最理想的交往对象是既与自己有血缘关系又能在适当的时候帮助自己的那些人,同时,他们也希望在交往过程中建立的以血缘关系为基础的"强信任关系"能成为一种无形而有效的资本。理性的农民总是希望在血缘关系和经济利益之间寻找到一种最佳的平衡。因此,理性选择下的"差序格局"实际上是农民在均衡"血缘关系"和"经济利益"的基础上形成的一种"关系亲疏远近"的格局体系。

在现代文明的阳光下,理性选择倾向全面进入农民的日常生活,但这并没有彻底改变乡村社会传统的运行逻辑。"差序格局"作为中国社会传统文化的一种积淀,它在乡村社会层面上表现出了其特有的生命力,由于长期行为积淀所形成的行为惯性以及社会和制度变迁过程中的"路径依赖",使得农民的交往行为选择只能在传统"差序格局"的基础上展开。但是随着现代性因子对乡村社会的不断渗透,强势的利益取向正在成为决定农民的交往行为理性选择的最大砝码,原本紧紧地以血缘关系为核心的差序格局正在趋向多元化、理性化。步入现代化的农民在"差序格局"与理性选择之间徘徊、博弈、寻找并最终实现了一种平衡,二者共同支配着当下农民的交往行为选择。

三、农民流动与农民发展

(一) 劳动力流动与收入差距关系的经验研究

1. D·盖尔·约翰逊对劳动力流动有助于缩小收入差距的研究

约翰逊尽管并没有对新的经济理论、数理方法和统计工具做出重大拓展,但是他却致力于运用基本理论去思考和理解经济运行和实际政策问题。他用与政策紧密相关的关键事实构建分析的框架基础,侧重于创造性地使用最可靠和最相关的数据,并且通过多种方法的比较,尽量消除数据不可靠的影响。

从20世纪40年代末到50年代初,他致力于估计农业当中的要素回报,并将农业当中的要素回报与其他产业中的相比较。他尤其关注农业中人力资本的报酬问题,认为,农业劳动力较在其他产业当中的回报要低,而且调整速度缓慢,而劳动力流动有助于仍然留在农村地区的农业劳动力报酬的提高;伴随着农民向非农工作的转移,其职业也发生变换,对此,他试图确定市场在缩小人们的报酬差异方面如何能够发挥积极作用;他确信提高农产品价格、减缓必要的劳动力流动无助于农民家庭福利的改善,农村政策最重要的问题在于伴随农民向城市的流动,农业收入增长有多快。

由于约翰逊当初将美国作为一个发展中的经济体来研究,致使他在20世纪四五十年代的研究成果也可以运用到中国,他堪称在中国呼吁通过劳动力流动来解决地区和城乡收入差距的先行者。在20世纪80年代,他从劳动力转移有助于收入差距缩小的观点出发,批评了中国严格限制劳动力流动的政府政策,并认为如果不改变这种政策,那么在中国已经存在的收入差距将会继续扩大;强调从农业向外转移劳动力将有助于缩小从事农业和非农职业劳动力的收入差距,条件是这种转移必须有足够高的速度;而且,在他对中国的跨省数据和美国的跨州数据比较后,认为,中国的劳动力流动速度要远低于美国,如果没有流动限制,估计流动速度会比现在高得多;不过他也意识到,由于其他一些原因,比如农村教育问题等,即使消除对劳动力流动的制度限制,要缩小收入差距也需要很长一段时间。

2. 劳动力流动与收入差距的缩小——来自中国的经验支持

姚枝仲和周素芳使用1990年中国人口普查资料,观察了中国的人口迁移和劳动力整体流动状况,通过结合其他相关统计数据的分析发现:在1985~1990

年间，劳动力流动具有降低地区差距的作用，但并不是这段时间地区差距缩小的最主要因素；结合地区差距对劳动力流动规模敏感性的分析，他们认为，劳动力流动规模太小是 1985~1990 年间劳动力流动对地区差距缩小的作用不显著的重要原因。

李实和魏众利用 1995 年中国 1% 人口抽样调查的汇总数据和中国社会科学院经济研究所的 1995 年全国居民收入抽样调查数据，对农村流动劳动力对农村内部的收入分配效应进行了分析：结果显示，外出劳动力不仅可以直接提高农户收入，而且有助于提高家庭其他劳动力的边际劳动生产率；他们认为，农村劳动力流动对于缓解城乡之间的收入差距和缓解全国收入差距的扩大也有积极作用；尽管农村劳动力流动对农村内部收入差距的影响比较复杂，但仍会起到一般收入再分配政策所无法替代的积极作用。所以他们认为，农村劳动力流动是修正经济发展过程中的收入分配不均等化的一种有效的、合乎市场化要求的理性选择。

马忠东、张为民、梁在和崔红艳运用中国 2000 年普查数据以及分县的时间序列数据，考察了人口流动趋势及其对当地劳动力和农村收入增长的影响。他们发现，人均纯收入和人均储蓄额在具有较高迁移率的地区增长较快，并且在发生迁移的地区，收入迅速增长的最主要原因是劳动力流动及其带来的资金汇款。所以他们认为，20 世纪 90 年代的大量劳动力流出已成为不发达地区农村收入新的增长点，正逐步发挥其消除贫困、制约地区差距的效应；作为促进农村发展的阶段性战略，劳动力流动也许要比农村工业化在不发达地区更为有效。

来自西部欠发达省份的数据调查也为劳动力流动有利于收入差距的缩小提供了经验支持。黑尔（Hare）利用 1995 年在河南省夏邑县收集的农户调查数据发现，输出地会通过回流人力资本的增加和汇款的流入而获益。李强通过对在四川农村的调查数据的分析，发现农村外出劳动力具有高额汇款回乡的倾向，这种资金的回流有利于缩小区域收入差距。都阳和朴之水通过对中国西部地区 4 个贫困县农户调查数据的分析，发现有流动的家庭在整体上相对于没有流动的家庭具有明显的收入优势，并且其中相对贫困的家庭较富裕家庭有更高的收入转移比例。孙志军和杜育红通过对内蒙古赤峰市农村地区调查数据的研究也得出了与李实和魏众相似的结论。

3. 取消制度限制，扩大劳动力流动规模以缩小收入差距

林毅夫、王格伟、赵耀辉（Justin Y. Lin, Gewei Wang and Yaohui Zhao）继承了约翰森（Johnson）充分重视劳动力流动对缩小收入差距作用的主张，他们分别考察了中国 1985~1990 年和 1995~2000 年两个阶段劳动力流动与收入差距的关系。他们注意到中国 1985~2000 年沿海地区和内陆地区收入差距不断拉大，同时跨省劳动力流动也大规模增加。两者同时扩大，原因有二：一是快速的经济

增长对相对东部地区农业占较大比重的内陆地区不利；二是中国政府限制劳动力流动的政策致使其没有达到足以缩小地区收入差距的规模。

中国改革基金会国民经济研究所于 2004 年组织了一次全国范围的农民工劳动力转移的抽样问卷调查，樊纲、王小鲁和张泓骏通过对调查数据的分析和研究认为：农民工跨地区的流动，显著缩小了地区间的收入差距，同时也缩小了城乡间的收入差距；但是，由于中国劳动力流动仍然受到户籍制度等众多方面的限制，劳动力流动还没有对地区差距缩小发挥应有的更大作用。

蔡（2005）从中国劳动力流动与收入差距同时扩大的实际出发，认为迁移能缩小城乡或地区差异的命题，只有在一定条件下才能在理论上成立；而中国的实际就不符合其中的一些条件，特别是中国户籍制度把城乡劳动力市场人为隔绝，农村劳动力流动大多以暂时性流动替代了永久性迁移，从而，虽然迁移规模不断扩大，却没有带来城乡收入差距相应的缩小。

约翰·瓦利和张顺明（John Whalley and Shunming Zhang）把汉密尔顿—沃利（Hamilton - Whalley）的国际贸易模型引入中国收入不平等问题的研究：他们分别假定各地区劳动力同质、各地区劳动力效率存在差异以及城乡住房价格差异等不同条件得到三个模型；在模型中又分别考虑两地区状况、三地区状况、六地区状况和 31 个省的状况等不同情况；经过相应数据的数值模拟分析，他们发现，所有模型结果都意味着，取消阻碍劳动力流动的户籍制度，对于降低地区、城乡收入差异贡献显著。

（二）劳动力流动的理论综述

1. 刘易斯关于劳动力流动的理论分析

刘易斯在《二元经济论》中对非熟练劳动力由传统部门向现代部门的流动进行了系统分析。

二元背景与劳动力无限供给。刘易斯认为，在经济发展的早期阶段包括"现代的"与"传统的"两个经济部门：传统部门存在丰富的非熟练劳动力，部门劳动生产率较低，劳动力的工资水平仅够维持生计；而现代部门生产率较高，在提供同等质量和同等数量的劳动的条件下，非熟练劳动者在现代部门比在传统部门得到更多的工资；现代部门只要提供高于传统部门的工资（早期认为 30%，后来发现有的国家是 50%）就可以吸引足够多的劳动力而得以发展。

部门收入差距导致非熟练劳动力的流动。尽管刘易斯接受古典经济学关于传统部门工资水平仅够维持生计的假设，但是他并不关心传统部门和现代部门的绝对工资水平，只是强调现代部门的工资水平只要高于传统部门一定比例，非熟练劳动力就会由传统部门向现代部门流动。刘易斯进一步指出，这个工资差距可能从两部门的生活费用不同、适应新环境的心理成本以及固有的部门标准或社会身份差别等原因中得到解释。如果与这些成本相抵，部门间工资差距可能很小，但是刘易斯在具体分析城乡人口流动时指出，考虑到发展中国家倾向于现代部门的发展偏好、基础投资偏好以及福利待遇偏好等原因，部门间收入水平的差距实际上可能是巨大的，城乡收入差别扩大的结果使农村人口大量流入城市。

劳动力流动转折点的到来。刘易斯将经济发展分为两个阶段，以古典理论为基础的二元模型适用于第一阶段的分析，即两部门工资水平差距不变，现代部门的分配倾向于利润，有利于资本的积累，资本积累导致部门的扩张和对来自传统部门的剩余劳动力的吸收；随着现代部门的扩张，资本积累将赶上劳动力供给，劳动力供给变得无弹性，此时，经济进入第二阶段，二元模型不再适用，进入了以生产要素短缺为前提的新古典经济学时代。这一临界点即转折点，由于外部原因导致的现代部门的利润下降、不利于现代部门的贸易条件以及传统部门技术进步导致工资水平的上升等因素，都可以促使转折点的提前到来。

劳动力流动对收入差距的影响。在经济发展的第一阶段，资本相对于劳动是稀缺的，在功能分配中资本所有者占优势，劳动力处于劣势，在现代部门拥有土地等其他资产的人也会受益，从而导致收入分配差距的扩大；随着转折点的到来，劳动力供给不再有弹性，在与资本的对比中变得相对稀缺，在功能分配中逐渐占据优势，而且两部门之间的工资差距也将逐渐消失，从而促使收入分配差距的缩小。

城乡部门间劳动力流动的动态均衡。对于特定的城乡收入差距，在城市和乡村之间，将会建立起一种均衡状态，城市中大量的临时性失业和农村中的隐蔽性失业并存，使城乡人口的比例保持基本稳定。而城乡收入差别的进一步扩大将促使农村人口向城市流动，并且大大超过城市的吸收能力，动态均衡将被打破。无疑，与城乡收入差别的每一比率相适应的城市失业水平也会存在着某种均衡，可以通过降低投资浪费和价格扭曲以提高城市就业机会或降低城乡收入差距来积极地达到新的平衡；否则，随着城市失业水平的提高，总有一天进城的劳动力会感觉不如返回农村算了，"但是，我们还不知道这个过程能进行到什么程度。"

2. D. W. 乔根森对劳动力流动的理论分析

乔根森在《二元经济的发展》和《剩余农业劳动力与二元经济》等文章中，采用以新古典经济学为基础的二元分析框架，也分析了劳动力流动与收入差距的关系问题。

基于农业剩余和人口内生增长的两部门模型。乔根森认为经济发展的基期只有传统部门即农业部门，而且人口增长是经济增长的内生变量，当经济发展使人口增长达到生理最大量后，人口增长率就不会再增长，经济增长就会超过人口增长，农业剩余就会随之产生和扩大，而现代部门就是在出现农业剩余以后产生和逐渐发展起来的。

工资决定和固定的部门间工资差距。乔根森认为两部门并不存在边际生产率为零的剩余劳动力，坚持现代部门工资决定于劳动的边际生产率的同时，接受了传统部门内部工资与传统部门人均产出水平相关的观点。而且，由于两部门技术进步的原因会促使两部门的工资不断上涨，但是他认为两部门之间的工资差距是固定的。

收入差距与劳动力流动的关系。乔根森认为，尽管为了保持劳动力从传统部门向现代部门的稳定流动，现代部门保持高于传统部门的工资水平是必要的，但是农业劳动力向现代部门的持续流动，并不是因为工业和农业部门劳动生产率之间的差距及其变化，而是因为消费结构在恩格尔定律作用下必然发生变化。即随着收入和需求总量的增加，人们对粮食的需求相对减少，而对工业品的需求更快增长，当农业剩余出现后，农业人口就转向工业部门生产工业品，以满足人们对工业品的扩大需求。而且这种劳动力流动也不会影响部门间的固定工资差距。

3. 迈克尔·P·托达罗对劳动力流动的理论分析

托达罗针对发展中国家乡村人口大量流入城市与城市中大量失业并存的现象，在《欠发达国家劳动力迁移和城市失业的模型》与《人口流动、失业与发展》等文章中构建了一个劳动力流动模型，并对劳动力流动与收入差距进行了理论分析。

二元结构分析向城市经济的拓展。在原有的二元分析结构的基础上，托达罗接受了城市也存在传统部门或非正规部门与正规部门的观点。城市非正规部门是由城市里大量进行小规模生产和提供简单服务活动的缺乏组织和调节，甚至没有登记的单位构成的；他们不掌握金融资本、吸纳非熟练劳动力就业，劳动生产率和收入水平较城市正规部门都要低得多，而且也不能享受城市正规部门的舒适工作条件和优越的社会福利；城市非正规部门通过吸纳农村劳动力就业和为城市正规部门提供廉价的产品和服务而分别与农村部门和城市正规部门发生联系。

劳动力流动是对城乡预期收入差异的反应。托达罗认为，经济因素是影响劳动力由乡村向城市转移的主要原因，其中不仅包括农业部门仅够维持生计的低工资的推动、城市相对较高工资的拉动，还包括由城市高失业产生的潜在的向农村地区的反推力。迁移者考虑在农村和城市的各种就业机会，根据不同工作的实际收入差异和获得该工作的可能性来比较预期收入的差异，并根据预期收入最大化进行迁移决策。"一个现实的或潜在的劳动力把他在一定时间内城市部门的预期收入（即迁移的收益和成本的差额）同当时农村普遍的平均收入相比较，如果前者高于后者，那么他就会迁移。"

劳动力流动对收入差距的影响。在托达罗这里，农村的工资仍是固定在维持生计水平；城市正规部门的工资是由制度决定的，具有向下刚性，而且大大高于新古典的劳动力竞争均衡价格；城市非正规部门的收入水平会由于大量非熟练劳动力的自由进入、生产能力的过剩和竞争而下降到新进入者的平均劳动供给价格。所以城市正规部门与农村部门的工资差距不受劳动力流动的影响，而城市非正规部门与农村和城市正规部门之间的收入差距会由于劳动力的大量流入而受到影响（分别是差距下降和差距上升）。

对解决劳动力流动规模与收入差距同时扩大的建议。托达罗认为，在城市创造更多的就业机会只会吸引更多的农村人口流入城市，扩大城市失业人群的规模。而"农村发展政策对实现这一目标是至关重要的。"

4. 新劳动力流动理论对劳动力流动的理论分析

劳动力流动理论微观视角的拓展。随着劳动力流动理论研究的逐步深入，学者们越来越关心在一定的收入差距条件下，为什么同一部门不同个人会做出是否流动的不同决策，从而推动了劳动力流动理论在微观视角下的拓展。信息不对称、风险等因素都被引入了劳动力流动理论来分析劳动力流动的个人决策，其中也不乏对劳动力流动与收入差距的分析。比如，就用于分析劳动力流动个人决策的人力资本理论（基于市场完全条件下）而言，不同个人具有不同的人力资本禀赋，如果控制住其他条件，具有特定的人力资本的劳动力将由于折现收入差距或期望收入差距最大而做出流动决策；而且，人力资本理论也意味着地区或部门之间的收入差距或期望收入差距将随着劳动力的流动而缩小，甚至消失。

新劳动力流动经济学的框架特征。斯塔克（Stark）等人自20世纪80年代中期以来逐渐构筑起了新劳动力流动经济学的分析框架在发展中国家的农村地区，包括劳动力市场、资本市场、保险市场及信用市场、信息市场等在内的多种要素市场是缺失或不完全的；进行迁移决策的单位不是个人而是住户或家庭，迁出个人与留守家庭之间存在一种互利合约；迁移决策的目的不只是追求收入的最大化，还要追求降低收入风险、放松限制发展的市场约束等目标。

新劳动力流动经济学对劳动力流动与收入差距的理论分析。尽管收入最大化仍是家庭或住户的追求目标之一，而且由于部门内部收入差距会影响家庭或住户的"相对剥削程度"，从而影响劳动力流动的决策；但是部门之间的收入差距已经不是劳动力流动的必要条件了。因为当农村收入相对城市增加时（由于有助于克服农村地区的市场限制）会促进而不是阻碍劳动力由农村向城市劳动力流动；而农村收入相对于城市减少时（由于农村资本和保险等市场的限制）会阻碍而不是促进劳动力由农村向城市的流动。所以克服农村多种要素市场的缺失和不完善才是劳动力流动的基本动机。为此，该模型具有重要的政策含义，即政府着力点不在于控制劳动力流动和收入差距,而在于促使农村各种要素市场的健全与完善。

四、农民流动与农民人力资本水平提升

劳动力资源要进入实际经济活动过程,就必须经过教育训练医疗保健迁移等投入后,掌握一定的知识和技能,才能形成实际的可以使用的劳动力,也就是,劳动力在经过投资、训练以后,便形成人力资本。人力资本决定其劳动力价值,也决定其流动状况。改革开放以来,随着中国制度性变革,传统对农民身份的固化制度发生变革,农民不再单纯依赖于土地,开始走出农村,走向城市,走出农业,走向工业、服务业,而这其中其人力资本水平是其重要因素。

(一) 农民流动状况及特征

1. 农民流动的普遍化

农民劳动力作为一种资本,参与社会分工,参与社会经济资源配置。一般而言,能够创造出比自身价值更高价值的资本,只有在流动中才能实现增值的,其约束条件是劳动力能够自由选择和自由竞争,这样,人力资本总是要向着收益高的地区、领域流动。1978年中国社会经济制度发生着重大变革,尤其是对农民身份的约束不断放松,随着改革开放和制度变革的深入,从计划经济体制向市场经济体制转型的制度空隙,为农村劳动力的流动创造了有利的体制空间;原有的人民公社管理体制的转换,明确了农村劳动力人力资源产权,为其自由选择,自由流动奠定了产权基础。农民越来越只有身份意义,其劳动范围、劳动区域越来越广泛,作为具劳动力资本的农民不断走出农村,走出农业,流动成为农民改革开放以来的基本趋势,而且呈现为一种普遍性。首先,从流动的数量上看,据统计,全国在城市中已居住在八个月以上的农村人口已近1亿人,加上临时性流动的人口,目前农村劳动力流动的数量大约在1.5亿人;其次,从流动领域的范围方面,全国各行各业,各阶层,各群体都已经存在着原来农村劳动力流动群体;再次,在流动地域分布上,全国各地,从南到北,从东到西,甚至周边国家都广泛分布着农村劳动力的身影;最后,从流动群体的组成上,伴随农村劳动力流动所形成的整个家庭的流动、迁移,甚至形成了城市中新的"社区",如北京的浙江村等新社区。

2. 使用的社会化

农村劳动力流动中一个突出的特点,就是只要能赚钱,什么活儿他们都可以做,从做病房里的陪侍,一直到公司的职员,甚至于自己成为老板。在农村劳动力的使用过程中,他们不受人事档案关系的束缚,不受行政级别的影响,没有固

定的薪水制度，用工制度上的可进可出，管理制度上的能上能下，分配制度上能多能少。他们的身份就是真实的"社会人"而不再是"单位人"。在我们国家初步建立社会主义市场经济体制的条件下，由于产权的明晰，使农村劳动力具有了自由选择的权力，能够适应市场经济自由竞争的要求，从而更能够体现出社会化的特性。

3. 形成途径的多样化

在市场经济条件下，资本的质量不仅决定着资本的适应性和竞争力，而且直接决定着资本的收益率。一般说来，农村劳动力接受国民教育的程度普遍不高，文化素质总体偏低。然而，为了适应新的竞争环境，他们往往通过多种学习途径，来努力提高自身的素质，以期获得较高的收益。这主要有：一是通过传统的师徒关系，学会一门手艺或一种技能；二是在反复的工作轮换中，形成了自身应变的能力和多种技能的手段；三是在一个领域中长期刻苦摸索，成为专家或技能能手；四是自己掏钱，提升自己的知识结构和素质，成为管理人员；还有通过乡亲关系，学习经营本领等多种形式。农村劳动力流动中人力资本形成的多样性，不仅提高了农民工的整体收益水平，而且全面提升了农民工在就业中的适应性和竞争力。从我们调查的五家建筑公司看，在28名中层管理干部中有27名是从原农民工中成长起来的。其中有16名是自费参加云南省建设厅组织的项目经理培训并通过考试取得资格。

（二）农民流动对农民人力资本水平的影响

1. 农民流动对农民人力资本水平提升的积极作用

农村劳动力在城市新行业中"干中学"，改进了人力资本的积累方式。我国劳动力从农村转移到城市的第二、第三产业，摆脱了传统产业的约束。他们在新的工作中"边干边学"，这无疑有利于人力资本的提高。而且这种"干中学"是我国农民工人力资本提高的最主要方式。特别是对于在农村受过中等教育的打工者，他们具有一定的理论知识水平，但是严重缺乏实践经验。他们进入城市后，在集体或团队的工作实践中得到相应的培训和锻炼，他们的人力资本存量提升幅度一般较快。在集体式的劳动中，他们不仅学会了相关的劳动技能，而且还学会了团队协作和组织管理。而在我国农业生产中，大部分是以单个农户为单位，缺乏有效的组织和团队协作，劳动技能也比较粗糙和单一。因此，这部分人力资本的提高可以说完全得益于城乡劳动力的流动。而且，这种"干中学"的人力资本的积累有别于正规的教育和专门的培训。劳动力主要学到的是工作的实践技能，更具有实际意义。另外，"干中学"无需支付直接成本，厂商等相关组织即是"干中学"的场所。所以，"干中学"成本与收益的对比对人力资本积累决策的约束较松，在技术水平要求较低的行业中尤为如此。

2. 农民流动对农民人力资本水平提升的消极作用

虽然城乡劳动力流动对人力资本有积极的一面，但是我国特殊的流动对人力资本也有着比较严重的负面影响。我国城乡劳动力流动的返回性、暂时性和不稳定性在一定程度上制约了人力资本的保值与增值。

城乡劳动力流动的返回性使得他们在城市所形成的专用性人力资本贬值，我国城乡劳动力流动的返回性说明了我国城乡劳动力转移的不彻底性。当他们返回农村时，所提高的劳动技能能否再为社会创造价值？我国农村不具有与城市一样的相关产业，所以，他们在城市中所学的专业知识和技能在农村一般难以发挥作用。虽然他们可以回乡创业，但是在各种条件的约束下，农民工回乡投资创业的比例是很低的。据调查，回乡投资的只占外出劳动力的2.5%。在这种情况下，相关劳动技能虽然在城市中得以提高，但在农村却难以发挥。由于这部分提高的技能资本具有一定的行业专用性或者团队专用性。这种专用性只能在城市的某一个特定行业或企业中才能适用。如果没有与之匹配的产业和团队时，人力资本就会发生"贬值"。这不仅给劳动者带来直接收入的损失，而且对于整个国家来说更是人力资源的浪费。

劳动力流动的短暂性和不稳定性降低了劳资双方对人力资本投资的激励。一般来说，只有当人力资本投资的预期收益大于其投资成本时，理性的个体才会决定投资。如果个人接受培训的收益大于个人成本，个人就会积极接受在职培训，从而使其人力资本存量不断提高。在城市处于边缘状态的进城务工人员经常遭遇不公平待遇与歧视，随时承担失业的风险。这大大降低了他们对未来的预期收益。在同种个人条件下，他们进行人力资本投资的预期收益比城市居民要低得多。这大大降低了进城务工人员进行人力资本投资的激励。另外，厂商决定是否进行在职培训，也取决于培训所产生的预期收益和提供培训的成本。由于我国进城务工人员的城乡流动性大，很多雇主不愿意在他们身上花费太多的培训成本，以免劳动力的经常性流动而带来投资损失。反过来，由于雇主对农民工培训投资较少，当发生意外时，雇主更倾向于解雇这部分员工，这更加加剧了农民工工作的不稳定性和流动性。

城乡劳动力流动的特殊性使得农村教育投资结构失衡。不合理的城乡劳动力流动和城乡二元政策使得农村居民产生了摆脱农民身份，彻底进入城市的强烈愿望。然而，在严格城乡户籍制度下，城市对"非正规"流入城市的农民存在各种歧视。农民只有通过上大学、参军等形式"体面"进入城市。这不难说明这些年来我国农民为什么会如此热衷于对子女的正规教育投资。然而，同样的原因使得他们对职业教育投资明显冷淡，他们担心投资职业技术教育难以彻底进入城市，这大大降低了职业教育投资的预期收益。因此，如果大众化的职业教育不能兴起，在国家教育资源的瓶颈制约下，我国人力资本的总体水平将很难有质的飞跃，城乡人力资本的差距将会越拉越大。另外，这几年随着我国大学教育成本的提高和大学生就业困难的情况出现，最近我国一些地方的农村出现了"读书无用论"，农民对教育投资积极性有所降低，这种后果将更加严重。

不合理城乡劳动力流动不利于后代的教育投资。农民工要经常往返于城乡之间，这很不利于他们对子女的教育管理。由于城市对农民工子女的教育也采取歧视政策。如：收取额外费用、限定学校等。很多的农民工只能让孩子留在农村就读，因而难以对孩子进行直接管教，使得很多孩子从小就走上不正当的道路，甚至犯罪。而且随着网络的兴起，小孩接受各种信息渠道大大增加，更难以对孩子进行管教，这是非常不利于其后代健康成长。

特殊的城乡劳动力流动提高了流动的直接成本。城乡劳动力流动的不稳定性、返回性和短暂性也大大提高了流动的直接成本。农民工要经常往返于城乡，这加重了在交通、住宿、饮食等方面的负担。由于直接流动成本的提高，农民在决定是否进入城市务工也得再三权衡成本和收益。这种对劳动力流动的外在约束其实就是对人力资本投资的一种制约，严重影响了城乡劳动力合理流动和人力资本价值的提高。

（三）农民人力资本水平对农民工作流动的影响

农民工作流动是指农民从一个工作单位转换到另一个工作单位。一般来说，农民工作流动可以分为主动流动和被动流动两种形式，主动流动是指农民为了寻求更好的工作机会或更多的收入而主动离开原工作单位，农民是工作流动的主体，工作流动具主动性、自愿性；被动流动是指农民因某种原因被迫离开原工作单位，工作流动的主体是其雇主，对于农民而言，工作流动具有非自愿性和被动性。

1. 农民人力资本水平与其主动工作流动

一般来说，农民发生主动工作流动是基于自己与当前的工作不匹配，这种不匹配表现为两个方面，一是发现了更好的工作机会，着眼于长期考虑，基于生命周期理论，对自身一生的发展更有利；二是发现了更多收入的工作机会。实际上，这可用工作匹配理论和工作搜寻理论进行解释。

工作匹配理论认为，工作流动是因雇员与雇主之间匹配不当所引起的结果。由于雇主和雇员最初拥有的关于对方的信息是不完全的，比如雇主并不完全了解雇员的能力、工作态度和工作责任感，雇员并不完全了解工作的要求、发展前景等，因此雇员与雇主达成的最初"匹配"可能不是最优的。经过一段时间以后，随着雇主和雇员对彼此的了解日益加深，如果他们发现相互之间不匹配，那么工作流动将发生。由此,如果农民进城工作,由于感觉到自己的专业知识和技能得不到发挥,不能"人尽其才、才尽其用"时,就可能辞职。

工作搜寻理论认为,在劳动力市场中,由于雇主和雇员双方都存在不完全信息,导致技能相同的工人在不同企业获得的工资不同,这为雇员选择工资更高的工作提供了机会,雇员经过搜寻,如果发现有机会进入到收入更高的企业工作,那么就会辞职。可见,无论是工作匹配理论还是工作搜寻理论,都认为主动工作流动是其在变化的就业环境下为了实现利益最大化的一种理性行为。而在这个过程中,农民的人力资本水平对其主动流动行为产生影响。

贝克尔将人力资本区分为企业通用性人力资本和企业专用性人力资本,并且发现,专用性人力资本阻碍了员工主动工作流动,而通用性人力资本则促进了员工的主动流动[①]。一般来说,其通用性人力资本水平越高,在其他条件相同的情况下,主动流动的概率越大,因为人力资本水平高者拥有的就业机会更多。从人力资本理论的角度看,人力资本水平越高,其生产能力越强,劳动生产率越高,对企业而言,劳动生产率越高的人能够创造更多的利润和效益,所以企业更愿意雇用人力资本水平较高者。农民作为长期从事农业生产,是以土地作为劳动对象,在由农业流向工业的过程中,一般来讲不具人力资本的专用性,其工作特征主要体现为体力劳动,以健康的体力为保障,来获取其劳动收入,他们一般具通用性人力资本,可是,由于其受教育程度及其他因素的影响,人力资本水平不高,所以,他们工作流动的动机主要源于劳动收入,也就是劳动收入决定着其工作流动,如果他们发现有更好的工作收入机会,会采取主动工作流动行为。另一方面,农民中也存在着其人力资本水平不均衡的状况,人力资本水平高者,他们更容易寻求到更多、更好的工作机会或收入水平较高的机会,其工作流动概率更高,所以,人力资本水平高的农民易于主动工作流动。

2. 农民人力资本水平与被动工作流动

一般来说,在竞争的劳动力市场中,员工之所以被解雇,往往是因为其为企业或组织所创造的价值低于所得到的劳动报酬,也就是员工的边际生产价值低于其劳动报酬。由于工资往往具有刚性,很难下降,如果市场对企业的产品需求减少,雇员的边际产品将下降,当雇员的边际产品低于工资时,雇员就面临着被解雇的可能。

人力资本理论认为,在企业产品需求减少的情况下,雇员的专用性人力资本水平越高,被解雇的概率就越小。在需求状况不变的情况下,即使企业搜寻到了

---

① 人力资本的通用性可以解释企业工龄越长的工人辞职率越低的现象,企业工龄越长,其企业专用性人力资本越强。

能为企业带来更多净收益的工人,企业也不大可能解雇专用性人力资本水平高的工人。可见,企业专用性人力资本有利于避免雇员被解雇。而一般来说,受教育程度越高者不仅通用性人力资本水平更高,而且专用性人力资本水平也更高,所以,在其他条件相同的情况下,被解雇概率越低,这表明教育具有降低被解雇风险的作用。我国的实践也表明,每当企业减员增效时,首先被解雇的往往是那些受教育程度较低的工人。

从另一个角度看,受教育程度越高者,学习能力也越强,适应环境变化的能力也越强,这意味着劳动生产率提高的潜能也越大,所以他们往往成为企业可持续发展的不可替代的人才,企业对他们的依赖性更强,自然不会轻易解雇受教育程度更高者。以上的分析表明,教育具有保障工人免于被解雇的作用。

第六节　农民发展的矛盾体

从中国农民发展的现实来看,农民的发展存在着矛盾,制约和影响着农民的发展。

一、小农意识与现代文明的矛盾

小农意识体现为农民的一种思想状态,一种思维方式,农民生产生活的特点决定了其意识。农民生产生活是相对封闭、自给自足,他们体现的是个体生产、生活,加之农民掌握的科学技术知识相对不足,改造自然、利用自然的能力也相对不足。由此,农民意识的形成受其生产生活特征的影响,产生小农意识,即自给自足的生产生活方式使其缺乏与外界交往的欲望,缺乏现代市场经济中的交换意识,缺乏创新意识,产生的是一种小生产意识,缺乏社会化大生产,社会生产中相互协作的意识。所以,农民自身的生产方式和生活方式而固有的分散性、封闭性、隔绝性和缺乏主动性、组织性而容易成为现代社会中最稳定、最保守的因素。可是,随着社会发展,特别是生产力的发展,社会分工越来越细,专业化程度也越来越高,对农民的意识要求和技能要求越来越高,关键就在于农民能否超越自己,升华自己,与现代文明相适应。因为社会发展是在否定——肯定——再否定——再肯定中不断前进的,否定本身体现的是对前人认知矛盾、认知自然、认知规律的提升,是一种升华。不同的分工就在于对社会、自然的认知程度。农民之所以存在小农意识,关键还在于对社会、自然的认知、对自然的改造能力不足，对自我否定不够，没有跟上社会发展的步伐。

二、劳动技能素质与社会化大生产的矛盾

农民劳动技能素质的提高来源于两个方面的作用：一方面是社会生产力的水平，它影响和决定着农民劳动技能的发展程度；另一方面是农民获得教育的程度与机会，或者说农民获取知识、技能的途径。目前在中国，农民生产生活是以家庭为主体，家庭即是生活的范围，以家庭作为单位进行活动，同时家庭又是生产单位，以家庭为主体与外界发生关系，而且家庭也是农民技能、素质形成的主要所在[①]。农民劳动技能形成的途径体现为：（1）传统的收徒授业方式，通过收徒的方式来传授某一种技能，如农村中的木工、中医以及农业种植技术等，有的是以正式收徒弟的方式，有的是家庭内部；（2）职业培训学校方式，这是改革开放以后，适应农村经济发展的要求而发展起来的；这种农民技能素质的形成就决定了其劳动技能的局限性，决定了其劳动的范围。

农民作为个体生产者，赋予他双重身份，即是生产者，又是经营者，即要知道生产什么、生产多少、如何生产，同时又要懂得如何将生产的产品与社会进行交换。所以，家庭作为农民生产和生活的承载体，呈现为工厂的特征，对内组织生产，对外组织交换。农民追求的不仅是维护生计，并在一个社会关系的狭隘等级系列中维持其社会身份，而且还要为满足市场而生产，并在广泛的社会网络中置身于竞争之中。可是，现代社会发展呈现为生产的社会化、分工化、精细化，农民尚未融入这种社会化、专业化分工之中，呈现为一种粗放型的生产。

三、农民内在需求与外在条件的矛盾

农民作为现实的人也有其内在的需求，这种需求具有层次性，衣食住行等温饱是其生存的基本需求，所以，其第一层次的需求或最低层次需求是生存需求。此外还有完全需求、致富需求以及精神需求等，也就是作为现实的人与城市人有同样的追求美好生活的需求。农民的需求是实在的，如他们也想要接受良好的教育，具有与城市居民一样的社会保障、公费医疗、最低生活保障以及对自身财产的安全保障，等等；与城市居民一样家庭用上自来水、煤气等使生活更为便捷、方便；与城市居民一样有休闲场所，有环境优美的公园，拥有更多的娱乐、精神享受。对城市人而言，这些都是政府提供的公共品或准公共品，是一种社会福

---

① 这种状况的形成与社会制度安排有关。

利，而对农民来说是一种奢望。

从另一角度来讲，农民与城市居民同为中国公民，应享受同样的社会福利，而政府所提供的社会福利呈现为典型的"二元"形态，即公共品和社会福利的城市化倾向，城市居民享受的福利农民则无法享受。

具体来讲，现阶段农民具有提高能力、增加就业机会的需求。

四、意识与欲望的矛盾

农民作为个体人在其意识中也有欲望与冲动，他们也有对物强烈的占有欲望，享受到占有物、占有权利而得到的快乐，摆脱贫困，过一种体面而有尊严的生活，可是小农意识的制约，劳动技能、素质的约束，使农民缺乏对占有更多物的能力与机会，由此，就形成农民所具有的占有物的欲望、冲动与自身素质能力的不足之间的矛盾。如果农民遵从社会道德规范，他们将固守与其素质能力相一致的所占有的物或相适应、相匹配的占有物的权利，在其意识、素质、能力的约束下（如果不考虑外部可提供的物、权利），他们将固守着贫困，沿续着低水平的状态。这也可形成、造就一种社会的和谐，但这是一种农民节欲下的和谐，是一种低层次的和谐，是一种贫困状态中的和谐；反之，如果农民不遵从社会伦理、道德，不遵从社会规范，他们将用不规范的手段强行占有物或占有权利，这就形成个体与总体的对抗。在农民的意识中存在遵守社会总体道德规范的一面，在社会群体中获得尊重、获得尊严，而不失其人格，或者说融入他所生活和生产社会群体之中，而不成为边缘人，不成为社会唾弃的对象。在中国传统文化中，农民也是以人格的形式存在，他们的形象即社会总体对其的认知程度将决定其在社会中的位置。但是，当农民的生存不能得到保障，其生存权面临威胁时，人格、尊严将不再是重要的，他们将违背其固守的文化价值，不再遵从社会对如何占有物、占有权利所形成的规范，通过另外的形式来占有物、占有权利，形成与社会的对抗[①]。

[①] 目前城市中没有几个家庭没丢过自行车，可是在人们的观念中，诸如自行车丢失等社会问题都归结于进城的农民工，从另一角度来讲，农民为了寻求更多的收益，到城市中寻求工作的机会，一方面由于文化的差异以及人们观念中的等级、地位不同，另一方面由于其自身技能素质的约束，再加之进入城市这个陌生的环境，难以获得较好的就业机会，当他们无安身立命之所，无吃饭之地时，他们为了生存，为了尊严，不再顾及人格以及传统的社会道德规范，而是通过不符合社会道德规范的方式来向社会进行索取。所以，这固然有农民自身的问题，但从另一方面来看，也与政府不能更好地为他们提供所需要的公共品有关。

第四章

农民发展的权利

公民所享有权利的实现是与现代国家的出现、发展彼此交织、交替演进的,公民与国家之间相互建构,而社会公平在公民与国家持续互构中得以实现。英国社会学家马歇尔提出了"公民身份三权利"理论,将公民权利分为三种,民事权利——公民自由权、财产权、法权,政治权利——选举、民主权利,社会权利——公民有资格享有基本标准的教育、医疗、社会照顾、住房和收入保证等。

农民发展的基础是要有其发展的基本权利。农民权利是指制度安排上反映和体现农民的各项权利,包括物质的、精神的和人身的各种利益,可以划分为经济权利、政治权利、人身权利等。针对中国农村制度安排,农村实行家庭承包责任制,农民作为个体生产者,家庭是其生产生活的基本单位,其经济权利是其私有的财产所有权、对土地的承包经营权以及自由择业权等;农民的政治权利主要是参与国家社会事务管理活动的权利,包括选举权、被选举权以及监督权等;人身权主要包括农民作为社会主体根据宪法所享有的基本人身权利,如人身自由权(迁徙权利、自由流动权利)、受教育权、享受国家的社会保障权等。只有在制度安排上使农民的这些权利得到保证,才能使农民有其发展的基础。

关于农民权利的内容,学界一般认为:农民权利既包括农民作为我国平等公民主体而享有的宪法规定的权利。也包括农民以土地作为基本生产对象,以改革开放时代为宏观背景产生的、在这一特殊时期享有的必不可少的权利。具体应该包括以下几个方面:第一,农民的政治权利:是指农民参与并影响政治生活的权利,主要包括农民的平等参政权、对国家的监督与制约的权利、村民自治权即村民自我管理村庄公共事务的权利、联合行动权、知情权。第二,农民的经济权利,主要包括农民选择职业的自由、营业的自由、合同自由以及财产权等有关经济活动的自由和权利,主要包括:财产权、社会公共产品享有权、生产经营自主权。第三,农民的社会权利:指农民要求国家根据社会的发展状况,积极采取措施干预经济、社会生活、以促进个人的自由和幸福,保障个人在经济、政治、社会、文化领域中的生活权利。具体包括生存权及与其密切相关的社会保障权、受教育权、劳动权、物质帮助权等。第四,农民的文化权利:指依照法律规定从事文化活动的权利。农民应该享有受教育权,参加文化生活、享受科技进步权。

第一节 发展权与农民发展权利

一、发展权

发展权是个人、民族和国家积极、自由和有意义地参与政治、经济、社会和文化的发展并公平享有发展所带来的利益的权利。20世纪60年代以来,广大发展中国家为打破旧的国际政治经济秩序,争取政治、经济、社会和文化的全面发展进行了不懈的努力。1970年,联合国人权委员会委员卡巴·穆巴耶在一篇题为《作为一项人权的发展权》的演讲中,明确提出了"发展权"的概念。1979年,第三十四届联合国大会在第34/46号决议中指出,发展权是一项人权,平等发展的机会是各个国家的天赋权利,也是个人的天赋权利。1986年,联合国大会第41/128号决议通过了《发展权利宣言》,对发展权的主体、内涵、地位、保护方式和实现途径等基本内容作了全面的阐释。1993年的《维也纳宣言和行动纲领》再次重申发展权是一项不可剥夺的人权,从而使发展权的概念更加全面、系统。

关于发展权,《发展权利宣言》对此作了详细的规定,指出:"发展权利是一项不可剥夺的人权,由于这种权利,每个人和所有各国人民均有权参与、促进并享受经济、社会、文化和政治发展,在这种发展中,所有人权和基本自由都能获得充分实现。"(第1条第1款)发展权的应有含义是:其一,参与社会发展并分享发展的成果是一项不可剥夺的人权;其二,发展的目的是人的基本自由与权利的实现。《发展权利宣言》从发展与人权相结合的角度在发展主体、发展目的以及发展的责任者三个方面为发展提供指南。第一,发展的主体是人:"人是发展的主体，因此，人应成为发展权利的积极参与者和受益者。"（第2条第1款）第二，发展的目的是促进人的基本自由与普遍人权的充分实现"是在全体人民和所有个人积极、自由和有意义地参与发展及其带来的利益的公平分配的基础上，不断改善全体人民和所有个人的福利。"（第2条第3款）第三，国家是保证实现发展权与其他人权的主要责任人，与此同时，需要适当的国际政策以及国际社会的有效合作："承认创造有利于各国人民和个人发展的条件是国家的主要责任"；"各国有义务在确保发展和消除发展的障碍方面相互合作"。（第3条第1款、第3款）"各国应在国家一级采取一切必要措施实现发展权利，并确保除其他事项外所有人在获得基本资源、教育、保健服务、粮食、住房、就业、收入公平分配等方面机会均等。""应采取有效措施确保妇女在发展过程中发挥积极作用。应进行适当的经济和社会改革以根除所有的社会不公正现象。"（第8条第1款）同时，《发展权利宣言》还指出了发展权利的主要内容包括：（1）自然资源和财富行使充分和完全的主权；（2）自决权利；（3）人民参与；（4）机会平等；（5）为享受其他公民权利以及文化、经济、政治和社会权利争取适当的条件。通过上述解读就清楚地表明，发展不仅仅指经济增长，更重要的是在权利框架下实现人的尊严与自由，不断增进人的福利的过程，因此而成为新一代人权的集体诉求。

发展权主要有以下几个特点：第一，发展权是一项个人人权，同时也是一项国家或民族的集体人权。这两个方面是相辅相成、不可分割的。在一国范围，发展权首先是一项个人人权。个人只有作为发展权的主体，才能充分地、自由地参与政治、经济、社会和文化的发展，并公平享有发展所带来的利益。但是，个人和集体是相互依赖的，没有国家或民族的发展，也就很难谈到个人的发展。因而，发展权必然是一项不可否认的集体人权。第二，个人发展权，其诉求主要指向国家，集体发展权则主要针对整个国际社会。在一国范围，实现个人的发展权主要依靠国家。《发展权利宣言》指出，国家有权利和义务制定发展政策，保障每个人发展均等和公平享有发展所带来的利益。在国际范围，实现国家或民族的发展权则主要依靠国际社会的共同努力。各国均有促进本国发展的责任。为保障发展权，必须建立国际政治经济新秩序，消除妨碍发展中国家发展的各种障碍。第三，发展权是实现各项人权的必要条件。《发展权利宣言》指出，发展是政治、经济、社会和文化全面发展的进程，只有在这一进程中所有人权和基本自由才能逐步得到实现。

实现发展权的条件包括两方面。首先，对国家而言，第一是创造有利于发展的稳定的政治和社会环境；第二是每个国家对本国的自然资源和财富享有永久主权，并制定适合本国国情的发展政策；第三是每个人和全民族积极、自由和有意义地参与发展进程、决策和管理,并公平分享由此带来的利益。其次,对国际社会而言,第一是坚持各国主权平等、相互依存、互利与友好合作的原则;第二是建立公正合理的国际政治经济新秩序,使发展中国家能够民主、平等、自由地参与国际事务,真正享有均等的发展机会;第三是消除发展的各种国际性障碍。发达国家应采取行动,为发展中国家提供全面发展的便利条件。

二、农民发展权

"三农"问题的实质是农民问题,农民问题的核心是农民发展,而农民发展的根本还在于农民发展权问题,而农民发展权问题之根本又在于如何实现农民发展权。发展权既是集体人权,又是个人人权;既与特定主体相联系,又体现为特定主体的权利。农民作为个体,享有发展权,农民作为集体,也享有发展权。所以农民发展权是发展权的重要组成部分。

农民发展权,是农民追求自我发展以及与社会协调发展的权利。其一方面是农民拥有与经济社会发展趋势相吻合的自我抱负和目标的追求,另一方面是指社会给予农民实现自我抱负和目标的环境与条件。

农民发展权的实现过程就是赋予农民政治、经济、社会、文化权利的过程。农民发展权的实质并不在于一项项具体的经济、政治、社会和文化权利,而在于赋予农民与其他个人、群体同等地参与经济、政治、社会和文化发展并享有成果的发展权利。

从《发展权利宣言》关于发展与人权关系来看,发展权就其本质而言,主要是弱势群体的发展权利。农民作为弱势群体,更符合发展权的本质特征弱势群体"即那些处于贫困与饥荒状态中的人们之所以食不裹腹,其根本原因在于个人权利关系的残缺和交换权利的匮乏而不是所谓的食物短缺所致。"[①] 他们由于自然的或者社会的原因,欠缺较多的发展机会,发展的能力也显得不足,应该得到优先的照顾并给予有意识的倾斜。由此认为,农民发展权不单单指经济发展权,同时包含了政治、文化、社会、环境等多方面的发展权。我国现阶段提出的科学发展观就蕴含了这一观点。此外,农民发展权还是一项母体性的权利,它不是对农民经济、社会、政治和文化权利的简单综合,而是全面促进农民平等参与经济、社会、政治和文化活动并享有发展成果的一个高度抽象。

---

① [印]阿马蒂亚·森:《贫困与饥荒——论权利与剥夺》,王宇、王文玉译,商务印书馆2001年版,第45页。

（一）农民发展权特有的内涵

第一，农民发展权表现为最高和最基本的人权发展权是每个人为实现生命的意义而享有的自由发展、自我实现的权利。发展权集中体现了权利主体参与社会的广度和深度。只有有了发展，每个人才有可能充分发挥自己的潜能，生命才有可能享有真正的自由和尊严。

第二，农民发展权表现为社会弱势群体的权利。发展权就其本质而言，主要是弱势群体的发展权利。农民作为弱势群体，更符合发展权的本质特征。因为农民作为弱势群体由于自然的或者社会的原因，欠缺较多的发展机会，发展的能力也显得不足，应该得到优先的照顾并给予有意识的倾斜，以保证他们平等地享受发展成果和发展权利。

第三，农民发展权表现为经济、政治、社会和文化权利的综合。丧失了经济、政治、社会和文化发展的任何一方面，发展权都不完整。同理，参与、促进和享受发展也是一个统一体，丧失了其中任何一个环节，发展权也不完整。而且农民发展权是一项母体性的权利，它不是对农民经济、社会、政治和文化权利的简单相加，而是全面促进农民平等参与经济、政治、社会和文化活动并享有发展成果的一个高度抽象和概括。

第四，农民发展权的价值理念。对于缺乏其他社会资源的农民这一社会群体而言，发展权体现的最高社会意义，就是保证群体内每一个社会成员都能被公平地对待，都有机会发挥人的自身潜能和实现人的全面发展，可以以平等的身份参与社会政治活动，参与市场经济竞争，分享资源配置，享受经济发展、社会进步带来的好处，而不是被排斥在社会及经济发展之外。

第五，农民发展权一是以权益为视角，通过存量权益与增量权益，形成农民的发展权益。农民发展权建构以农民发展权益为基点，在不断增加供农民参与分配的权益总量的同时，赋予并保障农民正当权益的诉求，使其能够平等地分享社会发展的成果。二是农民权益保护从平等生存权向平等发展权的转变。生存权是发展权实现的基础和条件，而发展权又是生存权的延续和发展，二者在现实中应是统一的。

（二）发展权"贫困"限制了农民发展的机会和空间

同其他社会群体相比，农民这一社会群体所拥有的社会资源最为稀少，"先赋性"的优势几乎谈不上，而发展权是一个潜在的独一无二的资源，尤其是对于农民这样缺少其他种类资源的弱势群体来说，这一权利更为重要。由于发展权的"贫困"，导致农民在现代化进程中表现出来的自致性取向也不是一种完整意义上的自致性，在某种意义上讲是一种被动的、软弱的甚至是无奈的自致性。因而在缓解中国农村贫困的过程中必定会面临着十分复杂的困境。这主要表现在以下两个方面。

其一，导致农民获益边界的狭窄性。在改革开放之初，中国农民依靠其自致性之所以获益很大，就是农民的发展权和自由在改革中得到了初步满足。而进入20世纪后期，这种改革绩效告罄。此后在现实社会中，中国农民的发展及获益空间经常地被限定在同其他群体形不成"争利"的地位，或者是其他社会群体不屑从事的行当，或者是其他社会群体尚未察觉到能够"赢利"的行业。一旦越过此界，那么种种限制、歧视便会相继而来。

其二，导致权益受损，自致潜能难以释放。就总体而言，弱势群体的权益和社会地位应靠社会调剂来维护和提升，这样，才能使社会成员普遍享受由发展所带来的收益，进而不断增进社会融合。而由于城乡二元格局所形成的诸如户籍、教育、社会保障等种种不公平的对待，使得多数农民缺少最为基本的发展机会和发展能力，仍然为满足基本的生存需求而劳作。农民越贫穷，越容易受到社会的种种限制和歧视，而越受到限制和歧视，农民及其子女在竞争中就更加处于劣势，并进一步加剧了经济贫困。可以说许多农民由于等级地位、地理位置、无能力等原因而遭到排斥，更为严重的是，在影响他们命运的决策上，根本听不到他们的声音。最终形成权利分享上的"马太效应"。

第二节 农民发展的政治权利

"在发展权系统中，政治发展权是基础和前提，"[①] 农民政治权利主要体现为农民参与社会公共事务的权利，其中选举权和被选举权是农民最重要的权利，宪法规定包括农民在内的公民具有选举权与被选举权，这是农民参与国家政治生活的资格和前提，这意味着农民每一个体都能直接或间接地表达自己对公共事务的看法与意见，并让其上升为公意而成为一种制度安排。所以选举权和被选举权是实现公民权利最有效渠道。

赋予农民选举权与被选举权意味着让农民参与到公共事务的管理决策之中，而且最大程度上体现农民的意愿。农民在中国社会进程中扮演过重要的角色，参

---

① 汪习根：《法治社会的基本人权——发展权法律制度研究》，中国公安大学出版社2002年版，第87页。

与着中国社会的变革,并在其中起着重要作用。可是,随着工业化进程及以工业化为背景的现代文明的发展,分散的农民一方面自身存在着小农意识,另一方面处于相对弱势地位,在工业文明时代成为配角,在国家制度安排上,对农民的政治权力也存在一定的偏差。1953年的"选举法"规定农村与城市每一代表所代表的人口数自治州、县为4:1;省、自治区为5:1;全国为8:1。这个比例一直延续到1995年,新"选举法"才统一把各级人民代表选举中的农村与城市每一代表所代表的人数改为4:1。从历届全国人大的构成来看,第一届有农民代表63人,占51.14%;第二届67人,占51.46%;第三届209人,占61.87%;第四届662人,占22.19%;第五届720人,占20.59%;第六届348人,占11.17%;第七届与工人代表合占23%。从政治程序上来看,也并未赋予农民相应的代表权利。从实际上的运行来看,由于农民自身素质等原因,也并不能真正履行其在政治程序中所赋予的选举权与被选举权。

一、政治权利对农民发展的作用

农民政治权利保障是农民发展的关键环节。人类在改造客观世界的同时,也在改造主观世界,发展自我是人类社会发展的重要目标。同时,人的全面发展是马克思主义为之奋斗的崇高理想和价值目标,"发展权作为一项人权,是全体人类中的每一个人都享有的权利"。"发展权以人的全面发展和价值实现为终极理想"。发展归根结底是人的发展,主张发展权根本的是主张主体的发展权。主体发展需要有良好的政治环境,而公民政治权利的保障又是主体获得发展的关键。农民自身的发展,是解决三农问题,促进农村和农业发展的出发点和归宿。解决三农问题促进农村发展,核心在于促进农民主体性发展,农民作为社会主体的积极性和创造性是其自我发展的基本条件。保障农民充分享有政治权利,将不断启蒙农民的民主意识和民主观念,激发农民的政治参与热情,锻炼和提高农民的政治素质,培养和重塑新一代农村政治人。同时,农民享有充分的民主权利,平等地参与政治生活,能够增强其社会主人翁的归宿感,大大激发其投身社会主义现代化建设事业生产的主动性和积极性,为农民的全面发展奠定坚实的政治基础。

公共选择理论打通了政治市场与经济市场的联系,建立一个统一的有关经济和政治这两个市场上的个人行为模型。个人是最终的决策者,是最高的评判者,是至高无上的统治者。只有个人自己能够判断什么是好的,什么是坏的。这个模型的出发点,是政府不是一个抽象的实体,不是超个人的决策机构,这种机构是不能与个人相分离的,集体行动是由许多独立的个人行动所组成,政府为了个人才做出决策。因此,要论述政府的决策过程,必须分析参加这些决策过程的个人的行为。

根据公共选择理论,人类社会由两个市场组成,一个是经济市场,另一个是政治市场。在经济市场上活动的主体是家庭与企业,而在政治市场上活动的主体是选民、利益集团和政治家、官员。在经济市场上,人们进行经济决策,通过价格机制来选择能给他带来最大满足的私人物品;在政治市场上,人们进行政治决策,通过民主选票来选择能给其带来最大利益的政治家、政策法案和法律制度。一切社会现象都可以看作以个人行为基础,都必须服从于个人利益,并从个体人的视角来展开。经济学分析的逻辑起点是经济人假设以及满足个人的目的和偏好;政治市场中的逻辑起点也是将政府看作经济人,满足经济人假设,而且政府提供的公共产品和公共服务也都是以个体的收益最大化和满足个体的偏好需求。因为个人是社会秩序的根本组成单位,而政府只是个人相互作用的制度复合体,个人通过制度复合体做出集体决策,去实现他们相互期望的集体目标,同时他们也通过制度复合体开展与私人活动相对立的集体活动。政治就是在这类制度范围内的个人活动。所以,不论是经济行为还是政治行为,都应是基于从个体的角度进行展开分析。

二、农民政治权利现状分析

(一) 农民政治表达渠道

自由而充分地表达利益诉求,是政治主体实现其政治权利的前提条件。在现行体制下,法律和政治实践为公民的政治表达设置了一定的法定渠道,如人民代表大会制度、中国共产党领导的多党合作和政治协商制度等。多党合作与政治协商制度主要是针对民主党派的参政议政的制度设计,难以有农民表达政治意愿的空间。人民代表大会制是我国的根本政治制度,是我国公民通过人民代表大会表达政见的基本制度,在现行体制下也是广大农民反映政治呼声的主渠道。然而,由于人大代表产生方式和程序的缺陷,使得广大农民群众的心声得不到充分的表达;同时,由于缺乏必要的程序性规定,当选出的农民代表也往往与农民联系不紧密,很多选民直到选举时才知道他们的候选人是谁,选举也基本上是走过场,被选的当选人代表农民说了哪些话,提了什么提案,并没有一个反馈机制;代表是否称职也并没有一个评价机制;往往只是代表出了事,上级要处理时才临时启动罢免机制。如此,民主机制和程序的缺乏,使得代表的真正代表性大打折扣。在农村基层政治生活中,农民在村民自治中通过村民大会、村民代表大会表达自己的意志和利益诉求,但毕竟只是村社内部。在基层,农民利益要求向上表达的常规渠道由于体制性缺陷被堵塞。乡镇人民代表大会作为地方国家权力机关，是制度化民意表达的重要渠道，但由于乡镇人大处于我国人大体制的末梢，农民的政治利益诉求难以达到中国高层，尽管全国人大每年有一定数量的农民代表，但比例与中国占人口大多数的农民来说极不相称；而且其中真正是农民出身，能真正代表农民说话的农民代表少之又少。

体制外的政治意志的表达方式主要有信访和舆论。舆论由于对国家权力缺乏现实的直接影响力而对农民政治表达作用甚微。信访制度也难以从根本上满足农民政治表达的要求。一方面，信访部门的工作性质被动，信访制度的垂直领导体制使信访工作难度增大，使问题往往长期得不到解决；另一方面，群众上访表达意志往往层层受阻。在某些官员眼中，认为上访会影响地方政府形象和社会的稳定，因此千方百计采取阻挠、打击的方法。宪法规定公民的批评、建议、检举、申诉和监督等法定政治权利缺乏真正得以落实的现实渠道。同时，还应看到人口一亿以上的农民工是农民中的一个特殊群体，散落在全国各大中小城市，在政治上被边缘化现象严重，其意志和利益诉求更是缺乏必要的表达渠道，更难谈得上在城市进行政治参与活动。政治是经济的反映，政治诉求表达渠道的缺失势必严重影响农民经济利益和其他各方面的发展。

（二）农民政治权利组织保障

现代经济学理论认为，一个社会集团力量的大小，取决于它的组织程度，而不是它的人数的多少。随着市场化取向改革的深化，社会形成了多元化的利益主体，不同利益主体之间的博弈和利益实现程度在很大程度上取决于各利益集团自身的组织化程度。中国农民虽然人数众多，但极为分散，难以形成外来侵犯的组织力量。我国工人有工会，商人有工商联，学生有学联，青年有青联，妇女有妇联，而人口最庞大的农民却没有自己的社团组织，在国家政治生活中显得声音极为微弱。虽然在中国农村实行了村民自治的制度安排，但现实中村民委员会往往异化为准行政机构，异化为乡镇政府的"腿"，难以完全实现宪法赋予的功能；不仅如此，在国家政治生活层面村委会更是无法担当起保护农民权利的使命。从全国或者省的范围来看，还没有形成一个综合的或者专门的保护农民利益的全国性的行业性自治组织。少数公共权力的执掌者为了集团或部门甚至个人私利，往往歪曲公共权力的宗旨，分散的农民个体面对不时出现的公共权力的异化，权利被侵犯总是在所难免。

（三）农民的政治参与机会

政治参与是现代政治发展的重要内容，是衡量一个国家政治发展程度的重要标志。中国农民作为一个政治群体，不能享受和城市居民一样平等的政治权利，他们的政治权利和政治参与受到歧视，选举权和被选举权非常有限。在中国目前的政治体制下，主要通过人民代表大会和中国共产党领导下的多党合作和政治协商的途径来参与国家大政方针的决策，这一过程中农民的影响力极为微弱。以2002年为例，国家统计局公布2002年末，全国有农村人口78 241万人，占全国人口总数的60.9%，按农村每96万人选1名代表的规定，全国农村应选出全国人大代表815名，可实际上只有252名，还没有达到法定名额的1/3。从1983年以来，省、市人民代表大会中的农民代表比例从来没有超过20%。过低的代表比例使农民对有关坑农、伤农、卡农、害农的问题很难发出强有力的呼声，无法引起政府部门的足够重视。农民制度化政治参与受阻的情况下，往往更多的是采取非制度化政治参与的形式，主要是通过行贿、越级上访、报复村干部，甚至与村干部发生武力冲突，集体冲击国家机关或政府部门等，严重影响了农村政治秩序和社会稳定。不仅如此，担任国家公职人员是公民政治参与的重要途径，是公民参与政治生活的重要权利。但是，目前公务员招考原则只招城镇人口，农民由于地域限制基本上被排除在外，农民在国家公务员中所占的比例极低，更不用说高级公务员。

三、农民政治权利保护缺失的原因分析

（一）国家立法的缺失

国家立法对于农民政治权利的实现和保障具有重大意义，为政治权利受损的农民提供法律保障和维权武器。《宪法》和宪法性的法律文件应是人民权利保障书。然而，尽管我国《宪法》第三十三条规定"中华人民共和国公民在法律面前一律平等"，但《宪法》规定的农民应享有的政治权利却缺乏相关的法律作为支撑，即使是宪法性立法仍存在着不平等的条款。如《中华人民共和国全国人大代表和地方各级人大代表选举法》第十四条规定"省、自治区的人民代表大会代表的名额，由本级人民代表大会常务委员会按照农村每一代表所代表的人口数四倍于城市每一代表所代表的人口数的原则分配。"具有宪法部门法性质的《选举法》尚且如此，其他较低层次的法律法规和规章的立法关于农民政治权益保护缺失就可想而知了。1988年颁布的《村民委员会组织法》为推进我国社会主义基层民主建设具有重大意义，为广大农民行使基层民主提供了法律保障。但《村民委员会组织法》主要规定了村民选举的程序和运作机制并未专章规定村民的权利更不用说专章规定村民的政治权利及其法律保障。立法的缺失必然导致实

践的背离，农民的政治权利在实践中得不到有效的保障在所难免。

（二）维权组织的缺位

结社自由权是现代社会人作为政治人的基本权利。《世界人权宣言》第20条规定"人人有权享有和平集会和结社的自由"。《公民权利和政治权利国际公约》第22条规定"人人有权享受与他人结社的自由"。同时，我国现行《宪法》第35条也规定了公民有结社的自由。

可见，农民成立自己的维权组织——农民协会是不可剥夺的基本权利。人民公社化之后，农民协会被取消，被行政化的人民公社体制所代替。农民群体没有自己统一的全国性组织，在国家层面上缺少自己的代言人，当农民权益受到侵害后没有强有力的完全代表自己利益的全国性组织为之伸张正义，甚至有时政府本身可能就是农民利益侵权者。农民缺少利益代言人，既无法保障自己的权利，也无法影响国家的政策和行动，在国家资源的分配和制度安排上处于极端不利的位置。农民迄今为止没有代表、维护自己利益的群众组织，对个别地方出现的农民权益保护组织在法律地位上也处于身份不明的尴尬状态。

有人担心，农民一旦组织起来可能会对国家权力构成威胁。实际上，这种担心是多余的。这种新型的农会组织的性质并非革命组织，而是在法律范围内活动的农民群众的自治组织，"事实上，今天的农民提出建立农民协会，不是为了建立一种社会对抗组织，而是在寻找一种社会协商和整合组织。"农会存在宗旨是在农民和国家之间构筑起一道沟通的桥梁，其活动目的主要是保障农民最基本的政治、经济、文化和社会生活等基本权利，为农民得到平等的市场交换的权利、公正的司法裁判待遇服务，并监督基层政府严格执行国家在农村的各项政策，使农民享有国家应该赋予农民的各项实际利益。因此，笔者以为，只要国家正确引导不仅不会给国家政权造成威胁，反而有助协调政府和农民之间的矛盾，从而实现社会的和谐和长治久安。

（三）社会歧视的广泛存在

平等一直以来是人们生生不息追求的理想，也是现代宪政与法治国家的基本理念，平等必然要排斥社会歧视。社会歧视可以分为制度性歧视和观念性歧视。这两种社会歧视在农民身上都得到了充分的体现。

制度性歧视体现在法律法规规章等对农民的政治权利的歧视。如前所述，我国《选举法》第十四条规定就是一条典型的制度性歧视规定。又如，进城打工的农民不能在务工的城市享有选举权和被选举权，而农民工往往又因为时间和空间原因无法回原籍行使该权利，此时宪法赋予的选举和被选举权形同虚设。

制度性歧视根源于观念性歧视。由于长期存在二元体制，不仅政策的制定者和执行者存在着较为严重的观念性歧视，城市市民存在的对农民的观念性歧视更为普遍，不少市民带着有色眼睛看待农民，存在一种特权思想和身份优越意识，对农民存在认识偏见和心理排斥。不少人认为农民素质低下，认为享有政治权利对于农民来说是奢侈，甚至在对待农民政治权利上有人习惯于"为民做主"，反对"由民做主"。"农民"一词除了代表一定地域的生活群体、从事某种职业以及特定的阶级等含义以外，还有一种很强的身份含义，代表着一种"低下"的身份。对农民的观念性歧视和制度性歧视互相支持、交互为用，共同形成对农民强大的歧视力量，进而使得宪法和法律赋予农民作为公民的应享有的政治权利严重虚置。

（四）主体政治权利意识缺失

主体的权利意识是主体有效行使权利的基础和前提。我国法治现代化的进程是外源型的，而对于外源型法治模式来说，公民法律信仰的缺失往往是法治难以生根的根本原因，其中权利主体意识的缺乏又往往是关键，对于深受两千多年专制传统压迫和影响的中国农民来说尤其如此。同时，中国的传统文化是一种"义务本位"的政治法律文化。在社会权利义务结构，中国百姓（主要是农民）是纯粹的义务主体，政治权利意识不强，往往只是决策的服从者和执行者，它衍生出强烈的服从意识和集体认同，缺乏自主意识和参与精神。农民政治权利主体意识淡薄，导致农民政治参与缺乏内源性动力。譬如，在村民自治中，绝大多数的村民缺乏民主意识和政治参与热情，基本上是"自治"的被动接受者，自我政治角色认知不清，缺乏政治人应有的自主意识。农民的这种政治淡漠，固然与农民居住的分散性、生产方式的落后性、社会交往与联系的局限性、思想观念的保守性等有关，同时也与乡镇政府对于村民自治的强行干预密不可分。现实中，不少地方的乡镇政府往往直接干预村民选举，暗箱操作，久而久之，很多农民对村民选举极为淡漠。

四、农民的政治权利保护的路径选择

保障农民自由而全面的发展，是建立和谐的社会主义新农村的根本目标和终极关怀。而保障农民的政治权利是保障农民自由而全面发展，实现社会公平正义的关键所在。

（一）赋予农民国民待遇，落实宪法规定的公民政治权

正义是社会的最高价值目标，是人们关于社会体制的公平合理的观念和理想，罗尔斯指出，社会基本结构的正义是首要的基本正义，社会正义的首要原则是"每个人对于其他人所拥有的最广泛的基本自由体系相容的类似应有一种平等的权利。"因此，"必须消除对农民的歧视和不公平待遇，给广大农民以国民待遇，落实和保障宪法赋予农民的平等权。"为此，在立法上应消除一切对农民的歧视，赋予农民以国民待遇。

首先，必须取消宪法部门法以及一切法律法规规章中关于对农民政治权利歧视性和不平等的条款。必须坚持以人为本的理念，必须对社会成员的权利给予普遍的尊重和保护。

其次，制定《中华人民共和国农民权益保护法》，像《妇女权益保护法》、《未成年人保护法》一样，农民作为中国最大的弱势群体也应以特别法形式予以保护，从而将宪法规定的对农民平等权转化为具体制度中的平等。在该法中应列专章对农民政治权利进行保护，对农民政治权利保护至少应包括保护原则、权利主体和内容、保护范围和措施等，应重点落实宪法赋予农民基本政治权利的平等落实。

再其次，取消二元结构的户籍制度，实行城乡统一的户籍制度。长期城乡分制的二元户籍制度是制约农民政治经济文化发展的"瓶颈"。取消二元结构的户籍制度，实行城乡统一的户籍制度，将有利打破对农民的身份歧视，有助于国家在政治经济文化和各项事业上统筹城乡发展，对农民享有平等的政治权利具有重要的意义。

最后，减轻农民负担，确立完善的农民社会保障制度，夯实农民政治权利的经济基础。国家在税收和财政上应采取重要的支农措施，促进农村经济健康、快速和协调发展，为农民政治权利的现实享有奠定坚实的物质基础。

（二）畅通利益表达渠道，保证农民平等政治参与权

实践证明，社会阶层政治参与的程度和质量，主要取决于利益表达的力度和有效性，而利益表达的力度与有效性又往往取决于自身的组织化程度，权利缺乏组织保障，必将失去依托。加强农民政治权利保护，必须畅通利益表达渠道，保证农民政治参与。

首先，确保农民代表的比例，确立人大代表联系选民制度。我国宪法规定的农村与城市每个人大代表所代表的人口比例为4∶1，这一比例显然是有失公正，应实现城乡人大代表所代表的人口同等的制度。同时，为了保证人大代表真正代

表选民利益反映选民呼声,选民监督接受,必须完善人大代表联系选民制度。通过这个制度确立人大代表收集民意的渠道,确立向选民定期述职等制度。这样才能保证农民选出的人大代表真正代表农民的利益,反映农民的心声。

其次,消除制度壁垒,保证农民平等参与国家管理。担任国家公职人员是公民参与国家政治生活的重要途径,公平任用国家公职人员是现代政治文明的基本标志。目前在我国公务员招考只招收具有城镇户口人员,农民也因户口限制往往被排除在外。因此,打破公务员招考中的户籍限制,赋予农民平等的担任国家公职人员的权利,是保证农民平等政治参与权的关键举措。

最后,组建农民协会,加强权利组织保障。在现代社会,对弱势群体保护的有效手段之一就是建立自己的利益表达组织,维护农民权益的关键在于农民组织建设。农民组织包括农村经济合作组织、村民自治组织和维护农民权益的政治组织,仅从政治维权的角度出发,重在政治组织的建设农民通过自己的维权组织参与国家决策的全过程,对政府的决策方案进行评议、筛选、排序、表决。通过这类组织,形成农民自己的利益代言人,反映农民的要求与心声,加强与政府的沟通和对话,用制度方式消解社会矛盾,避免酿成农民与政府的大规模的冲突,从而使农民在政治权利的保护方面获得更多的支持与保障力量,"农会可以集中代表和体现其所拥有的农民会员的经济和政治利益。"实际上,全国有些地方如湖南衡阳等地自发筹建农民协会,国家应积极引导农会组织的发展,使其成为维护农民合法权利的重要组织载体,成为沟通和协调政府和农民关系的重要桥梁。不仅如此,进城农民工应有权参加工会,组建农民工协会。应规定在所在城市工作一年以上的有权参加工作地的选举,应登记为选民。

(三) 保障农民基层民主自治权

针对现实中村民自治的严重异化现象,优化村民自治模式,对于保障农民基层民主自治权具有重要意义。

完善村民自治立法,加强制度供给。制定《村民自治法》,在该法中应着重规范如下方面:其一,理顺双重关系。既要理顺村委会和党支部的关系,又要理顺村委会和乡镇政府的关系。就村委会和党支部的关系而言,法律应进一步界分二者的权力范围。法律不仅应该将村委会和党支部的职责范围明确界分,而且应该将党支部影响村务的方式科学界定。为了防止二者由于法律定位模糊职责不清,笔者认为,在制定《村民自治法》时,在总则中应规定:"中国共产党在农村的基层组织的领导是政治上领导、思想上引导和工作上指导,不得直接干预村民委员会实行自治活动",作为明确界分二者关系的总原则。在村委会和乡镇政府的关系方面,乡镇政府和村委会的关系在村组法中的定位是指导和被指导的关系，但乡镇政府的指导范围和指导方式村组法并未明确规定。应从制度上列出哪些事项需要乡镇政府进行指导，哪些事项纯粹属于村民自治的范围。乡镇政府应充分利用七站八所开展工作，坚决摒弃把村委会党支部当作自己的"腿"的做法。

同时，在《村民自治法》中应强化责任规范。为了强化村民自治法律制度的刚性，在《村民自治法》专设"法律责任章"。只有这样，才能在广大村民的自治权利受到侵害时，为司法救济提供明确的法律依据。

村民自治立法应消除法律冲突，弥补法律漏洞。现行村组法仅30条，立法原则性规定较多，可操作性不强，甚至很多必须规定的问题没有规定，出现了不少法律"盲点"。《村民自治法》中应对村民自治的一些重要内容和环节分章节加以规定，如村民自治的组织机构、村民自治的运行机制，村民的权利和义务等重要问题专章予以规定，尽可能避免法律漏洞的出现。同时，不仅应注意《村民自治法》内部的协调性，而且还要注意避免《村民自治法》与其他相关法律内在的协调性，杜绝法律冲突的出现。

设立村民会议常务机构，强化组织保障。现行立法把村民委员会定位于自治组织。由于村委会的双重职能，使其实际上处于村民自治和乡镇权力的"桥梁"地位，是沟通社会权利和国家权力的纽带。由于传统体制的影响和乡镇政府的强势地位，村委会难以忠实地完成宪法赋予的村民自治的重责。笔者以为，应设立村民自治权力机构的常设机构——村民会议常务委员会，作为村民自治组织系统中村民会议闭会期间最高的议事决策机构。应改变现行村组法中村民会议由村委会召集的做法，由村民会议常务委员会召集。当然，立法也应对村民会议和村民会议常务委员会的职权做出科学的界定。其组成应由村民会议选举村中公正正直、热爱公益事业的村民组成，全体村委会成员应在村民会议常务委员会全部回避。

贯彻村务公开，加强程序保障公开，才能透明公开，才能公正。"民主政治是程序政治"，"民主政治要求各政治主体必须依照既定的规则和程序参与政治（行使政治权力和权利）"。为了保证村民自治沿着正确的轨道发展，必须加强以村务公开为重点的程序保障。村务公开不仅包括结果公开，而且包括过程公开；不仅包括决策过程公开，而且包括实施过程公开。如果只是结果公开，由于村民的知情权没有得到有效的行使，对村务运作的过程不清楚，难免会出现假公开的现象，村民的民主监督难以有效发挥。立法中不仅应规定村务公开的内容和方式，也应规定公民对村务公开享有质询权，村务不公开村民的权利救济途径以及村务不公开或虚假公开的法律责任等，从而为村务公开提供有力的程序保障。同时，应健全村民自治的选举和罢免程序。《村民委员会组织法》第14条有关村委会换届选举程序规定,双过半即获得全体有选举权的村民四分之一的赞成票以上候选人当选并有效;该法第 16 条规定的罢免程序,需有选举权的村民半数以上赞成,罢免才能成功。二者显然不对等,建议将当选和罢免的票数统一规定为"超过有选举权的村民半数"。

(四) 提高农民权利主体意识

对于具有两千多年封建传统文化素质相对较为"低下"的中国农民来说,其法律意识特别是权利意识的培养是一个长期的系统工程。要大力提高村民的素质,大力加强普法宣传教育。普法教育在内容上应从单纯地传播法律知识向提高农民法律意识、法律素质转变,要把普法的重点放在如何维护农民自身权利上;有针对性地加强对他们的政治常识和政治技能的教育,增强其制度化观念和参政能力,使农民成为政治上成熟的公民,是当前我们农村工作的重要内容。既要培养他们的政治参与意识,又要培养他们的法制意识和程序意识,使农民在自己的利益受到侵犯的时候要敢于在法治轨道内维权。要建立普法教育的长效机制,建立适当的程序保障机制和责任机制,推动农民由被动守法向主动维权转变,促使农民权利意识的萌发与觉醒。

第三节 农民的经济权利

一、农民发展的经济权利

农民经济权利是指农民在从事生产、交换、消费、分配等经济活动过程中应该享有的独立、自主、平等权利。农民的经济权利主要包括财产权利和市场主体权利两个方面。

(一) 农民的财产权

财产权利主要表现在农民的土地财产权以及与此相关的其他权利。农民的劳动对象是土地,土地是他们赖以生存的基础,它保障着农民的基本生存与生活,不仅是生产资料,而且是农民解放的基础,土地只有作为一种财产,或者只有将土地赋予农民财产权利的时候,农民才能获得真正的权利。拥有独立的财产是经济主体成为市场主体的前提。

拥有独立的财产和享有充分的财产权，是经济主体成为民事主体的前提条件和独立从事民事活动的基础。由于市场交易是财产权的交易，市场活动是财产性的活动，因此，只有拥有独立的财产，经济主体才能取得市场主体的法律资格（因为只有拥有独立的财产，经济主体才能进入市场用自己的财产去同别人的财产相交换），才能真正有资格和权利签订契约参与市场交换活动和借贷活动。

拥有独立的财产，也就拥有完全的权利能力和行为能力，拥有充分的财产自主权，从而也就自然拥有以独立的人格自由地从事一切合法的经营活动的权利，这样就能真正实现自主经营。而且由于各经济主体财产独立，法律地位独立及人格独立，这就能为经济主体独立于政府奠定法律基础，从而能真正实现"政企分开"和"政银分开"。

拥有独立的财产，也就拥有完全的责任能力，能对自己的决策和行为后果负完全责任。在市场经济中，财产权也是用来分摊财产利益与财产风险或责任、义务的。也就是说，拥有独立的财产，就意味着既掌握了获得财产利益的权利，同时独立承担了财产损失责任的义务和能力。因此，一旦经济主体拥有独立的财产，经济主体就能够真正实现自负盈亏，自担风险，既可独立地获得从事经营活动所创造的监利，又必须独立地承担从事经营活动所带来的责任（包括独立地承担清偿债务的责任）、义务、成本、风险及损失。在这种情况下，经济主体也必然有内在的动力和压力硬化自己的预算约束，必然有内在的巨大动力和巨大压力避免风险或损失，追求成本的最小化和收益的最大化，从而形成内在的自我激励和自我约束机制。拥有独立的财产，也就真正具有了履行契约和偿还债务的能力或基础。

由于一切经济权利都源自财产，财产是个人和社会发展的基础，是主体权利的保障，任何法律人格都建立在财产之上。因此，拥有独立的财产和财产权，经济主体也就有了不断积累财产以求自我发展的动力和能力。

总之，经济主体只有拥有独立的财产，才能成为真正能进入市场，真正能自主经营、自负盈亏、自担风险、自我约束、自求发展的法人实体或法律地位独立、行为自主、责任自负的理性的市场主体。而没有独立的财产是不能成为市场主体的。

20世纪70年代末进行以家庭联产承包责任制为核心的农村经济改革，其特点是土地的经营权和绝大多数剩余产品索取权交给了农户，农户成为经营主体。这一制度变迁解决了生产动力问题，使生产得以迅速发展，一举解决了长期困扰中国的粮食紧张问题。虽然农村实行了联产承包责任制，但农民的土地财产权以及其他相关的权益缺失问题并未因此而解决，土地所有权归集体，农民所具有的仅是长期使用，不能将土地作为财产权进行转让、流转、继承，按照目前的宪法，我国的农用土地所有权属于集体，不得私有、不得购买、不得出售，这使得农民通过土地改革所享有的土地所有权自从人民公社化后完全丧失至今还没有随着改革开放的步步深入而有所恢复。由此，农民在土地流转以及国家征用、农业公司化经营中受到来自各方面的侵害，致使各项权益无法保证。只要说是出于公共利益需要，政府就有权单方面地廉价从农民手中征得土地，不论农民土地使用权是否到期，也无论给予集体或农民的补偿是否合理。

（二）农民的市场权利

市场权利表现为作为独立的市场主体平等参与市场交换，这其中包括两个层面的含义，一是具独立性，拥有独立的财政权，能够自主进行市场交换，这是因为市场经济的实质是市场主体在平等和自愿的基础上追求效用函数最大化的产权交易，因此，要成为真正的市场主体，就必须拥有独立的财产，也就是说，市场主体必须是财产所有者。二是与其他市场一样，平等地参与市场交换，不存在价格、规制等方面的歧视。

在市场经济中，一个人可以将自己所拥有的商品转换成另一组商品。这种转换可以通过贸易、生产或二者的结合来实现。在转换中，他能够获得的各种商品组合所构成的集合，可以称为这个人所拥有东西的"交换权利"。如果一个人的交换权利恶化了，那他可能就会面临贫困和饥饿。

农民作为独立的市场主体权利存在着缺失，一方面，没有赋予农民于土地的财产权，无法成为真正意义上独立的市场主体，因为市场主体作为以营利为目的、从事商品生产经营和服务活动的经济实体。它是具有自我组织、自我调节、自我约束等功能的市场运作的有机体。包括市场上一切从事商品生产经营和服务的企业组织和个人。市场主体是构成市场经济运行的基础。由于一切经济权利都源自财产，财产是个人和社会发展的基础，是主体权利的保障，任何法律人格都建立在财产之上，因此，拥有独立的财产和财产权，经济主体也就有了不断积累财产以求自我发展的动力和能力。所以，农民缺乏土地财产权也就能以赖以生存的土地作为一种资源进行独立的生产、经营，进而不能产生自我积累的动力和发展动力。另一方面，农民作为市场主体与其他市场主体的地位不平等，具体表现在生产、交换、分配等环节上。首先是表现为生产准入的限制，使得农民只能局限在收益较低的农业当中谋生，很难进入其他非农领域；其次是交换环节上的价格歧视，工农产品价格剪刀差长期存在，农业歉收不能随意涨价，农业丰产更不能得到合理的价格补贴；最后是分配问题，价格本身体现的就是初次分配，农民在初次分配中的权利缺失，并没有在再分配中得到任何补偿，如城市居民享有的最低工资、最低消费、人身保险、医疗保险、失业救济、困难补助等,但农民基本不能享受这些可以保障再生产的福利。

二、农民经济权利的缺失

农民经济权利的缺失,是指农民在从事生产、交换、消费、分配等经济活动过程中应该享有的独立、自主、平等权利的不充分、不完整。农民经济权利的缺失主要表现在以下几个方面。

第一,农民财产权利不完整。农民财产权利的不完整,集中体现为土地产权关系和乡村企业产权不明确。20世纪90年代以来,为了减少农民的数量,提高我国的城市化水平,我国许多地方不切实际地加快了城镇化建设的速度,盲目兴办开发区、大学城,等等,使得一大部分农民被从土地上剥离出来。事实证明,绝大部分征地,农民都是不情愿的,甚至十分反对,因征地纠纷引起的上访已经成为政府部门信访量的大头。

在土地征用过程中,损害农民权利的问题主要有:(1)显失公平,征用耕地的补偿费用偏低。据国土资源部统计,1987~2001年,全国非农建设占用耕地3 300多万亩,近七成是政府用行政方式征占土地。在征地工作中,不尊重农民的知情权、补偿标准过低且不完全到位、不妥善安置失地农民等问题相当严重。能源、交通、水利、水电、通信等基础建设项目,普遍采取法定标准最低限,甚至低于法定标准。(2)新时期"圈地运动"的掀起,对农民土地变相炒作。当前,地方政府为了招商引资而降低成本的做法非常普遍。一些企业特别是一小部分资金实力雄厚的大企业和私营企业老板,看到土地市场的升值潜力后,利用各种工业园区、农业园区、商业园区、科技园区等巧立名目,变相圈地,实际投资是假,对征用土地进行炒作转手是真。政府千方百计从农民手里低价征来的建设用地,成为企业牟利的资源。(3)政府对土地低征高卖,暗箱操作,滋生腐败,引发矛盾。一些地方的政府部门在看到某块土地有升值的潜力时,就想尽办法先行征占,变成土地"投机商",而付给农民少得可怜的一次性补偿,基本把农民排除在土地升值权益者范围之外。

第二,农业生产经营权不完整。联产承包制确定了农户家庭经营的主体地位,但农民的生产经营自主权受到较大限制;由于农村集体组织具有土地的所有权和发包权,而大多数乡村干部素质差、能力低,强调集体经营,反而侵犯了农民的生产经营权;政府的行政命令和政策经常违背农民的意愿,干预农民的生产和经营。

第三,农民市场交易权不完整。从总体上看,目前我国农民的市场交易条件是处于劣势的，交易过程受到超经济的强制和不等价交换的盘剥。具体体现在两个方面：一是农民在出售其农产品时，其价格受到人为的限制（如政府低价收购），或禁止自由交易、地区封锁而使其处于过度竞争状态，导致市场过程中农产品波动频繁，难以形成可以预期的长期均衡价格；二是在购买农用生产资料或日用工业品时，农民面对的是卖方垄断市场，而分散的小农又缺乏与之抗衡的谈判力量，农民不得不支付过高的价格获得这些生产必需品。

第四，农民收入分配权不充分。20世纪80年代以来，财政对农业的投资份额尤其是农业基本建设的投资份额不断下降、对农村社会发展的支出极其有限，农业比较利益偏低，特别是近年来农民收入增长率骤降，城乡差距进一步扩大，农业、农村、农民在国民收入再分配中相对份额的下降，是农村贫困的重要原因。

新中国成立以后的30年间，国家通过工农业剪刀差，从农村取走6 000亿~8 000亿元，初步建立了国家的民族工业体系。改革开放后，农民收入有了较大提高。但随着改革重点转入城市，农民在国民收入分配格局中仍处于弱势地位。20世纪90年代以来，财政支农的比重一直呈下降趋势。1991~2000年分别为：10.3%、10%、9.5%、9.2%、8.4%、8.8%、8.3%、8.2%、8.23%和7.99%。这种收入再分配的不公平与纳税的不平等再次拉大了城市与农村、工业与农业、市民与农民之间的差距。新中国成立后60年来，在总体上国家对农民利益分配取远大于予，结果城乡差距越拉越大，农业发展始终处于相对滞后的状态。

第五，农村公共产品缺位。农村公共产品主要包括江河湖泊治理、防洪排涝设施建设、大型水库工程、农村道路建设、农村电网建设、农村中小学教育、农村科技成果推广、农村自来水供应，等等。长期以来，我国城乡经济发展处于一种二元结构状态，政府在公共物品的提供方面也采取了二元供给的做法。城市基础建设等公共物品完全由政府提供，政府在农村公共物品供给方面则是完全缺位的。据统计，全国2/3中低产田得不到改造，21%的耕地缺少有机质；土地生态环境恶化得不到有效治理，森林覆盖率仅为14%，水土流失面积4.92万公顷以上；由于农业基础欠账过多，不少大中型水利设施年久失修，河道泥淤，排洪排涝能力降低，大面积洪涝灾害频繁发生；农业技术水平低下，科技经费占农业产值比重不足0.1%，每400公顷耕地和每13.33万公顷草原仅1名农业科技人员。

第四节　农民发展的社会权利

农民社会权利的缺失，是指农民作为一个重要的社会阶层，缺乏相应的社会政治参与权、社会进步利益享受权；缺少身份自由，少有社会地位；城乡社会不公平，农民与市民的社会地位悬殊。农民社会权利的缺失，集中体现在下述几个方面：农民作为社会主体根据宪法所享有的基本人身权利，如人身自由权（迁徙权利、自由流动权利）、受教育权、享受国家的社会保障权等。

一、农民迁徙权利

改革前的农村经济体制对农民的择业、迁移和改变社会身份的自由进行了种种束缚和限制。20世纪50年代中期以前，农民招工、搬迁和谋生的自由还比较大，但随后发生了一系列逆转。《中华人民共和国户籍管理登记条例》就以法律的形式限制农民进入城市，户口制度把农民束缚在土地上，取消和剥夺了农民迁徙的自由，从此农村的非农化和城镇化基本停滞了。人民公社的口粮制度、工分制度和户籍制度都朝着严禁农民流动的方向完备起来，农民被强制束缚于他们生身的土地上。到了"用无产阶级专政来办农业"的时代，不仅农民改变社会身份的自由丧失干净，而且连农民怎样当农民的自由也在相当程度上遭到剥夺。此时的农民尽管"无产"，但绝不可能"像鸟一样自由"，结果对农村经济的发展和人口素质的提高产生了深远的不良影响。

刚性户口管理制度基本上是沿用了改革开放以前的户口制度，使农民的迁徙自由和择业自由受到了极大限制。在严格的户口等级中，农户处在宝塔式的等级阶梯的最低层，农民要想改变自己的户口性质，变为非农户或城镇户没有特殊的理由和关系几乎是不可能的。现在虽然有所松动，但农民想变成一个真正的"城市人"，必须付出一个不小的代价。因此，只要祖上是农民，就可能世世代代延袭下去。因为在户口等级背后是重大的利益差别，比如就业、住房、教育、福利等国民待遇都不大一样。在这种户口利益差别分配机制的作用下，人们都企图实现户口等级的垂直方向跃进，而为了防止各级城镇、市的人海之患，于是一堵堵高墙矗立起来，尤其是农民与城镇居民之间的这条界线，鸿沟之深，反差之大，世人无不知晓。这种极大的反差一方面是城里人阻止农民进城，另一方面是农民对城里人的向往。于是一个个农民子弟把取得城镇户口，吃上商品粮，跳出农门作为出人头地、光宗耀祖的头等大事来看。而过去的许多年里，对某些干部的处理，往往是取消城市户口，把他贬为农民，赶到农村去劳动改造，可见农民社会地位的低下。

总之，农民迁徙权利的贫困，把农民束缚在狭小的空间里，农民就是再怎么吃苦耐劳，也不可能摆脱经济贫困。

二、农民社会保障权利

我国是一个农业大国，50%多的居民住在农村，但是农村社会保障始终处于中国社会保障的边缘，有相当一部份社会保障的内容将整个农村人口排挤在保障体制之外。长期以来，我国社会保障体系并存着两个相互独立又相互联系的层次，城镇企事业单位的就业人员享受相对较为完善，水平较高的社会保障服务；而广大农民在这方面的情形恰好相反，我国农村居民主要依靠家庭保障而缺乏社会保障。农村实行家庭联产承包制以前，中国农村居民除了依靠家庭保障以外，他们还可以通过以社队为基础的集体经济制度而获得集体保障，此外他们还可以获得依靠集体资助的合作医疗。但是，农民的这些保障，无论在保障项目，保障内容和保障体制水平上，都根本无法与城镇居民所获得的"单位保障制"的保障相提并论。实行联产承包责任制以后，传统的集体核算制度被彻底打破，农民成为独立自主的经营单位，农民享受的集体保障也由此丧失，农民陷入了不得不依靠单一的传统家庭保障的困境。尽管改革以后，农民的收入有了明显的提高，但是在保障问题上，实际上是出现了后退。

随着社会主义市场经济的发展，城镇的社会保险制度从过去的"单位保障制"隐退，但是，另外，城市社会保障却得到前所未有的发展和提高。从城镇整体上讲，城镇居民比过去得到了更可靠、更安全、更平等的社会保障。因此，在经济制度改革的过程中，城乡居民之间社会保障的不公平状况不仅依然保持，而且有所加强。

三、农民教育权利

在教育问题上，农民和城市市民的孩子受教育的权利有天壤之别。农民教育权利的贫困可以从以下几个方面进行比较。

首先，占有教育资源、享受教育服务的差别巨大。长期以来国家每年几百亿的教育经费几乎全部用于城市，而广大农村则依靠农民自己的力量办教育。农村的教师队伍情况也令人担忧，那些受过良好教育，具有教育教学能力的教师被安排在城市，农村则师资奇缺，教学质量难以达到要求。

其次，受教育的程度差别巨大。在属于高等教育的大学阶段，大学生出身地域越来越向城市高度集中。据不完全统计，农民人口占全国人口52%，但在高等院校接受高等教育出身于农民家庭的大学生只占30%左右，而城里人却占了70%的份额。而且在一些名牌、重点院校，城里人所占的比重明显要大，农村孩子大部分只能在一般的、普通的高等院校接受教育。

最后,升学面临不同的待遇。本来农村孩子的教育条件和教育环境就差,而国家在升学中又对城乡考生设定不同的分数线,跨越更高的升学门槛,使得农民子女更加难圆大学梦。教育权利的贫困,导致农村的知识贫困,从而使得农村居民的能力贫困加剧,农民的择业条件、机会更加恶劣,农民要摆脱物质贫困更为困难。

四、医疗保险权利贫困

在我国农村,多数农民从事着收益低下,剩余很少的农业劳动,在收入增长缓慢前提下,疾病、养老和贫困是农民面临的最大风险,而疾病与养老相比,风险更大。因此医疗保险是农民在社会保障体系中第一保障需求。

但是,目前的医疗保险基本上是农民自我保障,在医药价格猛涨的情况下,农民医疗费用支出急剧增加,医疗费用攀升的幅度超过了农民实际收入增长的幅度。

五、农民劳动权

劳动权是当代人权体系的重要组成部分,劳动权的实现程度从一个侧面标示着人权的发展完善水平。由于劳动权是作为社会弱势群体——劳动者群体的角色权益,所以强化对劳动权的法律保障就是对法律实质正义的追求与践行。

劳动权既是社会权也是自由权,换言之,劳动权是一种兼容社会权属性与自由权属性的权利类型。首先,劳动权是劳动者基于拥有劳动力的所有权及其使用自由所产生的权利。从本质上说,劳动力的拥有与使用属于劳动者私域的事情。但由于劳动力的使用关系着劳动者的生存和社会的发展,当代国家对此不能不予以适当关注。更为重要的是,劳动力的现实使用必须与物质手段相结合才能发挥其功效。这种结合无外乎两种类型:自我结合(与自己所拥有的物质手段相结合)和他我结合(与他人所拥有的物质手段相结合)。在市场经济条件下,他我结合是普遍的常规形态,即劳动力雇佣于资本的形态。劳动力能否及时与他人的物质资本相结合以及在结合过程中劳动力拥有者的人格、人身及财产利益的得失问题,单凭劳动者的自由权是不能有效加以维护的,国家基于这样的前提遂产生了对劳动者的积极保障义务,这种作为性的积极义务不是要剥夺劳动者的劳动自由,而是要保障劳动自由的充分实现。劳动权因此在自由权的基础上也具有了社会权的属性。可见,真正意义的劳动权必须以劳动者劳动自由的存在为基础和前提。在计划经济时代,国家无微不至的保障剥夺了劳动者的劳动自由,劳动者以牺牲择业自由为代价换取了国家的劳动保障,这种表现为国家过度保障的劳动权由于排斥了劳动自由而并非真正意义的劳动权。其次,蕴含于劳动权中的择业自由、辞职自由、工资支配自由、休息时间支配自由、结社自由等都具有自由权的属性,它们的充分实现同样以国家和用人单位的不干预和不设置障碍为前提条件。

对农民劳动力交换权利的限制主要来源于我国长期实行的城乡社会二元结构,在这种二元结构下,现存一些制度障碍倾向于维持城乡差别,限制城乡之间的人员交流,而城市又恰恰是出售劳动力的最大市场。这些制度障碍加大了农民进城务工的成本和阻力,从而限制了农民劳动力的交换权利。这些制度的基础就是现行的户籍管理制度。户籍管理制度通过指标控制和收取城市增容费等措施限制农村人口迁入城市。同时,也把一个城市的人口人为分成常住人口和外来人口,外来人口在就业、义务教育、社会保障等方面都面临着不同程度的歧视障碍。

就业方面的歧视障碍包括农村劳动力进入城镇就业的总量控制、职业工种限制、先城后乡控制、强制性收取管理费、用工调节费等。如北京从 1995 年以来,制定了一系列的法规和政策,将外来务工经商人员可以从事的行业限制在 13 个,工种限制在 206 个,且多为本地人所不愿从事的苦、累、脏、险、毒等工种。

总之,农民发展的基础是农民享受到其应有的权利,另一方面,将制度安排上赋予农民的权利是真正转化为促进其发展的必要条件,而不充分,其充分条件是农民自身的权利意识,这既是农民发展的基本内涵,同时,也是农民发展的内生条件。农民作为分散的个体生产者,一般认为存在权利意识的淡漠,即农民对国家或政府在制度安排上赋予农民的权利漠不关心,或者说在一定程度上放弃了这种权利。实际上,关于农民对自身权利的淡漠,存在两方面的问题:一方面是农民由于其自身素质的约束,不知或不会行使相应的权利,另一方面是行使权利的成本高于收益。第二种情况是指农民具有行使权利的意识与能力,只是由于条件的约束,而无法有效的运用权利来获得相应的收益。因为农民作为独立的生产者,也是理性经济人,追求自身的收益最大化,决定其行为的准则是收益的最大化。

第五章

农村公共产品供给与农民发展

西奥多·舒尔茨在其名著《改造传统农业》中，根据社会学家提供的危地马拉和印度等地的详细资料，认为过去人们所指责的传统农业中小农愚昧落后、经济行为缺乏理性的观点是错误的，这种观点是一种幼稚的文化差别论。他指出全世界的农民，在考虑成本利润及各种风险时，都是很会盘算的生意人，农民在自己的小型、独立和需要筹划的领域里，把一切活动都安排得很有效率。也就是说，农民是在传统技术状态下有进取精神并已最大限度地利用了有利可图的生产机会和资源的人，是"贫穷而有效率的"，是理性的经济人。

在中国，农民"贫困"的根源除去技术层面外，根本还在于农民缺乏进一步发展机会，或者说农民一方面缺乏自身进一步提高技能、素质的机会和条件，另一方面缺乏生产的机会和资源，其实，说到底是政府未能为农民的发展提供有效的环境与基础，即公共产品。

从公共产品供给的地域范围来分，公共产品可分为农村公共产品和城市公共产品。新中国成立以来，中国经济采取了不均衡发展战略，即优先发展重工业，优先发展城市经济，由此相对应的公共产品供给在城市和农村存在不均衡供给，当然这也与农村社会经济发展相对滞后于城市有关。农村公共产品由于其产业及地域、自然条件决定了其供给有其特殊性，它不同于城市，为此，本章从理论上探讨农村公共产品供给对农民发展的作用，在实践上分析农村公共产品界定、特点。

第一节 农民素质提升与农村公共产品供给

一、农民发展的基本内涵

(一) 农民身体素质

农民身体素质状况对中国农村社会经济发展以至于整个国家的健康发展都具重大意义。增强农民身体素质不利于提高农业生产率,促进农村社会经济发展,增加农民收入。

农民身体素质主要是指健康程度、体质强弱、寿命长短、营养状况以及抗病力等的综合,它是智力的载体,而且直接影响到其在社会经济活动中的意识、交往、劳动以及需要,没有身体作为其生命的支撑,一切社会经济活动也就无从谈起。农民身体素质状况一方面取决于自身的行为,如有意识的身体保健、营养结构的安排等,另一方面取决于政府为其提供的促进或保障身体健康的公共产品或公共服务,如清洁的饮用水、公共卫生保健、生产生活环境等公共产品都影响着农民的身体健康状况。

对农民身体素质发展状况进行评价采用农民平均预期寿命、农村死亡率、人均食品支出、人均医疗保健支出等指标。

1. 农民平均预期寿命变动

平均预期寿命是国际上用以评价一个国家或地区人口生存质量与健康水平的重要参考指标之一,它取决于一个国家或地区的医疗水平、物质生活水平以及生产生活环境状况,也就是农民的平均预期寿命受政府为农民提供的公共产品和公共服务的影响。

2. 农民人均食品支出变动

营养是维持生命与健康的物质基础,是决定人体素质和健康的重要因素,合理营养是使人们的社会、智力和身体潜力得以充分发挥的先决条件。营养不仅可影响固有遗传的表型,即基因的表达,同时还可以影响遗传物质,改变遗传性状。所以,营养状况决定着人们的体质状况,直接影响着人们身体的发展,充足的营养可以提高人们身体素质,提高人们的免疫力,进而提高人们的工作效率和工作能力。其中涉及食物总量和食物结构,在总量上要能满足人们正常生产生活所需要的能量，在结构上要使食物支出结构合理，符合人类生存要求。

不仅如此，营养状况是一个国家或地区经济社会进步的重要指标，营养状况是社会经济发展的主要物质基础和动力之一，食物营养直接影响社会人力资源的发展。营养与经济的发展是相互制约、相互促进的。营养状况对经济发展的影响是潜在的，但却是巨大的。例如，英国和西欧将近200年来经济发展所取得的成就的一半归功于营养和体质的改善，北欧工业革命极盛时期的长期经济增长有一半以上归功于其体格发育的增长。相反，营养状况不好，将直接阻碍经济的发展，粗略估计几个亚洲国家由于营养不良造成劳动生产力损失为国内生产总值的2%～3%，菲律宾等国研究指出，身高越矮，劳动生产力越低，成年人身高每少1%，农业收入就减少1.4%。

3. 农民人均医疗保健支出变动

农村卫生保健是农民应该享有的基本社会保障，而且基于公共产品供给均等化的理念，农村居民也就同城市居民一样享有公共卫生医疗保障，并随着社会经济发展水平的不断提升，农村居民要享受到越来越好的公共卫生保障。农民人均医疗保健支出指标反映农村居民卫生保健的重要指标。

（二）农民教育素质发展

教育素质在一国和一地区经济社会发展中起着越来越重要的作用。农民在我国还占有相对大的比重，农民教育素质不仅关系到农村经济社会发展，而且对整个国民经济发展具重大影响。农民教育素质取决于农民受教育水平和程度，其中与政府为农村所提供的公共教育资料密切相关。对农民教育素质发展用农民平均受教育年限、成人识字率和人均文教娱乐及服务支出来衡量。

（三）农民科技素质

农民科技素质表现为农民掌握科学文化、技术知识和劳动经验、生产技能等达到的程度、掌握文化科技知识量的多少、质的高低以及运用于农业生产实践的熟练程度。农民科技素质用农业劳动生产率、土地产出率、农业机械化水平等指标来反映。

农业机械的广泛应用是农业现代化的重要基础，是农业现代化的重要内容，现代化机械对于传统农耕手段的逐步替代，是农民在意识上一个逐渐改变和接受的过程，体现了农民科技素质的提升。

农民作为在土地上劳作的主体，掌握和运用科学技术知识、先进的生产工具，在土地劳动生产率提高的同时，也体现着农民科技素质的提升。

行为是意识的表现，农民行为体现着农民的意识。从上述农民在对自身身体素质、教育素质及科技素质提升的行为中,我们可以看出,随着农民收入的不断增长,农民用于身体健康、提高文化教育休养支出不断增加,而且将更好、更多的科技手段及农业现代化技术应用于劳动过程,这表明农民在现有条件基础上更注重自身身体素质、文化素质的提高。而且从实践来看,农民的身体素质、文化教育素质以及科技素质都有不同程度的提升。所以,从本质上讲,农民具有提高自身素质的意识,但是这仅是必要条件,并不充分,要使农民素质不断提升还要有外部的供给,即基本公共产品与服务的保障。

二、农村公共产品与农民发展

(一)文化教育供给与农民教育素质发展

文化教育是不是公共产品?或者它是纯公共产品还是准公共产品理论界都存有争议。

自从1954年萨缪尔森将公共物品和私人物品区分开来并正式使用公共物品这个概念以来,经济学家对教育是否属于公共物品始终存在着很大争议。哈维·S·罗森认为教育是不是公共产品尚不清楚,支出与教育结果之间的关系相当含糊。[①] 另外,如果不能解决"搭便车"问题中的基本矛盾,我们就不能解释每一个社会在合理性方面做出的巨大投资,这包括把对教育体制的许多投资是解释为人力资本投资,还是作为一种消费产品。[②]

如果教育是一种纯粹的公共物品(如同国防),向一个人提供总量就可以向所有人提供,即数量上具有均匀性(uniformity)和个人需求曲线可以纵向相加等特点。但事实却是,教育不可能在消费上具有完全的可分性。从教育的生产方面来看,它并不具备纯粹的公共物品的特征:接收的学生越多,需要的教师就越多,校舍就越大,因此成本就越高。当然,在超过一定的规模之后,教育具有"成本不变"(a constant-cost)的特征。但在消费方面,教育具有一些公共产品的特点,这是因为"教育报酬"具有广泛的传播性,尤其对社会来说,其报酬远远超过了受教育者个人,并且,教育的性质越接近于公共产品,相对于整个社会的那部分报酬来说,受教育者个人获得的报酬份额就越少。但是,如果说把教育看作是一个国家范围内的公共产品,那么,在美国一个州的范围进行的教育就是一件不经济的事情了,人们就应该看不到州立教育或地方教育,更不用说私立

[①] [美]哈维·S·罗森:《财政学》,中国人民大学出版社2003年版,第55页。
[②] [美]道格拉斯·C·诺思:《经济史中的结构与变迁》,上海人民出版社,第49页。

教育了，正如人们看不到每个州都提供国防设施一样。教育并不是一个纯公共产品。

教育的最优数量水平是指这样一种水平，在该水平下，个人需求的纵向相加等于为这些个人提供教育所需要的边际费用。教育需求是一种有支付能力的需要，决定支付能力大小的收入水平是制约教育需求的重要因素。根据恩格尔定律，一个国家（或家庭）在食品上支出所占比重的大小标志着这一国家（或家庭）的富裕程度，较富裕者食品支出所占比重较小。一般而言，食品支出比重随收入水平提高而下降，而非食品支出比重则随收入水平提高而提高。由于教育属于非食品支出，因此教育支出随收入水平提高而增加。作为人类高层次的需求，教育需求的增加必然会对收入水平提出更高的要求。一个可观察到的事实是：随着社会以经济的发展，收入增加和生活水平不断提高，教育需求也不断增加。但与此同时，由于地区间居民收入差距拉大，地区间的教育需求差别也在增加。（我国农村现实确实是如此——收入水平制约了农村教育水平，反过来也是如此。）研究表明，与受教育水平相关的收益在人们中间存在显著的异质性；2000 年中国 6 省区城镇青年大学教育的平均回报酬率为 43%（年均近 11%）。中国在经历二十多年的市场经济改革后，较之 20 世纪 80 年代及 90 年代初期，教育的平均回报有了显著提高，中国的教育和劳动力市场已经发挥重要作用。[①]

再从文化教育的资本属性来看，法国文化社会学家布迪厄提出了文化教育资本概念，它不仅描述文化教育与资本二者之间的关系，而且用来表示本身即作为一种资本形式的文化教育。按照布迪厄的实践理论，资本具有不同的形态和类型，如经济资本、文化资本、社会资本等。在一定的条件下，不同形式的资本可以相互转化，但每一种资本的存在和运动都有其相对自主性。

文化教育产品是对一定类型和数量的文化资源的排他性占有，是一种社会资本。然而社会资源只有在一定的条件下才能成为资本，甚至才能成为资源。例如，在人类历史的很长时间里，石油既不是能源也不是资本；资本（包括文化教育资本）总是在一定的社会究竟（布迪厄有时简单地称之为场，field）之中构成。某些文化资源，不论是文化教育实践还是文化教育产品，在一定的社会历史条件下，可以成为稀有资源，成为不同社会主体和社会阶级的争夺对象，占有这类资源可以获取一定的物质的和象征的利润。在这种情况下，文化教育资源就开始成为文化教育资本。文化教育资本有一项特殊使命，即维持现存秩序的合法化与自然化。在这个意义上，资本作为社会资源的排他性占有，总是凝结着社会成员之间的不平等的社会关系，意味着社会资源的不平等的分配。实际上，人

[①] 《经济研究》2004 年第 4 期，第 91 页。

类的所有活动，从唯利是图的商业行为到超凡脱俗的文化实践，都内在地包含着利益的追求与冲突，是以利益为根本动力的，不论其存在方式多么隐蔽、多么难以识别。因此，实践理论，作为揭示这一秘密的科学，必须说明各种类型的资本的存在方式和法则。

社会资本除具有社会学中的一般意义外，它更重要的是公共产品形成的基础和价值条件。文化教育公共产品是社会资本的重要构成要素。社会资本沉淀和积累多，经济和社会运行的成本就低，私人生产成本降低，农民收入增加。非生产要素的公共性与农村居民的分散的消费形态的矛盾，是公共产品供给效率不高的重要原因。引入社会资本的概念，就是从经济学角度来说明社会制度的价值及对经济发展的影响。特别是在我国广大的农村，不能仅仅从经济上认识和思考农村和农民问题，而是要将其放在整个农村发展的社会大环境中加以认识和分析。近些年来，在西方兴起的"社会资本理论"对我们解释我国农村经济发展具有重要的借鉴意义。同时，将社会资本看作一种公共产品，使之与经济资本相协调，才是促进我国农村经济社会全面发展的重要手段。

文化教育公共产品有以下几种类型：第一，具有纯公共产品性质的教育服务。由政府作为供给者所提供的下列教育服务，是具有纯公共产品性质的教育服务：义务教育；特殊教育，这是指由政府提供经费对盲、聋哑、弱智等有生理缺陷的儿童、青少年进行的教育，以及对有违法、轻微犯罪行为而不适宜于在普通中学就读的中学生进行的工读教育；以广播、电视等形式进行的公共教育；国家公务员教育。这些教育服务之所以具有纯公共产品性质，主要是因为它们与前面提到的公共产品的含义完全相符。接受这些教育服务的人，不直接付费，而维持这些教育服务的费用则由政府的财政部门承担，不享用这些教育服务的人也需要为此支付费用（如纳税）。第二，基本具有公共产品性质的文化教育服务，政府也是这一类型教育服务的供给者。这一类型的教育服务包括：政府投资建立的各类高等学校、中等专业学校、高级中学、职业技术学校的教育；政府提供经费的各类成人教育；政府提供经费的学前教育；政府提供经费的其他形式的教育；此外还有文化事业，如图书馆、文化馆、群艺馆等。这些教育服务基本上具有公共产品性质，是因为尽管这些教育服务的经费主要由政府提供，并且依赖财政部门的拨款，但与义务教育、特殊教育、广播电视形式的公开教育不同。这些教育服务不是完全没有排他性的，也就是说，一些人享用了这些教育服务之后，至少就减少了另一些人对这些教育服务的享用。例如，高等学校、中等专业学校甚至高级中学，招生名额有限，一些人被录取了，另一些人就不能录取。纯公共产品性质的教育服务则没有这种排他性。第三，具有准公共产品性质的教育服务。准公共产品性质的教育包括以下形式：某个社会团体、集体组织、协会以自己的成员作为招生对象而建立的各种学校、培训班、补习班；某个企业以自己的职工及其子女作为招生对象而建立的各种学校、培训班、补习班；某些由政府提供经费的学校，为了增加自己的收入，在正常招生之外还招收若干自费生，或设立了一些自费班。由于自费生或自费班或使用的教室、教学设备、师资等仍然主要依靠政府提供的经费来维持，因此不同于私人产品性质的教育服务，但又不同于公共产品性质的教育服务，所以可以视为一种准公共产品性质的教育服务。第四，具有纯私人产品性质的教育服务。具有纯私人产品性质的教育服务可能有下列形式：个人充当家庭教师，为一定的家庭服务，并收取私人付给的报酬；个人招收纯粹学艺性质的学徒，向学徒传播知识与技能，并收取学徒付给的报酬；或者，个人招收主要具有学艺性质的学徒，向学徒传授知识与技能，学徒以无偿或低报酬的方式为师傅帮忙；个人建立学校补习班、职业培训班等，招收学生，并向他们收取费用，作为办学经费。这些教育服务之所以被认为具有纯私人产品性质，不仅由于它们具有严格的排他性，而且教育服务的一切费用都是由享用这种教育服务的人提供。按单位产品付费，而提供这种教育服务的个人，需要垫支一笔创办费。第五，基本具有私人产品性质的教育服务与纯私人产品性质的教育服务不同的是，如果个人在办学过程中得到一定数额的补助（不管这些补助是由各级政府提供的，还是由社会团体、企业等提供的），并且在收费过程中适当降低收费标准，那么这样的教育服务可以被认为具有私人产品的性质。

　　近年来，贫穷国家和发展中国家竭力仿效西方市场经济成功的经验，其效果并不十分显著。制度经济学分析这一现象认为，人们希望看到的贫穷国家赶超发达国家的最终结果并没有出现，差距仍在持续的原因之一在教育体系。教育投资会有较高的社会回报率，又在于人们的观念，诚实守信，这些会有效地降低社会交易成本，这种道德力量可以带来经济效益。而超越文化传统的单一经济改革是不可能成功的。传统是人们在漫长的历史活动中逐渐形成并积淀下来的，那么它之中必然包含着优良传统的同时，还有一些需要摒弃的东西。文化产品的发展需要合理的选择和科学的扬弃。文化产品既然是一种资本就需要不断地投入和积累，几乎在所有的经济学论著中，都论证资本、市场、技术对经济增长和提高企业效率的作用，认为文化是一种常态，对经济发展的影响并不像投资和技术那样显著，更没有把文化看成一种公共产品或社会资本，从而否认了其对经济增长和社会发展的"基础作用"中国的改革是一个很好的例子，它首先从冲击传统旧文化开始，在改革初期邓小平提出的使一部分人先富起来的观点，有着重要的文化变革价值，它的目的就是鼓励打破中国传统的"均贫富"思想，使人们从文化传统的束缚中解放出来，这应当是我国经济体制改革的"必要条件"和前提。只有融入文化和体统的制度变革才是有生命力的，才能在一个具有传统社会特征的环境中生存下来。我国农村的发展及农民收入水平受文化的制约和影响更大。

(二) 科技成果、信息供给与农民科技素质发展

对农民来说，农业科技成果、信息普遍已成为商品，农民必须根据利害判断形成自己的农业技术使用决策。但对政府来说，农业科技成果、信息仍具有公共品特点，而且是财政投入资金量相当大的一种公共品。首先，农业是自然再生产与经济再生产相交织的过程，经济再生产以自然再生产为基础，受自然再生产的客观过程和生态环境的制约。人们利用自然并依此推动农业发展的过程中长期积累起的农业方面的知识与技能等是一种社会财富，被全社会所共同享用。也就是长期积累的生产知识与技能等是一种共有资源，为全社会所有。其次，从农业生产与经营过程看，农业生产具有高度的相似性，每一个生产者对科技的投资、信息加工无法从其他受益者中得到补偿，对科技成果和信息的消费不具有排他性，或者说科技成果和信息等资源具有很大的外溢性，科技和信息加工投资供需调节的市场失灵，市场无法使其投资达到经济最佳水平。因此，在投资市场失灵的条件下，就需要由政府来承担起农业科技和信息加工投资以及提供农业推广服务的职能。再其次，从农产品的特点来看，大多数农产品具有低需求弹性的特点，技术进步带来的产量增长往往导致更大幅度的农产品价格下降。若价格下降程度超过单位农产品生产成本的减少，生产者收入反而降低，而此时的受益者仅仅是消费者。这就要求农业科技投资的一部分必须通过政府转移支付政策如税收政策来得到补偿（从消费者的税收中返回一部分到农业科技事业），而私人企业无法承担这一任务。

所以，对于农村和农业生产而言，科技成果的生产、推广以及信息加工处理具有强烈的公共产品属性。既然是公共产品，政府就应承担起这些公共产品生产的职能。下面我们具体分析科技成果推广、信息与政府的关系。

1. 科技成果推广与政府

农业科技成果推广中的高风险和公益性特征要求政府进行供给。农业科技成果推广与其他技术推广一样，具有高风险、高收益特征。但与其他类型的技术推广相比，农业科技成果推广的风险相对更高，而收益却相对低下，这是因为农业科技成果推广中的自然制约因素和效益的外部性与公益性特征。具体表现在受自然条件和地域差异制约，农业技术推广主体经营的高风险。农业技术推广的正外部性特征主要表现在以下几方面：一是农业技术推广主体很难杜绝"搭便车"现象。二是许多农业技术的推广本身具有很强的社会公益性。表现为技术成果的应用结果不仅可以使农民自身获取收益，更重要的是可使众多的消费者受益，如良种的种植，当然可使农民增加收入，同时，也可使消费者享受到高品质的产

品。三是技术的示范与推广成功本身会带来外部性。由于农业科技成果公共物品的性质，免费搭乘"信息快车"，无偿获取农业科技信息的现象十分普遍，这使得成果拥有人（包括成果转化开发单位和各级推广组织）的经济利益难以得到切实保障，严重者甚至无法收回成本。作为回应，信息供给者常常被迫提高信息产品的价格或信息使用的门槛。这就使科技成果供应陷入了一个怪圈：免费或过低的收费，将使科技成果与信息的供给者血本无归，而过高的收费又往往造成潜在用户的流失。解决这一问题的有效办法，还是要通过政府行为，提供完善的政策法规或一定的经济补贴来支持信息供体，鼓励其开展农业技术信息的传播与服务。

所以，农业科技成果推广存在着市场失灵。公益性农业科技成果具有较多的公共产品性质和正外部性，推广主体的私人收益小于该活动所带来的社会收益。在市场经济条件下，必然导致私人活动水平低于社会所要求的最优水平，只有通过政府支持使推广主体的私人收益与社会收益一致，从而促使资源配置达到帕累拖最优状态。在通常情况下，政府支持方式包括政府提供农业技术研究与推广领域的公共投资、公益性农业技术培训、提供农业技术公共信息以及一定程度的减免税收、优惠信贷、价格支持等。

农业科技成果具有明显的社会共享性和外溢性特征，其受益对象是整个社会。农业科技成果的非排他性和非竞争性特征，决定了政府在该领域中的特殊地位和特殊作用。利益上的非排他性必然导致市场主体之间的非竞争性。一般以盈利为目的的市场竞争主体不愿进入，市场机制的作用有限，存在较大程度的市场失灵。公益性农业技术的推广，在我国当前仍主要由政府投资，并由政府兴办的农技推广机构承担。从发展的趋势看，该领域有待进一步引入市场竞争机制，提高政府公共投资效率，鼓励其他竞争主体参与政府投资的公共项目的竞争；完善农业技术推广政府支持体系，确保其他投资主体的正常利益，逐步在该领域形成多元化投资体系，全面推动农业技术的进步。

2. 信息与政府

从客观上看，农村的基础设施落后，全国农村平均经济水平仅为城镇平均经济水平的1/3，因此，以个人的人力物力是难以达到最低级信息化要求的；另一方面，最低水平的农村信息化也要求在至少乡镇一级的政府部门有相关信息化人才能够从事信息收集、整理和分析工作，这对人才素质的要求是较高的，而在农村又缺乏符合要求的农村信息化人才。所以，只有政府参与农村的信息化建设，增加对农村基础设施建设财政投资力度，采取鼓励措施向农村选派优秀人才或进行交流培训，才可能促进农村信息化进程。

农业经营主体的产业化程度决定其获取信息的能力。在我国农业经营主体依照社会化、产业化发展程度大致可以分为三类：一是极少量的农场与农产品加工与销售企业，二是种养殖大户，三是大量的个体农户。一般说来，产业化发展程度越低，获取市场信息的能力就越差，市场竞争力也就越弱，对于农场企业、养殖大户还可以具有一定的信息采集、加工、处理能力，而对大量的个体农户而言，则无力采集信息，或采集信息的成本极高，加之信息的外溢性特征，收益成本比较低。所以，在以个体小农经济为主的状况下，国家为农业经营者提供所需的信息支持，就显得尤为必要。

从主观上看，农村地区相对于城市而言，往往长期处于封闭状态，思想观念陈旧，接受新事物的期间较长，但这些地区的人们对改善生活条件都有着强烈愿望，因此在经济发展中政府应将信息知识作为一种纯公共产品进行供给，包括通讯广播设施建设及信息人员的配备。当然还应采取措施使发展农村信息化活动成为农民自觉和自发的活动，农村信息化主体便由政府转移为农民，提高信息化层次的任务也将由有远见并且有能力的农民来完成，实现市场化运作。

农民作为弱势群体往往处在就业不足的状态，有大量剩余的时间资源而得不到有效的利用。其中一方面是因为农民自身素质相对较低，社会适应性较差，缺乏利用各种资源进行再创造的能力；另一方面，即便具备再创造的能力，而是缺乏利用资源的机会，或者说不了解利用哪些资源，这实际上就是缺乏足够的信息支持。正是这两个方面使得农民在大多数情况下最终的产出仍然是负效益，生产经营系统处在无效率或负效率的状态。因此，政府有责任、有义务帮助他们获得有效的市场和技术信息，即向他们无效或低效的生产经营系统中首先要输入的是信息，随后才是能量和物质。强调"软件"和"硬件"的协同作用，而"软件"中的信息则居于主导的位置。

总之，对于处于相对劣势的农民，政府要将信息作为公共产品增加供给，既要提高他们利用市场经济创造的各种资源的机会，又要提高他们利用资源的能力。

第二节　农村公共产品及其供给

一、公共产品理论的发展

公共品理论是现代西方财政理论的核心之一，但其形成经历了较长的历史发展。霍布斯等学者的社会契约论对公共品理论的形成产生了重要影响，休谟在其著作《人性论》（1739）涉及了共同消费性的分析，亚当·斯密、大卫·李嘉图、约翰·穆勒等人在其著作中都有市场失灵问题的分析。公共品理论形成于19世纪80年代，它建立于边际效用价值基础之上。马佐拉于1890年对公共品理论作了较为明确的阐述。1918年林达尔建立了林达尔模型，论述了公共品供给和资金筹集的关系。1920年皮古在《福利经济学》中提出了公共品的外溢性理论。诺贝尔经济学奖获得者在《公共支出纯论》中提出了"公共品"的定义。布坎南的公共选择理论较好地揭示了公共品的决策机制。当代经济学者斯蒂格利茨、马斯格雷夫等对公共品理论进行了阐述和发展。

亚当·斯密在《国民财富的性质和原因的研究》中论及君主或国家有三大义务：安全、司法、公共机关和公共工程。斯密认为："君主的第一义务，就是策本国社会的安全，使其不受其他独立社会的横暴和侵侮。"[①] 这种义务将随社会不断进步，所需要的费用会逐渐越来越大。"君主的第二义务，为保护人民不使社会中任何人受其他人的欺侮或压迫，换言之，就是设立一个严正的司法行政机构。"[②] "君主或国家的第三种义务就是建立并维持某些公共机关和公共工程。这类机关和工程，对于一个大社会当然是有很大利益的，但就其性质来说，设由个人或少数人办理，那所得利润决不能偿其所费。所以这种事业，不能期望个人或少数人出来创办或维持。"[③] 论及公共设施和公共工程，亚当·斯密指出，除上述国防及司法行政两方面所必需的公共设施和公共工程外，与其性质相同的其他设施和工程，主要为便利社会商业，促进人民教育的公共设施和工程。而教育的设施，可大致为两种：一是关于青年教育的设施，二是关于一切年龄人民的教育的设施。

萨缪尔森（Samuelson，Paul）在1954年发表的《公共开支的纯理论》中给公共品下了明确定义，即"每个人的消费不会减少任意其他人对这种物品的消费"助物品。曼瑟尔·奥尔森（Olson，Mancur）在1965年出版的《集体行动的逻辑》中指出，一个公共的或集体的物品可以定义为：集团中任何个人的消费都不妨碍同时被其他人消费的物品。丹尼斯·缪勒（Dennis C. Mueller）下了一个比较数理化的定义："能以零的边际成本给所有社会成员提供同等数量的物品"。这些不同定义实际上反映了公共品的两个最主要特征：消费和生产的非竞争性与非排他性。对公共产品的界定实际上也就界定了政府与市场的界限，政府的主要职能是提供公共产品，而市场则是提供私人产品。

---

① 亚当·斯密：《国民财富的性质和原因的研究》，商务印书馆1972年版，第270页。
② 亚当·斯密：《国民财富的性质和原因的研究》，商务印书馆1972年版，第272页。
③ 亚当·斯密：《国民财富的性质和原因的研究》，商务印书馆1972年版，第284页。

二、农村公共产品的界定及特点

农村公共产品具有较强的地域性,即专门为农村地区提供的公共产品,也分为全国性的公共产品和地区性公共产品,全国范围内的公共产品包括国家对农村地区社会经济发展而进行的制度安排、制定的政策以及由国家财政支持的基础设施等。

一般而言,按照农村公共产品在农村社会经济发展中的经济用途,可将农村公共产品划分为生产性公共产品和非生产性公共产品。农村生产性公共产品包括农田水利基础设施、农村道路和公共性运输工具、农业电力设施、大中型农用机械和设备、公共性农产品贮藏加工设备和用于生产的其他公共性产品。农村非生产性公共产品包括农村邮电通讯设施、乡镇医院和卫生所等卫生防疫机构、乡镇中小学教育和农业技术推广应用培训机构、养老院和幼儿园等福利设施、公共健身娱乐休闲设施、生态工程、民兵、计划生育以及其他与农业生产没有直接联系但与农民生活密切相关的其他公共产品。

农村公共产品中的纯公共产品包括如农村基层政府行政管理、社会治安、农村计划生育、农业基础科研、农村环境保护、农村义务教育、农村公共卫生、社会救济等。农村公共产品中的混合公共产品如包括大江大河治理、防洪防涝设施建设、大型水库及各种灌溉工程、农村道路建设、农村电网建设、农村医疗、农村社会保险、农村高中教育、职业教育及成人教育、农业科技成果推广、农村自来水供应等。

从公共产品受益范围来看,农村公共产品既包括全国性公共产品,要有中央政府来提供;也包括地区公共产品,要有地方政府提供。国家意义上的公共产品包括制度(国家针对农村地区建立的各种制度,如农村土地制度、教育制度、财政制度、社会保障制度)、国家政策(全国性针对农村地区的财政政策、货币政策以及国债政策、公共投资政策等)、国防外交、农业基础科研以及基础设施等;地方公共产品包括地方农村电网建设、农村医疗、农村社会保险、职业教育及成人教育、农业科技成果推广、农村自来水供应等。

农村公共产品很大一部分属于准公共产品,其特点一是具有效益上的外溢性,不仅农村受益,城市也受益;二是存在着一些消费上的排他性,即并非本地区全体居民受益,而是在一定约束条件下的居民受益;三是存在着一些消费上的竞争性,随着供给范围的扩大,生产成本出现一定程度增加;四是消费的分散性,农村地域的分散和自然环境的差异决定了农村公共产品在供给中没有城市的集中化特点,其生产带有分散性。

三、农村公共产品供给主体

农村公共产品很大一部分属于准公共产品,其特点一是具有效益上的外溢性,不仅农村受益,城市也受益;二是存在着一些消费上的排他性,即并非本地区全体居民受益,而是在一定约束条件下的居民受益;三是存在着一些消费上的竞争性,随着供给范围的扩大,生产成本出现一定程度增加。农村地域的分散和自然环境的差异决定了农村公共产品在供给中没有城市的集中化特点,其生产带有分散性。

农村公共产品的层次性和分散性就决定了其供给主体的层次性和多样性。农村公共产品按其性质大致可以划分为政府供给(政府作为公共产品供给主体细分为中央政府、省及地市级政府、县级政府和乡政府四个部分)、农村社区供给、农村私人(包括企业)供给和非营利性民间组织供给四类。

中央政府提供的是针对全局性农村公共产品,乡镇政府和社区组织是农村公共产品的供给的具体实施者和受益者。中央政府主要涉及三类公共产品的供给:第一类是宏观层面的,如政策、制度等;第二类是与公民的基本人权相关的公共产品,如农村义务教育、基本医疗卫生、社会保障服务等;第三类是那些覆盖全国范围的农村公共产品和服务,如全国性的农业技术推广、全国性的农业和农村管理服务、全国性农业公共信息等超越地方政府管辖范围的公共产品和服务。

地方政府提供的公共产品主要是那些只与本区域内的农业、农村和农民相关的公共产品或服务。如区域性的农田水利建设、辖区道路建设等。

农村社区负责提供村落范围内的农村公共产品或服务,如村内的路灯建设等与村民的生产、生活密切相关的产品或服务。

各种合作性的非营利性社会服务机构和组织也是农村公共产品和服务的提供主体之一,如各种专业协会、农村经济合作社以及农业科技示范园基地等,它们在部分生产环节为农民提供相应的技术服务和生产信息。

对于农村公共产品中外部性不强、进入成本不高的公共产品或服务,可以按照市场原则由私人、企业作为供给主体。

四、农村公共产品供给决策机制

农村公共产品供给什么、如何供给以及供给的数量、方式等决定着农村公共产品能否有效供给、供给效率以及满足农民需求的程度,这实质上是农村公共产品的公共决策问题。首先一个问题是谁来决策、如何决策,所以我们借鉴公共选择理论来分析。

（一）公共选择理论的基本观点

现代公共选择理论以美国经济学家阿罗发表的《社会选择与个人价值》为标志，提出了阿罗定理，即不可能存在一个能够同时满足五个条件的投票体系，以满足理性的社会偏好或者说社会福利函数。阿罗不可能定理促使人们对国家干预的合理性进行思考。美国学者布坎南运用现代经济学的逻辑和方法，分析现实生活中与民众相关的政治个体的行为特征，以及由此引出的政治团体的行为特点，首先提出现代公共选择理论，并成为该理论的主要传播者和杰出贡献者。

公共选择理论的基本特点是以经济人的假定、个人主义方法作为分析框架，探讨在政治领域中政府是如何决策和支配集体行为，特别是对政府行为的集体选择所起到的制约作用。微观经济学家认为，作为一个人，无论他处在什么地位，人的本性都是一样的，都以追求个人利益，极大化个人的满足程度为最基本的动机，这就是假定人都具有经济人特点。根据这一假定，布坎南认为，通过类似的行为假设，也能够对集体选择的结构特征进行一些基本的预测。他指出：国家不是神造物，它并不具有无所不在和正确无误的天赋。因为国家仍是一种人类的组织，在这里做决定的人和其他人没有什么差别，既不更好，也不更坏，这些人一样会犯错误，因此，建立在道德神话基础之上的国家政治理论一遇上"经济人"这一现实的问题便陷入难以解决的困境，为此，我们必须从一方面是利己主义和狭隘个人所驱使的经济人，另一方面是超凡入圣的国家这一逻辑虚构中摆脱出来，将调查市场经济的缺陷和过失的方法应用于国家和公共经济的一切部门。这样便使所有的分析有了一个共同的出发点："经济人"当人们必须在若干取舍面前进行选择时，他们将更愿意选择那种能为自己带来较多好处的方法。

公共选择理论的主要观点体现在两方面。

一方面是政治市场学说，把国家的决策过程看成类似市场的、由公共品的供求双方相互决定的过程，运用个人主义方法分析了从个人偏好推导出集体偏好的困难，论证了公共选择过程中不同规则的缺陷，提出了以一致同意原则作为类似市场帕累托最优的效率判断的标准。在公共选择中个人的利益和偏好以及社会集团的利益和偏好必然会以某种形式来影响公共选择。一项公共选择应当是全体一致通过的才是真正反映社会全体成员利益的，也就是说从经济上来说它是能够保证帕累托最优化实现的。布坎南认为，由于"不确定性面纱"情况的存在，对公共选择的全体一致通过是可能的。但是由于人们认识到其中产生的决策成本，所以在大多数的情况下，人们是采用绝对多数规则或过半数规则。但是，对这一规则过度简单地应用，将会产生有害的效果。

另一方面是对官僚主义行为的分析，政府一旦形成，其内部的官僚集团也会有自己的利益，也是一个经济人，也会追求自身利益的最大化，由此甚至会导致政府的变异，如大量滋生寻租与腐败现象，等等。他们否定了"二元性的假设"，将经济学对人的分析假设重新统一到"经济人假设"。国家并不是人们习惯认为的那样是代表社会和集体利益的，政府的存在不过是交易者们追求降低交易成本的结果；国家及其代理者也是经济人，它总是根据自己对公共利益的理解来制定政策，因而未必最大限度地符合公共利益。因此不能神化政府由于人们的行为（经济的进而政治的）都是为了追求私利，因此，政府决策的公正性就受到了挑战。

实际上，公共选择理论打通了公共部门和私人部门研究的界限。传统上，对于公共部门的研究，通常假设公共部门中的政治家和官僚追求的是公共利益，而且他们没有个人利益。这就带来了一个矛盾。现实中私人部门和公共部门的人员是不断流动的。实在难以理解一个人在私人部门就业的时候，他是自私自利的，而一旦他在公共部门谋到了职位，他就变得高尚起来了。私人部门的经济行为和公共部门的政治行为是相互作用的，公共部门中的人也是经济人，经济学原理同样适用于政治领域。公共选择理论试图把人的行为的这两个方面重新纳入一个统一的分析框架或理论模式，用经济学的方法和基本假设来统一分析人的行为的这两个方面，从而拆除传统的西方经济学在经济学和政治学这两个学科之间竖起的隔墙，创立使二者融为一体的新政治经济学体系。

（二）公共选择理论与公共产品供给

公共产品理论旨在说明一个理想的政府机制应该是怎样的，即依据公共产品的基本特性，指出政府应提供哪些公共产品，以满足社会的公共需要，而且，公共产品理论提出了一个政府机制应该怎样做的规范化标准并为实际中的财政机制变化指明了方向和提供了评判依据。这一规范研究完全是有必要的。尽管在现实中，任何实际的政府机制总是和理想化的政府机制会有着或大或小的差距，但这并不能表明我们确立一个理想化的政府模型是不必要的，相反，只有确立了理论上的最优化模型，我们才能够辨别清楚经济活动所应努力的方向，并对现实经济状况做出适当的合意性评价。

但是，作为一个完整的公共产品理论体系，或者在实践中达到帕累托最优的公共产品有效供给，仅有规范理论是不够的，因为仅仅停留在"应该怎样才是做得最好"的分析上，而缺乏改变现状的实际方略，财政学研究仍然不能很好地服务于经济实践。要想针对现实的经济状况提出切实的、具有可操作性的政策来，就必须很好地分析实际的经验过程究竟是怎样的，以及主导这种状况的深层次因素，因为进一步政策的制定将同样很可能受到这些客观存在的深层次因素的制约，也就是说，要使得理论研究能够很好地指导实践，不仅需要规范理论指明前进的大方向，而且必须通过实证研究牢牢地把握经济环境中的客观制约因素，这样才有可能制定出既符合正确的方向、又切实可行的改进方案来。财政理论体系的建设同样如此。而公共选择理论正是当代西方财政理论体系中解释客观财政现实究竟如何，以及为何是这样的理论。

公共产品供给通常意味着政府直接代表着国家利益、民众利益，而公共选择理论恰恰是用经济学的方法来解决政治问题的理论。这样，公共产品供给问题也就成了公共产品的公共选择问题。公民对公共产品需求的偏好如何正确地充分地表达出来？如何根据公民对公共产品需求的偏好做出正确的财政决策？何种政治投票的原则、制度有利于全民正确表达公共产品需求偏好即形成正确地财政决策阶级、利益集团、政党、政府在反映公民公共产品偏好及确定执行财政决策中的作用。

传统的经济学已经解决了公共产品供给的理论问题，然而，公共财政如何实现公共产品的提供，以怎样的方式和程序提供，提供怎样的数量和结构？在政府官员也是理性人，行政官僚和社会民众目标函数并不一致的情况下，怎样保证公共财政在提供公共产品时不凸显政府自身的偏好？这些问题的解决都要借助公共选择的分析工具。从另一个方面讲，公共选择所做出的决策内容大都与公共产品的提供有关。从现实的角度讲，公共产品的财政供给问题由社会公众通过公共选择来民主决策，其效率要高于少数政府官员的单边决策。因此，市场经济下的公共财政不仅是提供公共产品的财政，更是公共选择的财政。

经济学认为一方面由于垄断、外部性以及信息不对称等的存在可产生市场失灵，另一方面，由于公共品供给、内部性以及寻租行为的存在也可导致政府失灵，作为公共产品供给主体的政府在相关监督机制不健全的情况下，可以通过垄断的权力取得内部利益集团的相关利益，这种利益表现为公共产品供给主体的部门利益，社会民众与政府的关系类似于一个股份公司，民众是广大股东，议会是董事会，政府（财政）是经理，股东对经理实行激励与约束促使经理与股东的目标函数一致。但由于信息的不对称、委托的链条太长，以及激励约束不够等原因，经理在经营过程中也会违背民众的意愿，实现自身的利益。解决这一问题的途径除了减少政府对经济的干预之外，最重要的一个方面就是引入公共选择机制，建立民主的、有良好监督的公共产品供给机制，即实现公共产品供给的公共化。所以，公共产品供给的过程就是公共产品供给公共化程度不断加深的过程，其实质也是一个公共选择的发展过程。

政府与公众之间的信息不对称，使政府工作人员能够围绕自身的利益供给公共产品，以致造成了供给不足和供给过剩并存的结构失衡。按照现代政治学的基本原则，公众与政府是委托代理关系，政治权力的合法性来源于公众的委托，是一种契约关系。作为委托人的公众由于作为个体，对公共产品供给的信息较少，且信息获取方式落后，很难分清哪些费用是合理的，哪些费用是不合理的；而作为代理人的政府则具有完全信息，由于利益关系，在缺乏相应的监督与约束的情况下，政府所披露的相关信息更有利于自身，由此产生委托人与代理人之间的信息不对称。代理人由于拥有完全信息，其行为经常偏离委托人利润最大化目标，从自身利益出发，所做的各项制度安排都是为了实现自己的利益最大化，以致出现了要政府花钱但又不能直接使自己得利的公共产品供给不足，而能直接、短期为政府人员带来政绩，可能导致公共产品供给过剩的现象。

我们可以用西方经学中的无差异曲线加以解释，见图5-1所示。

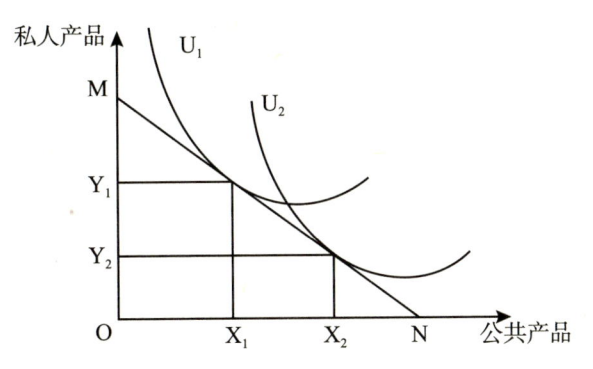

图 5-1 公共产品与私人产品

假设公众的全部收入用作两方面消费，一方面是私人产品，另一方面是公共产品，MN线是根据公共收入确定的预算线，U_1线就是使公众效用最大化的无差异曲线，此时民众私人产品的消费为OY_1，OX_1为公共产品的消费量，如果政府决策者在自身利益的驱动或信息不对称下，可能会加大公共产品供给，从而改变民众的消费组合，即使民众对公共产品的消费由OX_1单位移到OX_2单位，而公众的私人产品的消费由OY_1单位下跌到OY_2单位，公众的效用无差异曲线移至U_2。由此造成了公共产品的供给机制不能反映农村对公共产品需求状况，公共产品供给失衡，导致不符合农民需求偏好的公共产品供给过剩。

（三）公共产品供给的公共决定与少数决定的成本收益分析

公共产品供给问题或者说如何提供公共产品实质上是一个公共选择的问题。

从公共产品供给的途径来看，存在着两种方式，即公共产品供给的数量以及使用方向由少数人决定，或由社会公众民主决定，或者由公共产品的受益者决定。公共产品的供给问题实质上取决于不同的政治安排，以及由此所决定的财政管理体制，不仅如此，它还决定着具有不同的收益与成本优势。

制度性公共产品的提供路径是由正式规则中的政治程序所决定。新制度经济学认为，人们走向经济发展的道路也是国家走向政治民主的道路，从专制的君主制向民主制的演进会带来政治效率的提高。公共产品供给中的财政管理体制由少数人决定向公共决定的转变是经济发展的要求，是社会福利水平提升的要求。由此，财政管理体制中的公共产品供给实现的途径如何，才能使社会福利最大化，才能使成本更小，或者说社会福利与社会成本之间最大。

不同的公共产品供给方式所产生的成本与收益存在着差别。公共产品供给的政府决定的最大优势在于降低了委托代理的成本，减少了因公众投票机制所产生的交易费用，但是，公共产品供给取决于政府的偏好，对于公共产品供给的数量以及投入方向将依赖于政府及其相关组织对社会经济环境的认知，其结果是更符合政府及其相关组织机构的利益，而不一定是社会公众的利益①；另一方面，政府决策实质上要落实到政府或其机构的组成人员的决策，而每个人的知识以及掌握的信息都是有限的，也正是由于存在着信息不对称，即便是政府作为中性政府，在公共产品供给决策过程中也是有限理性，也就是有可能提供的公共产品不符合社会公众的利益。公共产品供给的政府决定有效性是以政府在信息处理上优于市场处理为前提的，它要求社会公众的消费偏好与政府决策者的偏好一致。这种假设与市场中个人的偏好的复杂性是不相符合的，这种复杂性也使得政府在信息的获得与处理上处于非比较优势。在信息不充分条件下，用个人或团体的偏好取代民众的偏好会导致资源配置的扭曲。公共产品供给的政府决定是一种非集体的选择，在这一逻辑中，个人理性是不存在。而个人理性是集体选择的必要条件已是被证明的公理，从这种意义上讲，政府决定的管理体制是不符合市场经济要求的。而公共财政是市场经济要求的财政，所以政府决定的财政管理与公共财政的要求不相符合。

当然，随着经济发展特别是经济总量不断增加，用于公共产品供给的数量也在不断增加，与此相伴随的是公共品供给的民主化程度也在不断提高，也就是公

---

① 这其中有两方面的问题，一个问题是政府是由每一个个体人组成，每个人都有自己的价值取向，或者说都在一定程度上代表着某一阶层的利益，在提供公共产品的过程中，或有意识或无意识地倾向于这个阶层；另一个问题是政府的决策者都有自己的利益追求，在提供公共产品中也总是寻求自身利益最大化，同时有可能损害社会公众的利益，从而可能使社会福利的丧失。此外，为了寻求自身利益最大化政府还有可能尽可能多地占有社会资源，将更多地转为公共产品，对私人产品产生挤出效应，对整个社会经济的运行产生一定的危害。

共品供给的公共化，要求民主决策，实际上是公共选择中的民主决策，它可克服政府决策中所产生的问题。依据选择理论，公共产品供给的民主决策将以个人理性为出发点，以市场决策为基础，在此框架内形成了一个较完整的委托—代理制度。在一个契约型的国家中，公民通过纳税购买公共物品，委托专门的人组成政府负责提供，并受立法机构的监督。这也就是民主财政，它更符合市场的要求，也更好地体现出了公共财政的内涵，因为它使公共财政建立在市场的框架之内。民主财政的实施虽然加大了合约执行中的成本，但这种成本在信息进一步充分的条件下是可以渐渐减少的。而且，由于它是在广大民众的要求下做出的选择，因而是一种集体的选择。虽然个人理性不是集体理性的充分条件，但这种选择毕竟是建立在个人理性的基础上的，这正是市场经济运行的基础。财政管理的公共化，还有助于规则的形成，而制度的完善是会减少交易成本的。

总之，由于在交易成本的降低方面具有比较优势，同时又是以市场的基本原则为出发点的集体选择，因而可以得出下面的结论：在市场经济条件下，财政管理的公共化优于财政管理的专制化。根据现代决策理论，公共决策作为一个系统，是由信息、参谋、决断和监督等子系统分工合作、密切配合的有机系统，决策可被视为一个由多个阶段和环节构成的动态的行为过程。

（四）农村公共产品供给的决策程序

农村公共产品供给决策作为一种由多主体参与、多环节组成的复杂的政务活动，是农村公共产品供给、决策活动的运行过程和工作方式所形成的相关规则和制度体系，它主要包括以下几个方面。

第一，规定农村公共产品供给的决策主体及其权利与责任。一方面，对于政府作为农村公共产品供给的主体，其中规定从中央政府到乡镇级政府在农村公共产品决策中拥有的权力和应承担的职责，明确各级政府之间在农村公共产品供给中的职责、范围以及相应的财政权利；另一方面，在各级政府内部建立起一种相互制约和相互协调的组织框架，提供了农村公共产品供给的机构设置。它是决策的制定、执行、监督、反馈和调整的基础，它所解决的是由谁来供给农村公共产品的问题。

第二，确立农村公共产品公共决策的依据或农村公共产品需求的显示机制。农村公共产品需求的显示是决定其供给决策是否合理、是否有效的基础，它涉及农村各利益主体需求偏好的制度，有效的偏好显示机制能反映农村公共产品供给利益相关主体的要求，使决策的最终结果向各方利益得以均衡。相反，偏好显示机制的无效或缺乏则会使决策的结果严重偏离目标和农民的利益。

第三，规定农村公共产品供给的决策程序和方法体系。不同的决策程序和方法对决策成本和决策结果有重要影响。在决策程序中一般有"自上而下"和"自下而上"两种方法,"自上而下"的决策是一种"精英"决策,即政府组织机构通过集体或专家形式来决定农村公共产品供给的规模、结构、方式等,其中一方面体现农村公共产品受益者的偏好,同时也体现公共产品组织者——政府的意愿;"自下而上"的决策是农村公共产品的受益者通过一定方式和程序来决定农村公共产品提供的规模、结构、方式等,体现的是农村公共产品直接受益者的意愿。这两种决策程序对农村公共产品供给的有效性是不同的,"自上而下"决策的有效性取决于集体或专家对农民公共产品消费偏好了解程度和范围,或者说取决于专家或集体与农民之间的沟通,政府在组织农村公共产品供给决策过程中,如果缺乏与农民及其组织之间的沟通、了解,这种决策方式提供的农村公共产品将是缺乏效率的。

使一个村或乡的范围内多数人的需求意愿得以体现,这就要求必须推进农村基层民主制度建设,可在村民委员会和乡人民代表大会制度的基础上,通过农民和农民代表对本社区的公益事业建设进行投票表决,使农民的意见得到充分反映,同时要增加公共资源使用的透明度,定期把收支情况公布于众;另一方面,要贯彻好《村民委员会组织法》,改革乡镇社区领导人的产生办法。村乡两级的社区领导人由本社区居民民主选举产生,而不是由上级部门安排。通过选举,使领导人真正对本地选民负责,能够根据群众的意愿提供公共产品和服务,抵制来自外部的各种达标升级活动,抵制向农民乱收费、乱摊派,从而优化农村公共产品的供给结构。

第四,建立信息沟通机制。无论是"自上而下"的决策程序还是"自下而上"的决策都涉及一个基本的问题,即农村公共产品供给者与需求者之间的信息对称问题,也就是从农村公共产品供给主体来讲,要清楚需求者的需求偏好,清楚需求者对公共产品需求偏好的次序[①],提供的产品有针对性,同时也可提高农民使用公共产品的效率;对于农村公共产品消费主体而言,一方面自身具有公共产品的消费意识,即清楚何种公共产品是当前急需的,社会应提供何种公共产品,另一方面,要了解公共产品供给主体提供公共产品的能力,以及他们的供给偏好。所以,这实质上就是要在农村公共产品供给主体与需求主体之间架起一座桥梁,使二者的信息对称。信息沟通机制包括信息搜集、信息处理信息机构和规范的信息搜集、信息传达、信息披露的制度,以及沟通机制,即能使公众的意见

---

① 农村经济发展的不同阶段,农民对农村公共产品的消费需求偏好不同,而且在这些需求中有些是急需的,如对于尚未摆脱贫困的人群,生存是第一位的,需要解决他们的基本生存需求,包括社会救济、社会保障等,而一些精神需求方面的公共产品对他们而言是次要的;而对于已经解决温饱问题的人群而言,能够提高他们发展能力的公共产品的供给是第一位的。

及时反馈到决策机关,同时使决策机关的意图、政策目标等信息迅速准确地传达给政策执行机关和公众的机制。

第五,监督机制。监督包括事前、事中和事后监督。监督机制是保证决策按既定要求执行、发现问题、修改决策、实现目标的制度保证。监督机制包括了反馈、制约、协调和奖惩等机制。决策监督中既包括政府机关的监督,也包括民众参与和社会组织参与的监督。

农村公共产品的有效供给,要有一种监督机制,也就是,一方面,从量的角度来讲要监督是否具有一定规模来满足农民的基本需求,这是总量的监督;另一方面,从质的角度来看,要监督所提供的公共产品是否能满足农民的真实需求或者是急需的需求[①]。这其中涉及监督主体,即由谁来对农村公共产品供给的有效性问题进行外部监督。一般而言,农村公共产品的直接受益者对所提供的产品最具监督性,农民作为农村公共产品的直接受益者,他们的监督是最为有效率的,因为一是农民作为公共产品的消费者,清楚自身对农村公共产品的真实需求、现实需求,而且清楚需求的量和需求的种类;二是农民还能直接感受到所提供公共产品对其满足的程度。可是,农民个体不具有监督性,因为农民作为独立的商品生产者是分散的,而且作为经济人存在"搭便车"的心理,缺乏对总体监督的动力和积极性,因为作为个体的农民其监督的成本要远远大于其个体的收益,所以缺乏对公共产品有效供给的动力机制。那么,对农村公共产品有效供给的监督主体就应由作为组织的农民体来承担,它代表着农民总体的利益,是农民利益的代言人。

第三节 农村公共产品的需求

一、农村公共产品的需求层次

农村实行承包责任制之后,农民具有二重性,作为公民,它不同于城市居民,农民既是一般消费者,也是面向市场的独立生产者,面临着小农生产的分散

[①] 下面我们还要提出,农民对公共产品的需求是有层次性的,这与农民的发展阶段有关,在现阶段有些是农民急需的,如致富的需求,而有些不是急需的,如精神需求,农村公共产品的供给应具有针对性,即针对农民的现实需求。

性与统一大市场的矛盾,这就决定了农村公共产品需求具有特殊性,即表现为多层性和复杂性,多层次性体现在两个方面,一是在保障生存需求、生产需求和发展需求上。二是可以划分为对提高农民收入的需求、加速农村工业化的需求、对加速农村城镇化的需求、对实现农业现代化的需求。复杂性体现在众多的单个农民需求偏好不能充分显示。

农民发展过程中,不同的发展阶段农民发展的需求呈现为不同的特征,也就是有不同的需求,即农民发展的需求具有层次性。

对于不同层次的需求,农民发展中的需求是由低向高逐步递进,较低层次的需求得到满足后,就会产生较高层次的需求。目前,绝大多数农民的温饱问题已基本解决(当然还有部分贫困人口,生活在贫困线以下),农民发展的生存需求已得到基本满足,今后一段时期农民发展急需解决的是第二层次、第三层次、第四层次的需求,即安全需求、致富需求与精神需求,社会对这三种需求的供给还远远不够。目前农村还未建立起社会保障制度,如公共医疗保障、社会救济制度、养老保险制度等,农民发展中的一些未来不确定因素还必须由农民自身来承担,社会救济、社会医疗、社会保障等产品的有效供给不足,农民缺乏一种安全感,无法向更高层次的发展。农村教育体系不够健全,农民的人力资本投入不足,导致农民文化技术素质偏低,严重地影响了对先进的农业技术的接受能力,进而是科学技术在农业和农村中的普及推广难度增大,科学技术转化为现实生产能力的效率不高,最终影响了农民发展。总之,社会未能及时有效地提供农民发展所需要的公共品极大地制约了我国农民的可持续发展。

二、农村公共产品需求的显示机制

公共品的需求表述机制是指潜在消费者在一定条件下通过一定的表述渠道表达自己对公共品数量、质量、分布等偏好的过程。农村和农民需要公共产品,农村和农民需要什么样的公共产品,就要表露出来,让公共产品的提供者获知,这样就要有一个农村公共产品需求的显示机制,这其中就是解决如何使决策者获悉对公共产品需求的信息,让决策者真正知道农民对公共产品的真实需求,农民如何参与公共产品供给的决策,或是农民利益代表者,如民间组织,类似于企业工会的协会参与公共产品的决策。

研究农村公共产品需求的显示机制首先要明确显示主体。农村公共产品需求显示的主体无疑是农村公共产品的潜在消费者,因为农村公共产品需求显示过程一般位于公共产品的生产之前,公共产品能否被生产出来还不能确定,所以需求表述者只能是潜在的消费者,而不一定能转化为实在的消费者。其次,在不同的筹资方式下，需求显示的通道不同，社会公益组织提供的公共产品，它可能是针对某一群体，这种情况下一是显示需求的群体不是全部，二是公益组织供给的公共产品具有义务性，因而不存在监督的问题。所以，本书讲的农村公共产品需求显示机制主要是指政府所提供的农村公共产品，它所面向的是农民全体。再其次，公共产品需求显示的内容可以是公共品的数量、质量、分布等诸多方面，但最重要的是公共品的数量问题，但是，农村公共产品显示者的所显示的内容不一定就是真实的，相反虚假地表述他们的偏好还是常态。最后，还在明确公共产品需求显示渠道，主要包括公共产品潜在需求者通过何种途径来表达其需求的数量、种类以及所提供的方式等。本章重点探讨公共产品需求显示通道。

农民作为农村公共产品潜在消费者，其消费需求显示通道：一是代表农民利益的农民基层组织通过一定形式向上级组织、政府就他们对公共产品的需求进行呼吁；二是农民个体就其对公共产品的需求状况向上级组织、政府（包括越级）进行呼吁；三是农民借助于各级人民代表大会通过投票的方式就公共品的各类供给方案进行表决。前两种体现的是呼吁通道或呼吁机制，后一种是投票机制，这两种机制通畅与否以及博弈结果将决定着需求表述的质量，决定着政府提供公共产品的状况。

首先，来看呼吁机制。赫希曼（Hirman）的研究表明[①]，随着科学技术和劳动生产率的不断提高，剩余会被组织不断生产出来，于是组织就或多或少地具备了承受绩效衰减的能力，而无论组织赖以运行的最初制度安排是多么的完善，组织在出现剩余后都会出现绩效衰减的倾向。这种衰减可能是持久的直至这个组织不复存在，也可能是间歇的、短暂的直至衰减得到抑制，组织重新焕发活力，这取决于组织应对绩效衰减时的修复机制。而呼吁则是其中的修复机制之一，呼吁机制来自组织内部会员的选择，面对绩效衰减时，会员们并不总是先选择退出而往往倾向于向组织管理者抱怨他们的不满。如果他们的抱怨得到尊重，管理者也据此采取了行之有效的相应改进措施，绩效衰减的趋势就会得到一定程度的遏制。显然，呼吁机制在组织垄断程度越高时发挥的作用越大，最极端的情况是组织具有完全垄断性时，竞争和退出完全失去作用，会员们只能用呼吁来表达他们对组织绩效衰减的不满。

呼吁的过程也是博弈的过程，呼吁的主体一是其成员个体，二是成员组织，成员个体无法与组织管理者形成对等的博弈主体，他总是处于博弈弱势地位，不能对组织管理者形成强大的压力，所以，一般而言，个体的呼吁将是缺乏效率

---

① 阿尔伯特·O·赫希曼：《退出、呼吁与忠诚》，经济科学出版社2001年版，第1页。

的，而成员组织代表着成员群体的利益，有可能与组织管理者形成对等的博弈主体，平等对话，进而对组织管理者的决策形成影响。

农村公共产品的供给陷入困境实际上就是农村组织绩效衰减的集中表现，而由于我国户籍管理制度等一系列的制度约束，农民无法退出或者"用脚投票"，便只能求诸于呼吁。农村社会就是一个个高度分散的垄断组织，没有相应的真正代表农民利益的组织，如农民协会、农民公会等组织，他们只能通过个体的呼吁来表述他们对农村公共品供给的需求，个体农民的呼吁对政府有效提供公共产品的效果很不明显。

因而，建立农民公共产品需求的呼吁机制就必须形成有能与组织管理者，即政府，对等博弈的主体，即农民基层组织，如农民协会，通过代表农民利益的组织来反映农民对公共产品的潜在需求。

其次，投票机制。投票是人们表露其偏好的一种方式，投票是"一种纯粹的社会选择行为——社会按照选定的投票制度加总选票做出决定"[①]。在社会选择理论中，最著名的是阿罗不可能性定理，即不存在同时满足四个"合理"条件的社会福利函数，该函数将个人对 N 种备选政策的偏好次序转变为社会偏好次序，这四个条件是：（1）不相关备选方案的独立性，即任何一对备选方案的社会排序只取决于这种备选方案的个人排序，不受其他备选方案的个人排序的影响；（2）帕累托原则，依据该原则，如果每个人对一对备选方案表露出完全的偏好，那么这也许就是社会偏好；（3）权利的非限制性，即在逻辑上所有可能的 N 维个人偏好次序上都可以界定社会福利函数；（4）非强制性，即社会偏好次序不受某些个人的偏好所左右。其意义在于一是提出了投票制度所应满足的条件，二是确认满足这些条件的投票制度。由此，只存在两种备选方案时，多数投票是最佳投票规则，它满足四个条件：（1）确定性，不管人们怎样投票，总是出现一个明确的结果；（2）中立性，在对一对问题做出决定时，只考虑人们对这对问题的顺序偏好；（3）匿名性，人们在投票时的特定联合与决定结果无关；（4）积极的敏感性，如果 A 与 B 所得选票相等，那么一个选民从 B 转向 A，A 就获胜。把一结论扩展到三个或更多的备选方案的情况，可以建立不同的投票程序，并且所有的程序都可以简化为两种备选方案情况下的多数规则。

我国的国体是共和制，各级最高权力机关的是其人民代表大会，它决定着各级公共政策、公共产品提供的方向与方案。农民作为农村公共产品潜在的消费者，其需求也通过各级代表大会就某一具体的公共产品供给方案进行投票表决。

---

① Arrow, K. J. Arrow's Theorem, in J. Eatwell, M. Milgate and P. Newman, The New Palgrave (London, Macmillan) 124 – 126.

关于农村公共品供给过程中的投票行为，作为一种公共选择的方式，必然要制定相应的投票规则，都必须要求有足够多数的农民参与。这其中涉及投票成本和投票技术的约束，对于社区和村庄作为公共产品供给的主体和受益体，规模较小可以承受全体村民参与投票，而对于规模相对较大的乡镇级以及其上级政府公共产品的提供决策中，不可能全体受益群体参与投票，而是通过代表大会制度，即部分代表进行投票来决定公共产品供给的规模、数量、结构等。由此，这又引出另外一个问题，即投票代表能否正真实的表达其所代表的农民的意愿，由此又形成另一个问题：农民代表的选择问题，一是农民选择程序，如何选出农民代表，或者说所选择的农民代表是否能真正代表多数农民的利益，反映出多数农民对农村公共产品的潜在需求；二是农民代表数量，在多数投票规则条件下，农民代表数量也将决定着农民在投票机制中所起到的真正作用。从中国现实来看，这两个方面都存在一些问题，农民代表选择程序上还是体现的"官本位"思想，"官"一般作为农民代表参与人民代表大会，而"官"在中国现行体制下是只唯上不唯下，上级的思想即是"官"之思想，即便如此，作为农民利益和权利的代表在县级以及其以上的代表大会上所占的比重是较低的，根本没有话语权，在多数投票规则下根本无法真正体现农民的需求与意愿。

　　建立充分体现农民需求的偏好显示机制和自上而下的公共产品供给决策机制。现行农村公共产品供给的"自上而下"决策机制是导致农村公共产品供给效率低下的重要原因。因此，必须改变这种由辖区外部变量决定辖区内部公共产品供给的决策机制，建立起由辖区内部需求决定的公共产品供给决策机制。首先，与农村基层民主制度建设相结合，建立需求表达机制，使一个村或一个乡范围内多数居民对公共产品的需求偏好得以表达。具体作法可在村民委员会和乡镇人民代表大会的基础上，由全体农民或农民代表对本辖区内的公共产品供给进行投票表决，使农民的意见得以充分反映。而未经投票表决而动用本辖区公共资源的行为都是违法的。其次，改革现行的乡镇政府领导人产生办法，使乡镇政府领导人和村组织领导人都由本辖区居民民主选举产生。通过选举约束辖区领导人真正对本地区选民负责，把增进本地选民的利益放在首位。最后，对于范围涉及县或地区的较大型农村公共产品供给，应建立专家听证制度，并在此基础上由本级人民代表大会投票决定。

　　建立有效的信息收集和信息披露机制，使决策公开透明，知民且使民知之。政务公开，村务公开是农村居民有效参与决策的前提。满足辖区公民的知情权，为其提供足够的信息，是促使和保证公民参与决策的先决条件，信息公开的程度和获取信息的途径直接影响公民参与的广度和深度。在农村公共产品供给决策中，努力促进决策主体在行使决策权力过程中的信息公开和决策透明，可以加强对决策者的监督，降低推进反腐倡廉的成本。目前应侧重从以下几个方面着手：改革传播渠道，建立村民与代表、政府定期沟通制度，使代表与群众的联系、与政府决策机关的联系规范化。制定相应的制度和法律，使政府信息披露规范化、法制化。还要逐步尝试实行政府决策公示制，村务公开使公众能够对政府的决策事项、决策意图、决策目标、决策措施等尽早知悉、广泛议论、及时反馈。

第四节 中国农村公共品的边界特征

一、与发达国家公共品供给相比较的边界特征

在市场经济发达的条件下，政府提供公共品主要是为了克服"市场失灵"，满足社会的公共需要。如前所述，与市场经济发达国家相比，我国农村除部分城镇郊区经济发展水平较高外，大部分地区市场经济发育程度低，自然经济、半自然经济占较大比重，还处在市场经济发展的过程中，因而在公共品供给边界上有明显特征：

（一）政府不仅管理、调节农村市场，还要承担支持农村市场体系建设的任务

农村消费品市场、生产资料市场、劳动力市场、金融市场、技术市场、信息市场等市场体系的健全与否，直接关系到市场机制功能的发展、农村经济社会的健康发展。由于我国农村经济所处的经济社会发展阶段，农村市场体系不够健全、完整，市场机制还不能有效发挥其功能，"市场失灵"的状况比发达国家严重得多，因而政府不仅需要管理农村市场，使之在资源配置中发挥基础性作用，还需要承担繁重的支持农村市场体系建设的任务。首先，政府需要重点扶植农村尚未形成，或者还处在发展初级阶段的市场建设。目前，我国农村有大批农业剩余劳动力需要转移，扶持农村劳动力市场健康发展，开展职业技术培训，有序组织劳动力输出，维护农民工合法权益，具有十分重要的意义。在技术市场方面，一方面，农业生产技术落后，农业劳动生产率不高，另一方面，现阶段以家庭为单位的生产经营体制，在一定程度上抑制了对推广农业技术的需求，努力开发农

村技术市场潜力，是政府的重要任务。此外，农村金融市场、信息市场、土地流转市场等市场亟须发展和提高。其次，加强市场监管，维护市场秩序，健全市场机制。目前我国农村消费品市场、生产资料市场等市场有了一定发展，但市场秩序较为混乱，假冒伪劣商品横行，坑农害农事件事有发生，政府需要加强市场监管，维护市场秩序，健全市场机制，促进农村经济发展。而在发达国家，农村市场体系健全，农产品期货市场等市场形态发育程度高，法律制度较为完善，政府的主要责任是市场监管和调控，实现宏观经济政策目标。这和我国农村市场体系及市场机制发育情况，有很大差别。

（二）政府要承担培育新型农村合作组织等市场主体的任务

在市场经济条件下，农民和各类农业生产组织，是市场的主体。但由于我国农村现阶段的经济社会发展水平，以及农业生产经营管理体制，成千上万的农户难以应对激烈竞争的国内外市场，其他类型的农业生产组织发展较为缓慢，培育新型农村合作组织等市场主体，成为政府公共服务的一项重要任务。2007 年，我国制定了第一部《农民专业合作社法》，确定了农民专业合作社的法人地位，规定了农村合作社的服务范围，为我国农村合作组织的发展奠定了良好的基础。但目前我国农村合作组织发展也存在很多问题，其中，较为突出的有：经营规模小、资金不足、农业生产技术水平不高、制度不健全、信息不畅等。政府需要通过各种政策工具，促进农村合作组织的发展。如运用减免税收鼓励农民发展农村合作组织，提高农村合作组织的管理效率。对农村合作组织销售自己的产品及其加工品，免征营业税和所得税，免征进口关税等。也可实行信贷上的优惠政策，为农村合作组织提供融资的便利。如提供优惠贷款或信贷抵押担保等。另外，政府可以直接提供财政上的支持，促进农村合作组织的发展。尤其是对于刚起步的农业合作组织，财政的支持能够迅速壮大农村合作组织的经济实力。同时，政府可为农村合作组织的发展提供相应服务和指导。例如，政府可以及时提供市场、人才以及质量检测等方面的信息，培育农村合作组织，提高农村合作组织中人员素质，提高管理水平和经营效率，等等。而发达国家农业实行规模化、集约化经营，农业企业（家庭农场）制度完善，农业合作组织、市场中介组织组织较为发达，能够为农业提供产前、产中和产后全面服务，政府农村市场管理一般较少涉及培育市场主体问题。

（三）政府仍然要承担繁重的农业基础设施建设任务

农业基础设施，是指为农业生产服务的各类公共设施，如农村的水利灌溉设施、农业技术服务站、畜牧防疫站，以及气象设施等，它们构成一定区域农业生产的共同条件。由于我国各地区自然条件差异巨大，农户分散经营，经营规模小，积累能力有限，加上农业基础设施投资具有风险大、投资报酬率低等特点，企业也不愿意投资，因此，政府必然要承担相当部分农业基础设施投资任务。目前，我国农村农业基础设施长期投入不足，技术落后，不少设施带病运行，存在安全隐患，成为农业及农村经济发展的重要瓶颈。各级政府需要根据农村基础设施的受益范围，来确定各个地区的基础设施建设的责任，并由相应层级的政府提供。并进一步完善转移支付制度，特别是中央财政应加大对基层农业灌溉、水利建设等基础设施专项转移支付力度，保证农业基础设施建设投资，促进农业和农村经济发展。因而，中国各级政府农业基础设施建设任务相当繁重。而在发达国家，大规模基础设施建设的任务已完成，现阶段主要是维护和更新改造，政府可承担的任务不多。

（四）政府仍然要承担发展地方工业的任务

我国尚未完成工业化、城镇化的历史任务，目前正处于城镇化快速推进的时期，政府在农村的公共品服务，还需要在新的条件下，发展地方工业，稳步推进城镇化进程。在现代市场经济条件下，政府在这些方面的工作主要有：（1）加强对农村工业的规划指导，使地方工业的发展，既符合国家产业政府，又能发挥本地区的资源、人才等方面的优势，发展优势产业和产品，提高工业经济效益，带动地方经济发展。（2）重点支持农副产品加工业发展。加强科技研究服务，提高农副产品的加工技术水平，走劳动密集型和技术密集型相结合的道路。强化农副产品的质量、卫生检测，提高农产品的竞争力。（3）为地方工业尤其是农副产品加工工业提供市场信息服务。构建多层次的信息网络系统，积极开展各地区的信息交流，及时发布农副产品的生产需求信息，指导企业开展生产经营活动。（4）为地方工业发展培养人才，转移农业剩余劳动力。需要树立人才是第一资源的观念，按照当地工业生产的需求开设各种专业课程，使农民的工业技术水平达到生产的要求，不断提高人员的综合素质，满足工业发展的需要。而发达国家早已完成了工业化历史任务，进入信息社会和知识经济时代。

二、与我国城镇公共品供给相比较的边界特征

我国农村公共品供给范围，不仅与发达国家农村公共品供给范围不同，而且与我国城镇公共品供给相比，也有明显特征。

（一）政府要面向农业生产者提供科技、水利等农业设施、气象服务、农产品市场信息等农业服务类公共品

农村是农业生产的主要区域，农村劳动力主要从事农业生产经营活动。农业科技、水利等农业设施、农业气象服务、农产品市场信息等农业服务类公共品，具有非竞争性和非排他性，外部效应较为明显，企业、农民个人一般无力或不愿提供上述服务，而农业生产和农民生活有需要这些公共服务，只能由政府等公共组织提供。而这些公共服务在城镇公共服务中数量较少，甚至没有。政府之所以提供上述公共服务，有两方面的原因，一是农业生产自身的特点，二是我国农业生产的特殊情况。从农业生产自身的特点来看，农业生产面临着自然风险和市场双重风险，属弱质产业。农业生产中来自自然界的干旱、洪涝、台风、泥石流等灾害，在现有技术条件下，人们往往是不能控制的，且树木、粮食的生长、成熟主要依靠自然界的力量，非人力所能掌握，等等。农产品的生产、供给同工商产品一样受到市场需求、市场机制的调解。因而农业生产者需要更多的公共品服务，以抵御农业生产中的自然风险、市场风险，至少获得市场平均利润，保障农业生产健康发展。从我国农业生产的特殊情况看，我国目前农业生产是以家庭联产承包经营责任制为基础的、统分结合的双层经营管理体制，成千上万的农民家庭在面对国内外大市场开展经营活动时，自身力量非常有限，在农业科技、水利等农业设施、农业气象服务、农产品市场信息等农业服务类公共品服务方面，必然主要依靠政府等公共组织来提供，且在政府公共品服务中处于优先安排地位。

（二）政府和其他公共组织承担为农民向非农产业转移的就业培训服务

我国目前正处在城镇化快速推进的历史时期，据 2010 年人口普查，2010 年我国农村人口为 674 149 546 人，占全国总人口的 50.32%[①]。人均拥有土地资源的数量，在世界上处于较低水平，目前人均耕地不足 1.4 亩。为实现农业现代化、发展农村经济，主要转移大批农业剩余劳动力。据不完全统计，我国农村现有 1.5 亿剩余劳动力需要转移，目前在城乡之间流动就业的农民工约有 8 000 多万人。务工收入在不少地方已是农民家庭第一位的收入。而农村剩余劳动力进入非农产业就业，需要有专门的知识和技术，继续进行专门的培训。对农业剩余劳

---

① 国家统计局：《2010 年第六次全国人口普查主要数据公报〔1〕第 1 号》，2011 年 4 月 28 日，新华网。

力进行培训，促进其向非农业领域转移，除接受培训的农民得到收益外，相关企业和全社会都从中受益，因而具有明显的外部效益，属准公共品，需要政府的大力支持，成为现阶段农村公共品供给的重要内容。和城市就业公共服务相比，在就业培训对象、培训内容、培训方式等方面，存在较大差别。

鉴于我国城镇进程还需要一个历史发展阶段，因而在今后一个较长时间内，对农民进行就业培训，转移农业剩余劳动力，是农村公共品供给与城镇公共品相区别的重要内容。且由于其准公共品的性质，不能完全由政府承担，需要由政府与其他公共组织、私人组织的合作。

（三）政府和其他公共组织承担农村绝对贫困人口的扶贫任务

贫困，已成为当今世界各国面临的严峻挑战。从自 1978 年以来，我国政府在减少农村贫困方面取得了举世瞩目的成就。根据国家统计局的数据，1978 年我国农村贫困人口为 2.5 亿人，而到 1985 减少到 1.25 亿人，这是第一个农村贫困人口急剧减少的时期，这主要得益于 1978 年党的十一届三中全会以来我国经济制度全面的改革，对于农村形成的家庭承包责任制大大激发了农民的生产积极性。第二个农村贫困人口急剧减少的阶段为 1991 年到 2000 年，从 1991 年的 9 400 万人下降到 2000 年的 3 029 万人，这主要是由中国的改革开放所带来的经济的新一轮突飞猛进的增长，农村的经济也在这种大的形式下高速增长的。1994 年，国务院提出了《"八七"扶贫攻坚计划》，提出要在 2000 年底解决农村 8 000 万贫困人口的温饱问题。21 世纪以来，我国政府也不断的提出解决农村贫困人口的政策，在 2001 年 6 月，国务院制定了《中国农村扶贫开发纲要》，政府农村扶贫政策提出从 2001 年到 2010 年间的主要任务是解决 3 000 万贫困人口的温饱问题以及帮助初步脱贫的人口实现稳步脱贫。2004 年 5 月我国政府在上海召开的全球扶贫大会上发表了《中国政府缓解和消除贫困的政策声明》，公开向世界承诺我国政府力争到 2020 年贫困人口基本实现小康。近年来，我国政府调整了农村贫困标准。按 2008 年农村贫困标准 1 196 元测算，年末农村贫困人口为 4 007 万人[①]。

我国农村贫困问题，有其错综复杂的原因，可从不同角度研究和分析。如从主观原因与客观原因方面分析，除贫困人口自身的因素外，许多原因是客观的，如恶劣的自然环境，不少贫困人口居住在石山区、高寒阴湿地区，居民生活环境差；有的地区土地贫瘠，生产率低下；有的地区长期干旱少雨，居民生产生活条

---

① 国家统计局：《中华人民共和国 2008 年国民经济和社会发展统计公报》，国家统计局网站，2009 年 2 月 26 日。

件严酷，等等。贫困问题的存在，不仅直接关系到贫困人口自身的生存和发展，而且严重制约地方经济社会的发展。作为本辖区的政府，就有义务帮助那些因客观原因陷入贫困的人民。扶贫济困，提供社会福利，成为各级政府，特别是地方政府义不容辞的职责，是政府提供的重要准公共物品之一。与城市政府相比，农村地区政府承担着更加繁重的扶贫救济任务，且存在相当数量的绝对贫困人口，目前我国施行城乡不同的居民最低生活保障制度，农村居民保障水平很低，城乡差别较大。经过多年的扶贫开发，现有农村贫困人口主要集中条件更为恶劣的石山区、高寒阴湿地区、交通不便的山区等区域，政府需要为贫困人口提供技术培训、资金扶持、改善生产生活条件、劳务输出等服务，帮助其改善生存条件，提高劳动技能，在政府及社会各界的帮助下，逐步摆脱贫困，走向富裕。并且，我国农村贫困人口标准不高，如按照世界银行每天生活支出费用低于 1 美元为标准，则农村贫困人口数会大幅度上升。政府在农村的扶贫工作任重而道远。

三、现阶段我国农村公共品供给的具体类别

如前所述，我国农村公共品具有明显的边界特征，那么，在现阶段，各级政府和公共组织在农村具体供给了那些公共品呢？有必要在这里做一个梳理，为研究进一步我国农村公共的供给和管理奠定基础。

经过几十年的发展，特别是改革开放以来经济的快速发展，我国农村公共品的供给规模、结构都已发生了较大变化。现阶段我国农村公共品供给的具体类别，可按不同标准进行划分。

第一，按照政府层级划分，可分为中央政府供给的公共品和地方政府供给的公共品，如全国农村疾病预防和控制方针、政策，以及发展规划由中央政府负责，而县乡公路则主要由县级政府负责等。而地方政府还可具体分为省、直辖市和自治区级政府，设区的市、民族自治州级政府、县、民族自治县、不设区的市级政府，以及乡镇政府四级，各级政府都为农村提供不同类型的公共品服务。

第二，按照公共品自身的性质，可分为各类主体在农村供给的纯公共品和准公共品，如义务教育为纯公共品，合作医疗补助为准公共品。

第三，按照供给主体，农村公共品可分为政府供给的公共品、慈善组织等非营利组织供给的公共品、农村自治组织（村委会）供给的公共品，企业和城乡居民个人捐赠的公共品。其中，政府供给的公共品居主体地位。

第四，按照政府主管部门，农村公共品可分为教育、科技、文化、卫生、环境保护等部门提供的公共品。具体如表 5-1 所示。

表 5-1　　　　　　　　　　农村公共品分类

政府主管部门	提供农村公共品的主要类别
教育	农村教育方针、政策、战略规划；义务教育；特殊教育和幼儿教育；高中教育；中等职业技术教育；高等教育；继续教育
卫生	农村卫生方针、政策、战略规划；地方病、传染病的预防和控制；学校等公共场所公共卫生监测；医疗机构管理；医疗卫生人才培养；食品药品安全；突发性公共卫生事件处置；妇幼保健；部分一般性疾病的治疗
文化、新闻、出版	农村文化方针、政策、战略规划；县乡图书馆、村图书室建设和服务；支持群众文化活动；组织实施非物质文化遗产保护和优秀民族文化的传承普及工作；地方文物古迹保护；文化市场监管；组织、协调"扫黄"、"打非"活动，依法管理版权工作
科技	农村科技方针、政策、战略规划；农业科技的宣传、普及和推广；农业科技培训；农业重大科技攻关项目的实施。促进农村技术市场、科技信息市场、科技中介组织发展；民营科技工作，负责民营科技机构的审批、指导和协调工作
广播电影电视	农村广播电影电视方针、政策、战略规划；农村县乡广播电视电影基础设施建设；农村广播电影电视、信息网络视听节目服务机构和业务的监管，并实施准入和退出管理，指导对从事广播电影电视节目制作民办机构的监管工作。监管农村广播电影电视节目、信息网络视听节目和公共视听载体播放的视听节目，审查其内容和质量；农村电影放映补助
体育	农村体育方针、政策、战略规划；在农村推行全民健身计划，指导并开展群众性体育活动，实施国家体育锻炼标准，开展国民体质监测；农村体育市场监管。农村公益性体育设施建设
民政	农村民政方针、政策、战略规划；农村自然灾害救济；"五保户"供养；农村最低生活保障；医疗救助、临时救助、生活无着人员救助；抚恤、优抚；农村社区、基层政权建设；农村社会福利事业。农村婚姻管理、殡葬管理和儿童收养管理。农村社会工作人才队伍建设和相关志愿者队伍建设。农村行政区域界线、地名管理；对农村社会团体、基金会、民办非企业单位进行登记管理；监督社团活动，查处社团组织的违法行为和未经登记而以社团名义开展活动的非法社团；负责社团行政复议工作；研究提出并监督执行有关收费及财务管理办法；监督民办非企业单位活动，查处民办非企业单位的违法行为和未经登记的民办非企业单位

续表

政府主管部门	提供农村公共品的主要类别
人口和计划生育	农村人口和计划生育方针、政策、战略规划；监测人口和计划生育发展动态，发布人口和计划生育安全预警预；制定流动人口计划生育服务管理规划，推动地方建立流动人口计划生育信息共享和公共服务工作机制；优生优育宣传、教育；管理人口和计划生育技术服务工作；计划生育药具服务；计划生育奖励
农业、林业、畜牧、粮食	农业和农村经济方针、政策、战略规划；引导农业产业结构的合理调整、农业资源的合理配置和产品品质的改善；指导农业社会化服务体系建设和乡村集体经济组织、合作经济组织建设；预测并发布农业各产业产品及农业生产资料供求情况等农村经济信息；指导农用地、渔业水域、草原、宜农滩涂、宜农湿地、农村可再生能源的开发利用以及农业生物物种资源的保护和管理；负责保护渔业水域生态环境和水生野生动植物工作；行使渔船检验和渔政、渔港监督管理权；拟定农业各产业技术标准并组织实施；组织实施农业各产业产品及绿色食品的质量监督、认证和农业植物新品种的保护工作；组织协调种子、农药、兽药等农业投入品质量的监测、鉴定和执法监督管理；组织国内生产及进口种子、农药、兽药、有关肥料等产品的登记和农机安全监理工作；组织兽医医政、兽药药政药检工作；组织、监督对国内动植物的防疫、检疫工作，发布疫情并组织扑灭。组织开展植树造林和封山育林工作；组织、指导以植树种草等生物措施防治水土流失和防沙、治沙工作；组织、协调防治荒漠化有关国际公约的履约工作；组织、指导森林资源（含经济林、薪炭林、热带林作物、红树林及其他特种用途林）的管理组织、指导陆生野生动植物资源的保护和合理开发利用；组织协调、指导监督森林防火工作；组织、指导森林病虫鼠害的防治、检疫；实施粮食收购资格行政许可；负责粮食行政执法监督检查，依法查处粮食流通违法行为；建立和完善各级粮油储备制度；配合有关部门建立健全粮食风险基金制度，加强对粮食风险基金的使用监督和管理
水利	农村水利方针、政策、战略规划；水资源的保护、合理开发利用，实施水资源的统一监督管理；负责生活、生产经营和生态环境用水的统筹兼顾和保障；拟订跨省、自治区、直辖市水中长期供求规划、水量分配方案并监督实施，组织开展水资源调查评价工作，按规定开展水能资源调查工作，负责重要流域、区域以及重大调水工程的水资源调度；组织实施取水许可、水资源有偿使用制度和水资源论证、防洪论证制度；指导水利行业供水和乡镇供水工作。负责水文水资源监测、水文站网建设和管理，对江河湖库和地下水的水量、水质实施监测，发布水文水资源信息、情报预报和国家水资源公报；承担水利工程移民管理工作；农村水库、灌渠等水利设施建设与管理；江、河、湖、海的疏浚、防洪、抗旱；制定水土保持规划并监督实施，组织实施水土流失的综合防治、监测预报并定期公告；指导水利突发公共事件的应急管理工作

续表

政府主管部门	提供农村公共品的主要类别
环境保护	农村环境保护方针、政策、战略规划；农村环境保护的宣传、教育；重特大环境污染事故和生态破坏事件的调查处理，重特大突发环境事件的应急、预警工作；解决有关跨区域环境污染纠纷，重点流域、区域、海域污染防治工作；监督海洋环境保护工作；组织制定主要污染物排放总量控制和排污许可证制度并监督实施，实施总量控制的污染物名称和控制指标，督查、督办、核查污染物减排任务完成情况，实施环境保护目标责任制、总量减排考核并公布考核结果；制定水体、大气、土壤、噪声、光、恶臭、固体废物、化学品、机动车等的污染防治管理制度并组织实施，会同有关部门监督管理饮用水水源地环境保护工作，组织指导环境综合整治工作；组织评估生态环境质量状况，监督对生态环境有影响的自然资源开发利用活动、重要生态环境建设和生态破坏恢复工作；制定环境监测制度和规范，组织实施环境质量监测和污染源监督性监测
人力资源和社会保障	农村人力资源和社会保障方针、政策、战略规划；农村人力资源培训；人力资源市场管理；促进就业工作；农民养老保险、农民工工伤保险。维护农民工合法权益；组织实施劳动监察，依法查处重大案件
公安	农村公安方针、政策、战略规划；法制教育、各类案件的预防和社会矛盾的化解；依法管理特种行业、管理枪支弹药、管制刀具和易燃易爆、剧毒、放射性等危险物品；依法管理集会、游行、示威等活动；管理社会治安、户籍、居民身份证、边境保卫和出入境工作。组织实施消防工作，依法进行消防监督。各类刑事、民事、经济案件的侦破；管理道路交通安全，维护交通秩序；预审和看守所、拘留所、收审所的管理；计算机信息系统安全保护
司法	农村司法方针、政策、战略规划；法制宣传教育和普及法律常识；农村犯罪人员的劳改、劳教；监督和指导律师工作和法律顾问工作；监督和指导公证机构和公证业务活动；指导人民调解和司法助理员工作
国土资源	农村国土资源方针、政策、战略规划；监督检查国土资源主管部门行政执法和土地、矿产、海洋资源规划执行情况；依法保护土地、矿产、海洋资源所有者和使用者的合法权益，承办并组织调处重大权属纠纷，查处重大违法案件；实施农地用途管制，组织基本农田保护，指导未利用土地开发、土地整理、土地复垦和开发耕地的监督工作，确保耕地面积只能增加、不能减少；组织土地资源调查、地籍调查、土地统计和动态监测；指导土地确权、地籍、土地定级和登记等工作；组织实施土地使用权出让、租赁、作价出资、转让、交易和政府收购管理办法，制订国有土地划拨使用目录指南和乡（镇）村用地管理办法，指导农村集体非农土地使用权的流转管理。依法管理矿产资源探矿权、采矿权的审批登记发证和转让审批登记；依法审批对外合作区块；承担矿产资源储量管理工作，管理地质资料汇交；依法实施地质勘查行业管理，审查确定地质勘查单位的资格，管理地勘成果；按规定管理矿产资源补偿费的征收和使用。组织监测、防治地质灾害和保护地质遗迹；依法管理水文地质、工程地质、环境地质勘查和评价工作。监测、监督防止地下水的过量开采与污染，保护地质环境

续表

政府主管部门	提供农村公共品的主要类别
住房和城乡建设	农村住房和城乡建设方针、政策、战略规划；乡、镇、村建设规划；乡镇基础设施建设；监督管理建筑市场、规范市场各方主体行为。农村住房建设和安全及危房改造，指导小城镇和村庄人居生态环境的改善工作；监管建筑工程质量安全
交通	农村交通方针、政策、战略规划；道路、水路运输市场监管；负责水上交通管制、船舶及相关水上设施检验、登记和防止污染、水上消防、航海保障、救助打捞、通信导航、船舶与港口设施保安及危险品运输监督管理等工作。负责船员管理有关工作。指导公路、水路行业安全生产和应急管理工作。邮政业务管理
铁道	农村铁路建设方针、政策、战略规划；涉及农村的铁路建设。为农村经济社会发展提供铁路运输服务
商务	农村商品流通方针、政策、战略规划；农村市场体系建设，组织实施农村现代流通网络工程。整顿和规范市场经济秩序市；建立健全生活必需品市场供应应急管理机制，监测分析市场运行、商品供求状况，调查分析商品价格信息，进行预测预警和信息引导，按分工负责重要消费品储备管理和市场调控工作，按有关规定对成品油流通进行监督管理。农产品对外贸易管理。依法管理和监督对外承包工程、对外劳务合作等；农村外商投资管理
发展与改革	农村经济社会发展与改革方针、政策、战略规划；农村能源管理；农村物价管理；农村政府投资管理。实施农村区域协调发展；推进农村可持续发展，负责节能减排的综合协调工作
财政、税务	农村财政、税收方针、政策、战略规划；农村非税收入管理；农村经济社会发展支出的安排，为各政府部门履行职责，提供农村公共品服务提供财力保障。农村纳税人纳税服务
人民银行等金融监管部门	农村金融方针、政策、战略规划；农村信贷管理；农村货币流通及金融秩序管理；审查批准银行业金融机构的设立、变更、终止以及业务范围；对银行业金融机构的董事和高级管理人员实行任职资格管理；处置银行业突发事件；对擅自设立银行业金融机构或非法从事银行业金融机构业务活动予以取缔；审批保险公司及其分支机构、保险集团公司、保险控股公司的设立；会同有关部门审批保险资产管理公司的设立；审批境外保险机构代表处的设立；审批保险代理公司、保险经纪公司、保险公估公司等保险中介机构及其分支机构的设立；审批境内保险机构和非保险机构在境外设立保险机构；审批保险机构的合并、分立、变更、解散，决定接管和指定接受；参与、组织保险公司的破产、清算。审查、认定各类保险机构高级管理人员的任职资格；制定保险从业人员的基本资格标准。监管保险公司的偿付能力和市场行为；管理征信业，推动建立社会信用体系

续表

政府主管部门	提供农村公共品的主要类别
工业和信息化	农村工业和信息化方针、政策、战略规划；农村工业管理；中小企业发展的宏观指导；统筹规划公用通信网、互联网、专用通信网，依法监督管理电信与信息服务市场；盐业行政管理；烟草专卖
工商行政管理	各类企业、农民专业合作社和从事经营活动的单位、个人以等市场主体的登记注册并监督管理，承担依法查处取缔无照经营的责任；监督管理市场交易行为和网络商品交易及有关服务的行为；监督管理流通领域商品质量和流通环节食品安全，组织开展有关服务领域消费维权工作，按分工查处假冒伪劣等违法行为，指导消费者咨询、申诉、举报受理、处理和网络体系建设等工作，保护经营者、消费者合法权益；反垄断执法，依法查处不正当竞争、商业贿赂、走私贩私等经济违法行为。监督管理经纪人、经纪机构及经纪活动；依法实施合同行政监督管理，负责管理动产抵押物登记，组织监督管理拍卖行为，负责依法查处合同欺诈等违法行为；负责广告活动的监督管理；负责商标注册和管理；负责个体工商户、私营企业经营行为的服务和监督管理
民族委员会、宗教	农村民族方针、政策、战略规划；民族政策、民族法律法规和民族基本知识的宣传教育；农村民族地区民族自治管理；保障少数民族的合法权益；农村民族地区扶贫开发；农村民族地区宗教事务管理
监察	监督检查县各部门及其工作人员和乡镇人民政府及其领导人员执行国家及省市县的法律、法规和政策以及国务院和省市县政府颁发的决议和法令的情况；负责调查处理县直各部门及其工作人员，各乡镇政府及其主要负责人违反国家法律、政策、法规以及违反政纪的行为，并根据责任人所犯错误的情节轻重，做出撤职及撤职以下的行政处分（对涉及选举产生的领导干部按法定程序办理）；受理监察对象不服政纪处分的申诉，受理个人或单位对监察对象违纪行为的检举、控告
审计	对政府用于农村经济社会发展各项财政支出的合法性、合理性进行审查、监督
国防	提供包括农村地区在内的国家整体国防安全服务
外交	涉及农村经济社会发展的外交事务

上述划分方法，是以政府主管部门为标准的划分，不包括党务部门、工青妇等共产党领导的群众团体等在农村提供的公共品。且这种划分方法划分的公共品，有的和农民生活关系密切，如义务教育、公共卫生等，有的则体现为农村经济社会发展的环境，如市场监管，和农民日常生活关系较为间接。在各地区经济社会发展不平衡，政府公共品服务能力有高有低的情况下，上述列表中的公共品在各地区的供给也就不尽相同。

第五，按照公共品供给与农民需求的关系，农村公共品可分为满足农民生存需要的公共品、满足农民享受需要的公共品，以及满足农民发展需要的公共品。其中，满足农民生存需要的公共品，主要包括农业生产服务、农村基础设施、公共卫生服务、社会救济等；满足农民享受需要的公共品主要包括公共文化设施建设、影视节目播放、文物保护等；满足农民发展需要的公共品主要包括职业教育、技术培训。在上述种类的公共品供给中，由于我国还是一个发展中国家，尚未完成工业化、城镇化的历史任务，农村农业人口占较大比重，因而农村公共品供给仍主要以满足农民生存需要的公共品为主，兼顾其享受和发展的需要，呈显著明显的层次性。

第五节　中国农村公共品供给存在的矛盾

一、农村公共品政府供给的层级较多

根据《宪法》，我国政府可以分为中央政府和地方政府。地方政府又包括了省、自治区和直辖市政府，民族自治州、设区的市级政府，县、不设区的市、民族自治县级政府，以及乡和镇级政府四个层次。在现行政体下，我国农村公共品的提供呈现出层次较多的特点，政府各个层级都承担了部分农村公共品供给任务。

中央政府主要提供在全国农村范围受益的公共品。此类公共品的外部性强，相当部分属于纯公共品。例如农村义务教育、公共卫生、社会保障服务发展方针、政策和法规，基础科学研究、大江大河的治理、大型农业基础设施建设、跨区域生态建设，等等。由于我国地域辽阔，各地区发展不平衡，调节各地区公共品供给差距，也是中央政府的重要职责。

根据现行政府组织体系，省、自治区和直辖市政府，民族自治州、设区的市级政府，县、不设区的市、民族自治县级政府，以及乡和镇级政府等各级地方政府，都承担了一定数量的农村公共品供给任务。虽然我国各级地方政府职责划分不够清晰，但大体上体现了收益的原则。如省政府提供在全省范围内受益的义务教育、公共卫生、农村道路、农村电网、通讯、广播等公共品服务。市和县政府提供的公共品满足需求的范围相对较小，是和本地区的农民的生产生活息息相关的公共品。乡和镇级政府的情况大致相同。因此，在现行行政管理体制下，我国

从中央到地方有五级政府参与农村公共品的供给,涉及政府层级较多。客观上要求各级政府有明确的供给范围,各级政府相互配合、相互支持,才能达到预期的目的。

二、中国农村非营利组织供给能力较弱

20世纪80年代以来,农村非营利组织发展较快。农村的非营利组织主要有:共青团、妇联等与政府有密切联系的组织,县乡社会团体如体育爱好者协会、地方文化研究会、农产品种植协会等,宗教团体如基督组织等,还有各种基金组织、行会组织等。我国农村非营利组织的发展,首先是由于农村经济管理体制改革和社会发展的推动。在家庭联产承包责任制下,一家一户分散生产经营状况短期内难以改变,发展农村非营利组织就成为提高农户市场竞争能力的有效途径。如农村市场体系的建设和发展,使得生产经营的市场风险增大,促使农民组织起来,建立各类非营利组织,提高应对市场竞争的能力,努力化解市场风险,增加经营效益。其次,随着农民生产生活对公共品需求的多样化复杂化,政府往往不能完全满足社会公共需要,农民为了发展生产,提高生活水平,就会主动采取各种方式,实现其公共需要,农村非营利组织也是在这种情形下应运而生的。最后,非营利组织产生的一个重要方面,是它能够促进社会公平,弥补政府管理薄弱和不足之处。非营利组织的出现,能够真正代表农民的呼声,逐步实现农民平等的国民待遇,缩小城乡人民的差距。但我国目前农村非营利组织发展存在很多问题,例如数量较少,有的组织行政色彩浓厚、资金奇缺、发展领域不均衡、组织运行不规范、规模偏小、发展的环境不够宽松,等等。除农村地区的非营利组织外,一些全国性的非营利组织和国际非营利组织,也参与了农村公共品的供给活动。从总体来看,非营利组织公共品的供给能力较弱。主要表现在以下几方面。

(一) 非营利组织数量有限,活动范围不广

我国8.5亿农民居住在60多万个建制村,每个村的人数从几百人、几千人到上万人不等。有些地方成立了农民科技协会、地方戏剧爱好者协会等非营利组织。至于全国目前农村非营利组织的具体数量,由于管理体制、统计制度等原因,尚无准确统计,据估计农村各类非营利组织有200万个左右,既包括合法注册的专业技术协会,也有公益性组织与农村互助组织等形态[①]。但这些农村非营

---

① 韩辉:《农村民间组织,如何成为新农村建设生力军》,载《人民政协报》2006年4月19日。

利组织的数量，与巨大的农村人口相比，数量不多，且参与农民状况参差不齐，影响有限，主要活动范围在农业科技、市场信息、地方文化、群众体育等领域。这些非营利组织未能在在提高农民组织程度，增强农村公共品供给能力中发挥更大的作用。

(二) 组织资源的能力有限，制约其服务规模与结构

从总体上讲，农村非营利组织的资金来源主要是来自各个人、企业的捐赠、服务收入等，来自政府财政的支持很少。从客观上讲，受我国农村经济整体发展水平不高、现有农村非营利组织的公信力不强、捐赠组织宣传力度不够等诸多原因，农村非营利组织筹措资金、动员社会资源提供公共物品的能力非常有限，大大制约了其为农村经济社会发展提供公共品的规模与结构。从主观上讲，农村各类非营利组织还未能有效发挥其主动性、创造性，动员社会资源参与公共品的供给。如农村大量农业剩余劳动力，可动员一部分人作为志愿者为所在社区提供一些治安巡逻，环境保护等公共服务；一些长期未参与慈善捐赠的企业、个体户，也不一定是没有一点利他主义的精神，等等。

(三) 提供公共品服务能力有限

由于农村社区非营利组织数量不多，动员社会资源能力有限，因而大大制约了其功能作用的发挥。从现有组织分布范围及其公共品服务领域看，主要有：农业科技及市场信息服务，如林果业协会为其会员提供的服务；文化体育类服务，如地方戏剧爱好者协会、体育协会为社区提供的服务等。教育类服务，如中国青少年基金会在农村建立的希望小学，以及对失学儿童的救助活动等；扶贫、慈善、救济等服务，如各类慈善基金会等在农村的救助活动。这些非营利组织提供的公共品服务，在农村公共品供给规模中占较小比例，只能发挥一些辅助作用。此外，一些全国性的非营利组织和国际非营利组织，也为农村地区提供了一些有限的公共品服务。

三、中国农村公共品供给主体职责分工不明确

根据现行《宪法》、《国务院组织法》、《地方各级人民代表大会和地方各级人民政府组织法》，以及《教育法》等法律、法规，我国对各级政府提供农村教育、科技、文化、卫生、社会保障、环境保护等公共品的责任，作了一定的划分，如《宪法》规定，国务院领导和管理教育、科学、文化、卫生、体育和计

划生育工作，县级以上各级人民政府依照法律规定的权限，管理本行政区域内的教育、科学、文化、卫生、体育事业、城乡建设事业和财政、民政、公安、民族事务、司法行政、监察、计划生育等行政工作。《义务教育法》规定，义务教育实行国务院领导，省、自治区、直辖市人民政府统筹规划实施，县级人民政府为主管理的体制。《传染病防治法》规定，国务院卫生行政部门主管全国传染病防治及其监督管理工作，县级以上地方人民政府卫生行政部门负责本行政区域内的传染病防治及其监督管理工作，等等。

近年来，随着"三农"问题的显现，农村公共品供给总量不足、结构不合理、效益不高的现象，引起社会各方关注。各级政府，特别是中央政府对供给政策作了局部调整，主要措施有：（1）义务教育：中央政府与地方政府分项目、分比例承担义务教育公用经费、校舍维修、教科书发放等。政府决定全部免除农村义务教育阶段学生的学杂费，对家庭贫困的孩子，国家免费提供教科书，对家庭贫困的寄宿生提供生活费的补助。如免除学杂费的资金，由中央财政与地方财政按比例共同负担。在西部地区，中央与地方按照 8∶2 的比例分摊，在中部地区中央与地方按照 6∶4 的比例分摊的，东部地区除了上海、北京、天津三个直辖市之外，中央根据东部各省的财力情况逐省确定分摊比例。（2）公共卫生：中央财政承担部分农村合作医疗费用、疾病预防体系建设。2005 年全国新型农村合作医疗试点，从 2006 年起，中央财政对中西部地区除市区以外的参加新型农村合作医疗的农民由每人每年补助 10 元提高到 20 元，地方财政也相应增加 10 元。财政确实有困难的省（区、市），可 2006 年、2007 年分别增加 5 元，在两年内落实到位。地方财政增加的合作医疗补助经费，应主要由省级财政承担，原则上不由省、市、县按比例平均分摊，不能增加困难县的财政负担。2008 年政府提高对新型农村合作医疗和城镇居民基本医疗保险的财政补助水平，财政补助标准将从 40 元提高到 80 元，其中中央财政补助标准从 20 元提高到 40 元。2010 年，各级财政对参合农民的补助资金标准提高到每人 120 元。（3）社会保障：中央与地方分别承担部分社会保障、救灾资金支出。2004 年，中国政府开始对农村部分计划生育家庭实行奖励扶助制度的试点，农村只有一个子女或两个女孩的计划生育夫妇，每人从年满 60 周岁起享受年均不低于 600 元的奖励扶助金，直到亡故为止。奖励扶助金由中央和地方政府共同负担。2007 年自然灾害比较严重的形势，2008 年中央财政及时安排并拨付 133 亿元，地方财政也积极安排资金，有力地支持了抗灾救灾。加强扶贫开发工作，支出 144 亿元，重点支持中西部贫困地区，并创新工作机制，提高扶贫开发实效。

这些规定，大体上体现了新中国成立六十多年来我国政府在农村公共品供给方面的理论与实践。从整体上来看，上述规定，有力地促进了我国农村经济社会发展，农村教育、科技、文化、卫生、社会保障、环境保护等各项社会事业，发生了翻天覆地的变化，特别是改革开放以来，农村公共品的供给对农村经济社会发展起到十分重要的推动作用。但在看到上述成绩的同时，还应注意到农村公共品供给还存在许多问题，其中，有关公共品供给主体责任、供给边界的划分是十分重要的，主要体现在以下几个方面。

（一）责任、边界划分不够明确，未走上规范化、制度化和法制化

如前所述，我国目前从中央到地方有五级政府，但各级政府对农村公共品的供给责任划分不够明确。现行《宪法》、《国务院组织法》、《地方人民代表大会及地方政府组织法》，以及《义务教育法》等法律、法规中，规定比较原则、笼统，不够具体，可操作性差。还达不到按照教育、科技、文化、卫生、社会保障、环境保护等专业类别明确界定各级政府职责的要求，其结果必然是有利可图之事，各级政府之间你争我抢，遇到问题相互推诿，有责任互相挖挤。

（二）事权财权划分不对等

我国1994年实行分税制财政体制后，一定程度上出现了财权上收、事权下放的现象，中西部地区县乡财政困难的状况未能得到根本好转，这样就出现了事权财权划分不对等问题。如义务教育在明确以县级政府为主的情况下，有些县级政府实际上无力承担本区域的义务教育经费。由于现行政府间财政转移支付制度主要以税收返还为主，不能有效解决地区间财力差距问题，必然对县乡政府农村品供给产生较大影响，导致各地区公共品供给的不平衡，扩大了城乡差距，不利农村经济社会发展，以及和谐社会建设。

（三）公共品供给城乡分割，未能在制度层面实现城乡统筹

新中国成立以来，我国一直实行城乡分割的公共品供给制度，是导致区域差距，特别城乡差距过大的直接原因之一。党的十六大以来，中央提出城乡统筹发展的战略思想，各级政府采取了一些措施，以缓解城乡差距扩大的问题。但目前还没有做到在制度层面实现公共品供给城乡统筹的水平。如还没有制定城乡统一执行的基本公共服务标准，以达到基本公共服务均等化的目的。由于在制度上还不能做到城乡公共品供给统筹安排，目前农村公共品供给中存在的很多问题就难以解决，现有的一些措施很难保证其有长期性政策效果。

（四）中央政府、省级政府对具有外部效应的公共物品的调节、平衡责任，没有明确划分

在世界经济全球化、一体化趋势加剧，我国改革开放水平进一步提高，国内市场成为国际市场不可分割的一部分的大背景下，有些农村公共品的外部效应进一步显现。如义务教育、公共卫生和社会保障，当人口在全国范围内自由流动的情况下，居民所在地政府为当地居民提供这些服务，其收益不完全是在当地政府的辖区，其他地区，甚至全社会都能从中受益。这样，就需要在更高层级政府责任划分中得到体现，而对中央政府、省级政府对具有外部效应的公共物品的调节、平衡责任没有明确划分，近年来只采取了一些上述单项措施，但并未从制度上，以及政府职能划分中明确中央政府、省级政府的责任，上述措施能否具有长效机制，还需拭目以待。

世界各国对各级政府职责的划分，一般是通过宪法和法律界定的。如前所述，新中国成立之初已经注意这一问题。仅改革开放三十多年来，如何转变政府职能，明确各级政府职责，当然包括农村公共品供给边界问题，一直是理论研究与党和政府关注的焦点问题之一，但至今没有取得突破性进展，其原因值得深思和探究。

第一，在高度集中的计划经济经济体制下，虽有中央与地方的矛盾，但问题尚不够突出。

在高度集中的计划经济体制下，中央政府通过编制、执行指令性国民经济和社会发展计划，在全国范围内组织经济建设和社会发展事业。地方政府的收支规模和指标都由中央下达，许多年份都是一年一变。在此体制下，各级政府及各部门的责任与利益，主要通过争指标、争项目的方式来实现，国营企业和事业单位在中央与地方之间频繁地上收和下放。因而在高度集中的计划经济体制下，不存在明确划分各级政府权限，厘清农村公共品供给边界的强烈冲动，受当时政治经济环境的制约，各级政府农村公共品供给边界的划分不可能走制度化、规范化、法制化的道路。特别是在长达十年的"文化大革命"时期，国家政局处于动荡之中，实际上无暇顾及此类问题。这种状况就从新中国成立初期延续到1978年改革开放前夕。

第二，改革开放初期，国家以经济建设为中心，政府精力主要用于促进经济增长、解决居民温饱问题，事关社会发展的公共品供给当时尚未提上议事日程。

改革开放后，总结新中国成立后几十年来社会主义建设的经验教训，特别是"大跃进"、"文化大革命"等时期的严重错误，国家的各项方针政策转移到以经济建设为中心的轨道上来，面对当时濒临崩溃边缘的国民经济，政府精力主要用于促进经济增长、解决居民温饱问题。在农村推行家庭联产承包责任制，在城镇

以国有企业改革为核心，改革国家财政、金融、计划等经济管理体制。在实际工作中各级政府形成了 GDP 为核心的考核机制，而科技、教育、文化等社会事业这一时期也有所发展，但也是围绕经济改革展开的，此类公共品的供给问题当时还不是政府工作的重点。这种政策选择，当时无疑具有重要现实意义。其格局一直到 2003 年"非典"问题的出现，才逐步引起政府及社会各界的高度重视，要求提升政府公共服务能力。在解决"三农"过程中，明确各级政府农村公共品供给边界的问题提上了议事日程。

第三，法制建设的滞后性。世界各国大体都是运用宪法和相关法律制度，明确规定各级政府职责和活动范围。而我国在利用宪法和法律明确政府职责方面处于滞后状态，在政府行政管理中出现了诸多难以解决的问题。在我国《宪法》中，对中央政府和地方政府的管理权限制作了原则规定，并未详细列举或称陈述。《教育法》等专门法律也未就各级政府在本专业领域的职责做出明确界定。如《教育法》规定，"国务院和地方各级人民政府根据分级管理、分工负责的原则，领导和管理教育工作。中等集中等以下教育在国务院领导下，由地方人民政府管理"。这样，在政府管理活动中，中央政府与地方政府以及地方政府间关系，主要依靠行政法规、部门规章来规范和运行，不够稳定、规范，相互推诿、扯皮、办事效率低下的现象较为普遍。在农村公共品供给中的诸多问题，都和法制建设的滞后性存在密切关系。

第四，既得利益的阻力和政治风险。如前所述，在计划经济体制下和改革开放初期，虽然各级农村公共品供给边界问题不太突出，未提上政府的议事日程，但已形成一定的规模和格局，在此基础上明确划分各级政府农村公共品供给边界，必然涉及现有利益格局的调整，容易引发各类矛盾和利益冲突，具有一定政治风险，有些年份在稳定压倒一切的指导思想和政治环境下，明确各级政府农村公共品供给边界和事权的问题，就很难取得实质性进展，改革步伐相对缓慢。同时，对公共卫生、社会保障问题认识存在巨大的分歧，也是明确划分各级政府农村公共品供给边界问题进展缓慢的重要原因。在没有取得社会各界广泛共识的情况下，贸然划分某些农村公共品供给边界问题，就存在一定的政治风险。例如，目前社会各界对我国公共卫生改革的基本方向、发展的基本模式都存在严重分歧，要解决上述问题就有一定难度。

第五，各地区经济社会发展水平的不平衡性，客观上为统一划分各级政府农村公共品供给职责带来了困难。

在政体上，我国是单一制国家，各地区政府架构高度一致，从理论上讲，同一行政级别的政府机构承担同样的农村公共品供给职责，具有相同的边界范围。但实际上，由于各地区经济社会发展的极不平衡性，在东部地区某一级政府能履行的职责，到中西部地区，同级别的政府就有可能难以承担相应的职责。如东部沿海地区有的乡镇财政收入达亿元之多，承担本地区义务教育经费支出绰绰有余，而在不少中西部地区，县级政府承担义务教育都有困难，需要依靠上级政府的转移支付。这样，客观上为统一划分各级政府农村公共品供给职责带来了困难，在现有宪政框架内，各地区自由探索的余地较小，制约了这一问题的解决。

第六章

基于农村和谐社会建设与农民发展的农村公共品的需求

为了实现农民的发展，构建农村和谐社会，就需要在研究中国农村公共品内涵和特征的基础上，进一步研究满足农民发展需要什么公共品，政府及其他农村公共组织才能有目的、有针对性地生产和供给公共品，提高供给效率，实现供给目的。如前所述，农民作为一个群体，具有人本质的一般特性，包含意识、劳动、需要和交往四个要素。农民发展就是农民本质力量和本质关系的发展，即农民意识的发展，通过认知自然、社会能力的提高，具有理性、具有总体意识；通过能力与素质的提高拓展劳动范围，不再是从事简单的体力劳动，并在劳动过程中发展自己。农民发展的根本就是要提高自身的能力与素质。因而本章就围绕农民发展来研究其公共品需求。

第一节 中国农村公共品需求的多样性

在现阶段我国农村经济社会发展对公共品的需求中，多样性是其重要特征之一。这既有公共品需求的一般规律，也有我国目前农村经济社会发展状况的体现，也是农民发展的需要，因而构成研究公共品供给的重要内容。

一、现阶段农村经济社会发展状况对公共品需求多样性的影响

如前所述,改革开放后,我国农村经济社会发展进入了一个新阶段,农业得到较快发展,农业技术和装备水平有了一定提高,农民的生活水平有了显著改善,一些长期困扰农村发展的问题,如粮食供给等,得到缓解或基本解决,因而对公共品的需要呈现出多样的特点。从根本上讲,农村经济社会的发展状况,是农村公共品需求的决定因素。

(一) 农业的现代化与公共品需求的多样性

我国农业历史悠久。新中国成立后,我国农业获得了较快发展。改革开放以来,随着家庭联产承包责任制的实施,国家财政对农业进行了大力扶持,农业生产基础条件、技术装备、实用技术推广等方面获得了长足进展。但就我国目前农业发展的整体状况来看,农业基础薄弱,技术设施落后,公共品供给远不能满足需求的局面尚未根本改变,农业现代化的任务任重而道远。据统计,2010年国内生产总值397 983亿元,其中,第一产业增加值40 497亿元,增长4.3%;第二产业增加值186 481亿元,增长12.2%;第三产业增加值171 005亿元,增长9.5%。第一产业增加值占国内生产总值的比重为10.2%,第二产业增加值比重为46.8%,第三产业增加值比重为43.0%。①改革开放以来,我国先后培育了主要农作物新品种、新组合1 500多个,创新推广了一大批种植养殖先进实用技术、农业机械和农产品加工技术,造就10万人的农业科研队伍和上百万人的农业技术推广队伍,科技进步对农业增长的贡献率由改革开放初期的27%提高到目前的51%,成为推动农业经济发展的决定性力量。2010年农村居民人均纯收入5 919元,剔除价格因素,比上年实际增长10.9%;农村居民家庭食品消费支出占消费总支出的比重为41.1%,城镇为35.7%。按2010年农村贫困标准1 274元测算,年末农村贫困人口为2 688万人,比上年末减少909万人。②这种状况表明,我国农业发展仍处于较落后的水平,农业产值在国民生产总值的比重较高,直接从事农业生产的人口较多,农民收入水平较低。从农业技术装备水平来看,距实现农业现代化还有较大差距。我国农业科技投入偏少,高层次农业科技人才缺乏,科技自主创新能力不强,原始创新和关键技术成果明显不足。总体来看,农业基础设施依然薄弱,农业综合生产能力不高,抗御自然风险能力不强,"靠天吃饭"的局面仍然没有根本改观。目前,我国耕地中低产田占到2/3,

---

①② 国家统计局:《2010年国民经济和社会发展统计公报》,2011年2月28日,国家统计局网站。

耕地土壤有机质含量平均仅为1.8%，比欧洲同类土壤低1.5~3个百分点。农业生产综合机械化水平只有40%左右，相当多的农田作业仍以人力和畜力耕作为主，与全面实现机械化的发达国家相比还有很大差距。现阶段，我国农业社会化服务体系尚不健全，服务组织数量少、层次低，服务设施建设滞后，人员整体素质偏低，服务功能不强[①]。因而，农业现代化的任务十分繁重，努力实现农业现代化，对农村公共品的需求有重要影响。

农业现代化对公共品的需求主要体现在：第一，农业现代化需要将现代化的农业基础设施。从农业生产的产前、产中、产后服务，都离不开基础设施类公共品的保障。农业基础设施包括水利设施、灌溉设施、农用电力设施、田间道路、防护林地、农产品交易市场、大型农产品储存设施等，这些农业基础设施具有明显的外部效应，以及非竞争性和非排他性的特点，除一些小型水利设施可有农民或企业投资兴建和经营外，主要依靠政府的供给。第二，农业现代化需要推广和使用先进农业科技。而农业科学技术大多数属于纯公共品，其研究、推广、运用需要政府财政的大力支持。第三，农业现代化需要农民素质的现代化，需要对农民进行科学技术知识和市场经济知识的培训、教育。这些专业知识培训和教育，相当部分需要由政府来承担。第四，农业现代化需要信息技术支持，为农民提供各类农业生产、市场销售、政府政策等农业信息，是政府等公共组织公共品服务的重要内容。第五，对部分农业机械和设备给予一定的补助。由于农业的基础地位和弱质产业的性质，政府需要在一定时期对实现农业现代化具有关键作用的机械和设备给予支持。因此，实现农业现代化对农村公共品提出了多样化的需求。

（二）城镇化步伐加快对公共品需求的多样性

我国目前处在城镇化快速推进的历史时期。2010年城镇化水平已达49.68%，近年来城镇化率以1%~2%的速度增长，建制市已达654个，建制镇19322个[②]。城镇化是我国今后几十年内重要的经济社会现象，也是从根本上解决农业、农村和农民问题的重要途径。在城镇进程中，农村经济社会结构经历着深刻的变化，城乡之间存在着大规模的人口流动，因而对各类公共品提供出了相应需求。

第一，城镇化需要政府等公共组织提供就业培训、就业信息，将大批农业剩余劳动力转移到城镇非农产业就业。城镇化的核心，是农民生活方式向城镇居民生活方式转化，人口由农村向城镇集聚。其中关键是就业问题。农村进入城镇

[①] 黄汉权、涂圣伟：《全面提高农业现代化水平》，载《经济日报》，2010年4月12日。
[②] 国家统计局：《中国统计年鉴（2010）》，中国统计出版社2010年版。

后，有就业岗位，有工作可干，才能买（租）得起房，日常生活有保障，才能稳定地在城镇生活，最终实现由农民向市民的转变。在这一历史转变过程中，需要政府等公共组织提供大量的就业培训、就业信息等公共品服务。通过就业培训，提高农民在非农产业就业的能力，加快剩余劳动力转移的步伐。利用就业信息服务，为劳动力市场交易提供便利，帮助农民有序向城镇转移。

第二，小城镇发展需要大量的基础设施建设。在城镇化的过程中，除部分农民进入大、中、小城市就业生活外，还有一部分需要就近进入小城镇就业生活。小城镇是农村与城市的过渡地带，也是一个小区域内的政治、经济和文化中心，一般为县乡政府所在地。在小城镇发展，承担周围农村人口、经济活动聚集任务的时候，需要有较健全的基础设施和良好的公共服务。因而需要政府等公共组织进行道路、桥梁、供电、供水、供气、邮电、通讯等基础设施的投资、运营和管理。这些设施除部分可由企业投资、经营以外，主要依靠政府规划、设计、投资、运营和管理。

第三，城镇化需要有效解决农民的社会保障问题。由于我国长期实行城乡分割的社会保障制度，农民基本被排除在社会保障体系之外，绝大多数农民没有养老保险、失业保险，除了合作医疗外也没有其他医疗保险，在现行制度下主要依靠土地的保障功能。但在城镇化过程中，一旦农民离开了土地，进入城镇就业生活后，就需要解决其社会保障问题。使进城的农民病有所医、老有所养，能够享受到和其他市民一样的公共品服务。具体包括：（1）养老保险。特别是失地农民的养老保险问题，需要在土地补偿金中得到有效解决，保障其基本生存需要。根据农村经社会发展水平和农民意愿，尽快普遍建立农民养老保险制度，逐步实现城乡统一。（2）医疗保险。现有农村合作医疗保障水平较低，一旦农民失去土地，就需要提高其医疗保障水平，享受和城镇居民同等的医疗服务。除进城农民自己缴纳部分费用外，还需要政府对其医疗费用进行补助。（3）工伤保险。农业剩余劳动力进入城镇就业后，政府应监督用人单位为职工购买工伤保险，维护职工合法权益。当工伤保险基金入不敷出时，政府还要承担最后付款人的角色。（4）失业保险。当进城农民发生失业时，能够得到就业救助，帮助其再就业，以最终完成农民向城镇居民的转化。

第四，城镇化需要有效解决进城农民的住房问题。住房是进城农民必须解决的基本生存条件之一。政府需要在城镇住房政策中充分考虑进城农民的住房需求，将部分进城初期经济状况较为困难的农民住房问题，纳入政府公共住房政策范围之内，统筹解决。从目前我国大多数城镇的住房政策看，廉租房、经济适用房等公共住房政策，主要是针对户籍所在地城镇居民中收入较低的居民而言，不包括进城务工经商的农民，只有个别外来人员较多的沿海城市，有对农民提供廉租房的活动。而进城农民主要居住在企业提供的工棚，以及城乡接合部和城中村内出租的民房内。虽然我国城镇化进程中没有出现有些国家"贫民窟"的现象，但进城农民的居住条件往往比较恶劣，处于边缘化的状态。近年来，我国城市房价飞涨，投机盛行，普通工薪阶层购房都感到十分困难，北京、上海等地每平方米上万元的房价，对一般进城农民而言，无疑是天价，必然对我国城镇化进程产生消极影响。农民工住房问题需要在政府公共品服务中得到解决。

第五，城镇化需要有效解决环境污染问题。随着人口大规模地向城镇集聚，对城镇及周边农村地区的环境产生较大压力，需要政府从城乡统筹和可持续发展的角度，有效提供公共品服务，解决废水、废气，以及固体废弃物和噪声污染等问题，能够保持农村蓝天、碧水、绿树的优美环境，为城乡经济社会的可持续发展创造良好的条件。与其他国家城镇化相比，我国面临着更多的人口压力，以及城镇土地资源的约束。因而在我国城镇化进程中，政府应吸取欧美国家城市发展中资源浪费、先污染后治理的经验教训，将环境问题纳入城镇经济社会发展的整体规划，实现城镇经济社会与环境的可持续发展，避免走先污染后发展的弯路。特别是我国星罗棋布的小城镇的发展，需要将环境问题作为小城镇发展的重要议题，不能以牺牲环境为代价换取城镇经济的增长。

第六，城镇化需要有效解决土地有序流转、征用问题。按照我国《宪法》规定，农村土地属于集体所有，城镇（市）土地属于国家所有。国家可以对农村集体土地征用后使之成为国家所有。国有土地使用权可以转让。农村集体耕地实行家庭联产承包，不允许买卖，但可以转包、入股等形式有序流转。农村宅基地及住房不能在农民和城镇居民之间进行交易。由于土地是农业生产的基本生产资料，在我国社会保障制度不健全的条件下，土地在一定程度上承担着社会保障职能，农民一旦失去土地，生活就会陷入困境。在现有法律制度下，保证土地有序流转，保障土地征用中的农民利益，成为城镇化进程中必须妥善处理的热点问题。对于因征用而失去土地的农民，需要将土地中用补偿金与其就业、社会保障问题相挂钩，确保失地农民生活水平不降低，消除其在养老、医疗等方面的后顾之忧，不宜采用一次性货币支付方式解决征地农民的补偿问题。对于转包、土地入股的农民，需要在就业、户籍管理、社会保障等方面进行引导，一方面将农业剩余劳动力转移到城镇就业，实现土地的集约化经营；另一方面，保证土地的有序流转，保护各方利益，维护城镇化进程中农村社会的基本稳定。在条件成熟时，可以考虑采取以社会保障、户籍管理与土地承包权相置换的方法，解决农民进城与土地承包的关系。

（三）农民生活水平提高对公共品需求的多样性影响

近年来，随着税费改革和取消农业税等一系列惠农措施的出台，促进了农村经济的较快发展，农民收入有了较大幅度提高，生活水平也有了明显改善。据有关数据显示，2000～2010年农村人均年纯收入逐年增长，如表6-1所示。

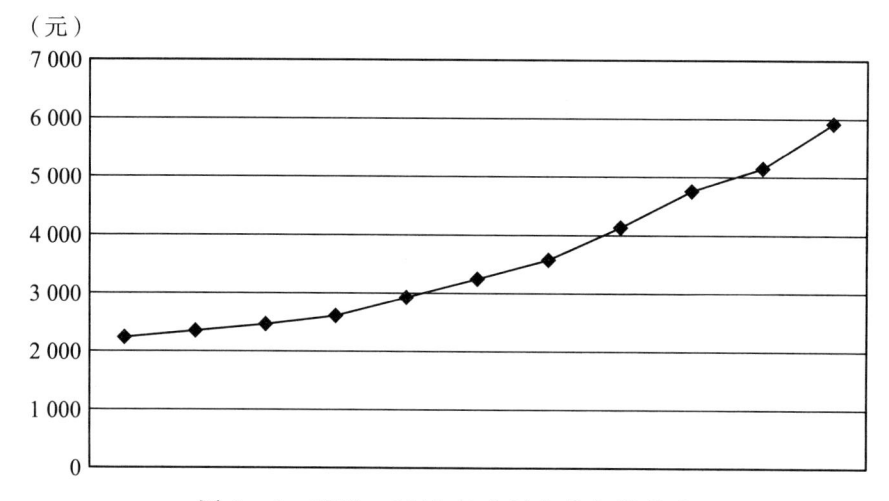

表6-1　　　　　　　2000～2010年农村人均年纯收入　　　　　　单位：元

年份	2000	2001	2002	2003	2004	2005
年人均收入	2 253	2 367	2 476	2 622	2 936	3 256
年份	2006	2007	2008	2009	2010	
年人均收入	3 587	4 140	4 761	5 153	5 919	

资料来源：根据2000～2010年《中国统计年鉴》，国家统计局：《2010年国民经济和社会发展统计公报》，2011年2月28日，国家统计局网站资料整理。

用直线图表示上述数据可以更加明显地看出增长的趋势，如图6-1所示。

图6-1　2000～2010年农村人均年纯收入

农民收入增加后，除基本生存支出外，有了更多的选择。近年来，用来反映居民生活质量的恩格尔系数在我国农村地区也呈现下降趋势，到2009年，农村居民的恩格尔系数[①]为41%，比2000年下降了8个百分点，按照国际标准评价，目前的农民消费水平已经从温饱状态上升为小康阶段[②]。随着农民收入水平的提高和消费结构的改变，他们更加迫切需要进一步提高生活质量，从吃饱、穿暖的"生存型"需求，逐步向"发展型"需求转变。这些需求不仅包括对私人品的需求，也包括对公共品的需求，而公共品需求需要政府的大力扶持。具体来说，物

---

① 恩格尔系数：居民用于食品消费的支出在总消费支出中所占的比重。
② 国家统计局：《2009年国民经济和社会发展统计公报》，国家统计局网站，2010年2月25日。

质生活逐渐富裕的农民，开始追求更加丰富的精神和文化生活，更加重视自身素质的提高，以及职业技能发展的需要。这些公共品的新需求主要体现在：（1）他们希望自己的子女不仅仅完成九年制义务教育，而能接受质量更好、层次更高的教育，将来有更远大的发展前景。有的农民将孩子送到条件相对较好的小城镇和县城去上学。因而对学校软、硬件的建设，教育资源的配备等，提出了更高的要求。同时，为适应城镇化和转移农业剩余劳动力的需要，农民需要政府提供更多的职业技术教育和培训。从而对教育公共品需求的数量和质量都有较大幅度提高。这是农民提升自身素质，提高劳动能力、发展能力的需要。（2）在解决缺医少药、价格较高等基本公共卫生问题后，农民还需要便利、及时和质量更高的公共卫生和医疗服务，以提高健康水平和生活质量。需要在现有低水平合作医疗制度的基础上，全面推进农村医疗设施建设，健全公共卫生服务体系、医疗服务体系、医疗保障体系、药品供应保障体系，为群众提供安全、有效、方便、价廉的医疗卫生服务。同时，通过基本公共服务均等化，缩小城乡医疗卫生服务的巨大差距。（3）在农业生产之余有图书室、文化站、篮球场等更多休闲娱乐设施和项目，需要更加丰富多彩的广播电视节目，以丰富农村文化生活，提升农民生活质量。（4）部分较富裕地区的农民对旅游、家用小轿车、计算机等新型消费需求增加，因而对农村交通、通信、桥梁、道路等基础设施提出了新的要求。此外，农民还需要国家为他们改善居住环境、促进生态发展、提供，等等。因而农民收入增加，生活水平提高，对公共品产生更多需求，而公共品供给的增加，又会进一步改善农民的生活质量，促进农村经济社会全面发展。

二、现阶段农民公共品需求多样性的特点

现阶段，农民对公共品的需求不仅数量巨大，而且种类多样。从农业生产和新农村建设所需的基础设施，到教育、卫生、文化、科技、生活环境、社会保障等方面都存在需求。但归纳和分析这些需求，其具有以下特点。

（一）在类别方面，农民对生存型、发展型公共品都有需求，但以生存型为主

如前所述，现阶段我国农民对农村公共品的需求较为广泛，涉及教育、卫生、文化、科技、基础设施、环境保护、公共安全、社会保障等诸多方面，从需求层次上看，既包括水利设施、田间道路、公共安全、公共卫生等满足基本生存需要为主的公共品，也包括公共文化、社区教育、科学技术、环境保护等满足农

民自身全面发展需要层次的公共品。但从整体上看,农民对农村公共品的需求以满足基本生存需要的公共品为主,这是我国目前农村经济社会发展阶段和和农村自身条件所决定的,具有其客观必然性。这种状况,从各地农村公共品需求状况调查,全国几个地区"两会"期间人大代表、政协委员的提案等反馈的信息中得到证实。据统计,2010 年农村居民人均纯收入 5 919 元,剔除价格因素,比上年实际增长 10.9%;农村居民家庭食品消费支出占消费总支出的比重为 41.1%,城镇为 35.7%。按 2010 年农村贫困标准 1 274 元测算,年末农村贫困人口为 2 688 万人,比上年末减少 909 万人[①]。这就说明我国农村的发展水平,大体上处在初步解决温饱问题后,开始向小康社会发展阶段,农民收入处于较低水平,对公共品的需要也处于较低层次。再加上地方财力有限,不可能提供更多的公共品服务,只能是在满足了生存类公共品需要之后,再力所能及地提供一些发展型公共品服务。掌握这一特点,对于农村公共品供给具有重要现实意义。在人力、物力和财力有限情况下,优先保证水利设施、田间道路、公共安全、公共卫生等生存型为主的公共品供给,促进农村经济社会发展。如果超越了农村经济社会发展阶段,公共品供给不仅难以满足农民真正需要,造成资源浪费,反而制约农村各项发展目标的实现。

(二)在增量方面,农民对农业科技、农产品市场信息、非农业就业信息需求增加

随着我国市场经济的发展、与国际市场的逐步接轨,农产品市场竞争日趋激烈,为提高产品竞争力,在市场竞争中处于有利地位,增加收益,改善生活,农民对农业科技、农产品市场信息等公共品需求增加。在农业科技方面,农民希望政府推广实用先进技术,培育优质良种,指导农民科学施肥、灌溉,开展科学田间管理,发展畜牧业,提高农产的产量与质量,提高农产品市场竞争力,增加农民收入。在农产品市场信息方面,单个农民个人或家庭很难掌握国内外市场的供求信息,以及市场发展趋势,需要政府汇集、发布国内外农产品市场信息,指导农民开展农业生产和市场营销,避免盲目性,降低市场风险,提高农业生产经营效益。同时,随着农业劳动生产率的提高和人口的增加,农业剩余人口大量出现,对非农业就业信息需求增加。

---

① 国家统计局:《2010 年国民经济和社会发展统计公报》,2011 年 2 月 28 日,国家统计局网站。

（三）在数量方面，农民对农业生产服务类公共品需求构成农村公共品需求的主体

农业是农村经济的主导产业，农村人口主要从事农业生产，以及相关经营、服务活动，因而在公共品需求中，农业生产服务类公共品需求成为主体。在农业基础设施方面，包括农田水利设施、农村道路和交通体系、农村电力和通讯设施等。在这些方面，公共品供给还有较大缺口，如我国现有的农业水利工程设施大多是20世纪五六十年代修建的，其中大部分已经年久失修，功能老化，配套设施不全，防御旱涝灾害的能力已大大降低；目前甚至有些行政村还不通电、没有电话和公路。在农业生产环节方面，包括产前、产中和产后的公共品服务。以产前服务为例，需要政府支持农药、化肥、地膜等农用生产资料的生产、供给，需要推广优良品种，指导农民科学施肥、耕作，等等。这样，农业生产类公共品需求成为农村公共品需求的主体，是应优先满足的需要。在此基础上，再提供公共文化、体育休闲等公共品服务。

（四）在变化方面，农民对公共品需求层次的变化速度逐步加快

虽然目前整体上农民对公共品的需求以满足生存需要为主，但需求层次的变化呈加速度的趋势。在经济发达地区，特别是城市郊区农村，农民对公共品的需求已和城镇居民相差无几，一些社区的道路、文化设施、环境绿化等和城镇基本一致，甚至有些方面已高于城镇的一般水平。在农民整体上解决温饱问题之后，公共品的需求层次也在发生较大变化，人们对公共文化、体育休闲、职业培训等更高层次的公共品需求迅速增加。如年轻一代农民对文化生活的需求，不再像自己的父辈那样满足于玩社火、看戏剧，而更可能倾向于互联网、有线电视等文化消费。这种需求层次的变化，随着科学技术的进步，农民生活水平的提高，而呈现出进一步加快变化的趋势，体现了农民发展和和谐社会发展的新需要。

三、公共品农村需求的多样性对公共品供给的影响

从一般意义上讲，农民对公共品的需求，就是政府公共品供给的目标。供给的目的，就是满足农民的公共需要。上述农村公共品需求多样性及其特点，对公共品供给具有十分重要的影响。

（一）农村公共品需求多样性，要求供给的多样性

随着农村经济社会发展，农民对农村公共品需求量的增加，以及需求种类日

趋呈现多样性的特点，就要求各级政府增加农村公共品服务的投资，丰富农村公共品的供给种类，统筹兼顾，以满足农民对公共品的需求。近年来，政府增加在农业基础设施建设、农村道路交通、农村环境治理、能源设施建设、农业技术创新与推广等方面公共品投入的同时，在公共体育、广播电视、图书资料等方面，也加大了投资的力度，尽量满足农民对公共品的多样化需求，发展农村经济，提高生活质量，取得了一定成效。

不过，政府对农村公共品供给数量，以及供给种类，尽可能遵循农村居民对各种公共品的需求偏好和需求多样性特征时，还需要从当地经济社会发展情况和政府实际财力，有计划、有步骤地逐步满足农民对公共品的多样化需求。如资金过度分散投入各种公共品服务中，就有可能使每一种公共品的资金都不足，无法最大限度实现促进农业发展和提高农民生活质量的目的，实际上是一种资金利用效率低下的表现。从表面来看，这似乎是满足了农村居民对公共品需求的多样性，实际上没有满足农民的任何一方面需求，造成了财政资金的浪费。

（二）农村公共品需求的不同类别，要求供给的重点及次序

如前所述，目前农民对公共品的需求较多，但主要以生存型公共品为主，发展型公共品次之，这就要求政府等公共组织在公共品供给过程中，优先保证生存型公共品供给。我国作为世界上最大的发展中国家，农村人口众多，地域广阔，在诸多公共品需求中，生存类公共品居多的状况，很能还要延续很长一段时期，就要求政府在公共品供给过程中，集中人力、物力和财力，优先保障生存型公共品供给，满足农民发展农业生产、增加收入、改善生活条件、保障自身安全等需要。在此基础上，根据政府财力和农民需要，提供文化娱乐、体育休闲、教育培训等享受、发展型的公共品，既能满足农民的真正需要，又能促进农村经济社会的健康发展。防止追求形式，做表面文章，造成无效供给，浪费公共资源的情况。

（三）农村公共品需求的变化性，要求供给调整的及时性

目前，我国处在经济体制转轨、社会转型，对外开放进一步深化的历史时期，经济社会结构正在发生急剧的变化。随着农民生活水平的提高，农村经济社会结构的变化，农民对公共品的需求在不断发生变化，对各种公共品需求产生数量上的增减和结构调整，这就要求政府等公共组织在公共品供给过程中，通过实地调查、舆论引导等方式，及时掌握农民需求信息，调整供给结构，以更好地满足农民需要，达到公共品供给的最终目的。否则，就会出现政府公共品供给出力不讨好，农民不满意，浪费公共资源的现象。以农业生产为例，农民需要政府推

广实用先进技术、市场需求信息、职业技术培训等内容，如政府公共服务与农民需要不符，甚至强直农民生产，则必然遭到农民抵制。

第二节 中国农村公共品需求的层次性

受我国具体国情的影响，现阶段我国农村公共品需求不仅具有多样性特点，而且具有明显的层次性，需要在公共品供给过程中充分考虑这一特点，以满足农民发展和构建农村和谐社会的需要。

一、农民公共品需求层次的主要影响因素分析

从一般意义上讲，我国广大农村地区无论具备何种特点，对诸如基础设施建设、医疗卫生、农村教育、社会保障等公共品都有广泛需求。因为所有农村地区都需要发展农业生产，改善农村基础设施，以及不断提高农民各方面的生活水平。这也是农村公共品需求呈现需求量巨大，且需求种类繁多的根本原因所在。然而，我国拥有上百万个村庄，7亿多农民，从特殊性的视角分析，每个地区都各具特点，每个农民之间也存在差异。如果按照不同标准对我国农民公共品需求进行分类，就可以看出，中国农村对公共品的需求不仅具有多样性，而且具有明显的层次性。

所谓层次性，是指受政治、经济、文化和自然地理等多重因素影响，同一地区的不同农民群体，或者不同地区的农民群体，对各类公共品需求的强烈程度不同，需求存在一定的先后次序。

（一）农村地域差异对公共品需求层次的影响

我国幅员辽阔，广大农村资源禀赋和地理位置的差异较大，村落之间经济发展水平、文化习俗，以及生活方式等因素普遍存在较大不同，不同地区农民对公共品的需求具有层次性特征。

从东部、中部和西部不同区来看，在市场经济发达，民营企业多，经济效益较好的东部沿海地区的农村，由于政府财政收入充足，实力雄厚，有能力提供较为充足的公共品，所以在该区域的农民得到用于生产生活的公共品比较丰富，他们的需求已经上升到一个新的层次，即能够进一步提高生活质量的公共品，比如建设农村信息网络，满足通讯的需求；建设文化娱乐设施，提高生活品位，

充实业余生活。而在经济发展相对落后，民营企业少，农村居民收入不高的中西部地区，政府缺乏足够的资金为农民提供各种公共品，所以该地区农民对农业基础设施、道路、饮用水等与生计密切相关的公共品，具有更加强烈的需求。可见，由于我国区域经济发展水平不平衡，各地区农民对公共品需求具有显著的层次性。

（二）自然环境的差异对公共品需求的影响

我国农村地区地域分布广泛，所以自然环境也千差万别。众所周知，自然条件的优劣，是影响农业生产和农民生活的重要因素之一，也与农村公共品的需求息息相关。位于水资源比较缺乏的中西部农村地区，农作物干旱和居民饮水问题较为严重，他们对农田水利、灌溉以及饮用水等基础设施的建设和改善需求最强烈，而位于水资源丰富的东南部农村地区，雨水多，河流多，土地肥沃，农作物生长周期较短，对当地农民来说，如何改善农业技术，降低成本，拓宽市场显得更为重要。在资源方面，一些农村地区矿产资源丰富，煤炭等资源使用起来比较方便、廉价，所以更注重如何提高能源使用效率方面的公共品，而对于不可再生资源贫乏的地区，用太阳能、生物能源、风能等替代矿产资源的需求更加迫切，因此，相关的技术和设施，是他们最需要的公共品。而在环境方面，人口密度较大的东部沿海地区，农民更加关注房屋和街道布局的改造，而西部地区居民居住比较分散，他们更希望能加强环境绿化、水土流失治理等公共品供给。

（三）文化习俗及生活方式的差异对公共品需求的影响

我国是一个多民族国家，不同民族都有各自固定独特的行为模式和风俗习惯，在衣食住行等方面各具特色。尤其是各族的文化风俗，是我们中国乃至全世界应该继承和发扬的宝贵遗产，如苗族的"鼓丈节"、彝族的"火把节"、傣族的"泼水节"、侗族的"颖社"等。对这些文化遗产的弘扬和保护，不仅是各地民众的普遍需求，也是国家文化发展的重要内容。从地域上看，我国南北方地区在文化习俗和生活方式方面，也存在较大差异。所以，中央及地方政府在提供公共品时，应充分考虑到这方面的需求的不同。

（四）农民群体差异对公共品需求层次的影响

除了地域差异以外，不同农民群体之间，对公共品需求的层次性也有显著分歧。由于不同群体在农村公共品供给中的偏好不同、话语权不同，他们必然对那些能使自身获得更多利益的公共品更为青睐。根据不同标准对农民群体进行划分，大体可分为以下五个方面。

1. 不同收入水平农民对公共品需求层次的影响

除地区差距外，在同一地区，受各种因素的影响，农民家庭之间的收入差距较大。由于对公共品的需求和对私人品得获取能力之间存在相应依存关系，因而在同一地区，不同收入水平群体的农民，对公共品需求具有明显差异。通过调查可以看出，收入水平越低的农民，对卫生医疗、社会保障、农业技术知识方面的需求越强烈，而随着收入水平的提高，农户更加关注道路、通讯、农村治安、民主权利等方面的建设，并且对金融服务、农业保险也有了一定需求。

2. 不同文化程度农民对公共品需求层次的影响

现阶段，我国农村地区受教育程度还普遍偏低，高学历、高素质的新型农民数量还比较少。调查显示，我国农民平均受教育的年限是7.8年，初中、小学文化程度占70%以上，高中文化的大概占16.8%。与城镇人口相比，城镇受教育程度平均在11年。[①] 根据一般规律，文化程度越高的农民，经济状况普遍高于文化程度低的农民，因此，他们对生活质量方面具有更多更高的要求，同时，也对目前公共品供给状况的满意度比较低。受教育程度较高的农民，能充分认识到现代化农业技术和管理方式是推动农业经济发展的关键，所以他们认为政府应该帮助农民解决农业技术创新与推广，希望所居住的社区能建立图书馆，增加图书拥有量，提高更新速度。而文化层次比较低的农民，则不太关注社区文化设施的建设，作为低收入者，他们更关心与自己生存更密切相关的公共品，比如基本的生活保障、医疗保障、政府的各种补贴，等等。而且相对于受教育程度较高人群，他们一般不愿意积极参与村里的各种公共活动，也不太关注与自己无直接关系的事情。

3. 不同性别农民对公共品需求层次的影响

除性别本身存差异外，受农业生产特点、农村自然环境以及中国传统文化习惯影响等因素，农村居民男性和女性的家庭地位、家庭角色、人生观和价值观存在显著差别，影响他们对不同层次公共品的需求。在农村家庭中，男性地位较高，大部分是家庭中的主要劳动力，承担着养家糊口的责任和义务，家庭事务也主要由他们做出决策，女性往往处于从属地位。近年来，男性农民出外务工的情况越来越多，而女性则多在家中照顾老人和子女，承担家务劳动和各种农业生产活动。为了取得更多的收入，男性农民希望获得更多的工作技能，接受专业培训，学习相关法律知识，保护自己的合法权益。此外，作为一家之主，男性一般

---

① 农业部科技教育司副司长杨雄年：《中国农民平均受教育年限7.8年，就业培训不到20%》，中国网，2008年4月25日。

要更多地考虑对家庭整体经济状况和生活质量有所改善，比如建造房屋，为自家农产品开拓市场，运用更先进的农业机械等，他们自然希望政府为他们提供相关方面的公共品。而女性农民为更好地照顾老人和孩子，对子女的教育问题和养老问题关注更多，由于女性还要承担繁重的家务劳动和农业生产，她们自己对健康保健方面的需求更为强烈。除此以外，女性对生活环境的优劣较为敏感，所以她们对生活垃圾处理以及环保方面都有较多的需求。

4. 不同年龄农民对公共品需求层次的影响

不同年龄的农民，面临不同的生活需要，对公共品需求也有明显的层次差异。我国已经进入老龄化社会，农村地区60岁以上的老年人口数量增长较快，而随着近些年人口流动现象的增加，年轻子女多出外打工，年迈的老人独自留在家中，导致"空巢现象"问题日益严重。和青壮年农民更多地考虑如何增加收入，以使自己尽快富裕起来的需求不同，老年人逐渐对丧失劳动能力、无法自己供养自己的后半生感到担忧。面对大多数子女都不在身边的现实状况，农村老人越来越将养老需求转向政府，迫切需要政府提供最基本的生活保障、医疗卫生保障等问题。此外，由于大多数"空巢老人"感到孤独，他们也希望能有更多与人沟通交流的机会，参加更多形式的娱乐活动。而年轻农民对能够改善自身生活水平的公共品都较为关注。

5. 在农村从事不同职业的农民对公共品需求层次的影响

目前，我国农村社会分工更加细化，产业发展多元化，不仅农业内部种植业、养殖业、林业、渔业专业化分工更为具体，且交通运输、商品流通、农副产品加工、旅游等非农产业迅速发展，农民生产经营活动选择余地增大，从事职业增多。部分农民已经逐渐从单纯的农业生产中分离出来，开始从事各种各样的职业。甚至逐渐从纯农业户转变为非农业户。数据显示，中国农村非农就业从1990年的10 869万人增长到2007年的19 946万人，净增长9 077万人；非农就业人口占农村劳动力的比例也由1990年的22.8%上升到2007年的41.0%，增长了18.2%。"十一五"期间，农村富余劳动力向非农产业转移就业达到4 500万人。"十二五"期间，每年还要安排农村富余劳动力800万人[①]。据专家计算，现阶段需要的农村有效劳动力是1.9亿人，而中国现有农村劳动力总量是4.9亿人，剩余劳动力是3亿人左右；参照发达国家技术与管理水平，中国种植业只需要1.1亿人，由此剩余劳动力将增加到3.8亿人。这说明中国农村的非农就业在未来较长时期内将是一种长期趋势。[②] 由于不同农民从事行业不同，从自身利益

---

① 尹蔚民：《继续把充分就业放在优先位置》，载《人民日报》（海外版），2011年4月19日。
② 李石新、郑婧：《中国农村非农就业现状及影响因素分析》，载《中国经济与管理科学》2009年第7期。

出发，他们对公共品的需求必然存在差异。从事种植业的农民，希望政府为他们提供更好的农田灌溉设施，先进的育种、施肥、收割技术，以及更广泛的销售渠道；从事养殖业的农民则对市场需求、养殖技术等更加关注；从事旅游等非农业经营活动的农民，通常更需要更多经营管理方面的知识和技能。

二、中国农村公共品需求的层次状况

从上文中可以看出，无论是农村地域差别，还是农民群体特征，对农村公共品需求的层次性都有显著影响。以农村经济发展状况和农民收入水平作为依据，进行农村公共品需求层次性的深入研究，是十分必要的。首先，按照经济发展水平高低，我们将农村地区划分为不同层次。根据有关统计数据，2009 年各省、市、自治区农村居民家庭人均纯收入由高到低排序如表 6-2 所示。

表 6-2　　　　　　2009 年各地区农村居民家庭人均收入　　　　　　单位：元

地区	纯收入	地区	纯收入	地区	纯收入	地区	纯收入
上海	12 482.94	辽宁	5 958.00	河南	4 806.95	新疆	3 883.10
北京	11 668.59	吉林	5 265.91	海南	4 744.36	西藏	3 531.72
浙江	10 007.31	黑龙江	5 206.76	安徽	4 504.32	陕西	3 437.55
天津	8 687.56	河北	5 149.67	重庆	4 478.35	云南	3 369.34
江苏	8 003.54	江西	5 075.01	四川	4 462.05	青海	3 346.15
广东	6 906.93	湖北	5 035.26	山西	4 244.10	贵州	3 005.41
福建	6 680.18	内蒙古	4 937.80	宁夏	4 048.33	甘肃	2 980.10
山东	6 118.77	湖南	4 909.04	广西	3 980.44		

资料来源：《中国统计年鉴（2010）》，中国统计出版社 2010 年版。

上述情况表明，各地区农村经济水平发展严重不平衡，农村居民家庭人均收入差距较大。根据各地区具体经济状况，我们可将全国各省、市、自治区农村分为四种类型：高收入地区，农村年人均收入 10 000 元以上的区域，包括上海、北京、浙江。中高收入地区，农村年人均收入 5 000～10 000 元的区域，包括天津、江苏、广东、福建、山东、辽宁、吉林、黑龙江、河北、江西、湖北。中低收入地区，农村年人均收入在 3 000～5 000 元的区域，包括内蒙古、河南、湖南、海南、安徽、重庆、四川、山西、广西、宁夏、新疆、青海、西藏、陕西、云南；低收入地区，农村年人均收入 3 000 元以下的区域，包括甘肃、贵州。

由于各地区农村收入水平存差距较大，当地农民生活水平和消费支出结构也有所差别。若用恩格尔系数来衡量各地区农村的生活水平，可以发现，从高收入地区到中高收入地区，再到中低收入地区、低收入地区，各地的恩格尔系数依次为35%、40.4%、42.3%、43.1%。根据联合国粮农组织提出的标准，恩格尔系数在59%以上为贫困状态的消费，50%~59%为温饱状态的消费，40%~50%为小康水平的消费，30%~40%为富裕水平的消费，低于30%为最富裕水平的消费。可见，高收入地区已经基本进入了富裕水平的行列，而中等收入地区仍处于小康水平，低收入地区还没有完全摆脱贫困和温饱。而从各地区具体的消费支出结构来看，某一种家庭消费品占农村家庭收入的相对比重越高，证明当地农民对该种消费品的需求越强烈。按照马斯洛的需要层次理论，人的需求从低到高依次为生存需要、安全需要、人际关系需要、尊重需要和自我实现需要。一个人只有当他的生存需要得到了满足，才会向更高的需求层次发展。如农民还没有解决温饱问题时，是不会对家用电器和娱乐设施产生强烈需求的，他一定首先希望政府为自己提供最低的生活保障，而不是提供文教娱乐方面的公共品。所以，了解和研究农村地区消费支出结构，可以间接地分析出不同地区政府提供公共品的状况，以及农民对当地公共品的需求层次。据有关资料显示，2009年不同收入水平地区农民消费支出结构见表6-3所示。

表6-3　　　　2009年不同收入水平地区农民消费支出结构　　　　单位：%

地区类型	食品	衣着	居住	家庭设备用品及服务	交通通讯	文教娱乐用品及服务	医疗保健	其他
低收入区	43.1	5.4	23.8	4.9	7.9	7.1	6	1.5
中低收入区	42.3	6.2	19	5	9.6	7.4	7.5	3
中高收入区	40.4	6.1	19.1	4.9	10.5	9.3	7.7	2
高收入区	35	6.1	20.1	5.2	12.5	10.4	8.3	1.9

资料来源：根据《中国统计年鉴（2010）》整理。

表6-3中，不同收入水平地区对于各种家庭消费品支出结构存在一定的规律性。一般情况下，随着收入水平的提高，农村居民花费在食品支出上的比例逐渐降低，花费在居住、家庭设备用品、交通通讯、文教娱乐等消费品上的比例逐渐提高。从增长幅度来看，我们将各种消费品根据不同收入地区变化幅度表示在图6-2中。

(%)
[图表：2009年各地区农民消费支出结构折线图，纵轴0-50%，横轴1-4]

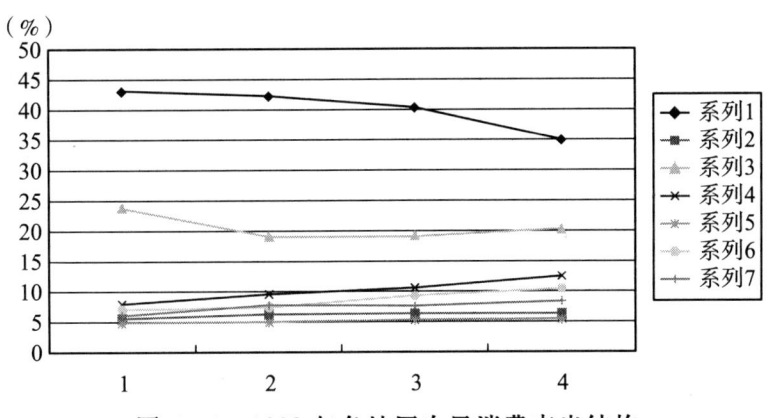

图 6-2　2009 年各地区农民消费支出结构

注：系列 1 为食品；系列 2 为衣着；系列 3 为居住；系列 4 为家庭设备用品及服务，系列 5 为交通通讯；系列 6 为文教娱乐用品及服务；系列 7 为医疗保健。

1 为低收入地区；2 为中低收入地区；3 为中高收入地区；4 为高收入地区。

如图 6-2 所示，根据斜率变化的大小可以看出，按照低收入区、中低收入区、中高收入区、高收入区的顺序，各种家庭消费品中增长幅度较大的从大到小依次为交通通讯、居住、文教娱乐、家庭设施用品。衣着需求的变化幅度不是很明显，而医疗保健则呈现出先下降后上升的 U 型结构，但是这种变化趋势也不是十分显著。一些消费品，如交通通讯斜率较大，表示当收入上升一个层次，对交通通讯这种公共品的需求量将大大增加，充分说明交通通讯在各个收入水平地区的农村都有广泛的需求，是一种重要的农村公共品。对于斜率变化不是很明显的消费品，如衣着，则属于需求不太强烈的物品。医疗保健是一个比较特殊的公共品，虽然斜率变化不大，但呈现 U 型结构，说明无论是高收入地区，还是低收入地区对其都有需求。我们可以将这种现象理解为低收入农民需要政府为他们解决"看病难，看病贵"的问题；而高收入农民对医疗保健的需求则上升为医疗服务质量和健康保健方面，所以它也是一种普遍需求的公共品。

根据以上的各项数据和分析结果，我们可以归纳总结出不同收入水平地区农民不同的消费需求以及相应的公共品需求情况，见表 6-4 所示。

表 6-4　不同收入水平地区农民的消费需求及相应公共品需求

地区类型	当地农民主要消费需求	有代表性的农村公共品需求
低收入地区	食品、住房、道路交通、义务教育、基本医疗	农业生产基础设施、道路交通设施、义务教育、最低生活保障、医疗保障
中低收入地区	交通通讯、食品、义务教育、基本医疗	交通通讯设施、农业生产基础设施、义务教育、农业技术推广、最低生活保障、医疗保障

续表

地区类型	当地农民主要消费需求	有代表性的农村公共品需求
中高收入地区	家用电器等设备、文教娱乐、交通通讯、医疗保健	水电基础设施建设、广播电视节目传送、交通通讯设施、教育事业、养老保障、医疗保健
高收入地区	文教娱乐、医疗保健、家用电器等设备、交通通讯	中高等教育、养老保障、医疗保健、信息网络建设、环境保护与治理、水电气等公用设施、公共文化设施、交通通讯设施

从以上分析以及我们对东部、中部和西部地区农民公共品需求的实地典型调查，可以看出，无论处于何种经济发展水平，农民对基础设施建设、文化教育、医疗卫生、社会保障等农村公共品需求普遍比较强烈。同时，由于收入水平和生活质量的差距，不同地区农村居民对公共品需求的整体情况，呈现层次性，且在需求最强烈的农村公共品中，也显示出较强的内部层次性。在基础设施建设方面，低收入地区农民更需要农业生产基础设施，如农田水利等，而高收入地区农民更需要能够提高生活质量的生活基础设施，如垃圾处理设施、信息网络、水电设施建设、环保系统等；在文化教育方面，低收入地区农民对义务教育较为关注，而高收入地区农民对中高等教育、职业培训等高层次教育需求更多；在医疗卫生方面，低收入地区农民更希望解决"看病难，看病贵"的问题，实现"有病可医"的状态，而高收入地区农民不仅仅满足于能够看病，还要求有更好的医疗卫生条件和服务水平，对自己的健康保健也有了一定关注；在社会保障方面，低收入地区农民更倾向于政府为他们提供最低生活保障，以解决他们的温饱和生计问题，而高收入地区农民则更倾向于养老保险、各种社会福利，并且二者在保障标准上也存在差异。

三、公共品农村需求的层次性对公共品供给的影响

通过农村公共品需求层次的研究，我们就能够对农民现阶段最迫切的公共品需求有深入的了解、认识，政府才能将有限的财政资金有重点、有次序地投入到农民最需要的公共品供给中去，最大限度地满足农民生产生活需要。就农村公共品需求的层次性对公共品供给的影响来看，主要体现在以下几个方面。

（一）农村公共品需求的层次性，需要建立有序供给的决策制度

农村公共品需求的层次性，就要求政府在财力有限的情况下，采用分轻重缓

急、有先有后，有保有压的有序方式供给农村公共品。在政府决策制度、决策机制上，对一定时期内需要政府供给的农村公共品进行排序，根据本地区农民对公共品需求的具体情况，提出明确优先安排的次序，以保证政府农村公共品供给既符合农民的真正需要，又体现量力而为，努力满足公共品需求的精神。这种政府决策制度、决策机制，可以在现行制度框架内得到解决。即在政府年度和5年期的国民经济社会发展规划中，明确政府提供公共品的规模、结构，以及优先次序排列表，并和当年政府预算相衔接，在资金上优先保证排列次序在前的公共品供给。在各级人民代表大会上，上述公共品供给计划及资金安排，由人大代表审核，大会表决通过后由政府相关部门执行，其效果可通过政府审计、财政监督、社会监督，以及政府绩效评价等途径得到反映。对于村级公共品的供给决策，可在村民自治及"一事一议"制度内得到安排。

（二）农村公共品需求的层次性，制约公共品供给效率

农村公共品需求的层次性特征，需要各级政府公共品供给根据各地区农民的实际需要，分轻重缓急，把有限的资金运用到农民最需要的公共品服务中去，为农民提供符合当地经济社会发展水平，以及确实能够提高农民生活水平需要的公共品。因而，对公共品需求层次的把握，成为制约公共品供给效率的重要因素。如果政府公共品供给规模、结构和当地农民公共品需求层次相脱节，则必然形成有的公共品供给大于需求，造成社会资源浪费，降低了供给效率；而有的公共品供给不能满足农民公共需要，阻碍和延缓了当地经济社会发展，以及农民生活水平的提高，达不到公共品供给目的，损害了公共品供给效率。而在我国现行公共品供给决策体制下，各类"形象工程"、"政绩工程"层出不穷，则容易出现这种现象。因此，政府等公共组织对农村公共品需求层次状况及变化的把握程度，是制约农村公共品供给效率的重要因素。研究和掌握农村公共品需求层次状况及变化规律，了解农民的真正需求，成为公共品供给管理的一项重要任务。

（三）农村公共品需求的层次性，决定公共品的供给方式

公共品的性质决定着公共品的供给方式，同时，公共品的供求状况，也对公共品供给方式的选择具有重要影响。根据农民对公共品需求的层次性，政府等公共组织就需要针对不同层次的公共品，选择不同的供给方式。对以满足生存需要为主的公共品，如公共卫生、义务教育、社会救济、农业基础设施等，这些需求在经济社会欠发达的中西部地区更为突出，可主要以公共生产、公共供给的方式，满足农民最基本的公共需要，资金全部由政府财政承担，不能增加农民负

担，不能再走"农民的事情农民办"的老路。对于以满足娱乐、发展需要的公共品，如文化体育、环境绿化、职业技能提高等，其需求主要集中于经济较发达地区，地方财力相对宽裕，农民收入较高，可以采用公共部门与私人部门混合供给、私人供给等多种方式，灵活、多样地满足农民对公共品的需要。

第七章

我国农村公共品供给现状及国际比较

在准确把握现阶段我国农民发展,构建农村和谐社会对公共品需求的基础上,需要进一步研究我国农村公共供给的现状、存在的问题,借鉴国际经验,增加农村公共品供给规模,优化供给结构,提高供给效率。

第一节 农村公共品供给制度分析

一、中国农村公共品的供给主体

研究农村公共品供给问题,就需要回答由谁供给,即供给主体的问题。不同的供给主体,决定着其资金筹集渠道、供给方式选择等问题。从我国农村公共品的供给主体来看,已初步实现了供给主体的多元化,但政府仍是主要的供给主体,还需要充分调动社会各界参与农村公共品供给的积极性。

(一) 中国农村公共品的主要供给主体

在我国现行政治、经济和社会管理体制下,承担农村公共品供给任务的主体主要包括以下几个方面。

1. 各级政府

根据公共品的性质，为农村经济社会发展提供公共品服务，是各级政府的职责，也是公共品供给最重要的主体。其中，纯公共品几乎全部由各级政府承担。根据公共品受益原则划分，中央政府主要提供全国范围内农民受益的公共品，特别是纯公共品。如农村义务教育、灾害救助、农业基础科学研究等。地方政府提供受益范围限于某一地区的公共品，主要是准公共品，如农村的道路、水利设施、供电供暖等。若是跨区域的公共品供给，如高等级公路、生态环境治理等，则由其上级政府供给。各级政府需要明确职权，承担各自在农村公共品供给中的职责，为农村经济社会发展服务，满足农村居民公共需要，提高人民生活水平。

目前，我国从中央到地方共有五级政府，各级政府都承担了一定的农村公共品供给任务。

中央政府主要承担农村公共品供给方针、政策，以及发展战略、规划、规章、制度的制定实施；全国性农村教育、科技、文化、卫生、体育、环境保护、社会保障等公共品供给；承担调节各地区农村公共品差异的任务；当年专项用于农村合作医疗、中小学校舍维修等公共品服务。如2009年中央政府对农村公共品供给的主要项目包括：水稻、小麦、玉米、棉花、大豆和马铃薯等良种补贴，测土配方施肥补贴；农机具购置补贴、种植业保险保费补贴；农业基础设施建设；扶贫开发；森林生态效益补偿；农村义务教育经费保障，全国近1.5亿名农村义务教育阶段学生全部享受免除学杂费和免费教科书政策，中西部地区约1 120万名农村义务教育阶段家庭经济困难寄宿生获得生活费补助；中西部地区农村合作医疗补助；县乡基层医疗卫生服务设施建设；农村居民最低生活保障；农村电影放映补贴；行政村配备农村适用图书；天然林保、退耕还林、退牧还草等[①]。

省级政府在执行中央有关农村公共品供给的方针、政策、规章、制度的基础上，主要承担本省农村公共品供给方针、政策，以及发展战略、规划、规章、制度的制定实施；全省范围内农村教育、科技、文化、卫生、体育、环境保护、社会保障等公共品供给；调节全省农村公共品差异的任务等。如2010年北京市政府对农村供给的公共品主要有：加大设施农业规模化支持力度，大力发展都市型现代农业、设施农业，支持全市新建设施农业4万亩；及时拨付粮食直补和农资综合补贴等涉农补贴，加快落实新农村五项基础设施和"三起来"工程项目资金；投入2.2亿元，支持优势农产品种质资源保护、动物防疫体系建设；支持政

---

① 财政部：《关于2009年中央和地方预算执行情况与2010年中央和地方预算草案的报告》，财政部网站，2010年3月16日。

策性农业保险与再保险；完善基层公共文化服务体系，支持 1 020 个农家书屋；对农村客运给予燃油补贴；推进城乡接合部 50 个重点村建设，加快农村社会事业发展，促进城乡基本公共服务均等化等[①]。

市政府（设区的市）、民族自治州政府在在执行中央、省级政府有关农村公共品供给的方针、政策、规章、制度的基础上，主要承担范围内农村教育、科技、文化、卫生、体育、环境保护、社会保障等公共品供给；调节本市（州）农村公共品差异的任务等。

县级政府（包括不设区的市、民族自治县、旗）在执行中央、省、市有关农村公共品供给的方针、政策、规章、制度的基础上，主要承担县范围内农村教育、科技、文化、卫生、体育、环境保护、社会保障等公共品供给。与中央政府，以及省级政府和市级政府相比，县级政府属于基层政府，直接为农村居民服务，许多农村公共品是由县级政府直接供给的，如义务教育、公共卫生、公共文化、农业科技、农业设施、县乡公路、低保救济、扶贫开发、环境保护等。在一些财政困难的地区，实行乡财县管体制，则进一步增加了县级政府农村公共品供给的责任。

乡、镇政府是我国最基层的政府组织。在现行行政管理体制下，乡镇政府除向农民直接提供部分公共品服务，如农业科技服务、农业基础设施建设、优抚救济、"五保户"供养、计划生育、公共文化、群众体育活动、社会治安、植树造林等外，还需要配合上级政府提供公共品，如义务教育、公共卫生等，资金由上级政府提供，但需要乡镇政府做一些配合工作。

2. 国内非营利组织

在农村的非营利组织大体包括两类，一类是自治组织，即村委会；一类是民间组织，如各类种植业养殖业协会、体育运动爱好者学会等。

根据《村委会组织法》，村委会为农民自治组织，在其自治权限范围内，为本村农民提供一些公共品服务，主要包括村内道路等公共设施、社会治安、文化娱乐活动、体育活动、困难村民照顾、公共卫生、环境绿化等。在实际管理工作中，村委会名为农民自治组织，实为准政府组织。上级政府的许多行政管理行为，包括提供的公共品服务，都是通过村委会实现的。

除村委会外，在农村提供公共品的服务的还有各类民间组织。这些民间组织既包括在本行政区内活动的民间组织，也包括全国性、区域性的民间组织。在本行政区内活动的民间组织，主要有蔬菜种植协会等社会中介组织、篮球协会等群

---

① 北京市财政局：《关于北京市 2010 年预算执行情况和 2011 年预算草案的报告》，北京市财政局网站。

众体育文化组织。从我国民间组织的发展情况看，这些组织提供的公共品主要集中在教育、慈善、扶贫、卫生、环保、农业生产服务等方面。从整体上看，这类公共服务在农村公共品服务中所占比重很低，在不少非营利组织不发达的地区，这类服务基本是空白。

3. 国际非营利组织

改革开放以来，越来越多的国际非营利组织到我国开展各项公共服务活动。并涉及农村公共品服务。如联合国的下属组织、洛克菲勒基金会等。国际非营利组织一般都有其明确的宗旨和理念，在我国农村的公共品供给活动，是根据我国的法律制度、组织宗旨，以及当地经济社会发展的实际情况进行的。这些国际非营利组织提供的公共品服务主要包括扶贫开发、农业科技、教育培训、妇幼保健、文物保护、环境治理、灾害救助等。这些公共品服务虽然在我国农村公共品供给总量中所占比重不高，但体现了在这一领域的国际合作精神，国际非营利组织的活动理念、公共品供给方式，供给管理及绩效评价等方面，值得我国政府和其他公共组织借鉴和学习。

4. 志愿者

近年来，我国农村也出现了一些志愿者和志愿者组织，能够为当地居民提供部分公共品服务，主要包括义务教育、治安巡逻、环境卫生、扶贫济困、抢险救灾等。由于我国农村志愿者精神尚未普及，志愿者组织不够发达，志愿者所提供的公共品服务是有限的。

5. 企业

改革开放后，我国企业开始参与会公益活动，通过捐赠等方式，为农村经济社会发展提供部分公共品服务。主要包括资助乡村公路建设、文化体育活动、校舍维修、扶贫开发等。由于我国各地区经济社会发展不平衡，企业分布不均，规模有大有小，效益有高有低，因而在为农村提供公共品方面，差距较大。经济发达地区受益较多，欠发达地区较少，甚至没有。从整体情况看，受经济发展水平、政策体制等多种因素影响，目前我国企业参与社会捐赠的积极性不高，有的企业不参与任何社会捐赠和社会公益活动，提供的公共品数量有限。

（二）农村公共品供给主体责任划分

如前所述，我国农村公共品供给主体已初步实现了多元化，但各个供给主体责任划分并不明确，主要是各级政府职责不清晰。为了简化课题研究，我们提出以下基本假设：（1）在现有政府行政层级下研究农村公共品的供给问题，不再考虑政府层级设计的合理性。（2）研究未来 5~10 年中国农村公共品的供给问题。从目前我国的政治体制，以及行政管理体制、财政管理体制分析，明确各级政府农村公共品供给边界存在种种困难，有些问题还不可能在近期解决，但面临严峻的"三农"问题形势，这一问题还需要在 5～10 年内取得一定的进展，那么，就需要研究我们应该做什么事情、能做什么事情。

1. 法制建设领域的选择

社会主义市场经济是一种法制经济，也要求政府依法行政。明确各级政府农村公共品供给边界，需要有相应的法律依据。改革开放以来，我国在这些方面已制定、实施了一些法制制度，在基本的方面已有了一定的法律依据，现在需要进一步的完善、具体化、使之更为科学、合理，具有更强的可造作性。根据我国目前法制建设的实际状况，我们认为，在 5～10 年内，有可能进行的选择方案主要有：

选择一：先通过修订《教育法》、《卫生法》等单项法律，逐项明确各级政府供给的职责，具体划分农村公共品供给边界，然后再通过修改《预算法》、《宪法》加以确定。这种选择的优点是分项、分部门推进，改革阻力较小，可分年度、分部门逐步推进，最后达到明确各级政府部门职责的目的。但这种选择也有其弊病，当分项、分部门推进改革时，部门间的协调配套较差，需要中央政府有力的宏观布局和指导。

选择二：先修改《预算法》，或者建立《财政基本法》，划分各级政府支出范围，明确农村公共品供给边界，然后再修改《教育法》、《卫生法》等单项法律，以至相衔接，最后通过修改《宪法》取得形影法律地位。这种选择的优点是财政管理规范，有利于保障各级政府提供农村公共品所需的资金。但这种选择不一定能准确反映各部门履行职责的需要，因为各政府部门工作性质有较大差异，遵循不同的规律。

选择三：先修改《宪法》，大致划分各级政府支出范围，然后依据《宪法》修改《预算法》，或者建立《财政基本法》、《教育法》等法律、法规，逐步明确各级政府支出范围和公共品供给职责。这种选择的优点在于有《宪法》作为国家的根本大法作指导，能够从宏观上布局推进改革，再进行各领域的改革阻力较小。但缺点是《宪法》的修改难度较大，要求较高，在全社会范围内达成共识较为困难，特别是在全国人大表决时需要 2/3 的多数票，如时机不成熟，则很难获得通过。

综合比较上述三种方案，考虑我国现实国情的复杂性，以及人民代表大会制度下立法的特点，我们认为，第一种方案相比较而言更具有可行性，能够最大限度地减少阻力，推进立法的进程。

2. 具体行动策略选择

（1）采取分领域分项逐步推进战略。由于农村公共品范围较广，要在短期内明确划分各级政府职责是不现实的。较为可行的选择是，在一定时期内，如 5 年，优先选择一些社会矛盾较为突出，容易开展工作的领域突破，再向其他领域扩展。通过若干阶段的努力，逐步解决这一问题。我国计划在 2020 年建立与社会主义市场经济体制相适应的行政管理体制，以此为目标，有计划、分阶段完成各级政府农村公共品供给责任的划分。现阶段具有较强可行性的领域包括：义务教育、公共卫生、社会保障等。本书在已有课题研究的基础上，对各级政府义务教育、公共卫生、社会保障供给边界划分作了初步探索，具体内容参见表 7-1。

（2）划定基本公共品范围，明确一定时期应达到的标准，稳步推进，逐步实现城乡基本公共品供给的均等化，缩小城乡差距，缓解城乡矛盾。综合我国城乡公共品供求状况、政府财政收支水平，特别是农村公共物品的迫切需求，可将实行标准化管理的基本公共服务项目界定在以下范围：义务教育、公共卫生、社会保障、公共文化设施、公用事业设施、环境保护、就业服务等基本公共服务类别。这些基本公共服务，是所有公共服务中与城乡人民生活关系最直接、最密切的领域。其中，义务教育、公共卫生、社会保障是城乡差别最大、农民反映最强烈的三类公共服务。

具体而言，基本公共品服务标准化，是指根据一定时期内国家经济社会发展和人民生活对公共服务的需要，结合政府的财政能力，选择教育、公共卫生、公用事业等领域若干与人民生活和经济社会发展关系十分密切的公共服务项目，就其服务数量和质量提出明确标准，在城乡统一实施，实现服务目标，以逐步缩小成城乡差距，统筹城乡发展。

从我国政府公共管理实践分析，具有实施基本公共品服务标准化的可能。

首先，政府有制定、实施五年经济社会发展规划（计划）的丰富经验。新中国成立以来，我国已制定和实施了十一个五年国民经济和社会发展规划（计划），还有与之相适应的年度国民经济和社会发展规划（计划）。从整体上看，列入国民经济和社会发展规划（计划）的主要奋斗目标都已如期实现。虽然各个历史时期政府的工作重点有所不同，但都涉及社会发展问题，关系到各类公共服务。政府制定、实施五年期国民经济和社会发展规划的经验教训，可为一定时期制定、实施基本公共品服务标准提供借鉴，其工作程序、调研预测方法、管理制度等，可运用于基本公共品服务标准管理。国民经济和社会发展规划，为政府五年期内或年度内经济社会发展提出了奋斗目标，基本公共品服务标准也可为政府在一定时期的公共服务水平提出了明确要求，引导政府各项公共服务工作的开展。

表7—1 各级政府义务教育、公共卫生、社会保障供给边界划分

项目	政府级别	中央政府	省级政府	市（州）级政府	县级政府	乡镇政府
义务教育		中央政府制定、实施国家义务教育方针政策、以及长期发展规划；制定义务教育经费投入、实施义务教育财政拨款的增长比例应当高于财政经常性收入的增长比例，保证按照在校学生人数平均的义务教育费用逐步增长，保证教职工工资和学生人均公用经费逐步增长。并承担调节各地区教育发展不平衡的任务，实现区域之间、城乡之间、校际之间义务教育均衡发展，特别是城乡义务教育的实现；组织全国范围教育基本标准、重点师范院校和专业，建设重点师资队伍培训、培养义务教育师资；制定、开展义务教育教学规律研究，指导、开展义务教育的国际交流活动	省级政府负责省内国家教育方针、政策和制度的贯彻执行；根据国家法律、法规、制度和有关方针政策，制定本省义务教育管理的规章、制度；以国家基本标准为依据，在全省范围制定、实施城乡统一的义务教育标准；负责本省《教育法》《义务教育法》等法律、法规要求，并负责在全省范围内进行调解、保证义务教育投入、均衡乡之间、城乡均衡发展义务教育服务城乡均等化的实现，进修培训、教育、教学质量的监测、管理工作；负责义务教育教材建设	市（州）级政府负责本辖区范围内中央、省级政府教育方针的贯彻执行；实施义务教育财政资源配置；实施义务教育经常性收入的增长比例应当高于财政拨款的增长比例，保证按照在校学生人数平均的增长比例的义务教育费用逐步增长，保证教职工工资和学生人均公用经费逐步增长和管理本级直接管理的教育机构，举办中等教育机构，培养本地区义务教育师资，依法保证本地区城市人城农民工子女义务教育权利	县级政府执行国家教育方针、政策和制度，连同上级政府财政资金、保证财政转移支付资金，保证正常公用经费支出，实施教职工工资福利支出，实施义务教育财政拨款的增长比例应当高于财政经常性收入的增长比例，保证按照在校学生人数平均的增长长比例，保证教职工工资逐步增长。负责教育部门组织中小学校合建和学生人均公用经费的人力资源管理；组织中小学校舍建设、维护，图书资料、仪器设备的采购、质量，批准义务教育机构的设立。组织应急突发事件，及时处置；维护师生安全，保障农民工子女义务教育权利	乡镇政府执行国家教育方针、政策和制度；协调义务教育阶段中小学校布局调整，实施义务教育阶段土地征用。治理学校周边治安环境、卫生环境、交通秩序等；负责供电、供水、供气绿化建设等教育基础设施建设；帮助家庭困难子女完成义务教育阶段学业

第七章 我国农村公共品供给现状及国际比较

续表

政府级别 项目	中央政府	省级政府	市（州）级政府	县级政府	乡镇政府
公共卫生	中央政府制定、实施国家公共卫生方针政策，以及长期发展规划、制度，制定公共卫生法规、制度；保证公共卫生经费投入，并承担调节各地区公共卫生发展不平衡的任务，特别是城乡之间公共卫生均衡发展；制定、实施城乡公共卫生基本标准；组织全国范围的医疗队伍培训，培养国家重点高等公共卫生院校，培养高层次公共卫生专业人才；开展公共卫生教学、科研工作，进行公共卫生教学规律研究；进行公共卫生的国际交流活动	省级政府负责省内国家公共卫生方针、政策和制度的贯彻执行；根据国家法律、法规、政策和有关方针政策，制定本省公共卫生管理的规章、制度；以国家基本标准为依据，在全省范围制定、实施城乡统一的义务公共卫生标准；负责本省义务公共卫生经费投入符合有关法律、法规要求，并负责在全省范围内进行调解、平衡公共卫生服务城乡均等化的实现，开展医务人员培训，进修工作；举办卫生院校，开展公共卫生教学、科研工作，培养中、高等公共卫生专业人才；培养公共卫生服务质量的监测、管理工作	市（州）级政府负责国家医疗卫生方针、政策在本辖区内的执行；医疗卫生工作的协调、平衡。举办中等公共卫生专业学校，培养中级专业技术人才	县级政府贯彻执行国家公共卫生方针政策；指导乡镇开展突发性公共卫生事件；上报、处置突发性公共卫生事件；提供传染病、地方防病等专业性公共卫生服务；管理医疗市场，开展食品、药品安全监督；妇幼保健工作，进修培训，组织开展医务人员培训，保障公共卫生服务经费需要	乡镇政府贯彻执行国家公共卫生方针政策；开展疾病预防和控制；提供社区初级医疗保健服务；监督食品卫生。宣传公共卫生知识，提高公共健康水平；协助县级政府开展有关专项公共卫生服务，农民卫生服务

续表

政府级别\项目	中央政府	省级政府	市（州）级政府	县级政府	乡镇政府
社会保障	中央政府制定、实施国家社会保障方针政策，以及长期发展规划、制度；保证社会保障经费投入，并承担重点地区社会保障发展不平衡的任务，实现区域之间、城乡之间社会保障均衡发展；制定社会保障基本标准；制定、实施全国范围的社会保障队伍培训，培养国家重点高等社会保障院校，开展社会保障专业高层次科研工作，培养社会保障教学、科研转专业人才；开展社会保障教学规律研究；进行社会保障的国际交流活动	省级政府负责省内国家社会保障方针、政策和制度的贯彻执行；根据国家法律、法规、政策，制定本省有关方针政策，制定本省社会保障发展规划；制定的规章、以保障管理的规章、以保障管理的规章、在国家基本标准为依据，在全省范围制定、实施城乡统一的社会保障标准；负责本省社会保障经费投入符合有关法律、法规要求，并负责在全省范围内进行调解、平衡社会保障投入，保证社会保障服务城乡均等化的实现，开展社会保障人员培训，进修工作，举办高等社会保障院校，开展社会保障教学、科研工作，培养社会保障转专业人才；社会保障服务质量的监测、管理工作	市（州）级政府负责国家社会保障方针、政策在本辖区内的执行；承担本社会保障工作的协调、平衡。举办中等社会保障教育机构，培养初、中级专业人才	县级政府统筹管理全县养老、医疗、失业和工伤保险事务；承担农民养老、医疗保险补助资金；为灾民和保障家庭提供专项最低生活保障家庭资金	乡镇政府为农民办理养老、医疗、失业和工伤业保险服务；收养农村无生活能力和供养来源的老年人、残疾人和孤儿；救助灾民和生活困难家庭，提供社会救济、抚恤资金

其次，各级政府有明确任期，政府负责人的选举、换届已走上制度化、法制轨道，可将公共服务标准执行情况列为政府绩效考核内容。根据《宪法》、《国务院组织法》、《地方各级人民代表大会和地方各级人民政府组织法》、《公务员法》等法律制度，我国中央政府和各级地方政府都有明确的任期，中央政府及地方政府五年一届，政府负责人的选举、换届已走上制度化、法制轨道。而提供基本公共品服务是各级政府的职责，基本公共品服务与地方经济社会发展和人民生活关系密切，可将公共服务标准执行情况列为政府绩效考核的重要内容之一，提出公共服务质量与数量须达到的目标，明确各级政府及其公务人员的职责，保证城乡公共服务水平的均衡与提高。

在此，基本公共品服务标准管理具有技术上的可能性。近年来，随着我国公共管理学科的发展，以及各地区建立服务型政府的实践，理论界和实际工作部门对各门公共服务指标进行了较为细致认真的研究，国外公共服务的理论与实践也得到广泛的介绍和传播，已有不少研究成果对教育、科技、文化、环境保护等公共服务评价指标体系进行了研究，有些指标体系已有二级、三级指标分类。这些研究成果，可直接为各级政府进行基本公共品服务标准管理服务，因而，基本公共品服务标准化具有技术上的可行性。

近年来，政府财政收入增长较快，基本公共品服务标准在政府财力能够承受的范围之内。

如前所述，包括政府公共服务在内的城乡差别，其成因有自然地理环境、政治、经济、历史等多方面的复杂因素，其差别的消失需要一个过程，在我国这样一个人口众多、幅员辽阔、各地区发展极不平衡的大国，在短期内不可能实现这一目标。但在政府财力许可的范围内，选择一些与经济社会发展及人民生活关系密切，政府财力可以负担的基本公共品服务，如义务教育、初级公共卫生、社会保障、公共文化设设施、公共安全、基础设施等，提出在一定范围内政府提供服务的数量和质量标准，在城乡范围内统一执行，只要量力而行，就具有可行性。从近年来我国财政收入增长情况来看，政府完全具备实施城乡公共服务标准化的能力。2003 年我国财政收入突破 2 万亿元大关，达到 21 715 亿元，增收 2 812 亿元；2004 年在解决 1 288 亿元出口退税陈欠后，又突破 2 万 5 千亿元，达到 26 396 亿元，增收 4 681 亿元。2005 年全国财政收入突破 3 万亿元大关。2006 年，全国财政收入 39 343.62 亿元，比 2005 年增加 7 694.33 亿元，增长 24.3%，比预算超收 3 920.24 亿元，其中，中央财政本级收入超收 2 542.47 亿元，地方财政本级收入超收 1 377.77 亿元。2007 年全国财政收入 51 304.03 亿元，比 2006 年增加 12 543.83 亿元，增长 32.4%，完成预算的 116.4%。2008 年全国财政预算收入 58 486 亿元，比 2007 年执行数增加 7 181.97 亿元，增长 14%。2009

年全国财政收入 68 476.88 亿元，比 2008 年增加 7 146.53 亿元，增长 11.7%。2010 年全国财政收入 83 080 亿元同比增长 21.3%[①]。较为充实的财力，为实施城乡公共服务标准化提供了坚实的基础。

从城乡居民需求方面分析，基本公共品服务标准化具有可行性。

城乡居民既是公共服务资金的提供者，即纳税人，又是公共服务的接受者，在现阶段实行基本公共品服务标准化管理，是可以接受的。

首先，满足基本公共品服务需要，减少不公平感。近年来，在我国社会转型、经济体制转轨过程中，城乡居民收入差距呈不断扩大趋势，税收、社会保障等调节收入差距，体现社会公平的政策效应不够理想，中低收入阶层反映较为强烈。而政府通过实施基本公共品服务标准管理，使城乡居民在最基本的公共服务，如义务教育、初级公共卫生、社会保障、公共文化设施、公共安全、基础设施等方面，享受到同等待遇，体现社会公共平，可逐步消除城乡居民，特别是弱势群体的不公平感，减少社会矛盾，维护社会未定，构建和谐社会。

其次，通过基本公共品服务标准管理，使城乡居民从切身利益的变化感受到政府在努力逐步缩小城乡公共服务差距，提高对政府公共政策的满意度。如前所述，包括公共服务在内的城乡差距，有其错综复杂的成因，其缩小以至于消除也需要有一个过程，这一点，大多数城乡居民是能够理解的。而通过基本公共品服务标准化管理，使城乡居民从切身利益的变化感受到政府在采取有效措施，切实在消除城乡差距，增加对农村公共服务的投入，关注弱势群体的利益，从而提高对政府工作的满意度，并主动配合政府有关方针政策的配合，增强政策效益。对一些暂时还无法解决的问题，也能够看到希望。

再其次，根据城乡经济社会发展水平，制定切实可行的基本公共品服务标准，城乡居民能够理解、接受。我国目前还处在社会主义初期阶段，受经济发展阶段和政府可支配财力的限制，公共服务的水平不可能很高。与发达国家相比，还有很大差距。而选择一些与人民生活、经济社会关系密切的基本公共品服务项目，如义务教育、初级公共卫生、社会保障、公共文化设设施、公共安全、基础设施等，按统一标准在城乡实施，以保证城乡居民的基本生产生活需要，体现社会公平。而在其他领域仍存在一定差距，这种状况，城乡居民也能够理解、接受。

我们以义务教育、公共卫生、社会保障、公共文化设设施、公用事业设施、环境保护、就业服务为基本公共品服务项目，设置一级指标，每一指标再设置若干二级指标，并以 2009 年、2010 年城乡公共服务水平为基础，根据十

---

① 资料来源：财政部网站。

七大提出2020年实现全面建成小康社会的奋斗目标,测算未来五年可达到的数值见表7-2所示。

表7-2 未来五年小康社会奋斗目标预测

基本公共服务一级指标	基本公共服务二级指标	五年应达到的服务标准（2015）
义务教育①	生均财政预算拨款额	8 380元（事业费）
	生均固定资产价值	1.1万元
	生均占有图书册书	40册
	师生比例	1:14
	教师职称合格率	100%
公共卫生②	传染病、地方病防治率	95%
	疫苗接种普及率	95%
	公共场所卫生合格率	90%
	食品卫生合格率	90%（农村）
	每万人拥有的医院（卫生院）病床数	45张
	每万人拥有的医师人数	35人
	城乡人均卫生费差距缩小率	20%
社会保障③	最低生活保障程度	100%
	医疗保险参保率	80%
	养老保险参保率	城乡参保率差距缩小20%
	工伤保险参保率	80%
公共文化设施④	人均公共图馆藏书册数	1.1册
	每万人拥有的影剧院数	3个
	每100万人拥有的科技馆数	4个
	每万人拥有的公共体育场馆数	4个
公用事业设施⑤	自来水普及率	95%
	广播电视覆盖率	98%
	行政村公共汽车通车率	95%
	每万人拥有的邮政服务网点	1.4个
环境保护⑥	生活垃圾处理率	60%（农村）
	污水处理率	85%

续表

基本公共服务一级指标	基本公共服务二级指标	五年应达到的服务标准（2015）
就业服务[⑦]	每10万人拥有的公共培训机构数	8个
	公共培训机构财政人均补贴额	2 100元
	公共培训机构每年培训人数	每年培训500万名农民工

注：①根据教育部、国家统计局、财政部：《2008年全国教育经费执行情况统计公告》，《中国统计年鉴（2009）》等资料测算。

②根据卫生部统计信息中心：《2009年中国卫生事业发展情况统计公报》，卫生部网站2010年3月29日，《中国统计年鉴（2009）》等资料测算。

③根据人力资源和社会保障部《2009年人力资源和社会保障发展统计公报》，人力资源和社会保障部网站，2010年5月21日，《中国统计年鉴（2009）》等资料测算。

④根据国家体育总局：《关于实施农民体育健身工程的意见》，中央政府门户网站2006年3月29日。国务院：《全民科学素质行动计划纲要（2006~2010~2020年）》，中央政府门户网站2006年3月27日。《中国统计年鉴（2009）》等资料测算。

⑤根据《中国统计年鉴（2009）》等资料测算。

⑥根据《国务院关于印发国家环境保护"十一五"规划的通知》，中央政府门户网站，2007年11月26日测算。

⑦根据农业部、劳动保障部、教育部、科技部、建设部、财政部：《2003~2010年全国农民工培训规划》，中央政府门户网站2005年8月14日，《中国统计年鉴（2009）》等资料测算。

上述义务教育、公共卫生、社会保障、公共文化设施、公用事业设施、环境保护、就业服务等基本公共品服务范围共7大类服务指标，29个二级公共服务指标。通过对上述基本公共品服务的标准化管理，在一定时期内明确提出需要达到的目标，配合相应措施，保障预期目标实现，可有效缩小城乡公共服务差距，促进城乡统筹发展，共同繁荣。这些措施主要包括以下几个方面。

第一，各级政府明确公布一定时期城乡基本公共品服务需要达到的标准（可有一定的幅度），作为经济社会发展的重要任务列入政府年度或五年国民经济和社会发展规划。考虑到各地区经济社会发展不平衡，上述基本公共品服务标准是可在不同地区有一定幅度差别，但城乡差距必须呈缩小之势，不能继续扩大。公布一定时期城乡基本公共品服务需要达到的标准，就是明确各级政府在此期间在工作任务，以合理配置财政资源，采取有力措施，努力为城乡居民生活，以及经济社会发展提供良好的条件。基本公共品服务标准的公布、实施，对政府而言，也是一种外部的压力和约束。政府为了维护自身信誉，取信于民，必然想方设法去实现公布的目标。同时，社会各界也能够了解政府的政策意图，积极配合、支持政府工作。通过明确各个时期的目标，将一般性号召、政府导向，转化为实际行动，经过若干阶段时期连续不断的奋斗，则必然能够达到逐步缩小城乡公共服务差距，统筹城乡发展的目的。

第二，将基本公共品服务标准实现情况，作为政府政绩考核的专项重要内容。从理论上讲，克服市场失灵，提供共物品服务是政府应尽的职责。而在我国现阶段政府经济社会治理职能中，受经济体制转轨和社会转型的影响，公共服务能力不足，是制约经济社会发展的重要因素，成为和谐社会建设必须尽快解决的瓶颈。在公共管理实践中，上述基本公共品服务涉及教育、卫生、就业和社会保障、环保、建设等政府部门，因而将基本标准实现情况，作为政府政绩考核的重要内容，构建科学、合理的考核体系，严格奖惩制度，以制度保证公共服务标准的实现。另外，由于公共服务的受益范围不同，不同类型的公共服务有不同层级的政府负责，因而就需要进一步划分各级政府公共服务的职责，能够细化到具体服务类别、事项，实现其制度化、规范化和法制化，运用政绩考核机制，促进各级政府尽职尽责，保证一定时期政府城乡公共服务目标的如期实现。

第三，在制度上、法律上明确超标地区有帮扶落后地区的义务，并建立相应的支持机制。目前我国城乡公共服务差距的调节，主要依靠从中央政府到地方政府、从上级政府到下级政府的纵向调节，主要靠一般性转移支付和各种名目繁多的专项转移支付。在制度上没有横向的的转移支付，即地区之间、城乡之间的转移支付。只有一些对口支援等非制度性、非约束性的政策引导。由于现阶段纵向转移支付以税收返还为主，可平衡地区公共服务差距的一般性转移支付、专项转移规模有限，因而对缩小城乡公共服务差距贡献不大。因而为了有效缩小城乡公共服务差距，除纵向转移支付外，在制度上、法律上明确规定基本公共品服务水平超标地区有帮扶落后地区的义务，实行地区间、城乡间横向转移支付制度，保障各地区城乡实行基本公共品服务标准化管理所需财力，促进城乡共同发展。这种转移制度，特别是城乡之间的转移支付制度，需要在核定各地区标准财力、标准支出的基础上，确定转移支付的水平，在相应行政区划内，通过政府预算制度，安排城市对农村地区的转移制度，以保障城乡基本公共品服务标准的实现。在规范的横向转移支付制度建立之前，也可将现行地区间对口支援制度上，在公共服务领域提出达到的明确要求，已逐步缩小城乡基本公共品服务差距，向横向转移支付制度过渡。

第四，在一定时期内对基本公共品服务范围及指标体系作出技术上的调整。由于国家经济社会的发展，城乡居民需求的变化，特别是我国今后几十年处在城镇化快速推进的时期，公共服务需求变化较大，有些公共服务已达到城乡统一，或者差距不大，或者居民需求已发生重大转折，就有必要对政府提供基本公共品服务范围及指标体系做出技术上的调整，增加一些新的公共服务指标，淘汰一些过时的服务指标，调整考核的指标体系和标准数值，使公共服务标准化管理更具有现实性，为城乡统筹发展做出更大的贡献。这种调整，可配合政府五年期的国民经济和社会规划或者年度规划来实施，以适应国家经济社会发展和城乡人民生活对公共服务的需要。

3. 采取依递进的方式，明晰各级政府农村公共品供给边界

根据政府职责一般是上级政府比下级政府宏观、综合，而下级政府比上级政府具体、细致的特点，按照岗位手册——政府职责说明书——部门规章——行政法规——单项法律——宪法的层次，采取递进的方式，明晰各级政府农村公共品供给边界。考虑到修改《宪法》及有关法律的复杂性，各级政府农村公共品供给边界的划分工作，可在中央和省级政府指导下，首先从乡镇、县级政府开始，逐步推开。即采取自下而上，上下结合的方式。在一级政府中，先对部门内岗位设置及其职责编写岗位手册，然后编写政府部门职责说明书。在下级政府职责的基础上，上级部门进一步明确本级政府的职责，直到中央政府。

在各级政府农村公共品供给边界划分后，应保持相对稳定，在一定时期内进行调整，如5年，并建立相应的调整程序，由各级人民代表大会掌握。

4. 需突破的难点选择

为了实现上述改革的目标，有些问题需要作为难点和重点取得突破，主要体现在以下几个方面。

（1）该问题能够提到高层政府议事日程，自上而下，逐层明确，分项落实，逐步完善，从制度规范到法律规范。如前所述，为了减少改革的阻力，可先从基层政府开始，分项逐步明确各级政府农村公共品供给的具体边界，但这种改革的推行，必须有来自上级政府强有力的支持和指导，否则，就会寸步难行。而要达到这一点，就需要能够将此事列入政府的议事日程，有具体的计划和行动的时间表。特别是在中央政府层面有相应的安排。不然，只限于一般性文件描述和号召，很难取得实质性进展。因而在中央政府领导下，自上而下，逐层明确指导，自下而上逐层划分农村公共品供给边界，分项落实，逐步完善，从制度规范到法律规范，最后达到改革预期目标。

（2）建立规范的财政转移支付制度，在财力上支持各级政府农村公共品供给职责。从理论上讲，政府履行职能要职权与财权相结合，明确划分事权在先，再配合相应财权和财力，保证各级政府责、权、利相结合，实现其政府职能。而各级政府农村公共品供给边界的划分，如果没有相应财权和财力支持，最后也不能实现预期的目标。解决这一难题的关键，就是建立规范的财政转移支付制度，在财力上保证各级政府履行职责的需要，特别是中西部地区，要保证农村基本公共品供给目标的实现,仅依靠地方政府自身财力是不现实的。目前政府财政转移支付总规模不小,但主要是税收返还,未能发挥平衡地区财力,保障基本公共品供给的功能。

(3) 积极开展理论研究和宣传动员工作,争取扩大农村公共品供给领域的共识,努力降低改革的政治风险。随着我国"三农"问题的日益严峻,在增加农村供品总量,明确各级政府职责等一般原则问题上,取得了广泛的共识,但具体到某类公共品的供给,如义务教育、公共卫生、社会保障等,从理论界到政府部门,往往存在较大争议,甚至严重分歧,像公共卫生制度中公立医院的职责、义务教育能否以县级政府为主等目前存在很多不同看法,这种状况必然影响到改革的进程,产生相应的政治风险。且从客观上讲,中国是一个单一制的大国,各级政府架构具有同构的性质,任何机构改革和职能调整,往往具有牵一发而动全局的情况,改革面临较大的阻力和风险。因而需要对一些热点问题如公共卫生等深入开展理论研究,广泛进行社会宣传和动员,以便在这些问题上形成较为一致的社会共识,降低改革的阻力,减少和消除由此而引起的社会震荡和政治风险。

(4) 调整现有利益格局,减少既得利益者对改革的抵制。虽然我国各级政府在农村公共品供给方面的边界不够清晰,职责不够明确,但经过新中国成立后六十多年的发展,特别是改革开放三十多年的发展,农村公共品供给已有较大规模,科技、教育、文化、卫生等各项社会事业获得了较快发展,已形成了一定的利益格局。要在现有各级政府职责的基础上,进一步明晰各级政府在农村公共品供给方面的边界,就需要调整现有的利益格局,涉及有关部门和个人的利益,在改革中产生各种各样的阻力。要保证改革的顺利推进,就要化解来自既得利益这方面的阻力,除在政治思想、宣传教育方面要求相关部门和人员能够认清形势,顺应历史潮流,顾全大局,促进改革深化外,还需要在制度、政策方面有一定的配合措施。

(三) 农村公共品供给主体的合作

如前所述,农村公共品供给,仅靠政府财政供给,或者通过"一事一议"方式由农民承担,都是不现实的,而需要各方通力合作,提高供给能力,达到共赢得目的。

1. 多方合作的前提:明确界定各类在农村公共品供给中的职责,提高供给能力

根据公共品基本理论,公共品供给层次和供给主体,应与公共品性质和受益范围一致。从农村公共品供给主体来看,主要包括政府机构、非营利组织、志愿者，以及企业、个体经营者等。这些供给主体由于其性质和特点不同，适合供给不同的公共品。

对政府各级机构而言，其在农村社区公共品供给中扮演着重要角色，是纯公共品、大部分外部效应明显的准公共品供给主体，主要包括全面指导和规划农村公共品供给；义务教育；进行基本公共服务设施投资；提供传染病、地方病防治、突发性公共卫生事件管理等公共卫生服务；人口与计划生育服务；社会治安服务；养老、医疗、失业等社会保障及救济等社会福利服务；跨区域及大规模环境治理；农业产生产技术服务等。

农村自治组织——村委会，在我国现阶段具有一定程度准政府机构性质，其在农村公共品供给中适合承担的任务有：承担政府委托的行政事务；协助上级政府管理公共卫生事务；管理公共文化、体育设施，提供公共文化体育服务；组织本社区的绿化等环境保护服务等。

其他农村非营利组织可提供的公共品服务有：本社区公共场所公共卫生服务；地方戏剧、民间艺术等公共文化活动；各类体育协会等社区体育活动；农民科技文化教育学校等教育活动；义务巡逻等社区安全服务；助残、济困等慈善活动等。

志愿者可通过志愿者组织等非营利组织，或者直接为社区提供慈善、公共卫生、公共文化、社区教育等公共品服务。

在农村的企业、个体经营者可在财力许可的范围内，参加一些公益活动，为企业、个人生产经营创造一个良好的社会环境。

上述农村公共品供给范围和分工，是大致根据各供给主体的性质和特点描述的，还需要注意中国农村各地区之间经济社会发展的巨大差异，以及所形成的对不同类型公共品的需求。在中西部地区，一些农村地区的农民还处在较为贫困的状态，部分居民温饱问题尚未解决，他们对公共品需求更多集中在寻求推广生产技术、开拓市场、转移剩余劳动力、改善桥梁道路等社区基本设施条件，以及脱贫致富等方面，对其他方面公共品需求较低，而对于东部发达地区的农村而言，有些地方公共设施与城市相差无几，农民对公共文化、体育、公共卫生、社会保障方面的要求较高，能够积极参加社区民主管理。因而，需要满足不同农民的不同公共品需求。

如前所述，在农村供给的公共品中，有些属纯公共品，或者是外部效应明显的准公共品，其他主体难以承担，需要政府供给。因而在开展各方合作，增加农村公共品的过程中，首先是政府要增加投入，保证上述范围内公共品的供给，在此基础上，才能开展政府与各方合作，增加公共品的供给。根据公共品性质，结合我国农村经济社会发展实际情况，需要政府在农村独立承担供给任务的公共品有：一般行政管理、义务教育、公共卫生、人口与计划生育、公共设施、基本社会保险、社会救济等。一定时期政府对农村公共品供给的职责，可通过颁布相关标准的方式来进行。在现代市场经济条件下，居民通过向政府缴纳税款为公共服务筹集资金，政府就具有义不容辞的责任为居民提供公共品服务，构成提供服务的主要载体，而其他主体如非营利组织、志愿者只承担辅助职责。如前所述，政府职责不到位，正是我国农村社区公共品供给不足的直接原因。

在合作供给农村公共品过程中，政府在合作机制中发挥引导、协调、监测、评估等功能。政府通过制定、实施国民经济各社会发展规划，以及编制、执行政府预算，对农村公共品供给规模、结构和效益进行指导，使公共品供给既能满足农村的生产、生活需要，又符合国家的整体利益、长远利益；针对社区公共品供给过程中的新情况、新问题，有效协调政府机构、自治组织、非营利组织之间，以及它们与农民之间的矛盾和问题，保证农村公共品供给达到预期目的；政府从经济社会发展的全局出发，对农村社区公共品供给的供求状况及时进行监测、评估，解决存在的问题，更好地满足农民生产、生活需要。

2. 公共服务项目：多方合作的纽带

政府机构、非营利组织等农村公共品合作主体，需要有一个恰当的合作切入点。而以公共服务项目为纽带，实现政府、自治组织、其他非营利组织、志愿者活动的有机结合、合作，则可能是一种较为现实的选择。通过公共服务项目，实现各方在资金、人力资源、信息、物资、设施等方面的相互配合与支持，增强农村公共供给能力，扩大供给规模，优化供给结构，提供高供给效率，满足农民生产、生活需要。

至于项目的来源，主要通过社区村民大会或村民代表大会提出，充分反映农民的真实意愿与需求。社区村民大会或村民代表大会每一年度根据本社区居民生产、生活的迫切需要，社区组织资源的能力，以及国家经济社会发展的整体情况等因素，提出本社区年度公共服务项目并组织实施。一方面满足农民生产、生活对公共品需求；另一方面，有效防止过度供给，增加农民负担。同时，公共服务项目可以由政府机构、自治组织提出，征得社区村民大会或村民代表大会同意，并提供主要资金来源，其他非营利组织和志愿者参加。一些大型项目，或者适合通过市场机制促进各方合作的公共服务项目，政府也可通过招投标的方式进行，如政府与各方合作建设农村社区公共文化、体育设施，开展文体活动等。公共服务项目资金分摊比例，以政府制定补贴标准为主，再配合必要的协商、谈判等途径解决。

3. 夯实多方合作的重要基础：扶持和促进农村非营利组织发展，培养志愿者精神

要增加农村公共供给的数量、质量与效益，除需要政府增加财政投入，通过财政转移支付，保证农村列入基本公共服务范围公共品供给的数量、质量，提高供给效率外。扶持和促进农村非营利组织发展，培养志愿者精神，是非常重要的途径。与现行国家对事业单位、社会团体和民办非企业单位等非营利组织管理制度相比，政府可放宽对成立农村非营利组织的限制，只要资金筹集、公共服务等活动范围在本社区，不在其他地区设立分支机构，其成员都是本社区居民，该组织在乡镇政府备案即可，在注册资金、办公场所等方面不必严格要求。但非营利组织应遵守宪法、法律和规章，坚持非政治、非经济的原则，按照其章程开展活动，实现其宗旨，建立政府与农村社区非营利组织的互信机制。

通过非营利组织活动，将分散的居民组织起来，积极动员社会资源，为社居民提供所需的公共服务。如蔬菜种植协会等各类农产品生产、加工、运输、销售等非营利组织，可为成员提供科技知识、市场信息等公共服务；篮球协会等体育组织，可在社区积极开展各类体育活动，丰富居民文化生活。通过非营利组织的活动，充分调动社区居民，以及驻社区的政府机构、企业、事业单位和个体经营者的积极性，以会费、赞助费、捐赠等方式，动员更多的社会资源，增加公共服务投入，既满足农村对公共服务的需求，又能克服政府公共服务能力的不足。利用非营利组织的上述活动，培养农民的自治意识、公民意识，使农民真正成为社区活动的主人，社区公共服务能够真正增进农民的福利，提高生活质量。

此外，大力提倡志愿者精神，开展志愿者服务，将国际上普遍推行的志愿者精神与我国邻里互助、积德行善的悠久传统有机结合起来，在现阶段增加投入不多，甚至没有投入的情况下，为农民提供一些公共服务，则是我国现阶段农村增加公共品供给的重要途径。如志愿者巡逻队维护社区治安秩序；清扫环境垃圾、绿化环境；为孤残居民提供帮助等。从我国农村经济社会的发展实际情况分析，农村人力资源丰富，且具有修桥补路、积德行善、邻里互助的传统，社区服务又是对本社区居民的服务，只要方法得当，因势利导，动员更多的人从事社区志愿服务，还是可行的。既增加公共服务的数量与质量，又不需要太多的投入，符合我国发展中国家大国的实际情况。

4. 建立合作提供农村公共品服务的法律制度保障

政府机构、非营利组织、企业，以及志愿者在农村联合提供公共品服务，需要有明确的法律制度依据、保障，以维护各方权益，达到合作与共赢的目的。主要包括以下方面。

（1）修改现行相关法律，明确各方合作提供农村公共品的法律地位与责任。

包括修改《各级人民代表大会和地方各级人民政府组织法》，明确地方政府在农村建设中的职责；修改《预算法》，将农村社区建设资金纳入政府预算，社区资产纳入行政事业管理范畴。修改《村民委员会组织法》，明确农村自治组织在社区公共物品供给中的职责。并建立、健全与上述法律相配套的规章制度，为各有关主体合作在农村开展公共品服务提供法律制度保障，及时解决公共品供给中存在的问题与矛盾，使农村公共品供给走上制度化、法制化的道路。

（2）健全政府绩效考核制度，将农村公共品供给状况列为地方政府及公务员绩效考核的内容。如前所述，为农村提供公共品服务是政府应尽职责，目前存在诸多问题，且城乡差距悬殊，因而增强农村公共服务水平是提高政府公共服务能力的重点内容之一。通过绩效考核制度，监督政府增加投入，提高服务效率，积极开展与其他供给主体的配合，促进一定时期农村公共服务目标的实现，逐步缩小城乡公共服务差距，实现基本公共服务均等化，满足农村经济社会发展需要，提高农民生活质量。

（3）进一步完善自治组织直接选举制度，由社区选民对自治组织及其负责人公共品供给和管理水平做出直接的评价。根据现行《村民委员会组织法》等法律制度，我国农村在乡镇政权以下实行村民自治制度，村委会负责人实行村民直接选举的办法，因而将社区建设与村民自治制度结合起来，充分发挥自治组织在社区公共品供给中的作用，并通过选举制度，由选民对自治组织及其负责人的公共品服务水平与质量做出直接评价，即所谓"用脚投票"，不断推动农村社区公共服务向更高水平发展。

二、中国农村公共品供给的资金来源

改革开放以来，随着我国经济体制改革，特别是财政管理体制改革的不断深入，中国农村公共品供给的资金来源，初步形成了以财政供给为主，社会多方投入为辅的格局。

（一）政府财政资金

根据公共品的性质，农村公共品供给的资金来源，应主要是政府财政资金，其构成资金来源的主体。由于农村公共品可分为纯公共品和准公共品，纯公共品应由政府财政承担，而准公共品供给资金应由政府财政和非营利组织、企业，以及个人等分担。

在我国现行的体制下（2011年以前），政府财政资金还包括预算资金和预算外资金两部分。

1. 预算内资金

预算内资金是我国政府财政资金的主体，也就构成了各级财政投入农村公共品供给的主要资金来源。如 2009 年中央财政用于"三农"方面的支出安排合计 7 161.4 亿元，增加 1 205.9 亿元，增长 20.2%。其中：用于农业生产方面的支出 2 642.2 亿元；对农民的四项补贴（粮食直补、农资综合补贴、良种补贴、农机具购置补贴）支出 1 230.8 亿元；支持教育、医疗卫生、社会保障和就业、保障性安居工程、文化等农村社会事业发展方面的支出 2 693.2 亿元；主要农产品储备费用和利息等支出 567.2 亿元。中央财政对地方的税收返还和一般性转移支付 13 788.69 亿元大部分也将用于民生和"三农"支出[①]。又如 2010 年江苏省财政切实加大"三农"投入。一是多渠道增加农民收入。省财政兑付粮食直补、农资综合直补、良种补贴、农机具购置补贴资金 61.6 亿元。二是夯实农业发展基础。加快实施农村实事工程，下拨中央和省级补助资金 47.25 亿元用于重点水利工程和农田水利建设。安排 17.13 亿元大力支持构建现代农业生产体系。安排农业综合开发资金 18.5 亿元。补助 7.75 亿元支持建设农村公路。支持新建改建农村桥梁 6 000 座。三是支持完善农村金融服务体系。安排促进农村金融改革发展奖励补偿资金 7.33 亿元。安排财政保费和巨灾风险准备补贴 5.4 亿元。四是支持深化各项农村改革。继续推进财政支农资金整合。积极支持苏州城乡发展一体化试点，探索城乡统筹发展的有效途径。继续提高义务教育生均公用经费拨款基准定额标准，实施免费发放教科书，免收农村义务教育公办学校寄宿生住宿费政策。免除中等职业教育学校城乡家庭经济困难学生和涉农专业学生学费。继续提高新型农村合作医疗政府补助标准，新农保参保率达到 99%[②]。

2. 预算外资金

除预算内资金外，各级政府也运用部分预算外资金为农村提供公共品服务。特别是乡镇政府在农村税费改革以前，乡统筹资金等资金来源较多。在实行农村税费改革、部门预算改革后，土地承包费、农村教育费附加、乡统筹、村提留等涉农收费项目取消，保留的预算外资金和预算内财政资金统筹使用。预算外支出主要是用于农村基础设施建设等方面，例如，农村的道路、水利、桥梁、学校及乡卫生所等。具体的金额可以参见表 7-3 所示。

---

① 财政部：《关于 2008 年中央和地方预算执行情况与 2009 年中央和地方预算草案的报告》，中央政府门户网站，2009 年 3 月 15 日。

② 潘永和：《关于江苏省 2008 年预算执行情况与 2009 年预算草案的报告》，财政部网站，2009 年 2 月 5 日。

表7-3　　　　　　　　　农村基础设施建设支出　　　　　　　单位：亿元

年份	1996	1997	1998	1999	2000	2001	2002	2003	2004	2005
基本建设支出	1490.23	502.03	393.98	539.82	426.20	350.00	260.00	269.86	287.28	346.74
乡镇统筹自筹支出	136.39	288.69	335.26	350.34	387.39	400.00	268.00	283.11	205.09	198.01

资料来源：相关年份《中国统计年鉴》。

从2011年起，我国政府根据国家经济社会发展和财政改革的实际情况，正式宣布取消了预算外资金制度。这项存在了六十多年、争议不断、治理效果不佳的财政退出了历史舞台。

（二）国内民间捐赠的资金

民间捐赠的资金也是农村公共品提供的资金来源的一部分。随着我国经济的快速增长、人民生活水平的提高，非营利组织得到较快发展，企业、个人通过捐赠参与社会公益事业的积极性进一步提高。一些非营利组织通过吸收企业、个人等民间捐赠的资金，在农村提供部分公共品服务。从总体上看，我国近年来民间捐赠资金增长较快。据不完全统计，2010年我国社会慈善捐赠总额达700亿元，比2009年的542亿元有大幅度增长，彩票发行筹集的公益金达489亿元，比2009年的463亿元增长了5.6%，两项相加，2010年捐赠款物与彩票公益金合计为1189亿元。根据统计，2010年1~12月，有110家中央国企发生对外捐赠支出，累计支出总金额为419866.76万元。在慈善捐赠排名中，民营企业与国有企业相比毫不示弱，在2010年全年捐赠过亿的36笔捐赠中，民营企业数量占到一半。根据中民慈善捐助信息中的监测，2010年大额捐赠总额达到336.28亿元，其中：1亿元（含）以上捐款60笔，共计217.17亿元；1000万（含）元到1亿元捐款377笔，共计82.68亿元；100万（含）元到1000万元捐款1149笔，共计33.39亿元。大额捐赠快速上升，与企业家关注重大灾难、全力支持抗灾直接相关。2010年，中国发生的西南旱灾、玉树地震、舟曲泥石流和严重洪涝灾害是引发大额捐赠增加的重要原因①。

---

① 中国社会科学院社会政策研究中心：《中国慈善发展报告（2011）》，社会科学文献出版社2011年版。

(三) 一事一议中农民的出资

税费改革后，由于乡统筹、村提留、农业税附加等筹资形式被取消，为了解决村级组织开展社会公益事业建设、提供公共品服务的资金需要，特制定了一事一议制度。即指由农民采取民主讨论的形式决定如何筹资资金和劳务，在本村范围从事社会公益事业建设、提供公共品服务。我国《村级一事一议筹资筹劳管理办法（试行）》规定，通过"一事一议"的方法进行筹资筹劳的农村公共品服务包括：村内小型农田水利基本建设、道路修建、植树造林和村民认为需要兴办的其他集体生产生活及公益事业项目；政府给予资金补助、农民直接受益的斗渠（或相当于斗渠）及以下的小型农田水利、村级道路建设、养护项目。

"一事一议"的制度给农民提供了对农村公共品需求的表达机制，它充分体现了农村公共品提供的民主化程度。在"一事一议"的过程中，农民是决策的主体，农民自己说了算，例如对筹资的标准由村民代表大会讨论决定，充分体现了农民在农村公共品提供中的决定性作用，兼顾了农民的经济实力。这种提供供给方式，在一定程度上实现了供给和需求的一致性，从而有利于农民在农村公共品决策上的自主性。近年来，为了减轻农民负担，各地区一事一议的农民出资一般控制在人均20元左右。

(四) 国际非营利组织提供的资金

如前所述，近年来一些国际非营利组织在我国开展与其宗旨相关的活动，也为农村公共品服务提供了部分资金。据民政部门统计，截至2007年年底，在华国际非营利组织超过4 000家（包括港澳台地区），从事扶贫赈灾、农村和社区发展、儿童福利、卫生健康、教育等活动。2007年度国际非营利组织对华投入超过10.8亿元，其中福特基金会2007年度在华项目资金超过1.15亿元，世界宣明会2007年度支出1.63亿元[①]。如李嘉诚基金会（香港）北京办事处2007年度海南农村卫生建设扶贫项目支出1 000万元、青海省藏医医疗扶贫计划支出128.3万元[②]，等等。这些资金对于中国广大农村的公共品需要而言，无疑是非常有限的，但也成为有益的补充。

[①] 民政部社会福利和慈善事业促进司：《〈中国慈善事业发展指导纲要〉(2006~2010年) 实施评估报告》。
[②] 民政部民间组织局网站。

（五）中国农村公共品供给资金存在的问题

1. 资金总量不足，难以满足农村经济社会发展需要

在农村公共品供给中，资金投入不足是首要问题。新中国成立后，我国长期执行城乡分割的公共品供给体制，资金分配向城市倾斜，进一步加剧了二元经济结构的矛盾，农村和城市经济差距拉大，城乡居民收入水平差别较大。城镇公共品供给主要以政府财政为主。而在农村，除部分公共品由政府财政提供资金外，在农村税费改革前，由于改革开放后实行家庭联产承包责任制，原集体经济大部分解体，农民成为农村公共品供给资金的主要提供者，"农民的事情农民办"成为政府筹集农村公共品资金的基本思路，于是，农民集资办学、集资办卫生院、集资修路之类的事，层出不穷。由于农村经济落后，农民积累有限，出资用于公共品服务的资金不多，则必然形成公共品供给自足，难以满足农村经济社会发展需要的局面。

从政府财政对农业的投入来看，从 2000 年开始，我国财政对农业的支出绝对数在逐步增加，2000 年为 1 231.54 亿元，而到 2006 年达到 3 172.97 亿元，约是 2000 年资金总数的 3 倍。2009 年为 6 720.41 亿元。但从相对数来看，这几年来，除了 2004 年我国财政对农业的支出占财政总支出的 9.67% 外，我国财政对农业的支出一直保持占财政总支出的 7% 多一点。

从义务教育的情况看，2009 全国普通小学生均预算内事业费支出为 3 357.92 元，比上年的 2 757.53 元增长 21.77%。其中，农村普通小学生均预算内事业费支出为 3 178.08 元，比上年的 2 617.59 元增长 21.41%。全国普通小学生均预算内公用经费支出为 743.70 元，比上年的 616.28 元增长 20.68%。其中，农村普通小学生均预算内公用经费支出 690.56 元，比上年的 581.88 元增长 18.68%。全国普通初中生均预算内事业费支出为 4 331.62 元，比上年的 3 543.25 元增长 22.25%。其中，农村普通初中生均预算内事业费支出为 4 065.63 元，比上年的 3 303.16 元增长 23.08%。全国普通初中生均预算内公用经费支出为 1 161.98 元，比上年的 936.38 元增长 24.09%。其中，农村普通初中生均预算内公用经费支出为 1 121.12 元，比上年的 892.09 元增长 25.67%[1]。

从医疗卫生的情况看，2009 年全国卫生总费用达 17 541.9 亿元，其中：政府卫生支出 4 816.3 亿元（占 27.5%），社会卫生支出 6 154.5 亿元（占 35.1%），个人卫生支出 6 571.2 亿元（占 37.5%）。卫生总费用城乡构成：城市 11 783.0 亿

---

[1] 《教育部　国家统计局　财政部关于 2009 年全国教育经费执行情况统计公告》，载《中国教育报》，2010 年 12 月 7 日。

元，占 67.2%；农村 5 758.9 亿元，占 32.8%。人均卫生费用 1 314.3 元，其中：城市 2 176.6 元，农村 562.0 元。卫生总费用占 GDP 百分比为 5.15%。2010 年全国卫生总费用预计达 19 603 亿元，人均卫生费用 1 440.3 元。[①] 这种状况的重要原因，就是政府对农村医疗卫生事业投入不足。

在农村公共品供给的诸多领域，都存在上述城乡差距和供给不足的问题，因而导致农村公共品供给整体上资金不足，难以满足农村经济社会发展的需要。

2. 资金结构不合理，多头供给、政出多门

农村公共品供给过程中，不仅是资金的总量不足，资金结构也安排得不够合理，问题日益突出。首先，在同一类公共品的提供中，涉及多个政府部门，有不同的预算安排和资金来源渠道。以支持农业发展的公共品服务为例，涉及财政、农业、林业、科技、教育等多个部门，资金整合难度大，难以达到预期目的。其次，在同一公共品服务内部资金安排不够合理，如义务教育经费中人员费用比例较高，而公用经费比例偏低，直接影响服务质量的提高。再其次，有些公共品服务领域资金来源是空白。最突出的问题是农民养老保险问题，大多数地区农村农民依靠家庭养老，没有得到政府的资金支持。

3. 资金使用效益有待提高

农村公共品供给过程中，财政资金效率低下的问题也日益突出，亟待解决。究其原因，是多方面的，主要体现在：（1）同一类资金公共品供给资金多头管理，分散使用，制约了资金使用效益的提高。如前所述，政府作为资金供给的主体，各部门对农村公共品的支出渠道分散，部门各自为政，政策之间往往发生矛盾和冲突，缺乏系统性和整体协调性，资金运行成本增加，从而导致资金的管理效率低下。因为政府对农村公共品的资金实行切块管理，各部门都有资金的支配权，不利于资金的统一调配使用；此外，在国库制度改革前，政府对农村公共品提供的中间环节多，尤其是中央政府对农村公共品提供的资金被层层挤占挪用的现象严重，最后能够真正用到农村公共品投入上的资金大打折扣。（2）农村公共品资金供给不能体现农民的需求，造成服务项目不能达到预期目的，浪费资金。我国农村公共品的供给，主要还是采取自上而下的决策机制，难以有效地反映农民的需求，资金损失现象严重。在自上而下的决策机制下，政府对公共品的提供缺乏内在的降低成本提供资金使用效率的动因，而多是在政绩的驱动下，依靠政治权力来提供农村公共品。这样，农民急需的公共品的供给不足，而农民不需要或暂时不需要的公共品的供给却过剩。例如对一些极为贫困的农村地区修建剧院、图书馆等，而对农业科技推广等直接关系农民生身生活的公共品供给不

[①] 卫生部统计信息中心：《2010 年我国卫生事业发展统计公报》，卫生部网站，2011 年 4 月 29 日。

足。这种情况不仅浪费了资金,还损害了农民的切身利益。(3) 对资金的使用缺乏有效的监督评估机制。目前,我国对农村公共品的资金使用监督,尚未形成一套科学、合理的评价机制和相关的法律约束,"豆腐渣"工程现象普遍,贪污腐败案件时有发生,导致农村公共品供给资金的巨大损失。

(六) 中国农村公共品供给资金问题的出路

通过对我国农村公共品供给状况分析,可以看出,资金不足是制约农村公共品供给的首要问题,需要根据各类供给主体的职责,努力增加资金投入,提高供给能力,满足农民对公共品的需求,促进农村经济社会发展。

1. 增加政府财政投入

从公共品性质分析,各级政府是农村公共品供给主体。供给不足,资金短缺,政府是首要责任。因而增加资金投入,首先是各级政府增加政府财政投入。从我国农村公共供给的实际状况来看,增加政府财政投入主要从以下几方面入手:(1) 彻底改革我国城乡公共品供给二元结构的体制,调整资金安排结构,增加政府财政对农村公共品供给投入,优先实现城乡基本公共品服务均等化,缓解城乡公共品服务的巨大差距。各级政府需要从总量上增加用于农村公共品的资金,以保证上述目标的实现。这是现阶段增加农村公共品投入的基本尺度。(2) 完善转移支付制度,加大中央、省级财政对县乡财政的转移支付力度,增加农村公共品投入。1994年财税体制改革后,县乡财政困难的问题逐步显现。推行农村税费改革后,这种状况进一步加剧,乡镇财政面临着更大的困难,有些乡镇基本上没有提公共品的能力。通过转移支付,确保县乡政府在农村义务教育、公共卫生、计划生育以及道路的维修等基本公共品服务方面的能力。(3) 利用政府在资本市场上筹资的创新,增加农村公共品投入资金。在市场经济下,满足农民对公共品的需求,可以通过税收之外的其他筹集资金的方式,如发行债券的形式筹资。通过发行长期国债来加大对大规模的农村公共品的供给,如大型水利项目等。也可以发展专项国债,如"农村教育债券"、"农村发展债券"等,明确对重点发展的项目的扶持。

在"三农"问题依然突出的今天,如何保证政府对农村公共品投入的增加,需要有效的奖惩机制。在经济社会发展规划中,各级政府应明确本级政府在其任期内对农村公共品投入的目标,作为各级人大和社会监督的依据,并作为党政官员政绩考核的重要指标之一。在这一方面,国务院颁布的医疗卫生改革的决定已做出了很好的范例。国务院关于《医药卫生体制改革近期重点实施方案(2009~2011年)》中提出,三年内,城镇职工基本医疗保险(以下简称城镇职工医保)、城镇居民基本医疗保险(以下简称城镇居民医保)和新型农村合作医疗

（以下简称新农合）覆盖城乡全体居民，参保率均提高到90%以上。参加城镇职工医保有困难的农民工，可以自愿选择参加城镇居民医保或户籍所在地的新农合。2010年，各级财政对城镇居民医保和新农合的补助标准提高到每人每年120元，并适当提高个人缴费标准，具体缴费标准由省级人民政府制定。城镇职工医保、城镇居民医保和新农合对政策范围内的住院费用报销比例逐步提高。逐步扩大和提高门诊费用报销范围和比例。新农合最高支付限额提高到当地农民人均纯收入的6倍以上。制定国家基本药物遴选和管理办法。基本药物目录定期调整和更新。2009年年初，公布国家基本药物目录。完善农村三级医疗卫生服务网络。发挥县级医院的龙头作用，三年内中央重点支持2 000所左右县级医院（含中医院）建设，使每个县至少有1所县级医院基本达到标准化水平。完善乡镇卫生院、社区卫生服务中心建设标准。2009年，全面完成中央规划支持的2.9万所乡镇卫生院建设任务，再支持改扩建5 000所中心乡镇卫生院，每个县1～3所。支持边远地区村卫生室建设，三年内实现全国每个行政村都有卫生室。用三年时间，分别为乡镇卫生院、城市社区卫生服务机构和村卫生室培训医疗卫生人员36万人次、16万人次和137万人次[①]。如义务教育、公共卫生、社会保障等农村公共品供给，都能参照这种方式组织实施，并配合相应的奖惩措施，强化人大及社会监督，就能达到预期目标。

2. 积极动员社会捐赠

社会捐赠是农村非营利组织的主要资金来源，可支持一部分农村公共品的提供。随着人民生活水平的改善，人们的公益意识、慈善意识的提高，开展公益捐赠的积极性逐步增强，捐赠额和捐赠人每年度有较快增长。因此，进一步开展社会动员，募集更多的资金用于农村公共品投入，是现阶段我国增加公共品资金供给的重要途径之一。首先，积极开展社会舆论宣传和动员，形成人人为农村公益事业作贡献的良好氛围。使乐施好善，支持公益事业发展成为每一个社会成员的自觉行为，公益捐赠成为一种风尚。其次，建立对企业、个人捐赠行为的激励机制。落实《企业所得税法》等法律制度规定的减免税政策优惠，逐步扩大优惠政策实施范围，鼓励个人、企业捐赠支持农村公共品服务。在此，大力发展农村社区非营利组织，增强其筹资能力，增加公共品供给。与现行国家对事业单位、社会团体和民办非企业单位等非营利组织管理制度相比，政府可放宽对成立农村社区非营利组织的限制，只要资金筹集、公共服务等活动范围在本社区，不在其他地区设立分支机构，其成员都是本社区居民，该组织在乡镇政府备案即可，在

---

① 《国务院关于印发医药卫生体制改革近期重点实施方案（2009～2011年）的通知》，国发〔2009〕12号，中央政府门户网站，2009年4月7日。

注册资金、办公场所等方面不必严格要求。但非营利组织应遵守宪法、法律和规章，坚持非政治、非经济的原则，按照其章程开展活动，实现其宗旨，建立政府与农村社区非营利组织的互信机制。通过非营利组织活动，将分散的社区居民组织起来，积极动员社会资源，为社区居民提供所需的公共服务。如蔬菜种植协会等各类农产品生产、加工、运输、销售等非营利组织，可为成员提供科技知识、市场信息等公共服务；篮球协会等体育组织，可在社区积极开展各类体育活动，丰富居民文化生活。通过非营利组织的活动，充分调动社区居民，以及驻社区的政府机构、企业、事业单位和个体经营者的积极性，以会费、赞助费等方式，动员更多的社会资源，增加社区公共服务投入，既满足农村对公共服务的需求，又能克服政府公共服务能力的不足。

3. 以市场化方式争取企业资金

政府是农村公共品供给的主体，但并不意味着政府垄断所有公共品供给。根据农村公共品的性质，除中央和地方各级政府可以直接负责对纯公共品的提供外，对有一定的获利空间的准公共品，政府可以利用市场化的方式争取企业投资，既增加公共品供给资金总量，克服政府财力不足，又可利用市场机制，提高公共品资金供给效率。在市场经济条件下，企业以利润的最大化为追求目标，要吸引企业进入农村公共品服务市场，需要一系列的政策措施和制度保障。（1）科学、合理地制定服务价格，使企业能够获得较合理的投资收益。公共品服务价格，一般实行政府定价或者指导价，通过定价，使企业在扣除成本费用之后，能够获得社会平均利润，或者略低于社会平均利润，企业才能投资于农村公共品服务项目。政府定价或者指导价，需要兼顾企业利益、农民利益。（2）运用公共政策工具，鼓励企业投资于农村公共品服务。为降低成本费、增加收益，鼓励企业向农村公共品服务领域投资，政府可运用减免税收、财政补贴、信贷优惠、土地使用等政策工具，降低投资风险，提高企业投资效益，增加经济回报，扶持对农村公共品投资企业的发展，从而提高企业对农村公共品提供的积极性。（3）建立健全法律制度，维护各方利益。对农村公共品服务的投资，是具有一定公益性的投资，不同于一般商业活动，需要建立健全各项法律制度，规范各项行为，保障企业的合理收益，保护农民合法权益，维护政府社会声誉。特别是要规范公共品服务合同管理，不能因为市场环境变化而随意毁约，依法保护各方利益。（4）鼓励企业开展捐赠性投资。对一些热心于社会公益活动的企业，鼓励其开展捐赠性投资，即零利润投资，支持增加农村公共品供给。近年来，一些私营企业开展的"光彩事业"等投资活动，取得了较好的经济、社会效益。对于开展捐赠性投资的企业，政府可通过表彰、奖励等形式给予大力支持，鼓励其生产经营活动，为农村公共品供给做贡献。

4. 农村自治组织增加"一事一议"投入

村委会作为农民的自治组织，可以在法律的范围内独立地决策自己的事务。农村自治组织可在农民自愿的基础上，按照"一事一议"的方式筹款，来为农民提供一些本村所需的公共品服务，充分调动农民参与公共品资金投入的积极性。鉴于现阶段我国农村经济发展水平不高，农民收入有限，通过"一事一议"增加农村公共品资金投入，需要满足两个条件：一是筹资水平和本村农民当年人均纯收入相适应，不因"一事一议"影响到农民正常的生产、生活；一是坚持农村自愿的原则，由村民代表大会或村民大会决定，不能搞强行摊派或者变相强行摊派。随着农村经济的发展，农民收入水平的提高，对公共品需求意愿的增加，特别是"一事一议"方式建设项目受益范围是本村的居民，在遵守签署两项原则的前提下，经过广泛社会动员和协商，通过"一事一议"的方式，增加部分公共品资金的供给。不过，在整个农村公共品资金供给中，"一事一议"筹资只能是一种补充、居于辅助地位。即使在村一级，也不能将公共品供给资金的希望寄托于"一事一议"。

5. 开发部分可实行市场化经营的公共服务项目，筹集公共品供给资金

对准公共品服务，除部分由企业进行市场化经营外，还可以由政府、非营利组织等公共组织实行收费服务，其标准略低于服务成本。通过服务收费，筹集一部分公共品服务投入资金。国内外公共服务实践表明，完全免费的公共品服务也容易产生资源过度使用、浪费，公共服务品服务效率低下的问题。对于农业科技推广、信息服务、公共文化活动、社区教育等公共品服务，以低于成本的价格收取部分费用，一方面有利于这些服务项目的可持续发展；另一方面，农民也能够理解和接受，也不会因此增加农民负担。不过，对这些可实行市场化经营的公共服务项目，需要严格管理，坚持收费专款专用，标准低于服务成本的原则，并向社会公布服务成本、收费标准等信息，接受社会监督，以保障这类公共品服务的非营利性、公益性。在制度上，截断政府组织、村委会与市场化经营公共服务项目的联系，其收费收入不得成为政府机构预算外收入，或者称为解决村委会解决办公经费不足的来源。防止将公共品服务演变为向农民敛钱的工具，加重农民服务，最终也会导致服务项目的失败。

6. 弘扬志愿者精神，培养大批志愿者，节约公共品服务成本

一般而言，志愿者精神是指利他主义和慈善主义的精神。而志愿者是志愿精神的人格化，是能够不计报酬、主动帮助他人、承担社会责任并且为组织服务的人员。在国际上，志愿者是许多国家非营利组织得以存在与发展的重要人力资源。在中华民族发展的历史长河中，尊老爱幼、乐善好施、修桥补路等行为，一直是备受人们传颂的美德。在我国广大农村地区，尽管经济社会发展较为落后，公共品供给资金筹集困难，但人力资源丰富，在不影响农民正常生产生活的情况下，可以动员大批志愿者，为当地提供治安巡逻、环境清理、文体活动、照顾孤老等服务。对政府等公共组织而言，大批的志愿者的无偿服务，能够减少大大减少提供公共品的成本，减少对人力资源的支出，节约宝贵的资金用于其他公共品服务。且这种做法也符合我国经济社会建设资金短缺，而人力资源丰富的情况。

要实现上述目标，还需要采取相应的措施：（1）开展广泛的社会动员，使志愿精神得以普及，做志愿者这成为一种社会风尚。如前所述，我国自古就有乐善好施的传统，但毕竟和现代社会成员普遍参加的志愿者及其志愿者精神，还有一定差距。通过广泛的社会动员，是志愿者精神得到广大农民的普遍认可，转化为人们的自觉行为，从少年儿童，到有活动能力的老人，无论男女，都积极参加志愿者活动，给需要帮助的人以温暖，开展各项公益服务活动，为农村经济社会发展作贡献。（2）对志愿者给予必要的培训。做志愿者，不仅需要满怀热情，乐于奉献，还需要一定的知识和技巧，需要组织专门对志愿者进行相关的培训和指导，使之能够圆满完成安排的工作。（3）对志愿者的工作给予肯定和奖励，特别是精神鼓励。志愿者用自己的时间、知识和技能为农村无偿提供公共品服务，是利他主义和慈善精神的体现，不要求得到物质上的回报，但也希望自己的工作能够得到社会的认可、肯定，实现其信念和价值。因而，政府及社会组织以评比、表彰、通报等形式，给志愿者更多的鼓励和精神奖励，有利于充分调动其积极性，为农村经济社会发展提供更多更好的志愿服务。

三、中国农村公共品供给的方式

一般而言，公共品供给方式从供给主体的角度看，可以分为公共生产公共供给、私人生产公共供给、公共私人混合供给等方式。对不同的公共品，政府等公共组织可以选择不同的供给方式。对同一种公共品，也可以选择不同的供给方式。农村公共品不同供给方式的选择，最终取决于供给效率和质量的提高，以及农民需求的满足程度，本节就这一问题进行专门论述。

（一）农村税费改革前的中国农村公共品供给方式

农村税费改革前我国农村公共品的供给，可以分为两个阶段，第一个阶段是新中国成立到改革开放之前，第二个阶段是改革开放之后到农村税费改革（以2006年取消农业税为标志）。新中国成立后，我国农村在农村实行社会主义改造，建立集体经济——农业合作社，1958年的实行人民公社化运动，各地区农村普遍建立了人民公社。人民公社是政社合一的组织，下设生产大队、生产队，实行以生产队为基础的三级所有体制。在人民公社时期，我国学习苏联模式，优先发展工业，特别是重工业，国家采用统一低价收购农副产品的方式，为国家工业化积累资金。在这个阶段，对农村公共品的供给，主要是依靠集体经济组织供给，即人民公社依靠自己组织财力、物力来提供农村公共品，满足农村经济社会发展的需要。政府财政也提供一部分农村公共品供给资金，但国家财政大部分资金主要用于工业投资和城市建设。因而，这一时期的农村公共品供给方式，主要是公共生产公共供给，其中，以人民公社集体经济组织公共生产公共供给为主，政府公共生产公共供给为辅。这一时期，国家实行高度统一的计划经济体制，除一些大江大河治理、国家公路干线、铁路干线、重大自然灾害救济等公共品供给由财政负责外，农业基础设施、农村义务教育、医疗卫生、五保户供养、贫困救济、公共文化活动等公共品，都由集体经济组织直接组织生产，向所辖区农民提供。由于这一时期不存在市场经济以及市场交换行为，除国有经济、集体经济以外，无其他经济成分，也就不存在公共生产公共供给以外的供给方式。因为当时农业生产力落后，加之国家实行低价收购农副产品为工业化积累集资的政策，农村集体经济组织剩余资金有限，所以为农村提供公共品的能力很低，不少地方温饱问题长期难以解决，城乡公共品供给的差距不断扩大。

改革开放后，1982年我国废除人民公社制度，建立了乡级政权——乡政府，乡政府以下建立基层群众性村民委员会，实行村民自治。乡政府的职能是领导本乡的经济、文化和各项社会建设，做好公安、民政、司法、文教卫生、计划生育等工作。对集体土地实行家庭联产承包责任制，农民成为独立的经济主体。原人民公社时期的社队企业、后来的乡镇企业等陆续解体、倒闭或改制，不能为农村公共品供给提供资金，农民实际成为农村公共品供给的主体。"农民的事情农民办"成为当时公共品供给的主要思路。主要方式有以下几种。

1. 农民以集资办学、集资修路等方式直接提供公共品服务

通过农民集资，解决本村或者乡镇范围内义务教育、道路建设、医疗卫生等公共品服务。这种公共品供给方式，有的是农民自愿的，也有不少是强制性的，实际上是强行摊派。采用这种方式供给公共品，在增加公共品供给的同时，也容易背离农民意愿，加重农民负担，偏离了公共品供给的真正目的。

2. 农民以个人、家庭支出的形式，承担了应由政府等公共组织负担的公共卫生、养老保险等费用

在我国城乡分割公共品供给体制下，由于人民公社时期的合作医疗制度解体，新的农村医疗卫生体制尚未形成，大部分乡镇卫生院陷于瘫痪、半瘫痪状态，农民医药费支出由个人负担。疾病也是一些地方农民贫困的重要原因之一。养老保险是准公共品，应由个人、企业和政府共同承担，由于我国这一时期未在农村建立养老保险制度，农民养老主要靠其子女家庭养老，个人、家庭支出承担了政府支出。

3. 农民在农业税等政府税收之外，以乡统筹、村提留等形式缴纳费用，由乡政府和村委会提供部分公共品服务

乡统筹、村提留是农民的税外负担，具有税收的性质。乡统筹作为乡政府的预算外资金，除部分弥补行政经费不足外，可为农民提供一些义务教育、基础设施建设、植树造林、公共文化等公共服务。由于乡级政府普遍机构臃肿、人员超编，支出庞大，乡统筹在解决了上述资金缺口后往往所剩无几，难以为农民提供更多的公共品服务。中西部地区不少乡镇连工资都不能保证正常发放，公共品服务就难上加难了。村提留款主要用于村干部补助、村内公共设施建设等公共品服务。

这一时期，各级政府也承担了部分农村公共品供给任务，主要方式仍是公共生产公共供给的方式。同时，随着市场经济的发展，经济成分的多元化，非营利组织的发展，出现了一些其他的公共品供给方式，如非营利组织与政府机构联合提供扶贫、疾病预防控制等公共品；公共组织与私人组织联合提供公共品方式，如政府财政对承担义务教育任务的私立学校给予一定补助等。

（二）农村税费改革后的中国农村公共品供给方式改革

由于"三农"问题日益严重，成为我国经济社会发展中的重要难题，中央决定推行农村税费改革，在此基础上又推行了农村综合改革。农村税费改革的核心，整顿、取消各种不合理收费，取消农业税，以及除烟叶以外的农业特产税、牧业税，停征屠宰税，减轻农民负担，缓解城乡差距，实现城乡统筹发展。以2006年取消农业税为标志，中国农村公共品供给方式发生了较大变化。

1. 农民不再以集资、交纳统筹的方式提供公共品

为了减轻农民负担，取消了农业税，以及各种集资、统筹、提留，包括农村教育附加费，初步改变了"农民的事情农民办"的思路，农民不再以集资、交纳统筹的方式直接参与公共品提供。农村公共品资金供给缺口主要通过政府间转移支付来弥补。但对于村内的公共品供给，采取了由农民自己通过"一事一议"来决定供给的方式。

2. 中央政府直接参与部分农村公共品的供给

农村税费改革后，县乡财政困难的状况进一步加剧，农村公共品供给资金缺口较大，除一般性财力转移支付外，中央政府以专项转移支付的方式，直接提供了部分公共品供给资金，参与这部分公共品供给。如在农村义务教育中，中央财政按比例承担了中小学危房修建资金、公用经费，为农村合作医疗提供部分资金补助等。尽管这是在中央地方事权划分不清情况下的一种补救措施,具有临时性、过渡性的特点,但对缓解农村公共品供给严重不足的状况仍有一定的积极意义。

3. 各级地方政府较大幅度地增加了农村公共品投入,增强了直接供给的力度

在农村税费改革后,针对县乡基层政权运转困难加剧,义务教育资金不足,"三农"问题依然严峻的现实,除中央财政增加转移支付,增加对农村公共品的专项支出外,省、市级财政增大了对县乡财政转移支付的力度,在很大程度上弥补了停征农业税、取消农民集资、交纳统筹的方式提供公共品部分的缺口,增加了对农村公共品的供给。

4. 各地区程度不同地探索运用市场方式供给公共品的途径,服务主体开始走向了多元化

随着我国改革开放后经济主体走向多元化,国内非营利组织在传统体制外由所发展,一些国际非营利组织开始在我国开展业务活动,且政府财力有限,实际上已不能包揽农村公共品服务的情况下,在农村小型水利设施建设、公共文化供给等方面,各地区程度不同地探索运用市场方式供给公共品的途径。以农村小型水利设施建设为例,通过政府财政部分补贴,鼓励农民以谁投资、谁所有、谁经营的方式开展小型水利设施建设,突破了长期以来政府、集体投资兴建水利设施模式。同时,各类非营利组织(包括国际非营利组织)、企业也程度不同地参与农村公共品供给,从主体来看,公共品供给初步走向了多元化的格局。

(三)中国农村公共品供给方式存在的问题

改革开放以来,我国政府在农村公共品供给方式方面做了一些探索,取得了一定成效,但和农村经济社会发展需要相比,还存在不少问题,集中体现在以下几方面。

1. 公共品供给方式较为单一,难以满足农村经济社会发展多样化的需要

在公共品供给方式方面,从理论上讲,对农村公共品的供给,应以政府为主导,利用市场化方式吸引其他主体参与,即建立起政府、私人部门、非营利性组织志愿者等多重农村公共品供给主体。但从目前农村公共品供给的实际情况看,我国对农村公共品的供给主要是由政府承担,采取公共生产、公共供给的方式,在有些领域采取垄断经营的方式,市场发挥的作用非常有限,混合供给、服务外包、特许经营等供给方式还处在试验和摸索阶段。且在公共品供给市场监管、制度建设等方面存在明显不足。这种单一的供给方式,由于政府财力有限,公共品供给根本无法满足农民需求,严重影响了农村经济社会发展,尤其是在农村实现税费改革后,县乡财政收入大大减少,严重削弱了县乡政府提供农村公共品的能力。从经济学的角度来看，由于政府垄断了公共品的供给，从而对农村公共品的供给中缺乏竞争机制，无疑会导致政府管理的低效，给各类寻租腐败行为提供了有利的空间，制约公共品供给最终目标的实现。

2. 农民在税收之外再承担公共品供给任务，加重了农民负担

农村税费改革前，农民承担了农村公共品供给的大部分成本。农民除交纳农业税、农业特产税、屠宰税等税费外，农村公共品由乡镇统筹向农民筹集资金，由乡政府统筹在办学、计划生育、优抚、民兵训练和修建乡村公路等公共品供给所需费用，这些公共品的成本负担没有纳入财政收支的范畴，而由农民税外承担。每年由乡统筹用于乡镇范围内办学、计划生育、优抚、民兵训练和修建乡村公路这五项民办公助的公共事业的资金达300多亿元。同时，还要缴纳村提留资金，即公积金、公益金和管理费。其中公积金用于村级集体生产发展所需，具体用于农田水利基本建设，植树造林，购置生产性固定资产和兴办集体企业。公益金用于村级集体福利事业所需，具体用于五保户供养、特困户补助、合作医疗，以及其他福利事业。管理费用于村干部报酬和管理开支。在农村税费改革后，取消了乡统筹、村提留，但在村级公益事业方面，仍保留了"一事一议"制度。这种在税外公共品供给制度，严重增加了农民的负担，背离了公共品供给的初衷。

3. 没有有效动员社会力量参与农村公共品供给，混合供给等方式发展缓慢

政府在克服市场失灵、供给公共品过程中，也存在政府失灵的问题。在某些领域，非营利组织、企业、个人等主体可能比政府更为有效地提供公共品，弥补政府和市场的不足。但是，由于种种原因，我国非营利组织、企业、个人等主体，在农村公共品的提供上参与不足。农村非营利组织不发达，不能有效动员社会资源为农民提供公共品服务。企业对农村公益事业捐赠意愿不强，参与公共品供给活动有限。农村志愿者活动尚未形成风尚，丰裕的人力资源并未转化为我农村公共品供给的优势。因而混合供给、服务外包、特许经营等供给方式缓慢，不能在农村公共品供给中发挥应有作用。

4. 对各类公共品供给方式缺乏绩效评价

研究、设计、推广各类公共品供给方式，最终的目的都是提高公共品供给效益，更高地满足社会公共需要。而在现行政府治理模式、财政管理体制下，对各类农村公共品供给方式缺乏绩效评价，纳税人和社会公众一般不了解公共品的供给成本等信息，法律制度尚未明确要求对不同的公共品供给方式进行绩效评价，也无法要求在不同供给方式之间进行选择。近年来，各地区和有关部门进行的绩效考评制，仅具有试点意义，还未在全国范围大规模推行，更未上升为法律制度层面。

(四) 农村公共品供给方式的改革

1. 公共品供给方式理论与实践的一般分析

根据公共品理论，公共品供给方式取决于公共品的性质，以及公共品的需求。一般而言，公共品供给方式，是指政府等公共组织为社会成员提供公共品服务时所采取的各类方法、手段的总称。公共品供给方式可按不同的标准进行不同的分类，主要有以下几个方面。

（1）按照公共部门与私人部门的关系，公共品的供给方式主要有：①公共生产公共供给方式，主要适合于纯公共品的供给；②私人生产公共供给方式，主要适合于准公共品的供给；③混合提供方式，即公共部门、私人部门合作提供公共品，这些提供方式更适合于接近于私人品的公共品供给。

（2）按照是否收费，可将公共品供给分为无偿供给方式和有偿供给方式。无偿供给方式是指政府等公共组织提供公共品时，居民无需交纳使用者费等费用，无偿享受所提供的公共品服务，这种供给方式适合于纯公共品和部分准公共品；有偿供给方式，指政府等公共组织提供公共品时居民需交纳使用者费等费用，以部分或全部补偿服务成本。这种供给方式适合于准公共品的供给。

（3）按照供给的主体，可分为以政府为供给主体的方式、以非营利组织为主体的供给方式和以志愿者为主体的供给方式。

除早期对公共品供给方式的研究外，在近二三十年来，对公共品供给方式产生较大影响的当属新公共管理理论与实践，以及公共服务理论与实践。从20世纪80年代开始，在西方国家兴起了一场声势浩大的新公共管理运动，美国里根政府、英国撒切尔政府推行了大规模的私有运动，对西方国家公共品供给方式产生了重大影响，对发展中也产生了相应的示范效应。

在新公共管理和新理论的指导下，在公共品供给方式上强调运用市场机制，重视公共品供给的最终效果，要求更好地满足客户的需要，并对供给效果进行绩效评价，等等。具体而言，新公共管理运动中西方国家公共品供给方式的改革主要体现在以下几点，第一，推行市场化、私有化改革，由私人企业承担政府提供的公共品服务；第二，运用市场机制，吸引更多的私人企业参与公共品的提供，如合同外包、特许经营；第三，以服务对象——客户满意不满意作为公共品供给的最终标准；第四，绩效评价成为公共品供给方式的选择的重要依据。

公共服务理论是在批判新公共管理理论的基础上发展而来的，对政府等公共组织公共品的提供方式也有重要影响。公共服务理论反对把公民看做政府服务的客户，强调政府的重要作用是为社会提供公共服务，而不是"掌舵"，对合同外包等公共品供给方式中存在的问题提出了批评，强调公共服务中的公民权利，等等。

2. 中国农村公共品供给方式改革方向

针对上述存在的问题，根据我国农村经济社会发展的实际情况，借鉴新公共管理理论和公共服务运动的有益观点，我们认为，中国农村公共品供给方式改革方向主要有以下几个。

（1）推动制度创新，更多地运用市场机制供给公共品，提高供给效率。在传统的农村公共品供给体制下，除供给总量投入不足外，主要是采用政府公共生产公共供给的方式，供给效率低下，有限的资源未能有效发挥作用。因而在农村公共品供给方式改革中，更多地运用市场机制，利用市场竞争，促进资源的有效配置，提高公共品供给效率，更好地满足农村经济社会发展需要。对一些准公共品，如公共文化、公共体育等公共服务，采用财政补贴方式，调动非营利组织、企业和个人参与公共品供给，比政府全部包办的方式供给更有效。而对有些公共品服务采用政府采购方式，由竞标获胜的企业提供，往往比政府直接提供更能满足农民的需要。

（2）运用政策工具动员更多的主体参与公共品供给，形成以政府为主体的多元化格局。长期以来，政府在农村公共品的供给上一直承担着主体责任角色。但这并不意味着政府垄断农村公共品供给，要根据我国农村公共品多层次性，运用政策工具，动员非营利组织、企业、志愿者等主体积极参与农村公共品的供给。第一，积极扶持农村社区非营利组织的发展。在政治上信任非营利组织，在资金上适当给予支持，在管理上放宽注册登记限制，活动范围在社区的非营利组织只需在乡镇备案即可，要求其遵守非政治、非营利性的规范，在宪法和法律规定范围内活动。使社区非营利组织成为动员社会资源，为本社区居民提供公共品服务的重要主体。第二，改革现行捐赠税收政策，鼓励企业从事农村公共品供给活动，使之成为农村公共品的供给主体之一。第三，大力培养志愿者精神，动员更多的志愿者为本社区及社会提供更多的公共品服务。我国农村地区人口众多，人力资源丰富，而资金短缺，可充分利用人力资源优势，动员更多的志愿者，为农民提供公共品服务。且我国历史上历来有积德行善、修桥补路的优良传统，志愿者活动在扶危济困、治安巡逻、环境卫生服务等方面大有可为，其关键在于社会动员的广度和深度。

（3）农村公共品的供给方式更加符合农民的实际需要。农村公共品供给中，其方式的选择并不是目的，只是一种手段，目的在于满足农民改善生活、发展经济的需要。要达到这一目的，就需要在供给决策制度上有相应的安排，即农民能够通过相应的程序向政府表达对公共品的真实需求，以及所需要的供给方式。一是充分利用现有的县乡人民代表大会制度、村民委员会制度，反映社情民意，使公共品供给方式决策符合农民的意愿。二是通过设置专门的决策程度与制度，对重大公共品供给方式的改革、改变，须听取当地农村居民的意见，且居民具有否决权。如中小学、村卫生室、乡镇卫生院的设置、撤并，以及管理方式的变革，如当地居民不同意，政府就不得强行实施。三是重视新闻媒体对居民意见的反应，以及对公共品供给方式的监督，弥补政府决策信息的不足问题。

（4）建立农村公共品供给方式的绩效评价制度。如前所述，对不同类别的农村公共品可选择不同的供给方式，但最终目的是更好地满足农村社会的公共需要。通过建立绩效评价制度，对不同公共品供给方式所产生的成本、效益进行分析比较，客观地评价各类公共品供给方式的优缺点，为政府等公共组织决策提供参考。利用绩效评价，并配合相应的奖惩制度，尽可能减少公共品供给中的资源浪费，降低供给成本，提高供给效率，更好地满足农村经济社会发展对公共品的需要，提高农民生活水平。

3. 现阶段农村公共品供给方式改革的几种选择

现阶段农村公共品供给方式的选择，需要综合考虑农村市场体系的发育程度、非营利组织发展水平、企业参与公共品供给的积极性、农民公共品消费需求、农民公共品消费观念，以及法制保证等诸多因素。结合我国农村公共品供给实践，借鉴其他国家公共品服务方式改革的理论与实践，我们认为，以下具体供给方式可供各地区政府选择。

（1）公共生产公共供给方式。这是传统的公共品供给方式，政府既负责向居民提供公共品服务，又直接组织公共品的生产。这种方式的优点是直接为居民服务，不受市场供求关系影响，不涉及其企业和民间组织，政府可控制公共品供给规模、结构，以及供给的时间、区域等事项。但这种方式也容易出现决策失误、效率低下、资源浪费等问题，备受社会各界议论。西方国家20世纪80年代以来风靡一时的新公共管理运动，对这种供给方式进行了深刻的反思和批评，并以结果为导向和实行市场化改革，对政府供给方式进行了大规模变革。不可否认，社会各界对公共生产公共供给方式的批评有其合理的一面，但实践表明，有些纯公共品，如义务教育、公共卫生、社会救济等公共品，具有典型的非竞争性、非排他性特征，无法通过市场机制，由企业和个人提供，仍需要以公共生产公共供给的方式提供。因而在农村公共品供给中，这种供给方式也是纯公共品供给的主要方式，不过，需要吸取国内外公共品供给的经验教训，加强管理，强化监督，提高效率。

（2）公共品服务外包方式。这种方式是指政府等公共组织将向居民提供的公共品服务，以服务合同的形式交给企业、个人，由其按照合同规定的数量、质量，以及规定的时限、地点等向居民提供公共品服务，而政府等公共组织根据合同向企业、个人支付服务费，并进行合同管理和服务监管。这种供给方式是以私人生产公共供给的方式由公共组织和私人组织联合向居民提供公共品服务。合同承受人既可以通过招标投标的方式选择，也可由政府等公共组织根据服务需求自主选择。前者更能体现共公平、公正、公开的原则。这种方式的优点，在于可通过市场竞争的办法选择供给者，以合同明确双方的权利义务，相互制约，相互监督，提高公共品的供给效率。但这种供给方式也需要加强合同管理，以及供给质量的监管，否则，这种供给方式也难以达到预期目的。在我国市场经济条件下，农村公共品供给具备采用外包方式的基本条件，对环境保护、老年人救护等公共服务，可选择此种供给方式。

（3）公共品服务特许经营方式。这种方式是指政府将公共品服务在一定时期内按照一定条件，允许私人企业进行投资、经营，经营期结束后由政府补偿收回。特许经营方式比较适合园林绿化、污水处理、垃圾清运等准公共品的供给。特许经营方式，要求该项公共品服务可向服务对象收取费用，部分或全部弥补服务成本，再加上政府其他的扶持政策，私人企业投资能够收回成本，取得合理利润（如接近于社会平均利润率）。这种供给方式，既能吸引私人资本投资，克服政府财政资金不足，又能增加公共品供给，满足社会公共需要。但这种方式需要一定的条件，即服务项目能够收费，可部分或全部实行市场化管理。在农村公共品供给中，对于部分适合的项目，也可以采用特许经营方式。

（4）公共品服务税收优惠方式。这种方式是指由私人企业或个人向居民提供公共品服务，即私人生产私人供给，政府不提供资金支持，但给企业给予减税、免税、加速折旧等税收优惠政策，帮助企业降低成本，增加盈利，促进其生产经营活动正常开展，为居民提供更多的公共品服务。这种方式的优点是可充分利用私人资本为社会公共利益服务，但缺点是只适用于接近于私人品的准公共品。在农村公共品供给中，对于农业市场信息提供、各类便民服务等可采用公共品服务税收优惠方式。

（5）私人公共品服务标准补贴方式。这种方式是指企业、个人等志愿为居民提供公共品服务，而政府根据财力情况、公共品受益人群、公共品供给规模和结构等因素，制定相应标准给予补贴和支持，鼓励其公共品供给行为。这种供给方式的前提是企业、个人愿意为社会提供公共服务，如私人图书馆、博物馆向社会无偿开放，私立学校承担部分义务教育任务等。这就需要有关企业、个人有相应的经济实力，且又为社会提供服务的意愿。因而在农村是否选择这种公共品供给方式，还要看当地经济社会发展水平，企业、个人的实力，以及提供公共品的意愿。在不发达地区，很显然，选择这种供给方式就较为困难。

（6）奖励志愿者服务方式。这种供给方式是指志愿者利用自己的知识、技能和时间，无偿为社会提供公共品服务，而政府以各类奖励形式鼓励志愿者的志愿行为。这种供给方式不会增加政府财政负担，但要求有数量充足的志愿者，志愿者精神在全社会得到普及，从事志愿活动在全社会成为一种风尚。在我国农村公共品供给中，可探索以这种方式供给部分公共品。在人力资源丰富，又有数千年文明史的国度，这种供给方式潜力是巨大的，关键在于引导。

（7）公共品委托供给方式。这种服务方式是指政府将有关公共品服务委托给非营利组织、企业和个人提供，而政府承担服务费用。这类公共品服务一般规模不大，和有关非营利组织、企业和个人正常开展的业务相近，政府付费较为合理，上述组织个人格也乐意接受委托提供服务。因而适合比较零星公共品的供给。在农村公共品供给中，委托供给方式可作为一种辅助方式供给部分公共品服务，如散养的鳏寡孤独人员、生活困难人员的救助等。

（8）政府发放代用券，由农民自主选择供给主体的方式。这种方式是指政府为居民发放公共品服务代用券，如食品券、教育券等，居民持券自主选择有服务资质的企业、非营利组织接受服务，而企业、非营利组织则持代用券向政府财政部门结算相关费用。以代用券的方式供给公共品，也需要有一定条件，这种公共品在市场上可有多家企业生产，居民有较大的选择余地，在生产厂家之间能够形成竞争，且企业生产这种公共品要有利可图，至少不能发生亏损。在农村公共品供给中，政府发放代用券，由农民自主选择供给主体的方式，也可以作为一种选择。

4. 改革农村公共品供给方式应注意的问题

前文论述了农村公共品供给方式改革的基本思路，根据我国近年来在公共品供给方式改革方面的经验教训，我们认为，还需要注意以下问题。

（1）不能因供给方式改革而降低政府投入与监管责任。公共品供给方式的改革，是为了提高供给效率，更好地满足农民的需要。但在改革中，政府不能因此而减少投入，放松对公共品供给的监管。不能把应由政府供给的纯公共品推向市场，由市场进行自由调节。政府应保证对纯公共品的资金投入，不能让有关政府部门、非营利组织创收、自谋出路，其结果只能是服务质量的下降与社会秩序的混乱。对应收取一定费用的准公共品服务收费，应贯彻成本补偿的原则，不能成为政府组织财政收入的手段，甚至收费养机构、养超编人员。前几年在中小学、博物馆等机构改革中，以及公路乱收费等问题出现的问题，应引以为戒。公共品供给方式改革不能以减轻政府压力为目标，甚至认为是甩包袱。在公共品供给采用服务外包、特许经营等方式后，一方面利用市场机制提高供给效率；另一方面，需要加强市场监管，维护公共利益。

（2）创造一个公平、规范、透明的竞争环境。在供给主体多元化、公共组织更多地采用市场机制供给公共品的条件下，政府需要为各类主体创造一个公平、规范、透明的竞争环境，鼓励各类主体平等竞争，积极参与公共品供给，努力降低成本，提高供给效率，为农民生产生活服务。首先明确规定公共品供给标准，各类市场主体平等参与竞争，不能人为设置障碍，将某些主体排除在外，形成不公平竞争的局面。其次，建立健全公共品供给相关程序、制度规范，使各类主体参与公共品供给中能够有章可循。再其次，政府等公共组织应将公共供给的信息及时向社会公布，供各类供给主体参考，同时，农民也可以选择不同的供给者，从而提高市场竞争的透明度。

（3）建立健全公共品供给方式的法律制度保障。从现有的法律制度看，我国已有《合同法》、《政府采购法》、《招标投标法》，从基本法律架构方面讲，也适合公共品供给的管理。但各种公共品供给方式较为具体，各类供给主体的详细情况千差万别，各地市场供求关系也有较大差异，就需要制定适应的配套制度，与《合同法》、《政府采购法》、《招标投标法》相衔接，保证公共品供给在各个方面、各个环节都能有法可依、依法办事，保证公共品供给达到预期目的。即通过法律制度的健全和完善，既保证农民的公共利益，也使公共品的供给主体的合法利益得到保护。

（4）给基层政府以及农村社区充分的公共品供给方式选择权。如前所述，公共品供给方式可有多种选择，每种方式各有其利弊和特点。我国且农村各地区经济社会发展不平衡，自然条件有很大差异，因而在公共品供给方面，应当给基层政府以及农村社区充分的公共品供给方式选择权，使各县乡政府，以及社区能够根据当时的实际情况，选择最恰当的供给方式，对农民提供公共品服务，提高供给效率，满足农村经济社会发展需要。首先，在制度上明确基层政府以及农村社区在公共品供给方式上的选择权，给予较大的回旋余地。其次，在财政资金安排上，尽可能减少配套、规定使用方向等附加规定，使基层政府以及农村社区能够根据实际情况选择公共品供给方式。再其次，提高公共品供给方式的透明度，便于企业、非营利组织和农民配合基层政府以及农村社区的公共品供给活动。

第二节　不同区域农村公共品供给比较分析

中国是一个人口众多、地区辽阔的发展中大国，各地区经济社会发展不平衡，从整体上看，呈现出东部、中部和西部三个明显不同的发展地带，在农村公共品供求方面，具有较为典型的地域差别特征，需要分别研究。

一、中国东部地区农村公共品供给状况

(一) 中国东部地区自然条件及经济社会发展状况

1. 中国东部地区自然条件

根据国家西部大开发战略实施后对东、中、西部划分范围的调整,东部地区包括辽宁、河北、北京、上海、天津、山东、江苏、浙江、福建、广东、海南共11个省、直辖市。从东部地区的自然条件看,是我国禀赋最好的地区。在东部地区,自然植被和土壤类型呈现相应的地带性分布规律。自北向南跨越温带、暖温带、亚热带、热带和赤道带,常年降水较为充沛,气候适宜。东部有宽广的冲积大平原和散布着的许多中山、低山和丘陵。从北到南包括东北平原、华北平原、长江三角洲平原地带、珠江三角洲平原地带。长江三角洲和珠江三角洲地区河流、湖泊密布、水网密集。东部地区有渤海、黄海、东海、南海环绕。因而东部地区土地肥沃、气候适宜、交通便利等优越的自然条件,为农业、渔业、交通、旅游、加工等产业活动提供了良好的基础。沪宁杭地区被称之为"鱼米之乡"、"丝绸之府"。珠江三角洲地区是"甘蔗之乡"、"果树花木之乡",大连、天津、上海、厦门、广州、海口等沿海城市成为海、陆、空综合交通枢纽,北京、上海、广州已成为国际化的交通中心。在农村公共品供给中,各地区的自然情况,市政府等公共组织为居民提供公共品的基础,也是决定各地区供给差异的客观因素。

2. 中国东部地区经济社会发展状况

东部地区的自然条件,是制约农村公共品供给的客观因素,而其经济社会发展状况,对农村公共品供给具有决定性的力量。目前,东部地区是我国经济社会最发达的区域,为农村公共品供给提供了良好的物质基础。

2009 年,辽宁、河北、北京、上海、天津、山东、江苏、浙江、福建、广东、海南 11 个省、直辖市的 GDP 总额达 211 886.9 亿元,占全国 GDP 的 62.2%,东部地区人均 GDP 为 44 670.36 元,是全国人均 GDP 25 575 元的 1.7 倍,农民人均纯收入为 7 855.26 元,是全国平均水平 5 153.17 元的 1.5 倍[①]。

从社会发展阶段来看,东部地区目前处于我国工业化的后期阶段,工业发达,高新技术产业发展较快,第三产业比例逐步提升。2009 年全国 GDP 的构成中,第一产业占 10.3%,第二产业占 46.3%,第三产业占 43.4%。而在东部地

---

① 国家统计局:《中国统计年鉴(2010)》,中国统计出版社 2010 年版。

区 GDP 的构成中,第一产业占 6.7%,第二产业占 49.5%,第三产业占 43.8%。近年来,北京、上海、深圳、苏州等地高新技术产业发展迅速,成为提升产业结构、推动区域经济发展的有利动力。

东部地区经济社会发展水平较高,为农村公共品供给创造了良好条件,在有些方面,对其他地区发挥了带头示范作用。

(二) 中国东部地区农村公共品供给状况

如前所述,东部是我国经济社会较发达的地区,相对而言,政府等公共组织对公共品供给水平较高,具有以下特点。

1. 东部地区农村公共供给整体水平相对较高

(1) 地方财政投入力度较大,保障了当地农村公共品供给。东部各省市经济发达,地方财政较为宽裕,对当地农村义务教育、公共卫生、社会保障、公共设施、环境保护、公共文化等方面投入力度较大,促进了农村经济社会发展。从整体来看,农村公共品供给在全国处于最高水平。有些地方农村公共设施便利,环境优美,住房明亮宽敞,人民生活富裕,文化生活丰富,与城市生活相差无几。如浙江省 2006 年年末,已有 83.4% 的乡镇实施集中供水,生活污水和生活垃圾都集中处理,减少污染源,保证生活环境的整洁卫生,83.8% 的乡镇有垃圾处理站,61.9% 的村实施垃圾集中处理,30.6% 的乡镇生活污水经过集中处理。浙江农村的信息化程度不断提高,2006 年年末,浙江每百户拥有电脑 10.2 台,用本户电脑上网的户数占 8.9%,远高于全国甚至东部地区的平均水平[1]。又如北京市 2010 年安排 19.2 亿元,以完善覆盖城乡的公共文化服务体系为重点,支持新建 1 020 个"农家书屋"、文化信息资源共享工程、农村数字电影放映、"广播电视村村通"等重大文化活动,推进文化体制改革,加强文化市场执法监管[2]。

(2) 非营利组织较活跃,社会捐赠较多,在一定程度上支持了农村公共品供给。东部各省市农村种植业、养殖业协会等非营利组织较多,私营经济发达,企业、个人对社会公益事业捐赠的积极性较高,与中西部地区相比,投资于农村公共品资金来源较充裕,在一定程度上,和政府相互配合,增加了农村公共品供给,较好地满足了当地农村居民的公共需要。据中民慈善捐助信息中心统计结果显示,2008 年广东、北京、上海、江苏、浙江、山东等经济相对发达省市的捐

---

[1] 浙江省统计局:《浙江农村基本公共服务均等化探析及建议》,国家统计局网站,2010 年 3 月 21 日。
[2] 北京市财政局:《关于北京市 2009 年预算执行情况和 2010 年预算草案的报告》,北京市财政局网站,2010 年 2 月 8 日。

赠总额排在全国前列；2009 上半年，捐赠量超过亿元的省份共 11 个，依次为山东（13.13 亿元）、江苏（12.47 亿元）、浙江（7.28 亿元）、广东（6.27 亿元）、上海（3.93 亿元）、北京（3.04 亿元）、四川（2.38 亿元）、湖南（1.56 亿元）、重庆（1.4 亿元）、河南（1.2 亿元）、福建（1.12 亿元），见表 7-4 所示①。

表 7-4　　　　　　　　各省 2008 年捐赠情况

排名	省份	捐赠总额（万元）	捐赠占 GDP 比例	排名	省份	捐赠总额（万元）	捐赠占 GDP 比例
1	广东	843 239.1	0.0024	16	内蒙古	147 093.1	0.0019
2	北京	707 209.9	0.0069	17	贵州	133 664.7	0.0044
3	上海	706 616.3	0.0059	18	吉林	128 033.4	0.0020
4	浙江	606 960.1	0.0029	19	江西	127 127.4	0.0021
5	江苏	557 124.7	0.0017	20	重庆	123 198.3	0.0024
6	山东	432 632.3	0.0014	21	福建	116 141.7	0.0010
7	天津	289 965.2	0.0046	22	云南	98 673.3	0.0018
8	河北	263 149.9	0.0016	23	广西	97 077.4	0.0014
9	辽宁	232 497.4	0.0019	24	甘肃	84 945.3	0.0028
10	河南	219 978.3	0.0014	25	黑龙江	71 713.5	0.0009
11	湖南	215 842.6	0.0019	26	新疆	38 435.7	0.0009
12	山西	213 938.3	0.0030	27	海南	32 939.3	0.0029
13	湖北	205 253.2	0.0020	28	宁夏	26 606.3	0.0025
14	安徽	160 686.5	0.0020	29	青海	13 865.6	0.0014
15	陕西	153 304.5	0.0023	30	西藏	13 426.5	0.0034

（3）农村公共品供给种类较多，较好地促进了地方经济社会发展。如前所述，东部地区经济较发达，地方政府财力充裕，民间捐赠踊跃，对农村公共供给不仅规模较大，而且种类较多，涉及义务教育、公共卫生、农业科技、社会保障、公共文化、环境保护、社会治安、计划生育、公共设施等诸多方面，较好地满足了当地农村经济社会发展需要。以山东省诸城市为例，全市共规划建设农村社区及社区服务中心 208 个，社区服务中心一般设医疗卫生、社区警务、社会保障、社区环卫、文化体育、计划生育、慈善超市、社区志愿者等几个服务站

---

① 中民慈善捐助中心：《2008 年慈善报告》，中国慈善信息平台，2009 年 3 月 5 日。

（室）和一个办事服务厅。在此基础上，根据群众需求，每个社区服务中心可以适当增设服务内容，为农民群众提供"一揽子"服务。同时，按照互利双赢的原则，组织引导供销、农技、邮政、电讯等部门和有实力的商流企业到社区服务中心设立便民超市、便民食堂、农资超市，代办代收有关证件费用等。既为农民提供除基本公共服务之外的其他服务，又可通过市场化运作，获得一部分收入用于社区服务中心运转，有利于形成公共服务供给的社会和市场参与机制①。

2. 东部地区率先在农民养老保险等方面作了探索

（1）养老保险。由于我国各地区农村经济社会发展极不平衡，有些公共品供给还处于空白状态，东部地区率先在养老保险、征地农民社会保障等方面作了初步探索。

北京市2008年1月1日开始实施《北京市城乡无社会保障老年居民养老保障办法》和《北京市新型农村社会养老保险试行办法》。凡是具有本市户籍年满60周岁以上的，城乡无社会保障老年人每月都可以领到200元的福利养老金。参加农村社会养老保险，已经领取待遇的老年人，每月领取280元。2009年，本市率先建立了城乡一体的社会保障制度，只要是北京户籍的城乡居民，不在企业职工养老、国家行政事业单位退休制度覆盖范围之内，都可以参加城乡居民养老保险，除个人缴费账户累积本息的按月返还，政府无偿提供每月280元的基础养老金，同时对没有任何社会养老保障的60岁以上男性、55岁以上女性城乡居民，政府每月提供200元福利养老金。2010年年底农村居民参加养老保险人数为159.3万人，参保率达到92%②。

"十五"期间上海市郊区已全面建立了农村社会养老保险制度，2005年年底参保人数为101万人，其中领取养老金人数为28万人，人均月养老金为107.6元，此外还制定了老年农民最低养老补贴制度。从2003年开始，上海建立了小城镇社会保险制度，重点解决被征地人员及历史遗留的各类特殊群体的基本保障问题，到2005年年底参保人数已达110万人，其中11万人领取了"镇保"养老金，人均月养老金为417元。截至2010年11月底，上海市农村领取养老金人数为31.95万人，人均月养老金364元③。

《杭州市农民养老保险试行办法》于2007年10月1日起正式实施，它标志着杭州农村社会保险实现全覆盖。杭州实行政府组织引导、农民自愿参加的个人账户积累式养老保险制度，采取个人缴纳为主、集体补助和政府补贴为辅，养老

---

① 《山东省诸城市全面推进农村社区服务体系建设》，民政部网站，2008年6月12日。
② 王海燕：《北京新农村建设实现六个"全国率先"》，载《北京日报》，2011年2月24日。
③ 《上海郊区社会事业社会保障稳步提高》，载《中国上海》，2006年7月5日，上海市委网站，2011年1月23日。

保险关系可衔接、可转移，保障水平与农村经济发展相适应的基本统筹原则。根据《试行办法》，凡是具有杭州农业户籍，年满 16 周岁未满 60 周岁，从事农业生产，且尚未参加其他政府性养老保险的人员，都可以参加农民养老保险。农民养老保险缴费基数，个人缴费比例为 15%，财政补贴为 5%。并让适合的对象能够都参保，扩大参保面①。

（2）征地农民的社会保障问题。随着我国城镇化速度的加快，因建设用地增加等原因，征用土地农民的社会保障问题日益突出，东部地区各省市在这一领域进行了探索。

2003 年，山东省发布了《山东省人民政府关于建立失地农民基本生活保障制度的意见》，建立被征地农民基本养老保险制度，搞好多种养老保障方式的衔接，保障被征地农民的基本生活。被征地农民基本养老保障水平，应不低于当地最低生活保障标准，并建立保障待遇正常调整机制。山东省人民政府 2006 年 11 月 13 日转发省劳动和社会保障厅《关于进一步做好被征地农民就业培训和社会保障工作的意见》，对于符合条件的新增被征地农民，政府在征地的同时即应做出就业培训安排，并落实相应的社会保障政策，做到即征即保。

从江苏省的情况来看，到 2008 年 6 月底，江苏全省实有被征地农民 224.8 万人，参加基本生活保障 124.9 万人，参加其他社会保障 60.6 万人，覆盖率达 82.5%，并有近 60 万名失地农民按月领取养老金。该省还专门出台相关办法，要求各地把失地农民中的大龄和老龄人群作为社会保障重点对象，在城市规划区内的失地农民，纳入城镇就业体系，并建立社会保障制度；城市规划区外的，应保证在本行政区域内留有必要的耕地或安排相应的工作岗位，并纳入农村社会保障体系。对不具备生产生活条件地区的失地农民，要异地移民安置，并纳入安置地的社会保障体系②。

（三）中国东部地区农村公共品供给存在的问题与挑战

1. 需要满足农民更高层次的公共需要——城乡公共服务均等化、一体化

东部地区处于工业化后期阶段，城镇化水平较高。在珠江三角洲、长江三角洲地区，有些乡镇的财政收入超过 1 亿元，村镇基础设施得到很大改善，交通便利，工业发达，当地农民主要收入来自务工收入。这些地区农村公共品供给面临的主要问题是，如何满足农民城乡一体化，均衡化的公共服务，尽快缩小城乡差距，甚至在某些方面消灭城乡差距的需求。如北京市编制了《新农村"五项基

---

① 《杭州：农民养老保险办法 10 月 1 日起实施》，载《今日早报》，2007 年 6 月 2 日。
② 吴红萱、樊华：《江苏加快推进失地农民保障步伐》，载《中国财经报》，2008 年 9 月 12 日。

础设施"建设规划（2009~2012年）》。通过规划实施，以生物质能和太阳能利用为重点，大力推广高效清洁能源新产品和新技术，不断提高农村用能水平；以节能民居的示范与推广、公共浴室建设为重点，大力推广节能环保新材料在农村的应用，不断提高农民的生活质量；以治理养殖场环境、雨洪利用工程为重点，大力推进资源综合利用模式，不断改善农村生态环境，提高农村居民的宜居指数；以加强运行管理，提高政府资金使用效率为重点，大力推进管护机制创新，不断推进可持续发展。基本实现农村"生态环境靓化、生活能源清洁化、人居环境舒适化"。至2012年：郊区所有村内街道及村内公共活动场所基本实现绿色照明；累计太阳能、生物质能、沼气等农村可再生能源利用比重从目前的8%提高到15%以上；农村节能民居比重达到10%；雨洪利用能力翻一番；基本建立覆盖全市村庄、运行有效的"三起来"工程管护运行服务体系[①]，等等。因而这些地区农村公共品供给可在城乡规划、社会保障、基础设施建设、公共卫生等方面，优先推行城乡一体化，均衡化，为全国城乡差距缩小，实现基本公共服务均等化做出贡献。

2. 不能满足农民自治与民主化的需要

相对而言，东部地区农村农民受教育程度较高，参与农村社会事务管理和公共品供给的积极性较高，浙江省温州市等地农民参与政府预算管理的试验就证明了这一点。而现行行政管理体制和财政管理体制下，自上而下的农村公共品供给决策机制，已不能适应东部地区农村发展需要。现行村民自治制度，还不能在公共品供给方面发挥更大的作用。一些地方"一事一议"制度不能满足农村公益事业发展的需要。因而需要从体制上、制度上创新，使农民有可能、有渠道参与农村公共品供给决策，准确表达对公共品的需求，是农村公共品供给充分体现农民意愿，达到提高农民生活质量，促进农村经济社会发展的目的。

3. 不能满足农民更高层次公共文化需要

东部地区经济较发达，基础设施较完善，农民收入水平较高，在解决温饱问题，衣食无忧之后，农民需要更高层次的文化服务。他们需要通过公共文化服务，提高劳动技能，增强在劳动市场的竞争力；需要政府等公共组织提供优质文化服务，丰富文化生活，提高生活质量；通过公共文化服务，提高自身文化素质，增强农民自身的发展能力。而东部地区农村现有的公共图书馆、博物馆、文化馆等公共文化设施，以及政府和非营利自治对文化事业的投入，还不能满足农民的上述要求。

[①] 雷德才：《关于检查"加强乡村基础设施建设，加快社会主义新农村建设进程议案办理暨本市乡村基础设施建设情况报告"的审议意见落实情况的报告》，北京市人大常委会门户网站，2009年9月25日。

4. 不能满足农民对环境保护的需要

随着我国东部地区经济的飞速发展，农村环境问题日益突出，化肥、农药、地膜对土地形成污染，废水排放对江河湖泊产生污染，大量废气排放导致大气污染，等等，亟须治理。而现有政府治理投资、政府措施，远远不能满足农民对保护环境的需要。2009年近岸海域299个海水水质监测点中，四类、劣四类海水占21.1%，上升2.8个百分点。全年累计发生赤潮面积14 102平方公里，增加2.7%[①]。如广州随着民营经济的发展和农村工业化进程的加快，广州城市"两个适宜"建设的要求，近几年市区的工厂企业逐步向农村搬迁，有部分搬迁的工厂企业由于环保措施跟不上，设施配套不到位，正在成为农村新的污染源。加上绝大部分原有乡镇企业的技术、工艺落后，能源消耗高，没有防治污染设施和严格限制，这给当地农村的生态环境造成严重污染。工业污染的比重已由20世纪90年代的11%增加到50%，且有越来越重的趋势[②]。

二、中国中部地区农村公共品供给状况

（一）中国中部地区自然条件及经济社会发展状况

1. 中国中部地区自然条件

中部地区包括黑龙江、吉林、山西、河南、湖北、湖南、安徽、江西8个省份。黑龙江、吉林两省位于东北平原北部，除北段为寒温带湿润季风气候外，属于温带湿润季风气候，自东向西有湿润、半湿润、和半干旱的适度差别。两省境内有三江平原、松嫩平原、长白山地、丘陵地带等地形，有黑龙江、松花江等重要河流。在山西、河南、湖北、湖南、安徽、江西等省中，地形、气候等情况较为复杂。河南境内以平原为主，占总面积的一半以上，另有山地和丘陵。湖北、湖南、安徽、江西四省境内平原、丘陵、山地兼备，有两湖平原、长江中下游平原，有大巴山、大别山、罗霄山等山脉，长江横穿而过，支流、湖泊众多。淮河以北为暖温带半湿润季风气候，淮河以南为亚热带湿润季风气候。丰富多样的自然条件，为中部地区经济社会发展创造了有利条件。

在《中共中央 国务院关于促进中部地区崛起的若干意见》（以下简称中央10号文件）中规定，中部地区包括山西、安徽、江西、河南、湖北、湖南六省。

---

① 国国家统计局：《2009年国民经济和社会发展统计公报》，国家统计局网站，2010年2月25日。
② 民盟广州市委员会：《在推进社会主义新农村建设中，应高度重视农村环境污染问题》，中国广州网，2008年2月16日。

这六省地处我国内陆腹地，具有承东启西、连南接北的区位优势，人口众多，资源丰富，农业特别是粮食生产优势明显，工业基础比较雄厚，水陆空交通便捷，科教基础较好，新中国成立以来，为国家工业化和现代化建设作出了不可磨灭的历史贡献。党中央、国务院高度重视中部地区发展，2006年4月出台的中央10号文件，确立了中部地区作为全国重要粮食生产基地、能源原材料基地、现代装备制造及高技术产业基地和综合交通运输枢纽（简称"三个基地、一个枢纽"）的战略定位，明确了促进中部地区崛起的重大任务。此后，国务院先后印发了《关于落实中共中央 国务院关于促进中部地区崛起若干意见有关政策措施的通知》、《关于中部六省比照实施振兴东北地区等老工业基地和西部大开发有关政策范围的通知》、《关于中部地区比照实施振兴东北地区等老工业基地和西部大开发有关政策的实施意见》等一系列政策文件，提出了促进中部地区崛起的有关政策措施。为进一步加快中部地区发展，推动中部崛起迈上新台阶，2009年9月23日，国务院常务会议审议并原则通过《促进中部地区崛起规划》，10月26日，国务院印发了《关于促进中部地区崛起规划的批复》，11月22日，国家发展改革委正式印发了《促进中部地区崛起规划》，标志着促进中部地区崛起工作进入新阶段。但为了研究上的方便，本研究课题采用宽口径的中部概念。

2. 中国中部地区经济社会发展状况

2009年，黑龙江、吉林、山西、河南、湖北、湖南、安徽、江西8个省份的GDP总额为86 443.31亿元，占全国GDP的25.4%，中部地区各省人均GDP为21 001.1元，是全国人均GDP 25 575元的82.1%，农民人均纯收入为4 880.9元，是全国平均水平5 153.17元的94.7%。[①]

从社会发展阶段来看，中部地区目前处于我国工业化、城镇化的中期阶段，工业发展较快，第三产业比例逐步提升，但农业仍占较大比重。2009年全国GDP的构成中，第一产业占10.3%，第二产业占46.3%，第三产业占43.4%。而在中部地区GDP的构成中，第一产业占13.6%，第二产业占49.9%，第三产业占36.5%。2008年中部六省的粮食产量占全国的31.8%，棉花产量占全国的28.4%，油料产量占全国的44.5%，第一产业生产总值占全国的26.6%，2009年国内生产总值在全国所占比重上升到19.32%。中部地区的经济社会发展阶段特点，对本地区农村公共品供给状况有决定性的作用。需要解决工业化、城镇化的中期阶段所面临的各项任务，如大量农村剩余劳动力转移的问题、农村基础设施问题、农业生产集约化经营需要的公共服务问题。

---

① 国家统计局：《中国统计年鉴（2010）》，中国统计出版社2010年版。

（二）中国中部地区农村公共品供给情况

1. 中部地区义务教育发展现状

中部地区从 2007 年春季学期起全部免除农村义务教育阶段中小学生学杂费，中央财政同时安排公用经费补助资金，提高公用经费保障水平，启动校舍维修改造资金保障新机制。免学杂费和提高公用经费保障水平资金的中央与地方分担比例，中部地区为 6∶4（西部地区为 8∶2），校舍维修改造资金的分担比例，中部地区和西部地区一样为 5∶5。对贫困家庭学生提供免费教科书的资金，中部地区由中央全额承担；对寄宿的贫困家庭学生补助生活费资金，由地方承担。2007 年中部地区 15 万多所农村中小学校已经按新机制运行，免除了 5 800 余万名农村中小学生的学杂费，为 1 300 多万名家庭经济困难学生免费提供了教科书。为此，中央投入 49.04 亿元（免除学杂费和补助公用经费 42.5 亿元，免费提供教科书 6.54 亿元），地方投入 28 亿元。改革最直接的受益者是农民。经初步测算，仅免除学杂费一项，中部地区平均每个小学生将年减负约 180 元，初中生年减负约 230 元，比西部地区多 40～50 元[①]。

2. 中部地区公共卫生发展现状

中部地区建立了以县级医院为龙头，乡镇卫生院为枢纽，村卫生室为网底的农村三级卫生服务网络。从 2011 年起，各级财政对新农合的补助标准从每人每年 120 元提高到每人每年 200 元。其中，原有 120 元中央财政继续按照原有补助标准给予补助，新增 80 元中央财政对中部地区补助 60%。中部所有农村实行农村孕产妇住院分娩补助政策，中央财政补助标准提高到 300 元/人。加强基层医疗卫生服务体系建设，在继续支持中部地区农村社区卫生人才培训和"万名医师支援农村卫生工程"基础上，支持中部地区社区卫生服务中心（站）、乡镇卫生院和村卫生室购置必备的设备，提高医疗服务能力。山西、吉林、黑龙江、安徽、江西、湖南制定了乡村医生公共卫生服务补助政策，山西、吉林、黑龙江、安徽、福建、江西按照乡村医生每人每年 300～6 000 元的标准给予定额补，湖南按照服务人口每人每年 0.5～1 元的标准，或按照服务人口年人均 8～15 元设立公共卫生服务专项资金，从中补助乡村医生。乡村医生公共卫生服务补助资金筹集主要有两种方式：一是省、市、县级财政共同承担，其中省级财政承担 50% 以上补助资金的有吉林、安徽、湖南等。二是全部由市、县级财政承担，省级财政不承担补助资金，如黑龙江、江西等。2009 年 7 月，财政部下达补助地

---

① 国家教育督导团：《关于对中部九省农村义务教育经费保障机制改革专项督导检查的公报》，教育部网站，2007 年 5 月 30 日。

方基本公共卫生服务经费 104 亿元,中央按东、中、西地区不同比例予以补助,2010 年将中部 6 省 243 个县(市、区)补助标准按西部地区补助水平执行,加大对中部困难地区的经费支持力度。①

3. 中部地区社会保障发展现状

中部地区除传统的社会救济、五保供养以外,已建立了农村生活最低保障制度。湖南从 2000 年起开始探索建立农村最低生活保障制度,到 2007 年,所有县(市、区)全部建立了农村最低生活保障制度,农村五保户集中供养率达到 15%,农村低保月平均保障 110 万人,月人均补贴 30 元②。2006 年选择安徽省霍邱县、山西省柳林县进行新型农村社会养老保险试点。从 2009 年开始,江西在新建县、婺源县等 11 个县(区)开展新型农村社会养老保险试点。根据《江西省新型农村社会养老保险试点实施办法》,试点地区年满 16 周岁、未参加城镇职工基本养老保险的农村居民,可以在户籍地自愿参加新农保。根据规定,在子女参保的前提下,60 周岁以上的农村户籍老年人不缴费可直接领取国家财政支付的每月 55 元、每年 660 元的基础养老金③。

4. 中部地区农业生产经营服务发展现状

中部地区作为全国重要粮食生产基地,经过多年的努力,已初步建立了较完整的农业生产经营服务体系,包括农业科研、推广体系,农产品加工、销售体系,农业生产资料服务体系;农民培训教育体系等。中部地区农业生产经营服务体系为我国商品粮生产作出了巨大贡献。如湖南省 2006～2010 年发放农业生产补贴 197.8 亿元;连续 11 年实现耕地占补平衡,环洞庭湖基本农田建设重大工程启动实施;粮食总产保持稳定,2010 年新农村"千村示范"工程稳步推进,农村集中供水普及率达 35%,五年解决 1 005 万农村人口饮水安全问题④。

5. 中部地区农村文化服务发展现状

中部地区初步形成了覆盖城乡的公共文化服务设施网络。基本实现了县县有文化馆、图书馆,乡镇有综合文化站。农村电影放映、公共文化信息资源共享、送书下乡等重大项目,丰富了广大人民群众精神文化生活。如 2009 年,江西省政府把农村文化三项活动等文化项目纳入了民生工程,当年省级财政对公共文化服务体系建设的资金投入达 5.13 亿元,比 2008 年增加 1.31 亿元,增长 34.33%,比

---

① 《卫生部办公厅关于乡村医生公共卫生服务补助的情况通报》,卫生部网站,2009 年 4 月 16 日。《国家基本公共卫生服务项目进展明显》,中国医学装备协会网,2010 年 11 月 18 日。

② 国家发展改革委政策研究室调研组:《关于中部地区崛起过程中"三农"问题的调研报告——以湖南省为例》,载《中国经贸导刊》2008 年第 21 期。

③ 李兴文:《人保部支持江西加快建立新农保全覆盖制度》,新华网江西频道,2010 年 10 月 27 日。

④ 徐守盛:《政府工作报告——2011 年 1 月 20 日在湖南省第十一届人民代表大会第五次会议上》,载《湖南日报》,2011 年 1 月 30 日。

财政总收入的增幅高出 22.33 个百分点。2009 年，江西省、市、县三级专业艺术表演团体为 1 435 个乡镇的农民送戏 13 027 场，覆盖率达 100%；乡镇组织开展文体活动 7 938 次，覆盖率达 100%；电影放映部门为全省 16 618 个行政村每月放映 1 场电影，为 15 864 个农村中小学每年放映 4 场电影，共放映农村公益性电影 27.73 万场，覆盖率达到 100%[①]。

6. 中部地区农村基础设施发展现状

中部地区地处我国内陆腹地，具有承东启西、连南接北的区位优势，经过多年的建设，农村基础设施相对较好。农村公路网建设初具规模，铁路网密度较高，江河运输网络较为完善。"十一五"期间，水利部将解决中部地区列入"十一五"规划的 4 532 万农村人口饮水安全问题，重点解决高氟水、高砷水、苦咸水、血吸虫等饮水水质不达标问题，争取在 2015 年基本解决中部农村饮水安全问题。

（三）中国中部地区农村公共品供给存在的问题

1. 国家政策扶持力度有限

2009 年中部地区农民人均纯收入 4 880.9 元，比全国平均水平还低 272.27 元，仅相当于东部地区的 65%。2009 年，中部地区人均地区生产总值为全国平均水平的 82%，仅为东部地区的 47%。在人均财政性教育经费支出、人均卫生预算支出等社会事业方面，中部地区处于落后的位置。

目前各省社会保障覆盖面还不宽，广大农村社会保障的覆盖面和保障水平还很低。同时，中部地区都是劳动力输出省份，输出的劳动力年老返家后养老问题需要输出地解决，这种格局加重了中部地区社会保障的负担。从对中部地区农村公共品需求的调查中发现，教育、医疗、公共卫生服务等都属于相对优先的需求项目，也是广大农民最为需要的基本保障。以医疗保障需求为例，据不完全统计，农村中因病致（返）贫的农民占贫困农户的 30%~40%。农村医疗卫生状况落后和供给不足的现状致使许多农民有病不敢看，也看不起。这种状况严重影响了农民身体的健康，也影响了社会物质财富的创造。

2. 未能有效支持中部地区工业化、城镇化发展

中部地区人口众多，就业压力大，全面开展新农村建设，加快农业产业化，需要转移大量农村劳动力，解决农村就业难问题。

2008 年，中部地区单位 GDP 能耗比全国平均水平高 13%，比东部地区高近

[①] 黄小驹：《江西：大力创新农村公共文化服务运行机制》，载《中国文化报》，2010 年 4 月 28 日。

50%，二氧化硫排放量占全国的 1/3，全国烟尘排放量最高的两个省份在中部[①]。中部地区在工业化进程中面临着巨大的环境压力。

3. 农村公共品供给未能有效支持区域特色产业的发展

2006 年 4 月出台的《中共中央 国务院关于促进中部地区崛起的若干意见》，确立了中部地区作为全国重要粮食生产基地、能源原材料基地、现代装备制造及高技术产业基地和综合交通运输枢纽的战略定位，明确了促进中部地区崛起的重大任务，但农村公共品供给未能有效支持区域特色产业的发展。

4. 环境问题突出

中部地区环境污染严重，山西省的煤炭产量占全国的 41%，产业结构单一，结构调整难度大，生态环境恶化，经济发展不平衡。农村大量施用农药和化肥，形成的农村面源污染，据估计占农村全部污染的 40% 以上，严重影响农产品品质和食品安全。农村规模性养殖场的禽畜粪便随意排放，对农村周边水质造成污染。城市生活垃圾向农村转移，对农村环境造成污染。还有，农村乡镇企业发展、农产品加工过程中，不加治理地排放废气、废水，对农民生产生活用水造成严重影响。

三、中国西部地区农村公共品状况

（一）中国西部地区自然条件及经济社会发展状况

1. 中国西部地区自然条件

西部的具体范围包括四川、重庆、云南、贵州、西藏、陕西、甘肃、青海、宁夏、新疆、内蒙古、广西十二个省市自治区。西部地区面积达 673 万平方公里，占全国的 70.1%，2010 年人口占全国的 27%。在这里，有四个民族自治区，青海、贵州和云南少数民族占很大比重，在财政管理中视同民族地区。甘肃、新疆、西藏、云南等省区分别与蒙古国、俄罗斯、哈萨克斯坦、吉尔吉斯斯坦、塔吉克斯坦、巴基斯坦、印度、尼泊尔、锡金、不丹、缅甸、老挝、越南等国接界，构成我国西部漫长的边境线。

2. 中国西部地区经济社会发展状况

西部地区基本处于工业化前期，全国大部分贫困人口集中于这一地区，《国家八七扶贫攻坚计划》确定的 592 个贫困县，约 70% 的县位于这里。2009 年全国 GDP 的构成中，第一产业占 10.3%，第二产业占 46.3%，第三产业占

[①] 范恒山：《中部地区"三农"工作为全国问题找到突破口》，载《经济日报》，2009 年 12 月 25 日。

43.4%。而在西部地区 GDP 的构成中,第一产业占 13.7%,第二产业占 47.5%,第三产业占 38.3%。从上述数据可以看出,西部地区第一产业所占比例高于全国 3.4 个百分点,而第二、三产业的比例低于全国水平。表明西部地区以农业为主的第一产业占重要地位,而第二、三产业处于落后的状态,其中,北京市 2009 年第三产业比重已达 75.5%,西部地区相差 37 个百分点。这种产业结构,说明西部地区经济社会发展面临着实现工业化、城镇化的繁重历史任务,农村公共品供给有其特殊性。

(二) 中国西部地区农村公共品供给状况[①]

1. 西部地区农村义务教育发展现状

2006 年起国家对西部地区农村义务教育学生全部免除学杂费,到 2009 年,西部地区"两基"攻坚计划如期完成,人口覆盖率达到 98%,累计扫除文盲 600 多万人,青壮年文盲率降到 5% 以下。"两免一补"政策率先在西部地区推行,4 880 万名学生受益。农村寄宿制学校建设新增校舍面积近 1 200 万平方米,农村中小学现代远程教育工程覆盖中西部 36 万所农村中小学校,使广大农村学生能够"进得来""留得住"并"学得好"。"国家贫困地区义务教育工程"二期计划、"中小学危房改造工程"、"中西部农村初中校舍改造工程"中央累计投入的 360 亿元中多数投向西部地区。2007~2008 年,中央财政安排西部地区化解农村义务教育债务试点补助资金 69 亿元,占该项资金总额的 47.9%。2006~2008 年,中央财政共安排西部地区农村义务教育经费保障机制资金 493 亿元。从 2007 年起,国家将中职学校家庭经济困难学生纳入了资助政策体系,对西部地区不分生源,国家助学金中央与地方分担比例为 8∶2。2007~2009 年,中央财政共安排西部地区中职国家助学金 95.8 亿元。

2. 西部地区农村公共卫生发展现状

经过多年努力,西部地区疾病预防控制体系和突发公共卫生事件医疗救治体系全面建成,农村三级卫生服务网络建设取得重大进展,建成乡镇卫生院 16 440 个,村卫生室近 18 万个。婴儿死亡率和孕产妇死亡率明显下降。计划生育服务体系不断完善,农村计划生育家庭奖励扶助制度、"少生快富"工程稳步推进。新型农村合作医疗制度基本形成,截至 2009 年 9 月,西部地区有 1 052 个县(市、区)开展了新型农村合作医疗,占全国总数的 38.7%。西部地区所有有农业人口的县(市、区)均已建立新型农村合作医疗制度。截至 2009 年 9 月,西部实际参加新型农村合作医疗农业人口 2.6 亿人,参合率达到 93%。2008 年,

---

① 本部分数据资料除注明外均来自国家发改委西部司中国西部开发网。

西部地区新农合筹资 277.6 亿元,其中中央财政补助资金 97.8 亿元,占筹资总额的 39.6%,人均筹资达到了 87.6 元。2008 年,西部地区新农合基金支出 176.8 亿元,基金使用率为 80.4%。受益人次为 1.9 亿人次。城乡医疗救助制度全面建立,累计救助困难群众 5 696 万人次。2003 年中央财政对西部地区参合农民按每人每年 10 元标准给予补贴,2006 年、2008 年和 2010 年分别将补助标准提高到 20 元、40 元、120 元。2003~2008 年,中央财政安排对西部地区新型农村合作医疗补助资金 165 亿元。

3. 西部地区农村社会保障发展现状

除传统的社会救济、五保供养,以及新型农村合作医疗外,近年来在社会保障方面取得的进展主要有:(1)建立了农村低保制度。农村低保制度是以地方人民政府为主,实行属地管理,低保标准由县以上各级地方政府自行制定和公布执行。目前全国已实施农村低保的中西部地区年低保标准一般在 600~800 元之间。(2)开始农村养老保险试点。新农保试点方面,中央财政对中西部地区按中央确定的基础养老金每人每月 55 元给予全额补助,地方政府对参保人缴费给予每人每年不低于 30 元的补助[①]。

4. 西部地区农业生产经营服务发展现状

2008 年,西部地区农林牧渔业总产值达到 14 860.4 亿元,比 2000 年增加 9 107.3 亿元,增长 158.3%。2008 年,西部地区农业机械总动力达到 1.84 亿千瓦,较 2000 年增长 73.9%;农产品市场体系建设迅速,2009 年西部地区农产品批发市场发展到 829 家;重大病虫害监测预警防控能力和农产品质量安全检验检测体系建设不断加强;农村沼气建设快速发展,西部地区农村户用沼气数量达到 1 410 万户,比 2000 年增加 976 万户,增长 224.9%。通过农业科研基础设施建设和科技入户等相关项目的实施,命名建设了一批部级重点实验室和野外农业观测台站以及农业科研成果转化试验基地,西部地区农业科技创新条件得到较好的改善。同时,集成推广了测土配方施肥、保护性耕作、农田旱作节水等一批重大关键技术,对促进西部农业发展发挥了重要作用[②]。

5. 西部地区农村文化发展现状

从 2000 年到 2008 年,国家财政对西部地区文化建设的资金投入逐年增加,对西部地区文化投入占全国的比例从 2000 年的 21.7% 提高到 2008 年的 23.7%。从 2002 年到 2005 年中央共补助西部地区 3.3 亿元,扶持西部地区县级文化馆、图书馆设施建设。"十一五"期间,又实施了乡镇综合文化站建设规划,计划投

---

① 顾瑞珍、卫敏丽:《农村社保报告:我国农村社保财政投入大幅度增加》,新华社北京 2009 年 12 月 24 日电。

② 农业部:《西部农业农村经济发展成就显著》,央视网,2009 年 11 月 25 日。

入 39.48 亿元，新建和扩建中西部地区 2.67 万个乡镇综合文化站，到 2010 年年底基本实现"乡乡有综合文化站"的建设目标。截止到 2008 年年底，西部 12 省（市、区）共建有图书馆 1 016 个，群众艺术馆 140 个，文化馆 1 037 个，文化站 14 221 个，初步形成了覆盖城乡的公共文化服务设施网络①。基本实现了县县有文化馆、图书馆，乡镇有综合文化站。农村电影放映、公共文化信息资源共享、送书下乡等重大项目，丰富了广大人民群众的精神文化生活。文化信息资源共享工程在西部的顺利实施，让西部广大群众充分享受到优质的文化资源。2004 年至 2009 年，中央财政共安排西部地区共享工程建设资金 11.63 亿元，占文化共享工程全部资金总量（22.1 亿元）的 53%，为群众享受优秀的文化资源提供了保障。

6. 西部地区农村基础设施发展现状

从 1999 年到 2009 年，随着一批批涵盖公路、铁路、港口、机场、电站等重要领域重大项目的实施，基础设施先行成为带动西部大发展的主要因素之一，基础设施建设使西部资源有力地支持了中国中东部地区发展。贫困县出口路、通县油路、县际公路陆续建成通车，通乡公路建设全面启动，乡（镇）、建制村公路通达率分别实现 98.3% 和 81.2%。到 2008 年年底，西部地区农村公路总里程达 120.8 万公里，比 1999 年年底增加了 68.7 万公里，实现 98.29% 的乡镇和 81.24% 的建制村通公路，77.53% 的乡镇和 35.04% 的建制村通沥青（水泥）路。2009 年国家财政用于西部农村公路建设的投资就达到 120 亿元。交通运输部从 2009 年开始，加大对西部"少边穷"地区农村公路投资和技术支持力度，对西部"少边穷"地区建制村通公路补助标准由每公里 10 万元提高到 20 万元。

7. 西部地区农村扶贫开发现状

2000～2008 年，中央财政安排扶贫资金 598.1 亿元，西部地区农村贫困人口从 5 731.2 万人减少到 2 648.8 万人，减少了 3 082.4 万人，占全国同期减少贫困人口的 56.9%。西部 375 个国家扶贫开发工作重点县农民人均纯收入从 2001 年的 1 197.6 元增加到 2 482.4 元，年均名义增长 15.3%。贫困地区基础设施和社会服务继续改善，自然村通公路、通电、通电话、能接收电视节目比例分别达到 82.5%、95.6%、83.9% 和 91.2%。资源大县、旅游大县和产业结构成功调整的重点县实现了跨越式发展。2009 年西部地区贫困人口占全国贫困人口的比例为 66%。2010 年我国西部地区农村贫困人口为 1 751 万人，较上年减少 621 万人，下降 26.2%。贫困人口占全国农村贫困人口的比重为 65.2%，较上年下降 0.8 个百分点；贫困发生率为 6.1%，较上年下降 2.2 个百分点。

---

① 文化部：《西部大开发 10 周年成就》，2009 年 12 月 10 日。

(三) 中国西部地区农村公共品供给存在的问题

1. 政府投入不足，不能满足农村经济社会发展对公共品的需要

如前所述，政府是农村公共品供给的主体，其资金来源主要是财政收入。对西部地区而言，正是由于政府财政投入不足，公共品供给不能满足农村经济社会发展的需要。主要有两方面的原因，一是西部地区经济社会水平较低，政府财政收入有限，不能为农村经济社会发展提供充裕的公共品服务。二是现行中央财政转移支付能力有限，不能有效解决地区间基本公共品服务差距过大的问题。

2. 扶贫开发任务艰巨

目前西部地区仍有贫困人口 1 751 万人，扶贫开发任务艰巨。西部地区贫困人口规模庞大、贫困程度很深、贫困区域不少、致贫因素很多，制约贫困地区发展的深层次矛盾依然存在。当前和今后一个时期，西部扶贫开发在其经济社会发展中，承担着促进贫困农村经济社会全面进步的重要工作；在全面建设小康社会的进程中，承担着帮助贫困人口增加收入、脱贫致富的重大任务；在构建社会主义和谐社会的进程中，承担着缩小发展差距、关爱弱势群体的使命；在建设生态文明的进程中，承担着保护资源环境、促进可持续发展的职责。

3. 科技、教育、文化、卫生等各项社会事业落后

由于投入不足、体制不合理等诸多因素制约，科技、教育、文化、卫生等各项社会事业虽然取得了较大成绩，但和西部地区经济社会发展需要相比，和东部发达地区相比，这些社会事业十分落后，公共品供给不足的问题依然严重。如2007 年全国普通中小学危房的面积有 3 300 多万平方米，在西部地区比较集中，像云南的中小学危房比例就非常高，小学的危房比例达到了 20%，初中的危房比例占到了 11%，而且相当多的是 D 级危房，达到了 85% 以上。所谓 D 级危房，就是整体房屋结构都是危险的，经不起风吹草动，一旦地震，就非常危险[①]。2008 年全国还有 42 个县未实现"普九"，这些县全部在西部地区，其中有 7 个是边境县，20 个县在海拔 4 000 米以上，攻坚任务十分艰巨[②]。科技、文化、卫生等方面的情况大致相似。

4. 农村基础设施落后

目前西部地区尚有 11 494 万人没有实现饮水安全。其中，水质不安全人口 6 724 万人，水量、用水方便程度或供水保证率不达标人口 4 770 万人。全国不通公路的乡镇 82.0% 在西部地区，不通公路的行政村 52.8% 在西部地区；尚有

[①] 庞丽娟：《重视农村和中西部地区的义务教育均衡发展问题》，中国人大网，2009 年 1 月 2 日。
[②] 路甬祥：《我国义务教育发展不均衡状况短期内难以消除》，新华网，2008 年 12 月 25 日。

1 065 个乡镇、51 426 个建制村不通客运班车，分别占全国不通客运班车乡镇与建制村数的 86.4% 和 44.0%。运输网的密度大约只有全国平均水平的 1/3，农村交通条件较差，道路等级低、路况差，大部分为砂石路面，严重制约农村经济发展[①]。

5. 环境保护、生态建设的任务繁重

西部地区是我国的主要生态服务功能区，大部分地区特别是西北干旱区和青藏高原区又是我国的脆弱生态区域，抵抗人为干扰能力和自然恢复能力相对较弱。因干旱少雨、生态建设资金困难、保护力度不大等原因，出现大面积草场开始退化、森林面积减少、土地沙化严重、沙尘暴连年肆虐、雪山冰川不断隐退等现象，生态保护形势比较严峻。根据卫星遥感资料分析，2007 年 1 月 29 日与 2006 年 1 月 31 日相比，祁连山东段积雪面积减少了 6.5%，中段减少了 8.7%，西段减少了 18.6%。专家预计，祁连山最低雪线将由 2000 年的 4 400 米上升到 4 900~5 600 米以上。也就是说，再过数十年，这些积雪和冰川很可能完全从祁连山上消失。据甘肃省农牧厅草原处调研资料显示，多年来，因气候持续干旱和超载过牧，使甘肃省大部分草原生产能力下降，鼠害泛滥，水源锐减，草地沙化，目前全省草原退化面积已达 2.17 亿亩，并仍在以每年 150 万亩的速度扩大，在全国属于比较严重的省份。特别是在甘肃省河西地区，已形成的荒漠化土地面积达 14.29 万平方公里，占全省总国土面积的 31.8%。在河西的荒漠化土地中，有近 7 000 万亩的草原已经或正在逐年向荒漠化、半荒漠化发展。近几年，民勤县等河西地区的荒漠化正在由中、轻度向重度和极重度加剧发展，民勤的荒漠化成为甘肃荒漠化的缩影。新中国成立后的 50 多年，被流沙吞没和因沙漠化而弃耕的土地就接近 200 万亩[②]。

四、中国农村公共品供给地域差距的缩小

（一）如何认识中国农村公共品供给地域差距

如前所述，我国农村公共品供给在总量不足、结构不合理的同时，东部、中部和西部之间，及其内部都存在较大差距，如何认识这种差距，以及怎样缩小差距，是农村公共品供给的重要议题。

---

① 林家彬、苏杨：《改善西部农村公共服务的重要性与对策建议——让所有人共享国家的博爱》，中国水利网，2008 年 7 月 10 日。

② 王鄢、张葆英：《甘肃省生态环境保护现状调查》，载《甘肃日报》，2009 年 5 月 25 日。

1. 农村公共品供给地域差距具有客观性、绝对性

首先，各地区自然环境的巨大差异，决定了农村公共品供给地域差距具有客观性。我国是一个幅员辽阔的大国，从东到西，从南到北的地质、地形、地貌、气候、植被等存在巨大差异。领土最北段的漠河属极地气候，而最南段的曾母暗沙则属于热带气候，等等。而农村居民主要从事农业生产，土地等自然条件具有决定性的影响，也决定了其对公共品的需求。不同区域的地质、地形、地貌、气候、植被等自然条件不同，必然对政府公共品服务的需求不同。沿海地区农村公共服务涉及海洋管理、防范台风等自然灾害等内容，内地农村公共服务则无此类需求。北方干旱、半干旱地区农村有防风固沙，治理水土流失等任务，而在南方气候湿润地区农村，则不存在这类问题，等等。各地区自然环境的巨大差异，就决定了各地区农村经济社会发展对公共品需要的多样性，从而决定了政府等公共组织公共品供给的多样性、差异性。并且，这种自然环境的差异，制约了公共品供给的实际效果，同样数量的资金、大致相同的政府等公共组织努力，最后形成的公共品供给效果，就有很大的差距。如同样是农村公共交通，山区道路的修建成本，就比平原地区的成本低。因此，这类差异，是不以人们意志为转移的，农村公共品供给地域差距具有客观性。

其次，农村经济社会发展的规律，决定了农村公共品供给地域差距具有绝对性。各地区农村经济社会发展，与其他事物发展一样，平衡总是暂时的，相对的，而不平衡是经常性的、绝对的。因为从根本上讲，各地区农村公共品的供给规模和结构，取决于经济发展水平，以及与此相适应的政府等公共组织筹资能力。而各地区的经济发展水平除自然环境等客观因素外，是由劳动者素质、企业的创新能力与市场竞争力、政府公共管理能力和服务能力等多重因素推动的，这些因素在一定时期内在各地区经济发展中发挥的作用不同，就形成了各地区经济发展水平有高有低，政府等公共组织提供公共品的能力强弱不同，产生了各地区农村公共品供给差距的基本原因。要求各地区经济发展水平齐头并进，没有差距，实际上是不现实的。因此，由于农村经济社会发展的不平衡性，绝对性，农村公共品供给地域差距具有绝对性。

2. 农村公共品供给需将差距控制在一定限度内

如前所述，农村公共品供给地域差距具有客观性、绝对性，要实现各地区农村公共品供给的绝对公平、平等，实际上是不可能的。现实的选择只能是将差距控制在一定限度内。如前所述，在一定区域内，公共品供给总量及结构，是经济社会发展和人民生活水平提高的重要基础之一。如各地区农村公共品供给差距扩大，必然进一步扩大各地区经济社会发展差距，激化和产生各类社会矛盾，影响农村的稳定和发展，进而对全国的经济社会运行产生不良后果。且由于公共品的性质，农村公共品供给涉及广大农民的公共利益，是体现社会公平的重要方面。社会公平是千百年来人们孜孜以求的重要目标。为了体现社会公平，就需要将农村公共品供给需将差距控制在一定限度内。

而这个限度，也难以形成一个较为具体的数量界限。但有一个最低限度，即不能超过人们心理上的理解、承受能力。这种心理上的理解、承受能力，在一定时期内，受区域经济发展水平、自身文化素质，社会舆论和一般价值取向等多种因素的影响，具有相对性、可变性。即有个可以接受的区间值，如差距在平均值的10%~30%等。因为各地区自然条件不同，经济社会发展水平不平衡，在公共品供给方面存在一定差异，当地居民也是可以理解的。如因地理位置、天气气候等因素形成的差距等。

因此，政府可用以下方法把握和控制区域间农村公共品供给的差距问题：第一，民意调查。如果区域农村公共品供给在社会舆论检测中，绝大多数居民认为公共品供给差距多大，认为有失公平合理，就可以认为是差距扩大到必须调整的时候了。第二，社会矛盾分析。如果一些经济社会发展中的突出矛盾和问题，以及突发事件、群体性事件，直接、间接和农村公共品供给的差距有关，就说明问题已比较严重，需要调整政府相关政策与制度。2003年"非典"疫情的爆发，暴露了我国公共卫生服务薄弱的现状，成为国家公共卫生服务发展的一个转折点。第三，经验分析法。在实际工作中，也有一些经验数据可以参考：如其他国家农村公共品供给差距的情况；本地区历史上农村公共品供给差距的情况。其他地区农村公共品供给差距的情况，等等。通过纵向和横向的比较，以分析和判断本地区农村公共品供给不平衡状态，是否处于一个相对安全、稳定，社会各方面度可接受的范围之内，为政府公共品供给政策与制度的改革和完善提供依据。

3. 现阶段农村公共品供给差距缩小的艰巨性

从目前我国各地区农村经济社会发展的状况分析，公共品供给差距的缩小是一项艰巨的任务，需要有一定的时间和过程，在各项政府和制度设计中需要充分考虑这一点。

（1）有些地区发展差距的形成已有十年甚至上百年的历史，其差距短期内难以消除。在目前各地区公共品供给差距的因素中，有些是新中国成立后不合理的城乡分割制度形成的，如城乡不同的公共卫生服务；有些则是由于历史上不平衡的发展因素造成的，如沿海农村和内地农村的发展差距，以及城市和农村的发展差距等。由于形成原因的复杂性，以及消除这些因素的复杂性，因而，这些差距的消除需要有一定的过程和时间，在两三年内可能很难取得明显的成效，需要从长计议。

（2）地域辽阔、自然环境状况差别巨大的国情，决定了农村公共品供给差距缩小的艰巨性。我国是一个地域辽阔的大国,各地自然情况千差万别,农村人口众多,一个相对数据较少的改善,都需要巨额资金的支持。在经济发展水平不高,政府财力有限的情况下,需要付出艰苦的努力才能逐步达到目标。例如我国目前农村有 4 万多个行政村,每建设一个 10 万元的图书室,全国就需要 40 亿元的建设资金。以此类推,就可知我国农村公共品供给的巨额资金需求。

(3) 现行体制下各地区既得利益对财政制度改革的阻力,对消除地区农村公共品供给差距的消极影响。一般而言,缩小农村公共品供给的地域差距,主要通过财政体制安排,运用转移支付的方式来解决。就经济发达地区来说,必然要牺牲一定的经济利益,在转移支付制度改革和完善的过程中,会受到来自各地区既得利益阻力,使区域差距缩小的实现需要更多的努力和时间。现行财政转移支付制度是 1994 年财税体制改革中形成的,以运行十多年,尚未进行根本性改革,足见其阻力之大。

4. 农村公共品供给基本公共服务的均等化

尽管农村公共品供给地域差距具有客观性、绝对性,人们在理性上对农村公共品供给地域差距有一定的理解、承受能力,但从政府管理的角度讲,努力缩小农村公共品供给差距,是政府义不容辞的责任。不过,在现阶段,我国经济社会发展水平不高,政府财力有限,要大规模、大幅度地消除区域间农村公共品供给差距,是不现实的。而达到农村公共品供给基本公共服务的均等化,则较为可行。这种均等,不仅是个地区农村居民之间,也包括城乡居民之间的均等。第一,通过提供基本服务,保证公民的基本权利。在我国《宪法》中,规定公民有接受教育、医疗卫生和社会保障等权利。政府通过为农民提供这些基本公共服务,使每个农民能够享受到作为国家公民应该享受到的服务,体现社会公平、平等。第二,满足社会公共需要,化解社会矛盾,构建和谐社会。基本公共服务关系到农民在生产、生活中单个个人、家庭难以满足的需要,是农村经济社会发展不可缺少的组成部分。通过这些基本公共品德提供,满足农村居民的公共需要,化解和消除由此产生的各类社会矛盾,提高农民福利水平,构建和谐社会,促进农村经济社会的健康发展。第三,在政府财力许可范围内,为农民提供公共品服务。我国还是一个发展中国家,经济发展水平和政府财政收入有限,但可以为农民提供基本的公共品服务。通过划定义务教育、公共卫生、社会保障、就业培训、农业技术服务等基本公共品服务,在财政预算上安排专门财力给予保障,就可以实现预期目的。

(二) 建立规范的纵向政府间转移支付制度

从各国政府管理的实践经验看,各地区公共品服务的均等化,地区差距的缩小，在制度上主要依靠纵向政府间转移支付。我国各地区农村公共品供给的巨大差距，也说明我国政府财政转移支付制度的缺陷。我国目前政府财政转移主要包括两部分，一部分是一般性财力转移制度；一部分是专项转移支付。其中，以一般性财力转移支付为主。

在当代市场经济发达的国家，如美国、德国、日本等，在各级政府财政之间普遍实行转移支付制度，执行实际效果较好。尽管各国具体转移支付制度有较大差距，但都具有一些共同的特征，构成建立规范的财政转移支付制度的基本条件，可供我国处理纵向政府间转移支付制度参考。第一，明确划分各级政府职责范围。财权与事权相结合，是处理政府间财政关系的基本准则。各级政府职责的明确划分，即事权的划分，是上级财政对下级财政进行转移支付，决定其规模与结构的依据。从有关国家的经验分析，他们对各级政府职责进行了非常详细、具体的界定，具有很强的操作性，为财政转移支付制度提供了基础。第二，通过分税制体制，保证上级财政，特别是中央财政，具有转移支付所需的财力。一般是中央财政掌握着税源广、税率高、政策性强、税额大的税种，保证其对地方财政转移支付，实施宏观经济政策的需要。第三，有健全的法律制度保障。在市场经济发达国家，各级政府职责的界定、税种的划分、财政预算的管理程序等，都有相应的法律依据，执法规范，保证了财政转移支付制度的正常运行。

根据规范的转移支付制度的基本特征，在我国现行财政体制下，建立纵向政府间转移支付制度，还需要解决一些实际问题，主要包括：（1）对政府的职责做出进一步的详细、具体界定，提高其在转移支付制度安排中的可操作性。（2）完善分税制财政体制，提高中央财政转移支付的能力。（3）建立中央对地方政府转移支付制度的法律依据。如前所述，规范的政府间转移支付制度需要有明确的法律依据，以保证其规范性、稳定性和合理性。

在一般性转移支付中，标准收入按税种测算，主要采用"标准税基×实际征收税率"模式。标准税基利用各税种的设计税基，采用统计部门提供的数据进行测算；实际征收税率是法定税率减去政策性减免税来确定。不过，在样本数据满足回归方程最基本要求的前提下，采用回归数学模型测算主体税种的收入，可能比上述方法更为精确一些。具体来讲，根据各税种收入数额和在地方税体系中的地位，分为两种不同情况进行测算：对税基宽广、收入数额大、政策性强的主体税制，采用"标准税基×实际征收税率"，以营业税为例，营业税收入 = $\sum$ 各税目核算年度平均营业收入×实际征收税率。这类包括增值税地方分成部分、营业税、个人所得税、企业所得税等。对税源不稳定、收入零星的地方税种，如耕地占用税、契税等，采用以前若干年度平均收入额加平均增长额的方法测算。

标准支出的测算，分为客观性因素和政策两类分别展开。在客观性因素中，主要部分与中央与省级财政转移支付相同或相似，主要包括人员经费、行政及公检法公用经费、事业经费、社会保障经费、社会公用设施建设费、其他支出等。这些项目还需要进一步分解，如事业经费分为科技事业费、教育事业费、文化事业费、卫生事业费、其他部门事业费等。在上述项目测算中，需要考虑到人口总数、人口密度、土地面积、交通运输成本等因素。

在政策性因素中，主要需要考虑少数民族自治地区、贫困地区、边疆地区、经济开发重点扶持地区等因素。即除上述一般支出因素外，对符合有关政策性扶持因素的地区，再增加若干支出项目。对集"少、贫、边"于一身的地区，按其中一个因素测算，这些地区的共同特征是人均收入水平低于全省平均水平，在测算时按这一差额的一定比例确定转移支付数额。对一定时期经济开发的重点区域，按省级财政转移支付的财力总额确定一个转移支付系数。

在标准收入、标准支出核定后，凡标准收入＜标准支出的地区，取得转移支付的资格。上级财政根据可用于一般性转移支付的财力总额、各地区"标准支出－标准收入"差额的总额确定一般性转移支付系数。如某县为接受一般性转移支付的地区，则收入为：一般性转移支付＝（标准支出－标准收入）×一般性转移支付系数。其中，对确定为农村基本公共品服务范围内的项目，如义务教育、公共卫生等进行单独检测，上级财政转移支付资金优先保证基本公共品服务支出，如达不到国家或省规定的一般水平，就需要修正转移支付系数，保证各地区基本公共品服务的均等化，逐步缩小地区差距。

各级政府之间的专项转移支付，即有条件的转移支付，主要是对符合有关规定的经济开发和建设项目进行转移支付。这类项目主要包括：（1）跨地区的基础设施建设，如公路、铁路、机场、管道、供电、大型农田灌溉设施等。（2）生态环境建设，如水土流失治理、营造生态林、恢复植被等。（3）区域重点经济开发项目补助，如本地区优势资源的开发、高新技术产品的研制等。这类转移支付项目要求地方提供效应的配套资金或设施。为避免上下级政府间的讨价还价，以及其他腐败现象，专项转移支付需要建立规范的评价指标体系、科学的决策程序，以及计算公式，以保证其客观公正性。

2009年，中央对地方税收返还和转移支付28 563.79亿元，增加6 519.4亿元，增长29.6%，见表7－5所示。包括：税收返还4 886.7亿元；一般性转移支付11 317.2亿元，占转移支付的47.8%；专项转移支付12 359.89亿元，占转移支付的52.2%。专项转移支付相对较多，主要是实施积极的财政政策，中央政府增加公共投资和拉动消费的支出，通过专项转移支付补助给地方[①]。

---

① 财政部：《税收返还和转移支付制度》，财政部网站，2010年4月29日。

表7-5　　　　2009年中央对地方税收返还和转移支付情况　　　　单位：亿元

项目	预算数	决算数	决算数为预算数的%	决算数为上年决算数的%
一、中央对地方转移支付	23 954.81	23 677.09	98.8	126.6
（一）一般性转移支付	11 374.93	11 317.20	99.5	111.0
1. 均衡性转移支付	3 918.00	3 918.00	100.0	111.6
2. 民族地区转移支付	280.00	275.88	98.5	100.0
3. 县级基本财力保障机制奖补资金	550.00	547.79	99.6	125.0
4. 调整工资转移支付	2 365.63	2 357.60	99.7	96.2
5. 农村税费改革转移支付	770.22	769.47	99.9	100.9
6. 资源枯竭城市财力性转移支付	50.00	50.00	100.0	200.0
7. 定额补助（原体制补助）	138.14	138.14	100.0	101.5
8. 企事业单位划转补助	348.00	347.87	100.0	104.9
9. 结算财力补助	344.51	369.22	107.2	105.8
10. 工商部门停征两费转移支付	80.00	80.00	100.0	170.2
11. 村级公益事业"一事一议"奖励资金	10.00	10.00	100.0	
12. 一般公共服务转移支付	45.00	23.93	53.2	102.1
13. 公共安全转移支付	332.90	329.84	99.1	349.4
14. 教育转移支付	908.49	893.56	98.4	120.6
15. 社会保障和就业转移支付	1 234.04	1 201.83	97.4	118.6
16. 医疗卫生转移支付		4.07		
（二）专项转移支付	12 579.88	12 359.89	98.3	145.2
其中：教育	448.86	520.21	115.9	140.1
科学技术	32.79	78.17	238.4	91.0
社会保障和就业	1 816.17	1 640.47	90.3	105.1
医疗卫生	1 124.28	1 205.64	107.2	150.6
环境保护	1 199.27	1 113.90	92.9	114.4
农林水事务	3 143.19	3 182.54	101.3	133.3
二、中央对地方税收返还	4 934.19	4 886.70	99.0	146.5
增值税和消费税返还	3 476.00	3 422.63	98.5	101.5
所得税基数返还	910.19	910.19	100.0	100.0
成品油税费改革税收返还	1 530.00	1 531.10	100.1	
地方上解	-982.00	-977.22	99.5	103.3
中央对地方税收返还和转移支付	28 889.00	28 563.79	98.9	129.6

从 2009 年起，进一步规范财政转移支付制度。将中央对地方的转移支付，简化为一般性转移支付、专项转移支付两类。其中，一般性转移支付包括原财力性转移支付，主要是将补助数额相对稳定、原列入专项转移支付的教育、社会保障和就业、公共安全、一般公共服务等支出，改为一般性转移支付；原一般性转移支付改为均衡性转移支付。2009 年中央对地方税收返还和转移支付 28 621.3 亿元，完成预算的 99.1%，与预算的差异，主要是救灾支出实际数低于年初预计，相应减少对地方专项转移支付。其中：税收返还 4 942.27 亿元，增长 48.2%，主要是实施成品油税费改革，中央财政增加的成品油消费税收入按规定返还给地方；一般性转移支付 11 319.89 亿元，增长 29.4%；专项转移支付 12 359.14 亿元，增长 24.1%，主要是中央政府增加公共投资和拉动消费的支出，通过专项转移支付补助给地方。地方财政支出的 39.1% 来源于中央财政转移支付[①]。

如前所述，纵向转移支付包括一般转移支付和专项转移支付。一般转移支付应优先保障农村公共品的供给，而专项转移支付主要解决农村公共品供给的某些特殊问题，如公共卫生、扶贫救济等。由于公共品在农村经济社会发展中的基础地位，缩小地区间农村公共品供给差距，不仅涉及公共品供给管理本身的问题，而且也是为有效缩小区域经济发展差距、城乡发展差距奠定坚实基础。由于我国地域辽阔，各地区发展极不平衡，公共品供给差距缩小需要一个过程，在一般性转移支付安排中，重点保障前文述及的基本公共品供给，缓解农村经济社会发展的突出矛盾，在基本公共品供给均等化大体实现后，再扩展到其他公共品供给。

第一，中央财政增加对中西部地区农村，特别是纯农牧区的财政转移支付力度，提高这些地区政府农村公共品的供给能力。对属于纯公共品的基本公共品而言，区域差距的缩小则主要依赖上级财政的转移支付。在中西部地区农村地方政府财力有限，又要履行为农民提供公共品服务职责的情况下，其供给差距缩小的速度，很大程度上取决于上级政府财政转移支付增加的规模和速度。

第二，建立各级财政转移支付资金安排次序制度，优先保障农村公共品支出需要。通过财政制度建设，明确财政转移支付资金安排次序，优先保障农村公共品，特别是基本公共品供给支出需要，以保证政府有足够的财力努力缩小地区公共品供给差距，并为缩小各地区经济社会发展水平差距奠定良好基础。

第三，建立各级政府分层控制责任制，有效缩小农村公共品供给区域差距。县级政府负责所辖区域内乡镇公共品供给的基本均等，市级政府负责所辖各县

---

① 财政部：《关于 2009 年中央和地方预算执行情况与 2010 年中央和地方预算草案的报告》，财政部网站，2010 年 3 月 16 日。

(区、县级市)农村公共品供给的基本均等、省级政府负责所辖各市农村公共品供给的基本均等,中央负责各省农村公共品供给的基本均等。这样层层推进,逐步缩小各地区农村公共品供给的巨大差距,而不能只强调中央政府或者省级政府的职责。

第四,建立各地区农村公共品供给差距监测报告制度,明确工作目标,并与转移制度直接挂钩,将农村公共品供给目标列入各级政府国民经济和社会发展规划,作为各级政府和负责人绩效考核的重要内容。将缩小各地区农村公共品供给差距的任务更加公开、透明,接受广泛的社会监督。通过农村公共品供给管理制度的创新,在具体制度、政策措施、监督检查、奖惩机制等方面,将缩小区域公共品供给差距的目标落到实处。

通过转移支付制度,第一步,实现各地区农村基本公共品供给均等化,使农村居民在义务教育、公共卫生、社会保障方面能够享受到大致相同的服务,提高农民生活水平,保障公民权利,体现社会公平。第二步,在基本公共品供给均等化实现的基础上,进一步缩小农村公共品供给差距,将其控制在社会可接受的范围之内,并为各地区经济社会协调发展做出基础性贡献。

(三) 建立横向的政府间转移支付制度

建立东部地区对中、西部地区横向转移支付制度,从我国的现实及国外的经验看,具有可行性。我国在实施《八七扶贫攻坚》计划后,为加快中西部地区经济发展,缩小地区发展差距,中央组织东部经济发达省市开展对西部地区的对口帮扶、支援工作,并在西部一些地区建立东西部乡镇企业合作示范区。在四川汶川地震后,各地区建立了对口支援关系,开展灾后重建工作。尽管这种对口帮扶、支援工作有的是无偿援助,有的是项目合作、互惠互利,但都是一种发达地区支持不发达地区的实践,取得了一定成效,需要以制度形式加以固定,并得到不断发展,以加快中西部经济发展,缩小地区经济差距,达到各地区共同繁荣、协调发展的目的。因而在不影响东部地区经济健康发展,不超过其负担能力的限度内,建立东部地区对西部地区横向转移支付制度,则是一种比较好的选择。

从国外有关国家的实践分析,德国各州之间的横向转移支付制度,为我国提供了可借鉴的经验。德国各州根据规定计算其标准税收能力(即组织税收收入的能力)和标准税收需求(即财政支出的需要),凡财政支出能力小于平均财政支出能力95%的州,为接受转移支付的州,超过上述标准的州为贡献转移支付财力的州,贡献资金量的大小,根据超过标准的程度决定,超过的幅度越高,贡献率也就越高。德国规定,不超过标准1%的,转移率为15%,超过标准1%~10%的,转移率为66%,超过标准10%以上的,转移率为80%,呈较大幅度累计的趋势。

鉴于目前各地区人均财政支出水平差距悬殊，按规范的计算公式向西部转移支付有一定困难，在财政制度安排上，可考虑分两步走。第一步，将目前东部地区对中西部地区的对口支援制度化、规范化。在财政制度上明确发达地区支援西部的义务，在东部地区财力承受能力范围之内，确定一个转移支付的数额，并根据各地区经济增长的情况提出一个指导性增长比例。第二步，在全国性转移支付制度已建立，地区财力差距已大幅度缩小的情况下，依据西部地区与东部地区人均财政支出水平的差距，按照超过平均财力水平幅度越大，转移支付比例累进递增的原则设计计算公式，并以财政法律的形式加以固定，成为国家转移支付制度的有机组成部分，在缩小地区差距，促进区域经济协调发展方面发挥重要的补充作用。

（四）充分调动各地区的积极性

在各地区农村公共品供给中，其差距的缩小，除通过纵向政府间转移支付制度，保证基本公共品服务实现均等化外，还需要在制度上、机制上充分调动各地区的积极性，努力增加本地区农村公共品供给，缩小区域差距。

（1）对努力增加投入，在缩小农村公共品供给差距方面贡献突出的政府给予奖励，在一定时期转移支付方面得到体现，并和主要负责人的职务升迁挂钩，以充分调动各级政府和负责人在农村公共品供给方面的积极性，努力缩小差距，实现地区、城乡和谐发展。从根本上讲，各地区农村公共品供给差距的缩小，取决于各地区经济发展水平差距的缩小。供给公共品，满足农村公共需要，是各级地方政府的重要职责。在经济发展水平一定的条件下，对增加农村公共品投入较多，缩小供给差距贡献大的地方政府，给予相应的奖励，并在转移支付制度上给予必要的保证，以鼓励各地努力增加供给，缩小差距，而不是一味地等待上级的转移支付。

（2）鼓励各地区在满足农村一般公共品需求的基础上，重视对本地区一些特殊的公共品供给，大力支持区域经济社会发展的需要。由于地理位置、气候、历史文化传统等原因，各地区地有一些本地农民需要的特殊公共品服务，且难以列入一般考核评比范围，如文物古迹保护、民族文化传承、特定产业扶持等。对各类公共品服务，上级政府应通过专项转移支付等方式，鼓励各地区政府重视对本地区特殊的公共品供给，更好地满足本地区居民的需要，促进区域经济社会健康发展。

（3）鼓励以小城镇建设、村庄整理为契机，对农村公共品进行集中供给，以提高供给规模效益，吸引农村居民向小城镇，以及条件较好的村庄集中，提高农民的整体福利水平。通过农村公共品供给方式的改革，促进小城镇和村庄建设，形成农村经济社会发展新的增长极，充分调动各地政府发展农村经济，推行城镇化进程的积极性。

第三节 农村公共品供给的国际比较

为增加我国农村公共品供给，满足农民发展和构建和谐社会的需要，借鉴其他国家农村公共品的经验教训，也是十分必要的。

一、美国农村公共品供给情况[①]

美国位于北美洲中部，领土还包括北美洲西北部的阿拉斯加和太平洋中部的夏威夷群岛。北与加拿大接壤，南靠墨西哥湾，西临太平洋，东濒大西洋。美国农业自然条件十分优越。大部分地区属大陆性气候，南部属亚热带气候。中北部平原温差很大，芝加哥1月平均气温－3℃，7月24℃；墨西哥湾沿岸1月平均气温11℃，7月28℃。美国农用地大部分位于北纬25°至49°之间的北温带和亚热带，雨量充沛，年降水量的地区分布和季节分布都较为均匀；土地平坦，土壤肥沃。美国作为世界头号经济强国，既是工业化、信息化高度发达的国家，也是农业高度发达的国家。美国机械化程度高。目前美国城镇化率达到80%以上。2008年农业产值约占国内生产总值的1.2%，农、林、渔等部门就业人数占总就业人口的0.6%。2007年共有农场207.6万个，耕地面积9.31亿英亩。粮食产量约占世界总产量的1/5。2007年农产品出口总额为899亿美元，主要出口地区依次为加拿大、墨西哥、日本、欧盟和中国，当年农产品进口总额为719亿美元。美国的农村公共产品是由政府和社会组织共同来提供的，并形成了发达和完善的农业社会化服务体系，主要体现在以下几个方面。

（一）通过法律和政策，支持农业和农村发展

美国的农业立法有近百部之多，其中，《农业法》是一部综合性的法律，它

---

① 本部分内容参见：李燕凌、曾福生、匡远配：《农村公共品供给管理国际经验借鉴》，载《世界农业》2007年第9期。苏明、王小林、陈冠群：《国外公共财政如何支持农业和农村发展》，人民网，2009年6月16日。

规定了一个时期政府农业行政管理的目标和手段。《灾害救济法》、《联邦农作物保险法》等法律在农村公共品供给方面发挥了重要作用。通过立法、协调等手段，保障农业资源保护政策、农产品价格补贴政策、农业信贷政策的有效实施。

（二）重视农田水利等农村基础设施的建设

在农田水利建设方面，主要是在低洼易涝地建明沟和地下管道排水工程，在干旱地区兴建农田水利灌溉设施和引水工程等。在其他农村基础设施建设方面，主要有在全国兴建交通运输、电力供应等，为农业提供方便的商品流通条件，兴修学校、社区公共设施、环境保护设施等，为农民提供良好的生产、生活环境，提高农村生活质量。美国自20世纪60年代以来，还在土壤改良方面，向农户提供了大量政府资助，特别是推行了国家"休耕计划"，这是一项比较典型的具有公共性的农业保护技术措施。

（三）对农业提供政策性保险服务

美国政府成立了联邦作物保险公司，为农场主提供作物保险，以减少农场主的损失。美国的农业保险大致可以分为全风险保险、区域—单产保险、气候—作物保险三种。除提供保险外，美国政府还对从事农业保险业务的机构提供大规模的保费补贴，从而使农民能以较低的保费率普遍参加农业保险，大大提高了农业抵抗自然灾害风险和市场风险的能力。

（四）组织和完善农业教育—科研—推广体系

美国政府一直比较重视农业的教育、科研和培训推广工作，集中体现在各级政府对农业科研和推广公共开支的支出在不断增加。美国的农业科技推广体系，是由国家投资建立，以行政管理部门推动为主导，结合研究与教育部门，联合实施，包括农学院、农业研究、农业推广三个系统。完善的农业科技推广体系，为美国农业发展提供了有力的技术、人才支持。

（五）重视农村义务教育和农村社会保障服务

美国农村义务教育经费由联邦、州和学区三级政府共同分担，其中，州政府投资占绝大部分。各州或地区根据财力大小获得相应的拨款。与联邦政府相比，州政府对本州各个学区义务教育负有直接和具体的责任和义务。在社会保障方面，美国建立了包括农民在内的社会保障制度。农民同城市居民一样能够享受到养老保险、医疗保险等社会保障公共产品。美国的农村地区主要推行的是大病医疗保险制度,即购买大额健康保险而不是其他基本医疗保险。同时,美国的农村医疗合作社在对农民的医疗保障上也发挥了重要的作用。

二、日本农村公共品供给情况

日本位于太平洋西岸,是一个由东北向西南延伸的弧形岛国。西隔东海、黄海、朝鲜海峡、日本海,与中国、朝鲜、韩国和俄罗斯相望。领土由北海道、本州、四国、九州 4 个大岛和其他 6 800 多个小岛屿组成,故日本又称"千岛之国"。日本陆地面积约 37.78 万平方公里,地处温带,气候温和、四季分明。日本境内多山,山地约占总面积的 70%,大多数山为火山,其中著名的活火山富士山海拔 3 776 米,是日本最高的山,也是日本的象征。耕地面积约 504 万公顷,占国土面积的 13.5% 左右,占世界耕地面积总数的 0.4%,主要种植水稻、小麦、大豆等。日本的城市人口比例已达到很高的水平。城市化进入稳定阶段,城市人口比例维持在 75% 以上,日本的农业在国民经济的所占比例已很小,农户数量大幅减少,劳动力非农就业的比例和城市人口比例都达到了较高的水平。在就业人口总数中,农林渔业所占比重 1950 年为 48.3%,1970 年为 19.4%,1990 年为 6.6%,2001 年降到了 4.9%。在日本农村公共产品供给方面,日本政府对农业的支持力度和保护程度是发达国家中最高的,主要体现在以下几方面[①]。

(一) 以立法保证对农村公共品的供给

日本在 1881 年农林水产省成立以后,国会先后通过了 54 个农业立法,涉及粮食管理、农地管理、耕地改良、灾害补偿、技术更新等所有领域,其中最重要的是被称为"农业宪法"的《农业基本法》。在 1929 年、1938 年和 1947 年这前后 18 年间,日本先后颁布了《家畜保险法》、《农业保险法》和《农业灾害补偿法》3 部有关农业的保险法。这些农业立法,为确保政府在农村公共品供给效率奠定了基础。

(二) 高度重视对农村公共品的投资

据统计,近年来日本政府通过各种渠道用于农业的投资高达农业总产值的 15 倍之多。日本政府的投入主要用于土地改良、农业基础设施建设和发展农业

---

① 本部分内容参见:李燕凌、曾福生、匡远配:《农村公共品供给管理国际经验借鉴》,载《世界农业》2007 年第 9 期。苏明、王小林、陈冠群:《国外公共财政如何支持农业和农村发展》,人民网,2009 年 6 月 16 日。

科学技术等农村公共产品方面。日本政府对科研推广、动植物防疫、农业灾害赔偿、农业劳动者补助和农业金融补贴等"绿箱政策"的投入有较大幅度的增加。同时，日本政府还增加了农村的环境整治投资，为农民提供环境保护方面的公共品。此外，政府加强了生活环境方面的公共设施投资，建设多功能集会设施等，以增加农村村落的活力，方便农民生活。

（三）运用财政补贴等手段，大力支持农业机械化

与中国一样，日本是一个多山的国家，农业生产自然条件较差，推进农业机械化，是日本农业现代化的重要内容。日本农林渔业金融公库资金专门设立农业机械等购买资金，有"农业现代化资金"和"农业改良资金"。日本农林水产省规定引进农业机械时由国家给予补助金和贷款。

（四）实行政府统一组织和指导的农业技术推广体系

日本农业科技推广体系的主管机构是农业水产省、农蚕园艺普及部，主要负责制定农业科技推广工作的相关制度，并组织、协调和指导推广工作，培训推广人员等。同时，把全日本分为9个区，在每个区设立地方组织，负责监督和指导都道府县的农业技术推广工作及发放推广经费。

（五）运用政策性保险支持农业发展

日本政府直接参与保险计划，并且具有强制性质，凡生产数量超过规定数额的农民和农场都必须参加保险。具体做法是：投保户按田块数报保险额。保险额是投保受灾农民所能得到的最高赔偿额，保险额是按"每公斤保险额"乘以标准产量的70%计算。农林渔业部每年规定"每公斤保险额"，标准产量由农业互助社按田块情况确定。政府负担投保农民应交的部分保险费，一般不少于支付保险费的50%。经过保险的田块如果遭受自然灾害，均给予赔偿。不过，保险赔偿损失只限于该田块标准产量的30%以上部分。

（六）充分发挥农协的作用

日本政府对农协提供农村公共品服务给予支持指导和监督。在日本100%农民都加入农协、100%农村都建有农协。按照日本的有关法律规定，日本农协的业务范围极为广泛，除了经济业务如与农产品生产、加工、储藏、销售有关的一般经济业务，以及合作保险和合作金融等特殊经济业务外，还承担着大量的少营利和非营利业务，包括组织农业生产技术指导，组织农业水利设施和其他农协成

员生产生活所必需的公用基础设施的兴建、运营和管理；兴办农村医疗、卫生、福利和其他以改善农村文化、生活环境为目的的专门公共设施，开展农村教育和文化活动，传播生理卫生知识和指导家政；通过自己的报刊和网络提供技术、生活和国内外市场信息方面的服务，等等①。

三、加拿大农村公共品供给情况②

加拿大位于北美洲北部（除阿拉斯加半岛和格棱兰岛外，整个北半部均为加拿大领土）。东临大西洋，西濒太平洋，南界美国本土，北靠北冰洋。海岸线约长 24 万公里。东部为丘陵地带，南部与美国接壤的大湖和圣劳伦斯地区，地势平坦，多盆地。西部为科迪勒拉山区，是加拿大最高的地区，许多山峰在海拔 4 000 米以上。北部为北极群岛，多系丘陵低山。中部为平原区。加拿大是世界上湖泊最多的国家之一。因受西风影响，加大部分地区属大陆性温带针叶林气候。东部气温稍低，南部气候适中，西部气候温和湿润，北部为寒带苔原气候。北极群岛，终年严寒。中西部最高气温达 40℃ 以上，北部最低气温低至 -60℃。加拿大农业以麦类为主，主要种植小麦、大麦、亚麻、燕麦、油菜籽、玉米等作物。可耕地面积约占全国土地面积的 16%，其中已耕地面积约 6 800 万公顷，占全国土地面积的 8%。加领土面积中有 89 万平方公里由谈水覆盖，淡水资源占世界的 9%。渔业很发达，75% 的渔产品出口，是世界上最大的鱼产品出口国。加拿大是西方七大工业化国家之一，制造业和高科技产业较发达，但农业也是国民经济的主要支柱。农业是加拿大重要的创汇产业，年农业产品出口额高达 80 多亿美元。作为世界主要的粮食出口国，小麦出口量每年大约在 2 000 万吨左右，仅次于美国、澳大利亚、欧盟，居世界第四位。用于制造麦芽和色调的大麦，每年的出口量大约在 300 万~600 万吨。加拿大大麦国际市场占有率为 6%，居第三位。在农村公共品供给方面，加拿大政府的主要措施有以下几方面。

（一）农业支持政策健全和完善

2003 年加拿大联邦政府与地方省区政府共同制定出 21 世纪农业政策规划，提出了一套完整和规范的农业政策，重点提高农业效益，尊重和维护各级政府履

---

① 张颖：《农村公共产品供给的国际经验及启示》，载《商业时代》2007 年第 36 期。
② 参见新华网、驻加拿大使馆经商处网站。苏明、王小林、陈冠群：《国外公共财政如何支持农业和农村发展》，人民网，2009 年 6 月 16 日。李长久：《加拿大农业发展对中国的启示》，载《记者观察》2008 年第 21 期。

行对国家和国际农业的长期合作及权利义务，鼓励参与国际农业市场竞争，增强环境保护理念，确保农业及农产品安全和质量，加快科技创新，提供农民抗风险管理的手段及加强和完善农业及农产品政策等内容。加拿大对农业的干预或扶持政策，都有明确机构负责实施，联邦和省区两级政府也有自己的职责范围，联邦政府负责制定政策（涉及价格、销售、向生产者提供信贷、保险和其他资助等）、农业科学研究、制定农产品质量标准和地区开发；省区级政府主要负责实施有关政策、农业应用研究和推广、咨询等。如"加拿大小麦局"（The Canadian Wheat Board CWB），主管小麦的生产、运输、销售各个环节，市场预测，执行价格支持政策，向生产者预付谷物的货款，与外国进口商签订出口合同。

（二）政府特别重视农业科学技术研究和教育

联邦和省都建有农业科学研究机构，帮助农场主和农业综合企业进行基础科学研究；许多省都拥有十分精良的农业教育设施。在财政预算上，联邦和省每年安排有专项资金，支持的项目非常广泛，包括农业发展的战略研究、生物技术研究、园艺技术、畜牧兽医、植物诊断、食品检疫、草原农业机械、农产品加工等。而且农业科研人员的工资和经费都有保障。为提高农业产品质量标准，检疫工作由农业部高度集中统一管理。此外，政府还鼓励和资助私营的农业科研与新技术推广机构。

（三）联邦政府对农作物保险计划进行支持

1959年加拿大政府就成立了只从事单一农作物保险的保险机构。国会授权联邦政府立法，并与各省签订合约，共同兴办农作物保险，协助农民减少因灾害造成的农业生产损失。当农作物受灾使农民的收获低于保险的产量时，其差额由农作物保险基金支付。农作物保险基金的来源，由联邦、省和愿意参保的农场主共同负担，并存入专用基金账户，省一级还成立专门机构负责管理。管理费用由联邦政府和省两级财政共同负担。每个农民可以自行决定是否参加保险，自行选择参保的程度。支付金额以当前所定的保险价格（市场价格）计算。所有的农作物均作为保险对象。

（四）加拿大对农产品出口管理高度集中

加拿大小麦局是代表加拿大农民统一进行粮食市场化经营、组织运输、分配销售利润的机构，它是一个半官方性质的组织，但却带有一定的强制性。作为唯一的小麦和大麦代理商，它规定加拿大农民只能先把粮食出售给小麦局，再经它协调出售，主要从事国际贸易。加拿大粮食协会的主要职责是按照加拿大粮食法律法规和授权，制定面向国内粮食行业不带偏见的规章，对加拿大生产的粮食提供品质检测、安全鉴定、研究开发、标准制度等售前售后技术性服务，维护加拿大粮食在国际市场上的良好声誉。

（五）加拿大一直依法严格管理土地资源的开发和保护

除推行少耕、免耕、轮作及配套机械为主要内容的保护性耕作外，加拿大特别重视加强对城市发展用地的监管。加拿大早在1921年就实现城市化，1971年已经大城市化。据加拿大2001年的人口普查，加拿大80%以上的人口（包括就业和财富）集中在139个人口在1万或1万以上的城市内，57%的人口居住在15个人口超过30万的大城市，这些城市构成了加拿大的城市体系。随着城市化的发展，城市开发管理规划通常将确定城市发展边界的概念写入计划之内。在确定"城市发展边界"方案时，必须考虑将城区的所有城市化部分纳入开发范围，且不得留过量的闲置空间。

四、德国及欧盟的农村公共品供给

德国地处欧洲的中部，面积近36万平方公里，人口8 200多万人。德国经济高度发达，是欧盟中最强大的经济实体，也是欧盟中人口最多的国家。德国农业人口占总人口的2.4%，农业产值占GDP的1%左右，农民年人均纯收入3万欧元左右。德国有农业用地约1 697万公顷，占国土面积的47.5%，其中耕地面积1 197万公顷，占农业用地的70%，草原面积562万公顷，森林覆盖率约为30%，人均占耕地0.15公顷，森林0.13公顷，草原0.07公顷。德国农业高度现代化，是欧盟国家中的第三大农产品生产国。国内生产的农产品可满足本国90%的总需求，扣除从国外的进口的饲料，自给率达到80%。在德国的农业总产值中，种植业的比重不足40%，畜牧业比重占60%以上。全年农业企业经济收入中的50%以上来自畜牧业，畜产品主要有猪、牛、羊、禽类产品及奶制品，其中牛奶的收入占畜产品收入的90%。

欧盟，即欧洲联盟，是由欧洲共同体发展而来的，是世界上具有重要影响的政治、经济区域一体化组织。欧盟现有27个成员国，农业产值占欧盟国内生产总值的不到3%，农业就业人口不到5%，但由于农产品、食品支出占欧盟居民日常生活开支的比重超过20%，以及农业在经济、政治、社会方面的基础作用，农业对欧盟经济的重要性远远超过了其占国内生产总值的比重。欧盟农业资源丰富，生态环境较好。农业经济发展较快，农业生产专业化程度较高，拥有现代化的经营管理方式和手段。农产品市场发育较为成熟,是世界上农业商品率和市场化程度最高的地区之一。欧盟的农业企业是以家庭农场为主体。过去几十年来,欧盟农业企业数量逐步减少,企业规模却不断扩大。农业结构方面,粮食在种植业中占重要地位,始终居于欧盟农产品市场的中心。欧盟的畜牧业高度发达,主要得益于充足的农产品供给,为畜牧业提供了饲料来源。在欧盟的农用土地中,大约有70%以上的土地用于饲料生产,饲料占猪肉、禽肉生产成本的65%左右。

德国在农村公共品供给方面,作为欧盟成员国,首先,德国的农业公共品供给在遵守欧盟农业共同政策的同时,也充分考虑了本国的实际情况,具有一定的自身特色。欧盟制定框架协议并决定整体农业市场政策;德国联邦政府工作重点是农村社会改善和农业结构调整;州政府制定具体的农业政策。德国农业政策的总体目标是:为国民提供价格适宜的高质量的健康食品,为工业提供可再生原材料,保障和完善人们生活和生产的自然空间条件,保持农村风景文化。多年来德国政府为农业提供了大量补贴,并调整了补贴方式和补贴方向,逐渐由刺激产量增加转向注重农产品质量安全、区域发展、环境保护和改善生产生活条件等方面。主要包括改革价格和品种补贴为按面积补贴,保护和提高农业生产能力;按农户投资比例(一般为30%)进行补贴,支持农户扩大规模经营;大力发展生态农业,保证食品安全和促进环境保护;支持乡村网络等基础设施建设,为居住和旅游者提供各种方便,促进乡村旅游业发展;注重农民协会和农业协会建设,提高农民组织化程度;建立农村社会保障制度,做到城乡社保并轨。

而欧盟作为一个共同体,在农村公共品供给方面,共同农业政策是欧盟最重要的共同政策之一。欧盟共同农业政策形成于1962年,后来根据欧盟内部的发展变化和国际市场形势,进行了几次调整。共同农业政策的目标,包括农业收入目标、农产品市场目标、农业结构目标和农村发展目标,具体内容在发展中不断深化和具体化。主要包括:一是促进技术进步,保证农业合理生产和对生产要素特别是劳动力的充分利用,提高农业生产率;二是在不断提高农业劳动生产率的基础上,增加农民收入,保证农民合理的生活水平;三是稳定农产品市场,保障供应的可靠性,为消费者提供价格合理的农产品;四是保护生态环境和动物生存环境,保证食品安全;五是进行农业结构调整,促进农村经济和社会全面发展。

共同农业政策的主要内容有:(1)建立统一农产品市场。实行农产品自由流动,分步实施农产品统一价格。(2)建立对外统一的农产品关税壁垒和对内统一的农产品价格体系。通过门槛价格、最低价格和干预价格等措施对共同体市场价格实行统一管理,维护市场平衡,保护生产者利益。(3)出口补贴制度。这对大部分产品都适用,如粮食、糖、油菜、奶、肉蛋禽、水果和蔬菜等。(4)生产配额制度。针对糖和牛奶两种产品,每年根据共同体市场供求情况,提出生产配额总量，分配到各国，再由各国分配到加工企业。对配额内的产品提供保证价格，对配额外的产品则不能得到保证价格或不能得到全额的保证价格。（5）对外保护制度。针对蛋和家禽两大类产品。在欧共体市场，蛋和家禽没有干预价格和生产配额规定，通过门槛价格实行保护。（6）直接补助。主要是羊肉、油和油脂、烟草、棉花、干饲料、亚麻、大麻籽、啤酒花等。（7）地区发展补贴。利用欧盟的结构基金特别是农业指导和保障基金为农村地区采用农业新技术、改进农业产业结构和发展非农产业提供资金支持，保护生态环境，促进农村全面发展。

共同农业政策对促进欧盟农业发展、稳定农产品市场和欧洲经济一体化建设做出了重要贡献。但与此同时，共同农业政策也带来了一系列由于生产过剩所造成的严重后果，暴露出一些弊端，受到了来自内外部要求改革的极大压力。在2006年的改革中，明确了欧盟2006～2013年的共同农业政策，其主要内容是：2006年后，共同农业支出将基本冻结在2000～2006年的水平，考虑到物价因素后欧盟农业预算支出每年增加1%；2004年、2005年和2006年3年，东欧十国得到的农业直接补贴相当于目前欧盟其他国家水平的25%、35%和40%，以后每年增加10%，到2013年实行同等待遇；欧盟直接农业补贴的发放将采用更为严格的环保、食品安全和动物福利的标准；建立农场审计制度；每年对单个农场补贴不超过30万欧元；在未来10年内削减10%的耕地；未来7年内将对大农场的直接补贴每年减少3%；将20%的直接补贴转而用于农村发展；谷类干预价格降低5%；鼓励环保、关注消费者利益以及支持中小企业和农村发展。总体上，欧盟农业政策改革的方向是"彻底改变欧盟对农业的支持方式"，使得农业政策更加市场化。改革的核心是直接补贴方式的变化，即由原来与当年生产面积挂钩（蓝箱支持）变为不与当年生产挂钩的"单一的农场补贴"（绿箱支持）。此外，原来的价格支持政策仍然保留，支持价格水平有的产品不变，有的产品降低[①]。

除共同农业政策外，欧盟也十分重视农村的发展。欧盟理事会1999年颁布了《关于欧盟农业指导与保证基金支持农村发展条例》，确立了农村发展政策的重要地位。将农村发展作为欧盟共同农业政策的第二支柱，强调保护生态环境，使农业、农村、环境协调一致，共同发展。该条例促使欧盟国家在农村公共产品的供给上有所侧重，主要包括落后地区的基础设施建设、农业生产环境保护、农民技术培训、教育投入等。在欧盟，纵横交错、四通八达的高速公路网已经扩展到广大农村，村镇几乎都有高等级的公路与高速公路相联结，交通设施的完善极大地方便了农村的生产、生活。欧盟国家大都建有比较完善的公益性农产品市

---

① 财政部农业司：《欧盟、德国农业政策和农业预算管理》，财政部网站，2009年11月27日。

场，这一公共产品的提供为农民提供了交易场所。加之欧盟国家建有发达的市场信息网络，这使得欧盟国家之间农产品贸易极其活跃。此外，欧盟国家的农民能够享受到政府提供的社会保障公共产品。欧盟的社会保障体系主要包括社会救助、社会保险、社会福利三部分内容，其中社会救助、社会福利两部分是专门针对社会最低收入人群的。

五、印度的农村公共品供给[①]

印度位于亚洲南部，是南亚次大陆最大的国家，与巴基斯坦、中国、尼泊尔、不丹、缅甸和孟加拉国为邻，濒临孟加拉湾和阿拉伯海，海岸线长5 560公里。印度全境分为德干高原和中央高原、平原及喜马拉雅山区三个自然地理区。属热带季风气候，气温因海拔高度不同而异，喜马拉雅山区年均气温12℃~14℃，东部地区26℃~29℃。一年分为凉季（10月至翌年3月）、暑季（4月至6月）和雨季（7月至9月）三季。降雨量忽多忽少，分配不均。印度是世界主要农业国之一，拥有丰富的土地资源，可耕地占世界十分之一，耕地面积约1.6亿公顷，人均0.17公顷，是世界上最大的粮食生产国之一。农村人口约占总人口的72%。主要粮食作物有稻米、小麦等，主要经济作物有油料、棉花、黄麻、甘蔗、咖啡、茶叶和橡胶等。印度作为发展中大国之一，政府十分重视农村公共品的供给，主要措施包括以下几个方面。

（一）重视农村基础设施

主要包括加强建设水坝、池塘等蓄水设施和抽水机、提灌站等提水设施，有效扩大灌溉面积；建立粮食缓冲储备，改善仓库设施等，加强农业生产风险管理；建立乡村电网和乡村公路，改善农村运输条件，以提高农业机械化水平，保证农作物良种、农药、化肥和农业机具等现代农业投入物及时运到农村，加速把粮食及其他农副产品运到其他消费地。农村的电信服务也在逐步得到加强。在进一步提升农村公共电话服务的同时，也在力图把这种公共电话设施转变为在农村地区建立电信信息中心，在农村接入互联网，提供数据传输，这一政策刺激了农村和偏远地区的经济发展。如在2008~2009年印度财政预算中，水利资源建设54.2亿美元，其中，"加速灌溉受益计划（AIBP）"52亿美元，用于支持建设

[①] 参见新华网印度简介；李燕凌、曾福生、匡远配：《农村公共品供给管理国际经验借鉴》，载《世界农业》2007年第9期。苏明、王小林、陈冠群：《国外公共财政如何支持农业和农村发展》，人民网，2009年6月16日。

24 个大中型灌溉项目以及 753 个小型灌溉项目,新增灌溉面积 50 万公顷①。

(二) 印度政府通过支持农业合作社的方式发展农业,扩大农村公共产品提供的范围

印度政府为扶持合作社,通过合作法确立其合法地位,采取免除所得税等优惠待遇给予支持和鼓励。政府对于合作社的直接经济支持,包括拨款、提供贷款和入股三种形式。印度农业与合作社部通过全国合作社联盟、全国农业合作社销售联合会、全国合作社发展集团公司、全国消费者合作社联盟等机构面向各类农业合作组织提供资金支持。目前开展的项目有全国合作社联合会资助项目、合作社教育与培训项目、跨邦合作社发展项目、合作社综合发展项目、面向欠发达地区的合作销售加工和储藏项目、克拉拉邦可可发展项目、比哈尔邦农业增长项目、蔗糖加工合作社入股项目、棉花生产和纺织合作社入股项目等②。

(三) 农业的教育科研推广

印度政府通过发展农村教育事业,提高农业劳动力的素质和科学文化水平,从而促进了农业的科技进步。印度义务教育及其转移支付制度的显著特点是实行城乡有差别的政策。随着义务教育计划的实施,农村地区儿童入学率有较大幅度的上升。在科技推广方面,按照印度《宪法》,农业是邦管事务,农业技术推广主要是邦政府的责任,由各邦农业厅负责。邦农业厅在县、发展区两级设办公室,隶属邦农业厅管理,具体负责当地的农业技术推广工作。印度对从事农业研究和推广的科研机构实行政府全额拨款,经费主要来源于中央政府和邦政府的财政预算。农业科技投入中政府投入占 90% 左右,私营部门投入占 10% 左右。政府农业科技投入与农业 GDP 的比例为 0.6% 左右③。

(四) 农村社会保障体系

印度农民的农村社会保障体系主要包括农民基本生活保障制度、农村的就业保障制度、农村的医疗保障制度、农村妇女儿童和残障人士保障制等。在印度丧失劳动力的农民可以直接获得政府发放的津贴,以满足其最基本的生活需要;无房的农民可以获得政府的建房补助,以获得基本的居住场所。进入 21 世纪,印

---

① 财政部农业司:《印度新年度预算案有关农业问题的报告》,财政部网站,2009 年 12 月 17 日。
② 曹建如:《印度农业合作社的运作模式和支持措施》,载《北京农村经济》2008 年第 5 期。
③ 中国农业考察团:《印度农业科技体制的组织框架、运行机制及其启示》,载《中国农村经济》2007 年第 9 期。

度政府根据农村发展的实际情况开始实施新的国家扶贫就业计划。政府每年下拨500吨粮食用以保证贫困人口的粮食需求。在农村地区修建社区基础设施,包括水利设施、乡村道路、教育医疗基础设施建设等,使农民获得就业机会和工资收入。该计划每年大约产生10亿人/日的就业机会。[1]印度自1947年独立以来,一直致力于免费医疗服务,现在全国所有的国民,不论是政府公务员,还是事业和企业单位的工作人员,甚至于无业人员,都可以在政府医院享受免费医疗。占全国人口72%的农村居民也与城镇人一样,享受国家提供的免费医疗。此外,印度国家农业和农村开发银行一般是为大型的农业基本建设项目贷款,如兴修水利、推广使用农业机械、土地开发等[2]。

(五) 印度大力发展非政府组织,使得国内外的非政府组织在乡村公共品供给方面起了很大的作用

农村非政府组织主要包括教育、宗教、社区和社会服务、体育和文化等组织,其中,教育类非政府组织主要分布在农村。政府与非政府组织合作,利用非政府组织调配资源的能力,从一定程度上弥补了政府资源匮乏的困境。乡村公共品的提供在决策的合法性、参与度、透明度、回应性、廉洁和公正方面都有优良的表现。

(六) 重视农村的贫困问题

印度农村的贫困问题非常突出,促使政府在经济发展过程中不断调整农村经济政策,主要是对农民的生产进行补贴,以提高农民收入。印度政府规定,邦政府要对农用柴油、灌溉用电给予财政支持。旁遮普邦规定,农民购买柴油的款项可以在出售农产品之后支付,生活在贫困线以下的农民可免费用电,一般农民可以免费使用灌溉用电。政府还对农用机械实行补贴政。同时,印度政府在农村实施了反贫困计划、农村综合发展计划、农村青年职业培训计划、农村妇女和儿童发展计划和干旱地区发展计划。这些计划所需的资金分别由财政和贷款解决。这些计划的实施对发展印度农业生产、解决贫困农民的生活发挥了积极作用[3]。

---

[1] 张文镝:《简论印度农村的社会保障制度》,中国改革论坛,2008年8月3日。
[2] 李燕凌、曾福生、匡远配:《农村公共品供给管理国际经验借鉴》,载《世界农业》2007年第9期。
[3] 资料来源:财政部网站。

六、巴西农村公共品供给[①]

巴西位于南美洲东部,同除智利和厄瓜多尔以外的所有南美洲国家接壤。北邻法属圭亚那、苏里南、圭亚那、委内瑞拉和哥伦比亚,西界秘鲁、玻利维亚,南接巴拉圭、阿根廷和乌拉圭,东濒大西洋。国土面积851万平方公里(其中陆地面积846万平方公里),约占南美洲总面积的46%。全境地形分为亚马逊平原、巴拉圭盆地、巴西高原和圭亚那高原,其中亚马逊平原约占全国面积的1/3。有亚马逊、巴拉那和圣弗朗西斯科三大河系。亚马逊河全长6 751公里,横贯巴西西北部,在巴西流域面积达390万平方公里;巴拉那河系包括巴拉那河和巴拉圭河,流经西南部,多激流和瀑布,有丰富的水力资源;圣弗朗西斯科河系全长2 900公里,流经干旱的东北部,是该地区主要的灌溉水源。海岸线长7 400多公里,领海宽度为12海里,领海外专属经济区188海里。巴西大部分地区地势平坦,海拔200米以下的面积占全国总面积的2/5。世界著名的亚马逊平原约300万平方公里,占国土面积的1/3以上。海岸线总长约7 400公里。由于地处热带和亚热带,大部分地区年均降雨量在2 000~3 000毫米,但是东北部地区雨量很少,十年九旱。巴西的雨季是9~12月,3~8月为旱季,天然森林面积巨大,约有560万平方公里,占国土面积的65%。因而巴西资源丰富,农业生产条件优越。目前其大豆、玉米、水果、奶业、牛存栏数、猪存栏头数等重要农产品产量居世界前列。同时,巴西城镇化水平较高,地区差距较大。政府在农村公共品供给方面的主要措施有以下几个方面。

(一)政府信贷支持农业发展

20世纪80年代之前,巴西农业贷款资金85%来自政府,但80年代后巴西暴发债务危机,农业贷款结构发生了根本性变化,当前巴西农业贷款90%来自商业银行,10%来自政府。在资金来源方面,为保证有足够的贷款资金,巴西法律规定,所有商业银行吸收存款的25%~30%必须用于农业贷款,并且规定农业信贷年利率最高为12%,对中小农户在贷款利率上则更加优惠,为6%~9%。银行机构根据农民上一年度的产值及其种植面积发放贷款,小、中、大型农场主可分别得到相当于其生产资金100%、70%和55%的信贷;个人贷款限额为3万

[①] 参见徐成德:《巴西发展现代农业的支持政策及借鉴》,华东农业网,2009年5月8日。培训中心国际部:《国家发改委2009年出国(境)培训总结系列之——农经司赴巴西"农业支持政策培训"总结》,2009年5月8日。

雷亚尔，集体贷款限额为15万雷亚尔。贷款期限均为五年，如遇特殊情况，贷款者可申请延期还款，但最长不得超过18个月。

(二) 实行价格和补贴政策，增加农民收入

巴西农业价格和补贴政策主要有：一是农产品最低保证价格。最低保证价格由巴西生产资助委员会制定，农业部和国家货币委员会审议，经总统批准后，在播种前2个月以政令形式颁布，农产品保护价政策规定生产者将农产品卖给政府，可享受最低保护价，最低保护价高于生产成本、略低于预测的市场价格。二是产品售出计划。该计划的目的，是政府通过向加工企业或批发商支付差价补贴的方式，来支持农产品价格，即政府提供产地与消费地之间的运费补贴，当中西部的农场把产品提供给南部和东部的加工企业或批发商时，政府将两者之间的差价补贴给后者，从而鼓励他们到内地去收购农产品。三是期权合约补贴。预先确定一个规定时间的农产品期权价格，当到期实际市场价格高于期权价格时，由农民自己出售；实际市场价格低于期权价格时，由政府把市场价格与期权价格之间的差额直接补给农民，但产品仍由农民自己销售，这在一定程度上稳定和增加了农民收入，同时可以减少政府以保护价格收购农产品的储备成本。四是农产品直接补贴。巴西的农产品补贴对象主要是玉米、大米、大豆和牛肉等。

(三) 覆盖范围广且费率低的保险政策

巴西农业保险始于1939年国家再保险公司的建立。巴西农业保险覆盖范围广，包括农业保险、畜牧业保险、水产保险、农村抵押保险、森林保险、农业财产和农产品保险等。巴西的农业保险由中央银行独家经营，其他银行只作为代理；分备耕、种植、管理、销售4个阶段进行保险；保险金额以生产成本为上限。当发生自然灾害，或遇到无法克服的病虫害导致收成被毁，中央银行调查确认后，负责按保险金额赔偿。

(四) 加强农业科技研发和推广

近十年，巴西的农牧业生产能力增长约为70%，而同期种植面积仅从3 780万公顷增加到3 970万公顷。农牧业产量的大幅增加主要是依靠科技进步和提高生产效益实现的。巴西非常重视农业技术的研究和应用，巴西农业部下属的巴西农牧业研究公司是发展中国家最大的农业科研机构之一，它与巴西农牧技术推广公司具体负责农业科研和技术推广工作。巴西农牧业研究公司在全国设有3 000多个技术推广站，拥有职工2.3万名。推广机构主要开展农民培训、接待咨询、

进行各类生产技术分析、走访生产单位，对中小农户一般不收取推广和培训费用，对大农庄主则少量收取培训成本费用，颇受广大农民欢迎。

（五）实施促进产业化经营的合作社和中介组织发展政策

巴西1969年成立全国农业合作总社，1988年，国家宪法对合作社的合法性和自主性予以认可。目前全国约有4 000个合作社，其中农牧业合作社约有2 000个。合作社本身不以营利为目的，而是一个向社员提供产、供、销及市场信息一条龙服务的经济联合体。同时，巴西设有农业生产者"全国农业联合会"，联合会内分设专业委员会，如大豆、玉米、土豆、烟草、咖啡、柑橘和棉花等项农产品委员会。各州、市也相应设有农业生产者协会，隶属全国农业联合会。联合会的主要职能是收集生产者对农产品贸易的意见和建议，供政府有关部门决策参考；在出现农产品贸易问题时，负责向政府有关部门提出解决措施及建议，并协调农业生产者与政府部门之间的立场；向农户传达政府关于农产品贸易的最新政策。联合会已成为生产经营者与政府之间进行有效沟通的纽带和桥梁，也是向政府转达农业生产者意愿的忠实代表。巴西农业中介组织在延长农业产业链条、提高关联度、降低交易成本方面具有重要作用，是农业产业化的重要组织形式。

七、南非农村公共品供给[①]

南非位于非洲的最南端，东、南、西三面为印度洋和大西洋环抱，西北部与纳米比亚为邻，北界博茨瓦纳，东北部与津巴布韦、莫桑比克、斯威士兰为邻。南非国土位于东经17度至33度、南纬22度至35度之间，面积122万平方公里，海岸线长2 954公里。境内大部分为海拔600~2 000米之间的高原，沿海为狭窄平原。地势由东南向西北倾斜，东部有南北走向的德拉肯斯堡山脉，西北部的卡拉哈里盆地为全国最低点。南非有两条主要河流：林波波河和奥兰治河。南非大部分地区为热带草原气候，东部沿海为热带季风气候，西南部开普平原为地中海式气候。南非的夏季为12月到2月，冬季是6月到8月。南非总体地势较高，因此冬无严寒，夏无酷暑，日照充足。南非的降水量比较小，主要集中在夏

[①] 本部分资料参见新华网南非概况；魏养根：《南非绘就未来5年教育蓝图》，载《中国教育报》，2008年10月21日；秦涛：《南非农业领域研发政策最新动向研究》，载《环球科技经济瞭望》2009年第6期；国土资源部土地管理考察团：《赴南非、肯尼亚和埃及土地管理考察报告》，国土资源部网站，2008年3月15日。

季。西北部相当干旱,年降水不足 200 毫米;东南部雨量比较充沛,可达 1 000 多毫米。全国有耕地 1 536 万公顷,占国土面积的 13%,人均耕地约 0.4 公顷;灌溉面积仅 80 万公顷。南非可耕地相对不足,雨量不多,水源不足,干旱一直是困扰南非农业的一个因素。自然条件不利于农业生产。农村人口约占全国人口的 45%,农业部门就业人口 165 万人,占劳动力总量的 8.5%。农业占国内生产总值的份额虽然已从 20 世纪 30 年代的 20% 下降到现在的 3% 左右,但它在国家经济中仍居重要地位。南非政府非常重视农业和农村发展,在公共品供给方面的主要措施有以下几个。

(一) 实施土地改革

1994 年曼德拉上台后,废除了种族歧视和种族隔离制度,先后制定了《临时宪法》和《南非正式宪法》。本着协商与和解的精神,运用法律手段和市场机制,采取和平赎买方式,使白人土地回到黑人手中。南非政府依据新《宪法》颁布了《土地改革法》和《土地白皮书》。土地改革的目标是通过政府赎买方式,将白人手中 30% 的土地有偿分配给黑人,改变种族隔离时期土地占有和使用的不公平、不平等等状况,使黑人拥有自己的土地,促进国家和解与稳定,推动经济增长,改善农民福利和减少贫穷。土地改革从 1995 年开始,计划到 2010 年完成,主要由土地事务部负责实施。该部的执行管理机构共有 3 个部门,即财政管理与合作部门,土地规划和信息部门,土地与土地使用权改革部门。其中,土地规划和信息部门负责地契登记、地籍调查与制图,以及空间规划与信息管理;而土地与土地使用权改革部门负责有关土地改革执行管理和土地改革系统建设与支持。虽然从实际成效看,种族隔离政策所带来的负面效果还需要相当长的一段时间来消化和解决,但随着黑人农场主数目的增加,农村人口涌向城市造成的就业压力有所缓解,城市和农村失业率差距有所缩小,农村总体发展水平高于发展中国家平均水平。

(二) 增加农业及农村基础设施投资

南非政府先后通过了 3 项法规加强农村基础设施建设,特别是在发展水利设施上投入了大量资金。南非年平均降雨量大约只有世界平均水平 800 毫米的一半,但得益于多年来的水利建设,自 20 世纪 50 年代后还没有出现过水资源紧张。缩小城乡差距和促进协调发展是南非新政府在推行经济变革过程中始终关注的重点,切入点之一就是加大对农村以及位于城郊结合部的简易社区(即"黑人城镇")的公共支出和基础设施投入。2001 年以来,南非政府先后出台了"农村可持续发展综合战略"、"城镇改善 10 年规划"、"全国地域发展远景规划"、

"加速增长成果共享倡议"、"扩展公共工程计划"等多项措施，通过各方资金投入，建设急需的基础设施。据统计，在非国大执政的第一个 10 年间，共为黑人建造住房 160 万套，解决了 900 万人的饮水问题，为 640 万人提供了新的卫生设施，公立小学在校生免费午餐计划使 450 万名儿童受益，社会救济的覆盖面也由 290 万人增加到 740 多万人。

（三）高度重视农业科学技术的研究与开发、高度重视农业实用技术的推广和普及

南非政府根据南非实际情况制定了农业科研支持机制，保证资金发挥最大效益。政府农业科技研发资金分为两部分，一部分来源于议会拨款；一部分为国家农业研究与技术基金。南非拥有完善的农业研究体系，这一体系由国家级的农业研究实体——农业研究委员会（ARC）和其所属的 17 个研究所以及分布在全国各地的 40 个试验站，加上各省农业研究机构和各大学农学院共同组成。这些研究机构装备先进，科研实力和水平处于世界先进行列。在改良农作物和牲畜品种、预防病虫害方面，南非已建立起了一个全国性的网络，使农业科研直接服务于农业生产。

（四）大力发展农村教育

向农民提供技术支持，是促进农业发展和农村稳定的重要措施，南非政府在土地改革的同时，通过各种渠道向刚刚分配到土地的中小农户提供农业种植和农场管理技术培训；2004 年，又发起了新一轮"农业综合扶持项目"活动，向农民提供多种技术性服务。根据 2008～2012 年南非教育战略规划，政府将消除贫困，减轻家长经济负担，减免学费，使学生获得学习的权利和高质量教育。加强农村教育，特别是贫困地区的教育，吸引合作伙伴和组织为农村教育出力，以消除贫困根源。

八、印度尼西亚农村公共品供给[①]

印度尼西亚位于亚洲东南部，地跨赤道，与巴布亚新几内亚、东帝汶、马来西亚接壤，与泰国、新加坡、菲律宾、澳大利亚等国隔海相望。印度尼西亚是世界上最大的群岛国家，由太平洋和印度洋之间 17 508 个大小岛屿组成，其中约

---

① 本部分资料参见：新华网印度尼西亚概况。

6 000个有人居住。陆地面积为1 904 443平方公里，海洋面积3 166 163平方公里（不包括专属经济区），素称千岛之国。海岸线总长54 716公里。印度尼西亚属热带雨林气候，年平均温度25～27℃。印度尼西亚是一个火山之国，全国共有火山400多座，其中活火山100多座。火山喷出的火山灰以及海洋性气候带来的充沛雨量，使印度尼西亚成为世界上土地最肥沃的地带之一。全国各岛处处青山绿水，四季皆夏，人们称它为"赤道上的翡翠"。农业在印度尼西亚国民经济中历来占有十分重要的地位。全国农业用地面积3 098.7万公顷，占国土总面积的17%；农业产值占国内生产总值的13%；农业劳动力占全国劳动力总量的43.3%。印度尼西亚主要的农作物和农产品有水稻、玉米、棕榈油、大豆、干椰子肉、橡胶以及木薯，它是世界最大的棕榈油生产国和出口国，橡胶、可可、咖啡产量也都位居世界前列。印度尼西亚政府重视农业和农村公共品的供给，采取的措施主要有以下几个。

（一）实施土地改革

印度尼西亚农业经济高度集中在仅占全国面积7%的爪哇岛上。因此，除了给无地的农民分配土地以外，印度尼西亚政府从第一个五年（1969~1974年）计划起，发给每户移民4公顷土地并提供优惠贷款鼓励他们向外岛迁移，以开垦荒地，扩大农业疆界。1985年到2005年间，已有365万人迁出了爪哇岛，相当于此前八十年间迁移出去的人口总和。未来几年仍将以此作为发展农业的一项重要战略措施。

（二）增加农业投资

印度尼西亚在2008年向全国农户提供的肥料津贴、稻种津贴、扶贫资金和支持粮食作物发展的投入分别达到了14.6万亿盾、33万亿盾、68万亿盾和11.2万亿盾（1亿盾约合1.1万美元），2009年农业支出在国家财政预算中所占比例已达到5%。

（三）扩大农业信贷

印度尼西亚人民银行小额信贷因在1997年金融危机中有效缓解农村贫困的出色表现，而被公认为是小额信贷运作模式的典范，到2007年，政府对农民提供的无抵押贷款已达到了7 450亿盾。

（四）致力于强化科技研发功能，提高农村农业发展效率

印度尼西亚农业的发展也与科技进步密切相关。目前，印度尼西亚已建立起

较为完整的国家农业科研和教育体系,并将科研与推广密切结合。印度尼西亚本土培育的水稻优良品种"皮泰"和"西格迪斯"曾被国际水稻研究所向其他国家推广,成熟期只有83~86天且抗病能力强的大豆优良品种、高产抗病耐旱的橡胶品种等,都对提高单产发挥了重要作用。近年来,印度尼西亚政府还通过改善种植技术、给予政府补贴、修订国家标准、建立完善的种植生产加工销售体系、提高农民生产效率等一系列措施,不断提高咖啡、可可、茶叶等经济作物在世界市场上的竞争力。目前,印度尼西亚每公顷作物产值已达到1 000美元,劳均产值700美元。

(五)致力于提升农民知识水平,增强农村农业发展后劲

印度尼西亚自1989年起与联合国粮农组织共同开展了"农民田间学校"项目,10年间共开办了近4万所农民田间学校,培训了100万名农民,被认为是最有效的农民培训项目之一。在此基础上,从田间学校互动式学习过程中毕业的学员,又加入了新开展的"农民技术员"活动,在同一社区内建立自己的团体,交流农业成果,指导农业生产,推动农村可持续发展。根据2005年印度尼西亚国家发展计划委员会制订的农业发展规划,未来几年,印度尼西亚还将通过实施加强农民能力建设、建立有力的农民团体、方便农民掌握生产要素、提高农民收入四个方面的18项行动计划,进一步提高农民福利。

九、有关国家农村公共品供给的经验对我国的借鉴与启示

上述典型发达国家和发展中国家农村公共品供给情况,由于各国经济社会发展水平、社会制度的不同,存在较大差异,但也有不少共同之处,可为我国农村公共品供给提供一定的参考和借鉴。

(一)在公共政策制定、实施方面,高度重视农村公共品供给

在上述国家中,无论是发达国家,还是发展中国家,在政府公共政策制定、实施方面,都高度重视农村公共品供给问题。从发达国家来看,尽管早已实现了工业化和城镇化,农业劳动力占全社会劳动力的比重在5%以下,农业产值在GDP中的比例很低。但是,农业生产主要在农村进行,美国、加拿大等国,以及欧盟,既是工业生产大国或地区,也是世界主要农产品出口大国或区域,农村和农业公共品供给在其公共政策中占有十分重要的地位。如在农村公共品供给方面,共同农业政策是欧盟最重要的共同政策之一。共同农业政策涉及建立统一农

产品市场、建立对外统一的农产品关税壁垒和对内统一的农产品价格体系、通过门槛价格、最低价格和干预价格等措施对共同体市场价格实行统一管理，维护市场平衡，保护生产者利益、出口补贴制度、生产配额制度、对外保护制度、直接补助、地区发展补贴等，足见其重视程度。从发展中国家的情况来看，由于尚未完成工业化、城镇化的人物，农业人口占较大比重，农村经济较为落后，不少国家农村还存在大量贫困人口，自然对农村公共品供给高度重视。如印度农村的贫困问题非常突出，促使政府在经济发展过程中不断调整农村经济政策，主要是对农民的生产进行补贴，以提高农民收入。印度政府规定，邦政府要对农用柴油、灌溉用电给予财政支持。旁遮普邦规定，农民购买柴油的款项可以在出售农产品之后支付，生活在贫困线以下的农民可免费用电，一般农民可以免费使用灌溉用电。政府还对农用机械实行补贴政策。同时，印度政府在农村实施了反贫困计划、农村综合发展计划、农村青年职业培训计划、农村妇女和儿童发展计划和干旱地区发展计划。这些计划所需的资金分别由财政和贷款解决。可见，印度政府对农村公共品供给的重视程度。

从我国的实际情况分析，农村公共品供给总量不足、结构不合理，效率低下，除历史、自然条件等客观原因外，是新中国成立后长期推行公共品供给城乡二元结构的结果，并且通过严格的户籍制度进一步固化、强化。改革开放后，随着户籍制度的改革，特别是2003年"非典"以来，我国政府在农村义务教育、新型合作医疗、农民养老保险等方面，进行了较大投入，使这一矛盾得到缓解，在义务教育方面城乡差距缩小速度较快。但是，我们应该清醒地认识到，农村公共品供给问题在我国今后几十年经济社会中，始终处于矛盾集中的领域，需要借鉴上述国家高度重视农村公共品供给的经验，将其置于国家公共政策制定、实施的重要位置。农村公共品供给政策制定不仅要科学、合理，更重要的是政策实施效果，特别是政府财政的投入。鉴于农业在国民经济和社会发展中的基础地位，农村公共品供给的重要性，并不随着农业产业在GDP中比例的下降，以及农业人口在总人口中比例的下降而下降。这一点，完全可在发达国家对农村公共品供给的高度重视中得到证实。

（二）有健全的法律制度保障

有健全的法律制度保障，是发达国家农村公共品供给的重要特征之一，有些发展中国家也重视农村公共品供给的法制建设。美国的农业立法有近百部之多，其中，《农业法》是一部综合性的法律，它规定了一个时期政府农业行政管理的目标和手段。《灾害救济法》、《联邦农作物保险法》等法律在农村公共品供给方面发挥了重要作用。日本在1881年农林水产省成立以后，国会先后通过了54个农业立法，涉及粮食管理、农地管理、耕地改良、灾害补偿、技术更新等所有领域，其中最重要的是被称为"农业宪法"的《农业基本法》。在1929年、1938年和1947年这前后18年间，日本先后颁布了《家畜保险法》、《农业保险法》和《农业灾害补偿法》3部有关农业的保险法。南非为了推行农村土地制度改革，1994年曼德拉上台后，先后制定了《临时宪法》和《南非正式宪法》。本着协商与和解的精神，运用法律手段和市场机制，采取和平赎买方式，使白人土地回到黑人手中。南非政府依据新《宪法》颁布了《土地改革法》和《土地白皮书》。以改变种族隔离时期土地占有和使用的不公平、不平等等状况，使黑人拥有自己的土地，促进国家和解与稳定，推动经济增长，改善农民福利和减少贫穷，等等。法制建设，体现了在现代市场经济条件下政府依法行政、依法理财的特征。健全的法律制度，有利于保证农村公共品供给的稳定性、连续性和规范性，达到政府预期的农村发展目标。

从我国农村公共品供给的实际情况分析，健全法律制度保障具有重要的现实意义。在立法方面，经过几十年的法制建设，特别是改革开放三十多年的立法工作，我国在农村公共品供给的主要环节、主要方面，都有了相应的法律制度，如《农业法》、《义务教育法》、《传染病防治法》、《公益事业捐赠法》等，且《农业法》、《义务教育法》对政府财政的投入作了明确规定，基本能够达到有法可依的程度。因而立法方面需要做的工作是，首先对现行法律制度进一步修订和完善，使之更加规范、细致，具有可操作性。由于种种原因，上述法律制度中不少属于一般原则性规定，含义不够清晰，缺乏可具体操作的程序，以及对违法行为处罚的细则，需要在修订和完善中解决。其次，需要制定、实施与法律制度相配套的行政法规、部门规章制度，保证法律制度的实施。在执法方面，相对于立法而言，是我国农村公共品供给制度的一个软肋。如前所述，我国在农村公共品供给的主要环节、主要方面，都有了相应的法律制度，且《农业法》、《义务教育法》对政府财政的投入作了明确规定，但问题依然严重，矛盾依然突出，说明有法不依、违法不究、执法不严是农村公共品供给法制建设中的主要弊病，是解决问题的重点。这就需要加大对执法的监督力度。首先各级人大应加大对农村品供给的执法监督，对法定公共品供给投入未达标的政府机构及负责人追求责任，实行处罚，才能维护法律的严肃性。其次，动员社会舆论监督，向政府施加压力，保证农村公共品供给实现预期目标。

（三）增加政府财政投入，增加供给规模，优化结构，保证农村公共品供给效果

在上述典型国家中，凡是供给政策效果较好的国家，其政府财政都保持了较

大的投入力度。近年来日本政府通过各种渠道用于农业的投资高达农业总产值的15倍之多。日本政府的投入主要用于土地改良、农业基础设施建设和发展农业科学技术等农村公共产品方面。日本政府对科研推广、动植物防疫、农业灾害赔偿、农业劳动者补助和农业金融补贴等"绿箱政策"的投入有较大幅度的增加。1959年加拿大政府就成立了只从事单一农作物保险的保险机构。国会授权联邦政府立法，并与各省签订合约，共同兴办农作物保险，协助农民减少因灾害造成的农业生产损失。当农作物受灾使农民的收获低于保险的产量时，其差额由农作物保险基金支付。管理费用由联邦政府和省两级财政共同负担。20世纪80年代之前，巴西农业贷款资金85%来自政府。印度尼西亚在2008年向全国农户提供的肥料津贴、稻种津贴、扶贫资金和支持粮食作物发展的投入分别达到了14.6万亿盾、33万亿盾、68万亿盾和11.2万亿盾（1亿盾约合1.1万美元），2009年农业支出在国家财政预算中所占比例已达到5%。在农村公共品供给中，政府财政投入占主体地位。政府财政的投入水平，对公共品供给水平具有决定意义，上述国家的情况说明了这一点。

从我国的情况来看，正是由于政府财政投入不足，才产生城乡公共品供给差距巨大，社会矛盾突出。今年来，从绝对数量上，政府较大幅度增加了对农村义务教育、公共卫生、社会保障、基础设施建设等方面的投入。如2009年中央财政用于"三农"支出安排7 161.4亿元，增加1 205.9亿元，增长20.2%。中央财政安排粮食直补、农资综合补贴、良种补贴、农机具购置补贴四项补贴1 230.8亿元，增加200.4亿元，增长19.4%，支持较大幅度提高粮食最低收购价，增加农民收入。提高城乡低保补助水平，春节前向城乡低保等困难家庭发放一次性补助，增加企业退休人员基本养老金，提高优抚对象等人员抚恤补贴和生活补助标准，安排资金2 208.33亿元[①]。但具体到某一类项目，从各个年度财政支出的比例来看，似乎变化不大，甚至有所下降。这说明从相对意义上，这类公共品供给在政府财政支出中的地位并没有提高，只是随着国家财力的增长有所增长而已。因此，借鉴上述国家的经验，今后随着国家财力的增强，需要继续加大对农村公共品供给的投入，不仅在绝对数量上继续增加，而且在相对比例上也要保持持续增加的势头，才能在发展中逐步解决农村公共品供给的问题。

（四）重视农业科技，将其作为农村公共品供给的重中之重

在上述国家中，无论发达国家，还是发展中国家，都将农业科技研究、开发

[①] 财政部：《关于2008年中央和地方预算执行情况与2009年中央和地方预算草案的报告》，中央人民政府网站，2009年3月15日。

和推广，作为农村公共品供给的重要内容，在财力上给予重点支持，取得了显著成绩。如美国的农业科技推广体系，是由国家投资建立，以行政管理部门推动为主导，结合研究与教育部门，联合实施，包括农学院、农业研究和农业推广三个系统。完善的农业科技推广体系，为美国农业发展提供了有力的技术、人才支持。日本实行政府统一组织和指导的农业技术推广体系。日本农业科技推广体系的主管机构是农业水产省、农蚕园艺普及部，主要负责制定农业科技推广工作的相关制度，并组织、协调和指导推广工作，培训推广人员等。同时，把全日本分为9个区，在每个区设立地方组织，负责监督和指导都道府县的农业技术推广工作及发放推广经费。印度政府通过发展农村教育事业，提高农业劳动力的素质和科学文化水平，从而促进了农业的科技进步。在科技推广方面，按照印度《宪法》，农业是邦管事务，农业技术推广主要是邦政府的责任，由各邦农业厅负责。邦农业厅在县、发展区两级设办公室，隶属邦农业厅管理，具体负责当地的农业技术推广工作。印度对从事农业研究和推广的科研机构实行政府全额拨款，经费主要来源于中央政府和邦政府的财政预算。农业科技投入中政府投入占90%左右，私营部门投入占10%左右。政府农业科技投入与农业 GDP 的比例为0.6%左右。这些国家对农业科技开发、推广的高度重视，值得我国学习和借鉴。

从我国的实际情况来看，改革开放后"科技是第一生产力"的观念逐步深入人心，我国已建立较完善的农业教育、科研和推广体系，政府财政投入较多，农业科技对农业发展发挥了积极作用。但是，和发达国家相比，以及我国农业发展对科学技术的需求相比，我国农业科技领域目前存在不少问题：农业科技对农业增长的贡献率较低；政府农业科技开发、推广投入不够，农业科技成果转化率不高；以家庭为主要生产单位的小生产格局，严重阻碍现代农业科学技术的推广和运用，等等。因此，我国需要借鉴上述国家的经验，在农村公共品供给中，将农业科技作为重中之重，增加农业科研投入，培养大批农业科研人才，组织农业科技重大攻关，加强农业科技成果转化工作，稳定农业科技推广队伍，较大幅度提高科技对农业增长的贡献率，使我国农业农村发展突破资源约束，建立在科学技术的进步之上，以农业的现代化带动农村的现代化，从根本上解决现阶段困扰我国经济社会发展的"三农"问题。

（五）加强农村基础设施建设，为农民生产生活创造良好条件

在上述国家中，特别是发展中国家，都非常重视农村基础设施建设。美国在农田水利建设中，在低洼易涝地建明沟和地下管道排水工程，在干旱地区兴建农田水利灌溉设施和引水工程。在全国兴建交通运输、电力供应等，为农业提供方便的商品流通条件，兴修学校、社区公共设施、环境保护设施等，为农民提供良好的生产、生活环境,提高农村生活质量。在欧盟,纵横交错、四通八达的高速公路网已经扩展到广大农村,村镇几乎都有高等级的公路与高速公路相联结,交通设施的完善极大地方便了农村的生产、生活。印度的农村基础设施主要包括加强建设水坝、池塘等蓄水设施和抽水机、提灌站等提水设施,有效扩大灌溉面积;建立粮食缓冲储备,改善仓库设施等,加强农业生产风险管理;建立乡村电网和乡村公路,改善农村运输条件,以提高农业机械化水平,保证农作物良种、农药、化肥和农业机具等现代农业投入物及时运到农村,加速把粮食及其他农副产品运到其他消费地。农村的电信服务也在逐步得到加强,等等。农村基础设施的改善,为农民生产经营活动提供了便利,促进农村经济的发展。同时,也有利于提高农民生活质量。

从我国农村公共品供给的实际情况分析,加强农村基础设施建设具有十分重要的现实意义。我国地域辽阔,各地区农村的地理位置、水文地质条件、地貌、气候、人口密度等差距较大。这样,一方面,农村经济社会发展对基础设施需求量很大;另一方面,各地区基础设施建设的成本相距悬殊。同样等级的公路,在平原地区的建造成本和在山区的建造成本相差很大。我国作为一个发展中大国,农村现有基础设施远远不能满足农村经济社会发展的需要,而政府财力有限,在短时间内难以进行大规模投资,因而农村基础设施建设,是我国农村公共品供给中一项长期的任务,任重而道远。

(六) 重视中介组织的作用

重视中介组织的作用,是发达国家农村公共品供给中的一个重要特征,不少发展中国家也开始重视合作社等中介组织发展。这一点,对我国农村公共品供给具有重要借鉴意义。在日本,100%农民都加入农协、100%农村都建有农协。按照日本的有关法律规定,日本农协的业务范围极为广泛,除了经济业务如与农产品生产、加工、储藏、销售有关的一般经济业务,以及合作保险和合作金融等特殊经济业务外,还承担着大量的少营利和非营利业务,包括组织农业生产技术指导,组织农业水利设施和其他农协成员生产生活所必需的公用基础设施的兴建、运营和管理;兴办农村医疗、卫生、福利和其他以改善农村文化、生活环境为目的的专门公共设施,开展农村教育和文化活动,传播生理卫生知识和指导家政;通过自己的报刊和网络提供技术、生活和国内外市场信息方面的服务等。实施促进产业化经营的合作社和中介组织发展政策。巴西1969年成立全国农业合作总社,1988年,国家宪法对合作社的合法性和自主性予以认可。目前全国约有4 000个合作社,其中农牧业合作社约有2 000个。合作社本身不以营利为目的,而是一个向社员提供产、供、销及市场信息一条龙服务的经济联合体。同时,巴西设有农业生产者"全国农业联合会"。联合会的主要职能是收集生产者对农产品贸易的意见和建议,供政府有关部门决策参考;在出现农产品贸易问题时,负责向政府有关部门提出解决措施及建议,并协调农业生产者与政府部门之间的立场;向农户传达政府关于农产品贸易的最新政策。

在农村公共品供给中,各级政府是责无旁贷的主体,但不能包办所有公共品的供给,农业经济合作组织、种植协会等各类社会中介组织以及其他非政府组织有很大的发展空间。从我国农村经济社会发展的实际情况分析,在整体上,由于农村经济发展滞后、农民受教育程度低,参与社会管理的热情不高,再加上管理制度不健全,受传统文化的影响等因素,农村各类中介组织,即非政府组织发展缓慢,动员社会资源能力较弱,社会公信力不高,在农村公共品供给中的作用有限。因此,借鉴其他国家经验,在今后一个比较长的时间内,依据宪法和法律,把培育和发展农村社会中介组织,特别是农业经济合作组织等直接为农民生产经营服务的中介组织,作为增加公共品供给,提高公共品供给的重要任务来实施。

第八章

农村公共品供给与需求均衡分析

为实现一定时期农民发展和构建农村和谐社会目标，需要在准确把握农民对公共品需求的基础上，动员政府财政其他社会资源，努力增加公共品供给，达到供求均衡状态，并且进行相应的体制、制度安排，建立对重点领域公共品供求关系的调控机制。

第一节 农村公共品的供给体制

一、农村公共品供给体制的决定因素

农村公共品供给体制，主要解决各级政府及其他公共组织，对农村公共品供给管理权限的划分，实现权责利相结合，努力增加供给总量，优化结构，提高效益，满足农村农民发展的公共需要。农村公共品涉及内容十分广泛，其供给关系到诸多政府部门、非营利组织、企业和个人，根据不同类别的公共品，国家制定和实施不同的管理体制，由相应的政府部门执行，其决定因素主要有以下几方面。

（一）社会事业管理体制

义务教育、公共卫生、社会保障、环境保护、科技普及等农村公共品的供给体制，取决于政府各项社会事业管理体制。以公共卫生供给为例，各级政府供给农村公共卫生服务的内容，是由国家公共卫生管理体制决定的。如根据现行公共卫生管理体制，突发公共卫生事件发生后，国务院设立全国突发事件应急处理指挥部，由国务院有关部门和军队有关部门组成，国务院主管领导人担任总指挥，负责对全国突发事件应急处理的统一领导、统一指挥。国务院卫生行政主管部门制定突发事件应急报告规范，建立重大、紧急疫情信息报告系统。突发事件发生后，省、自治区、直辖市人民政府成立地方突发事件应急处理指挥部，省、自治区、直辖市人民政府主要领导人担任总指挥，负责领导、指挥本行政区域内突发事件应急处理工作。县级以上地方人民政府卫生行政主管部门，具体负责组织突发事件的调查、控制和医疗救治工作。发生或者可能发生传染病爆发、流行等情况时，省、自治区、直辖市人民政府应当在接到报告1小时内，向国务院卫生行政主管部门报告。县级人民政府应当在接到报告后2小时内向设区的市级人民政府或者上一级人民政府报告；设区的市级人民政府应当在接到报告后2小时内向省、自治区、直辖市人民政府报告。传染病爆发、流行时，街道、乡镇以及居民委员会、村民委员会应当组织力量，团结协作，群防群治，协助卫生行政主管部门和其他有关部门、医疗卫生机构做好疫情信息的收集和报告、人员的分散隔离、公共卫生措施的落实工作，向居民、村民宣传传染病防治的相关知识。

（二）经济管理体制

与市场经济运行相关的公共品供给，取决于国家经济管理体制。如跨区域、跨流域的农业基础设施投资、重要公里干线建设、农产品出口加工骨干企业扶持等农村公共品供给，受制于各级政府的经济管理权限。以政府投资项目为例，使用中央预算内投资、中央专项建设基金、中央统还国外贷款5亿元及以上项目，使用中央预算内投资、中央专项建设基金、统借自还国外贷款的总投资50亿元及以上项目，由国家发展改革委核报国务院核准或审批。省预算内基本建设投资1 000万元以上的项目，由省发改委审核后报省政府审批。市县级党政机关的办公楼建设项目，由省发改委核报省政府审批。需占用岸线的吞吐能力100万吨以内的港口项目，单机容量2.5万千瓦以下的热电项目，以及省属单位1 000万元和1 000万元以上的小型基本建设、房地产项目，由省发改委审批。5 000万元以下的交通、能源、原材料基本建设项目；3 000万元以下的其他基建项目和房地产项目，符合国家产业政策和地区经济发展规划，资金及其他建设条件能自行平衡的市属项目，由省辖市和计划单列市审批。

（三）财政管理体制

财政部门为各级政府和有关公共组织履行职责、提供农村公共品进行财力保障，财政管理体制是否科学、合理，对各级政府及公共组织农村公共品供给具有直接制约作用。如果各级政府财政支出范围划分科学、合理，各级政府都有相对独立财源，主体税种功能明显，政府间转移支付制度能够有效调节地区间差距，财政管理体制就能有效保证农村公共品供给体制发挥作用。否则，即使各级政府农村公品供给职责划分明确、科学合理，但由于缺乏财力支持，仍然不能满足农村经济社会发展对公共品的需求。

（四）行政管理体制

在农村公共品供给主体中，主要是由各级政府承担纯公共品和部分准公共品供给任务。各类公共品供给体制，除受制于各级政府主管部门管理体制外，如教育管理体制、医疗卫生管理体制等，同时，还受制于国家基本的行政管体体制，如国家政府层级设置，非营利组织行政管理体制等。以非营利组织管理体制为例，我国实行分级登记、归口管理体制，农村各类非营利组织按照活动范围分别由县级以上民政部门登记，在此之前，还要获得相关政府业务主管部门的批准，民政和其他政府部门对非营利组织在各自的管理权限内进行日常管理。农村非营利组织发展状况、动员社会资源的能力、提供公共品的水平，必然要受到这种管理体制的影响。

二、我国农村公共品供给管理体制的状况及问题

（一）我国农村公共品供给体制的状况

现阶段，我国农村公共品供给体制，是由国家经济社会管理体制决定的，主要体现以下几方面。

1. 各级政府通过编制和执行国民经济和社会发展规划，统一协调农村公共品的供给方针政策

目前，我国农村公共品供给的宏观方针、政策，是通过编制和执行国民经济和社会发展规划来体现的。短期方针、政策由年度规划反映，中长期方针、政策，在五年期的国民经济和社会发展规划得到体现。近年来我国增加农村义务教

育投入，开展新型合作医疗，开展农民养老保险等公共品供给政策措施，在各级政府国民经济和社会发展规划中得到了高度重视。

中央政府与地方政府根据公共品不同类别，承担供给农村公共品责任。在中央与地方关系方面，根据不同的农村公共品类别，实行了不同的供给管理体制，由各政府主管部门负责执行。以农村义务教育为例，实行以县级政府为主体的管理体制，省级政府承担省辖区范围内义务教育的协调和均衡发展责任，中央政府分项目、按比例承担义务教育责任。免除学杂费的资金，由中央财政与地方财政按比例共同负担。在西部地区，中央与地方按照8∶2的比例分摊，在中部地区中央与地方按照6∶4的比例分摊的，东部地区除了上海、北京、天津三个直辖市之外，中央根据东部各省的财力情况逐省确定分摊比例。从公共卫生来看，中央财政承担部分农村合作医疗费用、疾病预防体系建设。2005年全国新型农村合作医疗试点，从2006年起，中央财政对中西部地区除市区以外的参加新型农村合作医疗的农民由每人每年补助10元提高到20元，地方财政也相应增加10元。财政确实有困难的省（区、市），可在2006年、2007年分别增加5元，在两年内落实到位。地方财政增加的合作医疗补助经费，应主要由省级财政承担，原则上不由省、市、县按比例平均分摊，不能增加困难县的财政负担。2008年政府将提高对新型农村合作医疗和城镇居民基本医疗保险的财政补助水平，财政补助标准从40元提高到80元，其中中央财政补助标准从20元提高到40元，2010年提高到120元。

2. 改革开放后供给体制逐步向分权方向发展

改革开放后，随着我国计划经济体制的解体，以及科技、教育、文化、卫生等各项社会事业的改革，各级政府对农村公共品供给体制，逐步向分权方向发展。以政府基础设施管理体制为例，1982年对投资建设实行两级（中央和省级）管理，大中型项目由国家部门审批，小型（1 000万元以下）项目下放给地方政府审批，1亿元以上的项目由国家计委核报国务院审批。1984年进一步扩大地方的投资项目审批权限，由1 000万元提高到3 000万元，投资2亿元以上的项目由国家计委核报国务院审批。1987年，国务院明确规定，把基础设施和基础产业的地方项目审批权限扩大到5 000万元。2001年，国家计委宣布，对于部分城市基础设施、不需要国家投资的农林水利项目、地方和企业自筹资金建设的社会事业项目、房地产开发建设项目、商贸设施项目5大类投资项目，投资总额在国务院审批限额（2亿元）以下的基本建设项目，不必报国家计委审批，按"谁投资，谁决策"的原则，地方政府出资的由地方计划部门审批，企业出资的由企业自主决策。2004年规定使用中央预算内投资、中央专项建设基金、中央统还国外贷款5亿元及以上项目，使用中央预算内投资、中央专项建设基金、统借自还国外贷款的总投资50亿元及以上项目，由国家发展改革委核报国务院核准或审批。其他类型的农村公共品供给也有相似的情况。

3. 在同一级政府同一类公共品供给涉及两个以上部门的情况较多

目前，我国同一级政府部门设置较多，职能相互交叉重复现象较为突出，一类公共服务往往涉及两个以上的政府主管部门。以农业产前、产中、产后服务为例，涉及农业、林业、畜牧、科技、财政、商务、发展与改革、交通、工商、质检等众多政府部门。

4. 各级政府通过分税制财政管理体制，为政府提供公品提供财力支持

根据1994年财税体制改革方案，中央和地方按照税种划分收入，分为中央税收入、地方税收入，以及中央和地方共享税收入。消费税、关税等税收收入为中央税，营业税、契税、土地使用税等为地方税。增值税、资源税和证券交易税（未开征）为中央地方共享税。其中，增值税75%归中央，25%归地方；海洋石油资源税为中央财政收入，其他资源税为地方财政收入；证券交易税中央和地方各分享50%。1994年实行分税制时，个人所得税为地方税种，企业所得税按企业行政隶属关系分别上缴中央和地方财政。后来又做了一些调整，1997年证券交易印花税中央与地方分享比例由50∶50改为80∶20。后将税率从3‰调增到5‰增加的收入全部作为中央收入，并从2000年起，分三年将证券交易印花税分享比例逐步调整到中央97%、地方3%。所得税收入分享改革中，除铁路运输、国家邮政、四大国有商业银行、三家政策性银行、中石化及中海油等企业外，其他企业所得税和个人所得税收入实行中央与地方按统一比例分享。2002年所得税收入中央与地方各分享50%；2003年以后中央分享60%、地方分享40%。通过上述划分，为各级政府提供农村公共给予财力保障。

（二）我国农村公共品供给体制存在的问题

我国农村公共品供给体制在努力增加农村公共品供给，满足农村经济社会发展需要的同时，还存在不少问题，主要体现在以下几个方面。

1. 各级政府公共品供给责任不清晰

从纵向政府间关系来看，在农村公共品供给过程中，由于不同类别公共品实行不同的管理体制，由不同政府部门负责供给任务，但在中央与地方之间，以及各级地方政府之间，这种供给责任划分不清晰，前文已有多处述及这一问题。

2. 各级政府农村公共品供给管理体制事权与财权不相匹配

在现行农村公共品供给体制中，不仅各级政府公共品供给责任不清晰，且事权与财权不相匹配。具体体现在：第一，县乡基层政府财政困难，不少地方无力提供基本公共品服务。1994年财税体制改革以后，县乡基层政府财政困难状况进一步加剧，不少地方一度出现大规模拖欠中小学教师工资和公务人员工资的情况，"保工资、保稳定、保运转"成为常态，就难为农村经济社会发展提供所需要的公共服务。第二，地区间财力差距持续扩大，农村公共品供给区域不平衡的状况加剧。中西部地区政府难以为农村提供全国一般水平的公共品供给服务。

3. 同一级政府机构设置密集，部门众多，职能交叉，一类公共品供给涉及多个部门，部门间协调困难，容易产生相互扯皮、推委，制约公共品供给效率

特别是农业生产服务、基础设施建设、市场经济调节类公共品服务，在涉及众多政府部门的情况下，给公共品供给带来了很大困难，影响了供给效率的提高。近年来随着大部制改革的推进，情况有所好转，但部门利益制约，仍是制约农村公共品供给效率的重要因素。

4. 现行公共品供给管理体制不利于发挥非营利组织、企业和城乡居民的作用

目前农村公共品主要依赖政府供给，未能有效调动非营利组织、企业和城乡居民的积极性、创造性，以广泛动员社会资源，增加农村公共供给规模，提高供给效率，满足农村经济社会发展的需要。现现行税收制度下，企业参与农村公共品供给捐赠的积极性不高。目前严格的非营利组织登记管理体制，限制了农村非营利组织的发展，未能动员更多的社会资源，增加农村公共品供给。特别是我国人力资源丰富，动员更多的志愿者从事公共品供给服务，还有很大潜力。在这些方面，村委会等农村自治组织、非营利组织远未发挥其应有的作用。

5. 现行农村公共品供给体制市场机制发挥不充分，政府部门、国有事业单位垄断公共品供给的状况依然存在

在农村公共品供给中，政府通常习惯于由政府部门、国有事业单位公共生产公共供给。而利用市场机制，采用服务外包、特许经营、混合供给等方式，还处在探索阶段。对私人参与公共品供给设置了重重障碍。因而行政垄断、缺少竞争等问题较为突出，直接制约公共品供给的规模、质量和效率，难以满足农村经济社会发展的需要。

三、农村公共品供给体制的改革与完善

针对农村公共品供给体制中存在的上述问题，结合我国现阶段农村经济社会发展需要，我们认为，主要从以下几方面进行改革与完善。

第一，根据公共品的收益范围和供给效率，进一步分解、理顺、明确现行各级政府农村公共品供给职责，管理中心下移，向基层政府下放供给管理权限。对于直接为农业生产和农民生活服务的公共品供给，主要由县乡政府和农村社区承担，供给管理权限以及相关行政审批事项，下放到县乡政府，特别是注意发挥农

村社区在公共安全、公共卫生、环境保护、慈善救助等方面的功能，充分发挥基层政府和非营利组织了解社情民意、供给效率高的优势，满足农村经济社会发展对公共品的需求。

第二，完善分税制财政体制，实现事权与财权相匹配，保证公共品供给职责的履行，提高基层政府供给能力。在明确各级政府农村公共品供给责任的基础上，通过建立规范的财政转移支付制度，达到事权与财权相匹配，保证各级政府供给职责的实现。对于一些应由中央或者省级政府承担供给责任，但具体业务需要地方政府或者非营利组织办理的公共品供给，如社会保障、义务教育等，中央政府、省级政府等上级政府，需要通过专项转移支付等方式，保证地方政府或者非营利组织提供公共品的需要，而不能把责任转嫁给地方。在现阶段，转移支付制度要能够保证基本公共品服务城乡均等化目标的实现。

第三，推进大部门体制改革，改变农村公共品供给政出多门的现象。积极推进农业、交通、科技、资源、财政等领域的政府部门改革，将职能相近的部门进行整合，建立大部门体制，尽可能使各类农村公共品供给决策、执行在相应的一个政府部门内完成，减少部门间利益冲突、提高供给效率。在大部门制全面推进之前，可实行部门主办责任制，其他相关部门配合，努力减少政出多门、部门之间摩擦对农村公共品供给的影响。另外，除政府部门改革外，党政之间的职能交叉对农村公共品供给的制约也不可忽视，在条件成熟时也需要推进这一领域的改革。

第四，放宽对非营利组织、个人参与农村公共品供给的限制，动员社会资源，增加供给。在坚持农村公共品供给政府主体地位的前提下，完善法律制度和管理体制，放宽对非营利组织、个人参与农村公共品供给的限制，对于在一个农村社区范围活动的非营利组织，只需在乡镇政府备案即可，放宽对办公场所、启动资金、会员人数等方面的要求。在一个乡镇范围内活动的非营利组织，在乡镇政府注册等级即可。对在县域以上范围活动的非营利组织，可按现行制度办理。同时，对企业给农村单位和个人的慈善捐赠，经县级税务部门后，给予所得税全额扣除的优惠政策。这样充分发挥非营利组织、个人参与农村公共品供给的积极性、创造性，动员社会资源，增加供给。

第五，改革公共品供给管理体制，充分利用市场机制提高公共品供给效率。在市场经济条件下，公共品供给体制需要充分利用市场机制，吸引私人企业、个人参与农村公共品供给。首先，放松市场准入限制，凡是有一定收入能力，可部分或全部补偿成本支出的公共品供给，如小型农田水利、农村社区公共服务等，都向私人企业开放，特别是中小企业、微型企业，只要能保证公共品供给质量，都可参与公共品供给。其次，赋予县乡基层更多地利用市场机制管理公共品供给的权利，如合同管理权利、政府采购权利、供给绩效评价权利等。

第二节 农村公共品供给与需求的均衡

一、农村公共品供给与需求均衡的内容

农村公共品供给与需求的均衡，是指一定时期内，政府等公共组织在农村提供的公共品数量，大致与农民、农村经济合作组织等经济社会主体的需要数量相等，其内容包括总量均衡和结构均衡。

（一）农村公共品供给与需求总量均衡

即农村公共品总供给与总需求的均衡。农村公共品总供给是指政府、非营利组织等在一定时期内向农村提供的公共品的总和。这个总和在大多数情况下可用提供公共品的成本总量来体现，如财政支出总额、非营利组织支出总额等。不过，有些公共品供给的数量，是不能用货币计量的，如志愿者提供的志愿服务等。农村公共品总需求，是指农民、农村经济合作组织、企业等经济社会主体在一定时期内对各类公共品需求的总和。

（二）农村公共品供给与需求结构均衡

如前所述，农村经济社会发展所需公共品种类繁多，可按不同标准进行分类。农村公共品供给与需求结构均衡，是指义务教育、公共卫生、社会保障、公共安全等各类公共品的供给和需求的基本相等。在农村公共品总量均衡的前提下，结构是否均衡对农村经济社会发展具有重要影响。如结构不均衡，则必然出现有的公共品供过于求，形成资源浪费，有的公共品供不应求，不能满足农民等对公共品的需求。无论哪一种状况出现，都会对公共品管理带来不利影响，最终对农民及其他农村经济社会组织的生产生活生产消极作用。近年来，在我国农村公共品供给总量不足的情况下，也出现了部分公共品供过于求，或者不能满足农民需要的情况。如有些乡村图书资料陈旧或不符合农民需要而无人问津，有的小学生源不足，等等。这种状况，在公共品管理中需要引起高度重视。

二、农村公共品供给与需求均衡的体现

(一) 理论分析:林达尔均衡

瑞典学者林达尔对公共品的供给均衡进行了分析。如图 8-1 所示,有 A、B 两个人采用直接投票的方式,对一定时期内公共品的供给数量进行决策,假定两个都能诚实地表达对公共品的偏好,就供给一定数量的公共品所分摊的税收或费用进行谈判。D_a 是 A 的需求曲线,D_b 是 B 的需求曲线,双方经过协商,就公共品的供给数量达成一致,即供给 OG_0 的公共品,这时双方需求曲线相交于 E 点,为了满足供给公共品的需要,A 承担 h 份额的税收或费用,而 B 承担 $(1-h)$ 份额的税收或费用。这样,两方在公共品供给数量和所需成本之间达成了均衡,称之为林达尔均衡。且他还在数学上证明了公共品的最优供给条件,即 $MRSa + MRSb = MRT$。A、B 两个人边际转换率之和等于边际替代率。

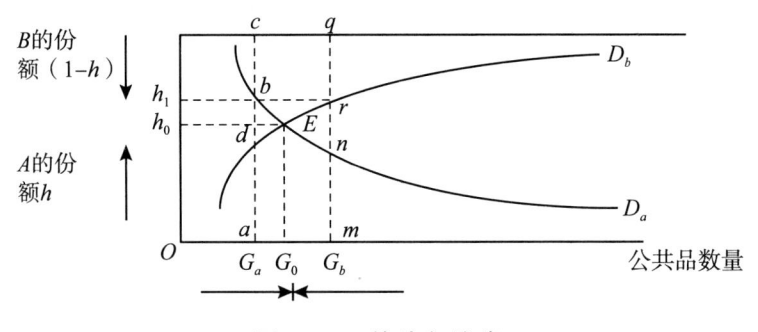

图 8-1 林达尔均衡

(二) 农村公共品供给与需求现实均衡状况的判断

林达尔均衡是在严格的假设条件下,就公共品供给均衡问题进行了论述,对我们认识公共品供求均衡有一定启发,但在现实生活中,农村公共品供给与需求现实均衡状况的判断较为复杂。首先,与私人品市场不同,人们对公共品需求的表达,不一定是诚实的,主要有两种情况,当公共品需求表达与本人税收或费用分摊脱离时,就会提出过度需求,寄希望别人提供税收或费用,而自己坐享其成,也就是"免费搭车"现象;当公共品需求表达与本人税收或费用分摊挂钩时,则提出的需求往往低于正常需要。且在现代代议制民主制度下,普通居民不直接参与税收征收、公共品决策等事项,与林达尔均衡描述的现象有很大距离。

其次，公共品的供给价格是政府定价或者管制价格，市场机制不能或不能有效发挥作用，不能对供求产生自动调节功能，使之实现均衡。因而，农村公共品供求均衡，主要通过政府等公共组织的有效管理、调节来实现。那么，如何对农村公共品供给与需求现实均衡状况进行判断，主要体现在以下几点。

第一，农村公共品需求分析。在现实公共经济决策制度和体制下，农民等主体对公共品的需求表达，通常和所缴纳的税收或收费不挂钩，其对农村公共品需求和欲望较为接近。因而，对农民等主体表达的公共品需求需要进行具体分析。根据公共品在农村经济社会发展中的功能，大体可将公共品需求分为两类：一是基本需求，一是发展需求。基本需求是指农民等在生产生活中最低要求的需求，如适龄儿童有学可上、人们有病可医、有水可吃、有电可用、有道可行，等等。在一定的经济技术条件下，这些基本需求是可测度的。公共品供给不能满足基本需求，就会直接影响农民生活，以及农业生产等经济社会活动的开展。而发展需求则是在满足基本需求的基础上，因提高生活质量、推动经济社会向更高层次发展所提出的需求，如提高教学质量、延长寿命、美化环境、舒适出行，等等。这类需求更接近于欲望，可能是无限的，只能是在经济发展所提供剩余产品一定的条件下，努力去满足。

第二，农村公共品供给分析。对一定时期内政府农村公共品供给是否能满足农村经济社会发展的需要，可从以下几个方面展开分析：一是，农村基本公共品需求是否得到满足。目前我国现有经济发展水平和政府财政状况，应可以满足农村基本公共品需求，如有些地区适龄儿童因校舍原因不能入学、僻远地区缺医少药、道路状况严重制约农产品运输等，则说明政府农村公共品供给不足；二是，农村公共品供给与城市公共品供给差距。在政府财力一定情况下，城乡之间公共品供给差距较大，农村公共品供给水平之后于城市，则说明农村公共品供给不足。三是，农村公共品支出在政府财政支出总额中的比重。如该比重和农业人口占全国总人口的比重、农村地域面积占全国国土面积的比重相比，所占比重明显偏低，则说明政府农村公共品供给不足。

第三，农村公共品供给与需求现实均衡状况测评。由于我国农村公共品采用按部门、分行业供给的管理体制，其供求均衡状况可从两个方面展开：一是，分行业制定标准，测评其均衡状况；如国家根据经济社会发展需要，规定义务教育的入学率达到100%，巩固率达到99%；规定年龄儿童免疫疫苗注射率达到95%，等等，有关政府部门、社会中介组织和个人，可以根据上述国家标准，测试各级政府农村公共品供给是否达标，供求是否均衡。在国家指定的农村公共品供给标准，特别是基本公共服务科学、合理的前提下，如有些地区供给缺口较大，则表明该地区公共品供给不能满足农民的公共需要，供需失衡现象严重。二是，进行农民等满意度测评。农民是农村公共品需求主体，对生产生活中所需公共品总量和结构由切身体会，虽然存在"免费搭车"现象，但他们对国家及所在地区经济发展水平、政府财力状况，还是有所了解，因而他们对农村公共品供给状况的满意度，在一定程度上体现了对供求状况的评价，具有较强可信性。如目前农民对教育公平问题的关注、对看病难看、病贵问题的呼吁，就体现了这些领域公共品供求失衡的状况。

三、农村公共品供给与需求均衡的调节

由于公共品的性质，农村公共品供给与需求均衡调节的任务，主要有各级政府等公共组织来承担，既包括努力增加供给，也包括需求引导、管理，使之趋于均衡，提高资源配置效率，满足农村公共需要。

（一）努力增加供给

为了实现农村公共品供求均衡，在农民等主体需求一定时，政府等公共组织的职责，就是在现有政府财力及社会资源条件下，努力增加供给总量，丰富供给种类，满足农民等主体生产生活对公共品的需要。现阶段，我国农村公共品供求关系的主要矛盾，表现为政府等公共组织供给不足，不能满足农民等主体公共品需要，甚至不能满足疾病防治、安全饮水等基本公共需要都不能满足，且城乡之间、区域之间差距不断扩大。因而政府等公共组织主要的任务是增加财政支出、动员更多社会资源，努力增加农村公共品供给总量，丰富供给种类，满足农民等主体的公共需要，不断缩小城乡差距、区域差距。

（二）需求引导、管理

在实现农村公共品供求均衡过程中，除政府等公共组织努力增加供给总量、丰富供给种类外，需求引导、管理也是一个重要方面。我国人民代表大会制度也属于代议制民主，在此制度下，农民不直接参与税率制定、公共品供给等决策，农民水费交纳与公共品需求之间相分离，因而容易出现"免费搭车"心理，提出过多、过高需求。政府等公共组织通过政务公开等途径，向农民等需求主体提供本地区经济社会发展整体状况、政府可用财力等信息，合理引导需求，使之对公共品供给水平有合理预期，不至于提出不切和实际、过高、过多的需求，通过公共选择程序，努力使供求关系趋于均衡。

第三节 转轨时期农村经济发展对公共品供给的要求与制度安排

农民的发展和农村和谐社会建设，从根本上来讲，取决于农村经济的发展水平。因而，农村公共品供给，需要重点解决农村市场体系建设、农业产业化经营、农村经济积极参与国际市场竞争等需求，促进农村经济的持续、较快发展。

一、中国农村市场体系发育程度与公共品供求

（一）农村市场体系建设与公共品供求一般关系分析

我国实行社会主义市场经济体制，坚持改革开放政策，政府通过公共品供给，促进农村经济发展，就必然涉及农村市场体系建设问题。农村市场体系既是国家市场体系的组成部分，与城镇市场相衔接，在开放条件下，与世界市场相互联系、相互影响。但是农村市场又具有相对独立性，有独特的市场主体、服务对象，以及运行环境等。在市场经济体制下，市场体系建设是农村经济发展的重要内容。农村市场体系可按照不同的标准进行分类：按照生产要素分类，农村市场可分为消费品市场、生产资料市场、劳动力市场、金融市场、技术市场、信息市场；按照竞争的程度分类，农村市场可分为自由竞争的市场、垄断市场和垄断竞争的市场；按照辐射范围的大小，农村市场可分为区域性市场、全国性市场；根据交易对象分类，农村市场可分为工业品市场、农产品市场、建筑市场、旅游服务市场。按照有无具体的交易场所，农村市场可分为有形市场与无形市场，等等。

农村市场体系完善是市场机制发挥作用，促进农村经济发展的重要前提在市场经济条件下，市场机制在资源配置中发挥基础性作用。但如果市场体系不健全，市场机制就不能发挥作用，出现"市场失灵"的问题，阻碍农村经济的发展。农村金融市场不健全，农村生产发展所需要的资金的不到满足，会制约农业生产的发展和农民收入的增长；农村保险市场发展缓慢，单个农户就难以应对农业生产中市场风险、自然灾害风险，不能保证其生产经营活动的稳定开展。农产品市场不健全，就不能引导农民根据市场需求开展农业生产，造成农产品的生产过剩或者供不应求。农村经济的发展，农民收入及生活水平的提高，需要健全和

完善农村市场体系，并与城镇市场，以及国际市场融为一体。

1. 农村市场体系建设对公共品的需求

现代市场经济，不是自由放任的市场经济，是一种在政府宏观调控下的市场机制发挥资源配置基础性地位的经济。市场体系的完善及市场机制功能的发挥，离不开政府公共品的提供。农村市场体系建设，也离不开政府提供公共品，弥补市场失灵，使之在农村资源配置中发挥基础性作用。具体而言，农村市场体系建设对政府公共提供的需要主要表现在，首先，需要通过政府公共品的提供，建立新型市场、健全农村不完整市场，使农村整体市场体系趋于完善，市场机制功能得到发挥。其次，需要通过政府公共品的提供，与市场机制形成优势互补，充分发挥现有市场作用，促进农村经济健康发展，

2. 农村市场体系建设与公共品的供给

从政府的角度分析，农村市场体系建设是政府公共品供给的重要目标之一。农村市场体系的发展状况，以及对公共品的需求，是政府决定农村公共品供给规模和结构的重要依据之一。政府公共品的供给规模，实际上体现了资源在私人部门通过市场配置与政府资源配置的关系，公共品供给结构在一定程度上了反映了农村市场体系的缺陷。公共品供给效益，除自身的投入产出关系外，也表现调控市场机制，完善市场体制，提高整个农村地区的资源配置效益，繁荣农村经济，提高农民生活水平。

（二）我国农村市场体系的发展现状

中国有13亿人口，6亿多人在农村，中国的发展不能轻视农民和农村大市场。甚至世界市场也离不开我国农村市场。农村市场是我国社会主义市场经济体系的重要组成部分，是工业品消费品、农业生产资料，以及农产品的重要流通市场。改革开放以来，随着我国经济体制转轨、社会转型，我国大部分农村地区告别了自然经济、半自然经济状态，商品交换、市场经济获得了长足发展，市场机制开始在农村资源的配置中发挥基础性的作用。

1. 农村市场体系建设取得的进展

（1）市场类型和流通业态逐步完善。随着农村商品经济的发展和市场交换的扩大，农村各种市场体系日趋完善，消费品市场、生产资料市场、劳动力市场、金融市场、技术市场、信息市场等市场体系得到较快发展。消费品市场已结束了国有商业和合作社商业占据主导地位的状况，已得到了较充分的发展。消费品市场除了传统的集市贸易市场继续发展外，各种综合市场、专业市场、批发市场以及期货市场都有一定程度的发展，初步形成了较完整的农村市场体系。连锁经营、物流配送等新型流通方式和小型超市、便利店等经营业态，开始从城市走

向农村乡镇，电子商务、期货贸易在农村也已出现。商务部从2005年起在全国逐步开展"万村千乡市场工程"，到2008年已有230 259个"万村千乡市场工程"村级店，29 310个乡级店，495个配送中心，覆盖全国31个省（市、区）75%以上的县市，近3亿农民受益①。到2010年年底预计连锁化农家店将达52万家，覆盖全国80%的乡镇和65%的行政村，农村现代流通体系框架得到建立，为扩大农村消费、统筹城乡发展、建设社会主义新农村发挥重要作用②。

（2）农村各类市场交易规模迅速扩大。随着农村经济的迅速发展，农村市场体系的逐步完善，农村各类市场的交易、流通规模扩大，显示了我国农村经济实力的增强。以要素市场为例。2009年全年社会消费品零售总额125 343亿元，比上年增长15.5%。县及县以下消费品零售额县及县以下消费品零售额40 210亿元，增长15.7%。农村固定电话用户10 191万户。全年农村金融合作机构（农村信用社、农村合作银行、农村商业银行）人民币贷款余额4.7万亿元，比年初增加9 727亿元。③。2011年社会消费品零售总额156 998亿元，比上年增长18.3%，扣除价格因素，实际增长14.8%。按经营地统计，城镇消费品零售额136 123亿元，增长18.7%；乡村消费品零售额20 875亿元，增长16.2%。全年农村金融合作机构（农村信用社、农村合作银行、农村商业银行）人民币贷款余额5.7万亿元，比年初增加9 655亿元④。

（3）各类市场主体日益多元化。在消费品市场、生产资料市场、劳动力市场、金融市场、技术市场、信息市场体系中，参与市场交易的市场主体日益多元化，为市场体系的完善做出了重要贡献。目前，我国农村市场除传统的农户和农民个人主体外，相继出现了多种新型的市场主体，主要包括：第一，农民经济合作组织。截至2009年年底，全国依法在工商行政管理部门登记的农民专业合作社达24.64万家，实有入社农户约2 100万户，占全国农户总数的8.2%，从产业分布看，农民专业合作社涉及种植、养殖、农机、林业、植保、技术信息、手工编织、农家乐等农村各个产业，主要分布在种植业、畜牧业，种植业大体占40%，畜牧业占30.9%。从事产加销综合服务的占56%，以运销、仓储服务为主的占8.6%，以加工服务为主的占5.5%，以技术信息服务为主的占11.6%，开展其他服务的占18.3%。综合有关数据，每个农民专业合作经济组织平均吸纳农户在250多个，一般吸纳农户在100~200户左右，加入专业合作经济组织

---

① 沈云昌：《新时期深入建设我国农村市场体系的主要着力点分析》，商务部国际贸易经济合作研究院网站，2008年11月25日。
② 《商务部在京召开全国万村千乡市场工程工作会议》，中央政府门户网站，2010年10月25日。
③ 国家统计局：《2009年国民经济和社会发展统计公报》，2010年2月25日。
④ 国家统计局：《2010年国民经济和社会发展统计公报》，2011年2月28日。

的农户一般年均增收 20% 左右,增幅比普通农户高出一倍①。第二,农村经纪人。据中国农产品流通经纪人协会的数据显示,到 2009 年 6 月,中国已有农产品经纪人 600 多万人,加上季节性的从业者则高达 1 000 多万人②。第三,公司+农户等新型农业生产组织形式。这种新型市场主体在一定程度上解决了农户一家一户小生产与国外大市场的矛盾。此外,多数国有商业、粮食和供销合作社成功实现了转制,建立了新的经营机制,健全了法人治理结构,真正成为自主经营、自负盈亏的市场主体。目前,供销合作社系统已形成一个拥有省(区、市)供销合作社 31 个,省辖市(地、盟、州)供销合作社 44 个,县(区、市、旗)供销合作社 2 377 个,基层社 21 106 个;社有企业 49 350 个,事业单位 529 个的庞大的经济合作组织。2010 年全国供销合作社系统实现销售总额 15 636.97 亿元,同比增长 27%;汇总利润达 172 亿元,同比增长 23.1%,再创历史新高。资产总额突破 7 118 亿元,所有者权益达 1 588 亿元,同比分别增长 25% 和 18%,比 2008 年分别增加 1 759 亿元和 419 亿元;全年新增就业岗位 23 万个,上缴各种税费 214 亿元。③

(4) 农村市场体系管理趋于完善。近年来,《中共中央、国务院关于推进社会主义新农村建设的若干意见》、《国务院关于促进流通业发展的若干意见》、《国务院办公厅转发商务部等部门〈关于进一步做好农村商品流通工作的意见〉的通知》、商务部《全国商品市场体系建设纲要》、《农村市场体系建设"十一五"规划》及其他十几个相关文件,对农村商品流通和市场体系建设在战略目标、方针、政策上都进行了明确阐述。国家建立了重要农产品储备制度,促进了农产品的供需平衡和市场稳定。初步建立了重要商品的市场准入制度和流通监管制度,对涉农商贸企业采取了扶持政策,为建立和规范农村市场秩序出台了一系列政策,保障了城乡消费者的权利,保证了农村市场的有序竞争。

2. 农村市场体系建设存在的问题

(1) 农村市场体系不健全,不能满足农村经济社会发展的需要。由于农村经济发展相对滞后,各类市场发育参差不齐,功能不够健全。以农村金融市场为例,2009 年我国银行业金融机构资产总额达到 78.8 万亿元,比 2008 年同期增长 26.3%,所有者权益则达到 4.4 万亿元,同比增长 17%。数据显示,2009 年农村中小金融机构资产占全部银行业金融机构资产的 11%,相比 2008 年同期下降了 0.48 个百分点。由于我国城乡固有的二元经济的影响,农村经济的发展处于弱势状态,信贷收益难以覆盖风险等原因,长期以来农村金融服务的供给仍显

---

① 《国家对农民专业合作组织的扶持》,农民专业合作网,2011 年 5 月 12 日。
② 艾福梅、曹健:《数百万农民经纪人帮助中国农民"顺市而种"》,新华网,2010 年 11 月 4 日。
③ 《2010 年全国供销合作社系统实现销售总额 1.5 万亿》,中国新闻网,2011 年 1 月 18 日。

得不足。这体现在农村地区网点覆盖率低、竞争不充分、服务能力不足、金融服务空白的问题仍然非常明显。截至 2009 年年末，我国仍有金融网点机构空白乡镇 2 792 个，服务空白乡镇 342 个①。2010 年，全国农业保险实现保费收入 135.7 亿元，同比增长 1.4%，参保农户 1.4 亿户次，同比增长 7.7%，农业保险赔款 101 亿元，与 2009 年基本持平（2009 年为 102 亿元），惠及农户 1 979 万户次，同比增长 8.6%。② 农村消费品市场销售额，仅相当于全国市场销售的 30% 左右，而我国农村人口在全国占大多数，等等。

（2）农村市场主体规模小、实力弱。农村区域内市场主体发育不成熟，除农村区域外市场主体参与农村市场竞争外，大量的农村市场经营者是农户、个体商户、经纪人、农民经济合作组织、供销社等。这些主体普遍规模小、实力弱、专业化素质低、经营方式落后、市场覆盖率低。特别是单个农户，其进入流通领域基本上是散兵游勇，各自为战，难以适应市场变化的需要。绝大多数农户生产自给自足的比例较高，参与市场竞争的程度低。单个农户组织化程度不高，难以准确掌握市场信息，交易成本高，在市场竞争中处于不利地位，受中间商压级压价的盘剥，经济利益受到损失。就农民经济合作组织而言，目前还处在发展的初期阶段，经济实力及市场竞争力也不强大。

（3）农村市场体系法律法规不健全，市场监管乏力。目前，我国农村市场法律法规体系不能适应经济持续快速发展的要求。首先，农村市场体系的有些方面、有些环节还缺乏具体的管理制度。如规范民间借贷，取缔农村高利贷和地下钱庄的管理制度；要规范农村劳动力市场，维护农民工合法权益的制度；规范土地里流转，支持农业集约化经营的制度，等等。其次，《食品安全法》、《反垄断法》等法律在农村市场管理中的实施，还缺乏相应的配套制度、措施。最后，政府市场监管乏力，有法不依、执法不严的现象普遍。由于缺乏严格的市场准入制度、健全的商品质量检测制度和必要的检测设备、手段，农村市场中假冒伪劣商品危害程度远高于城市。无论是农产品、工业品还是生产资料，不合格率高、假冒伪劣问题较为严重，销售渠道混乱，严重危害农民的生产和生活。近年来，在农村市场集中爆发的"三鹿奶粉"事件等重大案件，在国内产生了恶劣的影响，也说明了问题的严重性。一些地方还存在欺行霸市、行政管理乱收费的现象。

（4）农村市场体系缺乏统一规划、布局不尽合理。从全国来看，东部地区和中西部地区在市场建设上发展不平衡、布局不合理，差距比较明显。同时，与销地市场相比，产地市场基础设施条件、经济效益都比较差，明显处于发展滞后

---

① 王光宇：《2009、2010 年农村银行金融机构竞争力评价》，载《银行家》，2010 年 8 月。
② 鲍宣：《五大措施推进农业保险发展》，载《经济日报》，2011 年 1 月 21 日。

状态，是当前农村市场体系中的薄弱环节。从农村市场体系的宏观规划来看，目前仍处于部门分割，分头管理的状况。如商务部《农村市场体系建设"十一五"规划》，只包括农产品流通体系、农业生产资料流通体系和农村消费品流通体系，规定2010年预期实现的市场规模主要指标是：全国50%以上的县市制定"万村千乡市场工程"建设规划，"万村千乡市场工程"发展的农家店覆盖85%的乡镇、65%的行政村。全国县及县以下社会消费品零售总额达到35万亿元，平均年增长约10%；在农村县及县以下消费品连锁经营比重达到20%。而金融市场由人民银行、银监会、保监会管理；劳动力市场有人力资源和社会保障部管理、技术市场由科技部管理，等等，目前尚未形成对农村市场体系统一的规划、布局，其结果造成各地区市场体系发展不平衡，欠发达地区往往处于不利地位，进一步扩大地区发展差距。

(5) 农村市场基础设施建设落后，流通效率低下。道路、桥梁、供电、供水、邮电、通讯等农村市场基础设施，是市场交易的物质基础，直接促进或制约市场交易的实现，其服务状况是农村商品和劳务交易成本的重要组成部分。由于投资不足、各地区地理自然环境差别较大等原因，农村市场基础设施落后，不能满足经济发展的需要。农村市场交通不便，远离国道、省道等公路干线；市场缺乏邮电、通讯、银行、质量检测、安全监控、垃圾处理等配套设施，不能为市场交易提供有效服务；市场供电、供水等设施残缺不全，不能满足农民、个体工商户和企业开展生产经营的需要；大部分农村市场难以为商户提供仓储、柜台展销、信息咨询等服务，农民缺乏交换的场所，以路代市，就地交易现象普遍存在。据统计，农村人均商业面积仅约为城市的1/10，调查表明，目前只有41.7%的农产品批发市场建有冷库，11.1%的配备了冷藏车，12.9%的有陈列冷柜。据调查，目前我国只有10%的肉类、20%的水产品、少量的牛奶和豆制品进入冷链系统，而欧美国家进入冷链系统的农产品比例为85%，我国物流费用占国内生鲜产品总成本的比重高达70%[①]。落后的基础设施使得我国农村商品的采购、运输、仓储成本很高，流通效益低下。

(三) 农村市场体系的发展与农村公共品需求

根据上述我国农村市场体系发展现状和存在的主要问题，其发展对公共品的需求主要体现在以下几个方面。

1. 农村市场体系发展对市场基础设施的需求

农村市场基础设施，是市场交易的物质基础。我国农村市场基础设施的上述

---

① 程国强：《我国农村流通体系建设：现状、问题与政策建议》，国研网，2008年4月30日。

落后状况，亟须政府加大投入，并积极引导社会主体参与市场基础设施建设。在农村市场基础设施建设中，首先，是政府对纯公共品类基础设施增加投入，保证市场基础设施建设满足农村经济社会发展的需要。主要包括市场道路、公共安全、环境卫生、土地供给、信息咨询、质量检测、消防等。其次，是对供电、供水、邮电、通讯、仓储、银行等准公共品的需求。需要政府在增加部分准公共品的基础设施建设投资，改善农村市场基础设施的同时，运用政府政策工具，引导社会主体投资于准公共品基础设施，甚至部分私人品性质的基础设施。即农民、个体工商户和企业等农村市场主体，需要便利、快捷的交通，保证货畅其流；需要完善的供电、供水、邮电、通讯、仓储等设施，保证市场正常交易的需要；发达的金融服务设施，保证市场交易资金流通的需要；需要质量检测、消防等设施，保证市场交易的安全性、公正性，等等。总之，农村市场体系的发展，要求政府提供与之相适应的公共品服务。

2. 农村市场体系发展对市场发展规划的需求

由于市场失灵问题的存在，单个市场交易主体的行为，以及某一类市场的交易活动具有盲目性，农民、个体户、企业难以从宏观上把握社会总供求的情况，容易形成市场交易供过于求，或者供不应求得的局面，浪费社会资源，给交易双方带来损失。且在现行体制下，农村不同类型市场管理，有不同的主管部门，部门之间需要协调。因而需要各级政府将农村市场体系发展纳入国民经济和社会发展规划，整合各部门对农村市场体系建设的资源，建立覆盖农村消费品市场、生产资料市场、劳动力市场、金融市场、技术市场、信息市场等市场体系的发展规划，有效克服市场失灵，调节、引导、控制农村市场体系发展，保持社会总供给和总需求的基本平衡，稳定市场物价，维护农民利益，促进农村经济发展和社会的繁荣。

3. 农村市场体系发展对市场法律制度建设需求

农村市场体系是我国市场体系的重要组成部分。在某种意义上讲，市场经济就是法制经济，在我国市场经济法律体系框架基本建立的条件下，需要针对农村市场体系的特殊情况，进一步健全农村市场法律制度，规范市场运行秩序，保护交易双方的利益。从农村市场发展的有关情况看，法律制度建设需求主要体现在：通过法律制度打击农村市场假冒伪劣商品盛行、坑农骗农现象时有发生的状况；通过法律制度治理缺斤少两、欺行霸市、强买强卖等不法行为；通过法律制度，打击虚假信息和广告宣传，净化农村市场环境；通过法律制度，明确各类市场准入的条件，培育新型市场主体，健全各类农村市场体系，推动农村市场经济发展，等等。

4. 农村市场体系发展对扶持发育缓慢或残缺市场的需求

市场是商品和劳务交换的场所，市场体系是商品经济发展的产物，但由于某些市场发育缓慢或残缺不全，市场机制不能有效发挥作用，就需要政府的扶持和干预。从我国农村市场体系发展的实际状况看，重点需要支持以下类型市场的发展：

（1）农村金融市场。目前我国农村金融机构及其营业网点、资金贷放数量、保险种类、保险业务量、证券发行种类及规模等，都不能满足农村经济社会发展的需要。需要政府通过政策工具，首先支持各类金融机构在农村设置机构，开展各项金融业务，特别是发展村镇银行、信用合作社、担保公司，满足农民对小额金融业务的需求，解决农村融资难的问题；其次，发展农村新型金融业务，如农业保险、畜牧业保险、小型农业企业抵押担保等，为农村政策性金融业务提供支持，帮助农民克服农业生产所面临的自然灾害风险、市场风险，促进农村经济的发展。最后，引导和规范民间金融活动，依法打击高利贷、地下钱庄等违法活动，维护农村地区正常的金融秩序。

（2）农村就业市场。我国目前处在城镇化快速推进的历史时期，农村大批剩余劳动力需要转移，但农村就业市场发展还不够完善，不能为农民提供就业、培训等服务，引导剩余劳动力有序转移，维护其合法权益。在农村劳动力转移过程中，克扣工资、劳动福利得不到保障、工伤事故得不到赔偿等现象较为普遍。需要政府通过公共就业服务平台，统筹城乡劳动力市场，为农村剩余劳动力提供免费或廉价的就业介绍、职业培训、权益维护等服务，发展农村就业市场，开发农村人力资源，引导劳动力合理流动，充分发挥农村劳动力资源优势，增加农民收入，繁荣农村经济。

（3）农村信息市场。信息是现代经济社会发展的重要资源。农户、个体工商户和企业等市场主体在开展生产经营活动中，需要农产品等各类商品和劳务的国内市场供求信息、宏观经济管理信息、国际市场信息等各种市场信息，以准确掌握国内外市场需求状况，科学决策，组织各项生产经营活动，实现利润的最大化。而我国农村信息市场尚未发展成熟，专门从事信息收集、加工、发布的企业和个人不多，不能满足农户、个体工商户和企业等市场主体生产经营的需要。且宏观经济管理信息等信息，企业、个人很难准确掌握和提供，需要政府来提供。因而一方面，需要各级政府及时汇集、发布宏观经济管理信息，特别是农产品市场供求信息，为各类农村市场主体生产经营活动提供指导。另一方面，运用政府政策工具扶持农村信息服务企业的发展，为农户、个体工商户和企业等市场提供各类信息服务。

（4）农村土地市场。土地是农村经济社会发展的重要资源，目前我国农村土地实行集体所有制，由农民家庭实行承包经营。随着农村经济发展，城镇化速度的加快，国家已允许农民将承包的土地以转包、入股等形式进行流转。这样，发展农村土地流转市场，规范土地流转行为，保护农民利益，就成为当务之急。需要政府为农村土地市场管理制定具体的管理制度，明确交易双方的权利义务、保护珍贵的土地资源，维护农民合法权益，保持农村社会稳定。同时，逐步解决城镇土地市场于农村土地市场衔接的问题。妥善解决征地农民的就业、社会保障问题，使之分享土地增值收益，防止以剥夺农民土地的方式推进城镇化。

（5）农村科技市场。科学技术是第一生产力，农业现代化以及农村经济的发展，需要现代科学技术的支持。而我国农村科技市场发展相对滞后，科技成果交易和推广不能有效支持农业生产及农村经济发展，需要政府大力支持。首先，需要政府在财力上、政策上支持公益类科技成果的交易和推广。特别是农业科技，由于我国农业生产的分散性、脆弱性，其科技成果很难按照一般的市场经济规则进行交易，只能由政府出资支持或者补贴，免费或低价向农户推广使用。其次，对于农产品加工等农村实用先进科学技术，政府运用政策工具，支持企业、个人等积极开展科技成果交易、推广，维护交易双方利益，保证农村科技市场交易秩序，促进科技成果转化为现实生产力。在一些科学技术比较落后，而企业、农户需求比较旺盛的地区，可由政府出面，定期不定期地举办科技成果交易会，直接推动农村科技市场的发展，服务于农村经济社会发展的需要。

（四）农村市场体系的发展与农村公共品供给

农村市场体系的建设对公共品的上述需求，就构成了政府等公共组织公共品供给的目标，农村公共品供给的规模、结构，以及供给效率，都是为了更好地满足市场体系建设的需要，以促进农村经济的和各项社会事业的发展。

1. 支持农村市场体系发展的公共品供给规模

（1）公共品供给规模与农村市场体系建设的总需求相适应。从供给规模上看，各级政府公共品的供给规模，要与农村市场体系建设的需求相适应。由于农村公共品供给总量不足，服务于各类市场体系建设的公共品供给难以满足其需要，是农村公共品供给问题需要解决的重点问题之一。农村消费品市场、生产资料市场、劳动力市场、金融市场、技术市场、信息市场等市场体系的发展，在一定时期内对公共品的需求是明确的。首先，各级政府可通过调查、预测，准确掌握其需求总量，在政府财力许可的范围内，增加投入，尽可能满足农村市场体系建设和发展的需要。其次，在掌握公共品需求总量的基础上，通过政府预算，在资金安排上优先保证市场体系建设对公共品需求。从经济发展与政府公共品供给的关系来看，完善农村市场体系，促进农村经济发展是根本。只有经济繁荣发展，政府税源充裕，政府才能为经济社会发展提供更多的公共品服务。因而增加投入，保证农村市场体系建设公共品需求，从根本上讲，是为了促进农村经济的发展，实现经济发展与政府公共品供给的良性循环。

（2）充分考虑农村市场与城镇市场，以及国际市场相衔接的问题。在农村市场体系建设公共品供给规模中，除满足目前市场体系发展对各类公共品的需要外，还要充分考虑农村市场与城镇市场，以及国际市场相衔接的问题。我国社会主义市场经济的发展，不仅需要一个统一的国内市场，而且要与国际市场密切联系。在农村经济发展相对滞后，农村市场体系建设需求有限的情况下，政府公共品投资不仅只满足现阶段的需要，还要适当考虑与城镇市场相衔接、均衡发展的需要，以及与国际市场接轨的需要，市场基础设施建设等方面适当超前发展，为农村经济社会的长远发展奠定基础。

2. 农村公共品供给与农村市场体系结构相适应

农村公共品供给，不仅在总量上要满足市场体系建设的需要，而且要与农村市场体系结构相适应，以促进不同地区、不同时段农村市场体系的发展。

（1）统筹规划、科学排序，优先解决农村市场建设的亟待解决的问题。根据上述农村市场体系建设的现状与问题，我们认为，现阶段农村市场体系公共品供给的重点领域主要有以下几个方面。

第一，增加投资，大力加强农村市场基础设施建设，为农村市场体系运行创造良好的物质基础。从发挥现有市场体系功能的角度分析，基础设施建设成为农村市场体系需求最迫切的公共品。对于公路、公共安全、环境卫生、土地供给、信息咨询、质量检测、消防等纯公共品的供给，由各级政府按照各自管理权限，增加投入，保障市场体系建设需求，对供电、供水、邮电、通讯、仓储、银行等准公共品供给，政府通过财政补贴、税收减免、政府投资等政策工具，引导各类企业、个人等进行投资，增加有效供给，为各类市场交易活动创造良好的物质条件。通过上述努力，大大改善农村市场体系运行的硬件环境。在交通运输方面，能够做到道路等交通网络四通八达，货畅其流，降低运输成本，提高市场交易效益；在公共安全方面，维护市场交易秩序，打击各类违法犯罪行为，防火防盗，保证交易双方生命、财产安全；在公共卫生方面，预防和控制各类疾病发生，净化、美化交易环境；在质量检测方面，严把质量关，杜绝各类假冒伪劣商品进入市场交易，维护交易双方的利益；在金融服务方面，保证交易资金流的畅通；在市场信息方面，邮电、通讯等部门充分保证市场交易的需要；在公用设施方面，供电、供水等设施保障交易客户正常生活经营的需要，等等。由于我国地域辽阔，自然条件差别大，农村经济发展滞后，却各地区发展不平衡，市场基础设施建设投资额大，建设任务繁重，是我国农村市场体系建设长期所面临的任务。

第二，打破条块分割，搞好市场体系建设统一规划，指导农村市场体系发展。突破目前各部门分管农村不同类型市场，分别制定各类市场发展规划的状况，由各级政府牵头，将农村市场体系建设纳入国民经济和社会发展规划，按照城乡统筹的原则，专门编制统一的农村市场体系建设规划，覆盖农村消费品市场、生产资料市场、劳动力市场、金融市场、技术市场、信息市场等市场体系。就农村市场体系建设的目标、政策、措施，实施的时间表等提出明确的计划和要求，并在地域上进行合理布局，就各类市场服务人口、与交通干线的距离等进行统一布置。这样，形成一个市场之间相互衔接、交易半径合理、交易费用低廉的有机的市场体系，满足农村经济发展对各类市场的需求。

第三，建立健全农村市场体系法律制度，规范市场交易制度，促进农村经济发展。根据我国农村市场体系发展状况，市场体系法律制度建设的重点领域主要有：建立健全农村市场法律制度，制定市场交易商品和劳务标准，如农产品批发市场销售商品质量标准等，清除假冒伪劣商品，提高交易商品和劳务质量，维护交易双方利益；明确各类市场准入的条件，培育各类市场交易主体，活跃市场交易，构建市场发展基础；规范市场交易行为，打击垄断经营、缺斤少两、欺行霸市、强买强卖、合同诈骗等不法行为；治理虚假信息和广告宣传，净化农村市场环境；打击操纵市场、囤积居奇、哄抬物价等行为。通过法律制度的健全与完善，规范市场运行，降低交易费用，维护各方利益，促进农村经济健康发展。

第四，运用财政补贴、税收减免、财政投入等手段，支持农村中小金融企业发展，开展农业保险等新型金融业务，完善农村金融市场体系。我国农村经济落后，农民及农业经济合作组织积累能力有限，亟须大量资金支持。在农业银行、工商银行、建设银行改组上市后，出于其自身利益的考虑，撤并了大批农村经营网点，由地区的业务量缩减，甚至出现将农村储蓄贷放到城市的现象，农村金融服务受到削弱。在发展农村市场过程中，首先，政府运用财政补贴、税收减免、财政投入等手段，支持农业保险、信用担保等新型金融业务的开展，发展农村政策性金融，扩大金融服务农业，以及整个农村经济发展的能力。政府政策性金融业务重点支持扶贫开发、农业科技推广、重要农业品生产、生态环境治理等方面。因而形成政府支持的政策性金融和商业金融有机配合，共同促进农村金融市场健康发展的局面。其次，运用政府政策工具，鼓励信用合作社、村镇银行、专业贷款公司等中小金融机构的发展，为成千上万的农户、农业经济合作组织，以及中小企业服务，满足其发展资金需求。最后，规范民间借贷行为，打击高利贷、地下钱庄、洗钱等违法行为，维护农村金融市场秩序，促进农村经济发展。

第五，运用财政补贴、税收减免、财政投入等手段，支持农村就业市场发展，转移农业剩余劳动力、引进农村急需专业人才，提高农民收入水平。目前我国就业市场最迫切的任务，就是转移大批剩余劳动力，减少直接从事从业生产的人口，降低耕地负载率，以增加农民收入。同时，农村经济社会发展也亟须相关专业人才。因而在支持农村劳动力市场发展中，首先，根据各地区具体情况建立一批政府公益性就业服务机构，专门为农村劳动力转移提供就业培训、职业介绍、就业咨询、权益维护等公共服务，其资金来源由政府财政予以保障，实行免费服务或者低于成本价服务。一方面，为大批农业剩余劳动力寻找出路，促进城镇化进程，增加农民收入。另一方面，引进农村急需的各类专业人才，满足农村经济社会发展的需要。其次，运用财政补贴、税收减免、财政投入等手段，支持民办就业服务机构发展，鼓励其为农村剩余劳动力转移提供服务，充分利用民办机构经营市场化的特点，提高就业服务效率。通过农村就业市场发展，进一步开发农村丰富的人力资源，大大提高人力资源配置效率，以提高农民收入水平，促进农村经济社会发展。

第六，运用财政补贴、税收减免、财政投入等手段，支持农村信息市场发展。我国农村实行以家庭联产承包经营为基础的统分结合双层经营体制，但仍主要以家庭为经营主体。面对以家庭为主体的小生产与国内外大市场的矛盾，发展农村信息市场尤为重要。首先，各级政府部门需要通过信息发布、新闻公告、政府公开等途径，及时发布政府所掌握的涉及农村农产品市场供求、技术革新、劳动力供求、宏观政策动向、法律制度改革、环境政策变化等市场信息，为农民生产什么、为谁生产、生产多少、什么时候生产提供指导，减少生产经营中的盲目性，降低市场风险，提高经营效益。其次，运用财政补贴、税收减免、财政投入等手段，大力支持各类民营信息咨询服务机构发展，为农民农业生产和其他经营活动提供信息服务，沟通生产者和消费的联系，消除信息不对称对市场交易双方带来的损失，减少市场失灵现象，促进农村市场体系的发展和功能的完善。

（2）充分考虑各级政府财力的可行性　提高农村市场结构调整的效果。我国为世界上最大的发展中国家，农村市场体系建设中的公共品服务支出需求巨大。而政府的财力是有限的，特别是中西部地区县乡财政较为困难。因而在支持农村市场体系建设，优化农村市场体系结构的过程中，需要根据政府的财力状况，根据市场体系建设规划以及各类市场的发展状况，分轻重缓急，分门别类，科学合理排序，优先支持亟须发展的市场，解决农村经济发展中面临的突出矛盾，促进经济增长和农民增收。

第一，根据国民经济和社会发展规划，以及市场体系建设规划，通过政府预算编制，安排资金用于农村重点市场体系建设。在政府财力有限的情况下，将资金用于农村经济社会发展亟须市场的建设中，努力发挥资金的最大效益。

第二，在财政支持农村市场体系建设中，充分考虑各级政府的承受能力，从实际出发，以市场功能和运行机制的发挥为原则，注重实际效果，不搞升级达标、一刀切、一阵风活动，不得形成政府的隐性负债，或者将有关费用转嫁给市场客户，背离市场体系建设的初衷。

3. 加强公共品供给管理，努力提高农村市场体系建设效益

一般而言，效益是投入与产出之间的对比关系。与其他领域的公共品供给相比，农村市场体系建设公共品供给效益较容易监测和比较，便于公共品管理。公共品供给的投入，主要表现为政府财政的支出金额，而产出主要体现在通过市场交易实现的商品和劳务价值额。这种效益可从宏观和微观两方面进行分析。

（1）农村市场体系建设公共品供给宏观效益。农村市场体系建设公共品供给宏观效益，主要体现在通过公共品供给，市场体系进一步完善，市场机制配置资源的功能得到充分发挥，农村地区经济发展的整体水平得到提高，农民收入增加，生活改善。因为在社会主义市场经济体制下，农村经济活动也遵循市场经济规则，农村市场体系是国家整体市场体系的重要组成部分。市场体系的完善，功能的发挥，就体现在农村区域整体经济发展水平的提高。具体可用单位公共品供给支出实现的国民生产总值（GDP），或者对农民人均纯收入的贡献等绝对值指标来衡量，也可以公共品供给增长率对GDP增长率，或者农民人均纯收入增长率的贡献等相对指标来体现。

（2）农村市场体系建设公共品供给微观效益。农村市场体系建设公共品供给微观效益，主要体现在各类不同功能市场作用的发挥，以及对某一类经济社会活动所产生的作用。可从以下几方面体现。

第一，公共品供给对各类市场成交额的贡献。市场的功能就是完善交易过程，实现商品和劳务的价值。市场体系完善，功能得到发挥的直接体现，就是市场交易量的增加。可用单位公共品供给对交易额增加的贡献率来反映。即计算政府公共品供给增加后，农村消费品市场、生产资料市场、劳动力市场、金融市场、技术市场、信息市场等市场体系完成交易额增加的数量，就可以反映市场体系的发展对农村经济社会发展的贡献。

第二，公共品供给对各类市场服务人口和服务半径的贡献。通过增加政府公共品供给，完善各类市场功能，可以为更多的农民提供参与市场交易的机会，增加更多的市场交易主体。在地理范围上，可将更广领域的农村纳入其服务半径之内，为农民开展农业生产和其他经营活动提供服务。因而，在公共品供给增加后，通过检测各类市场参与交易的人数，以及交易所涉及的地理范围，可以体现公共品供给对各类市场服务人口和服务半径的贡献。

第三，公共品供给对各类市场上缴税收的贡献。公共品供给促进各类市场体系的发展和完善，必然推动市场交易量的增加，效益提高，农民收入增加。但对农产品批发市场、商业零售等市场直接实现利润的监测比较困难，可选择这些市场主体上缴税收的增加来间接反应其市场交易效益的提高。因而可用公共品供给

对各类市场上缴税收的贡献,来评价公共供给对市场交易效益的影响。

第四,公共品供给对市场中政府政策扶持业务发展的贡献。有些市场交易活动是政府政策支持的结果,如政策性金融业务。这些交易本身无利可图,或者只有微利,但对整个农业生产或农村经济具有重要促进作用,可通过对相关业务规模的监测,来评价政府公共品供给的效益。如财政补贴对扩大参加农业保险农作物面积、畜牧产品头数的作用,扶贫贷款、以工代赈项目带动农村就业人口的增加,等等。

二、中国农业产业化经营与公共品供求

(一) 中国农业产业化经营

在农村市场体系建设中,之所以专门研究农业产业化经营与公共品供求的关系,就在于农业在农村经济,以及整个国民经济中的特殊地位。在我国现阶段经济社会发展水平下,农业仍然是农村经济,以及整个国民经济的基础,居基础产业地位。且由于农业生产自身的特点,农业具有弱质产业属性。研究农业产业化经营与公共品供求又有十分重要的现实意义。

1. 农业产业化经营的含义

中国是文明古国,是世界上最早进行农业生产的国家之一,种植和养殖活动已有上千年的历史。而农业产业化有其特定的含义。农业产业化是指农业的生产经营以市场为导向,以农业产业组织为主体进行企业化运作、产业化经营,农业产前、产中、产后实现一体化发展。通过农业产业化经营,将农产品产供销各环节联系起来,使农户的农产品生产与农业企业的农产品深加工、运输、销售等连接成一个有机整体,从而使农业分享其他相关产业的收益,获得比传统农业生产更高的利润。农业产业化,是我国实现农业现代化,提升农业市场竞争力,提高农民收入水平,发展农村经济的必然选择。因为在我国长达几千年的奴隶制和封建制条件下,男耕女织的农业生产模式,主要是为了满足农民自己消费需要的自然经济经济,不是为了满足市场需要,以及追求价值的增值。在新中国成立后,由于实行高度集中的计划经济管理体制,农业生产除国家收购的部分外,具有浓厚的自然经济和半自然经济色彩。在改革开放后,解散了政社合一的人民公社,实行家庭联产承包经营责任制,农民有了农业生产自主权,但仍然是一种一家一户的小生产,难以面对国内外市场开展经营活动,农业现代化困难重重,农业产业化问题提上了议事日程。

农业产业化经营对我国农业现代及农村经济社会发展具有十分重要的意义。

首先，是农业微观经营管理体制的创新。改革开放后，我国在农村实行家庭联产承包经营责任制为基础的统分结合的双层经营管理体制，但仍主要以一家一户为主要生产主体，在市场竞争中处于不利地位，农业产前、产中和产后的服务相互脱节，农户不能分享农产品加工、贸易过程中的价值增值，农民利益受到损害，农业生产比较利益下降，农民收入增长缓慢，制约了农业的可持续发展。而实行农业产业化经营，以家庭承包经营为基础，通过各类农业专业合作社、农业企业和社会中介组织，将分散的农户组织起来，实行农业生产、加工、销售一体化经营，农业生产产前、产中、产后服务成龙配套，大大提高农业生产的组织化程度，培育农业新型市场竞争主体，从根本上解决小生产与大市场的矛盾，实现了农业微观经营管理体制的创新，为农业和农村经济的长远发展带来了生机。其次，面向市场开展生产经营，提高市场竞争力和产业收益。在自然经济、半自然经济条件下，农业生产主要是为了满足农民自己的需要，可进入市场交换的剩余产品不多，甚至没有剩余，就没有多大的动力去节能降耗，提高效率。或者增加农产品产量。当开展产业化经营时，生产者的目的是为了满足市场的需要，而不是自己的需要，就需要想方设法提高农产品质量，增加适销对路的产品，降低生产经营成本，努力满足城乡居民对农产业的需要，从而提高农业的市场竞争力，以及农业生产者的收益，促进农业生产的进一步发展。最后，实现农业技术、装备的现代化。农业的现代化，需要以现代的农业设备和农业技术装备农业。而一家一户的小生产无法大规模推广农业科学技术，也无法购买和使用大型农业设备。而通过农业产业化经营，将一家一户的小生产联合成为一个有力的市场竞争主体，经济技术实力大大增强，可以在较大范围内推广和使用现代技术，提高农产品技术含量，改进农产品质量，更好地满足市场需要，取得良好的经济效益。同时，由于农业产业化经营在一定范围内实现了集约化经营，由于技术、性能更为先进的农业机械的推广了使用，可大大提高农业劳动生产力，解放大批农业劳动力，提高农业效益，增加农民收入。

2. 我国农业产业化的模式

改革开放后，随着家庭联产承包责任制弊端的逐步显现，我国各地区开始探索农业产业化经营。从各地区农业产业化经营的具体情况看，也出现了一些不同的经营模式，主要包括："龙头企业＋农户"、"龙头企业＋农民专业合作经济组织＋农户"、"农产品行业协会＋龙头企业＋农民专业合作经济组织＋农户"、"龙头公司＋基地＋农户"及新型的"农户公司化"等。

（1）"龙头企业＋农户"模式。在这种模式下，龙头企业和农户以经济合同的形式明确双方的权利与义务。农户生产的农副产品，由龙头企业收购、加工和销售，龙头企业为农户提供种子、农药、技术等产前、产中和产后服务。这种模式相对简单，双方之间是一种契约关系。同时，实践中这种模式的违约率较高，双方不是真正意义上的命运共同体。

（2）"龙头企业+农民专业合作经济组织+农户"模式。在这种模式下，农民通过参加专业合作经济组织进行专业化生产，以提高农业生产率和效益。龙头企业和农民专业合作经济组织之间签订购销合同，由龙头企业收购、加工和销售农民专业合作经济组织生产的农产品。龙头企业和农民专业合作经济组织按照各自的分工，向农户提供种子、农药、技术、培训等产前、产中和产后服务，从而将龙头企业、农民专业合作经济组织和农户连接成为一个有机整体，提高市场竞争力。

（3）"农产品行业协会+龙头企业+农民专业合作经济组织+农户"模式。在经济较为发达，农民专业合作经济组织设立较多的地区，可通过发挥农产品行业协会的中介组织的功能，在龙头企业和农民专业合作组织之间牵线搭桥，形成符合双方利益需要的经济共同体。由龙头企业收购、加工和销售农民专业合作经济组织生产的农产品。龙头企业和农民专业合作经济组织按照各自的分工，向农户提供种子、农药、技术、培训等产前、产中和产后服务。

（4）"龙头公司+基地+农户"模式。在这种模式下，通过建立商品生产基地，以开发名、优、特、新农产品为重点，由龙头公司牵头，组织基地内从事大规模农产品生产的农户参加，在政府土地、财政、税收、金融等相关政府的支持下，专门从事某一名、优、特、新农产品的生产，大大提高该产品的质量和生产能力，以及国内外市场占有率，从而提高农产品的经营效益，增加农民收入。

（5）"农户公司化"模式。在这种模式下，农民将土地或相应资产入股农业公司，再由公司经营、增值后按股分红。同时，优先吸纳入股的农民就业，按劳付酬。"农户公司化"模式和前几种模式相比，农户和公司的关系更为密切，在一定程度上解决了利用经济合同确定农户和公司关系中存在的不稳定、违约率高的问题。由于农民承包土地流转还处在试验阶段，以承包土地入股的方式加入公司，还需要进一步的探索。

3. 我国农业产业化取得的成绩及存在的问题

近年来，随着我国加入WTO，市场体系进一步完善，政府财政对农业投入增加，我国农业产业化经营取得了明显成效。2010年，全国各类农业产业化组织总数达到25万个左右，带动农户1.07亿户；其中，通过合同、合作和股份合作三种较为紧密的利益联结方式带动农户的产业化组织占97.8%[①]。农业部积极

[①] 陈劲松：《2010年中国农村经济形势分析与2011年展望》，载《中国农村经济》，2011年第2期。

开展一村一品示范村建设,培育壮大主导产业,推进优势产业发展。农业部还组织龙头企业与灾区开展产销对接,缓解灾区农产品销售困难,并加强重点龙头企业运行监测,提出帮助企业发展的政策建议,会同中国农业发展银行出台了金融支持农业产业化龙头企业发展的意见,积极引导龙头企业按照订单价格收购农产品。但是,就我国农业生产的整体状况而言,农业产业化经营还存在不少问题,主要体现在:第一,我国农业产业化经营还处在起步阶段,农业产业化经营组织数量少、规模小、竞争力弱、对农户的带动作用有限。如前所述,2010年,全国各类农业产业化组织总数达到25万个左右,带动农户1.07亿户;其中,通过合同、合作和股份合作三种较为紧密的利益联结方式带动农户的产业化组织占97.8%。但是,参加各类农民专业合作社的农户比例依然不高,到2010年年底仅为2 800万户,约占农户总数的10%左右。可见,农业产业化经营组织数量少,且经济技术实力有限,对农户的带动作用有限,影响了农业产业化组织的市场竞争力。从我国农业现代的发展方向来看,农业产业化经营组织的作用还远远未得到发挥,将千家万户组织起来从事市场经营的目标任重而道远。充其量只是处在起步阶段,还需要经历漫长的发展道路。第二,农业产业化经营尚未形成明显的主导产业。由于未发挥资源优势、重复建设等原因,各地区农业产业化经营尚未形成明显的主导产业。根据产业经济学的一般原理,一种产业的发展,只有在市场占有率、经济效益、吸收劳动力等方面发挥了重要作用,成为本区域经济社会发展的主要支持力量的时候,才能成为其主导产业。而目前各地区农业产业化经营的项目,大部分还达不到成为主导产业的水平,还需要较长时间的发展,才能为当地经济社会发展做出较大贡献。第三,农业产业化经营的技术含量低。由于我国农业生产整体技术水平较低,农产品深加工能力不强,因而产业化经营的产品技术含量不高,价值增值程度低,市场竞争力弱,因而影响到农业产业化组织的竞争力和盈利水平,以及对整个农业发展的带动作用。在我国耕地、水资源等农业生产资源状况日益紧张,人口不断增加的情况下,农业产业化经营的目标主要需要依靠科学技术的进步才能实现,提高农业产业化经营的技术水平,已是农业产业化经营的当务之急。第四,农业产业化经营组织与农民的关系不稳定、不规范。农业产业化经营的重要目的之一,就是通过吸引农民参加各类农业产业化经营组织,实行农业生产、加工、销售一体化经营,农户能够得到农产品在其他环节的增值利益,取得平均利润,增加农民收入,促进农业发展。但在各地区农业产业化经营实践中,农业产业化经济组织和农民之间主要是通过经济合同连接双方的利益关系,尚未形成风险共担、利益分享的命运共同体。农业生产的农产品由实行产业化经营的龙头企业收购,并为农户提供技术、咨询、农药、化肥等服务等,实际上主要是一种购销关系,农户与龙头企业之间的关系较为松散,因而双方违约率较高。当农产品价格下跌时,企业拒绝按照合同收购,给农户造成损失;当市场价格上涨时,农户惜售,拒不履行合同。这种状况,对双方利益都造成损失,也不利于农业产业化经营的健康发展。

(二) 中国农业产业化经营与公共品需求

1. 农业产业化经营与农业基础设施建设的需求

农业产业化经营需要良好的农业基础设施支持。农产品运输需要发达的公路、铁路、水运等交通运输网络,特别是农村公路建设具有十分重要的地位;农产品加工,需要充裕的电力;农产品生产需要水利灌溉设施,保证农业生产用水;农业产业化经营,需要及时掌握国内外市场供求信息,需要有发达的、邮电、通讯、互联网等网络服务设施;农业产业化经营需要防风护沙,治理水土流失,建设一定数量的防护林、生态林,等等。由于基础设施的公共品属性,很难由单个农户或农业产业化经营的公司建设,且随着大部分地区农村集体经济薄弱,无力以村为单位进行基础设施建设。所以,在农业产业化过程中,各级政府需要承担农村基础设施建设的职责。

2. 农业产业化经营与农业科技的需求

农业化经营,需要用新技术对农产品进行深加工,提高产品的科技含量和附加值,或者是开发新的产品,形成优势品种。以提高农产品的市场竞争力,以及农业生产的经营效益。在一定程度上讲,科技是农业业化经营的第一生产力,是农业现代化的核心。但农业科技具有典型的外部效应,农业科技开发投入大、周期长、见效慢,单个农户或农业产业化经营的公司,很难独立承担农业科技研发任务。且我国农业产业化组织发展还处在初期阶段,大多数农业企业不具备这种自主科技创新能力,因而进行农业科技创新和推广的责任,也就自然而然地落到了各级政府的身上。

3. 农业产业化经营与农业教育的需求

农业产业化经营,与我国传统的农业生产模式有根本性区别,需要一大批有文化、懂技术、会经营、熟悉国家法律制度的高素质农民。这对农业教育提出了更多、更高的需求。需要通过农业教育,向农民传授先进适用的农业科学技术知识,农产品市场营销知识、市场管理法律知识。需要结合各地区农业产业化经营的具体情况,有针对性地开展农业教育。从我国农民实际受教育水平分析,在农业产业化经营过程中,对农业教育的需求是巨大的。据统计,2009年我国15岁及15岁以上文盲人口968 469人,占全国总人口的7.1%,其中,西藏39.6%、甘肃15.94%、青海14.73%、云南13.74%、贵州13.21%,这些人口主要集中在农村①。另据农业部调查，我国农民平均受教育年限 7.8 年，其中，文盲半文盲占 7%，小学文化程度占 25.8%，初中文化程度占 49.4%，大专以上文化程度仅占 1.1%②。

4. 农业产业化经营与农业生产资料需求

农业产业化经营，需要有现代化的农业机械和设备，以提高农业劳动生产率和效率。也需要充足的农药、化肥、地膜等农业生产资料的供应，以满足农业生产的需要。由于农业的基础地位和弱质产业的性质，农业产业化组织和农户的积累能力有限，农业生产盈利水平较低，完全走市场化的道路，由企业通过市场供给，则很难满足农业生产的需要。需要政府运用财政、税收、金融等政策工具，利用税收减免、财政补贴、财政贴息等手段，大力支持农业生产资料的生产，降低生产成本和价格，更好地服务农业生产，促进农业产业化经营的健康发展。

5. 农业产业化经营与金融服务需求

农业产业经营，实行产供销一体化，技工贸一条龙经营，和农户分散经营相比，生产经营规模大，产业链条长，对资金需求量大，且受季节性影响减弱，需要完善的金融体系大力支持。由于农业的基础地位和弱质产业的性质，以及我国农业产业化经营还处在初期阶段，自身积累能力较低，政府需要通过税收减免、财政补贴等形式，支持农村金融服务体系建设和业务发展，促进农村金融资源的有效配置，鼓励金融机构向农业产业化经营组织贷款，增加对农业的资金供给，满足农业产业化经营对融资的需求。具体而言，需要做好两方面的工作，一方面大力加强政策金融业务对农业产业化经营的支持；另一方面，支持商业金融机构开展针对农业产业化的服务。在政策金融方面，加强农业保险、政策性贷款对农业产业化组织开展名、优、特、新产品开发的支持，鼓励农业产业化经营企业开展规模化经营。商业金融服务方面，除鼓励国有商业银行积极开展服务农业产业化经营的业务外，运用税收减免、财政补贴等手段，大力发展村镇银行、金融合作社等中小金融企业，为农业产业化经营组织提供充足的金融服务，满足农业产业化经营对资金的需要。

6. 农业产业化经营与农产品市场调控

由于农业生产面临市场与自然双重风险，市场自发调节引发的农产品价格大起大落，会对农业生产形成较大冲击，影响农业产业化经营的健康发展。如前所述，我国农村市场体系不够完善，市场机制不够健全，对农业产业化经营存在一些不利影响。因而需要政府对农产品市场有效调控，稳定农产品市场价格，为农

---

① 国家统计局：《中国统计年鉴（2010）》，中国统计出版社 2010 年版。
② 温思美：《提高农民教育水平 促进现代农业发展》，新华网，2009 年 3 月 9 日。

业产业化经营创造有利的条件。特别是建立重要农产品国家储备制度和农产品价格稳定基金，有效调节农业产品市场供求关系，防止农产品价格暴涨、暴跌，对农业产业化经营具有十分重要的意义。

除上述较突出的公共品需求外，农业产业化经营对公共安全、环境保护、市场监管、政务公开、法律制度等公共品服务，都有相应需要，成为一定时期政府公共品供给的重要依据。

（三）中国农业产业化经营与公共品供给

1. 将支持农业产业化经营放在农村公共品供给中的战略地位

在"三农"问题中，农业问题是农民问题和农村问题的基础。农业问题的解决可在很大程度推动农民问题及农村问题的解决。因在农村公共品供给中，对农业发展所需公共品的供给具有重要地位。如前所述，在现阶段，农业产业化经营在农业发展中具有示范性、导向性的功能，因而在农村公共品供给中，需要将支持农业产业化经营作为支持农业发展的重要内容，主要体现在：首先，将支持农业产业化经营作为支持农业发展的优先地位，带动农业的现代化。现代化的农业需要现代科学技术、需要现代农业装备，更需要有掌握现代科学文化知识的新一代农民，这些都是一家一户的小生产所不能解决的，需要规模化、集约化经营，而产业化经营则是重要的选择，且离不开公共品的支持。其次，将支持农业产业化经营作为农村产业结构调整的重要出路。在农村经济发展中，需要大力发展农副产品加工、农产品流通、农业科技咨询等产业，延长农业产业链，提高农业产品增加值，增加农民收入。而农业产业化经营适应了这种产业结构调整的需要。通过农村公共品供给，大力支持农业产业化经营组织各项生产经营活动，开展产、供、销、技、工、贸一体化经营，为农村产业结构调整和经济发展做出贡献。最后，将支持农业产业化经营作为解决农民出路问题的重要选择。通过支持农业产业化组织开展产、供、销、技、工、贸一体化经营，大幅度提高农业劳动生产率，减少直接从事农业生产的人口，推动农村剩余劳动力进入城镇第二、第三产业就业，减轻农村土地超载状况，增加农民收入，促进农村经济发展。

2. 农村公共品供给支持农业产业化经营的重点

（1）农业基础设施。我国作为世界上最大的发展中国家，国土面积辽阔，各地区自然条件差别较大，农业基础设施落后，成为严重制约农业和农村经济发展的重要因素。在支持农业产业化经营过程中，政府等公共组织需要将农业基础设施建设放在公共品供给的优先位置予以考虑。首先，各级政府要增加对农村公路、铁路、河运、桥梁等纯公共品性质的农业基础设施建设投资，努力改善农业生产的基本条件。从我国实际情况来看，新中国成立后国家对农村基础设施进行了大量投资，取得了显著成绩。以公路建设为例，国道、省道和县乡公路网已经建立，高速公路建设进展迅速，但乡村道路建设较为缓慢，部分行政村至今不通公路，且由于各地自然环境差别较大，居民居住较为分散，公路建设成本较高，改善乡村公路交通状况，为农业产业化经营服务，需要巨额的建设资金。需要各级政府根据本地区经济社会发展状况、政府财力，优先安排纯公共品性质的农业基础设施投资，为农业产业化经营创造良好的条件。其次，在政府增加投资的同时，运用财政、金融、土地等政策工具，鼓励企业、个人等各类社会投资主体参与供电、水利、仓储、邮电、通讯等准公共品类基础设施的建设，扩大投资规模，加快农业技术设施建设步伐。做到既改善农业生产条件，促进农业发展，又使社会投资者也能得到合理回报，实现双赢的目的。准公共品类基础设施社会需求量大，需要巨额投资，仅仅依靠政府投资是不现实的，必须调动社会各方面的力量。因为这些准公共品类基础设施可向使用者收取使用费，有的可以完全弥补投资成本，还有一定盈利，只要政府监管到位，政策合理，投资者感到可获得投资回报，他们也愿意与政府合作，参与农业基础设施建设。最后，政府可运用税收减免、表彰鼓励等手段，鼓励国内外企业、个人、社会慈善组织，以捐赠、公益性投资等形式参与农业基础设施建设，扩大资金来源渠道，增加参与主体，加快农业基础设施建设速度。

（2）农业科技的研究与推广。鉴于农业科技的性质和我国农业科技的运用状况，专门针对农业产业化经营的农业科技的研究与推广，是现阶段我国农村公共品供给的重点之一。第一，增加政府财政对农业产业化经营科学研究项目的投入，鼓励更多的科研人员从事农业产业化的科学研究工作，改善其科研工作环境，多出科研成果，支持农业产业化经营，真正发挥科技是第一生产力的作用，把农业产业化的效益建立在科技进步的基础上。第二，大力支持农业科技推广。由于目前我国绝大多数农业产业化经营组织尚无科技开发能力，农业科技开发任务主要由科研机构、大专院校承担，在一定程度上还存在如何使科技开发与农业产业化经营实际需要相结合的问题，这一任务需要通过农业科技推广来完成。由于农业科技的基础性、公益性，其推广主要依靠政府的支持。政府需要从财力上保证农业科技推广机构和人员开展工作的需要，尽快完成科研成果向现实生产力的转变。至少将科技推广与科技开发同等看待，否则，再优秀的科研成果，如果只存在实验室中，写在论文里，得不到实际运用，对农业产业化经营的实际需要而言，也是没有价值的。

（3）农业教育和培训的普及与提高。农民的素质，是我国农业产业化经营发展规模、增长速度和经营效益的决定性因素。根据目前我国农民的整体接收科技文化教育的状况，农业教育和培训的普及与提高，是今后一个较长时间内农村公共品供给的重点之一。第一，农业生产适用先进技术的教育和培训。由于农业产业化经营项目是面向国内外市场开展生产经营活动，对适用先进技术需求有针对性、较为具体，如养殖技术、林果栽培技术、农产品加工技术等，政府可根据实际需要，提供对农业产业化组织职工的技术教育与培训，帮助其职工提高技术水平，以提高产品质量与生产效率，增强产品市场竞争力，增加农业产业化组织经营效益，推动农业产业化的健康发展。第二，农业产业化经营市场管理教育和培训。农业产业化经营需要管理者掌握现代市场经济基本知识，面对国内外市场，开展市场营销，实现经营目标。政府等公共组织可为农业产业化经营企业职工提供市场经营管理知识教育和培训，使其掌握市场经济运行原理，理解供给、需求、竞争等市场机制，熟练运用各种市场营销策略和方法，能够进行市场供求信息的收集和分析、可以较准确地开展市场预测，从而使农业产业化经营活动能够适应市场需要，产业化经营组织在市场竞争中不断发展壮大，成为带动我国农业生产发展和农村经济社会繁荣的主导力量。第三，农业产业化经营法律制度教育和培训。农业产业化经营，是面向国内外市场开展生产经营活动，而市场经济是一种法制经济，要求各项经济活动在国家法律的范围内进行，以保证市场交易的公平、合理和有效。因而也要求农业产业化经营者掌握必要的法律知识。政府可为农业产业化经营者提供相应的法律知识教育和培训，主要包括基本法律知识，如《宪法》等；《合同法》等市场经济运行法律知识；国家宏观经济管理法律知识，如《企业所得税法》、《预算法》、《人民银行法》等；国际市场法律知识，如世界贸易组织规则等。第四，思想道德文化教育和培训。开展农业产业化经营，培养新一代农民，他们不仅通过培训需要掌握生产经营所需要的农业技术、市场经济管理知识和法律知识等，也需要在思想道德文化等素质方面得到全面的提高，各级政府可根据财力和农民意愿，也为农业产业化经营组织提供一些政治思想、伦理道德、文化艺术等方面的教育和培训服务，全面提高生产经营者的素质，适应现代市场经济发展的需要。

（4）农业生产资料服务。由于农业的基础地位和弱质产业的性质，以及我国农业产业经营的发展状况，政府需要运用财政、金融等政策工具，为农业产业化组织提供农药、化肥、地膜、农业机械等农业生产资料服务，促进农业产业化经营发展。第一，运用财政、金融等政策工具，支持农药、化肥、地膜、农业机械等农业生产资料的生产。通过税收减免、财政补贴、财政贴息等手段，支持农业生产资料生产企业节能降耗，降低生产成本，为农业产业化经营提供更多优质价廉的农业生产资料，满足农业产业化经营的需要。这也是现阶段我国实现以工补农的重要渠道和方式。第二，运用财政、金融等政策工具，支持农药、化肥、地膜、农业机械等农业生产资料的流通。通过税收减免、财政补贴、财政贴息等手段，鼓励各类流通企业开展连锁经营、物流配送，通过现代化的营销网络的手段，减少流通环节，降低流通费用，方便快捷地为农业产业化经营组织提供服务，推动农业产业化经营的发展。第三，运用财政、金融等政策工具，支持农机修理等农业生产资料服务。通过税收减免、财政补贴、财政贴息等手段，鼓励企业和个人为农业产业化经营组织提供农机修理等农业生产资料服务，保证农业产业化经营的需要。

（5）政策性金融等金融服务。我国作为发展中国家，资金短缺是农业产业化经营长期面临的问题。在其自身积累能力有限的情况下，需要政府政策性金融等金融服务支持。第一，以无息贷款或低息贷款支持农业产业化经营组织开展各项业务。如前所述，我国农业产业化经营还处在初期阶段，其业务发展对资金需求较大，政府可以无息贷款或低息贷款形式，帮助农业产业化经营组织解决部分资金困难，推动农业产业化的发展。第二，以税收优惠等手段，支持农业保险机构为农业产业化经营服务。由于农业生产面临市场和自然双重风险，一般商业保险机构不愿从事农业保险活动，而政府对农业保险收益给予税收优惠，可调动其积极性，为农业产业化经营组织农业生产提供保险，提高抵御市场风险和自然灾害风险的能力，增加经营收益，促进农业产业化经营向纵深发展。第三，以财政贴息、减免税等手段，支持商业金融机构向农业产业化经营组织提供资金。在政府财力有限，直接提供无息贷款或低息贷款数量有限的情况下，财政贴息、减免税等手段，支持商业金融机构向农业产业化经营组织提供资金，一方面，调动商业银行等金融机构的积极性，增加金融利润，积极开展各项为农业产业化服务的金融业务。另一方面，可较好地满足农业产业化组织各项业务经营对资金的需要，缓解长期困扰我国农业发展的资金问题。

（6）农产品市场调控。与工业产品等商品和劳务不同，粮食等农产品需求弹性小，生产受土地、气候等自然条件约束大，大量的农业产品供不应求或供过于求，都会对农业生产、人民生活以及整个国民经济产生不良的影响。第一，对农业产业化经营进行宏观指导。政府利用所掌握的宏观经济信息，及时发布农产品市场供求状况，以及发展趋势预测，指导农业产业化经营组织根据市场需求开展生产、营销活动，减少盲目性，防止出现大规模的产品积压或短缺，提高农业产业化经营效益。第二，运用重要农产品国家储备制度，有效调控农产品市场流通，稳定产品价格。当市场农产品供过于求，价格下跌时，国家储备机构增加部分收购量，以稳定市场价格；当农产品市场价格上涨幅度较大时，国家储备机构向市场抛售部分农产品库存，以平抑物价，稳定市场。第三，有效运用农产品价格稳定基金，支持生产，调节流通，有效调节市场供求关系，为农业产业化经营创造良好的市场环境。运用调节基金支持农产业化组织多生产市场急需的产品的生产，更好地满足市场需要。对于市场价格下跌较多，损失较大的农业产业化组织给予一定的补贴，帮助其渡过暂时难关，逐步恢复正常的生产经营活动。

3. 农业产业化经营公共品供给的管理

为了保证对农业产业化经营的公共品供给达到预期目的，需要强化各级政府对公共品供给的管理，这一问题可从总量及结构两方面进行分析。

（1）农业产业化经营公共品供给总量的管理。如前所述，到2010年，我国各类农业产业化组织总数为25万个，在全国农业生产单位中只占极少数，因而在各级政府农村公共品供给中，可将农业产业化经营组织需求作为优先供给的重点之一，给予大力支持。在总量上能够满足农业产业化经营的需要。由于目前我国农业产业化经营还处在初期阶段，产业化经营组织数量不多，且其发展还需要一定的过程，政府一般不宜采用行政化的手段推动产业化组织发展，各级政府近年财政收入增长较快，因在公共品供给总量上满足农业产业化经营组织的需要，还是具有可行性的。通过在总量上优先保证产业化经营组织需要，促进产业化经营的健康发展，对整个农业生产充分发挥引导、示范总用，其效果要比支持一家一户分散经营的农户要好。

（2）农业产业化经营公共品供给结构的管理。在总量上优先保证农业产业化经营公共品需求供给的情况下，还需要加强公共品供给结构的管理。即按照一定的优先顺序供给不同类别的公共品，满足各地区农业产业化经营的需要。因为各地区经济社会发展水平不同，产业化经营发展的状况有差异，所以对公共品的需求不完全相同。在公共品供给中，就需要充分考虑这种差异，优化结构，形成适应各地区实际情况的供给次序。在农业基础设施较差的地区，将改善农业基础设施作为首要任务；在农业设施条件较好的地区，可在农业科技、农业教育、农业市场信息服务等方面，为农业产业化经营提供更多的公共服务。在这个问题上，需要充分尊重产业化经营组织的意愿，通过调查研究、民意测验、网络投诉等形式和渠道，得到其意愿的真实表达，作为公共品供给的依据，而不能凭政府的主观意愿，甚至作为形象工程、政绩工程来供给公共品。否则，其结果只能是事与愿违。

4. 农业产业化经营公共品供给的评价

（1）微观效益的评价。微观效益的评价，是指从一个农业产业化组织，或者一个农业产业化经营项目角度，评价公共品供给的投入—产出的结果。如前所述，各级政府对农业产业化供给的公共品种类较多，可按不同种类设置不同指标进行考核。如单位财政补贴实现的销售额、单位农业科技投入实现的产值和利税、单位财政投入培训的农民人次等。不过，微观效益的评价必须有其前提，即直接为该农业产业化组织服务，或者具体效益能够分割。有些公共品服务范围较大，如农业基础设施，不完全是为某一农业产业组织服务，就不能采取这种方法。

（2）中观效益的评价。中观效益的评价，是指从一定区域出发，评价公共品供给投入—产出的结果。如评价一个乡、县范围内公共品供给与农业产业化经营的发展效益。可选择单位农业基础设施建设对县乡农业产业化经营产值（利润）的贡献率、农业科技投入实现的农业产业化经营产值（利润）、财政贴息实现的农业产业化经营产值（利润）等。

（3）宏观效益的评价。宏观效益的评价，是指从全国的角度看，各级政府和社会公共组织公共品供给投入—产出的结果。可选择一些具有宏观意义的指标进行评价，如全国单位财政投资实现的农业产业化经营产值获利润、全国单位财政补贴实现的农业产业化经营产值获利润、全国单位财政培训支出培训的农民人次，等等。通过这些指标的考核，检验对农业产业化经营的公共品服务，在宏观上是否促进了全国农业产业化经营的发展，是否带动了我国农业的现代化，以及对整个农村经济社会的贡献。

三、公共品供给与中国农村经济的国际竞争力

在世界经济全球化、一体化局势加剧，我国已成为世界贸易组织成员国的情况下，农民发展和农村经济社会的发展需要应对这种挑战。一方面，充分利用世界贸易组织规则，扩大我国农产品的出口，增强国际市场竞争力，提高农产品贸易效益，同时，进口我国农村经济社会发展亟须的商品和技术，带动我国农业和农村经济发展，满足农民发展需要。另一方面，需要根据国际法则，维护农村市场的正常运行秩序，防范和治理国外企业进行低价倾销等不正当竞争，保护农民和农村经营企业的合法权益。而在农村经济应对世界经济全球化、一体化所带来的机遇和挑战过程中，公共品供给扮演着重要角色。

（一）加入WTO以来我国农村经济社会面临世界经济全球化、一体化的挑战

1. 农业发展面临的挑战

自我国加入WTO以来，我国农业发展经受了世界经济全球化、一体化的挑战，农产品进出口总额有了较快增长，国际竞争力有所增强，但也面临不少问题。近年来，我国进出口的农产品尽管种类繁多，但占进出口总额大约70%的农产品主要集中在少数品种上。在出口农产品中，谷物、蔬菜、水果、畜禽产

品、水产品及其加工制品的出口，占全部农产品出口的比重一般超过 70%。在进口农产品中，大豆、食用植物油、棉花和畜禽产品及其肉类制品进口，金额占全部农产品进口的比重一般会超过 60%。农业部统计显示，2007 年中国农产品进出口双增长。进口增幅大于出口增幅，农产品贸易逆差迅速扩大。2007 年中国农产品进出口贸易总额为 781.0 亿美元，同比增长 23.0%。其中，出口额为 370.1 亿美元，同比增长 17.8%；进口额为 410.9 亿美元，同比增长 28.1%。农产品贸易逆差 40.8 亿美元，同比增长 5.1 倍。2008 年我国农产品出口增长放缓，进口高速增长，贸易逆差快速扩大。我国农产品进出口总额为 991.6 亿美元，同比增长 27.0%。其中，出口额为 405.0 亿美元，同比增幅由上年的 17.9% 下滑到 9.4%；进口额为 586.6 亿美元，同比增长 42.8%。贸易逆差为 181.6 亿美元，同比增长 3.4 倍。2010 年，我国农产品进出口总额为 1 219.6 亿美元，同比增长 32.2%。其中，出口 494.1 亿美元，同比增长 24.8%；进口 725.5 亿美元，同比增长 37.7%。贸易逆差为 231.4 亿美元，同比扩大 76.5%[①]。农业发展面临的挑战主要体现在以下几方面。

（1）履行加入 WTO 承诺，大幅度减少关税保护，进口压力增大。加入 WTO 时我国政府承诺，农产品关税税率由 1992 年的平均水平 46.6% 降低到 1999 年的 21.2%，到 2004 年进一步降低到 15.5% 左右。其中，对美国所关注的肉类、园艺产品和加工食品等 86 项农产品的关税，到 2004 年平均税率下降到 14.5%。2005 年税率为 15.76%。从 2008 年起，农产品平均税率为 15.2%。这样，中国成为世界上农产品市场保护程度最低的发展中国家之一，农产品关税平均税率不足世界平均水平的 1/4。谈判确定，我国对小麦、大米、玉米、棉花、植物油、食糖、羊毛、天然橡胶等重要农产品实行关税配额管理。到 2004 年为 799.8 万吨。到 2006 取消关税配额管理。我国还取消了粮食、棉花、羊毛等农产品的配额许可管理。有关数据显示，2004 年，我国农产品贸易进口总额 514 亿美元，并发生了一个巨大的变化，以前中国是农产品的净出口国，于 2004 年首次成为农产品的净进口国，出现农产品贸易的逆差，2005 年农产品贸易逆差为 11.4 亿美元。2010 年贸易逆差为 231.4 亿美元，同比扩大 76.5%。在此背景下，我国农业生产面临着国外农产品进口的压力。国外农产品可凭借其质量、价格和营销等方面的优势，大举进入我国市场，与我国农业企业、农户展开竞争。如果我国农业企业、农户不能应对上述挑战，失去市场，就意味着失去就业岗位和收入。这种情况，在我国农产品市场整体供给过剩，价格下跌的形势下，就更为严峻。

---

① 《2008 年我国农产品进出口情况》，中国农业网，2009 年 3 月 5 日。《2010 年我国农产品进出口总额同比增长 32.2%》，中国农产品加工网，2011 年 2 月 22 日。

（2）农产品出口面临发达国家种种技术壁垒的制约。美国、加拿大和欧盟等国家和地区，既是高度工业化的国家和地区，也是农业生产和出口大国。在实际贸易组织成立后，关税已不能作为贸易保护主义的主要手段后，各种技术壁垒，特别是严格、苛刻的环境技术标准，即"绿色壁垒"成为发达国家贸易保护主义的王牌。"绿色壁垒"一般包括严格的卫生检疫制度、农产品生产和加工技术标准、农药及有害物质残留量、包装以及保护动植物物种等。"绿色壁垒"在保护环境，保护本国人民身体健康方面，有其合理性，但是过于严格、苛刻的环境技术标准，已远远超越了保护环境，保护本国人民身体健康的实际需要，就成为一种实际的贸易保护主义的手段。如欧盟 2004 年 5 月修改了其农药残留限量标准，使我国原来出口到欧盟各国的上百种农产品因农药残留量超标而不能再向欧盟出口。日本对入境的农产品及食品实行近乎苛刻的检疫、防疫制度，在植物检疫方面，凡属日本国内没有的病虫害，对于来自或经过发生该病虫害国家的寄生植物均严禁进口，农产品还需要接受卫生防疫部门的食品卫生检查，对于强制性检查食品，要逐批进行百分之百的检验。我国农业生产企业和农户由于经营规模小、生产技术落后，管理水平较低，要达到发达国家上述严格、苛刻的环境技术标准往往十分困难，就大大削弱了我国农产品的国际竞争力。

（3）发达国家滥用反倾销、反补贴手段对我国农产品出口构成威胁。反倾销、反补贴是 WTO 允许的反对不正当竞争的国际通用规则，其本身是一种正常的贸易保护方式，具有形式合法、保护期长、不易招致报复等特点。西方一些国家常常借此排挤别国产品，我国是受排挤的国家之一。发达国家对本国弱势产业进行保护，一旦所谓倾销、补贴调查结果成立，就会对他国产品征收高额的反倾销税，迫使其退出本国市场，以达到保护本国弱势产业的目的。近年来，我国产品在美国、日本、欧盟等国家和地区，每年遭受的反倾销、反补贴多达数百起之多，对我国农产品出口形成较大的影响。如 2007 年 9 月中旬，西班牙加工水果蔬菜国际联合会（FNACV）向欧盟委员会提出申诉，指控从中国进口的制作或保藏的柑橘类水果对欧盟倾销。10 月 20 日，欧委会对从中国进口的制作或保藏的柑橘类水果进行反倾销立案。据了解，欧盟市场的柑橘罐头年销量大约 8 万吨，过去这个市场基本被西班牙垄断；但是近年来中国产品在欧盟市场异军突起，西班牙的垄断地位已经风光不再。数据显示，中国橘子罐头年出口量 6 万多吨，光浙江就有 4 万多吨。因此，柑橘生产大国西班牙的厂商希望利用反倾销调查来制约中国柑橘罐头对欧出口，保护其国内产业[①]。美国自 2004 年开始对包括中国在内的 6 个国家的暖水虾进行反倾销调查，在 2005 年 1 月，其商务部公

---

① 殷浩：《配额刚取消反倾销又来　宁波企业将奋起应诉》，新华网，2007 年 11 月 23 日。

布对中国暖水虾反倾销调查的终裁修正结果，除了一家获得了微量税率，其他应诉企业的税率为27.89%~82.27%，而没有应诉的企业税率则为112.81%。之后，两家企业向美国国际贸易法院起诉其商务部的裁决。在2010年7月29日，这两家企业最终获得了5.07%和8.45%的税率。但问题关键所在的"归零"法则，美国却仍未纠正①。

（4）我国农产品质量不能满足国际市场的需要。我国农产品出口市场主要是发达国家市场，这些国家居民生活水平较高，对农产品的质量要求高，消费者维权意识强，所在地国家和地区有健全的投诉、应诉网络，如农产品质量未达到其要求，则很难进入其市场。从目前我国出口农产品的质量状况来看，与国际市场需求还有一定差距。我国出口农产品主要是蔬菜、水果、畜禽产品、水产品等初级产品，需要达到发达国市场规定严格的农业、化肥残留含量标准，营养成分标准、包装标准等要求。而我国国内企业和农户受资金、技术和方面等方面的制约，要达到发达国市场严格，甚至是苛刻的质量要求，还有较大困难，成为提高我国农产品国际竞争力的根本性制约因素。我国农产品规格化标准化程度低，产品质量不高，农产品安全问题突出。

（5）我国农业生产组织化程度低，制约我国成产品国际竞争力的提高。从国外农业生产组织状况来看，许多国家以家庭农场为主要经营形式，进行农业的生产的规模化、集约化经营，农业装备先进，机械化程度高。农场主通过参加各种各样的农业合作组织，得到资金、技术、信息等方面的支持，农业服务网络健全，涉及产前、产中、产后等各个关节，特别是可得到政府的农业补贴等直接支持。因而在农产品价格、质量和营销等方面具有明显的优势。而我国农业生产主要是以农户为单位的分散经营，农业生产的龙头企业、农业产业化经营组织数量不多，规模较小，中小企业居多，土地集中经营还在发展过程中，资金、技术和经营管理势力较弱，难以在国际上与国外农业生产组织在农产品价格、质量和营销等方面展开有效竞争。

（6）WTO的有关规则对我国农业支持政策的限制。在成为WTO成员国之后，我国必须履行成员国的职责。进口许可证、进口配额及其他非关税措施，以及农产品价格补贴、生产资料价格补贴、出口补贴等政策不符合《农业协议》基本规则的措施被禁用，我国政府实行的，只能采用关税配额管理和单一关税管理、"黄箱"政策等手段，调节农产品进出口，保护我国农产品市场和农业生产。

2. 农村其他产业面临的挑战

（1）农村工业面临的挑战。我国工业主要集中在城镇和工矿区，农村工业

---

① 辜璟：《中国所面临贸易摩擦形势日臻严峻》，载《中华工商时报》，2011年3月4日。

主要是农产品加工为主的加工业,以及其他相关产业。在我国成为 WTO 成员,经济活动日益融入世界经济全球化、一体化的过程中,农村工业面临着两方面的挑战:一方面,如何有效提高工业品竞争力,扩大出口,提高国际市场占有率,增加经营收益;另一方面,与国外进口产品在农村市场展开竞争,充分利用成本低、熟悉本地营销环境等优势,巩固本地区市场占有率,构筑农村工业发展的根本基础。在参与国际市场竞争中,从整体上看,我国农村工业企业经营规模小、技术落后、管理水平低,在国际竞争中处于不利地位,但我国农村工业企业可以利用国际分工和比较优势,在某些领域和某些产品方面,取得相对优势,甚至绝对优势,增强我国农村工业产品国际竞争力,努力扩大出口,提高经营效益。在农村市场竞争中,国外产品在质量、营销理念、营销手段等方面,高我国农村企业一筹,但农村工业品在价格、营销环境等方面具有优势,在巩固本地区市场,发展工业生产,满足农民和农业需要方面,还是大有可为。

(2) 农村第三产业面临的挑战。相对而言,我国农村第三产业,特别是服务业还处于相对落后状态。近年来外资第三产业企业主要集中在我国经济较发达的大中城市,如外资银行,但由于我国农村人口众多,市场潜力巨大,这些在大中城市站稳脚跟的外资第三产业企业,必然向我国农村发展,形成有力的竞争。对农村第三产业企业来说,也面临着两方面的挑战:一是农村第三产业如何走出国门,积极参与国际市场竞争的问题;二是在农村市场迎接外资第三产业企业的挑战问题。在第三产业参与国际竞争方面,我国在某些领域具有比较优势,可充分发挥这些优势,积极参与国际分工与合作,为农村经济发展做出贡献。如我国农村人力资源丰富,可在劳务输出、建筑承包等领域拓展国际市场空间。在农村市场上,需要农村第三产业企业按照 WTO 规则,积极应对来自国外企业的竞争,利用自己的优势巩固农村市场份额,提高市场竞争能力,在竞争中求生存、求发展。

(二) 改善农村公共品供给,努力提升农村经济国际市场竞争力

在我国经济逐步融入世界经济全球化、一体化的过程中,农业和农村经济面临上述种种机遇和挑战,而公共供给状况的改善,则是提升农村经济国际竞争力、促进农村经济发展的重要途径。为了提高农村经济的国际竞争力,政府等公共品的供给,除了增加其供给总量外,还需要优化公共品供给结构,适应农村企业和农民参与国际市场竞争的需要。主要体现在以下方面。

1. 为企业和农民提供国际市场信息服务

在生产经营活动中,面对瞬息万变的国际市场,单个企业和农民很难全面、准确掌握各类市场信息,以调整生产经营行为,满足市场需求,实现利润的最大

化。而政府可利用宏观经济管理优势,为企业和农民及时提供国际市场供求信息、市场价格变化、有关国家政策制度变化、利率和汇率变化波动、世界各地自然灾害情况、产品技术进步情况等国际市场信息,使农业经营企业和农民能够及时掌握国际市场状况,克服市场交易信息不对称现象,根据国际市场需求组织农产品生产和出口,满足国际市场需要,提高农产品对外贸易效益。在现代信息技术条件下,政府可充分利用电子政务网络和手段,及时、准确地为企业和农民提供国际市场信息服务。农业、商务、发展改革等部门可运用其网站,收集、汇总和发布上述国际市场信息,在配合必要的预测分析,为农产品国际贸易提供优质服务。

2. 技术服务和质量监督

在国际市场竞争中,产品质量是生命。而这正是我国农产国际市场竞争力不高的致命弱点。为了解决这一问题,除了企业自身要增加科技开发投入,推动产品升级换代,提高产品质量外,政府的技术服务和质量监督公共服务也是必不可少的。在技术服务方面,政府有关部门可针对农产品质量的技术问题组织科技攻关,联合高等院校、科研机构的专家学者,对需要突破的技术进行集中研究,其成果直接为企业提高农产品质量服务。也可以组织科技人员为企业提供各类科技咨询服务,满足企业生产经营中经常性的科技需求。同时,根据国际市场农产品质量要求,建立既符合国际惯例,又适合我国国情的农产品质量标准,对出口农产品进行严格监督,为企业提供优质的质量检测服务。既维护我国农产品在国际市场的声誉,又保护出口企业的合法权益。

3. 积极开展国际协商、交涉,维护我国农产品出口企业利益

当我国出口产品和企业在我国受到反补贴、反倾销调查,以及无故扣押、检查等不公平待遇时,我国政府应积极开展国际协商、交涉,向所在国政府表明我国政府立场,说明相关情况,力争合理解决争端,维护我国农产品出口企业利益。在我国农产品出口量增加、国际竞争力增强、国际贸易保护主义有所抬头的情况下,我国出口农产品和企业与主要贸易伙伴国的贸易摩擦进一步加剧,各类贸易争端频繁发生。这些贸易争端相当部分是所在国政府为了保护本国市场,维护本国企业利益而采取的不正当竞争行为,这就需要我国政府出面,与所在国政府交涉,依据国际惯例,根据事实,合理解决贸易中存在争端,努力做到互利共赢,保护我国出口农产品和企业的利益不受损失。当我国农产品在有关国家受到不公品待遇,甚至是恶意竞争,不能协商解决的情况下,我国政府也可以启用报复性关税等措施,为我国农产品出口争取一个相对公平的竞争环境。

4. 根据国际通行规则,调控进出口市场,促进我国农业生产健康发展

由于农业的基础地位和弱质产业性质,在 WTO 规则下,各国政府都根据本国农业生产和农产品市场供求状况，对本国农业实行有效的保护。我国作为一个发展中大国，农业分散经营，生产技术落后，经营管理水平不高，在 WTO 规则下，对农业实行保护更为迫切。政府需要根据我国农业生产发展水平和农产品市场供求情况，利用关税、进口环节增值税和消费税等手段，有效调节农产品进出口规模与结构，保持国内市场基本平衡，物价稳定，为我国农业生产创造一个良好的环境，防止某些国外农产品大量进口，冲击国内市场，对我国农业产业生产伤害。在进口方面，重点进口我国由于土地、水资源等原因不能大规模生产的农产品，如大豆、油料等，控制国内有一定生产优势的畜牧产品、蔬菜和水果等，防止产生恶性竞争。在出口方面，控制国内紧缺农产品的出口，优先保证国内市场的需要，努力增加优势产品的出口。

5. 政策性金融优先支持农产品出口，提高我国农产品国际竞争力

我国已按照国际惯例组建了专门支持国际贸易发展的进出口银行，从事这一领域的政策性金融服务。鉴于目前我国"三农"问题的严峻性，可将支持农产品国际贸易作为现阶段进出口银行一项优先选择的工作，大力支持农产品出口，以带动农业的发展和农民增收，促进农村经济社会的全面发展。在资金方面，大力支持出口加工企业扩大生产规模，提高产品质量，为出口生产更多的名、优、特、新产品，支持外贸企业收购农产品组织出口。在提高国际市场竞争能力方面，通过卖方信贷等方式，帮助农产品出口企业扩大出口，争取更多的市场份额，提高市场竞争能力，等等。

6. 支持农产品出口企业战略重组，做大做强，提高国际竞争力

目前我国农产品出口主要以中小企业为主，有强大的国际竞争力的大型企业不多，亟须组建一批资金实力雄厚、技术先进、管理科学的大型企业，成为我国农产品参与国际竞争的主力军。在以国际市场为导向，企业自愿的前提下，政府通过土地政策、税收优惠政策、财政补贴、信贷优惠政策等政策工具，引导现有农产品出口企业通过资本重组、收购、兼并等途径，组建大型企业，做大做强，充分发挥现有企业资金、技术和管理优势，增强参与国际竞争的实力。在我国资本市场发展趋于成熟、股票发行有一定规模，农业上市公司有一定数量的情况下，充分利用资本市场完成农产品出口企业资本重组、收购、兼并，建立有国际竞争力的大型企业，或者企业集团，可能是一个较好的选择。在企业资本重组、收购、兼并过程中，政府的指导与支持是非常重要的。

7. 针对国际市场需求开展农村人力资源开发，积极参与国际合作与竞争

我国是一个人口大国，农村剩余劳动力众多，而国际市场对建筑、国际劳务等有较大需求，我国在这一领域所占市场份额较低，还有较大的发展空间。据国际劳工组织估计，目前全球每年的流动劳务约为 3 000 万～3 500 万人，我国劳务输出总量仅占1.5%左右，与我国人口大国（占世界总人口数的21%）及劳动力资源大国（占世界劳动力总数的25%）的地位极不相称，劳务输出规模远远没有发挥我国劳动力的数量优势。但从我国农村劳动力的技术和文化素质来看，与国际市场需求还有很大差距。大多数农村地区农业劳动力仅有小学、初中文化程度，有高中文化程度的农民较少，文盲、半文盲占有一定比重，政府可根据国际市场需求，有计划、有步骤地开发农村丰富的人力资源。通过职业技术培训、文化知识教育、外语学习，提高农村劳动力素质，适应国际建筑、运输、护理、家政等市场对劳动力的需求，有组织、有目的地开展国际劳务输出。一方面满足国际市场需求；另一方面，为我国大批农业剩余劳动力寻找出路，提高农村人力资源质量，增加农民收入，促进农村经济社会发展。

第四节 农村公共品需求的表达机制与选择

充分了解农民需求，是政府有效提供农村公共品，促进农民发展和构建和谐社会的基本前提和保证，然而，目前农民公共品需求信息失真，以及政府与农民之间信息不对称现象普遍存在，政府缺乏一个获知农民公共品需求的畅通渠道，农民也缺乏能够充分表达意愿机制。这种状况，必然导致农村公共品供给与需求的矛盾冲突，从而制约了农村经济的发展和农民生活质量的提高。因此，彻底改变中国农村现有的公共品供给机制，建立畅通的农民公共品需求表达机制是当务之急。

一、中国农村公共品需求表达机制的现状

长期以来，我国农村公共品供给实行的是"自上而下"的供给决策机制，即农村公共品是由各级政府在农民参与不够充分的情况下做出决定的，它不能完全反映广大农民的实际需求，不少是领导"拍脑袋"想象出来的农民需求，或者就是领导自身的意愿。如前所述，农村公共品供给过剩和短缺并存的现象十分普遍，政府领导为追求"政绩"、"形象"而提供大量不必要的公共品的行为也屡见不鲜，这些行为损害了广大农民的切身利益。归根结底，导致这些问题的最根本原因，还是农民在公共品供给决策过程中话语权的缺失，以及农村公共品需求表达机制的不健全。

现阶段我国农村公共品"自上而下"的供给决策机制，并不意味着农民没

有任何表达需求的渠道。在现实生活中，农民可以通过一定渠道和方式，向政府和有关部门表达自己对公共品的需求，主要包括以下方面。

（一）向政府官员直接表达公共品需求

在我国现行行政管理体制中，从中央到地方有五级政府，其中县、乡镇政府为基层政府，特别是乡镇政府，直接面向居民处理各项社会公共事务。在基层政府为农民提公共服务过程中，农民可以直接向这些政府官员反映其对公共品的需求，如要求增加供给总量、优化结构，以及提高供给效率等。县乡政府在决策中可充分考虑农民的意见，在财力许可的范围内，尽量满足农民的需要。此外，中央、省、市（州）级政府官员也经常深入基层，调查研究，向农民直接了解国家有关路线、方针、政策的执行情况，农民可向他们表达对公共品需求的愿望，供各级领导决策时参考。相比前者而言，后者的机会要少一些。不过，向政府官员直接表达公共品需求这种渠道，在公共品供给决策中能发挥多大的作用，主要取决于两个因素：第一是政府内部公共品需求信息收集途径的安排，是否有正式的制度；第二是行政领导的重视程度。

（二）通过信访表达公共品需求

所谓信访，是指公民、法人或者其他组织采用书信、电子邮件、传真、电话、走访等形式，向各级人民政府、县级以上人民政府工作部门反映情况，提出建议、意见或者投诉请求，依法由有关行政机关处理的活动[①]。《信访条例》制定的目的，就是为了保持各级人民政府同人民群众的密切联系，保护信访人的合法权益，维护信访秩序。可见，信访是一种受法律保护的合法行为，具有正规的法律程序。农民可以通过信访的方式，向依法有权做出处理决定的有关行政机关反映现实情况，表达公共品的需求。

在信访过程中，农民可以通过多种渠道表达自己的需求，其中最为常见的是书写信件，通过邮寄或者传真的方式传递到相关部门的指定地点，这种方式成本比较低，操作起来也不很复杂，是农民比较常用的信访方式之一。拨打投诉电话的方式比起书信，速度要快得多，农民可以直接与信访工作人员进行对话和沟通，会在一定程度上增强相互信任和理解的程度。随着农村宽带网络的建设和各级政府部门信息化水平的提高，许多信访机构建立了专门的电子信箱，用于接收群众的意见和建议，这种方式简便、快捷、成本低，而且可以在网上查询到信访事项处理的进展和结果。此外，"走访"也是农民表达需求的一种重要途径，其

[①] 《信访条例》，国家信访局网站。

又名"上访",是指信访人在信访受理机构安排的指定接待时间和地点,向有关部门反映情况,提出建议和要求,也可检举、揭发行政机关工作人员的违法失职行为,控告侵害自己合法权益的行为等。上访包括单人上访和多人上访两种形式,多人采用走访形式提出共同的信访事项的,应当推选代表,代表人数不得超过5人。由于上访采用的是面对面的沟通方式,所以在所有类别的信访中反应速度和效率是最高的,有些问题甚至可以当场解决,但是相对会耗费更多的时间、人力和财力。从实际情况来看,由于种种原因,农民通过信访渠道表达公共品的效果并不理想。

(三) 通过新闻舆论表达公共品需求

随着我国农村经济社会发展,报刊、杂志发行量逐步扩大,广播电视覆盖率提高,互联网有所发展,新闻舆论对农民思想,以及生产生活的影响越来越大。许多贴近农民生活的节目、专题、报道层出不穷,新闻舆论越来越成为社会各界监督政府公共品供给的强有力的武器。同时,随着农民自我保护意识的不断增强,他们也开始利用新闻舆论反映现实问题,表达意愿,保护自身的合法权益,新闻舆论成为百姓表达需求的有效途径。一些具体事件在巨大的舆论压力下,迫使相关的政府部门关注此事,及早为农民解决问题,效果良好。

(四) 通过人大代表、政协委员表达公共品需求

人民大会制度、政治协商制度,是我国的基本政治制度。人大代表中的农民代表、政协委员中的农民委员,在各级人大、政协开会期间,以及人大代表、政协委员视察期间,可就农民对公共品的需求,向政府提出意见或建议。人大代表在审议政府工作报告,审查政府预算时,可对政府公共品供给是否符合农民需要提出质询、批评和建议,要求政府调整政策、提高效率,满足农民公共品需求。政协委员在讨论政府工作报告,参政议政时,可就农民对公共品需求问题发表意见,供政府决策参考。人大代表、政协委员还可以提案的形式,就农民对公共品的需求问题提出建议,按规定程序转交政府有关部门办理。如能及时解决,政府部门一般给予办理;如一时条件不成熟,相关部门要向提案的人大代表、政协委员做出解释,尽可能使他们对答复较为满意。

二、中国农村公共品需求表达机制存在的问题

在现行体制下,尽管存在上述种种农民可以表达公共品需求的渠道,但

"自上而下"为主导的公共品供给决策机制，还不能充分满足农民需求，往往导致农村公共品供给过剩与供给不足并存现象普遍存在，不同条件，不同经济环境地区供给同一化问题严重，政府领导为了追求"政绩"大搞见效快、短期收益大的"面子工程"的行为也屡见不鲜。这些问题，归纳起来，主要体现为：

（一）缺乏科学合法的表达与监督机制

现行的需求表达机制在科学性、合法性方面都存在欠缺，结果都不够理想。直接向政府官员反映需求的方式，显然不具备规范的程序，有的只有口头交待，甚至连基本的记录都没有，更谈不上及时地处理与反馈。这种方式也无明确的法律法规界定，随意性比较强，结果自然很差。信访制度是有法可依的，它受2005年1月1日起施行的《中华人民共和国信访条例》的保护，具备规范的法律程序，但是这种方式不仅耗费的人力、物力、财力都比较多，处理农民问题的效果也不十分理想。据统计，群众通过上访解决问题的概率只有千分之二左右。而舆论监督作为政治参与的一个重要手段，虽然也可以成为农民需求表达的一种途径，但新闻媒体毕竟不是专门为农民服务的机构，它也只是反映现实生活中的某些侧面和典型，不可能覆盖到所有有需求的农村地区，绝大多数农民都不可能有机会通过新闻舆论的方式实现自己的权利。在监督机制方面，目前乡镇、村的相关政务、事务、财务等信息对普通民众的透明度还很低，农民并不了解政府是怎样处理自己提出的需求的，以及处理的进程如何，也不清楚分摊的用于建设农村公共品的资金使用情况是否合理妥当，是否专款专用。农民迫切需要一个能够有效监督政府活动的机制，如绩效评价，以维护自身的合法权益。

（二）农民参与度低，公共品供给缺乏民主性

无论通过信访、新闻舆论，还是直接向政府官员反映情况的方式，农民对公共品需求的表达都仅仅局限于少部分农民身上，即使通过集体上访的方式，法律上也至多允许5名代表参加，还要受接待时间、地点和人员的限制，绝大多数农民没有亲自向相关部门表达需求的机会。在现行村民自治制度下，各地区自治状况发展不均衡，有的村村民大会，或者村民代表大会制度比较健全，供给村级公共品的"一事一议"制度能够有效运行，农民需求意愿表达较为充分。而有的村自治制度不健全，村委会软弱涣散，村民大会，或者村民代表大会不能正常运行，"一事一议"往往议而不决，农民需求意愿表达不够充分。且农村社区中应由上级政府负责提供的义务教育、公共卫生、县乡公路等公共品的供给决策，并未设置听证会等听取农民意见的制度安排，农民参与程度非常低，甚至处于局外人的境地，其供给结果往往与农民真正需要有一定差距，难以达到预期效果。

（三）农民人大代表的作用未能得到有效发挥，公共品需求表达不畅

根据人大选举办法规定，县、乡镇人大代表由选民直接选举产生，县级以上人大代表通过间接选举产生。由农民选举的人大代表，应代表农民在人民代表大会通过审议政府工作报告、政府预算，以及代表视察、日常监督等方式，表达农民对公共品需求，监督政府的行为，使政府公共品决策符合农民的真正需要。但实际情况与制度的设计及人们的愿望有较大差距。主要原因有，第一，有的人大代表未能有效履行职责，民主意识不强，没有充分代表农民意愿行使人大代表的权利。不少人甚至将人大代表看做是一种荣誉、社会地位的象征。第二，受经济发展水平、历史文化传统等多重因素影响，有的农村居民对人大选举不够重视，参与选举的积极性不高，未能将有能力、有素质的农民选为人大代表，代表农民行使国家权力，表达对公共品的需求。第三，2010年前在县级以上人大代表中，受人大代表比例的限制，农民代表未能代表广大农民发表对公共品需求的意见。根据当时选举法律的规定，一个农村人大代表所代表的人口是城镇人大代表所代表人口的4倍。这种状况，对表达农民意愿、体现农民意志无疑具有消极意义。

（四）公共品自身的性质影响农民需求的表达

公共品的非竞争性和非排他性特征，使之一旦被供给就不可能或者要花费很大成本才能阻止其他人从中受益。某个人即使不参与公共品的供给决策，也可以在其被提供后享受到它带来的益处，这就不可避免地造成一些人"搭便车"的心理。他们希望依靠其他村民的努力，不必花费任何的人力、物力、财力，不与政府发生任何的利益纠纷就能够坐享其成，享受到他人努力的成果。特别是在农村税费改革以后，由于地方财政困难，提供准公共品通常需要与当地农民进行费用分摊，必然增加农民经济负担。这样，在进行农村公共品需求调查时，一些农民为了自身利益，抱着"搭便车"的心理，做出的答复并不是内心的真实意愿，严重影响了需求信息采集的准确性。

另外，近些年，部分基层政府官员在处理农民问题时方法不当，导致干群关系紧张，政府与民众矛盾日益加深，加剧了农民对政府的抵触情绪，降低了农民对政府的信任度，广大农民不再愿意将自己的真实想法表达给政府。

三、中国农村公共品需求表达机制的建设

解决目前农村公共品需求表达机制存在的问题，需要从我国的实际国情出

发，一方面，扩大基层民主，完善现有需求表达制度、机制；另一方面，努力实现制度、机制创新，建立健全农民公共品需求表达制度、机制，能够完整、准确地反映农民意愿，为公共品供给提供准确信息，以提高公共品供给效率，最大限度地满足农民公共需要，促进农村经济社会健康发展。

（一）扩大基层民主，完善村民自治，使农民有机会直接表达其需求

公共品的受益范围具有层次性，凡是在一个村范围内受益的公共品，农民可以在现行制度下直接参与需求表达，供给决策，供给执行，以及供给效果评价等各环节，以提高公共品供给效果，满足公共需要。根据《村民委员会组织法》，村委会是农民自我管理、自我教育、自我服务的自治组织，负责本村的公共事务管理。村委会可根据本村的实际情况组织召开村民大会或村民代表大会，决定、组织和执行本村公共事务，包括部分公共品的供给。因而可充分发挥自治组织功能，进一步完善自治组织的结构、村民大会或村民代表大会的议事规则、财务公开的具体内容，健全各项监督机制，以保证每一位村民都有机会、有可能表达对公共品的需求，直接参与自治组织在本村范围内的公共品供给决策。同时，村委会作为农民自治组织，可以代表村民向上级政府反映其公共品需求意愿。由于我国各地区农民经济发展水平极不平衡，农民受教育程度有高有低，民主意识、公民意识和维权意识强弱不同，完善村民自治制度，保障农民表达公共品需求渠道畅通，还有漫长的道路要走，这只能是一个渐进的过程。

（二）完善各级人民代表大会制度，提高农民代表的民意代表性

现代各国的民主制度，主要是代议制民主制度。人民代表大会制度既是我国的根本政治制度，也是一种代议制民主制度，也是我国公共品供给决策的主要制度安排。从现实的角度看，除村级公共品供给决策外，众多农村居民不可能直接参与乡镇、县级政府，以及省级政府和中央政府关于公共品供给的决策。而公共品供给则主要是由各级政府承担，村民自治组织以"一事一议"方式供给的公共品只占极小一部分。各级政府承担的公共品供给，首先是由各级人民大会审核批准，然后由各级政府组织实施。因而农民人大代表在各级人代会上对公共品需求的表达，就成为政府公共品供给的主渠道，主要的制度安排。农民人大代表在各级人代会的实际作用就成为关键。首先，提高人大代表中农民代表的比例，提升农民的话语权，逐步实现城乡人大代表与所代表的人口比例相同。其次，完善选举制度，提高农民代表素质，使之有能力参政议政，维护农民权益。再其次，改革人大代表的工作方式，试行职业化，使人大代表有充裕的时间深入实际，调查研究，真正了解农民愿望、要求，在行使人大代表权利能够有的放矢，代表农

民表达对公共的需求,监督政府履行职责,保障公共品供给,满足农民公共需要。

(三) 提高政府部门对信访、新闻舆论中农民对公共品需求的回应度

如前所述,农民能够直接表达公共品需求并参与决策的范围有限,而信访、新闻舆论则是农民表达需求,间接参与公共品决策的有效途径。对农民通过信访、新闻舆论反映出的公共品需求,政府应通过一定的制度安排,对其做出相应的回应,能解决的,限期解决,不能解决的,限期给予答复和解释。对于信访渠道提出公共品需求的,目前已有《信访条例》作为处理依据。从目前信访案件内容分析,这类案件只占少数。各级政府部门需要在现有制度的基础上,对这类案件处理做出更加具体规定。在制度上,对信访案件实行定期办理,有信访部门转交有关主管机关后,在规定的时间内限时办理和答复。将这类信访案件的处理纳入公务员业绩评价和各部门绩效考核的范围,并定期向社会公布处理结果,将有关情况通报给当事人。力争做到信访案件,件件有答复。这也是将信访回归到党和政府了解民意,作为制定各项公共政策参考的本来初衷,而不是演变成为一种代替司法机关解决社会矛盾得的途径。在提高回应度的初期,处理案件数量可能有所增加,但随着工作步入正轨,案件会趋于稳定或下降。对于新闻媒体反映的农民公共品需求,政府部门需要分门别类做出回应。除有些属危机事件,须及时回应,做出处理外,政府相关部门可定期对报刊杂志、电视、广播、网络等媒体反映的问题,做出回应。能解决的,限时办理。一是因各种原因解决不了的,以新闻发布会等形式,向新闻界及社会做出说明和解释,并通过新闻媒体,得到农民的理解、谅解。

(四) 建立各级政府具体公共品项目供给决策的民意调查、听证制度

各级政府根据公共品的受益范围,承担不同类别的公共品的供给责任。在现行制度下,公共品供给除各级人民代表大会对预算审查、重大项目进行专家咨询论证等民主管理环节外,主要由各级政府决策。对于普通民众参与具体公共项目决策的制度还不够健全,甚至在不少方面还是空白。因而需要通过相关法律、制度明确规定,在各级政府公共品供给决策程序中,设置民意调查、听证等直接听取农民意见的环节,并保证民意在决策中发挥应有的作用。如民意调查、听证中2/3 的农民对项目持反对意见,就需要否决或暂停该项目的建设。对于乡镇政府所提供的,涉及一定区域内所有农民利益的建设项目,如公路建设涉及居民拆迁、中小学建设、医院撤并等项目,应实行全体一致的决策原则,一方面,使公共品供给决策充分体现农民意愿,满足其公共需要;另一方面,尽可能减少公共

品供给过程的矛盾和冲突，维护农民利益，保持农村社会的稳定。在具体操作方面，需要对设置民意调查、听证等直接听取农民意见环节的公共品供给决策项目目录、建设标准、信息发布、调查听证主持单位、调查听证程序等做出明确规定。从可行性的角度分析，经过六十年来的大规模经济建设和社会发展，我国政府公共品供给已有了较好的物质基础，公共品供给网络基本建立，制度架构基本确立，在我国人民代表大会制度不够完善，民主化程度不高的情况下，专门设置上述环节不会大幅度增加政府决策成本，具有可行性。

（五）充分利用现代技术手段，建立农民与政府的沟通、互动渠道

除传统的书面信访、上访、新闻舆论、向政府官员直接表达等途径外，现代信息技术、通讯技术为农民表达公共需求，与政府等公共组织沟通、互动提供了广阔的前景。近年来，我国互联网、移动通讯业务迅速发展，国家实施了规模庞大的电子政务工程，各级政府都建立了门户网站。政府可充分利用电子政府网络平台，建立农民与政府之间的沟通、互动渠道。农民将自己对公共品需求的信息以邮件、留言、评论等形式传递给政府，政府将有关公共品供给的信息及时在网上发布，形成一种双向交流的态势。政府能及时、准确把握农民对公共品需求的状况，农民能够了解政府财力状况、公共品供给相关政策、政府公共品供给规划。通过双方的信息交流、互动，政府在公共品决策中能够最大限度地满足农民的需要，减少资源浪费，提高供给效率；农民能够顺畅表达自己意愿，理解、支持、监督政府公共品供给，维护自身合法权益。和传统农民需求信息表达机制和渠道相比，利用现代互联网技术进行信息交流、沟通，具有迅速、及时、便利、成本低的优势，有广阔的发展前景。由于各地区发展不平衡，有些贫困地区农民直接上网还有一定困难，需要通过在社区建立网络服务点等方式，逐步解决这些问题。在通讯技术方面，随着手机使用在农村日益普及，政府和农民可以利用短信等方式，进行信息交流、互动，及时解决公共品供给中存在的问题，满足农村经济社会发展的需要。信息技术、通讯技术在公共品供给领域发挥的效果如何，则取决于政府的重视程度和农民的配合、参与程度。

第九章

农村发展预算：农村公共产品有效供给的保障

随着中国经济的高速成长、财政实力的急剧扩大和各项改革的深化，逐步解决长期以来困扰中国现代化建设中的一个最大难题——"三农"问题的时机和条件已经成熟。一个关键的标志就是"钱"已经不再是主要问题，因为整体而言，政府已经从1994年分税制财政体制改革前的"贫困的政府"变成"富裕的政府"。[①] 可以预料，至少在未来10年或更长时间中，只要中国经济的基本面不至于出现重大挫折，政府财政收入高速增长的趋势仍将继续下去，尽管增幅将有所减缓。如果这个判断成立，那么可以说，从政府角度看，长期以来困扰"三农"的"钱的问题"将越来越不成为问题，至少越来越不成为主要问题。

那么什么是真正的、关键的"问题"呢？我们认为，对于破解"三农"困境，为"三农"提供有效的公共服务，与其说问题在于"钱"，不如说问题在于"花钱的政治意愿"与"花好钱的能力"。"花钱的政治意愿"要求各级政府具有强大、持久的政治意愿，确保投向"三农"的公共服务资金总量获得稳定的、有保障的增长。"花好钱"的两个主要标志是：第一，有效分配财政资源的能力，特别是将资源从低优先级用途释放出来并转向更具优先级用途的能力；第二，确保每笔特定支出产生令人满意的绩效。这两种关键的能力（构成政府施

[①] 分税制改革前的1993年，全国五级政府的财政收入仅为3 000多亿元，到2005年已经突破30 000亿元，2010年超过80 000亿元，2011年的预算规模超过10万亿元。增幅如此之高在同期世界各国中极为罕见。

政能力的核心）虽然取决于许多因素，但就破解农村公共产品不均衡的困境而言，典型地取决于农村（基层）财政体制以及在特定财政体制下的政府预算机制，通过推动深入有效的预算改革，特别是建立相对独立运作、强调参与理念的农村发展预算，作为化解"三农"困境和促进农村公共产品有效供给的利器。

第一节　农村发展预算——实现公共服务均衡之关键

预算是政府施政的利器，因为各级政府的公共政策大多是通过预算推动的。预算不只是为政府筹划的优先性活动提供资源，而且也为所关注的活动和政策目标提供一个总体的、一揽子的解决方案。正因为如此，预算构成一个国家、一级政府最基本、最正式和最重要的治理机制。这一机制动态（年复一年、日复一日）地将公共资源聚合到一个系统的、得到有效管理与控制的程序中，并通过这个程序配置到最适当的用途上去。预算程序与机制不仅被用于配置资源，还被用于追踪和监控每笔支出的绩效，以确保支出能够产生意欲的财政成果。然而，预算的这些重大的潜在功能（促进支出配置与绩效）只有在一个运作良好的适当框架下才能实现。目前中国的现实与此相距尚远，改革因而必不可少。我们认为，建立和实施农村发展预算就是一个必要的和极好的切入点。

一、城乡公共服务均衡需要政府的积极作为

作为世界上最大和历史悠久的农业大国，中国"三农"问题的复杂性和艰巨性超过了其他任何国家。早在计划经济时期，中国政府即把"实现农业现代化"作为现代化建设的战略重点，投入了大量的财力、物力和人力，但在工业化进程中，工农产品价格"剪刀差"政策导致工农差距和城乡差距变得非常大，在"三农"领域形成巨大的历史欠账。改革开放以来，资源投入和战略重点转向了非农领域，"三农"方面的欠账进一步加剧，高速发展的城市、非农产业和严重滞后的农村与农业形成的二元结构问题更加严重。可以预料，在未来较长时期中，如果没有中央和地方政府的积极作为，中国日益加剧的"三农"困境将无法得到解决，这是由以下因素共同决定的。

（一）农业特有的脆弱性和重要性

与其他产业（工业和服务业）相比，农业具有先天的脆弱性。农业生产深

受地理与气候条件的制约,在很大程度上属于"靠天吃饭"的产业。发达国家和地区虽然发展出高度组织化的、技术和知识含量较高的现代农业,但"靠天吃饭"的特性并未消失。现代科技虽然发挥迅速,但首先大多是在其他产业中得到发展和应用的。相比之下,农业中的技术进步和应用速度相对缓慢。与工业和服务业的产品与服务相比,农产品的价格通常也具有更高程度的波动性。价格风险带来了收入风险:农民的收入经常是不稳定的(稳定性比城镇居民收入低得多)。

与农产品价格风险还会带来一个严重的问题:"丰收成灾"和生产波动。农产品的主体是粮食,而粮食产品作为基本的生活必需品:在产量相对较少的时候,价格可以相当高;但在丰收的时候,产量虽然多了,但价格掉得更高,导致"增产不增收"(甚至减收)或者"丰收成灾",影响农民的生产积极性,并在接下来的年份中,农民会大大减少种植,于是价格回升得很高,刺激生产,由此形成恶性循环。中国的传统农业虽然有深厚的精耕细作的底蕴,但这个"价格—收入—生产"波动的恶性循环链条一直深深影响着农业发展模式。在现代农业建设中,采用大规模鼓励农民"增产增收"的财政补贴(如粮食直补)的政策,短期看可能是必要的,但不能当作长期的解决办法。与直接的农产品补贴相比,将财政补贴用在鼓励农民发展价格波动风险较低、附加值相对较高的其他作物(如花卉、水产养殖等),可能更有助于应对恶性循环。一般来说,政府在财政支出和预算安排上,需要考虑"与农产品种植面积挂钩的补贴"、"农产品支持价格"(对市场价格低于政府支持价格的部分给予补贴)、"灌溉"、"水土保持"(土壤改良)等方面,如何保持适当的平衡,才有助于更好地减少"价格—收入—生产"波动风险。

(二)建设现代农业的资源和地理条件相对恶劣

农业的一个突出特点是与自然资源和地理因素的充分融合。作为一个幅员辽阔的大国,中国的地理和气候条件的多样性很适合现代农业的发展,但地理与气候条件中也包含非常不利于现代农业发展的相对恶劣的因素。中国贫困人口大多集中在中、西部的18个集中连片贫困地区,而这些地区又多以深山区、石山区、高寒区、黄土高原区、地方病高发区为主。主要分为两片:一片是"三西":甘肃中部的河西、定西宁夏南部西海固,位于黄土高原干旱区,面积38万平方公里;另一片位于滇、桂、黔喀斯特(KARST)地貌区:面积约45万平方公里,多年的过度开垦、樵采,植被破坏十分严重,岩石裸露,降水很快就流失和蒸发,无法涵养水分。这些地区的共同特点是:地处偏远、交通不便;生态失调、自然条件差,生产手段落后、粮食产量低,生活能源短缺,收入来源单一、就业机会少,信息闭塞、农民素质不高。

(三) 农村基础设施发展严重滞后

现代农业建设高度依赖于基础设施。主要由于市场经济的发展在中国的农村地区远不及城镇,可以预见,在未来相当长一段时期内,在广大农村建设基础设施仍将是政府(而非市场)承担主要责任。在改革开放以来的 20 多年中,在城市化和工业化高速发展的背景下,政府的基础设施投资主要投向了飞速发展的城镇,农村基础设施的投入严重不足,"欠账"很多。就现状而言,基础设施建设仍很薄弱,成为制约农业发展的重要因素;全国中低产农田面积比例超过 70%;在灌溉面积中,由于配套建设,不足,影响灌溉效率的发挥;大部分农田还处于畜力耕种和手工操作状态;农村第二、第三产业发展所需要的交通、能源、通讯等基础设施条件则更差;化肥和灌溉利用率较低,农业生产成本上升很快;农业环境污染日益加重,受污染的耕地近 2 000 万公顷,约占耕地总面积的 1/5;土地退化严重,自然灾害频繁。

(四) 中国农民的积累和抗风险能力脆弱

这里的风险,除了前面提到的价格风险外,灾害风险也是一个重要方面。中国是一个多灾的国家,频繁而严重的自然灾害对农业和农民造成的损失巨大。以家庭为基础的传统农业,远不足以产生抵御价格风险和自然(灾害)风险的能力,这与以企业为基础的第二和第三产业的情况有很大的差别。技术风险也是一个关键因素。现代科技在农业中有着极为广阔的应用前景,但技术本身的研发和推广应用,都需要巨额的资金。"家庭基础+豆腐块土地产权"的中国传统农业,长期使中国农业只能在维持温饱的低水平上发展,不可能在产业内部和农民家庭中产生足够的积累,用于技术开发和应用。在这种情况下,政府财政的积极作为无论如何是不可或缺的,而且在未来较长时期内,仍将成为一个主要性的资金来源。

二、公共预算:化解"三农"困境的利器

政府在化解"三农"困境和促进农村公共产品有效供给方面的积极作为,可以从许多方面展开,但最重要的是要以预算和预算改革为切入点,才可能取得实质的进展,这主要是由三个因素共同决定的:预算规模的崛起、预算是最重要的政策工具、预算改革务实且易取得成果。

(一) 预算的崛起

在改革开放前的中央计划经济时代，预算在中国经济社会中的作用是次要的，因为中央和地方政府都依赖"传统工具"执行其职能，尤其是指令性计划、行政命令以及对国有企业的所有权控制。"预算跟着计划走"典型地反映了预算的从属地位。20世纪70年代末以来的改革开放和经济社会的深刻转型，使情况发生了极大变化，预算逐步从"计划的奴隶"发展为各级政府最重要的政策工具。如今，无论是中央政府还是地方政府，离开了预算几乎寸步难行。事实上，预算已经成为各级政府和政府部门宣示施政重点，并承诺投入相应资源完成政策目标的最重要的工具。在OECD国家，预算作为政府最重要的施政宣言和施政纲领是再普通不过的事情，但对于中国而言，这代表了政府从依赖传统工具转向依赖预算达成目标的非常重大的变化，其意义是实质性的和深远的。

大体上从20世纪90年代开始，中国逐步摆脱了持续十余的"两个比重"持续下降和由此带来的财政贫困问题，① 财政收入在经济高速增长的背景下获得了超常规的高速增长，带来政府预算规模的急剧扩大。在过去10余年中，与强劲有力（高达10%）的经济增长相比，预算规模扩展的速度（高于GDP约6个百分点）更加令人印象深刻，见图9-1所示。

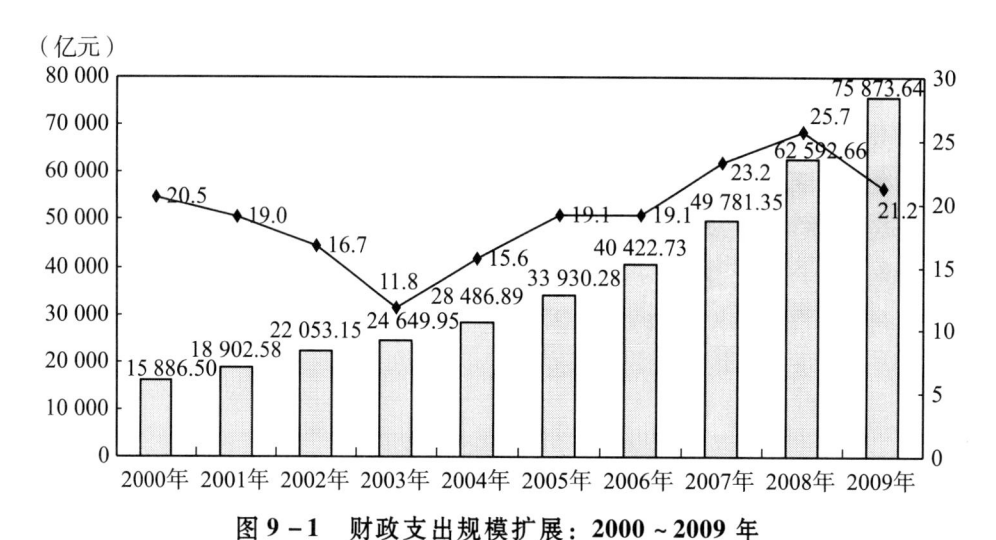

图9-1　财政支出规模扩展：2000~2009年

数据来源：《中国统计年鉴》(2007)。

实际上，预算规模扩张的速度直逼外汇储备规模扩展的速度。中国的外汇储

---

① 两个比重分别指财政收入占国民收入的比重和中央财政收入占全部财政收入的比重。

备从 1 000 亿美元（1996 年）增加到 10 000 亿元美元（2006 年），用了大约 10 年的时间。同样给人深刻印象的是：预算规模从大约 3 000 多亿元（1993 年）扩展到 30 000 余亿元人民币（2005 年），也只不过用了大约 12 年的时间，而预算规模扩展 7 倍则只用了 11 年时间（1994～2006 年）。这样的速度在世界上是绝无仅有的。

在预算总体规模急剧扩展的同时，地方预算的规模以更快的速度扩展。在"十五"（2000～2005 年）间，全国平均的预算（收入）增长速度为 16.7%，其中，中央预算为 9.3%，地方预算的成长率则高达 20%，远高于中央和全国平均的扩展速度。

与许多国家不同，中国地方政府开支占全部开支比重高达 70%～75%，显示地方预算的作用比世界上其他国家大得多，也表明地方预算事实上已经成为整个国家预算的中坚力量。根据 2005 年财政部制定的《全国财政发展第十一个五年（2006～2010）规划》，预算（收入）的年均增长速度高达为 12%（这是相当保守的数据），显示预算规模高速崛起的势头仍将持续下去。

目前预算的相对规模（不到 GDP 的 25%）虽然比 OECD 成员国低出大约 10 个百分点，但预算的成长性却比这些（和其他）国家高出许多。另外，如果调整为可比口径，主要是将放在预算外（off-budget）的社会保障和国有企业的分红等考虑在内，那么，中国的预算规模至少相当于 GDP 的 25%，虽然仍低于发达国家的平均水平，但已经高于发展中国家和经济转轨国家的平均水平。预算规模的崛起，使预算成为各级政府最重要的施政工具。

（二）预算作为最重要的政策工具

表面上看，每份预算都是政府的收入、支出、借款和债务的数字汇编。其实，预算的准备、编制、申报、审查、执行、评估和审计是极其复杂、需要各方积极参与并实现高度整合的任务，需要行政和立法部门中众多工作人员做出努力。在预算过程中需要做出成千上万项决定，需要考虑大量相关的法律法规与程序。仔细想来，预算过程不大可能不是这样，因为它涉及非常广泛的利害关系。与"预算"相关的三个最重要的术语是"计划"、"控制"和"评估"。预算是公共部门财政计划、控制和评估程序的一个基本组成部分。从本质上来说，预算是分配资源以实现公共部门（public sector）目标的一种方式，也是进行计划的一种管理工具和控制资金以确保实现规定目标的一种方法。更一般地讲，预算不只是"政府年度财政收支计划"，更是政府施政的有力工具。正是通过预算将公共政策和公共资源配置引入政治过程，通过预算约束政府活动的规模和范围，通过预算明确地表述支出目的，通过预算为政府偏好的项目提供融资和支持，通过预算对公共资金及其使用做出恰当安排，预算得以成为政府施政的利器。

在现代社会中,预算是政府最重要的政策文件。预算的目的在于促进特定的政策目标,它具有三大基本的经济职能,即资源配置、经济稳定和再分配功能。在配置功能中,政府通过预算将资金在相互竞争的各项支出需求之间进行分配,并根据目标的重要性确定资金分配的优先顺序。经由预算的资金配置功能,政府得以向公众提供诸如国防、法律、教育和其他各种形式的公共服务。就再分配职能而言,通过将低收入阶层和穷人的福利置于更优先的位置,通过重点支持弱势群体更加关注的支出项目,预算得以成为促进平等分配和消除贫困的有力的工具。通过合理确定和恰当地调节财政收支总量、赤字与盈余总量以及债务总量,预算得以在宏观经济稳定职能方面扮演主要角色,成为政府促进经济增长、充分就业、物价稳定和国际收支平衡的重要工具。鉴于所有的政府公共政策必须通过预算来体现,政府预算代表了公共政策的实质意涵,对政府施政的绩效有深远影响。

由于特有的内在属性,预算较之其他施政工具(比如政府管制)更适合扮演政府施政工具的主角。这些特殊的属性表现在多个方面。预算过程具有广泛的参与者,彼此之间存在复杂的互动,需要高度的协调机制协调各方的行动和利益,这与政府施政面临的环境极为相似。现代预算还大量融入了政府的施政理念,汇聚了政府施政的所有关键要素(政策与战略、资源、流程、参与者之间的互动以及价值观),由此创造了政府施政的基础架构。政府施政的本质是制定和实施公共政策以促进公共利益的过程,而预算将公共政策的运作和公共资源的配置融入正式的政治程序中。政府施政的过程也可以看做政府做出承诺(commitments)和兑现承诺的过程,预算将政府承诺转化为具体的行动方案(主要通过规划预算)和"财务的语言"(资金安排),从而加强了政府承诺的可信度和公共政策的有效性。

政府施政还可以看作了解民意并对民意做出恰当回应的过程。这个过程同样"落入"预算的框架中:人民希望政府做些什么?希望如何去做?政府如何对民众的需求与意愿做出及时而恰当的回应?预算都可以提供一个正式的答案。通过为政府偏好的支出项目提供资金,通过削减、终止或否决(不安排资金)低价值的支出项目,预算得以直接影响政府施政中的"作为"或"不作为"。此外,通过在相关的预算文件中详细说明政府的职责和法定义务,预算将政府施政约束于一个具有法律效力的框架下。凡此种种情形表明,与其他可供选择的施政工具相比,预算作为主要施政工具的潜力和优势大得多。

(三) 预算改革务实且易取得具体成果

在我国,在经济社会快速转型的大背景下,提高各级政府施政能力已经成为一件具有时代意义的大事,而政治体制和政府预算改革的严重滞后,是现阶段制约政府施政能力的两个主要因素。因此，改革政治体制和改革政府预算，都是提高政府施政能力的题中之义。预算决策过程本质上也是政治过程，因而政治体制改革和政府预算改革存在密切的联系，但两者在侧重点、范围和目标方面存在很大区别。相对而言，政治改革更为根本，涉及的范围更加宽泛，改革的议题更具有敏感性，各方面的制约更多一些，在短期内操作存在一定困难。

相比之下，预算改革更加务实而不张扬，但却更具有可操作性，也更易产生具体的、看得见的成果。举例来讲，只要集中预算资源优先配置于提供干净饮用水、基础教育、基本卫生保健，以及其他对穷人与低收入阶层意义重大的公共服务，弱势群体的福利即可在较短时期内得到改善，公共服务就可以朝着更加平等的方向分配。只要采取有力措施提高预算过程的透明度和参与性（包括举办预算听证会），加强对预算执行情况的审计，预算领域中的各种机会主义行为、舞弊现象和腐败现象就可以大大减少。

与预算改革不同，政治改革涉及更为根本的议题，包括人权保障、选举、政党体制（包括政党—政府—宪法的关系）、政府对人民间的政治受托责任、民众政治意识与政治素质的培育，等等。这些关键议题比预算改革的关键议题（主要是总量控制、资源优先性配置和营运效率）要复杂得多。因此，中国现阶段提高政府施政能力，可以先从预算改革做起，政治体制改革可以逐步跟进，这是相当现实的选择。就本书讨论的主题而言，预算改革最重要的内容之一是建立相对独立运作的农村发展预算。

三、农村发展预算的现实意义

农村发展预算的现实意义是多方面的，主要包括：为农村发展建立财政基础、作为转变农村增长方式的引擎以及作为深化预算改革的平台。

（一）为农村发展建立财政基础

为加快建设社会主义新农村的步伐，中共中央、国务院《关于推进社会主义新农村建设的若干意见》明确提出："加快建立以工促农、以城带乡的长效机制"、"顺应经济社会发展阶段性变化和建设社会主义新农村的要求，坚持多予少取放活的方针，重点在多予上下功夫"，而专款专用、运作相对独立的农村发展预算，正是实现"多予"和"建立长效机制"的财政基础。

在多年来以政出多门、钱出多门为主要特征的现行行政管理体制下，中国的支农资金被分割得七零八落，形不成整体合力，支出的优先性也几乎完全丧失。在这种情况下，即使财政支农支出的规模再大，其效力也可能因为效率的低下而大打折扣。效率低下的根源主要在于体制的缺陷。构建起统一、完整的农村发展预算可以有效地克服这些缺陷,整合所有涉农支出,按照项目的轻重缓急、与国家战略和公共政策的吻合度来安排支出,从而不仅可以为农村公共产品供给和农村发展提供稳定可靠的资金保障,而且可以切实提高财政资金的使用效率,为农村的发展、社会主义新农村的建设以及和谐社会的构建打下坚实的制度基础。

(二) 作为转变农村经济增长方式的引擎

推动经济增长方式由粗放型向集约型转变,是"十一五"期间我国经济社会发展面临的一项最为紧迫的任务。长期以来,我国的经济增长一直是以高能耗、高投入、高排放、高污染和低效率、低产出为特征的,这种粗放型的增长方式带来了严重的后果:资源枯竭、环境污染、经济结构失衡,等等。在农村,这种粗放型的经济增长方式已经产生了严重的后果,生态退化就是一个典型的例子。目前,我国水土流失面积356万平方公里,占国土面积的37%;沙化土地面积174万平方公里,并且有扩展之势;草原超载过牧,鼠虫灾害频繁,全国退化草原面积已占草原面积的90%(谢贤星,2007)由此可见,在我国,转变经济增长方式实现经济的可持续发展已经成为一件刻不容缓的大事。

农村发展预算可以引领农村经济增长方式由粗放型向集约型转变,并为其提供有效的实施机制和资金来源。预算是政府战略与政策的具体体现,体现在预算中的支出安排往往表达了政府的意图。农村发展预算对于"推动农村经济增长方式由粗放型向集约型转变"这一政策意图的体现在于其引领作用,这种引领作用通过支农资金的支出安排得以发挥。由于缺乏统一的农村发展预算,我国的各类支农资金不能进行统筹使用和有效安排,"撒胡椒面"式的支出方式造成了转变经济增长方式的困难,导致"短线项目"、高投入低产出项目、以环境为代价项目的出现。而农村发展预算由于对支农资金进行了整合,因而可以统筹安排,将支出重点投向那些科技含量较高、具有高附加值、对环境破坏较小的支农项目,从而逐渐实现农村经济增长方式的转变,使农村经济由不可持续发展转向可持续发展。农村发展预算为经济的发展提供了这种转变的实施机制,因此,从这个意义上来说,农村发展预算是实现农村经济可持续发展的引擎。

(三) 作为深化预算改革的平台

预算改革是我国财政改革的重要内容之一。多年来,我国的预算体系存在着编制粗糙、执行不力以及约束力弱化等问题。为解决这些问题,我国从1999年开始进行了一系列预算改革:编制部门预算、实行"收支两条线"、改善预算收支科目分类、实行国库集中收付制等。这些举措对于提高预算管理水平、增强预算约束起到了重要的作用。但是，由于传统预算模式等因素的影响，我国的预算改革仍只处于初级阶段。在现行体系下，预算的编制、执行及监督过程仍存在不少问题，突出地表现在预算的完整性和法治化程度较低、预算支出效率低下等方面。更重要的是，虽然预算改革的内容相当丰富，但直接面向化解"三农"困境目标的系统的、战略层面的改革仍未启动。我们认为，鉴于"三农"问题的特殊重要性，这方面的改革可以从建立农村发展预算着手予以推动，这将为建立起科学、规范的预算编制、执行和监督机制，提高支农资金的使用效益，带动预算体制的深层次改革创造十分有利的条件。事实上，当前推出这项改革的条件和时机已经成熟。其中一个重要标志是：中央在《关于推进社会主义新农村建设的若干意见》明确提出："进一步加大支农资金整合力度，提高资金使用效益"。这份纲领性的文件把整合支农资金作为建设社会主义新农村的一项任务和措施，而农村发展预算是推动这项工作的强有力杠杆。

第二节 农村发展预算的功能与作用

农村发展预算的功能主要体现在三个方面：总量保障、优先性配置和支出绩效。就现阶段我国的实际情况而言，这些功能主要通过整合支农资金及其运作得以保障。

一、农村发展预算的功能

构造有效的预算管理系统的真正挑战，在于建立旨在确保资源分配准确反映政策重点和优先性的能力，或者更一般地讲，在于通过公共预算达成三个层次理想财政成果的能力：总量控制与财政纪律、基于政策优先性的资源配置以及运营绩效。三个层次的财政成果可以描述为公共支出管理的三个关键目标，如表9-1所示。

表9-1　　　　　公共支出管理的三级结构与关键目标

财政成果的层次	目标	主要参与者
财政总量决策	财政纪律	政府高层或核心部门
资源配置决策	配置效率和公平	核心部门/支出部门
机构/规划运营	运营效率或绩效	支出部门/支出机构

研究表明，公共支出管理的所有关键目标都依赖于在政策与预算之间的联结，以及时间框架超过一年的中期展望。然而，当前中国各级预算实践中，预算与政策之间的脱节十分严重，实证研究强有地支持这一推断（马骏、侯一麟，2005）。以致支出控制泛力、地方隐性赤字（包括拖欠）的膨胀、频繁的追加预算、浪费性的支出行为、关键性公共服务的短缺、支出机构重支出轻管理，等等，发展到相当严重的地步，显示各级政府在以预算达成支出管理目标方面困难重重。鉴于此，下一阶段中国的预算改革的核心命题应是建立预算—政策间的联结，此项改革应置于走上正轨的预算改革议程中最优先的位置。

与三个层次的关键目标相适应，农村发展预算的基本功能依次如下。

（一）总量保障

随着我国经济的发展以及战略重点的调整，近年来，我国开始通过减税、增支等多项措施来支援农村的发展。尽管如此，无论与迅速扩展的经济总量和财政收入总量相比，还是与数据巨大且增长迅速的城镇建设开支相比，国家用于农业方面的财政支出仍然显得严重不足。如果考虑到计划经济时代的工农产品价格"剪刀差"，以及改革开放以来形成的以农地征用和农民工工资偏低等形成的新"剪刀差"，国家用于农业方面的支出总量严重不足的现状尤其明显。[①]

涉农支出总量的相对和绝对不足，与长期以来中国缺乏一个用以保障专款专用的农村发展预算密切相关。由于每年国家财政用于"三农"方面的预算开支不是单独确定的，而是与其他开支捆在一起确定的，因而需要与其他许多价值相对较低、不具有战略优先性的开支（例如，形形色色的政绩工程和办公楼建设方面的开支）进行竞争。在一个健全和预算程序和政治体制框架下，这种共同竞争稀缺资源的做法是很正常的，但中国的情况却不是这样。由于公民（尤其是代表农民利益的政治力量）很难参与预算过程，立法机关很难对行政部门的开支决策和预算执行过程进行有效监控，缺乏起码的支出绩效评估以及其他原因，"三农"支出虽然具有战略上的极端重要性，但在预算竞争过程中却几乎不可避免地沦为输家。建立相对独立运作的农村发展预算，主要功能与目的之一就是加强"三农"支出在预算竞争中的力量，保护这类开支免受那些低价值支出项目的有害竞争，最终确保国家财政用于"三农"的开支能够随着经济总量和财政实力的增长而相应增长。

具体地讲，在确保财政投入（总量）方面，农村发展预算的作用体现在：

---

① 据国务院发展研究中心的推算，1953~1978年计划经济的25年，中央政府通过工农业产品价格"剪刀差"获取的总额在6 000亿~8 000亿元。

第一，确保支农资金的稳定增长和专款专用。

第二，建立支农资金集中统筹的管理机制，通过国库单一账户（TSA），将目前高度分散的支农资金集中起来，避免"钱出多门"、"政出多门"和由此带来的种种问题。

第三，将得自农地征用的收入（主要是土地批租收入），与其他收入区别开来，纳入农村发展预算，避免作为经常性支出在当年花掉。

第四，在深入分析财政支出结构的基础上，设法压缩相对价值较低的支出项目（如公车保养与购置、公款吃喝、政绩工程等），将由此增加的资金转移到对现代农业建设相对价值更高的用途上（如培训农民掌握现代科技知识）。

第五，加大支农资金的监督力度，减化拨款环节，以减少和消除资金挪用和资金无法及时足额到位的老大难问题。

第六，采取财政贴息和配套补助的方式，引导民间部门和金融体系的资金投入现代农业建设中。

第七，以政府财政担保的方式，支持国内外金融机构提供的与现代农业建设相关的项目贷款。

（二）优先性配置

对于现代农业建设而言，仅仅有充足稳定的财政投入是远远不够的。比财政支农规模问题更加重要的是支出安排的科学性：财政资金应优先花在相对价值较高的地方，减少甚至废止那些相对价值不高的财政支出项目，财政支农的效果才可能充分显现。现在许多地方投入现代农业建设的财政资金逐步增多，但一定要注意按照轻重缓急来安排财政支农的结构。有些地方在相对价值不高的活动（例如，政绩工程和名目繁多的"事业费"）上花钱不少，而在相对价值高得多的地方（比如向农民传播知识和农村信息化建设）花钱却不多，个别地方甚至存在着"该花的不花、不该花的胡花"这类严重的结构性配置问题。在这种情况下，单纯强调"加大财政支农力度"并没有太大的实质意义，重要的是需要建立一种有效的制度安排和实施机制，以确保这些资金被优先投入到推进现代农业建设的重点领域，特别在现代农业中具有广阔应用前景的科技知识的开发、传播和应用，主要有以下几个方面。

第一，利用生物、微生物、农艺、工艺等措施，对农业废弃物进行无害化处理，循环利用资源的生态型农业科技知识。

第二，应用全球定位系统、地理信息系统、遥感遥测系统等先进技术，定时、定位、定量地实施现代农业操作技术与管理程序的精准型农业科技知识。

第三，电脑、电视、电话"三电合一"，建立电脑语言自动答询系统、电视播报系统、文字传媒系统、专家演绎系统、基地展示系统、信息交流与市场服务系统，为生产经营者提供全方位、多渠道的技术信息服务的数字型农业科技知识。

第四，利用物质循环、能量转换原理，实施腐殖肥和物理及生物驱虫技术，生产品质好、无污染、无残留、无公害农产品的有机农业科技知识。

第五，利用人工建造的设施来调节生物体生长和储藏运输环境的设施农业发展科技知识，如蔬菜、动物、花卉、食用菌等的工厂化生产，温室及畜舍的补光、加温、通风、微滴灌，以及贮运中运用空调、冷藏设备等。

第六，利用地域优势和现代科技手段，建造生态园、科技园、展览园或园艺园，集科研场所、种苗培育、展览展示、观光旅游、休闲度假为一体的观光农业科技知识。

第七，以上与农业相关的科技知识并不是孤立的，而是彼此融合、共同发挥作用的。这些知识的开发、传播和应用可以充分利用市场和民间部门的力量，但在任何时候都需要政府财政上的积极作为。尤其是在中国农民素质不高、利用现代科技的动机不强并且能力有限的情况下，政府在政策和财政上更应采取积极作为的态度。

其中，最关键的一点是需要借助农村发展预算，打破长期以来在支出资金分配和管理中形成的"政出多门"、"钱出多门"的局面。在现行体制下，"政出多门"、"钱出多门"不仅导致有限的支农资金得不到有效利用，而且使政府无法从整体上把握财政支农资金的总量并进行统筹使用。由于掌握部分涉农资金的政府部门之间责任划分并不十分明确且很难进行横向的协调，在中央某项支农政策出台时，很容易产生政府部门涉农支出"撞车"的现象，从而使得重复建设、低质量建设情况屡有发生。在这种情况下，即使涉农支出总量得到保障，其效果也会由于大量资金的重复浪费性配置而使实际效果大打折扣。在这种情况下，建立相对独立运行的农村发展预算，不仅对于确保涉农支出总量稳定增长至关紧要，对于促进这些支出的优先性配置同样意义重大。

促进资源优先性配置，关键在于通过农村发展预算将支农资金引向相对价值较高的用途、农民最急需的支出项目上。多年来，由于缺乏专用的资本预算，农村基础设施等公共产品的供给严重不足；另一方面，"政出多门"、"钱出多门"的体制又导致了一些地区重复建设、"形象工程"等问题的出现——这些支出既不能反映国家的公共政策、农民的偏好。此外，在现行财政体制下，我国的基层政府面临着过多的"刚性"支出项目：一类是法定支出项目——即国家以法律形式规定地方政府必须按一定比例支付的项目，如科技、教育、计划生育等；另一类是行政命令式项目——支出的重点不是由地方政府自己确定，而是由上级政府的行政命令决定，这种上级政府对下级政府的财政管制越到下级越明显。通过典型调查发现，在辽宁乡镇以上的支出中，几乎全是上级政府的指令性计划，如教师工资占70%、机关和事业单位人员工资占20%。可供乡镇支配的财力几乎为零。① 面临着这两类"刚性"而巨大的支出，地方政府即使手中握有大量财政资金也不能根据实际的轻重缓急决定其用途——尽管他们可能是最了解这些资金应投向哪些项目的人。通过建立农村发展预算，这些问题可望在很大程度上得到解决，并有助于实现《农业法》对财政投入的要求，见表9-2所示。

表9-2 　　　各级政府在预算编制中需考虑的法律法规

领域	法律法规	支出相关规定
农业	①《农业法》，1993年7月2日实施，2002年12月28日修订	①《农业法》第42条规定，"国家财政每年对农业总投入的增长幅度应高于国家财政经常性收入的增长幅度"。第48条规定，"各级人民政府应当逐步增加农业科技经费和农业教育经费，发展农业科技、教育事业"
	②《农业技术推广法》，1993年7月2日实施	②《农业技术推广法》第23条规定，"各级人民政府在财政预算内应当保障用于农业技术推广的资金，并应当使该资金逐年增长"
教育	①《教育法》，1995年9月1日实施	①《教育法》第55条规定，"各级人民政府教育财政拨款的增长应当高于财政经常性收入的增长，并使按在校学生人数平均的教育费用逐步增长，保证教师工资和学生人均经费逐步增长"
	②《高等教育法》，1986年7月1日实施	②《高等教育法》第60条规定，"国务院和省、自治区、直辖市人民政府依照教育法第55条规定，保证国家举办的高等教育经费逐步增长"
科技	《科学技术进步法》，1993年7月2日通过	《科学技术进步法》第45条规定，"国家财政用于科学技术的经费的增长幅度，高于国家财政经常性收入的增长幅度"
文化	《文化事业发展"九五"计划和2010年远景目标纲要》，1997年2月5日发布	《纲要》规定，"落实和用好以下各项政策：即文化事业投入的增长幅度不低于财政收入的增长幅度的政策"，"对公共图书馆购书费在各级财政预算中予以单列，专款专用，并随经济增长和书价上涨幅度逐年增加的政策"

---

① 王振宇：《现行财政体制"缺陷"及其优化》，《中国财政学会2007年年会交流材料》，2007年3月。

续表

领域	法律法规	支出相关规定
卫生	《关于卫生改革与发展的决定》，1997年党中央、国务院发布	《决定》第1条第3项规定，"到20世纪末，争取全社会卫生总费用占国内生产总值的5%左右"
计划生育	《国务院批转中国计划生育工作纲要（1995~2000年）的通知》，1995年1月14日发布	《通知》第8条规定，"各级财政要保证计划生育事业必需的经费，'八五'期末，各级财政对计划生育的投入达到年人均2元。'九五'期间各级财政在原有基础上要继续增加对计划生育的投入"
其他重点支出	①公检法办案费用；②政府公务员、教师等工资支出；③社会保障资金支出；④环境保护支出；⑤法律、法规、政策性文件明确应当重点保障的其他支出	

资料来源：王振宇：《现行财政体制"缺陷"及其优化》，《中国财政学会2007年年会交流材料》，2007年3月。

资料来源：《地方财政研究》2006年第4期。

（三）支出绩效

预算在微观项基本功能是确保支出项目的营运效率——支出效益。与前两项功能相比，预算确保支出绩效的功能属于项目运作过程的技术范畴：对于每个支出项目，必须考虑其投入产出比，即必须考虑项目的具体收益——通过类似于成本收益分析的方法衡量项目的支出效果。农村发展预算同样具有这样的功能——在涉农支出项目的运作过程中，农村发展预算可以通过这一功能的发挥有效地提高项目的运作效率。

从我国目前的财政支农资金状况来看，虽然其规模逐年增长，但是，其使用效率却并不高。由于管理不善和预算监督体系的缺乏，虽然财政支出年年攀升，但农村的落后面貌却仍未改观：农村医疗卫生部门（尤其是乡镇卫生院）的虚设、华而不实的"面子工程"等问题暴露出我国支农支出体制中的缺陷。在一些地方，财政部门及其他相关政府部门只负责"花钱"，至于钱有没有花在"刀刃"上、花的值不值却很少过问，这是导致农村公共产品供给效率下降的一个直接原因。更有甚者将某些项目资金挪作他用。这些问题的产生既有预算体系本身缺陷的原因，又有政出多门、钱出多门导致的"谁都管、又谁都不管"——监督机制缺乏的原因。在这种情况下，农村发展预算确保涉农支出绩效功能的发挥成为提高涉农支出项目运作效率、完全发挥涉农资金效力的必要途径。

二、农村发展预算的作用

农村发展预算在总量保障、优先配置与支出效益（运营效率）方面的功能，主要通过在以下方面发挥的作用予以保障。

（一）消除"政出多门"

我国目前的涉农政府部门众多，管理分散，决策支离破碎。在政府各部门中，除农业部专门主管农业农村社会经济发展外，关于农业农村社会经济发展的众多事项分散于其他各部委中，见表 9-3 所示。如我国对农村的建设性财政拨款投入就有农业固定资产投资（含国债资金）、农业综合开发资金、扶贫以工代赈资金、专项财政扶贫资金和财政部门直接安排的支援农村生产、扶持农业产业化、农村小型公益设施建设资金等建设性资金等，这些支出决策与管理上的"政出多门"导致现行预算体系丧失了农村支出项目的优先性鉴别机制。

根据轻重缓急对农村各支出项目进行鉴别以确定支出项目的优先次序非常重要。在农村财政支出项目分散的情况下，各相关部门各负其责、各司其职，看似按部就班，但从农村发展整体来看，却隐含着严重的问题，即农村支出项目优先性鉴别机制的丧失。一方面，涉农政府部门的众多导致了其间统筹协调的困难，众多部门的各自为政、对农村发展的多头管理使农村发展的决策支离破碎。这使农村发展的政策优先性难以得到保证，极易造成低标准建设、重复建设，造成了有限的财政支农资金的巨大浪费，更使农村公共产品得不到有效提供。

表 9-3　　涉及农村财政支出主要政府部委及司局职责

部委	司局	涉农职责
科技部	农村与社会发展司	编制并组织实施农村与社会发展的科技政策与规划、科技攻关计划、农村与社会发展领域的重大科技产业的示范
教育部	基础教育司	宏观指导教育工作和重点推动九年义务教育、扫除青壮年文盲工作
民政部	社会福利和社会事务司	拟订保证老年人、残疾人、孤儿和五保户等特殊困难群体社会福利救济的方针、政策规章并指导实施
	救济救灾司	管理分配中央救灾物资并监督检查使用情况；建立和实施城乡居民最低生活保障制度；指导各地社会救灾工作

续表

部委	司局	涉农职责
发展与改革委员会	地区经济司	协调地区经济发展，编制"老、少、边、穷"地区经济开发计划与以工代赈计划
	农村经济司	农村经济发展重大问题、战略和农村经济体制改革建议；衔接平衡农业、林业、水利、气象等的发展规划和策略
劳动和社会保障部	农村社会保障司	农村养老保险的基本政策和发展规划；社会化管理服务的规划和政策并组织实施
财政部	农业司	参与管理和分配财政扶贫资金和重要救灾防灾资金；管理扶贫等政策性支出专项贷款贴息；农牧业税特大灾情减免
	农业综合开发办公室	组织实施并监督管理国家农业综合开发制度、规划和农业综合开发项目；管理和统筹安排中央财政农业综合开发资金
建设部	城乡规划司	组织编制并监督实施村镇建设与体系规划的方针、政策与规章制度
水利部	农村水利司	组织实施农村水利的方针政策与发展规划；农田水利基础设施和社会化服务体系建设；乡镇供水和农村节约用水工作
	水土保持司	组织并监督实施全国水土保持规划、法律、法规及措施，协调水土流失综合治理
卫生部	基础卫生与妇幼保健司	组织并实施农村卫生工作相关政策、法律、法规、规划和服务标准
交通部	县际及农村公路领导小组	县际及农村公路的规范与改造
农业部		主管农业和农村经济发展

资料来源：石建华：《新时期我国农村公共财政支出框架研究》，财政部科学研究所博士毕业论文，2004年5月。

另一方面，在"政出多门"的情况下，农民的呼声和愿望——偏好的显示——缺乏表达的渠道。赵宇在2006年对山东省11个县（市）的32个自然村农民进行的问卷调查表明：目前主要农村公共品供给决策主要采取的是自上而下的方式，发挥作用最大的是县乡政府（干部）；在需求表达上，虽然广大农民普遍认识到农村公共品的需求表达和自己有关系，但表达渠道却并不畅通，因此，在农村公共品供给决策中，农民基本上处于被动地位（赵宇，2007）。这种自上而下的供给决策方式显然忽视了最了解农村偏好的农民的呼声，使得供给决策偏离科学轨道，农村支出项目优先性因而丧失。

优先性鉴别机制的丧失导致的一个重要后果就是财政资源配置效率不能得到有效保证。钱克明（2003年）以2000年为例，对我国财政支农支出特征与效率进行了较为系统的研究，认为农户自身的物质投入、财政对农村科技支出、财政对农村教育支出、财政对农村基础设施支出的边际回报率分别为：1.27，11.87，8.43，6.75。显然，按效率排序应为：农业科技支出＞农村教育支出＞农村基础设施支出。而事实上自1980年以来，我国公共支出在农村教育、科技、基础设施方面的实际分配次序为：农村基础设施＞农村教育＞农业科技，且第一位的基础设施与第二位的农村教育之间落差较大，这是多头管理与分散决策导致预算与决策分离的典型后果（廖清成，2004）。

（二）消除"钱出多门"

在"政出多门"的情况下，涉农政府部门在进行决策的同时，还掌握着各项涉农资金的使用。许多与农业农村社会经济发展相关的支出项目由多个部门共同完成。

各个掌握涉农资金的部门各自为政，不仅导致预算不能反映决策，也导致财政支农项目安排过多、资金过于分散、责任界定不清，还造成了某些农村支出项目的低标准建设和投入重复现象，以至于"专项资金年年抹，道路年年修年年补，架道年年修年年漏"的现象十分普遍。另外，由于资金分散，涉农政府部门往往倾向于那些体现"政绩"的新项目，而不愿提供一些见效慢、期限长且具有战略性的纯公共品。例如，有些贫困落后地区以建设新农村、改善农民生活条件之名，大力修建休闲广场、歌舞剧院、高档宾馆等。实际上，这些公共设施的利用效率极低，浪费了大量公共资源。而要改变公共产品的供给状况，则需要更多的投入。显然，这种项目安排过多、资金过于分散的状况导致了农村公共产品供给的低效益性投入循环，使得财政支农支出绩效大为降低。

针对我国涉农支出"政出多门"、"钱出多门"的状况，对支农资金进行整合成为我国农村发展的当务之急。近年来，我国对于农村发展的支持力度不断加大，整合支农资金的呼声也越来越高，一些地区已经开始了整合支农资金的实践。这些实践为构建统一、规范的农村发展预算提供了宝贵的经验，打下了坚实的基础。

为了指导全国各地不断推进支农资金整合工作，财政部于2006年制定了《关于进一步推进支农资金整合工作的指导意见》，并于2006年1月5日至7日在江苏省镇江市召开的全国农业财政工作会议上印发给与会者讨论，参加会议的代表就各地实际提出了看法和建议，财政部农业司综合与会代表的意见，对整合支农资金指导意见进行了修订和完善。部分省财政厅根据财政部《关于进一步推进支农资金整合工作的指导意见》文件要求,结合当地实际,制定了整合支农资金的指导意见。如湖北省财政厅根据财政部《关于进一步推进支农资金整合工作的指导意见》,制定下发了《关于加大涉农资金整合工作力度,促进社会主义新农村建设的意见》,供各地市州、县市区在示范和推进支农资金整合工作中参考。中央和省两级财政部门"关于整合支农资金指导意见"的制定,为各级财政部门推进支农资金整合工作奠定了基础。而江苏、河南、安徽等省(市)则早已开始了支农资金整合工作的实践,并积累了一批较为成熟的经验。

江苏省财政厅在苏北地区选择了泗洪、淮阴、滨海等5个县、市(区)开展支农资金"打包"整合试点,将过去由财政、农口部门分管的资金纳入"打包"整合试点,共18项,根据现阶段农业发展的特点,将"打包"的试点资金分为"基础设施"、"农业产业化"、"产业生态环境"、"其他"四类,按照集中财力办大事、优化结构、提高效益的原则,明确了"打包"试点资金的支持范围,对上汇报省级试点资金项目必须"打包"汇报,避免了资金和项目分散问题。

河南省从2001年开始,每年在编制年初财政支农支出预算时,根据当年中央和省政府确定的工作重点,区分不同情况,对现有的支农专项资金按照"并、转、停、增"的四大原则进行清理、归并,以支农支出重点方向引导资金整合,形成合力。

安徽省从2004年开始进行省级支农资金整合,围绕本省主导产业发展规划,将原来近100个项目归并整合为八大类,重点用于农业基础设施建设、农业产业化、农业科技推广、优势农产品示范基地建设、农业防灾救灾等(张学良、周明军,2006)。

这些省(市)在支农资金整合中形成的经验为我国构建农村发展预算提供了宝贵的经验,成为我国农村发展预算构建的基石。在农村发展预算的构建过程中,需要充分借鉴实践中的经验,吸取其中的教训,以促进农村预算改革的顺利实施。

我们认为,各地区、各部门在支出资金管理与决策方面的上述整合是非常有意义的,但要想实现卓有成效的整合,必须建立一个强有力的平台——农村发展预算,这项改革措施越是早些推动,越是有利。

(三) 加大农村基础设施建设力度

我国的《预算法》及其实施细则规定,国家预算要按照复式预算编制,分为政府公共预算、国有资产经营预算、社会保障预算、专项支出预算和其他预算。对于复式预算体系,虽然我国已经在实践中探索了十几年,但资本性支出预算至今仍然虚置,由此带来的最严重的负面后果之一是农村基础设施建设的不足。基础设施建设薄弱一直是困扰我国农村发展的"瓶颈"。农村如今的许多水利工程设施大多是20世纪六七十年代完成的；尽管"村村通"工程在许多地区得以实施，但农村交通问题仍未完全得到解决；仍有许多地区的农民未能喝上纯净的自来水，未用上平价的电和清洁卫生的燃料。据统计，目前全国还有7%的行政村不通公路，硬化路面所占比重不足50%，有45%的行政村不通自来水，还有6 000万~8 000万人饮水困难或饮水不安全，2%的村庄没有通电，6%的村庄没有通电话（马海涛、殷瑞峰，2007）农村基础设施是农村经济社会发展的基础，农村基础设施的窘迫状况使其建设成为我国推进社会主义新农村建设、构建和谐社会中必须解决的重要课题。

现行的农村财政支出体制反映出的预算体系种种弱点成为我国农村公共产品不能有效提供、城乡差距不断加大的直接原因。要走出这种低效循环，进行农村支出预算的改革、构建农村发展预算、整合使用财政支农资金是必经之路。

第三节 农村发展预算的框架

为促进三个层次的财政成果，农村发展预算的基本框架需要精心构造，这涉及一系列复杂的整合问题。特别重要的是：需要借助农村发展预算将各种来源的政府资金纳入到一个相对独立的预算框架和程序下，在此框架下制定相关决策、实施管理和绩效评估。为使其有效运转，农村发展预算应能够确保支农资金的稳定增长和专款专用，从根本上消除多年来在支农领域形成的"政出多门"、"钱出多门"的局面，通过整合支农资金实现资源优先性配置和提高支农资金的运作效率。

一、预算程序和各部门角色

建立适当的预算程序和界定各部门角色是对财政资源进行有效分配的重要保障，它不仅汇聚了预算过程的所有参与者，而且决定着财政资源的分配与绩效。在农村发展预算中，各级政府作为主要的决策机构，其职责主要是制定农村宏观发展战略及公共政策；财政部门及其他所有涉农政府部门参与战略与决策制定；财政部门会同其他相关部委，根据战略与政策制定具体发展目标，对各部门涉农支出进行总量限制，设立绩效标准，制定严格的财政纪律，在此基础上审查并汇总各涉农部门的农业支出预算；各涉农政府部门则主要负责制定本部门涉农政策发展目标（在公共政策的基础上）并提出涉农支出预算申请，在申请得到批准后承担相应的支出责任。农村发展预算的编制程序如图 9-2 所示。

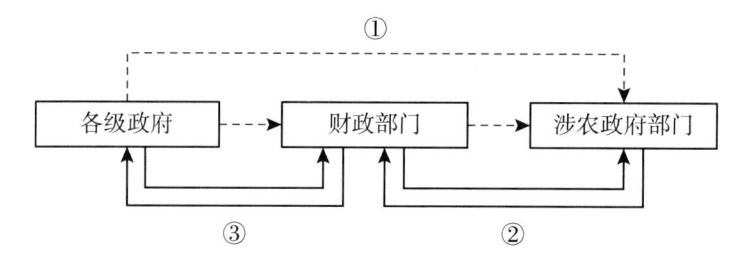

图 9-2 农村发展预算编制的大致程序

上述程序描述如下：

农村发展预算的第一个阶段为各级政府制定农村宏观发展战略及公共政策，并将这些政策（目标与重点）准确传达至财政部门及其他所有涉农政府部门（以虚线表示），其中，财政部门还要将这些战略与政策分解为更加具体的支出目标（及其重点）并转达给各涉农政府部门。

第二个阶段为各涉农政府部门之间与财政部门之间的预算申请与汇总阶段（预算编制阶段）。（1）由财政部门根据第一阶段制定的农村战略与政策，结合可得的资源总量，设定支出总量限额并制定绩效指标。（2）各涉农政府部门在宏观战略与政策基础上制定本部门的涉农战略与政策，并据此编制单独的农村支出预算申请（部门的农村发展预算）并提交财政部门审查。这份申请中应包括政策目标、绩效评价标准以及在未来若干年内实现这一政策目标的具体措施等内容。（3）财政部门以政策目标（及重点）、绩效标准、总量限额等为依据，通过预算分析等方法，审查各部门的涉农预算申请。若审查发现某部门的申请存在问题，则将申请返回该部门重新编制，直至符合要求为止。（4）根据各部门的预算申请编制统一的农村发展预算。

第三个阶段：财政部门将农村发展预算报人大及其常委会对审查批准。批准后的预算进入实施阶段。

在农村发展预算的执行阶段，各支出机构——涉农政府部门——无疑承担着关键性的责任。同时，包括财政部门在内的政府核心部门、审计部门对于涉农支出项目的进展情况、财务状况、支出效率等负有监督责任。在这一环节，应建立起包括财政部门、审计部门、农民组织甚至中介机构（如果必要的话）在内的联动性的、规范的监督机制。直接负有支出责任的涉农政府部门内部也应建立起行之有效的内部管理机制，如签订绩效合同、制度激励措施等。

涉农支出项目结束后的一个重要环节是对支出绩效的评价。在农村发展预算的绩效评价阶段，财政部门负有主要的指导责任，应通过建立绩效评价指标体系、组织听证会和公众调查等方法，动员包括政府审计部门以及社会力量对涉农支出效果进行客观、公正的评价。

需要注意的是，在整个预算程序中，应当加强两方面的作用。一方面要加强财政部门的作用，在预算决策中要使财政部门拥有更多的参与权和发言权，同时，财政部门应代表政府统一管理政府的银行账户和现金余额。另一方面要增加农民在预算决策中的作用，使预算真正反映农民的呼声。

二、在预算与政策之间建立联结机制

要将预算与国家战略和公共政策联系在一起，首先，需要在预算准备过程中进行良好的经济政策筹划和收入预测，并出具相应的宏观经济政策报告和预测报告。这是保证预算优先性的基础，因为预算收入的高估容易导致预算执行的困难。许多国家的实践表明，政府和支出机构将政策优先性转换成预算的能力，以及随后确保实际支出与预算安排得一致性，在很大程度上取决于宏观经济政策筹划和收入预测的健全性。需要注意的是，这些报告不是数据的堆砌与简单加总，而是结合国家宏观政策实施或变化而做出科学预测。作为不执行宏观调控职能的地方政府来说，其在预算准备阶段应更多地关注自身的公共政策目标。

其次，各涉农政府部门根据部门涉农政策重点进行预算申报。在各涉农政府部门申报的预算计划中，应包括涉农支出的政策目标、绩效评价标准以及在未来若干年内实现这一政策目标的具体措施。

最后，财政部门在有机汇总各部门的基础上，形成一个整体的农村发展计划报告，提交人大审查。在这一环节，财政部门和人大对农村发展计划都负有审查责任。审查的内容主要包括预算资源在各部门之间的分配是否符合战略目标与政策重点、重点支出项目是否符合旨在实现政策目标的项目优先次序等。

在这一机制中，公共政策目标及支出优先顺序的确定原则应由政府向各涉农支出部门明确传达。各部门根据这些目标和原则确定各自层次的支出子目标和具体项目的优先等级；财政部门经过跨部门的协调、汇总形成预算决议。这一过程的实质是政府在各类涉农支出中进行裁决。

三、建立优先性排序机制

一般而言，农村发展预算支出的优先顺序根据支出项目性质的不同而不同。不同的支出项目涉及不同性质的农村公共产品，其支出顺序也应不同（王朝才，

2006)。据此，排序的基本原则应该是：先保证纯公共产品，后提供准公共产品和混合产品；先保障农村社会稳定和农民基本生活需要，后创造条件促进农村发展，见图 9-3 所示。

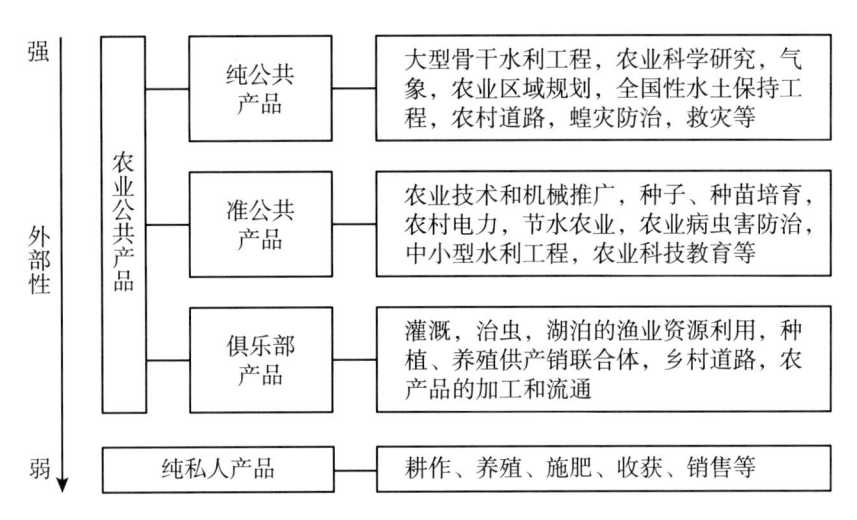

```
强
↑           ┌─纯公共产品───大型骨干水利工程，农业科学研究，气
│           │              象，农业区域规划，全国性水土保持工
外           │              程，农村道路，蝗灾防治，救灾等
部  农业     │
性  公共─────┼─准公共产品───农业技术和机械推广，种子、种苗培育，
    产品     │              农村电力，节水农业，农业病虫害防治，
│           │              中小型水利工程，农业科技教育等
│           │
│           └─俱乐部产品───灌溉，治虫，湖泊的渔业资源利用，种
│                          植、养殖供产销联合体，乡村道路，农
│                          产品的加工和流通
↓
弱           纯私人产品─────耕作、养殖、施肥、收获、销售等
```

图 9-3 农村公共产品划分

财政部农业司《公共财政覆盖农村问题研究》课题组经过调研认为，当前我国涉农支出的基本优先顺序应为如下内容。东部地区主要是：第一，建立农村公共卫生防疫体系和农村大病医疗救助制度。第二，加强农村义务教育，重点是农村中小学必要设备的配置和师资队伍的培训。第三，逐步建立和完善农村社会保障制度。第四，农村文化建设。中西部地区主要是：第一，保障基层机构的正常运转。主要是编制内的人员工资支出和公用经费支出。这是做好农村工作的最基本前提。第二，确保农村义务教育政策的全面贯彻落实。现阶段重点是中小学危房改造、必要教学设备的配置、教学公用经费的补助和师资队伍的培训。第三，支持乡村道路建设和清洁饮水主要设施建设。第四，支持农村公共卫生和医疗防疫体系建设。现阶段的重点是农村公共卫生防疫体系建设、农村大病医疗救助、改善农村公共卫生环境。第五，逐步建立农村社会保障制度，支持弱势群体发展。现阶段主要是农村最低生活保障、农村养老保险试点、农村扶贫开发。第六，农业基础设施建设和农业科技进步。重点放在中部粮食主产区。在已有的基础上，重点支持农产品质量安全体系建设、农业信息体系建设、重要农业科研项目和农业科技推广项目、探索农民就业技能培训等（财政部农业司《公共财政覆盖农村问题研究》课题组，2004）。

另外，还有研究通过专家调查法得出的农村公共产品优先序为：义务教育＞农村公路＞农田水利＞医疗保健＞科技推广＞农村电网＞社会保障＞职业教育＞

信息服务＞村庄规划＞文化娱乐＞其他。在这份调查中，多数专家都把义务教育、农村公路、农田水利等排在相对优先的位置，而职业教育、信息服务、村庄规划、文化娱乐等在各组别的排列中均处于后列（廖清成，2004）。

总体来讲，我国公共支农支出中用于基础设施的支出比例长期以来处于较高的水平，而对科教等方面的支出则明显偏低，这就导致公共品之间处于不协调、不匹配状态，从而导致其协同效应较差，边际收益存在较大的差距，总体收益偏低。因此，有必要通过一定的机制事前确定优先顺序和支出结构，根据各地区不同情况，适当增加对农村科教、医保、社保等选项的支出，甚至对于诸如农村信息服务、文化娱乐、村庄规划之类的公共品的供给也必须提上议事日程，保证一定的供给量。农村公共产品供给优先序的确定应当充分考虑各地区的区情、发展阶段等因素，通过科学民主的程序、方法综合决定，否则，公共产品的供给效率难以全面提高。

四、"基线预算＋增量预算"取代基数预算法

长期以来，我国一直采取"基数法"来编制预算。这种方法侧重于考虑预算的增量（在上年基础上需要增加的收入和支出），对预算资源存量的再分配则缺乏考虑。"基数法"导致的一个后果是：即使"存量"中的某个支出用途缺乏效率或只具较低相对价值，其在未来的预算年度内也会得到更多的预算资源，而更富效率和价值的新增项目则只得到较少的预算资源。这使预算支出的优先性难以得到保证。因此，农村发展预算的编制应采取更为合理的方法。

"基线预算"是指延续现行政策或中止已实现的政策在新的预算年度内需要安排的预算资金；"增量预算"的含义是：出台的新政策需要安排的预算资金。"基线预算＋增量预算"则是二者的结合。在农村发展预算中采取"基线预算＋增量预算"的方法可以将包括"存量"在内的所有支农资金放入一个统一的"预算池"中统筹考虑各涉农支出项目的优先等级，从而起到避免资金低效甚至无效使用的作用，有效地防止"形象工程"、"面子工程"的出现，保证预算支出的优先性。

五、引入绩效导向

绩效是公共支出和政府作为的主要目标，因此，它理所当然地成为预算体系所追求的目标。与总量控制和预算优先性相比，绩效属于具体支出项目的微观层次范畴，即如何保证政府的每个支出项目都具有较高的营运效率。

在我国，一些涉农支出的运作效率十分低下，还有一些涉农支出被用于修建超标准的政府办公楼、购买超标准的小汽车或其他对于农村发展并无多大实际用途的项目。这些涉农支出营运效率十分低下，使有限的财政资金并未得以有效运用。这一现象的长期存在使得我国涉农支出的绩效评价工作十分必要。因此，在农村发展预算中引入绩效导向成为提高我国涉农支出营运效率不可或缺的一环。

绩效导向是渗透于农村发展预算中的一整套方法，其目的在于加强绩效。绩效导向应当贯穿预算从编制到执行的整个过程，而并不仅限于预算的执行过程和事后评价。而绩效导向的方法也包括预先建立绩效基准和绩效考评指标等多个方面。绩效基准是引入绩效导向的必要前提——在政府战略目标和公共政策的引导下确定公共服务的最低标准以及政府支出项目的效率标准，各涉农支出项目绩效考评则主要基于这一基本标准（如农村公共产品的最低水平、支出效率等）。在绩效基准确定的基础上，应通过多种方法将绩效导向引入预算系统的各个环节。

（一）预算申请过程中的绩效导向

将绩效导向引入农村发展预算中，首先要求各涉农政府部门在向财政部门或其他政府核心部门提交的预算申请中，包含一定数量的绩效指标。这些指标用以说明一定量的政府投入会获得多少产出与成果、这些产出与成果会实现什么样的政策目标以及政府相关部门应该如何作为才能保证政府支出的高效率等内容，其最终目的是为了说明该政府部门预算申请的正当性。在政府核心部门对预算申请中的绩效指标进行分析、审查并确认其支出绩效可以得到保障的情况下，再汇总各部门支出以编制统一的农村发展预算。在我国，由于涉农政府部门众多，"政出多门"、"钱出多门"现象严重，因此，在预算申请阶段即引入将绩效导向、要求各涉农政府部门的预算中必须包括上述绩效指标尤其必要。

（二）建立适当的绩效指标体系

建立良好的绩效评价体系是衡量支出绩效的重要前提，其在实质上是建立一套完整的政府行为约束机制（包括行政约束和舆论约束），使政府各部门以可操作、可量化的形式注重成本与效益；是财政经济管理由粗放型管理向量化指标体系管理转换的重要一环；有助于增强政府工作与财政资金管理的科学性与公开性，提高政府理财的民主性与社会参与性。在我国，由于涉农财政支出涉及多个政府部门，缺乏完整的支出绩效评价体系，致使各支出项目实际效率降低。所以有必要建立一套完整的涉农财政支出绩效评价体系。

绩效评价的指标大致可以分为两类：非组合指标与组合指标。前者主要由那些反映"结果"的指标构成，主要包括产出、成果、影响和过程。这些指标要回答的问题是：某个特定的组织、规划或个人花费公共资源产生了怎样的结果。这些非组合指标中具体指标的组合被称为绩效标尺。不同的标尺适合于不同的部门，对于不同部门绩效的评价可以从中选用最适宜自身的绩效标尺。在实践中，绩效评价的指标可以按照部门、项目、环节分别建立，即针对不同的部门、项目、环节使用不同的绩效标尺。

在建立绩效指标的基础上，要发动各界力量参与到支出的绩效评价中来，建立将部门自我评价、财政综合评价、绩效审计、社会评价融为一体的绩效评价机制。自我评价是各部门对自身涉农支出项目效果的评价；财政综合评价是财政部门对农村预算中重点资金的绩效进行重点评价；绩效审计是审计部门针对一些使用大量涉农财政资金的部门和领域进行的专项审；社会评价则是社会民众通过各种渠道对社会普遍关注、群众反映强烈的涉农支出项目的监督与评价（马洪范、张志泳，2005）。

（三）服务外包和直接划拨

对于某些涉农支出，可以分别采取服务外包和将经费直接划拨受益人的方法。服务外包的实质是在农村发展预算中引入市场的力量，即将政府服务的支付转交私人部门的承担。在许多情况下——尤其在某些公共产品由政府提供的成本高于由市场提供的成本时，引入市场力量是加强涉农支出绩效的适当方法。实际上，服务外包是绩效导向由预算系统向市场的延伸。一方面，政府会面临社会关于降低服务成本的压力；另一方面，在某些涉农支出项目上，服务外包的确会提高政府支出项目的营运效率，因此，服务外包会直接提高某些涉农支出的营运效率。

对于那些受益者清晰可辨的涉农支出来说，将经费直接划拨受益人也不失为一种不错的提高绩效的方法。这种方法可以避免将经费交于支出机构的传统方法所产生的中间环节中出现的种种问题，因而可以有效地提高支出效率。

（四）建立追踪问效机制

确保充足而稳定的财政投入和将资金优先投向相对价值较高的领域，主要解决的是在政策和财政层面如何"做正确的事"；接下来还需要解决如何"把事情做正确"（按正确的方法做事），这里涉及的主要问题就是加强财政支农支出的追踪问效机制。具体措施包括：

第一，对财政支农支出进行正确的职能分类和经济分类，职能分类应覆盖现代农业建设涉及的"生态与环境"、"能源"、"教育与培训"、"科技服务"、"医疗卫生（检疫）"、"法律与司法服务"等领域，经济分类应覆盖与现代农业建设相关的"资本性支出"与"经常性支出"、"购买性支出与转移性支出"等类别。

第二,在每个特定的功能类别下,按照"规划"做进一步分类,比如在"生态与环境"这个功能类别下,按照"退耕还林"、"雨水采集"、"污水处理"等规划加以细分。

第三,对每个特定的规划建立业绩评价指标,包括投入(比如在"退耕还林"规划下投入了多少资源)、产出(比如林地面积增加多少)、成果(比如生态改善的程度)指标,以及经济性(economy)、效率(efficiency)和有效性(effectiveness)指标。①

第四,对每项规划的主要绩效指标建立"标准值"或计划值,将实际值与标准值进行比较,得出两者的差距并分析其原因。

第五,对每项规划建立数据库,数据库应覆盖与该项规划相关的所有有价值的信息,包括上面提到所有绩效指标的计划值和实际值及其偏差,以及该项规划的实施进度。

第六,概括掌握的数据和其他相关资料,就每项规划写出绩效评价报告,作为下一年度制定预算决策(比如是否继续支持该项规划)的依据。

第七,对于绩效评价较优的规划,除了继续给予或增加预算支持外,还对负责该项规划实施的相关机构和人员实施奖励,反之则实施相应的惩罚。

第八,对绩效评价的基础上,对每项规划进行审计,写出审计报告。

第九,将绩效评价和审计报告公开。

在农村发展预算框架下建立追踪问效机制是一项难度较大的工作,需要财政部门和其他政府部门之间保持高度的工作协调,同时需要有专家参与,有时专家的评价和意见起着十分重要的作用。

六、建立与改进问责机制

在农村发展预算中,这种受托责任主要体现在两个方面,一是各政府部门必须对其涉农支出的结果负责(外部受托责任);二是各政府部门必须对其上级主管部门负责(内部受托责任)。在我国,现行的预算体系只是要求政府与支出机构对其财政资源的取得和使用承担责任,而不必对资源的使用结果负责。在这种情况下,公款吃喝、政绩工程等问题的出现就不足为怪了。因此,必须将农村发

---

① 经济性指得到某项投入的成本或价格是否过高(这样做在经济上是否合算),效率指投入与产出的比例关系,有效性指在多大程度上实现了预定项目。

展预算过程的重点由单纯的合规性转向绩效与合规并重,这是加强政府受托责任的必然举措。为此,必须建立一整套相关的制度安排和实施机制。

在农村发展预算中,要建立旨在扩展与强化政府受托责任的制度安排和实施机制,需要从预算的编制、执行以及监督评价等几个方面入手。

预算编制阶段:涉农政府部门所有的涉农支出申请(预算申请)中,都必须清楚地界定各项涉农支出的产出和意欲实现的成果,即涉农政府部门要在预算申请中说明各项涉农支出最终要达到什么目的,实现什么政策目标。这是保证涉农支出用于相对价值较高的用途、政府涉农政策的顺利实施的前提。对于一些特别重大的项目,还可以要求涉农政府部门阐明为保证支农资金使用效益将要采取的措施。

预算执行阶段:政府部门应将涉农支出的进展情况、财务账目以及其存在的问题定期向社会公开。为此,必须建立相应的涉农支出信息披露机制,以便于财政部门以及整个社会对其进行监督。此外,为保证财政支农资金的有效使用,政府部门在内部管理上也要建立相应的激励/约束机制,如通过与具体负责某项涉农支出的工作人员签订责任状(绩效合同),等等。

预算的监督与评价:对于涉农支出的监督,审计部门或财政部门应首先建立起科学、规范、透明的审计程序,在此基础上对预算执行情况和财务情况进行独立、公正的审计。而对于涉农支出的执行部门来说,则应向财政部门或其他核心部门提交完整的绩效报告。报告中应清晰地说明涉农支出各项评价指标的目标值、实际值以及二者之间的差距,还要说明这种差距产生的原因及弥补措施。另外,还可以采取对涉农支出的客户——农民进行调查等方法对涉农支出的效率进行评价。

第四节 预算过程:公民参与创造

农村发展预算虽然是政府在"三农"领域中积极作为的最好切入点,但这一事实并不意味着可以排斥农民的参与。相反,作为一个极为庞大却高度分散(缺乏组织性)、能力相对低下的弱势群体,农民对于预算过程的积极参与极端重要并且不可或缺。农村发展预算不只是"政府的预算",同时也是"农民的预算",是将农民带入发展进程的有力武器。在农民发展预算的资金分配和使用过程中,农民的呼声和利益需要得到尊重,必须让他们有足够的动力和渠道参与到农村发展预算的全过程中来。更一般地讲,要想取得实效,农村发展预算必须融入公民参与。

一、预算过程公民参与的理论基础

最近20多年来，在全球范围内，随着公民力量的加强，"参与性预算"逐渐兴起，成为化解一系列棘手经济社会问题的有力武器（Carol Ebdon and Aimee Franklin，2004；Elaine Ckamarck，2005）。这一概念基于如下理念：即每个人在自己所处的环境下所做出的判断，会大大优于任何政治家或立法者能够为他做出的判断。中国的基层政治民主化（村民自治）运动，虽然将地方民众的注意力逐步引向基层预算事务，但无论是参与的广度还是深度都十分有限。预算依然反映政府尤其是主要领导的意志和偏好，民众的声音、愿意和需求难以进入正式的预算过程，即使在基层这种现象也相当普遍。在这种情况下，以农村发展预算为平台，为农民参与预算过程和农村发展进程创造机会，显得尤其重要。

公民参与预算和公共治理之所以重要，是因为公共事务是复杂的，而知识和信息则是分散性的，因而每个人在自己所处的环境下所做出的判断，会大大优于任何政治家或立法者能够为他做出的判断（F. A. 哈耶克，2000）。在现代社会里，政府面临日益复杂的公共问题，只凭自己的能力已经无力应对。另外，公民能力得到不断提高，权利意识增强，可以通过各种途径掌握大量信息，而政府却不可能掌握全部的信息。由于公众中汇集了各行各业的专家学者和精英，蕴藏着无穷无尽的解决公共问题的潜力，他们对公共事物的治理具有独特的优势，可以弥补政府治理能力的不足。在现代政府面临各种复杂矛盾的背景下，公民参与也有助于化解对政府日益增长的不满。

作为典型的公开事务，预算是公民参公共事务的最佳平台。鼓励公民参与预算并为其创造条件，可以带来多方面的利益。很重要的一点是，预算过程中的公民参与有助于创造公民控制政府的意识。它也可在治理中创建一种公民教育的意识：什么东西应该花钱以及应该花多少，如何确定其优先性，怎样评估需求，如何评估各竞争性用途间的优先性。它也有助于教育人民怎样解决冲突。在这个过程中，它也有助于创建这样一种意识，普通公民同样拥有参与预算和其他公共事务的权利，而权利意识的加强有助于加强公民对政府的忠诚度。公民参与预算也有助于减少腐败，因为几乎所有的腐败行为都发生在黑暗中。公民参与对于弱势群体尤其重要，他们典型地被排斥在预算过程之外，这反过来进一步损害了他们的利益，这是因为，如果你在国家的统治中被剥夺了平等的发言机会，那么，与那些有发言机会的人相比，非常有可能你的利益无法受到同样的重视（罗伯特·达尔，1999）。

预算是公共参与公共事务的最好平台。预算的普遍参与性也是预算为目标（结果）服务的重要保障。加强预算的普遍参与性不仅是出于实现民主的考虑，更是保证预算优先性、反映民众呼声（社会偏好）的重要途径；在预算实施阶段，社会的普遍参与性（监督、评价等）还是保证预算执行效率不可或缺的环节。

二、农村发展预算的参与机制

在农村发展预算中，预算支出的优先性必须考虑到农民的需求和偏好，这就需要加快预算决策的民主化进程，以使农民的心声在政府预算中得以充分体现。为此，必须深化农村发展预算决策机制的改革，致力创造机会使农民得以参与到预算的整个过程中。具体地讲，就是由代表农民利益的代表组成农民组织，参与到预算过程的各个环节和层面中去：一是参与预算决策职能，通过参与预算的准备及编制过程，保证支农支出的高效使用；二是预算执行过程的监督职能，对农村公共产品的供给过程进行有效的监督，确保预算的严格执行；三是具体负责部分适合地方承担的农村基本公共产品的供给，具体内容因地而异。在农村预算决策的过程中加入农村各方代表，会扩大预算决策的参与范围，增强预算的民主性、规范性和适应性，从而有力地保证农村公共产品的供给效率。具体的参与机制可以是多种多样的，包括自主决策——让农民自己决定一部分预算资金的使用，预算听证，公众调查。

（一）自主决策

无论农村发展预算的资金来自何处，每年都可以规定一定比例——比如30%的支出，以村为单位由农民自己决策如何花掉这部分钱。这种机制具有可操作性，即使在政治层面也是如此（中国早在20世纪80年代即开始推动村民自治运动）。与由政府官员决定支出如何分配使用的机制不同，这种由农民自主决定的支出安排，可以更直接更有针对性地反映农民对于农村公共事务的偏好、呼声和愿望，至少理论上如此。多年来，我们的预算开支，无论哪个方面的预算开支，基本上都直接或间接由行政部门或公共官员决定。表面上，虽然预算安排需要通过人大审批，但由于种种原因，即使人大的预算和支出审查完全到位，也存在这些支出安排和支出使用结果是否、或者在何种程度上真实反映公民愿意和偏好的问题。对于农民群体而言，这种问题尤其突出，因为农民虽然人数多，但他们最缺乏组织性，在政治和预算过程中的声音（发言权）最为脆弱。

自主决策机制就是要打破这种局面，使预算资源的配置和使用更直接地反映农民自己对公共事务及其偏好强度的看法。可以认为,在一定的制度框架下,农民自主决定的支出优先性排序将不同于由政府官员决定的排序,而且前者更能反映农民对农村公共产品和其他农村公共事务的真实愿望和需求,从而有助于纠正传统预算决策程序的内在缺陷。将自主决策机制植入农村发展预算中,一开始可以在基层进行试点,比例也可以低一些(比如10%),积累经验后再逐步推广,比例也可以逐步提高。

(二) 预算听证

在农村发展预算中保证社会的普遍参与性需要建立一系列完善的制度和运作机制。根据发达国家的成功实践,预算听证会和公众调查是两种最为常见的加强公民参与预算的方式。建立预算听证会制度是保证农村发展预算顺利实施的必要措施。预算过程本质是一个决策过程,它不仅决定财政收支总量,而且决定财政资金的分配和使用,因而既涉及纳税人利益的实现,又涉及政府各部门施政目标的实现,还关系到政府及其官员受托责任的履行。通过预算听证会,可以了解农民等各个群体对于公共服务的需求及其优先性——这是确保预算优先性、提高农村公共产品供给效率的最直接途径。同时,预算听证会也有助于促进公众对公共资源的管理,有助于公众对政府承诺的控制、监督与评价。此外,预算听证会也是强化政府受托责任、增进预算透明度的重要举措。对于地方政府的涉农支出来说,预算听证会制度的这些作用更易于发挥因而更为适宜。

1996年中国出台的《行政处罚法》,首次引入听证制度。1998年实施的价格法明确规定:制定关系群众切身利益的公用事业价格、公益性服务价格、自然垄断经营的商品价格等政府指导价、政府定价,应当建立听证会制度,由政府价格主管部门主持,征求消费者、经营者和有关方面的意见,论证其必要性、可行性。2002年1月全国首次铁路价格听证会举行。2004年的《行政许可法》大大扩展了听证制度的适用范围。此后听证制度作为一个重要决策程序被引入各个领域,包括价格听证收费听证信访听证等。然而时至今日,预算领域的听证制度仍未建立起来。考虑到预算中如此典型而重要的公共事务,预算决策及其结果对公共利益的广泛影响,预算听证制度的缺失是个很严重的问题。

预算听证会作为加强公民参与预算过程的方法,在发达国家和许多发展中国家中应用得相当成功,尤其是在促进地方政府履行财政义务和公共服务义务方面。真正的草根式民主参与的案例之一是巴西的阿协格里(Porto Alegre),她因"参与式预算"项目获得了瓦加斯基金会(Ge tulio Vargas Foundation)颁发的创新奖。在过去十余年中,数以千计的公民在该项目下参与了制定地方预算公开听证会制度。这个项目对发展中国家的治理产生了深刻的影响,被认为是消除腐败、鼓励民众参与预算和其他公共事务的典范。世界银行的一项研究报告认为，与民主程度较低的国家相比，在民主和透明程度较高的地方实行的项目，更容易取得成功（Elaine Ckamarck，2005）。

（三）改革自上而下的决策机制

预算决策机制的改革一方面要通过农村发展预算使原先分散在各个政府部门的支农支出项目规范化，支农资金得以整合，从而加强对政府预算决策的集中控制能力；另一方面，要建立社区内公共品供给的科学决策机制，增强预算的科学性。为此，必须改变当前"自上而下"的决策机制，建立不同层次的、由农村地区各方面代表组成的组织，参与预算的决策，扩大农村地区居民参与预算决策的范围。对于涉及到县或地区的较大型农村公共品供给，还应建立专家听证制度，并在此基础上由本级人民代表大会投票决定。同时，细分农村公共产品的类别，明确各类公共产品的供给主体，并有相应的资金与之匹配。

（四）公众调查

公众调查是保证农村发展预算普遍参与性的另一个重要途径。许多公共产品如教育、交通、基础设施等都与公众的生活紧密相关，因此，作为这些公共产品的直接消费者，公众最有资格进行评价，也最了解这些公共产品是否合乎需求。因此，通过公众调查，既可以获得政府服务的满意性、鉴别绩效以及改进建议等信息，又可以了解公众的真实偏好及其优先性。公众调查的这些作用在农村发展预算中尤其可以得到有效体现，这不仅是因为涉农具体支出受益的相对可辨性，而且是因为我国农村发展的预算决策、监督和评价中一直缺少农民的声音和力量，因而使得公众调查具有特殊的紧迫性。

（五）全方位参与

对农村发展预算的参与不仅应是全程式参与，也应是全方位参与，将各方利益主体纳入进来，使之在预算过程有效发挥作用。首先是充分发挥人大监督作用。2007年1月1日，《人大监督法》在我国正式施行，人大监督走上了法制轨道。各级人大依据法律规定的权限和程序，对于农村预算、支农支出的使用过程以及使用效果进行监督、发挥作用，可以有效提高农村发展预算整个过程的效率，促进农村公共产品的供给。其次是发挥农村公共产品受益主体——农民的作用。在农村预算的准备、编制、执行、评价过程中，不仅农民的呼声应该得到充分反映，而且农民对于针对自身的支出具有更强的监督动力。如前文提到的由农村居民组成的组织，既可以参与预算的准备、支出的评价工作，又可以监督预算的执行。由于其更为了解本地情况，同时支农支出涉及其自身利益，所以，这种组织的作用不可小觑。最后是发挥各级审计部门的作用。通过一定的机制将审计工作与预算有机融合在一起，对预算的执行过程、执行结果进行检查与监督，防范可能出现的违规和低效率问题。

需要说明的是，上述各项参与机制的建设不是孤立的，而是相互联系、相互促进的整体。其中的任何一项改革都不可能独立完成并有效发挥作用，但无论如何，农民对于农村公共事务的成功参与有赖于统一的农村发展预算系统的建立。

第十章

发展中国家的农村发展预算

20世纪80年代以来,包括印度、巴西、南非、乌干达、马拉圭、波利维亚、马来西亚等在内的许多发展中国家,在地方层次上相继采纳了以强调公民参与和绩效导向(performance-orientation)为主要特征的农村发展预算。政府(包括中央和地方政府)和其他具有法定地位的正式组织在其中仍然起主导作用,但许多公民社会组织(包括普通公民和非政府组织)以各种形式参与其中,包括提供资金、制定发展计划和预算决策,以及对预算执行情况的评估与审计。目前,公民参与概念已经从社区或开发项目日益扩展到民主治理的广泛领域。在这一趋势中,公民发言权(voice)被当作建立、强化和改进地方政府受托责任和服务交付的不可或缺的关键因素。在偏好与需求表达(预算的逻辑基础)、改进决策制定与预算资源配置、促进服务交付绩效、加强地方民主和提高公民能力方面,公民参与的积极作用和巨大潜力,已经得到大量案例研究的支持和认可。与此同时,各个国家和案例的差异很大,某些案例研究显示取得的进展和成果有限,个别案例甚至以失败告终。无论如何,这些国家的实践和探索,尤其是以地方预算改革为纽带推动治理体制和制度创新的长期努力,为中国建立和实施农村发展预算提供了宝贵的经验和教训。

第一节 亚洲国家的案例

亚洲的许多国家在最近20多年中采纳了以促进农村发展为主旨、融入公民参与和绩效导向的地方预算改革,以此作为更为广泛的公共部门改革的重要组成部分，其中较引人注目的案例包括印度、马来西亚和菲律宾。

一、印度

印度的许多邦和地方政府采纳了某种形式的农村发展预算，其中被较多研究的案例包括为拉贾斯坦邦的社会评估与审计机制和喀拉拉邦的民众科学运动。前者引人注目之处是允许公民举办公共会议和直接参与评估、审计地方政府绩效，打破了传统上一直由政府垄断评估与审计的格局，促进了地方政府的政治代表性、公民对预算的知情权，提高了公民调整预算资源配置的能力。许多地方政府改革的文献探讨了受托责任与腐败之间的关系，认为具有较强受托责任的政府较少腐败，这一结论在该案例研究（Jenkins and Goetz 1999）中得到了印证。其他研究表明，该邦借助非政府组织实体的力量，在预算过程"去神秘化"和使其更有效回应方面，以及为公民建立救济（当他们对服务交付不满或权益受到侵害时）制度方面取得了成功。

印度的喀拉拉邦以参与式预算作为民众科学运动的核心成分和扶贫工具。[①] 该邦最近40多年来推进民众科学运动（KSSP），组织30万志愿者下乡扫盲扶贫，推行全面"资源图谱"计划，政府账目公开并可查阅复印；社会发展目标不只是追求物质财富增长，而是同时强调使每个人活得充实和快乐。KSSP被概括为"从下而上造就经济与社会发展"。

大量参与KSSP的人是最普通不过的退休科技人员，包括：农村妇女、青年、教师和医护人员。KSSP的主要内容包括：乡村图书馆与出版事业、农村科学论坛（全邦扫盲运动）和资源图谱运动。扫盲运动不是形式上让穷人脱盲，而是让他们有机会有能力参与社区建设。这项运动使社区得以具备两大资源：一大批志愿者作为从事公益事业的社区精英，与底层人建立友谊和信任；社会底层人士在识字班上交流对社区问题和自身处境的看法，形成某种共识。在此基础上，KSSP推动一项全面的"资源图谱"计划：由乡民参与、记录和了解本乡的各种资源，谱制成图，再在这个基础上筹划建设方案。这项工作通过集体梦想来展现现实矛盾和未来理想。上述活动全由几万名KSSP志愿工作者与大量村民合力进行。

接下来是推动"民主实验"。1996年，该邦普选上台的印共（马）借鉴KSSP的经验，以执政党的力量，推行一场虽不为全球注视但却轰轰烈烈的民主实验——邦政府把相当于财政资源总量的20%～25%，交由村民讨论需要发展什么，如何排优先次序，自行筹划地方发展项目，这就是"人民计划运动"。

[①] 刘健芝（香港岭南大学）：《印度喀拉拉邦扶贫启示》，载《参考消费》，2006年10月25日。

如果没有 KSSP 的实践经验，人民计划运动不可能开展。但执政党的政府行为又把民主进程大力推前。邦政府新修订的乡、镇地方自治法，规定乡之下成立村自治组织，每年法定召开村大会；乡议会不能直接使用发展项目的经费，必须由村大会提出项目方案，提交乡议会会同专家小组审批；所有档案、受益人名单、任何人有权查阅和复印，并监督贪污腐败。村民参与空前热烈，且非形式和凑热闹，而是受一种真实的驱动力推动。

人民计划运动在 1997 年至 1999 年兴建了 10 万间房屋，24 万个厕所，5 万口井，17 000 多个公共水龙头，8 000 多公里道路，清洗了 16 000 个池塘，把 30 万英亩的土地改为耕地。最可贵之处是提供条件让变通人活得有自信有尊严，活得更丰富充实。通过建立丰富多彩的社群关系，使互相鼓励和合作的力量得以滋长。

公共听证会在印度也很普遍。印度从 1997 年开始将公众听证会引入发展项目决策机制，即一个发展项目要想获得环境许可，必须召开听证会，以帮助保护当地受影响居民的利益。由政府组织的公共听证会在执行过程中弊端不少，例如，听证会前没有及时通知公众、没有告知其功能等。很多时候相关民众甚至不知道政府将开听证会。此外，在听证会中，官员只给出某个财政项目的总预算和支出，但具体项目所需的工人、材料等细目和相关文件都没有公布。即使这样，公众听证会、公众审计仍然被认为是遏制腐败的重要手段。从政府社会保障政策执行到反对违规征用土地，从反对开矿破坏环境到妇女维护自身权益已经很普遍。除了政府组织外，不少民间组织都会积极组织听证会，在与政府腐败斗争的过程中取得了一些成绩。[①]

二、马来西亚

马来西亚的案例有三个显著特征。第一个特征是采纳"标竿"体制，要求政府部门在制定预算、执行和评估预算时，充分使用与服务交付相关的标竿信息。标竿系指政府部门各项活动需要达到基准或目标值，例如，饮用水的安全和质量标准。预算过程中各类标竿信息被制定出来，作为比较职能相似的部门执行相同职能活动的参照系。第二个特征是采用作业成本法，核算产出和成果的成本、评估绩效和配置资源（Rodriguez, 1995），支持管理过程从投入转向产出和成果导向。第三个特征是采用客户图谱和全面质量管理（Chiu, 1997）。客户图谱用来描述公民需求，这是管理者用以发展结果导向核心工具，全面质量管理旨在帮助管理者达成意欲的服务结果。

---

① 李学梅等：《公共听证，各国都在摸索》，载《参考消息》，2010 年 1 月 7 日第 11 版。

为鼓励公民参与和预算过程中公民的话语权表达，马来西亚建立了公共抱怨局。公共抱怨局提供针对政府服务结果和可得性的公民报告，覆盖所有预算条目、通过部门实施的工程和规划以及活动。地方政府财务状况报告由市政当局提供。公共抱怨局还负责在某些情况下记录公民问题和抱怨，并确保对它们作出回应。公民报告关注的是服务的结果，这些结果通过公民报告而为利益相关的公民熟知，并且具有高度的可观察性。

三、菲律宾

菲律宾于 1991 年制定了地方政府章程。在马科斯政权于 20 世纪 80 年代失败以后，1987 年采纳的新宪法确立了公民及其组织有效和合理参与各个层面社会政治和经济决策制定的权利。1991 年地方政府章程据此得以制定和实施，以打破中央集权。章程有好几个引人注目的特征，包括规定公民有提出预算议案和投票的权利；对关键决策（例如，农地开发）举行公共听证；创立旨在鼓励公民在地方发展规划、执行和服务交付中的参与的乡村发展委员会。但在公共听证如何加以组织和引导方面，章程的规定相当模糊。另外，地方政府也未被要求提供某些用来支持公众参与的信息。

菲律宾的拉格市制定的赋权法令，以法律形式创立公民自己的组织——拉格市人民理事会，由公民社会组织包括 NGO 组成。该理事会投票和参与精心设计的工程和规划的商议（Jacob，2000）。理事会制定最终的决策，并易于对这些决策负责，因为过程透明以及公民易于参与这一过程。

第二节　拉美国家的案例

在发展中国家，拉美（巴西）是以农村和社区发展为主题的参与式地方预算改革的发源地，旨在发展公民参与地方发展计划和地方预算过程的各种机制创新相当活跃，墨西哥、波利维亚、巴拉圭和巴西的案例尤其引人注目。

一、墨西哥、波利维亚和巴拉圭

墨西哥的特拉拉蒙罗科于 1997 年春推出了一项市政发展计划（Moctezuma 2001，128），该计划包含了公民发言权机制。在早期阶段，该发展计划并未强调透明度，但后来透明度得到强化，因为社区发展了监督和评估程序以确保获得更准确的信息供应。

波利维亚于1994年制定（1997年修订）了《普遍参与法》，赋权社区组织参与社区计划过程和制定市政五年期计划。更关键的是，它要求建立一个名为警戒委员会，由社区组织的领袖组成，监督市政理事会的资源配置。该委员会审查中央政府的转移支付，包括采购计划，只有在得到其批准时才能拨出资金。在发现违规或舞弊时，委员会可以请求中央政府冻结对市政府的拨付（ECA 2004）。社区参与式计划的关键成分是参与式预算。案例研究表明（ECA 2004），公民可以对决策制定过程、进而服务交付施加影响。

《普遍参与法》的关键内容如下：

第一，创立了198个新市政（总数达到311个）。

第二，以人均为基础将20%的国家税收被转移给市政。

第三，教育、卫生、道路、体育、文化和灌溉这些地方基础设施的所有权，连同维护、管理和此类基础设施投资的责任被转移给市政。

第四，为本地农民和近邻组织在地方政府计划和预算中创立参与机制和条件，使之成为地区性的草根组织，即具有法律地位的OTBs（地区预算组织）。

第五，创立监督委员会，它由市政各区选举产生的代表组成。作为政策制定过程需要了解的普遍需求的渠道之一，审计政府预算和运营，以及在确定资金被滥用时寻求救济办法。监督委员会具有重要的道德权威。成员来自基层选区。

2001年，波利维亚颁布了《国家对话法》，规定市政有资格接受中央政府提供的"高负债和贫困乡村资金"。监督委员会也负责监督这些资金的分配。OTBs和监督委员会最重要的作用是帮助形成市政的年度运营计划（POA），以及市政发展规划（PDM），后者为五年期规划，旨在加强POP。除了国家和地方制定方针以形成参与程序的正式机制以外，许多社区还借助非政府组织实施参与程序。

巴拉圭首都亚松森的参与式预算听证被认为一个公民参与取得成功的典型（Pope，2000）：它促进了透明度和公民参与，开放了市政官员与公众的沟通渠道，创立了真正的参与论坛；结果，公民对公民事务和财务变得更加老练，他们有机会表达自己的见解，并且论坛解释公共预算决策的方式；另外，受托责任的加强减少了腐败的机会，公民发现自己的选择实际上能够影响政府决策。

二、巴西波多—阿协格里的参与式预算

发展中国家和经济转轨国家的参与性预算实践始于1989年巴西的波多—阿协格里市，它是巴西最南部的一个州的首府。该市人口超过100万人，按巴西标

准算得一个较富裕的城市。1988年，较有进取心的工党赢得了市政选举，其竞选口号就是民主参与和"颠倒支出优先性"。数十年来，该市的公共预算资源大多花在主要让中产阶级和上层社会受益的项目上。参与性预算被作为校正预算优先性的工具，其直接目的在于帮助经济上贫穷的公民获得较高的支出份额。工党赢得市政选举后，开始对财务上几近破产的市政当局和运转不灵的官僚体制进行大刀阔斧的改革。在执政的头两年里，工党采纳了新的管理机制，包括加强财务约束和向公民提供在政治活动中直接发挥作用的机会，从而扭转了先前体制下社会服务支出的优先性排序，参与性预算由此而生，并得到迅速发展。仅仅一年后的1990年，巴西的参与式案例就发展到12个。

此后，实施参与性预算基本的社会政治特征发生了很大变化，中间派和保守派别的政党现在开始执政，但参与性预算的步伐并未因此放慢，由其推动实施的参与性预算案例超过了总数的40%，而在1990年时还不到10%。在案例增加的同时，公民的参与比率也在迅速提高。在1989年和1990年，即实施参与性预算的头两年，只有不到1 000公民参与到参与性预算程序中；到1992年，跃进到近8 000人。在工党再次当选的1992年，每年的参与者增至20 000多个，其中包括大量的普通公民。至此，公民已经认识到，参与性预算是公民参与政策制定的重要平台（Brian Wampler，2007）。

波多—阿协格里的参与式预算是真正的草根式民主参与的典型案例之一，该项目获得了瓦加斯基金会颁发的创新奖。在过去20年中，大量的公民在该项目下参与了制定地方预算公开听证会制度。这个项目对发展中国家的治理产生了深刻的影响，被认为是消除腐败、鼓励民众参与预算和其他公共事务的典范。目前，巴西已有100多个市政当局采用参与式预算来建立支出优先性和配置预算资源。世界银行的一项研究报告认为，与民主程度较低的国家相比，在民主和透明程度较高的地方实行的项目，更容易取得成功（Elaine Ckamarck，2005）。在波多—阿协格里参与式市政工程预算案例中，非政府组织、授权、理事成员、社区领袖和许多普遍公民参与范围广泛的公共事务中，包括审查以前年度的预算和选举代表用以鉴别支出优先性。结果，预算对更大区域的人们的需求以及地方需求的回应性增强了（Daniel R. Mullins，2007），尤其是在教育、卫生和收入动员方面产生了积极成果，改进了对更贫困领域的资源配置（Bardhan，2002）。

第三节 非洲国家案例

许多非洲国家的地方政府采纳了各种形式的、强调公民参与的农村和社区发展规划，南非和乌干达就是引人注目的案例。

一、南非

南非于 1996 年颁布实施了《地方政府过渡法》（the Local Govern Transition Act：LGTA），为地方治理建立新了的法律基础。法案强制规定了旨在鼓励健康的参与以及透明度机制，要求市政在预算与服务交付中建立磋商机制，用以采集社区组织对服务需求的看法；建立公民对服务交付绩效投入的反馈机制，帮助记录公民抱怨，以及回应抱怨的程序（Malcolm Russell-Einhorn，2007，222）。关于里加图伯格（Lichtenburg）市政案例研究（DCD – GTZ，1999，North-West study）表明，公共听证和市政理事会中的公民参与仍然与决策程序隔离开来，甚至在其互动中没有给出反馈机制，因而只对公共预算决策、资源配置和地方政府的受托责任产生了有限的影响。

二、乌干达[①]

1998 年，乌干达政府建立了"贫困活动基金"作为一个保护公民参与和监督的机制，覆盖供水卫生教育道路和农业。该基金被融入到预算中，由中央政府作为转移支付提供给地方政府，地方民众监督其使用。政府鼓励公民社会组织监督该基金支出的效果，并将该基金的 5% 用于监督活动。监督通过乌干达债务网络（Uganda Debt Network：UDN）进行，并由一个研究团队和社区成员通过 12 个区的"贫困活动基金理事会"实施监督。PAFMCs 是一个志愿者组成的公民社会团体，它参与 PAF 的监督，反腐败运动，以及加强受托责任和透明度。委员会包括妇女、青年、残疾人、宗教领袖和老年人。为使监督更具有参与性，UDN 采用以社区基础的监督和评估系统（CBMES）方法。通过这一系统，该委员会得以持续监督和评估政府规划。

在 CBMES 于 2002 年 11 月和 12 月在陀罗罗区开始启动时，社区预算监督者组织了一个会议，会议结论被提交给地方领导人和社区成员。受到特别关注的是"马拉达卫生系统"在贫困管理、采购、控制系统中出现了一系列问题：在那里，不到一年时间里有 40 个床垫中的 31 个失踪了，8 辆自行车中的 7 辆丢失

---

① 除了另有说明外,本部分资料来源：Campos and Krafchik 2005；8 – 9，Campos，Rocio，and Warren Krafchik. 2005. Budget Analysis the Millennium Development Goal(MDGs). Working Paper，case study 2，International Budget Project，Center on Budget and Policy Priorities，Washington，DC，8 – 9.

了。监督者发现没有证据表明购置了保健用品，也不能确认药品的成本和其他器具。地方官员表示愿意矫正这种情形。首席执行官在采取追查行动后，被偷窃的物品在不到一个月的时间内被发现了。

PAF 监督的 UDN 模式证明书取得了成功，包括按月追踪中央政府提供给地方政府的支出拨付。季度性的规划报告被提交给多个利益相关者会议。在较短时间里，这一创新已经帮助鉴别在向地方政府拨付资金中存在的问题，增加了减贫规划的资金，并将资金转向了更优先的领域。

目前乌干达财政部、计划部和经济发展部已经向公民社会开放了其预算 reference groups 会议，为公民社会加入先前由政策制定者和技术人员主导的辩论创立了一个通道。这是一个额外的指向建立公民监督政府的义务前进的步骤。UDN 通过促进公民社会与政府官员间的协作，以及通过加强团体游说更多资源的能力，强化了减贫预算运动。

关于乌干达的参与式预算项目，证据显示其参与式预算过程有时因腐败而受损，包括挪用和舞弊，此类现象出现在国会的公共账目委员会、审计长的报告中（Gariyo，2000）。但总体而言，在乌干达中参与式预算中采纳的发言权机制，促进政府对特定的群体、有影响力的非政府组织、研究机构的责任。这是积极的，尽管是相对狭隘的受托责任效应（Matthew Andrews，2005）。

第四节 公民参与、绩效导向和制度创新

在指向促进农村与社区发展的地方参与式预算改革中，多数国家启动了与公民参与（治理层面）和绩效导向（管理层面）相关的各种制度创新。这些创新促进了地方政府对公民的受托责任和回应性，改进了服务交付，推动了地方民主进程。主要的制度创新包括：发言权表达制度、知情权制度、公民报告制度、激励机制和代表制度。

一、话语权表达制度

预算的根本问题是以稀缺公共资源在不同选择之间做最优分配，以促进政府政策目标和对公民的服务交付。在农村和社区发展预算中，最优配置资源要求地方民众清晰地表达其偏好和需求，以此为计划和预算决策制定提供最重要的基础。这进一步要求建立有效的话语权表达机制，通过这一机制，公民的话语——

对公共部门计划制订、预算安排、决策制定和服务交付的意愿、意见和建议——被在预算过程的各个阶段被表达出来，传递给公共官员（政治代表和管理者），后者需要对此做出适当回应。制度安排应有助于促进发言权表达，否则，预算过程反映的只是政府官员和某些强势群体的意志。

话语权表达制度的关键要素有三：（1）是否建立了此类机制；（2）表达的范围，即表达的"社会声音"是否覆盖了广泛的社会群体，包括穷人和其他弱势群体；（3）话语权是否融入了实际的计划与预算决策制定过程。许多国家建立了各种类型的话语权表达机制，包括投票选举、公共会议、预算听证、公民磋商、服务调查和参与式预算。但在这些表达机制的范围相对狭隘——只是表达了部分社会群体（尤其是强势群体）的话语时，或者当话语权表达机制没有得到强有力的促进时，或者当话语权表达与实际的计划和预算决策制定相脱节时，话语权表达机制对地方政府问责制的积极影响是有限的。研究表明（Matthew Andrews, 2005）：在治理过程的重要领域——例如预算和计划，当话语权表达得到促进时，会产生较高程度的影响力（影响计划、资源配置和服务交付绩效），包括广为人知的巴西和波利维亚案例，南美案例，以及国际性案例，乌干达和乌克兰的案例也是如此。

当旨在促进公民表达的话语权机制融入实际的计划过程时（例如墨西哥Tlalamnalco的参与—计划制订改革），但话语权与实际的计划与决策过程相脱节时，话语权表达未能改进受托责任和服务交付，波利维亚、坦赞尼亚和南非的许多城市都是如此。正如在波利维亚案例中表明的那样，只是在参与式预算与参与式计划中采纳简单的话语权表达，而不是让公民实际参与这些过程，并不能确保有影响力的话语权和积极的受托责任效应。

除了通过正式机制（地方议会和行政机构）外，许多国家还建立了诸如公共会议、社区预算委员会这类参与式机制，用以促话语权表达。在巴西的贝洛奥里藏特（Belo Horizonte）和阿雷格里港（Porto Alegre），公民团体在城市的不同地区聚会以表达其需求，然后由代表举行较小规模的预算听证。在巴拉圭的两个市政（Asuncion and Villa Elisa），表达公民话语权的公民听证由地方理事会举办，后者在公民参与机制与代议机构（地方议会）之间建立了联结机制。在以上两个案例中，公民话语权表达的制度化促进了预算资源配置的积极变化，更多的预算资源被用于公民关切的服务，对穷人的回应性得到了改进（ESSET 2000；Domecq 1998）。

二、知情权制度

为促进公民对预算过程的参与，许多国家创立了知情权制度，以确保公民能够以无成本地、及时地获得相关信息。有些国家采纳了美国方法：制定信息获取和信息供应法，后者的实施成本通常很高。另一个途径是借鉴马来西亚（要求福利部门办公室门口张贴福利发放的布告）和乌干达（要求在每个教室的黑板中列示相关预算数据）等国家的做法，规定所有政府实体必须公布其预算数据，包括"花多少"和"花在何处"以及预算执行进度方面的信息。此类制度化的信息渠道旨在提供预算文件的要点，以赋权公民参与预算过程，确保公民参与预算文件制定和最终的预算执行评估与审查中。这样一来，显示预算信息（尤其是支出绩效信息）的预算文件本身就成一项能够积极影响公共机构和官员的行为与服务成果的管理工具，因为相关法律要求政府机构对披露的绩效负责（Matthew Andrews and Anwar Shah, 2005）。

三、公民报告制度

研究表明，地方预算执行通常是问题多发阶段（Cameron and Tapscott, 2000），部分原因在于：政府官员和技术专家（例如，工程和采购的招投标专家和预算分析专家）在此阶段居于支配性地位。在缺乏监督时，他们很少有压力或激励去采纳有效的、有效率的方式执行预算，结果产生大量问题，包括过度支出、商品与服务购买与预算初衷偏离，公共工程所采用的施工技术和服务供应方法不切实际，以及大量腐败。这类现象在波利维亚、印度、巴基斯坦、南非和其他许多发展中国家很常见。

由于预算执行阶段与公民利益密切相关，公民最终获得的服务和设施的类别、数量、质量主要取决于预算执行的质量；也由于许多地方服务具有高度的可观察性，当地公民最了解通过预算执行得到这些服务的具体情况，由公民评估和报告预算执行的制度化机制十分重要。许多国家建立这类机制，以确保预算决策对公民需求的回应性。

这类制度化机制包括正式和非正式两类。正式报告机制由地方议会和行政部门编制预算执行报告，但征求公民意见，包括采用公民调查获取的公民评估意见；非正式机制主要通过非政府组织编制公民报告。后者的例子是印度班加罗邦的公共事务中心采用引发"公民报告卡"对服务质量的评论。波利维亚的警戒委员会在地方政府中也扮演类似的角色。正式例子包括：马来西亚的公共抱怨局和南非的一些案例，这些案例要求在某些情况下记录公民关切的问题和抱怨，并确保对其做出回应（Matthew Andrews and Anwar Shah, 2005）。

在来自正式渠道时，公共报告更具影响力。正式渠道指具有代表性的政府部门（比如马来西亚的公民抱怨局）。公民报告直接关注的是服务供应者，它们有被界定的适当的责任。在马来西亚和其他案例中，报告的基础是服务的结果（例如服务的质量和及时性），这些结果为利益相关的公民熟知，并且具有高度的可观察性。由于要求对报告的公民抱怨和意见做出回应，公民报告制度为公共官员提供了有效率和适当地回应公民需求的激励与压力，预算执行变得更为透明。

四、激励机制

多数发展中国家的政府官员（包括管理者与政治家）并无适当的激励机制来改进服务交付和公民的受托责任，尽管他们受到许多法律和规章制度的约束。在构造绩效导向的预算和管理体系，一些国家建立了由奖赏和救济（redress）构成的激励结构。绩效管理的个人激励至少有两个维度：促进个人绩效的最优化以及与其他人共同努力形成的组织绩效的最优化。

具体的激励机制包括金钱类奖励（以绩效合同为基础）、道德约束或公民压力。在许多国家，政府内部和外部的合同管理十分普遍。在合同管理体制中，公共官员为规划管理者建立需要实现的、覆盖众多类别的产出目标水平；后者随后为工程管理者建立特定产出类别需要达成到目标水平。南非的许多地方政府采纳的这类合同基础的奖赏，在美国弗吉尼亚和佛罗里达也可以见到。在此类奖励机制中，如果合同规定的产出目标完成了，官员和管理者可以保留现有的工作职位、晋级或获得货币奖励；支出单位因节约资金而形成的财政盈余，可以保留到以后年度继续使用，也可以用这些资金用于改进整个单位的福利。

英国和马来西亚是采用公民压力机制典型案例。在此类机制中，公共官员被要求承诺和公布自己负责实现的产出（服务）数量、质量、成本等目标水平，形成对官员的道德压力。在马来西亚，组织的使命和目标必须在各个层级鉴别出来，表明什么服务将被提供以及完成的时间。这类承诺包含于绩效基础的预算文件中，作为公民图谱（表达公民需求的工具）的一项重要信息来源，以使官员具有执行其承诺的绩效目标的激励，否则将可需要面对公共质询和纪律惩罚（Monhamad，1997）。乌干达虽然距离绩效基础的预算相当遥远，但也证明了公民在建立有效激励机制方面的积极作用和有效性，其中的一些案例要求每个月对各区的转移支付在主要报纸中报道并进行广播，对初等教育的转移支付张贴在每个学校的公告栏中（Reinikka，1999）。

五、代表制度

预算过程的代表性很重要。由于显而易见的原因，每个公民不可能直接在预算过程中表达自己的话语和影响预算过程。即使是具有广泛参与特征的预算参与，也是如此。因此，无论作为一个整体的所有公民还是作为一个特定群体（例如穷人）的公民，必须有能够真正代表自己利益、表达自己偏好和需求的政治代表，在预算过程中代表这些群体行使自己的话语权。政治代表性指如下情形：公民不会再次投票，除非获得人民的信任，除非他们相信也正在做为其谋利和使其生活更容易的事情，除非我们显示诚实和承诺（Dixit，2000）。

一般而言，与强势群体相比，预算过程更难以表达和反映弱势群体的话语和利益，这一不公平的社会现象在农村地区、尤其是贫困的农村更为典型。为矫正这类不平等，许多国家寻求建立更好的代表制度来改进参与和预算结果。在印度，相关法律对地方政府中的妇女代表作了强制规定，以增加女性参与，增加基础设施投入以满足农村妇女需求（Chattopadhyay and Duflo, 2001；Bardhan, 2002）。

为增加妇女群体在预算过程的代表性，目前至少有50个国家（首先是澳大利亚）已经采纳了"性别回应性的预算过程"。根据非洲经济事务委员会描述，这是一项赋权公民的创新工具，以使公共支出促进性别平等的国家和国际责任做出回应（ECA 2004：12）。

第五节　经验与教训

发展中国家的农村与社区发展预算的形式（名义）和制度安排各不相同，进展和成果有异，但主要的共同点是强调分权式的服务供应和地方政府的作用、公民参与和结果导向。这也是中国在建立和实施农村发展预算时需要汲取的主要经验教训。

一、分权式服务供应和基层政府的主导作用

多数发展中国家在农村和社区发展框架下的公共部门改革，尤其是公共预算改革，强调建立分权式的服务供应体制来满足地方公民对公关键性公共服务的需求。在这里，起支配性作用的是类似欧盟在其成员国采用的分权原则，这一原则要求凡是可能，公共服务应在贴近民众的那一级政府中供应。其理论基础在于充分利用基层政府在了解当地居民偏好方面的独特优势；现实意义则在于以此打破传统的等级式政府结构缺乏和妨碍回应性的弊端。回应性是责任政府建设中的关

键要素（另一个关键要素是惩罚机制）。

中国现行的政府结构具有典型的等级式结构的特征。五级政府的等级序列中，基层政府与其他级别较高的地方政府（地市和省级）一样，其责任指向主要是上级政府。另外，基层政府（县级、乡镇以及不具有宪法地位的村民委员会与街道办）承担了向公民居民交付一系列关键公共服务的责任。这些服务包括教育、医疗保健、养老、道路和其他基础设施建设。平均而言，基层政府向中国70%以上的人口提供了70%以上的公共服务，没有其他任何一级政府在服务交付中扮演如此重要的角色。客观上形成的这种"服务供应者"的主要角色（其他角色包括执行上级政府政策和命令以及为上级政府征集收入），要求中国的农村发展预算应充分发挥地方政府的独特优势，也就是在分权式服务供应体制中确保决策更贴近当地居民偏好和需求的优势。其他优势包括公民可以方便、更直接地监督地方政府和地方官员，这种来自"监督的便利"有助于增强地方政府对下（地方居民）而不是对上（上级政府）的受托责任，也助于改进服务交付的数量、质量、及时性、可获性和提高地方居民的满意度。

一般来说，等级（集权式）的政府结构妨碍预算和政策过程中的公民参与。来自其他发展中国家的大量参与式改革案例的证据表明（Andrews, 2002），如果现行的政治过程是不民主的、集权式的或缺乏代表性的，弱势公民很可能在治理过程中被剥夺公民权，而且发言权机制倾向于促进较狭隘的、较少有影响力的话语权表达；南非和许多其他类似国家的案例表明，即使在民主和分权的国家，话语权表达也会受到此类政府结构的负面影响。主要问题在于这类等级式政府结构关注的通常是国家层面的政党议程，或者高层政府政策的地方代表性，而不是其地方居民的发言权。采用分权式服务供应体制以确保基层政府在服务供应和农村发展预算中扮演主角，有助于最大限度地减轻等级式政府结构的负面后果，并为发展各种有效的公民参与机制创造最多的机会。

二、弱势群体的平等参与

与许多其他发展中国家一样，目前中国各级政府的预算过程（从预算准备到审查、批准、执行、评估和审计）典型地受行政部门官员支配，它们拥有广泛的自由裁量权以及专业知识与技能、议程安排、资源分配等方面的优势，从而支配了预算过程。在地方层次上，强势群体也有较多的机会和渠道影响预算过程。另外，普通公民则典型地成为预算过程的消极旁观者。预算过程、预算文件对他们几乎是个黑箱，更不用表达自己的话语权和影响预算决策制定、执行与评估。在这种情况下，地方预算主要反映的是上级政府和本级官员的偏好和意志，而当地居民的偏好、需求和优先性信息几乎不能反映在地方预算过程中。

地方预算中公民参与的极度缺乏，不仅与等级式政府结构相关，也与农村地区独特的社会结构有关。与城市相比，中国农村地区的公民社会组织（包括非政府组织）更难以发展起来。这与其他发展中国家的具有很多的相似性。一些案例（例如，南非 Kentani 市的参与式结构）只是关注那些组织得很好的社区，较少具有组织性的社区，特别是孤立的乡村社区相对少见。研究表明，在公民社会组织不良的孤立的乡村，参与是复杂的，几乎没有有效的社区（发展或预算）委员会的公民社会组织的参与（DCG – GTZ 1999, Eastern Cape study, 27），用以促进广泛的或有影响力的话语权表达的公共会议和委员会几乎不能看到。乌干达参与式预算改革实践表明：缺乏强有力的公民社会组织和制度限制了公民对预算过程和政策制度的参与（Gariyo, 2000）。

发展中国家和发达国家的实践表明，为在预算过程中建立有效的公民参与，除了需要清除其他障碍外，公共预算和财务管理方面的改革十分关键，这一方面重要的措施包括（Andrews, Matthew, and Anwar Shah, 2005）：（1）预算数据必须对公民有意义的方式分类；（2）预算需要以贴近公民的方式准备；（3）预算必须清晰地表达官员的核心责任；（4）预算必须清晰地报告财政运营的关键特征：支出、收入、赤字功盈余、绩效成果等。

三、绩效导向融入预算过程

预算过程典型的有两类导向：投入导向和绩效导向。投入导向关注的是资源在大量支出条目间的配置，这些条目常见的包括"工薪"、"办公经费"、"差旅费"、"设备购置"、"债务偿付"等。条目预算对于财务合规性控制而言可能是适当的，但其主要弱点在于不能引导预算过程关注资源配置的有效性，尤其是公共服务交付绩效，包括服务的数量、质量、及时性、成本以及客户满意度。由于这一缺陷，投入导向的预算模式（条目预算）倾向于妨碍预算过程的公民参与，以及发展以绩效为基础的受托责任框架。

为此，许多发展中国家在实践中逐步采纳了源于发达国家的绩效导向管理方法，并致力于促进公共支出绩效评估中的公民参与，这一改革的主线是从传统的投入和产出导向转向产出与成果导向，在公共组织中引入新的绩效导向的受托责任框架。其中，南非的进展被认为是发展中国家"最佳实践"的代表，1999年公共财务管理法案为评估公共支出的货币价值与政府目标一致性提供一个法律框架（National Treasury, 2002），也标志着从传统的条目预算转向了以规划和绩效为基础的预算模式。

发展中国家的实践证明，要想在地方层次上成功实施源于发达国家的绩效预算，通常需要具备以下三个基本条件：

（一）创立内部动力和外部压力

就内部动力而言，最重要的条件是：预算过程的所有主要参与者，包括行政部门、立法机关和政府高层领导具有赞同推动这项改革的较强烈的意愿。外部压力指公民和公民团体对公共服务现状表达不满，并强烈要求政府改进服务绩效。概括地讲，内部动力来自对服务效率（以较低成本提供服务）和有效性（以较低的成本达成目标）的追求；外部压力来自公民对服务质量和政府责任的关切和期待（Wang，1999）。另外，政府官员必须清晰界定公共服务的生产者与消费者，并为所有参与者（包括公民）及时提供相关信息。为此，激励机制亦需改革，以使官员和机构从关注"多少"（能拿到多少钱）转向关注"多好"（绩效）。促进透明度也需要适当的激励。

（二）立法机关强有力和持续的支持

在缺乏适宜的政治环境时，绩效导向的地方公共管理和预算通常不能成功。在建立绩效目标（基准）、开发绩效指标、监督绩效过程以及评估绩效结果中，立法机关都必须参与其中。如果行政部门与立法机关在改革需求和改革目标方面没有一致的理念，绩效预算不可能成功。

（三）公民支持和参与

除了立法机关一定程度（有限）参与外，还需要有来自外部（公民社会）的支持。绩效改革应为政府利害关系者提供直接利益以换取其支持（Wang，2000）。没有某种程度的公共参与，绩效会变成内部官僚主义作业的风险。缺乏公民支持和帮助，管理者与员工不可能理解结果导向方法的潜在价值，或者有效执行这一方法（Perrin，2002）。

第十一章

农村发展预算的支出重点与科目设计

农村发展预算的目的不仅是为新农村建设提供充足的资金,更重要的是确保稀缺的财政资源被配置到更具优先级的领域,并确保资金的使用产生令人满意的结果,精心设计预算科目因素变得很重要。预算科目是根据一定的预算分类设计的、用以记录财政资金流入与流出的政府会计账目,包括收入科目、支出科目和融资(债务)科目,核心是支出科目。欲使农村发展预算成为有效的政策工具,有两个基本的问题需要解决:首先,农村发展预算必须能够约束各级政府农村发展政策的选择;其次,农村发展预算必须能够将政府政策重点与意图表述为一系列支出决定。预算科目的科学设计是解决这两个问题的技术基础。本章探讨农村发展预算的支出重点,以及如何通过预算科目的优化设计与改革更好地表述和支持支出重点。

第一节 农村发展预算的支出重点

在经济高速增长和政府整体财政实力迅速增强的背景下,中国投入新农村建设的预算资金总量日益扩大,并保持了较快的增长速度。这些支出中的很大一部分来自中央政府。2010年,中央财政仅仅在"农林水事务"这一项级科目①下安排的支出即超过 3 779 亿元，高于中央财政支出平均增幅 1.3 个百分点，其中对地方转移支付约为 3 457 亿元，中央本级支出 322 亿元。② 尤其重要的是，中央政府一再强调要继续加大对"三农"的财政投入力度，加大农田水利建设，进一步完善"强农惠农"政策。然而，至少与保障投入同等重要是确保资源被优先投入到更具价值和优先级的用途上。由于任何特定预算年度中的资源总量是有限的，在回报（社会效益与经济效益）潜力很低的地方投入大量资源，将导致具有战略重要性的重点领域无法获得足够资金。

一、农村公共服务与基础设施

与其他任何产业和群体相比，农业与农民在更大程度上"靠天吃饭"。加强农村公共服务与基础设施是减缓这种先天脆弱性最有效的方法。公共服务与基础设施不仅对农民群体的生存能力与质量至关重要，对发展现代农业也是如此。农民群体虽然数量庞大，但组织性弱，比其他有组织的群体更缺少行动能力。另外，在新中国历史上，农民群体比其他任何群体对中国工业化和现代化建设都做出了更多的贡献。在政策与制度层面，由来已久的农民群体"权益"不平等与保障问题至今相当突出。当前中国社会在经济崛起背景下十分严重的社会不平等虽然表现在各类群体间，但农民和城市居民之间的权益不平等尤其严重。整体而言，城市居民在诸如医疗、养老、住房、教育等方面享受的权益，农民是无法企及的。公共服务均等化作为一项重大国家政策目标，最主要的着力点应是缩小农民与城市居民在基本公共服务与基础设施方面巨大的不平等。令人担忧的是，这种不平等随经济高速增长而不断加剧。在此背景下，加强农村公共服务与基础设施可以作为一种重要的矫正机制，其意义无论如何不容低估。

农村公共服务与基础设施包含许多具体内容，表 11-1 列示了其中的主要部分。

表 11-1 关键性的农村公共服务与基础设施

农村公共服务	农村基础设施
——教育与培训	——能源
——医疗保健	——路、桥、水利

---

① 该项级科目主要反映政府农林水事务方面的以下支出：农业支出、林业支出、水利支出、扶贫支出、农业综合开发支出等。
② 引自第十一届全国人民代表大会财政经济委员会关于 2010 年中央和地方预算执行情况与 2011 年中央和地方预算草案的审查结果报告。来源：新华网：http://www.ce.cn/xwzx/gnsz/szyw/201103/10/t20110310_22287640.shtml。

续表

农村公共服务	农村基础设施
——社会保障	——危机管理
——农村信息高速公路	——灾害防治

从"农民发展"出发,农民发展预算应优先锁定以下项目:

(一) 健康与安全项目

在一般意义上,任何人的生存质量首要的依赖因素是健康与安全,其次是知识与技能。没有健康与安全就没有一切(金钱变得无意义);没有知识与技能就难以脱贫(更不应说致富),知识经济时代更是如此。知识与技能的重要性不言而喻,但健康与安全构成个体与群体生存质量的"底线",因此,其优先级应高于知识与技能。更一般地讲,在公共服务与基础设施的长长清单中,没有哪一个就其重要性与优先级而言能与健康与安全相提并论。经验和直觉也可以使我们确认这一排序的正确性与合理性。

对所有人都最重要的健康与安全,对于农民群体尤其更重要。在中国,农民群体作为一个整体的低收入水平,决定了他们没有能力"购买"这些服务——即使某些服务确实能在市场上出售(比如健康保险市场的保单)。许多与健康和安全相关的公共服务的免费供应是政府的职责,特别是传染病的防治和清洁饮用水。这些基本服务几乎在每个国家都具有"公民权益"的性质,不能根据"能力原则"(有钱人多享受、穷人少享受)进行分配。况且,企业既没有动力也没有职责提供这些服务。作为纯粹的公共物品,市场在这类服务方面的市场失灵比其他服务更为严重与普遍。

由于具有可分割性和可销售性,市场在提供清洁饮用水方面也许是一种有效的制度安排,但政府的作用仍然无法取代。厂商需要补偿成本并获取利润,这意味着销售清洁饮用水的价格,很可能高得让低收入者无法承受。即使在低收入国家,人人都能获得清洁饮用水也很容易被确认为一项基本的公民权益。在这种情况下,市场机制的作用应该受益限制。概而言之,市场机制的作用在以下两种情况下应该受到限制,政府应承担起主要的责任:首先是在经济学所分析的传统的市场失灵领域(例如,专利保护等大范围外部性场合),这一领域的失灵源于厂商无法补偿成本更不用说利润;其次是公民权益。当某些基本公共服务的大致均等化被一个社会确认为公民权益时,即使厂商供应这些服务有利可图,政府也应加以限制并在较高程度上发挥替代作用。在此领域,依赖市场力量可能导致许多公民的权益得不到保障。

清洁饮用水供应即属于这一情形。其他与健康与安全相关的许多服务，尤其是基本医疗卫生服务也是如此。私人医疗可以通过高收费提供这些服务，保险公司可以出售保单来获利。但是，这些领域事关公民权益，不是一个可以由市场力量"自发调节"的领域。将这类服务交给市场将会导致许多人付出健康甚至生命的代价，那些无力支付费用的低收入阶层更是如此。

对于农民生存与发展最为重要的"健康与安全"服务领域，农民发展预算的主要战略目标应鉴别如下：

（1）与传染病（特别是大范围传染病）、地方病、结核病和疟疾作斗争。

（2）减轻农民获取与使用医疗服务的经济负担。

（3）预防和减少由慢性非传染性病症、精神障碍、暴力和伤害造成的疾病、残疾和过早死亡。

（4）在生命周期的主要阶段（包括妊娠、分娩、新生儿期、儿童期、青少年与老年期）降低发病率和死亡率、改善健康。

（5）预防与减轻突发事件、灾害、危机和冲突的健康后果，最大限度减少其社会和经济影响。

（6）减少烟草、酒精、药物、不健康饮食。

（7）改进卫生服务的组织、管理和提供。

（8）改进医疗产品和技术，扩展应用程度与范围。

（9）培训合格、胜任、敬业的农村医疗卫生队伍。

与农民健康与安全相关的服务，应坚持"预防重于治疗"的基本原则。据此，在配置预算资源时，基层（社区）卫生中心的建设应优先于医疗建设，因为以预防和治疗为主的基层卫生中心，通常比医院对穷人有利得多。对13个国家的研究表明（桑贾伊·普拉丹，2000，P15），公共卫生支出（补贴）中有50%让占总人口40%的贫困者受益，对医院服务的补贴则只有29%使这些人受益即使价格很低，由于往返和等候时间的机会成本，穷人得到医院服务的私人成本很高。

（二）农业技术推广与服务项目

虽然近30多年中减贫工作取得了巨大进展，但中国的广大农村中目前仍分布着大量贫穷人口。除了天灾等无法抗拒的因素外，穷人之所以穷，不是因为缺钱，而是因为缺乏挣钱的能力和机会。除了与健康和安全相关的公共服务外，影响农民挣钱能力的关键因素是知识与技能的开发与传播。与把现金或实物分发（补贴）给农民的政策相比，开发、传播知识与技能更有助于培养农民群体应对挑战、抓住发展机遇的能力。中国许多农民仍然依靠"体力"谋生，但这种局面正在发展改变,长期趋势尤其如此。中国各级政府的一项重大战略目标是将农民和农村带入到知识经济时代,这对于实现农业现代化意义重大且不可或缺。实践证明,依赖政府大规模基础设施投资主导的农业现代化进程,只有与农民群体自身的素质与能力建设相结合时,才可能最终走向成功,因为农业现代化的一个关键方面是"农民的现代化",其核心是培养大批素质与技能较高的"现代农民",唯有如此,广大的农民群体才有可能融入政府主导的农业现代化进程,而不是这一进程的消极旁观者。

知识与技能的开发与传播,对于新农村建设和解决"三农"问题的每个议题都至关紧要。从长远看,掌握现代知识与技能的现代农民群体的形成,才会真正成为对抗贫困、防止重大疾病威胁健康、减轻因自然灾害造成重大人员伤亡并促进可持续发展的最为有效的方法。

与许多发展中国家一样,农业没有获得足够政策与预算支持的主要方面之一在于:许多技术推广服务项目消失了。农业部门的官员以前经常去农村地区培训农民,向他们介绍新技术,但现在这一公共服务项目现在几乎消失了。结果,中国当代的农民在本质上仍然是"传统农民",他们依赖大量传统方法与技术从事耕作。相比之下,美国、欧洲、以色列、日本等国家非常重视培养掌握现代农业科技的"农业巨匠",在这方面的经验值得借鉴。

在农业问题上,日本与中国的国情近似:人均耕地面积小,两国都把发展农业和实现自给列为国家的重大战略目标。然而,日本的农业比中国的农业先进许多,效率也高得多。2008 年,中国农业(含林业和渔业)国内生产总值约为 24.8 万亿日元(约合 2 万亿元人民币),几乎与日本同等规模,但中国的农业家庭数(约 2 亿户)却是日本的 80 倍,从事农业的人数为日本的 100 倍(约为 3 亿人),[①] 中日的农业差距由此可见一斑。事实上,中国农业已处危机状态,危机蔓延到很多方面,其中很重要的一个方面是掌握现代农业科技、潜心耕作的"农业巨匠"(农业能人)数量太大,各级政府在这个方面投入也很少。相比而言,日本各地有许多"农业巨匠",他们不惜工本,潜心于水稻、蔬菜、水果的栽培。

为此,农村发展预算应为致力于建设一支高素质的农业从业人员队伍提供充足的资金。这笔开支的效益虽然需要较长时间才能充分显现出来,但其内在价值一点也不低于物质基础设施。在该类项目中,农村发展预算应重点支持"专业技能培训"、"农业科普下乡"、"建设农业职业技术学校"等活动,以使农户和学员在较短时间内熟练掌握若干专业技术(例如,花卉栽培、水产养殖)。

---

① 引自《参考消息》2010 年 10 月 12 日,第 14 版。

(三) 农业信息系统建设项目

2006 年 5 月中共中央办公厅、国务院办公厅印发了《2006~2020 年中国信息化发展战略》，公布了未来 15 年我国的信息化战略。在实践中，越来越多的农民开始意识到互联网的重要性，利用网络为自己的产品寻找市场。许多农民认识到，即便是贫穷的农村也可通过信息技术实现跨越式发展。现在，信息技术被许多地方应用于增进知识与技能，包括建立信息库系统以帮助预测市场供求与价格动态，对无公害标准化生产进行全程监控，改进土地资源、基本农田、标准农田管理与灾害管理。

(四) 水土保持项目

农业和农民的根基在于"土地"和"水"，两者同为农业与农民发展之本。没有哪个产业有如农业那样如此高度依赖土地供应，也没有哪个产业如同农业那样消耗如此多的淡水（中国 65% 的淡水消耗于农业中）。近 30 多年来，由于改变耕作技术和过多使用化肥，中国许多地区土壤质量正在恶化。土地酸度、氮和磷含量以及真菌病都在增加。实践证明，种地养地、增施有机肥、改土造田、秸秆还田、换茬轮作等是培肥地力和提高农业抗御自然灾害能力的有效办法，应该大力提倡。另外，土壤保护不应只是关注"耕地"，而应关注耕地、林地、草原、淡水、海洋、等各种资源广义"土地资源"的综合开发与利用。

(五) 农业节能项目

农业不仅是"耗水大户"，也是"耗能大户"。导致现代文明所高度依赖的石油的匮乏，主要原因不是工业和运输业、电力，而是农业部门。汽油和天然气是农村最基本的能源，不仅仅是因为农业机械需要燃料，主要问题在于必须获得足够的能源来制造肥料。总体而言，粮食种植中使用的能源 90% 左右来自石油和天然气。这些能源中，1/3 用于缩短劳动时间，1/3 用于生产肥料。中国的化肥使用量位居世界前列，每公顷土地的化肥使用量是世界平均水平的 3 倍左右。[①] 此外，杀虫剂和除草剂也依赖石油和天然气。

(六) 环境与生态项目

目前中国的许多城市正在大力整治污染。相比之下，广大农村正在日益成为

---

① 数据引自《参考消息》2008 年 10 月 29 日，第 9 版。

垃圾场，弱势群体正成为污染的主要受害者，而农村污染在政策层面却是较少受到关注的领域。借助卫星图片可以清晰看到，目前中国大部分土地已经没有绿色植被覆盖，而是大片高度裸露的黄色地面，每到春天，北京、兰州和西安等许多城市时常被沙尘暴笼罩，对居民健康、交通等造成巨大的负面影响。

二、现代农业建设

农村公共服务、基础设施与现代农业的发展密切相关，但"现代农业"的立足点主要不是公共服务与物质基础设施，而是技术与运营模式、农产品质量与品种、组织体系、农地产权制度。在农村发展预算中考虑"农业"维度的资金安排时，每个方面都应仔细鉴别其优先性。

(一) 技术与运营模式

从技术和运营角度可将农业发展模式界定为八种（李文学，2006）：

（1）集约型：通过生产要素的合理配置、精耕细作以致力提高生产率；

（2）生态型：以减少污染（有毒物）排放、对农业废弃物进行无害化处理或循环利用为主要特征；

（3）技术精准型：应用全球定位系统、地理信息系统、遥感遥测系统等先进技术，定时、定位、定量地实施现代农业操作技术与管理程序；

（4）数字型：集成电脑、电视、电话（"三电合一"）、建立电脑语言自动答询系统、电视播报系统、文字传媒系统、专家演绎系统、基地展示系统、信息交流与市场服务系统，为生产经营者提供全方位、多渠道的技术信息服务；

（5）创汇型：通过"一村一品"、"一乡一品"地方特色战略，瞄准国际市场的产品外销；

（6）有机型（生物型）：利用物质循环、能量转换原理，实施腐殖肥和物理及生物驱虫技术，生产品质好、无污染、无残留、无公害农产品；[①]

（7）人工设施型：利用人工建造的设施调节生物体生长和储藏运输环境，如蔬菜、动物、花卉、食用菌等的工厂化生产，温室及畜舍的补光、加温、通风、微滴灌，以及贮运中运用空调、冷藏设备等；

（8）观光与休闲型：利用地域优势和现代科技手段，建造生态园、科技园、展览园或园艺园，集科研场所、种苗培育、展览展示、观光旅游、休闲度假于

[①] 生物农业在各个生产环节，如耕作、栽培、用地、养地、防病、治虫、控制杂草等方面，普遍采用综合生物技术措施。生物型农业有可能成为21世纪重要的农业发展模式。

一体。

中国是个农业大国,各地具体情况千差万别,非常适合发展因地制宜、因时制宜的多样化农业技术与运营模式。对多样性模式的追求意味着农村发展预算的优先性安排不应"一刀切",也意味着赋予农村基层政权在预算决策上的自主性和灵活性十分重要。多样化同时也意味着在农村发展预算的各个环节,特别是在前期的预算准备、编制环节,需要将广泛的参与机制融入其中,以使农民和专家代表有机会在预算过程中充分表达自己的偏好、意见和建议。向决策层传递这些"声音"的机会和渠道应尽可能向所有人开放,并有适当的回应机制以确保基层政府官员不只是向他们的上级、同时也向当地居民负责。

(二) 产品质量与品种

在产品(相对于发展模式)层面,现代农业与传统农业的一个重要区别在于农产品质量与品种丰度(多样性)的提高。随着经济发展、人均收入的提高与消费能力的增强,消费者对农产品的质量与品种提出了更为挑剔的要求,满足这些要求需要农村发展预算重点支出那些旨在提高农产品质量与品种的活动与措施,包括改进耕作体制(例如,不要在同一块土地上常年种植蔬菜)、创新农艺技术、改良品种、研发新品种、制定与改进农产品质量标准与质量评估体系、改善农产品的运输及贮藏设施、改进包装材料和开发先进的包装技术。

(三) 组织体系

现代农业的组织体系包括两个层面:一个是将上游的原材料(如化肥)供应、中游的农业生产、下游的城市市场(终端用户)紧密联结的一体化产业链;另一个是组织架构:从传统上以农户(家庭)为基础转向以集体农场或公司化运作为基础。这两个方面往往联系在一起,难以截然分离。现代农业的产业链建设的核心是实现"产、学、研"的一体化,集研究、开发、生产、销售为一体,这是以家庭为基础的传统农业无法做到,农场化或公司化运作几乎必然选择。欧洲、美国、俄罗斯和以色列这些世界上最发达的农业大国,都是高度依赖农场化或公司运作取得成功的典范。一些案例表明:将农民与终端(城市消费者)联结起来的组织体系,对于农民增收的效果好得出人意料,而这一举措在政策上经常被忽视。[①]

[①] 2008年上半年,印度尼西亚山区的农民中的 50 人开始将农产品直接卖给零售商时,结果令他们大吃一惊:大米和木薯收入激增 80%,玉米收入增加 40%。多年来,他们一直依赖中间商出售其农产品,因此对市场需求状况和价格波动一无所知。参见《参考消息》2008 年 4 月 4 日,第 4 版。

在这个方面，中国目前的农业体制非常落后，但朝向公司化运作的进程已经启动并在迅速取得进展（目前全国有8万多家农业企业）。不过，随之而来的轮种体系的瓦解和"连种障碍"需要引起高度重视，后者指在同一土地上连续（连年）耕种同一种作物导致生长恶化。① 另一个需要精心考虑的问题是：在农户为基础的农业体制转向公司化运作过程中，如何切实保护农户的利益。这一问题的本质是需要建立起公司利益与农户利益的联结机制，这一机制进一步受制于当前中国的农地（集体所有的）产权制度。由此可知，建设现代农业的组织体系是一个高度复杂的问题。但无论怎样复杂，发展现代农业的组织体系不可或缺，需要得到农村发展预算的强有力支持。

（四）农地产权制度改革

土地是农业最重要的资源，即使高度依赖先进技术的现代农业也是如此。建设现代农业的一个关键方面是对土地资源的集约利用，但这与当前中国的农地产权制度存在冲突。当前中国农地产权制度的关键特征是农业生产的基本单元——农户只是拥有农地的使用权（大约30年），不拥有所有权。即使如此，土地使用权相当不稳定：每过若干年，乡村因本地人口的变化需要重新分配土地。② 这种缺乏保障和不稳定的农地产权引发了全国范围内大规模的"弃农"现象，随之而来的是农业危机的生成和蔓延。中国主要粮食（玉米和大豆）的生产率落后于世界标准，大豆等农产品开始依赖进口；玉米和大豆的生产者价格指数在20世纪90年代初期几乎与美国同等（甚至略低），但在1995年后开始大幅超过美国。易言之，在农业成本方面已经输给美国，开始落后于国际农业方式，落后于国际市场经济式农业。③

三、农村基层政权建设

农村基层政权是中国农村治理的主力军。上级政府对基层政权的财政支持无论怎样重要，也无法取代基层政权的独特作用。由于种种原因，当前中国农村基

---

① 以大豆生产著称的黑龙江近年来轮种体系解体，农产品质量恶化，而大量使用化肥和农药进一步导致成本上升和土壤恶化。

② 村子的人口发生较大变化，乡村政府就会对土地进行再分配，收回成员减少的家庭的部分土地，而将这些土地重新分配给成员增加的家庭，以保持分配的公平。在此产权安排下，虽然农民获得了对土地的长期租赁合同，但合同可以随时被取消。

③ 除了政策上对农业的实质（不是名义或口头上）忽视外，根本原因在于土地所有权归农村集体所有。对于早晚要收回的土地，有谁愿意花大力气去投资？

层政权的治理能力已经大为弱化。腐败、舞弊、渎职、政策与法律执行机制不得力、对下（当地民众）甚至对上（上级政府）的责任缺失和普遍的资源紧张（财力匮乏），已使大部分地方的基层政权无法有效地向当地民众提供基本的公共服务，也无力承担起推进新农村建设和建设现代农业的重任。[①]

改变这种局面要求致力于强化基层政权建设：责任建设和能力建设是其中特别关键的两项内容，尤其是与新农村建设相关的决策责任和能力。加强责任与能力建设需要让农民、专家、企业家和地方社区代表更加广泛地参与相关决策和计划制定，包括参与预算过程的各个方面。[②] 鉴于农村基层政权在农村公共服务与现代农业建设中的特殊作用与重要性，可以认为，这些旨在加强基层政权建设的资源投入从本质上讲是生产性的，应通过农村发展预算得到保障。

表 11-2 概括了农村发展预算的三个主要模块及其优先性。

表 11-2　　　　农村发展预算的核心模块与重点项目

农村公共服务与基础设施	现代农业建设	农村基层政权建设
- 健康与安全服务	- 技术与运营模式	- 责任建设
- 农业技术推广与服务	- 产品质量与品种	- 能力建设
- 农村信息系统建设	- 组织体系建设	- 支持参与
- 水土保持	- 农地产权改革	
- 农业节能		
- 环境与生态		

第二节　农村发展预算的科目设计与改革

中国的政府收支分类科目每年都有局部修订，但基本框架相对稳定。2010年的政府收支分类科目中，与农村发展预算相关的预算科目系按功能分类设置为一个类级科目——"农林水事务"（213 科目），下设 7 个"款"级科目，分别为

[①] 20 世纪 80 年代"包产到户"改革后，农村政权弱化、管理松弛、治安混乱现象加剧，水利和其他基础设施严重破败与失修，无力应对自然灾害，农业现代化渐行渐远。

[②] 中国共产党十六届四中全会通过的《中共中央关于加强党的执政能力建设的决定》明确指出："对涉及经济社会发展全局的重大事项，要广泛征询意见，充分进行协商和协调；对专业性、技术性较强的重大事项，要认真进行专家论证、技术咨询、决策评估；对同群众利益密切相关的重大事项，要实行公示、听证等制度，扩大人民群众的参与度。"

"农业"（编号 01）、"林业"（编号 02）、"水利"（编号 03）、"南水北调"（编号 04）、"扶贫"（编号 05）、"农业综合开发"（编号 06）和"其他农林水事务支出"（编号 09）。

以上每个"款"级科目都覆盖了数量不等的"项"级科目。这些科目配置与记录了各级政府每年用于"农林水事务"的全部预算内财政支出。为了充分发挥农村发展预算在"约束政策选择"以及"依据政策重点清晰表达支出优先性安排"方面的独特作用，可以考虑将当前的预算科目的级次从3级（"类"、"款"、"项"）调整为五级，即在支出功能分类下增设"次级功能"类科目，以及在"项"级科目下增设"目"级科目。

一、当前的预算科目

这里所谓"当前的预算科目"系指 2010 年的政府收支分类科目中的"农林水事务"科目，这类科目配置、归集和记录了农村发展预算的所有预算资源，共分为以下 3 个级次：①

（1）类级科目：农林水事务；

（2）款级科目：农业、林业、水利、南水北调、扶贫、农业综合开发、其他农林水事务支出；

（3）项级科目：参见表 11-3。

农村发展预算的核心科目是类级科目中的"农业"科目，覆盖了从诸如"行政运行"、"一般行政管理事务"到诸如"技术推广"、"技能培训"等 55 个"项"级科目。这些款级科目内容相当庞杂，以这些科目及其加总列示的"农业"支出，实际上很难让人们看清农村发展预算的重点和优先性究竟在哪里，也很难让人看清每个"项"级科目下，资金究竟花在何处。

表 11-3　　"农业"（款级）科目下的项级科目：2010

编号	科目名称	编号	科目名称
01	行政支出		
02	一般行政管理事务	31	农业国有资产维护
03	机关服务	32	农业前期研究与政策研究
04	农业事业机构	33	农民收入统计与负担监测

---

① 本部分的预算科目来源：中华人民共和国财政部：《2010 年政府收支分类科目》，中国财政经济出版社 2009 年版，第 116~127 页。

续表

编号	科目名称	编号	科目名称
05	农垦	34	农业产业化
06	技术推广	35	农业资源保护
07	技能培训	36	草原资源监测
08	病虫害控制	37	外来物种管理
09	农产品质量安全	38	农村能源综合建设
10	执法监督	39	农村人畜饮水
11	信息服务	41	乡村债务化解
12	农村及农业宣传	42	农村道路建设
13	农业资金审计	43	对村委会与村支部补助
14	对外交流与合作	44	对集体经济组织的补助
15	耕地地力保护	45	对村级"一事一议"的补助
16	草原草场保护	46	减轻农业用水负担补助
17	渔业及水域保护	47	农资综合直补
18	农业资源调查和区划	48	石油价格改革对渔业的补贴
19	灾害救助	49	棉花专项补贴
20	稳定农民收入补贴	50	农业生产资料专项补贴
21	农业结构调整补贴	51	农业国有资本经营预算支出
22	农业生产资料补贴	52	对高校毕业生到村任职补助
23	农业生产保险补贴	60	新菜地开发建设基金支出
24	农民合作经济组织	61	新菜地开发设备购置
25	农产品加工与促销	62	新菜地开发技术培训与推广
26	农村公益事业	63	其他新菜地开发基金支出
27	垦区公共支出	99	其他农业支出
28	垦区公益事业		

与"农业"（款级）科目类似的是，其他"款"级科目也包含了数目不等的项级科目。表11-4给出了"林业"科目中覆盖的44个"项"级科目。

表 11-4　　"林业"（款级）科目下的项级科目：2010

编号	科目名称	编号	科目名称
01	行政运行	24	林业政策制定与宣传
02	一般行政管理事务	25	林业资金审计稽查
03	机关服务	26	林区公共资金
04	林业事业机构	31	林业救灾
05	森林培育	32	油价改革对林业补贴
06	林业技术推广	51	林业国有资本经营预算支出
07	森林资源管理	60	育林基金森林培育
08	森林资源监测	61	育林基金林害防治
09	森林生态效益补偿	62	育林基金森林防火
10	林业自然保护区	63	育林基金森林资源监测
11	动植物保护	64	育林基金林业技术推广
12	湿地保护	65	育林基金林区公共支出
13	林业执法与监督	69	其他育林基金支出
14	森林防火	70	森林植被恢复—林地规划
15	林业有害生物防治	71	森林植被恢复—林地整理
16	林业检疫检测	72	森林植被恢复—森林培育
17	防沙治沙	73	森林植被恢复—林害防治
18	林业质量安全	74	森林植被恢复—森林防火
19	林业工程与项目管理	75	森林植被恢复—森林保护
20	林业对外合作与交流	79	其他森林植被恢复
21	林业产业化	99	其他林业支出
22	技能培训		
23	信息管理		

农村发展预算中，水利预算是非常重要的一个模块。2010年的政府收支分类科目中，"水利"（款级）科目覆盖了43个项级科目，如表11-5所示。

表 11-5　　"水利"（款级）科目下的项级科目：2010

编号	科目名称	编号	科目名称
01	行政运行	33	信息管理
02	一般行政管理事务	34	水利建设移民支出
03	机关服务	51	水利国家资本经营预算

续表

编号	科目名称	编号	科目名称
04	水利行业业务管理	60	中央水利基金—工程建设
05	水利工程建设	61	中央水利基金—工程维护
06	水利工程运行与维护	62	中央水利基金—防洪工程
07	长江黄河等流域管理	69	其他中央水利基金支出
08	水利前期工作	70	地方水利基金—工程建设
09	水利执法监督	71	地方水利基金—工程维护
10	水土保持	72	地方水利基金—水土保持
11	水资源管理与保护	73	地方水利基金—城市防洪
12	水质监测	75	其他地方水利基金支出
13	水文测报	76	（略）
14	防汛	78	（略）
15	抗旱	80	（略）
16	农田水利	81	（略）
17	水利技术推广和培训	82	（略）
18	国际河流治理与管理	84	（略）
19	三峡建设管理事务	85	（略）
21	大中型水库移民后期补助	86	（略）
31	水资源费支出	87	（略）
32	砂石资源费支出	89	（略）
		99	其他水利支出

南水北调工程在2010年政府收支分类科目中，被列为与"农业"、"林业"、"水利"及"扶贫"与"农业综合开发"并列的款级科目。"扶贫"科目覆盖10个"项"级科目，依次为：行政运行、一般行政管理事务、机关服务、农村基础设施建设、生产发展、社会发展、扶贫贷款奖补和贴息、"三西"农业建设专项补助、扶贫事业机构、其他扶贫开发。"农业综合开发"覆盖6个"项"级科目，依次为：机构运行、土地治理、产业化经营、科技示范、贷款贴息、其他农业综合开发支出。

二、对功能类科目的梳理与增补

与农村发展预算密切相关的现行（2010年）预算科目系按一级功能——"农林水事务"设置，紧随其后的便是诸如"农业"、"林业"、"水利"等"款"

级科目,以及各"款"级科目下数目不等的"项"级科目。在当前的分类系统下,"款"级科目相当于次级(第二级)功能类科目,反映在政府职能的次级模块上投入的财政资源。功能分类是任何财政管理系统最基本的分类技术,它帮助政策制定者和分析人员评估政府在特定职能上的资源配置和使用情况。现行的政府收支分类科目大体上包括三级结构,如图 11-1 所示。

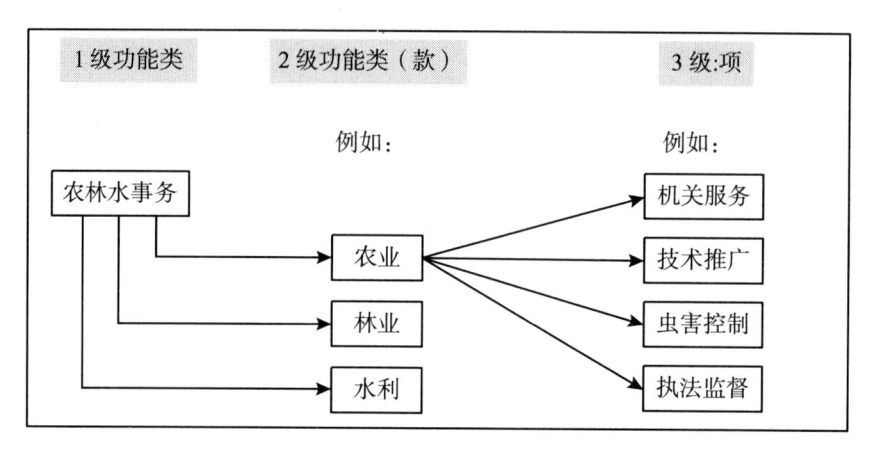

图 11-1 与农村发展预算相关的三级预算科目:2010

对图 11-1 稍加分析可知,现行分类科目在第 2、第 3 级之间"丢失"了一个重要的信息层次:第三级功能。举例而言,假设中央政府在某个财政年度中,"农业"(次级功能即"款"级)科目的预算安排为 3 000 亿元,现行政府收支分类科目系统并不能告诉我们:这些资金有多少被投入到农村(相对于城市)中的"一般行政事务"中?有多少被投入到"教育与培训"中?有多少被投入到"公共秩序与安全"(例如,公安、司法、检察)服务中?有多少被投入到"环境与生态保护"中?有多少被投入到"交通服务"(如乡村道路建设与维护)中?有多少被投入到"基本卫生保健"中?有多少被投入到"社会保险与福利"中?有多少被投入到"技术开发与推广"中?其实,现行分类系统并未完全丢失这些信息,而是将某些功能类别的信息归属于"项"级科目中。举例来说,"农业"(款级)科目下设的"一般行政管理事务"在性质上属于功能类科目,但却与诸如"病虫害控制"等大量规划类科目并列为"项"级科目。如此一来,功能分类与项目分类(规划分类)①便混同起来。"功能"与"规划"

---

① "项目"(project)与"规划"(program)是两个不同概念。在中文的语境中,项目通常被理解为形成固定资产的公共工程。相比之下,规划概念的内涵比项目更为宽泛。许多规划——例如"儿童保健规划"、"结核病防治规划"和"退耕还林规划"通常不会形成固定资产,称为"项目"并不适当。由此可知,"项目"只是"规划"的特例。在功能类别下的预算分类与科目设计应以规划而不是项目为基础。

（项目）的这种混淆也发生在现行分类系统的其他"款"级科目中，包括"林业"和"水利"。

对于预算分类和科目的设计而言，概念与逻辑的混淆造成的问题不只是信息的失真与混乱，还会连累预算过程中的政策选择和预算资源的优化配置，以及预算文件的质量。这是因为，在考虑预算资源配置决策时，最终的资源配置层级是预算科目。在此意义上，预算科目"约束"政府的（农村发展政策）选择，这种约束可以是正面的也可以是负面的，这在一定程度上取决于被提供给决策者的预算科目的特征。另外，预算科目在决定如何将政府的政策目标与重点转化一系列的支出决定（优先性排序）时，也起着重要作用。

在设计预算分类与科目系统时，一个特别重要的技术性工作是清晰地区分"功能"与"规划"（包括"项目"）概念，两者的逻辑关系是"功能套规划"，也就是在"功能"类别下按照规划设计预算科目。这里的关键词是"套"：不是并列关系，而是隶属关系。"功能"（function）反映政府在某个特定领域的职能，例如，经济事务、教育与培训、科技服务、医疗保健、环境事务、公共秩序与安全（包括法律与司法服务）、国防等。政府的功能通常是分层级的，例如，教育（一级功能）包括初等教育、中等教育和高等教育（二级功能），中等教育还包括专业教育与职业教育（三级功能）。设置多少层级的功能科目取决于实际需要和分类的目的，但无论有多少层级，"功能"与"规划"都应明确区分开来："功能"是功能（是上帝的归上帝），"规划"是规划（是凯撒的归凯撒）。在预算分类系统中，规划概念特指为实现特定功能（例如，医疗保健）领域中的特定政策目标（例如，提高儿童体能），由公共组织使用预算资源（以及其他资源）而开展的若干特定活动（例如，"注射疫苗"、"开发儿童保健品"、"建立儿童保健中心"）的集合。

基于上述讨论，为确保农村发展预算成为有效的政策工具，有必要对现行的相关预算科目进行系统的梳理与调整。梳理与调整应遵循以下两项基本原则：

（一）有助于为约束政府的政策选择提供良好的视角

政策是政府的权威性作为或不作为。就农村发展政策而言，政府可以决定"做些什么"、"优先做些什么"以及"政策目标是怎样的"。政府也可以决定"不做什么"或"取消什么"。当这些事关公民福利与经济社会发展的决策被紧密地融入预算过程时，预算才有可能真正成为促进政府政策目标的有效工具。以预算"约束"政策选择，意味着政府的任何政策决定都需要充分考虑特定预算年度内预算资源的可得性，包括有多少预算资源可用于资助新出台的政策措施；如果新出台的政策措施需要的资源超过了可得资源总量，即需考虑削减或取消现行政策措施以使资源释放到新出台的政策措施中。这种逻辑关系清楚地表明，以预算"约束"政策选择，要求在"新的政策措施"与"现行政策措施"之间进行仔细的权衡以决定轻重缓急和取舍，而这种权衡必须建立在预算资源可得性的基础上。预算分类与科目的设计应有助于政府做出这些权衡，这就要求"政策视点"与"预算科目视点"相一致。这种一致性或匹配性将为政策决策提供极大便利。

（二）有助于将政府的政策选择转换为清晰的支出决定

政策与预算的关系存在两个基本面：首要的是"政策决定预算"——预算资源的配置应以政策选择为导向并准确反映政策重点与优先性；其次是"预算'约束'政策"——政策选择必须在预算资源可得性的基础上做出，漠视资源供给能力下的政策选择，充其量也只是"希望"而不是"政策"（画饼充饥）。作为"政策决定预算"的逻辑扩展，预算科目的设计应有助于将政策选择转换为一系列清晰的支出决定。在理想的情况下，每项支出决定（记录于预算科目中）均应清晰对反映特定的政策（目标）选择。

以上两项原则是从"预算作为政策工具"的角度提出来的。预算首先是控制公共开支的工具（预算的传统职能），然后是政策（制定、实施与评估）工具，后者是现代预算的特别强调的功能。就本书探讨的主题——农村发展预算而言，关注的焦点也是这一功能。支持这一功能要求对现行的相关预算科目进行梳理与调整，以使这一功能得到有效发挥。功能层次的梳理与调整的基本思路有两个：

（1）"功能套规划"：分离功能与规划层级。

（2）分设3个功能层级：1级套2级、2级套3级。

第二个思路的出发点在于：在中国的现实背景下，农村发展预算涉及到的"农村公共事务"（需要政府处理的事务）非常庞杂，大致需要3级功能科目才能较完整地反映政策选择与支出安排的信息。

图11-2给出农村发展预算的科目设计框架。

图11-2给出了调整与梳理后的农村发展预算的科目构造的整体框架。与现行框架相比，这一框架将原来按产业（农业、林业、水利等）设置的"款"级科目（次级功能）调整为3级功能科目，通过这些科目将国家财政投入到农村发展中的归集到广义农业概念中的"产业类别"下。在此之前，该框架将国家用于农村发展的资源首先归集到各个2级功能类别下；在此之后，各产业类别的经费进一步被归集到特定的规划（包括项目）层级的科目下。与现行框架相比，这一框架可以为借助农村发展预算"约束"政策选择，以及将政府农村发展政

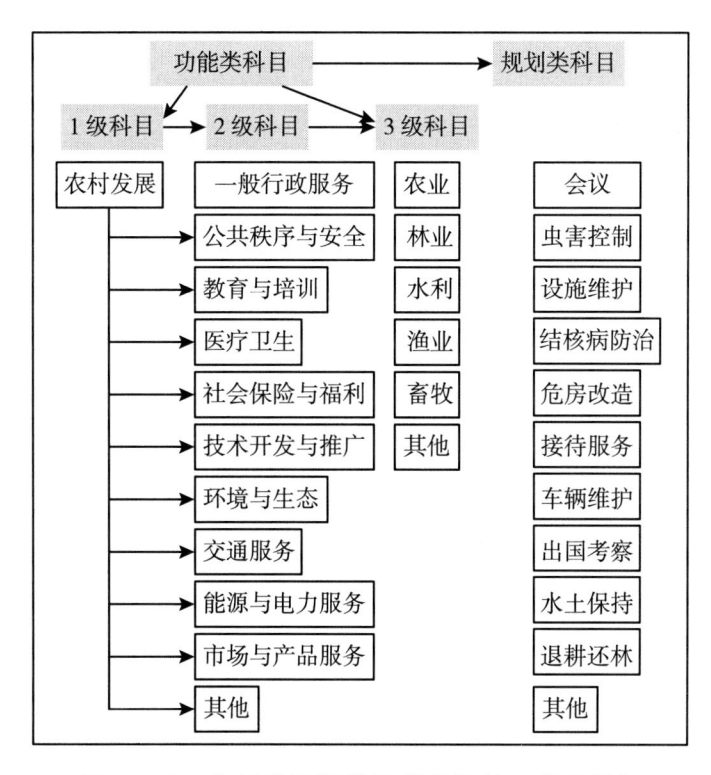

图 11-2 农村发展预算的科目设计：整体框架

策表述为清晰的决定，提供更好的技术支持。

三、区分资本性支出与经常性支出

图 11-2 所示的新框架比现行框架提供了更好的信息，但对于将农村发展预算打造为有效的政策工具而言，仍然是不充分的，因为该框架没有提供关于"资本性支出"与"经常性支出"的信息。与其他领域一样，国家投入到农村发展中的预算资源，就其经济性质而言可以区分为两部分。

（一）资本性支出：用于资本形成

资本包括有形资本（固定资产）和人力资本（无形资产），人力资本又包括两部分：知识资本（主要源于教育和培训支出）和健康资本（主要源于医疗卫生保健）。传统上，政府用于农村发展的投资中，很大一部分被用于投资于物质基础设施，例如，道路、供水、污水处理、垃圾收集与回收、电力等"项目"。这些资产具有经济或社会回报，因此在概念上相当于"资本"（资本概念表明能够创造价值），它们是提供公共服务（例如，交通服务）的重要载体。传统的经济发展理论认为，这些有形的物质基础设施的投资构成"发展"的主要源泉。

现在人们认识到，在知识经济背景下，以人力资本为载体的投资对于发展的贡献越来越大，其重要性甚至超过了有形资本的投资。两者的差异表现在：如果有形资本（载体是固定资产）属于"硬件"，那么，无形资产（载体是人力资本）就是"软件"。在会计意义上，硬件会发生磨损（包括实物磨损和主要源于技术进步的无形磨损），因而需要折旧；软件的情形并非如此。鉴于两者对"发展"的贡献度存在差异，如果农村发展预算的资源在实物资本（硬件）与人力资源（软件）间的配置严重失衡，其效果就会被大打折扣。在实践中，这种失衡在许多发展中国家十分普遍，其源头可以追溯到对"人力资本"的忽视或漠视，导致政策上对实物资本投资的过度偏好，以及对人力资本投资的严重不足。

发展概念的另一个重要维度是：人力资本的形成不仅源于教育与培训，也在很大程度上源于健康资本（"投资于健康"）。这一点对于低收入阶层和穷人特别重要，因为这类群体缺少的不仅是钱，更缺少知识资本和健康资本。医疗卫生服务对于人力资本的贡献，特别是对于穷人和低收入阶层的"人力资本"的重要性，逐步得到大量文献的确认，但在中国"农村发展"投资的政策领域，传统的偏见依然没有得到矫正，大量医疗卫生资源被配置到城市就是最有力的证明。

以上简短的讨论表明：在农村发展预算的资源（支出）配置决策中，如何在"资本支出"的两个基本类别——"实物资本"与"人力资本"之间作适当配置，直接触及事关重大的发展问题和治理（政策）问题。类似的问题也发生在"资本性支出"与"经常性支出"之间。

（二）经常性支出：不形成资本

与其他政策领域一样，用于农村发展的预算资源总量中，也会有一部分被用于"人吃马喂"的维持性支出，即"经常性支出"。最典型的经常性支出（通常占很高比例）是工薪支出。会议、报告、房租、办公用品（低值易耗品）等也是较典型的经常性支出。经常性支出的主要部分是维持公共组织日常运转的支出。这类支出本质上是非生产性的，因为它们对于资本形成——无论是实物资本还是人力资本的形成没有贡献。这也是经常性支出与资本性支出的本质差异。

虽然如此，经常性支出并非越少越好。这类支出水平的"底线"是满足政府日常运转（改造常规的日常功能）的需求。达不到这个底线意味着政府的正常运转和功能难以履行，这将损害向公众提供服务的能力。在这个意义上，经常性支出对于"发展"具有间接的贡献。在中国许多地方的财政管理实践中，典型的失衡量主要不是经常性支出过少（比例过低），而是原本被用于资本形成的投资（项目支出）被大量挪用于其他用途（包括发放工资和福利），也有相当一部分在腐败中被损耗掉了。

这里不再详细讨论资本性支出与经常性支出对于"发展"的贡献。在政策选择上，重要的是必须清晰地区分两类支出的合理界限：资本性支出被用于资本形成，这些资本不仅在当年、也在以后多个年度（生命周期）中使公众和其他利益相关者获益；相比之下，经常性支出产生的利益是短期的（限于特定财政年度）而不是跨年度的。仅此一点，足以为区分两类支出信息提供充分的理由。预算科目的设置应有助于确保提供这两类对于政策选择与预算决策至关重要的信息。

图 11 – 3 列示了农村发展预算中的资本支出、经常性支出与转移支付、物质资本支出与人力资本支出的分类，以及与这一分类（属于经济性质分类）系统相衔接的规划层级预算科目的大致框架。

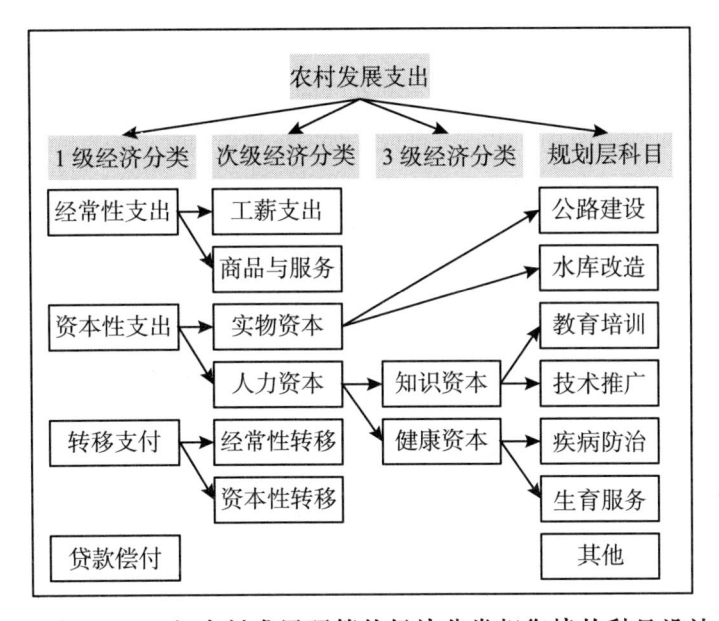

图 11 – 3　与农村发展预算的经济分类相衔接的科目设计

图 11 – 3 将农村发展预算的资金投入归集到 4 个 1 级经济分类中，即经常性支出、资本性支出、转移支付以及贷款偿付。在这里，转移支付系指由农村发展预算提供给农户、公司或其他农业生产经营者的补贴，这类补贴包括两类情形：一类用于改进低收入者生活水平（例如，生活与救济类补贴），包括"家电下乡补贴"，此类补贴的目的具有"消费"性质，并非用于促进农业生产或提高生产经营效率，在性质上属于经常性补贴——受益只限于本年度；另一类用于改善农业生产条件或提高生产经营效率，其受益是跨年度性（长期）的，例如，种粮

补贴、母猪饲养补贴、农业生产资料补贴。在性质上，此类补贴与资本性支出类似。另外，在某些情形下，农村发展预算可以提供部分资金用于偿付借款，包括向上级政府的借款和向金融机构或国际金融组织的借款。

与图11-2相比，图11-3提供了关于农村发展预算在经济性质层面的相关信息，特别是关于资本支出与经常性支出的信息。这类信息在约束政府的政策选择以及将政策目的与意图转换为清晰的支出决定方面，具有独特的重要性。根据经验和常识可以判断，在通常情况下，资本性支出（包括转移支付中的资本性转移）对"发展"的贡献度高于其他类别的支出，其社会与经济效益也更为持久。与经常性支出、贷款偿付以及经常性转移不同，资本性支出着眼于提高公共设施的服务潜力与效率，以及人力资本的"能力"。以此而言，在农村发展预算的资源总量既定的情况下，资本性支出与经常性支出的比例关系，或者资本性支出占农村发展预算总支出的比重，可以作为衡量预算资源优化配置程度的一个重要指标。在资本性支出中，实物资本支出与人力资本支出的比例关系也可以帮助我们判断：农村发展预算的资源是否以及在何种程度上被过度投入到物质资本的形成中，或者对人力资本忽视程度有多高。就人力资本支出配置而言，知识资本支出与健康资本支出的比例关系也可以提供一个重要信号，用以评估在农村发展预算的资源配置中，与健康资本相关的关键性公共服务（尤指基本医疗卫生保健）在政策上和预算上是否充足，是否被忽视。同样重要的是：将农村发展预算中的转移支付部分区分为"经常性转移"和"资本性转移"，可以十分便利地提供相关信息帮助评估前一类转移是否比重过高。许多分发现金（或实物）的转移支付，甚至包括旨在促进粮食生产的补贴（包括种粮补贴、母猪补贴、农用生产资料补贴）而分发给农户的现金补贴，可能最多起到"输血"的作用，几乎没有"造血"的功能，在性质上属于经常性支出。如果确认如此，那么，政策改革就要求将这类补贴转换为真正的资本性支出。与经济性质分类相衔接的预算科目设计在政府政策选择与预算安排上的内在优势，由此可见一斑。

四、以规划科目联结活动、绩效与责任

对图11-2与图11-3稍加关注即可发现：无论采用功能分类还是经济性质分类，最终都需要"套规划"，也就是说，规划层级的预算科目（大体上对应于现行政府收支分类科目体系中的"项"级科目）构成预算分类的基本单元：不仅与政府的功能（职能）类别相联结，也与经济性质分类相联结。

两个维度的联结——"功能（分类）套规划"以及"经济（分类）套规划"其实并非偶然。只要我们确认预算是促进政府政策的有效工具，那么，这

种有效性要求确保预算能够约束政府的政策选择，以及确保政策选择能够被清晰地转换为一系列的支出决定。这里的两个关键词分别是"约束"与"转换"，前者与预算资源的可得性相联系，后者则进一步要求预算支出的安排能够准确反映（表述）政府政策目的与优先性。

就"约束"政策选择而言，两个基本的政策—预算问题分别是：

（1）在既定的预算资源总量约束下，政府如何在诸如教育、农业、医疗等"功能"类别间做出适当的政策抉择？

（2）在既定的预算资源总量下，政府如何在公共投资（旨在形成资本的资本性支出）与公共消费（旨在维持日常运转、不形成资本的经常性支出）类别间做出适当的政策选择？

然而，无论以上两个方面的政策选择是怎样的，被选定的政策措施（包括现行政策和新出台的政策措施）最终需要落实到具体的、与特定政策目标相衔接的"规划"层面。正如前述，规划就是旨在促进特定政策目标而开展的若干"活动"的集合。可以说，没有与特定政策目标相联结的规划，政策目标势必落空。在此意义上，规划其实就是政策执行的"细胞"：缺失或破坏了它们，政策目标将注定不能实现——仅仅是向公众描绘的"希望"，永远不会成为现实。由此可知，在预算分类与科目体系中，规划层次的预算科目设计，以及围绕此类科目编制的"规划预算"和"规划管理"，包括事前的规划设计（与审查）、事中的规划实施、事后的规划评估，对于政策执行的意义无论怎样估计也不过分。

对于农村发展预算（作为促进农村发展政策的有效工具）而言，规划层的科目设计、规划预算与规划管理的意义尤其突出，这不仅因为在中国特定的现实背景下，"农村发展"这一政策领域具有高度的战略重要性和优先性；也因为与其他政策领域相比，"农村发展"牵涉的内容更为丰富（庞杂），涉及粮食、水利、森林、草原、畜牧、交通（例如乡村道路）、医疗卫生、教育与培训等诸多次级功能领域。正因为需要政府作为的"事"如此之多，将它们"包装"（根据政策目标设计）成相应的规划显得特别重要。在预算意义上，规划科目下的支出信息可以帮助我们真正了解财政资金究竟被花在哪些"事情"（规划与活动）上。如果某个财政年度用于农村发展的资本性支出（经济性质类别）为1 000亿元人民币，我们需要借助"规划"分类信息才能讲清楚这些钱究竟花在哪些地方，例如，道路建设、水土保持、兴修水库还是别的规划上，以及各个规划上花了多少钱。类似地，假如某个财政年度政府花在"农村教育"（功能类别）上的钱为1 200亿元人民币，也需要借助在"校舍改造"、"师资培训"、"教材编写"等规划科目才能得到清楚的说明。在这里，规划分类在预算透明度上的意义非常确切且清晰。

规划概念比"项目"概念的外延更广：它覆盖了通常意义（形成固定资产）的公共工程，也覆盖可能没有形成固定资产的那些政府活动。就农村发展预算而言，许多政府活动并不形成固定资产，例如，会议、病虫害防治、儿童保健（疫苗注射）、培训、考察等。在此场合，"项目"概念变得不再适用，"规划"概念的优势则立即呈现。

规划层预算信息还与"活动"层融合起来，这使我们可清楚地看到某个特定规划上的预算支出，是如何在该项规划的各个活动间进行配置的。在这里，"活动"指承担某项规划的公共组织旨在促进规划目标而制定和实施的作业。活动需要被界定、尤其需要精心选择，因为对于特定的规划目标而言，不同活动的成本有效性可能大不相同。例如：儿童保健规划可以（至少）界定出三项活动：注射疫苗、开发儿童药品、建立儿童保健中心。存在这样的可能：在同等程度上提高儿童体能（比如提高 20%），很可能注射疫苗比开发儿童药品的成本更低，风险也更低。由此可知，正是借助"规划套活动"的预算分类系统，预算才得以超越传统上纯粹的"财务游戏"（分钱的工具），转变为促进政府政策目标并与机构运营相融合的工具，这是绩效导向的现代预算的一个显著特征，也是相对于传统预算（关注投入而不是绩效）的内在优势。

在预算和规划管理意义上，活动也是建立绩效指标、评估公共支出（包括资本项目）绩效的最为适当的层级。在针对特定规划下的各类活动建立起适当的绩效指标以后，及时收集相关信息，进而比较与评估各个绩效指标的实际值与目标值的偏差，即可跟踪各项活动的绩效；通过分析和揭示偏差的原因，弄清楚"谁应对绩效"（结果）负责就不再那么困难了。在实践中，纳税几乎总是无法弄清楚对特定活动负责的政府部门和官员究竟是谁，即使这类活动出现了严重的绩效问题也是如此。"规划套活动、活动设指标、指标作分析、分析责任"的预算管理逻辑，可以从技术层面一举解决一大堆难题。图 11-4 直观地展现了预算管理中的上述逻辑关系。

在要求承担农村发展预算的部门提供类似图 11-3 所示的规划预算时，普通民众（除了文盲）看懂预算（报告）也不再是困难的事了。真正重要的不是预算必须公开，而是公开的预算即使普通民众也能看懂。公开而看不懂，公开的意义就被大打折扣了。相反，如果农村发展预算（或其主要部分）以类似图 11-3 的方式展现信息，普通公民对政府的政策选择、预算安排、绩效评价、责任追究（问责）的话语权表达就有了一个较理想的切入点，这将提升他们参与公共预算和其他公共事务的能力与热情。在农村发展预算中，大量的规划（包括基础设施形式的公共工程）直接或间接涉及农村居民的利益，他们也能直接观察到这些规划的成败得失。在这一点（"结果如何"）上，甚至比官员更有发言权。这种发言权也能轻易扩展到事前的规划设计、可行性论证以及优先性选择阶段。

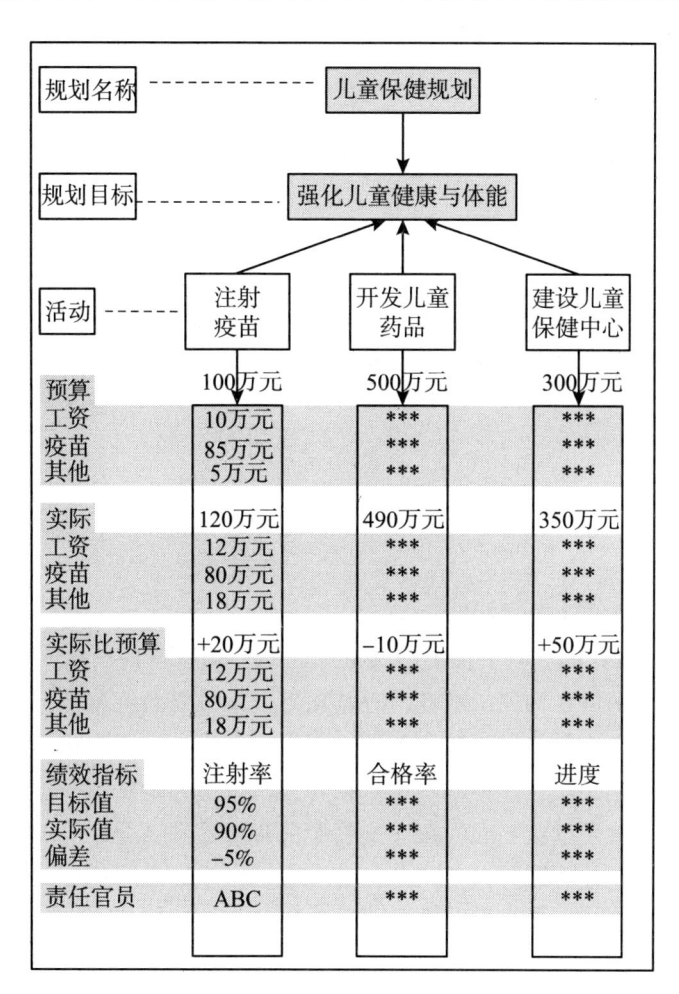

规划名称	儿童保健规划		
规划目标	强化儿童健康与体能		
活动	注射疫苗	开发儿童药品	建设儿童保健中心
预算	100万元	500万元	300万元
工资	10万元	***	***
疫苗	85万元	***	***
其他	5万元	***	***
实际	120万元	490万元	350万元
工资	12万元	***	***
疫苗	80万元	***	***
其他	18万元	***	***
实际比预算	+20万元	−10万元	+50万元
工资	12万元	***	***
疫苗	80万元	***	***
其他	18万元	***	***
绩效指标	注射率	合格率	进度
目标值	95%	***	***
实际值	90%	***	***
偏差	−5%	***	***
责任官员	ABC	***	***

图 11-4 规划科目与规划预算：以儿童保健规划为例

第十二章

农村发展预算中的参与——回应机制建设

传统的等级式的、自上而下的、集权式的、命令—控制导向的治理结构具有妨碍公民参与的内在倾向。在此治理结构下,地方民众游离于决策—计划—预算过程之外,成为农村发展进程的消极旁观者。基层辖区原本具有的贴近民众和其他独特优势,也无法在这种结构中难以释放出来。为矫正这一治理结构的内在缺陷,充分发挥基层辖区在农村服务交付中的积极性和创造性,确保上级政府政策意图与充分满足地方偏好所要求的因地制宜、因时制宜间的协调一致,参与—回应机制应充分融入农村发展预算的各个阶段并使之制度化。

第一节 预算过程的公民参与:意义与机制

预算是现代社会最基本、最正式和最频繁的治理程序,它通过稀缺公共资源的有效分配和使用,使政府得以履行服务公民这一基本职责。因此,预算过程如何充分和准确反映公民的真实偏好和需求,成为预算制度和程序需要致力解决的最根本的问题。如果没有偏好的及时、真实和适当的表达,那么,任何政府也就不可能对公民需求做出(适当)回应,而一个缺乏回应性的政府不可能是责任政府。正因为如此,近期全球范围的公共管理改革运动强调对公民需求的回应性,与此相适应的有效和有效率的公共支出管理改革强调绩效受托责任和公民参与（Anwar Shah and Chunli Shen，2005）。为确保有效的服务交付和促进农村经济社会的发展，农村发展预算应充分融入公民参与原则，以使公民（村民）的话语权能够在预算过程的各个阶段得到清晰、广泛和有力地表达，并通过由此形成的外部压力和适当的激励机制，促使地方官员改进服务交付和有效回应公民偏好与需求。融入公民参与机制的农村发展预算将为建立服务导向型政府和责任政府提供最好的机会和切入点。

一、作为强化受托责任的机制

通过基于国家战略和政策优先性分配稀缺资源，公共预算提供了现代社会最基本、最正式和最频繁的治理程序，[①]被公共部门用于追求广泛的经济、社会和政治目标，其中首要的是促进政府对公民的受托责任——宪政体制关注的焦点。一般来说，宪政的首要但极困难的任务是设计一套具有重要意义的受托责任制度（罗伯特．蒙克斯，2004）。

受托责任概念的丰富内涵可以从许多方面进行解读，但真正的受托责任系指委托人对代理人的强有力控制，以及约束代理人追求委托人目标的能力（Roe Jenkins）。在公共财政意义上，这一基本含义的受托责任要求政府得自人民的资源，必须按人民的意愿使用，并致力于产生人民期望的结果。然而，问题也随之出现了：建立受托责任意味着需要代理人同意建立针对自己的自我约束，这将限制其行动自由，在某些情况下甚至会让其处于为难和痛苦的境地。既然如此，我们凭什么期待代理人（政府）对委托人（公民）的受托责任是显而易见的和强有力的？可以合理推论：只是在"如果代理人不如此作为公民将实施惩罚"的环境下，代理人才会同意加诸自己以受托责任（Mark Schacter，2005）。现实生活中，许多国家腐败的盛行、对人权和公民权利的冒犯以及公共权力的武断行使，显示纵向受托责任在许多国家是十分脆弱的。

作为回应，可以通过"公民惩罚"方法来建立委托人对代理人的强有力控制，以及强化委托人约束代理人追求委托人目标的能力，来贯彻真正的受托责任，从而在治理者（代理人）与被治理者（委托人）之间形成一种健全的关系。在西方民主政体下，达成这一目标的正式机制是选举安排：通过投票箱方法建立针对公民的（纵向）受托责任。根据后向投票范式，选民用选票保持对政治家对事后绩效负责。隐含的假设是：寻租活动和租金可以通过严格的受托责任和残

[①] "最基本"是因为多数公共政策高度依赖预算支持，"最正式"是因为通过预算分配稀缺资源遵循法定的和民主的程序，"最频繁"是因为预算过程是年复一年、日复一日的循环式运作的。

酷的竞争加以限制（Persson and Tabellini，2000）。

然而，正如公共选择理论强调的那样，选举过程足以约束自行其是的政府的假设是极其脆弱的（Geoffrey Brennan and James M. Buchanan，2004）。对许多发展中国家和经济转轨国家而言，建立有效的选举体制更是一项重大挑战。中国基层民主实验（村民选举村干部和县级人大代表直选）遭遇的窘境就是有力例证。[①]

与公民以选票淘汰令其不满的代理人的选举机制相对应，另一种公民惩罚的机制是竞争性的政府范式。该范式涉及多个维度，包括政府间竞争、政府内部权力机构间的竞争以及政府内外间的竞争（Breton，1996）。最经典的范式是蒂伯特模型的以足投票范式，涉及多个地方政府间的财政竞争，政府对财政资源展开的竞争以及人们为追求财政收益而进行的辖区间迁移，能够部分甚至是全部取代对征税权明确的财政约束和改进公共服务交付的效率（Tiebout 1956）。对于约束代理人对权力负责而言，这一机制的作用类似资本市场上出售股票。出售股票就像政治避难：通过"以足投票"的方式离开（公司管理层中的）独裁者，但在解决个人问题的同时不能终结独裁，不能赶走甚至不能对其产生威胁。进一步言之，如果持不同意见者离开，可能正中代理人下怀（罗伯特·蒙克斯，2004）。由此可知，以足投票是一个有缺陷的理论，缺陷主要不在于假设前提不现实，而在于即便是成熟的以足投票机制，也不能解决委托代理问题，只能解决个人（股东）问题；而在公共领域或政治场合，即使是个人问题也难以解决。[②]

鉴于以手投票和以足投票式的公民惩罚机制均不充分，约束代理人履行受托责任的努力需要在其他方向上展开。其中最基本的是在政府内部创立和维护独立的公共受托责任机构以赋权公民监督政府活动，要求其加以解释，以及奖励机制和为违规或非法活动实施惩罚（Mark Schacter 2005）。在此类制度安排下，政府自身创设公共 IAs 以约束行政部门对其负责，形成相对于纵向（政府对公民社会）受托责任的横向受托责任。IAs 的范围因国家而异，通常包括立法机关、司法机关、选举委员会、审计机构、反腐败机构和人权委员会。这些部门需要保持对行政部门的独立性，代表和赋权公民（包括选民、公民社会组织、非政府组织和独立媒体）监督政府行政部门的活动，执行正式的法定功能，在约束行政权力方面扮演支配性角色。为确保可信度，这些机制必须被置于国家机构的中心

[①] 实践证明，选举体制的有效性在很大程度上取决于权力相互制衡（checks and balances）的基础结构的支持。即使在工业化民主国家中，这个问题依然没有很好地解决。

[②] 与私人物品不同，在公共物品（包括腐败、专制、环境污染、糟糕的治安等坏公共品）场合，个人没有退出权（移居国外对于多数人并非易事）。在缺乏有效选举制度和公民参政门槛极高的国家，情形尤其如此。

位置（Schedler, Andreas, Larry Diamond, and Marc F. Plattner, eds., 1999）。

在建立和强化政府对公民的纵向受托责任方面，IAs 的作用是关键性的。没有 IAs，纵向受托责任就不可能以有意义的方式存在。就公共财政而言，横向受托责任意味着行政部门对国家承担了受托人责任，即确保预算按照立法机关批准的那样被执行。受托人风险定义为政府支出对预算授权的背离的风险（World Bank, 2003）。受托人风险表明：正如公民在约束政府承担受托责任方面遇到的困难一样，IAs 本身的存在并不足以确保在政府与公民间形成强有力的纵向受托责任。困难在于：如同纵向受托责任的情形一样，横向受托责任的建立需要政府同意加诸自我约束。世界上没有哪个政府愿意在没有某种适当激励或压力性的环境下，对自己实施自我约束。毕竟，任何一个政府都想无拘无束，都想拥有广泛的裁量权（乔恩·埃尔斯特，1997）。

至此，问题的焦点就是：既然不能寄希望政府加诸自我约束，迫使政府以横向受托责任约束自己的纵向（外部）机制应该是怎样的？一种方法是改进选举体制以确保政府充分感知到如此作为（自我约束）带来的益处。研究表明，横向受托责任只是在能够引导政府从中看到益处的选举程序下，纵向受托责任才会有效和持续，这种嵌入了纵向受托责任因素的选举程序，应作为创设横向受托责任的激励机制而发挥作用（Schelder, 1999）。

然而困难再次出现了：包括中国在内的许多发展中国家和经济转轨国家，在发展有效选举体制方面困难重重。这意味着不应对通过建立和改进选举体制以强化纵向受托责任的努力，抱有过高的、不切实际的期待（尤其是在短期内）。这为发展公民社会参与以强化受托责任提供了客观基础和历史机遇。相关研究（Tendler, Judith, 1997）强有力地表明，积极和有组织的公民社会（选举体制之外）是另一个迫使政府以横向受托责任来约束自己的纵向因素。各种形式的预算参与是其中特别重要的组成部分。公民参与的第一个逻辑（假设）就在于：预算过程的公民参与是强化受托责任的关键因素，尤其是在选举体制和以足投票机制双重失效的环境下。据此，没有作为一种防御机制的预算参与—回应机制，政府行政部门将不会有充分的激励和压力来强化其横向受托责任，纵向受托责任因此有被削弱甚至落空的危险。

二、把地方民众带入发展进程

传统治理模式典型地具有排斥参与的特征，它着眼于在缺乏公民参与的情况下，单纯从政府角色（服务供应者）的方向上推动善治，包括自上而下制定、发布和实施大量法律——尤其是部门法规和管制、能力建设、"现场办公"、结果（绩效）导向的管理，以及分权和授权。① 这种侧重供应面方法的传统治理模式在发达国家取得了有限的成功，但在许多发展中国家和转轨国家并未改进治理，甚至经历了许多失败（Andrews Matthew and Anwar Shah，2005）。究其根本原因，在于自上而下的供应面治理模式只是单向强调政府角色和正式组织的作用，未能将地方人民有效地带入发展进程。事实上，即使在那些经济获得高速增长的国家（中国尤其典型），大量地方民众（例如，农民和其他弱势群体）依然游离于发展议程和政治过程之外，成为消极的旁观者，从而无法公平和充分地分享改革和发展的成果。

政府质量和治理能力是发展进程的关键因素，但同样重要的是：有效的治理必须把民众带入发展进程，培养他们自己解决自己问题的（自主治理）能力。鉴于公民社会中蕴涵着解决社会问题的无穷潜力、专业知识、技能与经验，为构造全面和可持续发展的基础，政府应致力于培养公民的自治能力，正如人们期待政府为经济市场顺利运转提供稳固的法律基础那样（迈克尔·D·麦金尼斯，2000）。研究表明，参与是绝对必要的，不仅在动员地方人民和资源用于发展方面，而且在最初外部的或中央政府的帮助撤出以后，保证计划成功和可持续性方面也是如此（Cemea，1987）。

为使地方人民更有效地步入发展进程，20世纪80年代以来，许多发展中国家和经济转轨国家推动了自上而下的分权化改革，把更多的权力从中央转移给地方，但大多以失败告终。主要原因在于，此类分权化改革的目的不是指向促进自治——激励人民以他们自己的方式解决他们自己的问题的创造性，而是作为加强中央对地方控制的一种方法，因此，分权产生的变化只不过是决策地点（从中央到地方）的变化。这种控制导向的分权，与那种将资源和责任转移给地方人民的真正的政治分权——容纳自治原则的分权——存在根本的差异（德莱·奥罗乌，2000）。一般而言，政府行政、财政和政治上的分权是改革过程中的关键所在，但需要一个促使将权力和资源转移给地方政府并将中央和地方政府之间的制衡制度化的法律框架（Allen Schick，2002）。尤其重要的是：有效的分权化改革需要与提高公民自主治理能力的考虑充分结合起来，发展各种形式的公民参与有助于达成这一目标。研究表明，公民参与具有引向自治——由人民自己管理和控制地方社区的事务——的潜力（德莱·奥罗乌，2000），这是预算过程公民参与的第二个逻辑基础：将地方民众带入发展进程。

除了通过自治途径外，参与—回应机制还通过提升公民素质来达成这一目

---

① 分权要求中央赋予地方政府以独立的决策权，这些权力通常不可"回收"（除非变更法律），授权则没有这一限制。

的，它为公民学习基本治理语言、政策制定与实施、公民权利与义务、政府权力与责任等一系列知识创造了机会。这是身为合格的和高素质的公民必须掌握的知识。然而即使在发达国家，许多公民也缺乏这类知识。预算过程的公民参与也为公民开辟了进入和接近政策制订过程、获得信息、提高所获得的服务质量的崭新渠道。在参与性预算程序中，公民能够向公民代表提出他们的问题，表达自己的见解和要求，目睹自己的见解和要求如何影响政策和活动，并与公民代表和政府官员一同工作，致力于通过集体行动以合作的方式解决这些问题。所有这些都有助于提升公民的能力，从而也有助于将公民带入发展进程。

三、作为地方民主的催化剂

预算过程公民参与的一种较为正式高级的形式是参与式参算。从第一个案例算起，参与性预算在发展中国家和经济转轨国家的发展已有 20 年历史了。迄今为止，包括中国在内的参与性预算实践，在物质层面取得的具体成果是有限的，但在促进政治民主和提高公共部门治理能力方面的潜力和意义不容低估。

由于各种原因，设计大规模的、正式的政治改革方案（例如，选举和政党体制改革）以推进政治民主化进程的努力，在许多发展中国家和经济转轨国家要么不现实，要么以失败告终的概率相当高。设计这类改革方案过于复杂以致超出多数国家的能力，更不用说付诸实施了。另外，这些国家普遍面临改进公共治理绩效的巨大压力，尤其是在消除腐败与贫困、缩小收入与财富分配差距、确保普通公民获得最低标准的基本公共服务、促进社会公平和包容（减少社会排斥和偏见）、保护生态环境与资源以促进可持续发展方面。随着经济社会的发展和民主意识的逐步觉醒，这些国家推动民主进程的压力和动力将越来越大。在此背景下，精心设计的参与式预算改革可为地方民主和善治开辟一条崭新途径：在确保中央控制、社会稳定和具有成本可接受性的约束条件下，开启自下而上的民主化进程。

另一种在发达国家较为常见的参与机制是对预算方案的公民投票。在西方民主政体中，参与连同其他工具一样，被当作民主的工具用于防范和限制政府权力的可能滥用，从而发挥着与宪政类似的作用。公开性和由那些受行政决策影响最大的人参与行政决策，这些程序性原则是民主的价值，而不是从宪政思想中推导出来的（J. L. Mashaw, 1985）。作为民主理念融入预算过程最生动的例子之一是：在某些情况下，预算方案在立法机关通过前甚至要求提交给公民投票。艾伦·希克（Allen Schick 2002）认为，将预算决策向公众投票转化对民主政治来说具有深远的意义，因为选举者有直接的渠道表达自己的意愿；他甚至设想过进行全民投票的预算，认为这将促使利益集团更为主动，并游说投票者让其支持预算的内容。这些融入民主价值的公民参与有助于形成一个对官僚体制的外部制衡（Donald P. Moynihan, 2007）。在此意义上，发展中国家与转轨国家并无特别的不同。

参与式预算的大量案例表明，公民素质确实影响参与的质量，但并不构成对民主参与本身的妨碍。几乎所有的参与性预算案例都涉及大量具有不同社会经济背景的参与者，其中许多是普通公民和素质很低的公民。无论多么不完善和取得的成果多么有限，参与性预算的全球扩展（其是许多是类似孟加拉和印度这样的低收入国家）和许多低素质公民参与其中的事实，本身就强有力地表明：如果说政治改革的民主化道路高度依赖于公民素质的话，那么，公共（参与式）预算途径可为公民素质整体偏低国家的政治民主化进程带来希望的曙光。较高的公民素质无疑有助于提高民主（和治理）的质量，但并非民主的前提条件。通过增进公民见识和提升公民素质，参与式预算可以作为民主进程的催化剂而发挥正面作用，使公民在民主艺术和社会资本建设方面变得更加老练成熟，约束政府负责和加强绩效的能力因此得以增强（Donald P. Moynihan, 2007）。如此，参与性预算成为名副其实的"公民学校"，为培养更好的公民、发展自己解决自己问题的自主治理能力以及推进民主进程做出独特贡献。

四、预算参与的各种机制

由于公民数目如此众多和其他原因，预算参与机制需要精心设计和谨慎操作。在全球范围看，预算参与的程度和方式因国家而异。美国和瑞士的预算程序比其他任何国家包含了更多的公众参与。许多预算提案经常被公民团体讨论，需要进行公民投票或者意见调查，甚至在提议呈交国会并为立法行动定下基调前由选民进行投票，信息和通讯技术的发展以及预算通过电子媒体渗透到千家万户，使年度预算发展到公民电子化参与的新纪元（Roy. T. Meyers et al., 2005）。

预算听证、公共服务调查和预算对话都是预算过程的重要参与机制。立法机关可以在其中发挥特别重要的引导和组织作用。可以预料，公民基于自己利益判断所偏好的预算方案与政府选择的预算方案必将存在差异。为使预算充分反映公民偏好，促进预算资源的公平有效分配和减少腐败，发展和鼓励公民对话团体，建立政府（由立法机关或财政部门代表）与公民团体之间的对话机制深具意义。这些工作可以率先在基层和社区的层上推动，也可以先进行"试验"。无论结果如何，预算过程中各种形式的公民参与机制建设都是中国社会政治民主进程和政治改革不可或缺的重要组成部分。作为第一步，预算需要成为一个公开的文件，预算程序和决策制定必须保持最低限度的透明度。一般来说，对预算过程的参与需要政府提供可靠的财政信息，以及对政府活动的详细而真实的检查，因此，预算透明度对于促进有效参与至关重要。

预算听证会作为加强公民参与预算过程的方法，在发达国家和部分发展中国家中已得到广泛应用，在促进地方政府履行财政义务和公共服务义务方面起着重要作用。1996 年中国出台的《行政处罚法》，首次引入了听证制度。1998 年实施的《价格法》规定：制定关系群众切身利益的公用事业价格、公益性服务价格、自然垄断经营的商品价格等政府指导价、政府定价，应当建立听证会制度，由政府价格主管部门主持，征求消费者、经营者和有关方面的意见，论证其必要性、可行性。2002 年 1 月全国首次铁路价格听证会举行。2004 年的《行政许可法》大大扩展了听证制度的适用范围。此后听证制度作为一个重要决策程序被引入各个领域，包括价格听证收费听证信访听证等。然而时至今日，预算领域的听证制度仍未建立起来。

在引导公民预算参与各种机制中，参与式预算无疑是意义和影响最为深远的预算参与机制。精心设计和组织的参与式预算确保公民可以在较高程度上直接决定预算方案，从而使预算最大限度地贴近公民。越来越多的发展中国家开始在地方（基层和社区）一级尝试这项改革。从 1989 年在巴西最南部的一个名为 Rio Grande do Sul 的州的首府——波多－阿协格里（Porto Alegre）市——诞生世界上第一个参与式预算项目以来，参与式预算便迅速扩展到拉美、中东欧、亚洲和非洲等许多国家的次中央级政府和地方政府，其中包括许多低收入国家（如孟加拉、印度、菲律宾、泰国、南非）和经济转轨国家（如俄罗斯和乌克兰）。中国浙江省温岭市新河镇也于 2005 年以民主恳谈方式引入了首例参与式预算，引起学界与媒体的广泛关注（林敏，2008）。参与式预算的兴起，对发展中国家公共部门治理产生了深刻影响，被认为是消除腐败、鼓励公民参与的典范，其主要意义在于促进分权式管理、决策制定的分权和政府治理的透明度，以及提升公民能力和改进治理绩效。更一般地讲，与传统的、自上而下的预算改革不同，参与式预算致力将直接民主的声音传播到预算过程中，以此形成的公民社会信息反馈有助于改进预算决策制定，从而提升治理能力与绩效。在为地方政府建立政治支持的基础、促进稀缺资源的平等分配、加强公共学习和促进透明的治理方面，参与式预算的积极作用已经得到广泛的确认（Brian Wampler，2007）。

第二节 基层预算过程的公民参与：制度化与改革

改革开放以来，中国农村逐步形成了以村民自治为中心的基层治理结构。这是一种在等级式集权治理结构中,最贴近地方民众的结构。尽管存在障碍参与的许多障碍,"贴近民众"为在基层发展以预算参与为中心的村民参与式治理提供了有利条件,现行宪法和相关法律也为发展村民参与创造了空间和可供操作的框架。因此,在农村发展预算过程的各个阶段,特别是预算准备(形成预算草案和随后的辩论与审查)阶段融入参与原则的时机和条件已经逐步成熟,但需要进一步推动相关改革以便在预算过程的各个阶段实现公民参与的制度化。

一、农村治理结构的演变与特征

在新中国建立以前漫长的历史中,中国农村的治理结构呈现出两个典型特征(朱为群等,2008):(1)"王权止于县政",行政权力只延伸到县一级;(2)县以下乡村治理结构虽然经历了乡亭制、乡官制、职役制、保甲制等,但总体上是"乡绅主导下的自治体制",历代政府通过与具有一定经济资源、道德威望、文化权威的地方绅士的帮助与合作实施治理。在这种正式(县和县以上)和非正式(县以下农村)构成的平行式基层治理结构中,乡绅并非官府的代理人,但在农村承担许多通常由官府(正式治理结构)承担的职责,包括公益活动、排解纠纷、兴修公共工程和提供其他地方公共服务。作为非正式的乡村治理结构中的主要角色,乡绅是联接正式结构(国家政权)与地方民众的主要桥梁,一方面代表地方利益;另一方面又与正式结构中的官府意志保持一致。当两者利益相悖时,乡绅会提出批评性意见甚至在行动上与其相佐,但通常不至于对正式结构造成严重威胁(张仲礼,1991)。

1949年中华人民共和国成立以后,基层治理结构几经演变。1949~1957年间因土地改革和合作化运动,传统的乡绅主导的非正式治理结构,被昔日居于社会最底层、政治上毫无地位可言的贫农主导(农村的主人)的治理结构取而代之,乡绅(地主与富农)在社会和政治生活中毫无地位可言(陈吉元等,1993)。在随后长达约1/4世纪的时间时(1958~1983),农村治理结构演变为政社合一(政治、行政与经济组织及其职能合一)的"人民公社"体制,自上而下的等级式治理进一步逾越"止于县"的传统界限,扩展到乡村,以至于正式治理结构完全取代了非正式结构。

改革开放以来,随着家庭联产承包责任制在农村的推行和其他一系列的制度变革,尤其是1982年12月通过的新宪法第十三条规定废除"人民公社"体制和建立乡镇人民政府,第111条规定建立"村民委员会"作为农村基层民众的自治组织并由村民选举产生,乡村治理结构发生极大变化,逐步形成了现行的以村民自治为主要特征的治理结构,也就是一种融入正式结构(乡镇作为等级式政府结构链中的底端）和非正式结构（村民委员会作为农民的自治性组织）的混合式治理结构。一些学者将这种平行的治理结构概括为"乡政村治"（于峥嵘，2001）。其中，正式治理结构中的主要角色与县和县以上的角色几乎完全相同，包括：

（1）党委；（2）政府（行政部门）；（3）人大（立法机关）；（4）纪委；（5）政协或"乡镇政协联络组"（有些地方）；（6）武装部。

与正式结构相对应的是非正式结构中作为村民自治组织的村民委员会。但在1987年11月全国人大通过的《中华人民共和国村民委员会组织法（试行）》并于1988年6月正式生效这一里程碑式步骤发生之前，村民委员会由乡镇政府指定或任命，并非通过村民选举产生，距离真正的"自治"甚远，实际上只是正式治理结构的一个附属部分。此后随着《组织法》的实施和执行，特别是1998年11月第九届全国人大第五次会议通过修订的《村民委员会组织法》，"乡政村治"的平行式治理结构逐步得以形成。然而，这种"平行"特征实际上相当淡漠，因为正式权力结构中的乡镇党委、政府和人大（尤其是党委）集中了最重要的权力，在决策形成、制定和实施中处于支配性地位，并受上级党委、政府和人大的绝对领导；相反，村民委员会的权力相当有限，在很多具体事务和重要决策中不得不听命于党委和政府。由此产生两个相互关联的主要问题是：代表性和参与。代表性问题关注谁真正最好地代表村民的偏好和利益？是正式结构还是非正式结构（村民委员会）？当正式结构或非正式不能有效地表达村民话语权时，随之而来的就是参与：什么样的机制和需要什么样的改革，才能有效地改进村民对地方预算和决策过程的参与？

就正式结构而言，代表性在原则上和法律上可以通过乡镇人民代表大会得到保证。现行法律规定乡镇人大代表由选民直接选举产生，这意味着其权力直接来自基层选民。但在现实世界中，情况完全不同。乡镇党委对人大事务（包括选举）的普遍干预、必须执行上级人大其及常委会的决定和命令，以及在组织、成员素质与组成等方面存在的问题，导致乡镇人大无法独立有效地行使其职权，乡镇党委及上级党委成为乡镇人大"最现实的权力来源"（朱为群等，2008）。类似的情形也发生在乡镇党委与乡镇政府（行政部门）之间的关系中，"党委几乎包揽了乡镇一切事务的行政决策权和部分重要的行政执行权，乡镇政府反而成为了乡镇党委的附属机构"（于峥嵘，2001）。概而言之，正式结构中的"乡镇干部"（政治代表和公仆）将党和国家的意识形态作为其合法权力的唯一来源，他们效忠的不是社区而是党和国家，因而并非村民利益的代言人，而是党和国家在农村的代表人（Siu，1989，参见汪晓涛，1998）。

根深蒂固的、"对上负责"的等级式治理结构具有严重妨碍参与的内在倾向，但在中国现实背景下，这一结构在基层（县和县以下）辖区形成的独特的、平行式的结构，仍然为公民参与留下了相当大的空间。这种平行式治理结构所依托的宪法和法律框架已经逐步形成（虽然并不完善），并经历了较长时间的考验。由于以下原因，遍布中国广大农村的非正式治理结构中的村民委员会，具有发展为中国最大规模的基层公民社会组织（CSOs）的巨大潜力，从而成为农村发展预算中一支主要的参与力量，从而有助于加强公共公民服务交付绩效，并最大限度地矫正现行正式治理结构中排斥参与的内在倾向。

（1）1998年通过（修订）的《村民委员会组织法》赋权村民建立自治组织——村民委员会，规定村民委员会自我管理、自我教育、自我服务。尤其重要的是，该法案规定村民委员会由农民直接选举产生，每个村民委员会由年满18岁的农民直接选举3~7名任期为3年的主任、副主任和委员组成，并对村民负责和报告工作，接受村民会议（由村委会负责召集）审议。另外，法案还赋予村民委员会在处理农村公共事务、制定与执行服务交付决策、协助乡镇政府开展工作方面的广泛权威。法案对村民会议作为农村"最高权力机关"和"最高决策机构"的规定，为在中国广大农村促进以村民话语权表达为核心的公共参与，奠定了最重要的制度基础。

（2）作为非正式治理框架主角的村民委员会，具有矫正正式结构中排斥参与倾向的重要潜能。由执政党、政府行政部门、立法机关以及政协和纪委构成了正式治理结构中的主要角色。自上而下的强制与命令、自下而上（下级对上级负责）的责任链，以及每个角色的权力来源和合法性基础来自执政党自上而下的授予，构成了正式治理结构的主要特征。这一正式结构从中央（等级结构中的顶层）经由省、地市、县一直延伸到乡镇和村。由于其合法权力来源的特殊性和对上负责的责任结构，也由于控制了大部分主要的权力、资源以及对非正式结构的干预，正式结构明显地具有排斥参与的内在倾向。公民的话语（声音）权难以透过这一渠道表达出来，更难以影响实际的决策形成和制定过程，近年来全国各地大量的民众上访就是强有力的例证之一。事实上，要在等级式治理结构中建立回应性治理结构以促进公共服务有效交付和强化受托责任，即使是可行的也是十分困难的。之所以如此，关键原因在于这一结构在传统上没有为公民参与留下足够的空间和提供充分的机会。即使是最基层的公民也难以在正式结构中的决策、预算和财务管理过程中表达自己的话语权。正式结构的基层部分虽然具有感受和（向上）传递地方公民的偏好、需求、抱怨和建议的独特优势，但来自上级（国家、执政党和政府）的政策、法律、管制和方针仍然支配了工作议程，并且远远压倒了来自底层民众的声音。1987年颁布和1998年修订的《村民委员会组织法》为制衡这种单一治理结构中的绝对权威提供了希望，也为在非正式结构（村民委员会和村民会议）中建立另一个平行的公共参与机制创造了条件。1987年的法案规定正式结构（乡镇政府）只是"指导、支持和帮助"村民委员会开展工作，后者则"协助"正式结构开展工作，这种关系显然不是一种"领导与领导"、"服务与被服从"的关系，也不是一种类似西方政治体制架构中的政治竞争关系；1998年法律进一步确立了村民会议作为中国农村的最高权力机关和最高决策机构的地位，并进一步规定以及"乡镇政府不得干预属于村民委员会自治范围内的事项"。可以这样理解，当前的法律结构倾向于在正式结构与非正式结构之间建立一种合作性的关系，从而形成了在农村通过非正式结构建立公共参与的另一个制度化渠道。这个渠道的发展经历了自发和赋权（empowerment）两个阶段。①

引人注目的是，1987年和1998年法律赋予村民委员会和村民会议处理公共事务、公益事业和村民利益问题的广泛权威。1998年法律（第21条）还确认了许多地方为适应外出打工、经商的流动人口日益增加而自发建立的村民代表会议制度，规定村民代表会作为农民政治参与的代议机构，在村民会议闭会期间代行村民会议授权事项的辩论并决策权。自此，中国农村在非正式结构中的代议制体制得以形成，与正式治理模式中的代议体制（乡镇人大）并驾齐驱。

二、正式和非正式结构中的公民参与

"正式"和"非正式"的主要界限在于两类治理结构的合法权力来源存在差异。在中国现行的一党执政、多党合作的政治架构中，正式结构中的合法权力来自执政党对权威的分配，也就是自上而下的权力授予；在非正式结构中，治理角色的权力来自选举，这主要反映在基层辖区。正式和非正式治理结构的另一界限在于其法律地位。正式结构具有明确的宪法和法律地位，依据宪法与法律建立。非正式结构最初要么不存在，要么是自发形成的，此后在某个阶段，才由正式结构创立法律、法规赋权公民创立此类的机构，或者对业已存在的此类机构予以确认以赋予其合法地位。与正式结构不同，非正式结构由公民社会（普通公民和公民集团）创立，参与者在其中扮演的典型的非国家角色，而不是正式结构中诸如立法机关、行政部门、审查机关以及中国背景下的执政党（包括属于党派系统中纪委）和政协这类国家角色。在现代西方民主政体背景下，正式结构与非正式结构的界限有所不同。在那里，正式结构指的是合法权力来自公民授予的

---

① 中国的村民委员会最初系农民自发形成，此后才由政府通过法律（1987年和1998年）正式赋权村民建立这一组织。

（广义）政府结构，包括政府的行政部门、立法机关和司法机关。非正式结构由社会团体、普通公民和媒体构成。社会团体包括公民社会组织（CSO）和非政府组织（NGO）。广泛上，非政府组织和各种志愿者组织都可以包括于公民社会组织概念中。在西方背景下，正式结构与非正式结构的主要差异在于权力的来源不同：公民（通过投票选举产生）形成正式治理结构的合法权力的唯一来源，非正式结构中的组织由公民社会自愿创立，或者通过法律赋权公民创立，但其权力来源并非源于公民选举。

在中国现行农村（基层）治理结构中，预算和决策过程的公共参与更有可能在非正式结构中得到发展。公民话语权的表达及其对资源配置决策、服务交付和公共受托责任的影响，正是通过各种形式的公民参与机制得到促进的。这些参与机制包括选举、公共会议、公共听证、服务调查、民意调查、公民评估（评估公共支出绩效）和公民报告（由公民评估政府绩效）。参与的范围原则上可以覆盖一切公共领域，尤其是公共计划（发展计划）、公共预算和公共决策过程。其中，衔接计划和决策的公共预算为公民参与提供了最正式、最基本和最频繁程序。在现代社会中，公共治理中的公共参与主要是通过预算过程的公民参与实现的。作为处理公共事务最重要的工具和程序，公共预算覆盖了预算准备、预算审查与辩论、预算执行以及事后的评估与控制（包括审计）四个主要阶段。前两个阶段的公民参与最为重要，主要作用在于将公民话语权表达机制嵌入其中，以使公民社会的"声音"能够清晰有力地传递给预算决策者。这进一步以适当的方式（通过法律）赋予公民参与的权利，以使公民从"无权参与"的初始状态转向具有事实参与权的状态。一般来说，赋权需要通过特定法律进行，并且需要制度化以使其融入预算过程的各个阶段。多数国家的宪法和法律规定了公民的参与权，但参与权利从"法律状态"转向"事实状态"需要额外的赋权机制。近期（20世纪80年代以来）全球范围预算改革的一个重要取向是：公共预算日益被当作赋权公民参与的工具。自此，预算的功能从传统上侧重控制（合规性）扩展为公民赋权这一全新的功能。据此，公共预算不仅被用于控制公共支出确保财务合规性，也被用于建立制度化的公民参与过程。制度化意味着如果某个阶段没有公民参与或话语权表达，即使所有其他工作都已经结束，这个阶段的运作也不能被看作已经完成，因而不能进入下一个阶段。这也是"预算过程的公民参与"的基本含义。

正式治理结构和非正式治理结构提供了发展公民参与的两个平行渠道。借助非正式结构（村民委员会、村民会议和村民代表会议）发展预算过程的公民参与之所以具有更大的潜力，其原因除了前面提到的现行等级式结构具有排斥参与的内在倾向外，还在于村民委员会就其性质（自治）而言具有更高的代表性：

比正式结构中的乡镇人大更可能真实准确地代表和忠实于村民的利益。代表性之所以特别重要，是因为缺乏代表性也意味着民主的缺乏，因而也意味着政治、决策和预算过程远离民意，而民意的缺失不仅导致公共资源的错误配置，也会为腐败、社会不公和损失浪费创造广泛的机会。正因为如此，中国农村地区正式结构中的乡镇与县级人民代表大会与非正式结构中的村民委员会的代表性，以及谁更能代表农民利益就成为一个极为重要的政治、政策和预算问题。

就现实而言，非正式结构中具有更强的代表性也反映在村民自治制度上。在村民自治制度下，村民委员会与乡镇政府并非领导与被领导的关系，因而也不是正式结构在基层农村的自然延伸，而是与农村的正式结构平行的、依法享有的自治事项不受其干预的公民自治团体。如果我们确认"自己比别人更了解也更能代表自己的利益"，那么同样可以合理地确认，公民通过其自治团体表达其偏好和利益就比代议机构（中国的人大）来得精确。当然，这个判断的合理性只是基于当代中国农村特定的现实背景。在此背景下，正式结构中的代议制度（乡镇人大）明显地运转不良，在乡镇以上的各个层级上也是如此。

代表性与参与密切相关。代表性是有效参与的最重要的前提条件（另一个是透明度）。没有代表性（以及没有透明度）就不可能发展有效的参与。没有有效的参与，公民话语权就不可能在政治、预算与决策程序中有效的表达，责任政府和回应性政府也就无从谈起。基于这一逻辑，农村发展预算中的公民参与机制既应在正式结构中、更应在非正式结构中予以构造。在正式结构中，参与机制应通过增强乡镇人大代表的政治代表性（确保其踏实于选民的偏好和利益），尤其应通过加强人大代表对预算草案的辩论和审查的方式加以发展。从某种意义讲，对预算草案的实质（而非形式）和专业性审查是建立责任政府最重要的最理想的起点。如果"为纳税人守护钱包"是各级人大的天职、"为人民服务"（公共服务的有效交付）是各级政府的天职，那么，对预算的实质辩论和严格且专业的审查就成为改善当前问责制最重要的一个环节。这里的前提条件当然是人大代表的代表性和专业素养。前者进一步要求人大代表通过有效的选举机制产生并且严格捍卫选民的利益，后者进一步要求人大代表需要强化能力建设以及条件成熟时逐步走向职业化的道路。这些条件和要求可以作为一个远景另以规划，但在短期内不太可能出现质的变化。

因此，预算过程（也是核心的政治过程和公共资源配置决策形成、制定、执行与评估过程）的公民参与需要一并通过非正式结构加以促进。简言之，需要精心设计的某种制度创新以充分发挥村民委员会在预算过程的独特作用，即在预算过程中作为更好的（相对于乡镇人大代表）村民代表表达其话语权，并尽可能影响实际的预算决策过程。1998年法律（第22条）确认了"村务公开"

制度的法律地位，这既是"村民自治"的题中之义，也是村民自治实践导致农村治理结构变革的一项最重要的成果，为在预算过程中建立制度化的公民参与机制提供了法律依据。但是，就现实而言，非正式结构中的公民参与机制仍然十分有限。首先，"村务公开"并不直接涉及预算事务，因为在中国乡镇以下并不存在真正意义上的"村级预算"。因此，村务公开触及的并非真正意义上的预算参与。其次，村务公开只是限于"村务"和乡镇事务层面，并未扩展到县级政府（以及更高更次）的公开性和透明度。最后，即使将村务公开扩展到更高层次，公开性和透明度仍然是有效参与的一个前提条件，而不是充分条件。即使透明度得到保证，有效的参与仍然可能无法发展起来。

三、公民参与的制度化

以农村发展预算为纽带发展制度化的公民参与机制，需要进一步推动一系列重要的改革。首先，公民参与的层次需要从村扩展到乡镇，再从乡镇扩展到县级辖区。从长远的角度看，县级预算应该成为预算过程公民参与的基本层次。村和乡镇层面有参与层级过低，导致公民视线只是投入狭隘的社区（乡村或乡镇）发展，限制了他们对作为一个整体的县级辖区规划的全面考虑。当公民参与被导向考虑局部利益而不是更为全面和更为长远的全局利益时，参与的质量将会降低。当然，在县级以上的地方政府中也有可能发展有效的参与，但成本高昂并且难以操作，参与的质量和效果也具有高度的不确定性。基于历史和现实的考虑，在可以预见的未来，县级辖区仍然是向社会和乡村提供地方公共服务最重要和最适当的层级，也是承上（县以上政府）启下（地方民众）的主要交汇点。由于这一原因，在农村发展预算中融入公民参与原则，基本要求就是县级预算过程的各个阶段，至少在预算准备、辩论和审查阶段，以某种形式将公民话语权表达机制融入其中，使其制度化。

其次，村民自治应逐步扩大到乡镇自治。法律应进一步赋权在农村地区建立更高层次的农民自治组织。可以参照一些国家的经验（参见第十一章），在村、乡镇甚至县三个层级上发展公民自治性组织，例如"社区发展与预算理事会"，集中关注社区（村、乡镇甚至县）发展和预算事务，其成员可以主要来自村民委员会；乡镇一级的社会发展与预算理事会可以由各村的村民委员会选派代表组成，县级辖区则可以由各乡镇理事会代表组成。理事会可以定期举办公共会议，参与正式结构中的计划、预算和决策制定过程，并表达自己的话语权。特别重要的是，理事会必须是一个在非正式结构中充分代表地方公民利益和偏好的自治或半自治的公民组织，其主要职能是参与社区发展计划和预算过程，清晰有力地表达社区关于公共支出与服务偏好、需求和优先性的话语权，包括表达抱怨和要求治理者做出及时和适当回应。随着能力的增强和其他基础条件的逐步具备，理事会应逐步将话语权表达机制融入预算过程的执行阶段和评估阶段，也就是代表公民实施对预算执行过程的监督，以及建立对政府支出绩效的评估。所有这些工作应与正式结构中的治理者的工作协调进行，相互补充而不是相互代替。

再其次，为使参与机制有效，县、乡镇及村的预算和财务报告必须具有最低限度的透明度。这进一步要求对现行的条目预算模式和预算报告进行改革，以使其从排斥参与的内在倾向转变为亲善公民的结果导向的模式和报告模式。当前县和乡镇的预算模式仍然是典型的投入导向模式，通过类别众多的支出条目（例如，工资、办公、差旅、设备采购等）加以管理。这一模式虽然有助于建立对公共支出的内部控制，但明显地不利于发展公民参与导向，因为它本身不能提供公民最关注的那些信息，包括：政府正在从事或实施哪些规划（例如，土壤改良、垃圾处理规划）和活动？这些规划和活动花了多少钱？结果和成果如何？当预算报告无法表达公民关切的这些信息时，有效参与所需要的前提条件——透明度——就无法得到保证，即使政府有意愿充分公开其预算也是如此。

进一步讲，融入公民参与原则的农村发展预算，最终要求将当前条目—组织导向的预算模式改造为公民中心的绩效预算模式。组织导向关注的是预算单位花了多少钱，它以组织为单元构造预算，但通常看不出各个预算单位的支出究竟花在哪些规划和活动上，因此也无法表达与服务交付相关的绩效，包括服务的数量、质量、成本、类别、及时性、可获性和客户满意度，而所有这些都是公民最为关切的预算信息。没有这些信息，公民就难以对当前的预算现状有一个清晰的把握，这会妨碍其参与的意愿与能力。另外，投入预算也不能提供关于支出效率（以多少成本提供服务）和有效性（在多大程度上实现了规划目标）信息，也不能澄清"谁对什么负责"。考虑到决策制定在地方层次上尤其贴近人民的优势无法发挥出来，这一局限性使其难以被接受。因此，多数工业化国家（例如，丹麦、瑞典、瑞士和美国）和部分发展中国家（例如，南非和马来西亚）已经在过去20年中，把地方预算转换为一个广受欢迎的规划支持工具。

借鉴这些国家的经验，中国的农村发展预算应构造以公民为中心的绩效预算。这一模式的三个支柱分别是公民参与、代表性和绩效导向。其中，公民导向要求在预算过程中的各个阶段融入话语权表达机制，并使其制度化。代表性要求预算过程的公民社会参与者（不包括政府官员）能够充分代表公民意愿，准确表达公民偏好、需求和优先性。这进一步要求在正式结构（地方政府）或非正式结构中具有某种加以制度化的公民代表，这些代表不能由政府指定或任命，必须由公民选举产生。隐含的逻辑是：在政治（和预算）问题上，地方政府通常并不代表地方公民，因此在解决财政问题时不可能具有公民导向（Anwar Shah and Chunli She，2007）。为确保有效参与和透明度，基层政府必须被强制要求举办预算提案的公共听证，并对所有人开放。在这些听证中，地方政府必须呈交过去绩效报告。预算提案和绩效报告必须广为告之以利听证，它们必须出现在所有地方的图书馆和所有地方政府办公室内，并且通过互联网发布。此外，社区发展与预算理事会应要求预算文件中包含一份附件。该附件应说明对公民投入的回应。这一过程可以作为公民活动家改革他们的政府的一个起点。

四、赋权公民：预算提案与记录

融入公民参与和绩效导向的农村发展预算，只有在预算过程的各个阶段形成制度化的机制后才会有效。其中特别重要的是在预算过程中的准备赋予公民、公民代表和公民团体的预算提案权，以确保在基层（部门）预算中，至少有一部分规划、工程和服务（产出）的需求与建议由公民提出，反映基层民众的偏好和需求。在农村发展预算框架下，基层的部门预算文件应以适当的制式记录和披露这些预算提案。

虽然预算过程各个阶段的公民参与和话语权表达都很重要，但最重要的是在预算准备阶段，也就是预算资源配置决策的形成和制定阶段，公民最关切的那些公共服务与设施（或工程）的需求必须由公民直接提出，或者由地方公民的代表、团体（例如，现行农村治理结构中的村民委员会）提出。这是确保预算反映公民偏好最为关键的一个环节。这些公民关切的服务与设施通常具有很高程度的可观察性和可计量性。公民关切、可计量和可观察的结合，意味着这些预算提案一旦进入预算过程并最终采纳和执行，公民也有机会和激励参与到预算过程的执行、监督和评估阶段。在预算文件（包括预算报告、决算报告以及融入公民参与的绩效评估报告）中披露这些公民关切的信息，具有发展为适当的激励和压力机制的潜力，因为此类制式的预算文件本身就向地方官员和支出机构传递了公民的关切。在包含有"谁对什么负责"的受托责任（问责制）框架下，公民关切（包括抱怨）将形成对特定官员和机构的压力，使其不至于掉以轻心。现行预算文件几乎不包含公民关切的信息（包括"谁对什么负责"的信息），预算的"语言"和制式（条目导向）也使普通公民望而却步，因而既不能引起形成对官员和机构的外部压力，也不能引起公民的关注。事实上，现行预算文件如同预算过程一样，倾向于妨碍而不是促进公民参与和结果导向。

公民的预算提案应形成相对标准化的制式。标准制式的开发可以由基层辖区（县级财政部门）承担。在技术上并不存在任何特定的困难。预算提案中应包括特定规划或工程（例如，**道路建设**）、**产出类别**（例如，扩展 A 区街道）、产出目标（例如，五一前完成通向学校的 10 公里道路）、预计的成本水平（例如，每公里 5 万元）、质量要求（例如，水泥、双车道、三级公路）以及对支出部门（例如，道路管理部门）的预算支出建议数。另外，公布对这些绩效负责的政府官员也是必要的。预算准备阶段形成的、包含以上大部分信息的预算报告制式如表 12-1 所示。

一旦包含公民预算提案的预算文件得到立法机关批准成为法定文件，公民就可以从中看清预算中选择了哪些工程，以及能够从中期待的东西是什么；也可以看到哪些不被选择。表 12-1 表明，道路扩展的提案 1.3 未被采纳；道路维护提案 1.2 未被采纳。公民可以过问原由，鉴别哪些产出被提出、哪些未被提出以及为什么，还有应达到的建设和维护标准。表 12-1 高度简化，但很容易扩展到其他支出类别和中期的时间框架。在这一制式的预算报告与执行结果的评估报告相对照时，公民就可以参与评估特定服务交付的有效性、效率和相关目标。公民也可以委托自己的自治组织（比如现行框架下的村民委员会）、非政府组织或其他公民团体独立和定期地开展评估。这些评估报告应予以审计和公布。在理想的情况下，应有特定的支出机构对预算报告披露的服务交付绩效负责。

表 12-1　包含公民预算提案的预算报告制式：说明性例子

预计工程项目	对道路部门的工程/活动提案	建议的产出（以合同为准）	成本与质量标竿（要求）	部门规划工程支出配置
增加 A 区基础设施（道路）	扩展 A 区街道（提案 1.1）	10 公里五一完成通向学校	总成本 50 万元 平均成本 5 万元	道路建设 150 万元（提案 1.1 与 1.2）
	扩展 A 区街道（提案 1.2）	20 公里五一完成通向诊所	总成本 100 万元 平均成本 5 万元	
	扩展 A 区街道（提案 1.3）	30 公里通向市政厅和东湖	总成本 600 万元 平均成本 20 万元	
定期和有交换的道路清扫	居民街道清扫（提案 1.1）	人工清扫每年总长 400 公里	总成本 40 万元 平均成本 0.1 万元	道路维护 40 万元（提案 1.1）
	居民街道清扫（提案 1.2）	拖拉机清扫每年长 100 公里	总成本 200 万元 平均成本 2 万元	

在形成公民提案和使其进入预算准备过程的努力中，基层立法机关可以发挥积极作用。一个渠道是由立法机关建立预算指南，对所有支出机构和部门的预算申请提出具体和明确的要求，**包括要求预算草案中必须包括公民的预算提案**。在

审查和辩论阶段，立法机关可以在约束支出配置反映公民偏好和需求方面发挥重大作用。这些积极作用还可以扩展到要求支出部门一并呈交如何生产产出（自己生产、合同外包、施工要求和工艺技术）的文件，包括要求在文件中披露承诺达到的特定绩效标准，比如产出的数量、位置、成本和质量方面的基准（标竿值）。在预算报告和公民的预算提案被媒体（当地报纸、广播、因特网、电视等）公布和报道时，基层预算的透明度将得到提高，这有助于进一步促进预算过程的公民参与。尤其重要的是，透明的、具有约束力的、包含公民预算提案的预算文件，以及其他旨在促进话语权表达的公共参与机制，有助于将长期以来形成的、根深蒂固的基层官僚文化改造为参与导向的绩效基础的文化，使地方官员置身于一个新型的内部激励和外部压力环境中，从而有助于形成回应式的基层治理结构以促进更好的服务交付和地方民主的发展。

五、前景

中国和其他国家的相关案例表明，即使在基层辖区中推动参与式预算和其他形式的预算参与也会面临很多难题。参与式预算本身也具有局限性，包括参与者片面看重公共工程导致疏于学习，狭隘的社区意识，市政当局操纵的风险，以及不切实际的期待（误以为可以解决所有问题），这些局限性减少了参与式预算在促进社会公平，公共学习和管理改革中的作用（Brian Wampler，2007）。尽管如此，就其潜力和意义而言，参与式预算的发展具有坚实的客观基础。

在中国，参与式预算最初兴起于经济相对发达的江浙等省的部分基层地方政府中。这些地区改革开放比较早，民营经济相对发达。民众在改革开放中得到实惠，民主意识初步启蒙，有助于基层政府认识到公民参与对改革地方财政和改进治理的必要性。目前尚无充分的证据表明，参与式预算对于改善治理的贡献在多大程度上取决于公民素质和专业知识。但是，在中国各地草根式的参与式预算实践中，参与其中的民众和人大代表多为土生土长、很少接触预算事务的农民，却是不争的事实。这个事实隐含的逻辑是：正如较高的公民素质并非开启民主进程的前提条件一样，旨在改进地方治理的改革努力也是如此。可以预料，通过参与式预算将公民的"声音"（发言权机制）融入预算过程，有助于在公民偏好、政策制定和预算资源分配之间形成更为健全的关系，从而大大提高地方治理能力与绩效。

参与式预算对于推动和完善中国的基层民主化进程也深具意义。20多年前发布和实施的《村民自治法》，开启了中国自下而上的基层政治民主化进程的序幕。近年来，其他一系列旨在促进民主化进程的改革（例如，区县人大代表普选)也相继启动。这些努力为推动参与式预算提供了有利的政治气候。另外,参与式预算实践的推动有助于强化和拓展政治气候,两者间的良性互动将为中国基层民主化进程注入新的活力。

20世纪90年代中期以来,中国预算规模的迅速扩展和地方财政实力的逐步增强,为在地方层次发展预算过程的公民参与提供了极好机遇。到2009年,中国的预算支出规模(不含预算外)已经高达7.6万亿元人民币,而且还在迅速扩展中。地方政府(作为一个整体)开支大约占这一开支总额的70%~75%,高于世界上绝大多数国家。作为一个大国,中国有大约6万个地方政府,其中绝大多数是基层(县和乡镇)政府。在城镇,街道(居委会)虽然不具有作为一级政府的法律地位,但在很多方面履行政府的职能。基于操作上的可行性和实施有效性,参与性预算最适合在较低层级的政府(或类似城镇街道办的准政府实体)中展开实验。数量众多、贴近民众、财力迅速增长并承担广泛服务职能的各级地方政府(尤其是基层政府),正是参与性预算蓬勃发展的舞台。

当务之急是:政府、公民、CSOs和NGOs需要致力于找出改进参与的方法,包括降低参与成本和使参与者受益更多的方法,并在参与式预算框架下通力合作以提高地方民主的质量和治理绩效。为此,致力于建立适当的法律基础(包括《预算法》修订),[①] 上级政府为参与性预算提供必要的财力和指导,协调纵向控制(条条)与地方自主管理(块块)间的内在冲突,[②] 以此形成支持性的财务和政治环境极为重要。虽然这些问题在短期内很难全盘解决,但长远看,已经初步生根的草根式民主概念下的参与式预算,在地方政府中具有继续推动和不断完善的内在逻辑与客观基础。

[①] 温岭市新河镇在2006年度人大财政预算民主恳谈会召开前,通过了《新河镇预算民主恳谈实施办法》,将"民主恳谈"制度化。然而,关于在更高政府层级和法律框架上建立参与性预算的制度规则的努力,目前尚未开始。

[②] 现行行政体制和治理框架强调自上而下的纵向控制,工商、税务、药检、公安等强势部门普遍实行垂直管理,地方政府在资金、项目和政策制定与执行方面高度依赖于许多垂直管理的上级政府部门。这种纵向治理结构具有排斥和削弱地方层次上公民参与的内在倾向。

参 考 文 献

[1] 陈锡文：《中国农村改革：回顾与展望》，天津人民出版社1993年版。

[2] 贾德裕：《现代化进程中的中国农民》，南京大学出版社1998年版。

[3] 费孝通：《乡土中国——生育制度》，北京大学出版社1998年版。

[4] 费孝通：《江村经济——中国农民的生活》，商务印书馆2000年版。

[5] 史清华：《农户经济增长与发展研究》，中国农业出版社1999年版。

[6] 洪民荣：《农户行为与农户政策》，载《中国经济问题》1997年第3期。

[7] 张建勤：《农民现代化是农村经济现代化的关键》，载《湖北大学成人教育学院学报》2000年第6期。

[8] 叶子荣、刘鸿渊：《农村公共产品供给制度：历史、现状与重构》，载《学术研究》2005年第1期。

[9] 陈文辉：《农民与工业化》，贵州人民出版社1994年版。

[10] 艾利思：《农民经济学：农民家庭农业和农业发展》，上海人民出版社1998年版。

[11] 杨金海：《论人的主体意识》，载《求是学刊》1996年第2期。

[12] 高文书：《进城农民工就业状况及收入影响因素分析——以北京、石家庄、沈阳、无锡和东莞为例》，载《中国农村经济》2006年第1期。

[13] 汪习根：《法治社会的基本人权——发展权法律制度研究》，中国公安大学出版社2002年版。

[14] 同春芬：《转型时期中国农民的不平等待遇透析》，社会科学文献出版社2006年版。

[15] 何坪华、杨名远：《浅议农业生产成本与市场交易成本的关系》，载《计划与市场》1999年第8期。

[16] 刑古城：《农民利益保障同题的制度因素分析》，载《经济问题》2006年第8期。

[17] 秦宏、高强、李嘉晓：《通过制度变迁推动我国农户分化与农村非农

化、城镇化进程》，载《生产力研究》2005 年第 3 期。

［18］王沪宁：《当代中国村落家庭文化》，上海人民出版社 1991 年版。

［19］陈文辉：《农民与工业化》，贵州人民出版社 1994 年版。

［20］陈意新：《美国学者对中国近代农业经济的研究》，载《中国经济史研究》2001 年第 7 期。

［21］赵克荣：《论人的社会化与人的现代化》，载《社会科学研究》2001 年第 1 期。

［22］宋维强：《当代中国农民的政治参与》，载《长白学刊》，2001 年第 6 期。

［23］于建嵘：《岳村政治——转型期中国乡村政治结构的变迁》，商务印书馆 2001 年版。

［24］同春芬：《关于农民、农业、农村现代化问题的社会学思考》，载《人文杂志》2004 年第 3 期。

［25］梁漱溟：《乡村建设理论》，上海人民出版社 2006 年版。

［26］章荣君：《当前我国农民非制度化政治参与的原因探析》，载《人文杂志》2001 年第 1 期。

［27］冯耀明：《经济欠发达地区村委会选举中影响村民投票心理的环境因素分析》，载《中共山西省委党校学报》2005 年第 1 期。

［28］宋洪远、黄华波、刘光明：《关于农村劳动力流动的政策问题分析》，载《管理世界》2006 年第 5 期。

［29］刘豪兴：《农村社会学》，中国人民大学出版社 2004 年版。

［30］侯风云：《中国农村劳动力剩余规模估计及外流规模影响因素的实证分析》，载《中国农村经济》2004 年第 3 期。

［31］张红宇：《就业结构调整与中国农村劳动力的充分就业》，载《农业经济问题》2003 年第 7 期。

［32］姜开圣：《农业产业化龙头企业的发展壮大及其对农民收入的影响》，载《农业经济问题》2003 年第 3 期。

［33］林毅夫：《有关当前农村政策的几点意见》，载《农业经济问题》2003 年第 6 期。

［34］葛志华：《为中国三农求解——转型中的农村社会》，江苏人民出版社 2004 年版。

［35］杨丽媪：《人口红利近枯竭》，载《百姓》2007 年第 7 期。

［36］韩康：《农村就业转移增长的困境》，载《国家行政学院学报》2006 年第 3 期。

［37］孙春苗：《农民维权组织和农村发展》，载《调研世界》2006年第5期。

［38］付少平：《农民对农业技术的需要状况分析》，载《中国农业大学学报（社会科学版）》2003年第2期。

［39］刘潇潇：《当代中国农民的平等权利》，载《法学论坛》2006年第5期。

［40］许经勇、张志杰：《家庭承包经营与发展现代农业》，载《经济评论》2001年第1期。

［41］张光辉：《农业规模经营与提高单产并行不悖》，载《经济研究》1996年第1期。

［42］钱忠好：《农地承包经营权市场流转：理论与实证分析》，载《经济研究》2003年第2期。

［43］吴育林、曾纪川：《论市场经济条件下"经济人"和"道德人"的同构性》，载《教学与研究》2004年第5期。

［44］杨光飞：《"经济人"和"道德人"的分合》，载《广西社会科学》2003年第12期。

［45］陈宴清：《当代中国社会转型》，中国教育出版社1998年版。

［46］埃弗里特·M·罗吉斯：《乡村社会变迁》，浙江人民出版社1988年版。

［47］《马克思恩格斯全集》，人民出版社1972年版。

［48］阿马蒂亚·森：《以自由看待发展》，中国人民大学出版社2002年版。

［49］恩·多亚夫、伊恩·高夫，汪淳波、张宝莹译：《人的需要理论》，商务印书馆2008年版。

［50］艾君·森古布达：《作为人权的发展》，载《经济社会体制比较》2005年第1期。

［51］亚当·斯密：《国民财富的性质和原因的研究》，商务印书馆2004年版。

［52］阿马蒂亚·森，王宇，王文玉译：《贫困与饥荒——论权利与剥夺》，商务印书馆2001年版。

［53］哈维·S·罗森：《财政学》，中国人民大学出版社2003年版。

［54］道格拉斯·C·诺思：《经济史中的结构与变迁》，上海三联书店、上海人民出版社2002年版。

［55］阿尔伯特·O·赫希曼：《退出、呼吁与忠诚》，经济科学出版社2001年版。

[56] Alexander J. C. 1987, Sociological Theory Since 1945, Berkeley: University of California Press.

[57] Arrow, K. J. Arrow's Theorem, in J. Eatwell, M. Milgate and P. Newman, The New Palgrave (London, Macmillan) 124 – 126

[58] Yang, Tao. Education and Off-farm Work [J]. Economic Development and Cultural Change, 1997, (3).

[59] Todaro M. P.. Economic Development in the Third World [M]. New York: Longman Inc, 1981: 315.

[60] Mark Blaug. "The Private and Social Returns on Investment in Education: Some Results for Great Britain", Journal of Human Resources 2 (Summer1967).

教育部哲学社会科学研究重大课题攻关项目成果出版列表

书　名	首席专家
《马克思主义基础理论若干重大问题研究》	陈先达
《马克思主义理论学科体系建构与建设研究》	张雷声
《马克思主义整体性研究》	逄锦聚
《改革开放以来马克思主义在中国的发展》	顾钰民
《新时期　新探索　新征程 ——当代资本主义国家共产党的理论与实践研究》	聂运麟
《当代中国人精神生活研究》	童世骏
《弘扬与培育民族精神研究》	杨叔子
《当代科学哲学的发展趋势》	郭贵春
《服务型政府建设规律研究》	朱光磊
《地方政府改革与深化行政管理体制改革研究》	沈荣华
《面向知识表示与推理的自然语言逻辑》	鞠实儿
《当代宗教冲突与对话研究》	张志刚
《马克思主义文艺理论中国化研究》	朱立元
《历史题材文学创作重大问题研究》	童庆炳
《现代中西高校公共艺术教育比较研究》	曾繁仁
《西方文论中国化与中国文论建设》	王一川
《楚地出土戰國簡册［十四種］》	陳　偉
《近代中国的知识与制度转型》	桑　兵
《中国抗战在世界反法西斯战争中的历史地位》	胡德坤
《京津冀都市圈的崛起与中国经济发展》	周立群
《金融市场全球化下的中国监管体系研究》	曹凤岐
《中国市场经济发展研究》	刘　伟
《全球经济调整中的中国经济增长与宏观调控体系研究》	黄　达
《中国特大都市圈与世界制造业中心研究》	李廉水
《中国产业竞争力研究》	赵彦云
《东北老工业基地资源型城市发展可持续产业问题研究》	宋冬林
《转型时期消费需求升级与产业发展研究》	臧旭恒
《中国金融国际化中的风险防范与金融安全研究》	刘锡良
《中国民营经济制度创新与发展》	李维安
《中国现代服务经济理论与发展战略研究》	陈　宪

书　名	首席专家
《中国转型期的社会风险及公共危机管理研究》	丁烈云
《人文社会科学研究成果评价体系研究》	刘大椿
《中国工业化、城镇化进程中的农村土地问题研究》	曲福田
《东北老工业基地改造与振兴研究》	程　伟
《全面建设小康社会进程中的我国就业发展战略研究》	曾湘泉
《自主创新战略与国际竞争力研究》	吴贵生
《转轨经济中的反行政性垄断与促进竞争政策研究》	于良春
《面向公共服务的电子政务管理体系研究》	孙宝文
《产权理论比较与中国产权制度变革》	黄少安
《中国企业集团成长与重组研究》	蓝海林
《我国资源、环境、人口与经济承载能力研究》	邱　东
《"病有所医"——目标、路径与战略选择》	高建民
《税收对国民收入分配调控作用研究》	郭庆旺
《多党合作与中国共产党执政能力建设研究》	周淑真
《规范收入分配秩序研究》	杨灿明
《中国加入区域经济一体化研究》	黄卫平
《金融体制改革和货币问题研究》	王广谦
《人民币均衡汇率问题研究》	姜波克
《我国土地制度与社会经济协调发展研究》	黄祖辉
《南水北调工程与中部地区经济社会可持续发展研究》	杨云彦
《产业集聚与区域经济协调发展研究》	王　珺
《我国民法典体系问题研究》	王利明
《中国司法制度的基础理论问题研究》	陈光中
《多元化纠纷解决机制与和谐社会的构建》	范　愉
《中国和平发展的重大前沿国际法律问题研究》	曾令良
《中国法制现代化的理论与实践》	徐显明
《农村土地问题立法研究》	陈小君
《知识产权制度变革与发展研究》	吴汉东
《中国能源安全若干法律与政策问题研究》	黄　进
《城乡统筹视角下我国城乡双向商贸流通体系研究》	任保平
《产权强度、土地流转与农民权益保护》	罗必良
《矿产资源有偿使用制度与生态补偿机制》	李国平
《巨灾风险管理制度创新研究》	卓　志
《生活质量的指标构建与现状评价》	周长城
《中国公民人文素质研究》	石亚军
《城市化进程中的重大社会问题及其对策研究》	李　强
《中国农村与农民问题前沿研究》	徐　勇

书　名	首席专家
《西部开发中的人口流动与族际交往研究》	马　戎
《现代农业发展战略研究》	周应恒
《综合交通运输体系研究——认知与建构》	荣朝和
《中国独生子女问题研究》	风笑天
《我国粮食安全保障体系研究》	胡小平
《城市新移民问题及其对策研究》	周大鸣
《新农村建设与城镇化推进中农村教育布局调整研究》	史宁中
《农村公共产品供给与农村和谐社会建设》	王国华
《中国边疆治理研究》	周　平
《边疆多民族地区构建社会主义和谐社会研究》	张先亮
《中国大众媒介的传播效果与公信力研究》	喻国明
《媒介素养：理念、认知、参与》	陆　晔
《创新型国家的知识信息服务体系研究》	胡昌平
《数字信息资源规划、管理与利用研究》	马费成
《新闻传媒发展与建构和谐社会关系研究》	罗以澄
《数字传播技术与媒体产业发展研究》	黄升民
《互联网等新媒体对社会舆论影响与利用研究》	谢新洲
《网络舆论监测与安全研究》	黄永林
《教育投入、资源配置与人力资本收益》	闵维方
《创新人才与教育创新研究》	林崇德
《中国农村教育发展指标体系研究》	袁桂林
《高校思想政治理论课程建设研究》	顾海良
《网络思想政治教育研究》	张再兴
《高校招生考试制度改革研究》	刘海峰
《基础教育改革与中国教育学理论重建研究》	叶　澜
《公共财政框架下公共教育财政制度研究》	王善迈
《农民工子女问题研究》	袁振国
《当代大学生诚信制度建设及加强大学生思想政治工作研究》	黄蓉生
《从失衡走向平衡：素质教育课程评价体系研究》	钟启泉　崔允漷
《处境不利儿童的心理发展现状与教育对策研究》	申继亮
《学习过程与机制研究》	莫　雷
《青少年心理健康素质调查研究》	沈德立
《WTO 主要成员贸易政策体系与对策研究》	张汉林
《中国和平发展的国际环境分析》	叶自成
《冷战时期美国重大外交政策案例研究》	沈志华
*《中国政治文明与宪法建设》	谢庆奎
*《非传统安全合作与中俄关系》	冯绍雷
*《中国的中亚区域经济与能源合作战略研究》	安尼瓦尔·阿木提
……	

* 为即将出版图书